HUMANITIES AND SOCIETY

以色列与启示

秩序与历史 卷一

Eric Voegelin

[美国] 埃里克·沃格林 著　霍伟岸 叶颖 译

译林出版社

图书在版编目（CIP）数据

秩序与历史. 卷一，以色列与启示 /（美）沃格林（Voegelin, E.）著；霍伟岸，叶颖译. —南京：译林出版社，2010.1（2023.2 重印）
（人文与社会译丛/刘东主编）
书名原文：Israel and Revelation (Order and History, Volume I)
ISBN 978-7-5447-1148-7

Ⅰ.以… Ⅱ.①沃… ②霍… ③叶… Ⅲ.以色列－历史－研究
Ⅳ.K382

中国版本图书馆 CIP 数据核字（2009）第 233930 号

著作权合同登记号 图字：10-2003-155 号

以色列与启示 ［美国］埃里克·沃格林 / 著 霍伟岸 叶 颖 / 译

责任编辑 黄 颖
装帧设计 胡 苨 黄 晨
责任印制 单 莉

原文出版 University of Missouri Press, 2001
出版发行 译林出版社
地 址 南京市湖南路 1 号 A 楼
邮 箱 yilin@yilin.com
网 址 www.yilin.com
市场热线 025-86633278
排 版 南京展望文化发展有限公司
印 刷 江苏凤凰扬州鑫华印刷有限公司
开 本 880 毫米 × 1230 毫米 1/32
印 张 24.75
插 页 2
版 次 2010 年 1 月第 1 版
印 次 2023 年 2 月第 5 次印刷
书 号 ISBN 978-7-5447-1148-7
定 价 128.00 元

主编的话

刘 东

总算不负几年来的苦心——该为这套书写篇短序了。

此项翻译工程的缘起，先要追溯到自己内心的某些变化。虽说越来越惯于乡间的生活，每天只打一两通电话，但这种离群索居并不意味着我已修炼到了出家遁世的地步。毋宁说，坚守沉默少语的状态，倒是为了咬定问题不放，而且在当下的世道中，若还有哪路学说能引我出神，就不能只是玄妙得叫人着魔，还要有助于思入所属的社群。如此嘈嘈切切鼓荡难平的心气，或不免受了世事的恶刺激，不过也恰是这道底线，帮我部分摆脱了中西"精神分裂症"——至少我可以倚仗着中国文化的本根，去参验外缘的社会学说了，既然儒学作为一种本真的心向，正是要从对现世生活的终极肯定出发，把人间问题当成全部灵感的源头。

不宁惟是，这种从人文思入社会的诉求，还同国际学界的发展不期相合。擅长把捉非确定性问题的哲学，看来有点走出自我囿闭的低潮，而这又跟它把焦点对准了社会不无关系。现行通则的加速崩解和相互证伪，使得就算今后仍有普适的基准可言，也要有待于更加透辟的思力，正是在文明的此一根基处，批判的事业又有了用武之地。由此就决定了，尽管同在关注世俗的事务与规则，但跟既定框架内的策论不同，真正体现出人文关怀的社会学说，决不会是医头医脚式的小修小补，而必须以激进亢奋的姿态，去怀疑、颠覆和重估全部的价值预设。有意思的是，也许再没有哪个时代，会有这么多书生想要焕发制度智慧，这既凸显了文明的深层危机，又表达了超越的不竭潜力。

于是自然就想到翻译——把这些制度智慧引进汉语世界来。需要说明的是,尽管此类翻译向称严肃的学业,无论编者、译者还是读者,都会因其理论色彩和语言风格而备尝艰涩,但该工程却绝非寻常意义上的“纯学术”。此中辩谈的话题和学理,将会贴近我们的伦常日用,渗入我们的表象世界,改铸我们的公民文化,根本不容任何学院人垄断。同样,尽管这些选题大多分量厚重,且多为国外学府指定的必读书,也不必将其标榜为“新经典”。此类方生方成的思想实验,仍要应付尖刻的批判围攻,保持着知识创化时的紧张度,尚没有资格被当成享受保护的“老残遗产”。所以说白了:除非来此对话者早已功力尽失,这里就只有激活思想的马刺。

主持此类工程之烦难,足以让任何聪明人望而却步,大约也惟有愚钝如我者,才会在十年苦熬之余再作冯妇。然则晨钟暮鼓黄卷青灯中,毕竟尚有历代的高僧暗中相伴,他们和我声应气求,不甘心被宿命贬低为人类的亚种,遂把迻译工作当成了日常功课,要以艰难的咀嚼咬穿文化的篱笆。师法着这些先烈,当初酝酿这套丛书时,我曾在哈佛费正清中心放胆讲道:“在作者、编者和读者间初步形成的这种‘良性循环’景象,作为整个社会多元分化进程的缩影,偏巧正跟我们的国运连在一起,如果我们至少眼下尚无理由否认,今后中国历史的主要变因之一,仍然在于大陆知识阶层的一念之中,那么我们就总还有权想象,在孔老夫子的故乡,中华民族其实就靠这么写着读着,而默默修持着自己的心念,而默默挑战着自身的极限!”惟愿认同此道者日众,则华夏一族虽历经劫难,终不致因我辈而沦为文化小国。

一九九九年六月于京郊溪翁庄

目　录

编者导言

《以色列与启示》是一套计划中的丛书——《秩序与历史》——的第一卷,《秩序与历史》准备追溯人类社会中的秩序从其在古代近东诸文明中的诞生直到现代时期的发展史。当埃里克·沃格林(Eric Voegelin)的著作逐步展开时,他的计划随着《秩序与历史》第四卷《天下时代》(*The Ecumenic Age*)的出现而有所修正。[①] 不过,尽管他的思想后来有些调整和转变,《以色列与启示》仍然保持了它论证的有效性,而且就其自身而言就是值得研究的。

对沃格林来说,当历史被看作是为了实现真正的秩序而进行的一场斗争时,它就是可理解的;而所谓真正的秩序,是指“一个需要在事件的长河中追溯性地辨察的现实”。以下这个开启了导论的主题则充当了整套丛书的引言:“历史的秩序来自秩序的历史。”作者的任务就是在历史的长流中辨察出人类用以规范他们个人和社会生存(existence)之秩序的符号形式。《以色列与启示》考察了带有宇宙—神的秩序核心的

① Eric Voegelin, *Order and History*, vol. IV, *The Ecumenic Age*,现收于 *The Collected Works of Eric Voegelin*(此后简称为 CW),vol. 17,由迈克尔·弗朗兹(Michael Franz)编辑并撰写导言(1974, Columbia: University of Missouri Press, 2000)。

古代近东诸文明，同时也考察了以色列历史的秩序核心。说到秩序，沃格林心中特别想到的是超越的“存在的秩序”（order of being），如果存在的秩序要想得到真正的实现，个人和社会的生活就必须与它合拍，而且各个时代天资卓越的个人都能够以符号化的方式把存在的秩序清晰地表达和阐述出来。历史这个词包含了历经文明的兴衰、在变动不居的政治条件下人的生存，但是它特有所指的是人的生命沿着一种有意义的方向——政治事件根据这种意义方向或许可以得到理解——的整体
1 运动。于是，历史就变成了为了与存在共同体中的搭档合拍而进行的斗争，一场为了发现涉及神与人、社会与世界的真理而进行的斗争：“每个社会都承载着在自身具体境况下创建某种秩序的责任，这种秩序，基于神的或人的目的，将赋予该社会生存的事实以某种意义。”

作为他那个时代最主要的政治哲学家之一，沃格林为了回应20世纪早期成功地强化了精神失明症和社会“健忘症”的意识形态群众运动，而着手进行他的研究。他的目的是为了重新发现真理，即面向包含了个人、社会、历史和存在论维度——这些维度是经由人类在时间长河中的跋涉所留下的“最为分殊化的”经验和符号化表达（symbolizations）而揭示出来的——的实在开放。他的研究将是一个机会去重新发现作为现代危机补救之道的真正秩序：“不是为了满足对于已死的过去的好奇心而进行的探索尝试，而是对于我们现在正生活于其中的秩序结构所进行的探究。”

沃格林是少数几个把以色列的经验囊括进来，作为探究历史中政治秩序的一部分的政治哲学家之一。人们已经习惯于把政治科学看作仅仅关乎实际发生的历史（pragmatic history）。沃格林邀请我们认真思考秩序的形而上来源，而《以色列与启示》呈现了他对以“启示”的符号所表达的以色列政治经验的解释。对他来说，体验到那个与以色列立约的超越的神，与希腊人发现理性生活一起，乃是发生于西方世界的两次伟大的“存在中的飞跃”（leaps in being）之一。本卷把以色列人在古

代文明背景下所实现的存在中的飞跃解析为理解历史秩序的一种贡献。以色列的戏剧集中体现了当以色列试图调和超越秩序的要求与现实生存的要求时,与生存的紧张关系相联系的那些问题,因此变成了例证的戏剧。沃格林研究的要点是要澄清存在的秩序,而它在以色列超越宇宙论生存方式的存在的飞跃中得到了清晰表达。从先知开始,超越世界的神将占据首要位置,而参与世俗的生存则退居次席。符号分析将提供衡量以色列的与众不同之处的关键:“以色列单独具有作为一种内在形式的历史,而其他社会则存在于宇宙论神话的形式之中。”沃 2
格林的雄心在于发展一种将会更为充分地反映人类现实之全景的政治科学。

在导论“秩序的符号化”中,沃格林清晰地展示了他的历史秩序观将在其中展开的概念框架。他把政治秩序看作是参与普遍的存在秩序的一种行为。存在的结构和范围被体验和符号化为神与人,世界与社会,它们构成了基本的存在共同体。对这个领域的探索关注的是这些搭档中的每一个的真正性质,以及它们彼此之间的关系。人类不是观看这个存在共同体的观众,而早已是其中的参与者。就他们的确获得了对意义的理解而言,他们创造了符号来使必然是不可知的存在秩序经由类比已知之物而变得可以理解。这样的符号必定随着人类在知识和经验方面的成长,不可避免地被其他更适合这项任务的符号所修正,甚至取代。

社会一开始就创造了一系列的秩序,这些秩序符号化了与存在的秩序——社会也被视为它的一个部分——相适的真理。对留在历史中的这种“符号轨迹”的考察引导人们发现符号化的历史过程,以及隐藏其下的相应的人类意识过程。为了表达历史中的这种发展,沃格林使用了诸如分殊化(differentiation)、存在中的飞跃以及与存在的合拍(attunement)这样的术语。连续的符号化的努力构成了符号化历史的基础，沃格林将此描述为从“紧凑的”（compact）①符号到更为“分殊化的”符号的运动。以这种方式，就能以越来越高的准确程度接近存在的真正秩序。通过他的“符号体系”（symbolism）的概念，他成功地把生存与知识，以及政治结构与和存在秩序相合拍联系起来。

参与的经验可以强大到变成对存在共同体的不同搭档之间同质性（consubstantiality）的体验。在它们之间没有明确的区分，而这样一种生
3 存的经验是紧凑性的。仅仅存在一种秩序，它同时是神的、宇宙的、人类学的和政治的。个人把自身体验为无所不包的存在秩序的一部分，他们必须使自己与存在秩序合拍，而这种合拍在宇宙论的神话中获得了清晰的表达。沃格林把这种类型的社会称作“宇宙论的”（cosmological）社会。人类构建用以阐明其生存的符号还延展到了我们一般称之为“启示”（revelation）的领域。《旧约全书》对以色列历史的记述被沃格林看做缺乏紧凑的宇宙论意识，反被一种更为分殊化的历史意识所代替。这种发展是由神的闯入所开启的，后者带来了人类自我意识和理解中的飞跃。

在第一部分，沃格林概括描述了宇宙论文明。美索不达米亚是他的主要模式。它的符号化表达了“社会以神话的方式参与神性存在，而神性存在则安排了宇宙秩序”。有关阿契明帝国的简短一章论述了波斯后来的历史。埃及文化是另一个例子，因为它也是植根于神的秩序与法老秩序的同质性之上的。有时，在埃及漫长的历史中，在孟斐斯神学和埃赫那吞改革中会暗示出现了朝向超越的存在的突破。然而，这种突破从未实质性出现。埃及社会仍然处于神话的符号体系模式所表达的“基本经验”之中。

《以色列与启示》的其余部分论述的是以色列社会的独特性。在第

① 陈周旺博士在《秩序与历史》卷二中将该词翻译为“浑然一体”。参见《城邦的世界》，第65页，译林出版社，2008年。——编注

二部分阐明了以色列的历史秩序之后，沃格林在第三部分通过研究那些已获得符号意义的实际历史事件，来追溯以色列的例证历史的出现。在第四部分，他通过研究《圣经》中的摩西和先知文献，更加充分地论述了例证的意义。

在出埃及的经验中，以色列经由超越世界的神给予摩西的启示而打破了宇宙论的生存方式。西奈山的立约关系把以色列改造成为定居于应许之地的被选民族。根据沃格林的说法，这些都是历史上真实发生的事件，因此可以对其进行经验分析。启示被体验为来自宇宙之外的神的闯入。沃格林的研究正始于这一事件的"存在论现实"以及随后以色列作为一个民族在神之下的现在的生存。在西奈山所发生的事不 4
仅是以色列历史中的决定性一步，而且也是人类力图实现政治秩序过程中的决定性一步。给摩西的启示和与以色列立约是摩西为以色列，以及上帝的选民以色列为全人类所采取的代表性行动。在以色列的政治秩序中，沃格林发现了宗教和民族经验中的一种分殊化，其结果是一种并非源自与宇宙节奏合拍的政治秩序。在以色列，历史变成了一种生存方式。以色列通过一种对神的集体性回应行动而造就了自身，并把自己的过去解释为一系列的成功与失败，这些成败根据存在的超越秩序（被启示的）就可以得到理解。历史作为一种生活方式最早由以色列所创立，所谓生活方式就是说人类认可他们在一个超越的神之下的生存，并且根据对神的意志的遵循或背离来评判他们的行动。

启示在其中得到表达并且在历史中造就了以色列的那种符号形式正是《旧约全书》的例证叙事。由此，历史既在史实的意义上被看作对事件的记录，又在例证的意义上被看作是对神之下生活的现在的彰显。实际历史的进程现在被改造成为"圣史"，其中"单个事件则变成此岸世界中神与人相处方式的范例"。人在社会中的生存是历史恰恰是因为它具有一种精神维度，这个精神维度就是与神结伴，朝着神的王国的末世论圆满（eschatological fulfillment）进行历时弥久的运动。虽然沃格林承认实际历史的重要性，但他主要关注的是作为以色列生存之“内在形式”的历史。以色列生命中的各种事件在传统中留下了一条“符号的轨迹”。后来的历史学家根据圣约秩序以例证的方式强调这些事件，并在史学著作的创作中完成了这项任务。向前回溯历史秩序的符号体系，它超越列位祖先回到人类的早期历史乃至创世本身，以便创造一部世界历史。西奈山之后发生的事件根据对神的意志是遵循还是背离而予以评判，先后经历了部落联盟的社会组织、君主制、帝国、分裂的王国以及先知对被放逐者的接替。这种例证的叙事反过来开始对该民族的生
5 活发挥构成性的作用。通过在宗教崇拜的背景中对其进行回应，后来的世代变成了以色列的成员。

圣约规定了神与人以及人与人之间的正当关系，但却没有规定政府组织，因而提出了关于实际历史与例证历史之间的关系问题。一开始，由于世俗生存的压力，新的精神生活就很难维持，而这种压力在君主国期间日益增长。沃格林对自大卫时代以来所采取的“帝国的符号体系”持特别批评的态度，他认为这等同于“重新回到宇宙论文明的地狱”和“从存在中堕落”。他坚持认为，神对人的启示之所以没有达到理想的清晰程度，是因为它过于紧密地跟生活在迦南地、作为神的民族的以色列之实际历史纠缠在一起，他把这样一种局限称为“迦南的约束性义务”。被选民族被组织为一个政治实体，尽管对于生存来说是必要的，但却引发了先知所阐发的一场冲突。由部落联盟到王国和帝国，由内战和分裂的王国再到被放逐的悲惨结局，这一现实层面上的运动为以色列着手表达它的秩序，并阐明它在神的意志下生存的意义提供了战场。这是通过史学著作而得以完成的，但更多地是通过先知的布道而加以实现的。摩西这个人变成了一个中心，历史学家、先知和立法者围绕着他努力把以色列重塑为被选民族。

精神权威现在转变为作为“新的意义承载者”的先知。他们的使命是召唤以色列重新回到圣约的生存方式，但他们的努力大部分毫无效

果。重点从被选民族转到作为神的秩序承载者的先知本人。根据沃格林的说法,先知们的伟大成就是意识到,规定了神之下圣约秩序实质的摩西十诫,其规范形式包含了对灵魂的正当秩序的一种存在论阐释:"在神之下的生存意味着爱、谦卑和行动的正当,而不是行为的合法性,这个洞见是先知们在以色列秩序史中的伟大成就。"这使得耶利米把最初的圣约符号体系分殊化为一种新的符号,即写在心灵上的圣约。由于以色列持续不断的背叛,心灵的转变成为必需,但大多数以色列人拒 6
绝转变,被选民族只得由被选个人(the chosen man)所替代:"在耶利米身上,人的个性(human personality)已经打破了集体生存的紧凑性,并且意识到自身就是社会秩序的权威性源泉。"

耶利米的伟大之处在于他对下述洞见的表达:先知的生存是与神一同为他的民族而受难,因此这个阶段是为受难的仆人而设定的。在沃格林看来,《旧约全书》的高潮部分是《第二以赛亚书》对受难的仆人——他们代表了广及列国的新共同体——的描绘。随着受难的仆人开启了"以色列从自身的出走",这是出埃及运动戏剧的最后一幕,这个仆人成了为人类受难的代表。他开展了"从具体社会的秩序向救赎秩序"运动。受难与拯救在一种新的救赎秩序中被联系在一起。正如沃格林所发现的,只有到了现在,在以色列人的经验中得以分殊化的存在的秩序才以其全部的清晰度充分展现出来,"救赎的真理揭示为受难结出的花朵"。神不仅被宣告为以色列的神,而且被宣告为列国的真神,全人类的救世主。该仆人的任务就是通过变身为"人类的救赎之光",而把神的救赎的好消息传播给世界。以色列明白救赎来自于超越它自身的神的来源。然而,救赎在历史中的完成必须要等待神参与人的受难。

《以色列与启示》是我们获得的对《旧约全书》历史观最为透彻的哲学分析。它立基于运用当时所能获得的最好的解释工具所进行的批判性考察。尽管仍然存在许多需要纠正、澄清和完善的问题,但这些问题无论如何也不会减损沃格林提出的总体结论。下文将挑选这样一些需要纠正的问题作为例子——无论它们的重要性程度如何——来进行初步的考察。

在《旧约全书》中用来表示神的一个希伯来语词汇是 elohim,这是一个复数名词,在语法上意味着“诸神”。然而,到摩西的时代,它在亚马拿文本和拉斯珊拉文本中开始意味着神的所有显现形式的全体(J. B. Pritchard 编:《古代近东文本》*Ancient Near Eastern Texts.* [Princeton: Princeton University Press, 1950, 483—490])。这种复数形式也
7 可以用于指称一个单一的主神。于是,沃格林说“埃洛希姆(the Elohim)按照他们的形象造人,使人与他们相像”(原书第 55 页①)就是非常误导读者的,因为希伯来语文本使用了一个单数动词和一个阳性单数后缀(besalmo):“神就照着自己的形象造人。”(《创世记》第一章第二十七节)

《申命记》被描述为“对耶和华秩序的显著恢复”,它规定“要在实际历史的一个具体社会中保存耶和华的秩序”。编者们“已经成功地把神爱之秩序转化成为一种制度模式”。虽然如此,沃格林却声称神的话语变成了鼓励遵守字面上的法律而不是鼓励心灵服从的《律法书》。它成功地把神之下的现在的历史生存形式冻结为犹大民族的宪法教条。但《申命记》的目的主要是为了教导而不是为了强加行为规范而提供神谕。劝导人们全身心地爱上帝之后就是号召聆听者把这些话牢记心中,并教导给他们的孩子(《申命记》第六章第五节至第七节)。申命律法远非沃格林声称的那样是以色列的坟墓,而是充当了其精神的传送者。作为一部归功于摩西所作的权威性文献,它宣告西奈圣约与后来的一代人同时存在,并就以色列应当走什么路提出了引导和指示。同时包含了叙事和命令的申命律法成为人们在重建的后放逐期犹

① 原书页码见本书边码,以下同。——编注

太教共同体中生活的基础。

在他的《旧约全书》研究中，沃格林忽略了以西结、后放逐期的先知以及这样一种祭司传统——它的符号体系是神在活动圣殿中显现于他的民之中。他仅仅附带论及了《创世记》第一章至第十一章中戏剧般表现了的恶的问题，并对天启文献所表述的历史中的绝对恶持负面观点。

沃格林没有思考《旧约全书》著作的一个主要部分，即智慧文献(the wisdom literature)，而它恰恰证明了基于创世神学的人类经验中恒常不变的东西。在一个并未从根本上把以色列的启示历史与基本的存在共同体——造物作为其一部分——分割开来的哲学存在论中，这是一个重要的疏漏。以色列更为分殊化地理解历史必然导致更为分殊化地理解生活于超越的神之下的造物。研究智慧文献对于思考以色列是如何通过修正和改造来吸收其邻居的以造物为中心的符号体系来说也是具有相关性的。在《天下时代》中，沃格林称赞智慧书促进了"灵魂意 8
识(pneumatic consciousness)的进一步分殊化"(第99页)。

沃格林未能意识到以色列政治组织的积极方面，因而他也未能完全适当地评判超越的神与以色列的社会秩序之间的关系。他把国王圣约神学看作一种"出轨"。在他看来，当以色列沦落为大卫和所罗门统治下的宇宙论社会时，决定"像列国一样"拥有一位国王代表了"从存在中的堕落"。这种对以色列君主制的负面评价我们很难感到满意。首先，《旧约全书》的证言本身就是模棱两可的(《撒母耳记上》第八章至第十二章)。一方面，它赞成王权统治是一种符合神意的发展，然而另一种观点又把它看作神对一个反叛民族的勉强让步。大卫时代对宇宙论符号体系的采纳需要对以色列的传统作新的理解。这种符号体系绝非取代了摩西的符号体系，而是继续与之相互作用，并且丰富了以色列对神与他的民族、社会以及创世本身的关系的理解。

从大卫时代开始，对宫廷的挑战使最初对以色列的经验来说是陌生的两种制度，即王朝式的王权统治和神庙，适应并融入以色列的信仰观点。这个过程引发了这样的符号体系，即与大卫订立的国王之约（《撒母耳记下》第七章），以及把锡安山当作神在地上的居所。大卫之约的解释者从以色列之外——特别是埃及——的符号世界中借用素材，但这个符号体系被重新解释和历史化以便适应以色列的信仰观。因此，超越的神变成永远现身于他的民族面前的“与我们同在的神”，通过他所任命的人来实施统治，并且栖身神庙，居住在他们中间。国王和神庙符号化了神对造物的秩序化，而社会秩序反映了宇宙秩序的公正与和平。

沃格林的存在哲学未能充分论述以色列的社会现实。除非在社会领域得到彰显，否则就不可能与超越的神真正合拍。那些与神有关系的人受召来到世界上行事，承担世俗事务的责任，以便正义能够获胜。从出埃及的时代开始，神也积极地涉入社会领域，那时他干预了人类的
9 历史以改变压迫性的社会条件。沃格林如此专注于普遍的存在秩序，以至于他忽视了这个世界上为了实现正义而进行的斗争。这在他对先知的论述中特别明显。虽然强调“灵魂的正当秩序”，但先知们也要求一个基于与神的正当关系的社会秩序。他在很大程度上忽视了先知的民族关怀和社会关怀的中心意义，而且似乎不愿承认他们呼吁社会正义的重要性。

在沃格林看来，先知所传达的神谕体现了一种要恢复摩西最初所订立的约及其遗产的努力，而这约和遗产正岌岌可危。国王和人民都拒绝了立约的神，而去追随假神。对沃格林所说的先知的问题，以赛亚提供了一个生动的说明。第一个事件是在亚兰—以法莲战争期间，当耶路撒冷受到以色列—叙利亚联盟的威胁时，以赛亚前去游说犹大王亚哈斯，后者正在考虑在这场危机中寻求亚述人的帮助。经由以赛亚传达的主的话语是这样：“你要谨慎安静，不要害怕。”（《以赛亚书》第七章第四节）在沃格林看来，这似乎只是说“要相信神”。在第二个例子中，当犹大受到亚述进犯的威胁而想要与埃及结为同盟时，以赛亚劝诫

说:“你们得救在乎归回安息;你们得力在乎平静安稳。”(《以赛亚书》第三十章第十五节)根据沃格林的观点,这句先知的话又只不过是要对神有信心,而不是对人类联盟有信心,这种信任似乎拒绝所有人类的行动:“你们若是不信,定然不得立稳。”(《以赛亚书》第七章第九节)在沃格林看来,所有这些都暗示了魔法或至少是落到魔法层面的一种信仰。那就是为什么他给以赛亚贴上了“臆变的”(metastatic)思想家的标签,此人期待在世界存在的构造中会发生一种变化,其结果会导致世俗环境的彻底改变。在沃格林看来,以赛亚尝试了不可能完成的任务:使存在中的飞跃成为跳出生存的飞跃,正如我们所体验的那样“进入一个超越世俗生存的律法之上的神所美化的世界”。但这种臆变是一个梦想世界,因为它代表了对神所构造的现实的否定,它是对人的生存所由以构建,以及人将继续生活其中的历史秩序的反叛。

我们可以问,沃格林是否正确地解读了以赛亚?以赛亚希望他给国王亚哈斯的建议是一个政治方案吗?当这位国王形成了他的政治行动政策的时候,以赛亚的建议不是一种为他提供理论基础命线和引导的精神劝告吗?而且,臆变观更多地应用于穿着古代或现代装束的诺斯替主义对先知神谕的**利用**。圣经学者接受先知神谕中魔法元素的概 10
念也是带有严重疑虑的。以赛亚给国王的建议更多地是表达一般人在神面前的姿态,是一种“对主的期待”,它要求一种对神的信任态度。有一种必然性需要等待,以便人们可以在特定的情形下辨察神的命令,并相应地采取行动。先知向人们保证,那些等待神的意志彰显的人将被指示采取何种行动路径。安静和信任,远非是对行动的取代,而实际上是为行动作准备。这样一种政治行动的概念既把神的命令,也把特定情形的要求考虑了进来。

通过把以赛亚的建议置于更为宏大的先知布道(《以赛亚书》第一章至第三十九章)的背景中来考察,还可以阐明其更多的含义。从这个角度看,以赛亚的话不是一种政治方案,而是一道神谕,植根于他所继承的耶路撒冷神学的两项基本宗旨。要求在危机面前镇静可以被看作是要求信仰这样一位神,他已经遴选锡安山作为他的居所,并通过大卫的继承人来实行统治。不是对军事准备和外国联盟的依赖,而是他们的神对他的民族的承诺,使他们可以在得知他是历史的创造者和统治者,也是他们安全的保障的情况下得以放松。害怕那些实力已经日益衰落的小国是愚蠢的(《以赛亚书》第七章第四节和第九节)。通过发出一种在困难面前坚持现实主义的号召,以赛亚试图说服这位国王不要寻求一种自杀式的外交政策。虽然以赛亚不是一位政治家,但他意识到对神的信仰可以把人民从错误地信任人力可以控制未来中解放出来。尽管政治决定是国王的责任,但先知提醒国王这些决定需要得到以色列传统的启迪。

虽然《以色列与启示》的基本主题仍然保持了它论证的有效性,但在它出版之后取得的学术进步和新的解释方法有助于理解的深化(J. Dearman,《古代以色列的宗教与文化》, *Religion and Culture in Ancient Israel* [Peabody, Mass.: Hendrickson, 1992];H. Jaagersma,《以色列史:下迄巴尔·库克巴》, *A History of Israel to Bar Kochba* [London: SCM, 1994])。对祖先社会的特征也有了新见解(R. de Vaux,《以色列早期历史》, *The Early History of Israel.* [Philadelphia: Fortress Press, 1978]; F. Cross,《迦南神话与希伯来史诗》, *Canaanite Myth and Hebrew Epic*
11 [Cambridge: Cambridge University Press, 1973])。西奈圣约的结构和摩西十诫的作用(G. Mendenhall,《第十代人:圣经传统的起源》, *The Tenth Generation: The Origins of the Biblical Tradition* [Baltimore: Johns Hopkins University Press, 1973];D. J. McCarthy,《条约与圣约》, *Treaty and Covenant* [Rome: GUP, 1978]),以及历史、法律和崇拜仪式之间的关系(D. Hilliers,《圣约:一个圣经观念的历史》, *Covenant: The History of a Biblical Idea* [Baltimore: Johns Hopkins University Press, 1969]),也

已经得到了阐明。先知作为神的发言人在以色列社会中发挥的作用现在得到了更好的理解(J. Sawyer,《〈旧约全书〉的先知预言与先知》, *Prophecy and Prophets of the Old Testament* [Oxford: Oxford University Press, 1993];R. E. Clements,《〈旧约全书〉的预言:从神谕到正经》, *Old Testament Prophecy: From Oracle to Canon* [Louisville: Westminster, 1996])。在后放逐时期,当先知预言日趋式微,智慧书开始兴盛起来(J. L. Crenshaw,《〈旧约全书〉的智慧书:一个导论》, *Old Testament Wisdom: An Introduction* [Louisville: Westminster John Knox Press, 1998]),而天启观则描绘了一个与自身作战的世界,但神的王国获得最终的胜利是可以预料的(D. S. Russell,《犹太启示录的方法与神谕》, *The Method and Message of Jewish Apocalyptic* [London: SCM Press, 1966];J. J. Collins,《天启的想象》, *The Apocalyptic Imagination* [Cambridge: Cambridge University Press, 1998])。沃格林用以阐明古代近东文明的宗教史研究继续取得进展(W. Dever,《近期考古发现与圣经研究》, *Recent Archeological Discoveries and Biblical Research* [Seattle: University of Washington Press, 1990];J. Sassons 编:《古代近东文明》,四卷本, *Civilizations of the Ancient Near East* [New York: Scribners, 1995])。

近年来,圣经研究的方法论已经超出沃格林遵循的德国和斯堪的纳维亚学者——特别是冯·拉德和乌普萨拉学派——所运用的历史—考证的方法,而沿着新的方向发展。当奇尔德斯(B. Childs,《危机中的圣经神学》, *Biblical Theology in Crisis* [Philadelphia: Westminster, 1970])指出完全依赖于历史事件的启示有弱点时,圣经解释学出现了一个转折点。虽然神的确在世俗领域进行启示,但以色列历史的开端在很大程度上是不清楚的。一种更有把握的方法是接受在信仰共同体视为权威性的正经中所阐明的最终形式的传统。关注《旧约全书》的文本及其符号形式的沃格林当然会欢迎这样一种发展,不过他会告诫我们要小心正经潜在的扭曲效应。

主要由于保罗·利科的影响,还出现了一种从历史到重视叙事以
12 及想象和回忆在史学中的作用的转变。沃格林后来在《秩序与历史》第五卷《追寻秩序》中把他的注意力放在了故事、叙事和事件上。① 该卷表明了他对人类经验的语言媒介的敏感,但他避免了纯粹的文学唯美主义,因其会切断文本世界与历史的联系。基于人文科学——特别是社会学和文化人类学——的新方法力求认真看待以色列的社会生存。皮杜(G. Perdue)描述和评估了当下在圣经研究中所运用的各种观点和方法(《历史的崩解:重构〈旧约全书〉神学》, *The Collapse of History: Restructuring Old Testament Theology* [Minneapolis: Fortress Press, 1994])。虽然绝不是过时了,但历史—考证的方法在《旧约全书》研究中不再占据主导地位了。其结果是,对《圣经》文本的更为全面的阅读和理解现在成为可能。然而,沃格林的著作并不因为历史—考证方法的地位降低而失去论证的效力,因为他更感兴趣的是人的意识中的启示,是在像摩西和耶利米这样受到神启的个人灵魂中的启示,而不是仅仅在现实层面上被考虑的历史中的启示。

尽管有着各种新的方法和路径,圣经解释学仍然需要如沃格林所提出的这样的历史哲学。他曾评论说,《旧约全书》学者普遍缺乏哲学的明晰性,而过于关注语文学的问题。对文本仅仅进行语文学分析的弱点在于把圣经叙事当作文献,而忽视了作为清晰表达了一个民族的秩序经验的符号体系,它具有的性质。沃格林责备圣经学者缺乏自我批评和他们在哲学上的幼稚,这批评至今仍然有效。《旧约全书》学者大多对沃格林的著作毫不关注,尽管事实是,他的符号形式哲学对当前从历史到语言和对《旧约全书》的文学欣赏的转变都意味深长。

沃格林的成就是为一种真正的政治科学提供了坚实的基础,尽管

---

① Eric Voegelin, *Order and History*, vol. V, *In Search of Order*, *CW*, vol. 18, 由桑多斯(Ellis Sandoz)编辑并撰写导言(1987; Columbia: University of Missouri Press, 2000)。

存在种种问号和批评,他著作中偶见的瑕疵无损于他的伟大成就。他 13
提醒我们每一种社会秩序都植根于超越的存在,在政治秩序背后是通过符号加以表达的人类生活基本经验的现实。沃格林把历史的意义锚定于人类朝着存在的真正秩序以及这一秩序的神性起源运动。他殚精竭虑的解经研究和历史研究证明了以色列在人类社会的秩序显现中的独特地位。沃格林引导我们与存在的所有搭档合拍,这些也是他对政治思想的最为重要的贡献。

沃格林还通过把《旧约全书》的文本解读为普遍的存在戏剧的一部分,而获得了对《旧约全书》丰富的洞见。《以色列与启示》就其本身而言就值得被看作是对《旧约全书》的充满启迪的讲解和原创性阐释。考虑到它是由一位该领域之外的学者所作,这成就愈发引人注目。跨越学科的界限,沃格林成功地把历史与神学,哲学与圣经研究结合起来,从而产生了对《旧约全书》启示的伟大洞见。他的著作持久不衰的特点从下述事实就可以很明显看出来:在出版后的将近半个世纪中,《以色列与启示》仍然在相当广泛的学科领域中引发了学者们浓厚的兴趣(W. Thompson 与 D. Morse 编:《沃格林的〈以色列与启示〉:跨学科的辩论》, *Voegelin's Israel and Revelation: An Interdisciplinary Debate* [Milwaukee: Marquette University Press, 2000]。沃格林相信:"把神的存在体验为超越世界的,与把人理解为人性的是不可分割的。"这就是他对现代危机的回应。

我要感激很多学者,特别是安德森(Bernhard W. Anderson)、汤普森(William M. Thompson)和桑多斯(Ellis Sandoz)。我要真诚地感谢普莱斯(Geoffrey L. Price)、威尔逊(Joyanna Wilson)、泰伦(Andrew Tallon)、波赛尔(Brendan Purcell)和诺兰(Caroline Nolan)对我在准备这部著作的过程中提供的无价帮助。

霍根(Maurice P. Hogan) 14

献给我挚爱的妻子

对造物的苦思冥想，不应是稍纵即逝的好奇，而是向永生持恒者的升华。

——圣奥古斯丁，《论真正的虔敬》

序　言

历史的秩序来自秩序的历史。每个社会都承载着在自身的具体境况下创建某种秩序的责任，这种秩序，基于神的或人的目的，将赋予该社会生存(existence)的事实以某种意义。寻找可以恰当表达这种意义的符号形式(symbolic forms)的努力，尽管并不完美，却也不是一系列毫无意义的失败。这是因为，从古代近东诸文明开始，一些伟大的社会创建了一条秩序的序列。各个秩序之间以一种可被理解的方式相互联结为朝向一个目标的进步或退化。这个目标就是将关于存在(being)秩序——社会秩序是它的一部分——的真理恰当地符号化。这并不意味着，每一个后来的秩序都毫无疑义地标志着之前秩序的进步或退化。原因在于，人们可能在某些方面获得关于秩序的真理的新见识，但恰恰就是对此种进步的热情和激情会遮蔽对过去的发现。对以往成就的健忘是最重要的社会现象之一。不过，尽管不存在一个简单的贯穿历史始终的进步或循环模式，历史进程仍可被理解为一场为实现真正秩序的斗争。然而，就任何一个参与这一进程的特定社会，其秩序中都找不到这种可被理解的历史结构。它不是一项关于人类或社会行动的计划，而是一个需要在事件的长河中进行追溯性辨察的现实(reality)，这一事件的长河从观察者所处的现在延伸到无限的将来。那些仍然生活在基督教轨迹中的历史哲学家们将这一历史结构称为神意(providence),而那些受到启蒙运动创伤影响的历史哲学家则将其称为理性的狡黠(List der Vernunft)。无论哪种说法,他们所指的都是一个超越特
19 定人群计划的现实——这一现实的起源和目的都是未知的,而且正是由于这一原因,它不可能通过有限的行动而被理解。只有过去已经展开的那部分进程是可知的;而且,可知的程度也仅限于从这一过程本身所产生的认知手段达到的范围。

关于《秩序与历史》的研究——这里呈现给公众的是其中的第一卷——是一项在科学所能达到的范围内对人、社会和历史的秩序的研究。并按照秩序的主要类型以及它们通过各种符号实现的自我表达在历史上的先后顺序而展开。秩序和符号形式的类型包括:

(1)古代近东的各种帝国组织,及其以宇宙论神话形式的生存;
(2)被选民族,及其以历史形式的生存;
(3)城邦和城邦的神话,以及哲学发展为秩序的符号形式;
(4)亚历山大之后的各多元文化帝国,以及基督教的发展;
(5)现代民族国家,以及灵知(Gnosis)作为秩序的符号形式所得到的发展。

这个论题将通过六卷书展开。一卷将讨论各种神话和历史性秩序;接下来有两卷专注于城邦和哲学形式;第四卷将讨论各多元文化帝国和基督教;余下两卷将讨论民族国家和灵知符号形式。这六卷书的标题分别是:

I. 以色列与启示
II. 城邦的世界

III. 柏拉图和亚里士多德

IV. 帝国与基督教

V. 新教的世纪

VI. 西方文明的危机

探究秩序及其符号形式的类型同时也将是研究从这些类型的前后相继中所浮现的历史秩序。目前这第一卷——《以色列与启示》——将 20
不仅探讨宇宙论秩序和历史性秩序的各种形式,而且也将探讨从宇宙论帝国大背景中脱颖而出的被选民族(the Chosen People)。从美索不达米亚(Mesopotamian)、迦南(Canaanite)和埃及社会的各种简洁符号中可以依稀察见关于存在秩序的真理;这一真理在以色列的形成中得到清晰表达。后来,当超越世界的上帝将自己展示为世界、人类、社会、历史——世界上所有存在——之秩序的原初和终极根源时,这一真理达到清晰的顶点。在这种历史的动态状况下,宇宙论秩序别开生面的自主研究具有了新的特征,即成为已浮现出之历史的背景,而历史作为应对启示的生存形式是通过以色列脱离以宇宙论形式存在的文明而得以出现的。[①] 之后,关于城邦与哲学的两卷将不仅讨论由柏拉图和亚里士多德所发展的秩序的哲学形式,而且也将探索这种形式如何脱离希腊式神话的母体,以及,追溯得更远一些,如何脱离米诺斯(Minoan)和迈锡尼(Mycenaean)背景的宇宙论秩序。

此外,那些较古老的符号形式并不是简单地被关于秩序的新真理所取代,而是在最新出现的洞见未涵盖的一些领域继续保持它们的有效性——不过,当进入较晚出现、如今已居于主导地位的形式的势力范围时,这些符号不得不忍受意义的变化。例如,当此世生存中的紧急情

① 沃格林在这里以高度抽象的语言描述从宇宙论秩序向历史秩序的转变。——译注

况被西奈启示(the Sinaitic Revelation)所主导的秩序忽略变得十分明显时,以色列的历史性秩序便面临精神上和实践上的危机。随着国王建立起永久政府来自西奈的上帝话语并未提供的这一制度,宇宙论的符号化表达(symbolism)重新回到以色列的秩序中。这两种关于秩序的经验及其符号化表达之间的冲突构成以色列历史的主要部分。因此,我们的探究必须扩展至大量的其他现象,即对各种符号形式之间的相互作用进行探究。从第四卷开始,这方面的研究将占有相当的比重。在这个时期,各个多元文明的帝国为来自巴比伦和埃及的宇宙论形式、罗马的城邦神话、希腊的哲学形式、较早时期的各种以色列历史性符号以
21 及后来各种犹太启示符号之间的斗争提供了一个舞台。在这个时期,上面所列举的所有这些秩序类型遭遇了与基督教新秩序的重大斗争。在这个时期,从这种相互抵消和相互制约的浪涛中浮现出西方中世纪秩序这个复合体。最后,有必要用整整两卷来描述这个中世纪复合体在灵知——灵知派在中世纪早期曾经被削弱为教派运动中一个力量薄弱的小支流——作用下的解体,以及这一解体所带来的后果。

读者在面对六卷巨著之前,有理由期待一些导论性文字,解释在作者看来何种知识环境使得此类性质的研究事业既是可能的,又是必要的。这种期待只能在一定限度上得到满足,原因在于,著述的规模是由它所涉及的局面的复杂性决定的,回答必须回答的问题只能通过研究本身的展开来实现。不过,我们仍然可以简要地给出一些引导性评论。

首先,这项研究在今天得以进行,是因为历史学领域在本世纪上半叶所取得的进展为研究提供了资料基础。通过考古学的发现、文献的批判性编纂以及大量专题解释,我们的历史视野显著扩大,任何对这一众所周知之事实的详细描述都是多余的。原始资料唾手可得;东方学家和闪米特语言学家(semitologists)、古典语言学家和古代史专家、神学家和中世纪学家(medievalists)提供的解释,都会方便并激发我们以原始资料为基础,对秩序进行哲学研究。有关这些不同领域科学研究的

状况以及我自己对于一些根本性问题的立场，在研究的过程中都将得到展示。就目前这一卷关于“以色列与启示”的研究而言，我建议读者注意以下两处讨论，即第六章第一节关于圣经考证学（Bible criticism）现状的讨论，以及第九章第五节关于《诗篇》（the Psalms）解读现状的讨论。

这项研究能够在目前时代开展的第二个原因不像第一个原因那样明了，它只能被否定性地描述为对科学工作的意识形态限制消失了。我这里所讲到的是一种普遍存在的舆论氛围。在此氛围下，对社会和历史进行批判性研究实际上是不可能的。这是因为，形形色色的民族主义，各种进步主义（progressivist）和实证主义（positivist）、自由主义和社会主义、马克思主义和弗洛伊德式意识形态，各种模仿自然科学的新康德主义方法论，诸如生物主义（biologism）和心理主义（psychologism）
之类的科学主义意识形态，维多利亚时代的不可知论思潮，以及更为晚 22
近的存在主义和神学主义（theologism）潮流，都以具有社会实效性的方式不仅阻止了各种学术批判标准的运用，甚至也阻止了形成这些标准不可或缺的相关知识的取得。不过，精神和理智生活中的压制已经消失的说法必须加以限定，人们必须意识到，灵知主义时代的各种力量仍然是世界舞台上的社会与政治权力，并且将在未来很长一段时间里持续作为强有力的权力。所谓“消失”应该被理解为这样一个事实，即在我们时代的战争和革命过程中，这些力量所具有的权威消失了。它们关于人、社会和历史的观念与我们经验知识范围内的现实之间存在着十分明显的差异。因此，尽管它们仍然是强大的力量，它们只能对那些尚未弃之，尚未去寻找更美好乐土的人们施加力量。我们已经在科学中获得了新的自由，运用这一自由是一种快乐。

对于意识形态压制的反思引领我们从《秩序与历史》这项研究的可能性转向它的必要性。理解人所处的环境是人的义务；这种环境的一部分是他生活于其中的社会秩序；如今，这一秩序已变成世界性的。而且，这种世界性的秩序既非最近才出现，也不简单，数千年来寻求关于秩序之真理的斗争便积淀于其中，这些积淀成为具有社会实效的力量。这不是一个理论性的问题，而是一个属于经验事实的问题。对此，人们可以举出中国和印度的明显事实作为对我们自己的事务具有相关性的证据。中国和印度正在努力对本质上属于宇宙论的秩序进行必要的调整，以求适应由西方创造的政治或技术环境。不过，我更愿意提请读者注意我在《以色列与启示》这一卷书中对臆变（metastatic）问题的分析（第十三章第二章二）。读者会立即看到，先知关于存在构造（the constitution of being）中的变化的观念，隐蔽于我们当代关于完美社会之信念的基础中——不论完美社会通过进步来实现，抑或通过共产主义革命来实现。由此，我们不仅可以揭示进步与共产主义革命这一对表面上的敌手在本质上的兄弟，是坚信可以重构世界的先知最新的灵知主义后代，而且，这也明显有助于我们理解以这种类型的信念来表达自身的“经验”（experience）的本质，理解先知的变化观念在过去得以产生，并在今天得以汲取力量的外在环境的本质。在当代世界，臆变信念是
23 无序（disorder）的最重要渊源之一，如果不是首要渊源的话；对于我们所有人来说，理解臆变信念这一现象，并在它摧毁我们之前找到补救方法，是一件性命攸关之事。如果当今的科学状态允许对这个现象进行具有批判性的分析，那么，对于一位学者来说，他有责任出于他自己身为一个人这一理由来进行这种分析，并使他的人类同胞们能够获得这一分析的结果。在阅读《秩序与历史》时，人们不应当将其视为为了满足对于已死的过去的好奇心而进行的探索尝试，而应当将其视为对于我们现在正生活于其中的秩序结构（the structure of the order）所进行的探究。

我已谈到针对当代之无序的补救方法。其中之一便是哲学探索本身。

意识形态是反上帝和反人类的存在者。如果我们想要使用以色列人关于秩序的语言,那么,意识形态是对第一条和第十条诫命的违反;如果我们想要使用埃斯库罗斯和柏拉图的语言,那么它便是 nosos,即精神的疾患。哲学是通过对神性存在(divine Being)——作为存在秩序的源头——的爱而产生的对存在的爱。存在的逻格斯(Logos)是哲学探究的适当对象;对于有关存在秩序真理的探寻离不开对处于非真理中的各种生存模式的诊断。关于秩序的真理只能在抵抗背离真理的堕落这一永恒斗争中获得并重新获得;朝向真理的运动开始于一个人意识到他在非真理中的生存。在作为一种生存形式的哲学中,诊断功能和治疗功能是不可分离的。自从柏拉图在他那个时代的无序中发现了这种联系以来,哲学探究便成为在时代的无序中建立秩序绿洲的方式之一。《秩序和历史》是对人类在社会和历史中生存的秩序的哲学探究。它也许将会具有补救效果——在充满激情的各种事件过程中,在哲学所允许的适当范围内。

埃里克·沃格林

于 1956 年 24

致　谢

倘若没有诸多机构提供物质帮助，这些年来所从事的如此大规模的事业是不可能的。我感谢约翰·西蒙·古根海姆纪念基金会（John Simon Guggenheim Memorial Foundation）、洛克菲勒基金会（the Rockefeller Foundation）、社会科学研究理事会（the Social Science Research Council）、路易斯安那州立大学研究理事会（the Research Council of Louisiana State University）所提供的资助。我要特别感谢一家不愿公开名称的机构，在这项研究的关键时刻提供了资助。

写作这卷《以色列与启示》需要了解斯堪的纳维亚的文献，尤其是斯堪的纳维亚学者们最近的著作，但在美国无从获得这些知识。我想对我在乌普萨拉（Uppsala）①的同事们所给予的慷慨帮助表示感谢，并对乌普萨拉大学允许我使用它优秀而高效的图书馆表示感谢。

向我的朋友和同事，华盛顿大学教授罗伯特·B. 海尔曼表达谢意令我感到特别高兴，他帮助我润色英语。他对手稿各部分的详尽分析、对语法和文风提出的合理建议、对哲学主题和语言表达方式之间的关

---

① 瑞典东南部城市。——译注

系所持的与我志趣相投的看法皆有作用。我仅仅希望学生不会令老师过于失望。

25 **埃里克·沃格林**

详细目录

二、历史的意义

模棱两可:文明进程的客观时间——社会的内在形式。宇宙论形式中的紧凑历史。发生在神之下的现在的分殊历史。意义起源于历史的现在。意义辐射到紧凑的过去。在意义的辐射中出现的问题:人类的本体论实在。历史起源于发展中的现在。历史实质的丧失。

第五章 意义的显露

《诗篇》第一百三十六篇。意义的显露:创世、圣约、迦南。世界历史。动机的范围:出埃及、西奈、示剑。动机的扩展:事件、经验、信仰崇拜、信仰崇拜传说、史学阐述。显露的模式:前进与倒退。神圣族系与人类。《士师记》的节奏。王国与众先知。流放与回归。从犹太教士的
30 立场回顾。迦南的模糊性。犹太教与基督教。

第六章 史学著作

圣经叙事。意义的层次。史学层面。

第一节 叙事的资料来源:关于问题状态的注解

问题的性质。威尔豪森学派。对资料来源的看法。兴起的不满。批评。英格奈尔的观点。传统—历史方法。传统主义者的圈子。彼得森。动机激发中心的多样性

第二节 史学符号

对术语“历史”之正当性的证明。以色列经验的紧凑性。Toroth(诫命)与 Sepher(书)。Toldoth(世代)。从部族到人类的世系扩展。剩余之人的分裂。对 Toldoth 的思辨运用。亚当的 toldoth(世代)与天地的 toldoth(来历)。从神开始的世系。Berith(圣约)。从部族协定扩展为摩西圣约。对符号的制度化运用。史学运用。世界历史的四个阶段。基督教思辨的四个阶段。

第三节 史学的动机

第二节　实际的历史形势

北王国的内部组织。埃及的入侵。所罗门统治中的埃及因素。法老的女儿。神殿。大祭司的圣衣。耶罗波安的信仰崇拜改革。亚述的
34 兴起。暗利的政策。耶户的反叛。

第三节　《约书》

对律法的兴趣。何西阿。对世俗生存危机的反应。西奈立法。“耶和华的命令”和“典章”。十诫的形式。十诫与社会秩序。

第四节　先知以利亚

《玛拉基书》。关于审判的经验。他泊山异象。耶和华日。终末论的各个阶段。以利亚。摩西与以利亚。暗利王朝与以利亚。对巴力的攻击。旷野中的以利亚。先知的前后接替。

第四部分　摩西与先知

第十一章　申命律法

一、先知与以色列的秩序

同化与民族主义。普遍主义与褊狭爱国主义。犹大的生存意志。《申命记》的“神学”。

二、摩西的讲话

这些讲话的创作时间。压制、发现与实施。

三、耶和华的诫命和摩西律法

关于摩西作为神之话语作者的神话。

四、启示的规定

先知反叛的动机。将时势条件包括在启示的内容之中。规定:国王、祭司、先知。以色列历史与犹太人历史的分界线。

五、《申命记》与犹太教的发端

律法的以色列因素与犹太因素。冯·拉德与艾希罗特。对生存的

第十三章　先　知

第一节　先知的努力

历史形式的连续谱。对过去的回忆与现在的召唤。偏离正轨,成为律法。先知的抵制。普遍主义与人格主义。降格为过去。

第二节　问题的展开

一、十　诫

耶利米的神殿讲道。作为行为标准的十诫。先知权威与公众权威。对耶利米的审判。与苏格拉底相比。以赛亚的召唤。

二、圣　约

律法与灵魂秩序。生存问题的规范形式。耶利米对外邦神的攻击。对行为的抱怨:阿摩司、何西阿、以赛亚。来自美德的要求。先知的本体论。以赛亚与战争。臆变。臆变行为。臆变经验与生存问题。写入心灵的圣约。

三、神　谕

对西奈符号体系的批评。无效的启示。神的预见与人的决定之间
的辩证法。先知的双重符号体系。本体论与历史。耶利米实现以色列
的命运。被选民族缩约为被选之人。耶利米的召唤。先知作为为神的
国王儿,作为新摩西,作为耶和华的仆人,作为历史之主。各民族的先 37
知。阿摩司。先知书的文学形式。弥赛亚问题。大卫的遗言。统治者
的形象。弥赛亚问题的制度阶段:阿摩司、何西阿。臆变阶段。以赛
亚。耶和华的荣光。召唤。政治干预。以马内利预言。门徒们与封存
神谕。和平君王预言。臆变景象。生存论阶段。耶利米。耶利米的精
神自传。受难、抱怨、复仇。神的正义。关于不义的真理。与神的对
话。先知的生存,作为对神之受难的参与。

第三节　受难仆人

以色列秩序的问题。以赛亚和耶利米的地位。超越具体社会之秩序的运动。以色列从其自身的出走。第二以赛亚。作为一部符号戏剧

导论：秩序的符号化

神和人、世界和社会，构成一个原初的存在共同体。这个四元结构的共同体既是又不是人类经验的对象。就人们通过参与共同体存在的奥秘而认识这一共同体而言，它是经验的对象。然而，这一共同体并不以外部世界的对象的方式呈现出来，它只有通过参与其中这一视角才能被认识。就此而言，它不是经验的对象。

这种参与视角所带来的烦扰必须得到充分理解。这种视角并不意味着，人们多少有些舒适地处于存在的风景之中，能够环顾四方，并观察所能见到的一切。这样一个比喻，或与此相似的关于人类知识有限性主题的其他说法，将会抹杀这种境况所具有的矛盾特征。这种比喻会使人想到一个自主独立（self-contained）的观察者，他拥有各种官能，并且具有关于这些官能的知识。这个观察者处于存在视界的中心，即使其视域是有限的。然而，人不是自主独立的观察者。他是一个行动者，在这部存在的戏剧中扮演一个角色，并且，通过自身生存这一无情的事实，执着地表演这部自己并不知晓的戏剧。当一个人偶然发现自己正处于既不十分肯定这场游戏是什么，又不清楚应该如何行动才不把事情搞糟这样一种处境中时，这会是令人难堪的；不过，他会在运气和技能的帮助下使自己从尴尬情况中解脱出来，回到较为明晰的常规生活中。然而,对存在的参与并不是人的部分介入;他所投入的是他的全部生存,因为参与就是生存本身。在生存之外,并没有一个有利位置能使人审视生存的意义,并依据计划安排行动历程,也没有一个福地洞天能让人退入其中以便重新把握自我。生存的角色只能在不确定其意 39
义的情况下来扮演,是一场在自由和必然性边际游走的抉择冒险。

不仅戏剧和角色是未知的,更糟糕的是,行动者并不确知他自己是谁。在这一点上,除非小心谨慎,否则戏剧的比喻可能会将我们引入歧途。确实,这个比喻有它的道理,甚至可能是必要的,因为它传达了一个见解:人对存在的参与不是盲目的,而是由意识指引的。这里有一种关于参与的经验,一种处于生存之中的反思性张力。如下命题显示了这种张力的含义:人在其生存中参与存在。然而,这个命题的主语和谓语是阐述生存张力的术语,而不是表达对象的概念,如果忘记了这一点,上述命题的含义就会变得荒诞不经。并不存在"人"这类事物,他对"存在"的参与似乎是一项他也可以置之不理的事业;相反,这里存在的是"某种事物",他是存在的一部分,他有能力体验自身,进而能够运用语言并把这种经验性的意识用"人"这个名称来称谓。用一个名称来称谓确实是一项根本性的呼召行动,亦即唤起行动,它把那一部分的存在构建为存在共同体中一个可被辨识的伙伴。然而,尽管它是根本性的呼召行动——因为它构成人在历史进程中了解自身的全部基础——它本身却不是一项认知行为。苏格拉底关于无知的反讽已经成为意识到这一盲点的典型范例,这个盲点处在关于人的所有人类知识的焦点之处。处于自身的生存的中心,人并不了解自身,而且必将始终如此,这是因为,只有当存在共同体及其在时间中演出的戏剧作为一个整体被了解之后,被称作人的那一部分存在才能被完全了解。人对存在的参与是他生存的本质,这一本质依赖于整体,而生存是该整体的一部分。然而,认识者与参与者身份的同一性妨碍了获得关于整体的知识,而对整体的无知又妨碍获得关于部分的本质性知识。这种对于生存的决定性核心的无知状况不仅令人不安,还深深地搅扰人心,因为正是从这种终极无知的深处迸发出对生存的焦虑。

这种终极的、本质性的无知并不是完全的无知。对于存在秩序,人
40 可以获得相当多的知识,至少包括区分可知的与不可知的那部分知识。然而,这些成就在经验和符号化的漫长过程中姗姗来迟——经验和符号化的过程构成目前这项研究的主题。人对于他在存在领域中生存意义的关切并不始终处于焦虑的折磨中,而可以通过创造符号被排解掉——这些符号旨在使该领域中可辨识的各个术语之间的关系和张力变得可以理解。在这个创造过程的早期阶段,符号化行动仍然严重受制于大量令人迷惑的未经探索的事实和未被解决的问题。除了参与的经验以及存在领域的四元结构之外,没有多少东西是真正清晰的,而且,这种部分清晰的状况倾向于制造混乱而不是秩序,就像纷繁复杂的材料被归类于过少的条目之下时,混乱是必然的。不过,即使在这些早期阶段的混乱中,也有足够的方法允许我们辨识符号化过程中的典型特征。

这些典型特征中的第一项是参与的经验所占据的主导地位。不论人是什么,他都知道他自己是存在的一部分。他在存在的伟大洪流里流动,同时存在的洪流也流淌过他,所有其他浮入他视野的事物也属于同一洪流。人对存在共同体的体验如此亲密,以至于参与者们的同质性(consubstantiality)压倒了各种实体所具有的独特性。我们在一个魔幻般的共同体中活动,那里,我们所遇到的一切东西都有力量、意志和感情;动物和植物可以是人和神;人可以是神而神可以是国王;轻柔的晨空是猎鹰(Horus)而太阳和月亮则是它的眼睛;存在的隐秘的同一性指挥着魔术般的善或恶的力量,这些力量将秘而不宣地影响那些看似不受影响的参与者;事物既相同又不相同,并且会相互转化。

第二项典型特征是对存在共同体中各个参与者的持续与流逝(即

持久性与暂时性)的高度关注。尽管具有同质性,仍可经验到存在洪流
中的具体生存者,对各种不同的生存者按照其持久程度加以区分。一
个人在别人死去时继续活着,而在他死之后另一些人仍继续活着。所
有人的寿命都不及由人组成的社会的寿命长,而当社会消亡时,世界则 41
继续存在。众神的生命不仅超过世界,世界甚至可能是由众神创造的。
在这方面,存在展示出生存者的等级制特征,从低级的人之短暂性到众
神之永恒性。等级制的经验提供了关于存在的秩序的一项重要知识,
而这种知识反过来也能够,并且确实成为构建人的生存秩序的一般力
量。更具持久性的生存者是更加全面的,它们的结构提供了较低级的
生存者必须适应——否则便会以灭绝为代价——的框架。鉴于行动者
的成功依赖于他与社会、世界和神所具有的更持久、更全面的秩序合
拍,人在那部存在戏剧中的角色的含义第一次有所显示。当然,这种合
拍不只是一种对生存所遇到的紧急情况作出的外部调适,不只是有计
划地适应我们对之有所“了解”的一项秩序。“合拍”(attunement)意味
着将调适深入到参与存在的层面。确实,持续的和流逝的都是生存,但
是,由于生存是对存在的参与,持续和流逝揭示出存在中的某些东西。
人的生存是短暂的,但是它所参与其中的存在却并不与生存一起终结。
我们在生存中体验到终有一死;我们在存在中体验到只能由不朽这一
否定性的比喻来加以符号化的东西。在我们作为生存者(existents)可
被辨识的独特形式中,我们体验到死亡;在我们对存在的参与中,我们
体验到生命。但是,在这里,我们再一次遇到由参与视角所设定的限
制,因为持续和流逝是存在和生存在我们的生存视角中向我们呈现出
的属性;一旦我们试图将这些属性客观化,我们甚至会失去我们已知
的。如果我们试图探索流逝的奥秘,似乎死亡是一个事物,那么,除了
那令我们对来自生存深处的焦虑充满恐惧的虚无之外,我们将不会发
现任何东西。如果我们试图探索持续的奥秘,似乎生命是一个事物,我
们将会发现生命并非永恒,因而在不朽众神的意象,在天堂或奥林匹斯

山上生存者的意象中迷失自己。我们从探索的尝试中被抛回到对本质
上的无知的意识中。我们仍然“知道”某些东西。我们体验到我们自身
在生存中的持续,体验到流逝,也体验到持续的等级制特征;在这些经
42 验中,生存变得透明起来,显示出存在奥秘中的某些东西,也显示出它
虽参与其中,但并不知道是什么的那个奥秘中的某些东西。这样,当合
拍关注在存在中持续的东西时,当它对自己只是在社会和世界秩序中部分显示保持敏锐意识时,当它专心倾听在人的生存中的良心和恩典所发出的无声言语时,它就会是生存的状态。在对“为什么”和“怎样”毫无所知的情况下,我们被抛进和抛出生存,然而,当我们处于生存中时,我们知道我们属于存在,我们回归了存在。由这一知识产生了关于义务(obligation)的经验,因为虽然该存在被部分地委托给处于持续与流逝这种生存状态下的我们掌管,从而可以通过我们的生存与作为整体的存在保持合拍而获得,但它会因疏忽而失去。所以,生存焦虑不仅是在生物灭亡这一意义上的对死亡的恐惧;它是一种更深刻的恐惧,即随着生存的流逝,我们将失去在参与存在时的微薄立足之地——当生存持续时,我们经验到它是属于我们的。在生存中,我们扮演了神性存在这一更伟大的戏剧中的角色,以便为了永恒而救赎不稳定的存在,而神性存在进入还在流逝的生存中。

符号化过程中的第三个典型特征是通过创造各种符号——这些符号借助与真正已知或假设已知的事物的类比来解释未知物——尝试使本质上不可知的存在秩序变得尽量可知。这些尝试有一种历史,因为回应经验压力的反思性分析将会使各种符号愈加适合于它们的任务。可知物的紧凑(compact)块状被分殊(differentiated)为各个组成部分,可知物本身将被逐渐与本质上不可知之物区分开来。这样,符号化的历史是从紧凑经验到各种分殊经验和分殊符号的进步过程。由于这一过程是将要展开的整部研究的主题,我们现在只提及标志出历史上的各

个伟大时代的两种基本的符号化形式。其一是把社会及其秩序符号化为宇宙及其秩序的相似物;其二是通过与存在十分合拍的人的生存秩序的类比来实现社会秩序的符号化。在第一种形式下,社会将被符号化为一个小宇宙,在第二种形式下,它则是被符号化为一个大写的人。

首先提及的形式从时间上说也是最初的形式。无需用长篇大论来
解释为什么会如此。因为地和天如此令人惊叹地构成囊括一切的秩 43
序。人要想活着,他的生存就必须适应这一秩序,所以,这个在存在共同体中具有压倒性力量的可见参与者必定将其秩序视为包括人和社会的秩序在内的所有秩序的典范。无论如何,古代近东诸文明——本研究的第一部分将对其进行探讨——把植物生长节律和天体的旋转作为社会的结构性和程序性秩序的典范,从而将以政治方式组织起来的社会符号化为宇宙的一个相似物,符号化为一个小宇宙(cosmion)。

第二种符号或形式——社会作为大写的人——往往会在宇宙论形式的符号化帝国崩溃并在其灾难中吞噬对宇宙论秩序的信任时出现。尽管其仪礼被融入宇宙论秩序之中,但社会还是崩溃了;如果宇宙不是人的生存之持续秩序的源泉,那么,到哪里去寻找秩序的源泉?在此关头,符号化往往倾向于转向比可见的现存世界更具持续性的东西,即超越所有处在可感知的生存者之中的存在,而转向以无形方式生存的存在者。这种无形的神性存在超越世界上的所有存在,也超越世界本身,它只能被体验为人的灵魂中的一种运动;因此,当灵魂受命与未曾见过的神相合拍时,灵魂便成为秩序的典范,它将以类比自身意象的方式提供使社会获得秩序的各种符号。这种向大写之人的符号化的转变在哲学和宗教的分殊化——脱胎于从前更为紧凑的符号化形式——中得到彰显;而且,这一转向确实在历史特定阶段中的一个事件中被经验地观察到,汤因比(Toynbee)将这一特定阶段归类为“动荡时代”(the Time of Troubles)。在埃及,古王国和中王国之间的社会崩溃见证了奥西里斯

(Osiris)①宗教信仰的出现。在中国的封建制解体时期出现了各家哲学学派,尤其是老子和孔子的学派。孔雀帝国(the Maurya empire)建立之前的战争时期伴随着佛陀和耆那教(Jainism)的出现。当希腊城邦世界瓦解时,哲学家出现了,而希腊化世界遇到的进一步动乱则伴随着基督教的出现。不过,如果将这种典型事件概括为某种历史"规律",那会是不明智的,因为在细节上充满了错综复杂的变化。在巴比伦社会崩溃时并未出现这种转向(就资料的稀缺允许我们作出这种否定性判断而言),这表明"规律"会有"例外",而以色列在实现第二种形式的过程中
44 似乎并未与特定制度崩溃以及随后的动荡有什么显著联系。

符号化过程较早阶段所具有的另外一个典型特征是人意识到他的各种符号所具有的类比性质。这种意识,对应于通过符号认识事物时遇到的各种问题,以各种不同方式显示自己。尽管存在的秩序处于本质性无知的区域,人们还是能够通过运用一种以上的生存中部分秩序的经验,以类比方式对它进行符号化。植物和动物的生命节律,季节的更替,日、月和星座的运行可能会作为对社会秩序进行类比符号化的模型。社会秩序可能会作为对天体秩序进行符号化的模型。所有这些秩序可能会作为对神力领域中的秩序进行符号化的模型。神的秩序的符号化反过来又可能被用来对世界之内的种种生存秩序进行类比阐释。

在这个相互阐释的网络中,彼此一致或冲突的符号必定都会出现。长期以来,人们在温和平静中带来这些一致及冲突;矛盾并不会导致对符号的真理性的不信任。如果说符号化的早期历史具有某种特征的话,这个特征就是在表达真理时的多元主义,对同一真理的对立符号化形式表现出慷慨的认可和宽容。一个早期帝国会自我解释为宇宙秩序

① 古埃及冥神,地狱判官,其每年一次的死亡与复生人格化了大自然自我更新的生命力和多产的特点。——译注

在地上唯一的真正代表,而作同样自我解释的邻近帝国的生存丝毫不会动摇这种解释。一个美索不达米亚城邦用特殊形式和名称来代表至高神祇,它也不会被邻近城邦的不同代表方式所动摇。当一个帝国将若干此前独立的城邦统一在一起时,不同的代表方式会融合;在王朝变更时,会发生从一种代表方式向另一种代表方式的转变,有关宇宙起源的(cosmogonic)神话从一位神灵转向另一位神灵,等等,这些都表明,符号形式的多样性与对真理同一性的鲜明意识相伴随,而人通过各种符号正是为了达到这种同一性。这种早期的宽容一直延续到希腊—罗马时期,塞尔苏斯(Celsus)指责基督教"扰乱众神之间的和平"就很好地表达了这种宽容。 45

这种早期的宽容反映出,人们意识到不止一种方式可以类比化地代表存在的秩序。每个具体的符号就其使真理具体化而言都是真实的。但是,没有任何符号是完全真实的,因为关于存在的真理在本质上是人所不能及的。在真理的依稀曙光中,增长出丰富的神话故事——华丽、惑众、惊恐、迷人,讲述有关众神和魔鬼的故事,描述他们赋予或破坏人与社会秩序的影响力。在基本主题的形式及阐述上有着宽泛的自由,每一个新的增长及超级增长(supergrowth)都为围绕着不可见的真理的庞大类比工作增添了新的内容;荷马史诗、第五世纪的悲剧以及柏拉图的神话在艺术创作层面上依然能够体现这种自由。然而,当对符号化的类比特征的意识被一个问题——想要使存在的真正秩序明晰,符号化的程度如何才合适——所吸引时,那种宽容就会达到其极限。符号有许多,但存在只有一个。这样,符号的多样性本身会被体验为不适当,人们可能会努力将多样化的符号纳入一个合乎理性的等级秩序中。在各个宇宙论帝国,这种努力所导致的典型形式是将地方神灵解释为唯一的帝国最高神的诸多面貌。然而,政治一神至高论(summode-

ism)并不是理性化(rationalization)的唯一方法。① 这些努力也可能采取神谱思辨(theogonic speculation)这一更具技术性的形式,使其他神灵起源于唯一的最高神的创造,正如我们在公元前3000年初期的孟斐斯神学(Memphite Theology)中看到的那样。对于想要找到从多神论到一神论的清晰进步的历史学家来说,这些早期的指向一神论的突发思辨似乎是时代的错位;由于事实无法否认,这些早期例子必须至少被视为后来出现的更为正当的一神论的“先驱者”,除非进行一项研究——作为进一步理性化的努力——证明在以色列一神论和埃赫那吞(Ikhnaton)之间,或者在逻各斯哲学(the philosophy of the Logos)和孟斐斯神学之间有着历史连续性。然而,如果我们认识到,由一(the one)和多(the many)在逻辑上的相互排斥所暗示的多神论和一神论之间的严格差异实际上并不存在,那么,这些早期的突发会显得不那么令人惊讶,而对连续性
46 的探寻也会变得不那么迫切。众多符号之自由而充满想象力的展示之所以可能,仅仅是因为与类比所要达到的目标——存在的现实——比较起来,选择何种类比或多或少被视为无关紧要的。无论是否有着“先驱者”,在所有多神论中都有着潜在的一神论,可以随时被激活,只要历史境况的压力遇到一个敏感而又活跃的心灵。

在政治一神至高论和神谱辨析中,对彼此竞争着的符号形式的宽容达到极限。不过,此时尚非必须发生重大的决裂。赫西俄德(Hesiod)的神谱思辨并非一场与希腊多神论文化相对立的新宗教运动的开端,而罗马一神至高论——通过君士坦丁(Constantine)——甚至能够将基督教纳入它的符号化体系。与早期宽容的决裂不是来自于对多元符号化的不当性进行的理性反思(尽管这种反思可能在经验上是通往更激

---

① summodeism是多神论的一种。在它看来,有很多神,但其中有一位是最高神,辖制着其他众神。——译注

进冒险活动的第一步),而是来自更深刻的洞见:通过类比于此世中的生存秩序而得出的任何一种符号化表达都不适合用于对神性参与者——存在共同体及其秩序依赖于它——进行哪怕是模糊的符号化表达。只有当存在等级中那条分隔神的生存与世俗生存的鸿沟被感觉到的时候,只有当存在的创生性、秩序性和保存性渊源在绝对的超验性——这种超验性超出了感知生存中的存在——中被体验到的时候,所有通过类比来进行的符号化才会被理解为是不适当、甚至不得体的。各种符号的适当性(seemliness)——如果我们可以借用色诺芬尼(Xenophanes)[①]的术语的话——此时会成为一个紧迫的要求,而迄今为止尚能容忍的符号化自由将会变得不可容忍,因为这种自由是一种不当的放纵,表现出对于存在秩序认识的混乱,而且更深层的是,由于缺乏适当的合拍行为,它是对存在本身的背叛。对于从存在堕落到虚无的恐惧激发出一种不宽容,它不再愿意区分强大的与弱小的神,而是用唯一真神来反对诸伪神。这种恐惧促使柏拉图创造出"神学"(theology)这个术语,以区分真正神学和虚假神学,并使社会的真正秩序依赖于某些人的统治,这些人在其真正神学中表现出与神性存在的适当合拍。

当符号的不适当(unseemliness)成为人们关注的焦点时,人对存在秩序和生存秩序的理解初看起来并未发生很大的变化。确实,通过区 47
别强调本质性无知领域,以及随后区分可知的此世实体(immanent reality)和不可知的超验实体,区别世俗的生存与神的生存,人们确实有所收获,而且,某些旨在保护新的洞见、防止倒退到重新接受旧符号——回过头来看,这些符号不过是真理的幻象——的热情也显得情有可原。然而,人无法通过对不当符号形式的不宽容而摆脱本质性的无知;人也无法通过理解参与的视角局限性(perspectivism)的本质而克服这种局

① 色诺芬尼(Xenophanes,约公元前565—473年),古希腊哲学家,埃利亚学派第一个代表人物。——译注

限性。对不当符号的深刻洞见似乎消失在一种或许有些夸张的强调之中,即强调某个一直为人所知但并未得到更多关注的东西,其实这个东西之所以没有得到重视,正是因为即便重视它也并不能改变什么。

不过,某些东西确实改变了,不仅在符号化所运用的方法上,而且也在存在和生存的秩序本身。生存是对存在共同体的参与;然而,人们发现它是不完美的参与,是由于缺乏与存在秩序的适当合拍而产生的对于生存的不当处理,包含着从存在堕落的危险,这些发现的确是可怕的,它们迫使人们以激进的方式重新定位生存。不仅那些符号会失去它们在揭示不可见的秩序时所具有的明晰化魔力,并变得晦涩难解;而且,此前一直为全面的存在秩序提供类比的世俗生存的局部秩序将会显得苍白无力。不仅那些不当的符号将被拒绝,而且人们将避开世界和社会,将其视为误导性类比的根源。他将会体验到一种转向,体验到柏拉图式的转变(periagogé),即朝向秩序的真正源头的逆转或转变。这种转向、转变所带来的不仅是增加有关存在秩序的知识;它是秩序本身的改变。这是因为,当对存在的参与主要成为对上帝的参与,而对世俗存在的参与退居第二位时,对存在的参与的结构会发生变化。通过转变而与存在保持更完美的合拍,这不是同一等级内的增长,而是质的飞跃。当这种转变降临一个社会时,转变后的共同体将会体验到它与所有其他尚未进行这一飞跃的社会在本质上的不同。此外,这种转变不是被体验为人类行动的结果,而是被体验为对神的存在的启示、对恩典行为、对被挑选出来作为上帝的特别参与者的一种激情(passion)、一种
48 回应。这个共同体——正如以色列的情况那样——将会是一个被选民族,一个独特民族,一个属于上帝的民族。这个新的共同体因而创造出一套特殊的符号来表达它的独特性,而这套符号从此可以被用来区分在历史生存中的社会领域内新的结构性因素。当这种区分得到更充分发展时,正如由圣奥古斯丁所做的那样,以色列的历史将会成为圣史(historia sacra)及教会史中的一个阶段,而有别于帝国兴亡更迭的俗史。

因此,对上帝的特别参与令一个社会脱离世俗生存的行列,并将这个社会构建为处于历史生存中的上帝之城(civitas Dei)的代表。

这样,存在确实发生了变化,并对生存的秩序造成了影响。然而,在存在中的向上飞跃不是越出生存的飞跃。对上帝的特别参与并未废除对整个存在共同体——包括世俗生存中的存在——的参与。人和社会如果希望继续立足于存在——该存在使向着特殊参与的飞跃成为可能——那么就必须仍然适应世俗生存的秩序。因此,并不会在社会时代之后出现一个以更紧凑的方式与存在相合拍的教会时代。相反,在这两种层次的合拍方式之间会发展出张力、摩擦和均衡,发展出一种二元的生存结构,这一结构在一些成对的符号中表达自己:公民神学(theologia civilis)与超自然神学(theologia supranaturalis)、世俗权力与精神权力、世俗国家与教会。

对不当符号化形式的不宽容并未解决这一新问题,激发出不宽容的那种对存在的爱必须与生存的状况相妥协。我们可以在老年柏拉图的著作中发现这种妥协态度。他在早年和中年对不当符号化形式持强烈的不宽容态度,但这种态度在老年发生了显著变化。确实,在体现转变的那一洞见,即"神是人的尺度"的原则上,绝没有让步,反而是更有力的坚持,但这一原则在表达上则变得更加谨慎,深藏于神话的帷幕之后。柏拉图意识到:有关存在的这种新真理不是旧真理的替代者,而是它的补充。《法律篇》展现了一个以宇宙类比方式构建的城邦——这也许反映出东方政治文化的影响——在那里,新的真理将会仅仅渗透至那个生存容器能够容纳而不至于破裂的程度。而且,有这样一种新的 49
理解:对秩序的不当符号化形式的攻击可能会摧毁以类比方式存在的信仰,同时摧毁秩序本身,能够模糊地看到真理比根本看不到真理要好,与存在秩序不完美的合拍比混乱无序更为可取。对存在的爱激发出的不宽容被一种新的宽容加以平衡。这种新宽容是由对生存的爱、

对崎岖道路的尊重——人在历史中沿着这些崎岖道路接近真正的存在
秩序——所激发的。在《伊庇诺米》(*Epinomis*)中,柏拉图道出了他的
50 智慧终极——每个神话都蕴含着真理。

第一部分
古代近东的宇宙论秩序

古代近东诸社会以宇宙论神话的形式构建秩序。然而，到亚历山大时期，通过以色列，人类转而生存在上帝之下，通过希腊而生存在对一切存在的不可见尺度的热爱之中。这一转向超越了处于无所不包的宇宙论秩序之中的生存，需要一次从紧凑的神话形式向经过分殊的历史和哲学形式的进步。因此，对于秩序及其符号化的研究，从一开始就必须面对人类在时间进程中展开自身秩序的问题，尽管人类本身并不是一个具体社会。

就相同类型的符号形式同时在若干社会出现而言，超越社会秩序的人类秩序进一步在空间中展开。这项研究第一部分的题目“古代近东的宇宙论秩序”就提出了问题：谁的秩序应该被认定为探究的主题？这是因为，古代近东不是一个单一的、有组织的、有连续历史的社会，而是由众多有着各自独立历史的文明组成。此外，就尼罗河河谷文明而言，人们可以有理由谈论具有连续性的“埃及”，尽管帝国秩序曾多次因国内动乱或外国入侵而中断，而在美索不达米亚，苏美尔帝国、巴比伦帝国、亚述帝国等名称标示着由不同民族组成的多元化政治组织。不过，我们不仅已谈及作为宇宙论秩序主体的“古代近东”，甚至论及以宇宙论神话表达自己生存模式的“人类”。这样的语言意味着，有着各自 51
独立历史的一组社会，基于我们的目的，而可以被看作是历史中的一个单元;甚至那些用来表达某一具体秩序的符号也可以从它们所源起的社会里抽象出来,归之于整个人类。

在人类首次登台的场合便提出关于人类的问题并不是希望立即解决它。这一问题将伴随我们这项研究的始终。就目前而言,意识到它的生存就足够了。这种意识可以成为以后经验观察的基础,后者与这第一部分的材料组织有着直接关系。

经验知识告诉我们,宇宙论神话在若干文明中出现,彼此之间并无明显的相互影响。诚然,也有人提出这样的问题:在时间和空间上相邻的美索不达米亚文明和埃及文明是否未曾相互影响?或许它们有一个共同的起源,这也许可以解释它们政治文化中的相似特征。无论这场迄今尚无结论的争论将会得出什么结果,考虑到相同类型的符号也曾出现在中国周朝和安第斯诸文明中,而巴比伦或埃及不可能影响到这些地方,这个问题本身便显得不那么迫切了。因此,根据经验知识的现状,我们最好把这种宇宙论神话视为人类历史中的一个典型现象,而不是巴比伦、埃及或中国的秩序所特有的符号形式。更不可取的是,沉湎于有关"文化扩散论"(cultural diffusion)的推测,认为宇宙论神话是从某个假想中的首创中心扩散的结果。

就我们所知,当社会的发展超越了部落组织的水平时,宇宙论神话通常是这些社会创造出的第一种符号形式。不过,曾经出现过的若干事例差异巨大,足以使我们明确无误地区分出神话的美索不达米亚风格、埃及风格和中国风格。而且,尽管不能确切展示,但非常有可能的是,风格上的差异与不同文明所具有的展示其经验的潜能有关——经验的展示最终导致存在中的飞跃(leap in being)。在古代近东地区,美
52 索不达米亚帝国在这个方面显然是最贫乏的,而埃及诸帝国前后相继的过程则展示出令人瞩目但最终夭折的发展。只有在叙利亚文明中的那些民族通过以色列实现了突破。因此,宇宙论神话一般类型中的不同形式决不应被忽视。

为了恰当处理这个问题的不同方面，第一部分的材料将按照以下方式组织：第一章将探讨美索不达米亚诸帝国。美索不达米亚的各种符号十分刻板，很少有分殊化经验（differentiating experiences）的痕迹，故而最适合用来阐释宇宙论神话中的典型要素。第二章是关于阿契明帝国的，将探讨宇宙论神话在受到拜火教（Zoroastrianism）影响后发生的变化。埃及将在第三章讨论，其经验和符号的本土化发展倾向于突破宇宙论神话的形式。这种安排既照顾了一般类型，也照顾了各种不同形式，它将显示人类通过各个文明序列取得的进步。① 53

① 有关具体问题的文献将在讨论到这些问题时给出。第一部分所讨论的诸帝国的政治史，大体上参阅了以下著作：Eduard Meyer, *Geschichte des Altertums*, I/2（5th ed., Stuttgart-Berlin, 1926）；II/1（2d ed., 1928）；II/2（2d ed., 1931）；III（2d ed., Cotta'sche Buchhandlung, 1937）. Eugene Cavaignac, *Histoire de L'Antiquité*（Paris：Fonemoing, 1913）I/1, *Javan*（Paris, 1917）；I/2, *L'Orient et les Grecs*（Paris, 1919）. M. Rostovtzeff, *A History of the Ancient World*, vol. 1, *The Orient and Greece*（Oxford：Clarendon Press, 1926）. Arnold J. Toynbee, *A Study of History*, 6 vols.（London：Oxford University Press, 1934—1939）. *Cambridge Ancient History*, vol. 1（Cambridge：Cambridge University Press, 1924）中的相关章节：Stephen H. Landon, "Early Babylonia and Its Cities", chap. 10, 及同作者的"The Dynasties of Akkad and Lagash", chap. 11；R. Campbell Thompson, "Isin, Larsa, and Babylon", chap. 13, 以及同作者的"The Golden Age of Hammurabi", chap. 14. *Historia Mundi*, vol. 2, *Grundlagen und Entfaltung der aeltesten Hochkulturen*（Bern, 1953）中的相关文章：Anton Moortgat, "Grundlagen und Entfaltung der sumerishakkadischen Kultur"；Guiseppe Furlani, "Babylonien und Assyrien"；William F. Albright, "Syrien, Phoenizien und Palaestina"。关于观念史的背景，参阅了以下这些著作：Alfred Jeremias, *Handbuch der Altorientalischen Geisteskultur*, 2d ed.（Berlin-Leipzig：W. deGruyter, 1929）. Bruno Meissner, *Babylonien und Assyrien*（Heidelberg：C. Winter, 1920—1925）. H. and H. A. Frankfort, John A. Wilson, Thorkild Jacobsen, and William A. Irwin, *The Intellectual Adventure of Ancient Man*（Chicago：University of Chicago Press, 1946）. Henri Frankfort, *Kingship and the Gods*（Chicago：University of Chicago Press, 1948）。

第一章
美索不达米亚

第一节　神的创造与人的领地

建立政府是一种创造世界的尝试。当人创建政治秩序小宇宙(cosmion)时,他以类比的方式重复着神创造宇宙的过程。这种类比重复不是一个徒劳的模仿行为。这是因为,在重复宇宙创造过程的同时,人在自身的生存局限性所容许的范围内参与了创建宇宙论秩序本身。而且,在参与创建秩序时,人体验到他与存在的同质性,人自己作为存在的被创造物也是存在的一部分。因此,人通过创造的努力成为一个双重意义的参与者:他既是神的创造物(creature),又是神的匹敌者(rival)。

在美索不达米亚起源的零星文献片断中,刚才勾勒出的经验复合体可以被辨识为宇宙论神话的推动力。这些复合体的某些要素在《创世记》有关神与人关系危机的几处描述中均有保留。

第一个描述包含在创世的故事中。在第六天,埃洛希姆(the Elohim)按照他们的形象造人,使人与他们相像,并让他管辖其他创造物(《创世记》,第一章第二十六节)。但这种相像是不完全的,因为神保留了关于善和恶的知识,禁止人吃智慧树上的果实(第二章第十七节),并在当天以死亡作为威胁。但是,诱惑者知道的更多:当人吃了智慧树上的果实后,他不会死,而会知道善恶,从而变得更像诸神(第三章第四节至第五节)。这样便出现了竞争的主题,禁果被偷食。确实,人并没有像他所受到的威胁那样死去;相反,对于神来说,一个威胁出现了。"那人已经与我们相似,能知道善恶。现在恐怕他伸手又摘生命树的果子吃,就永远活着。"[1](第三章第二十二节)于是,人被赶出危险的环境,神 55
还设置了守卫以阻止人接近生命树(第三章第二十三节至第二十四节)。

第二个关于危机的描述包含在大洪水时期的史前史中。这个描述是模糊的,因为圣经叙述者必须把难以处理的多神论原材料融入他的一神论故事中。不过,我们仍然能够在"神的帐篷"里某些有淫荡色彩的行为中(第三十二章第二节以下)分辨出这场危机的源头。某些神(圣经的叙述将其婉称为"天使们")快乐地观察人的女儿们,从众神与人的通婚中产生出一个由半神性的、傲慢的巨人构成的种族,这些巨人更倾向于恶而不是善(第六章第一节至第四节)。通向神性的新途径必须再次被遏制:先是有一道神旨不让这些危险的后代们获得永生(第六章第三节);然后,当巨人们并未收敛恶行时,又用大洪水将其灭绝,只有挪亚及其一家人幸免(第六章第五节至第八节)。

第三个描述包含在巴别塔的故事中。挪亚的子孙们是同一种人,讲同一种语言(第十一章第一节)。他们住在示拿(Shinar)平原,即巴比伦,打算造一座城和一座通天塔,以便使他们有一个名字,避免散落在广袤的土地上(第十一章第四节)。耶和华下来观察到他们的工作,断定:"他们成为一样的人民,都是一样的言语,如今既作起这事来,以后

① 本书的《圣经》中译文参照了中国基督教协会 1998 年于南京出版的采用简化字与现代标点符号的和合本,但该中译本与沃格林所引《圣经》文意有较大出入之处,则依沃格林的文本译出。——译注

他们所要作的事就没有不成就的了。”于是他搅乱了他们的语言，并把他们散布到广袤的土地上（第十一章第五节至第九节）。

从这三个描述中，人作为一个与上帝相似的被创造物出现，他拥有关于善与恶的知识，对于从善与作恶享有自由，这使他高居于所有其他被创造物之上。他难以找到他的生存所应具备的正确平衡，并且傲慢地想要得到神性，而他不过是神性的影像（image）而已。他意识到死亡，意识到人生的短暂与神的持续，这迫使他重新理解自身的境况；各种无法抵御的自然灾害使他意识到他的生存的不稳定性和缺陷；人类分化为各个民族也向他昭示，人类并不存在可以媲美天堂的“一个世界”，存在的仅仅是每个社会在其所处的地域和时代中，为了适应宇宙秩序的宏伟而进行谦卑的调整。以一种对材料出色的戏剧化把握，《创
56 世记》的作者将这三个描述融合成一部人的精神史。在这三场巨大的反叛和堕落之后，一位饱受磨难的人，亚伯兰[①]，蒙上帝召唤离开巴比伦，定居在一个新的地方，创建了那个地上所有民族都因其得福的民族（第十二章第一节至第三节）。那些骚动不安的关系找到了它们的平衡；现在，正如《诗篇》第八篇中赞颂的那样，人的领地能够真正成为类似于上帝的创造物，而没有野心勃勃的僭越。在《诗篇》中，上帝君临万国；他的光芒高悬于天空，阻止敌人，粉碎叛乱。人与上帝比起来又算得了什么？

> 我观看你指头所造的天，
> 并你所陈设的月亮星宿，
> 便说，人算什么，你竟顾念他？

---

① 亚伯兰（Abram）及其家族原居于吾珥，蒙神召唤改名作亚伯拉罕（Abraham）。“从此以后，你的名不再叫亚伯兰，要叫亚伯拉罕，因为我已立你作多国的父。”参见《圣经·创世记》第十七章第五节。全书译名依英文分别译为亚伯兰或亚伯拉罕。——编注

世人算什么，你竟眷顾他？（《诗篇》第八篇第三节至第四节）

而且：

你叫他比天使微小一点，
并赐他荣耀尊贵为冠冕。
你派他管理你手所造的，
使万物……都服在他的脚下。（《诗篇》第八篇第五节至第八节）

当原初的巴比伦神话故事被纳入希伯来《圣经·创世记》时，它们遭遇了删节和改编。不过，即使这些描述被歪曲，也会有助于理解古老得多的阿达帕（Adapa）神话。该神话只有一些片断保存下来，它与巴比伦神话属于同一类型。① 阿达帕神话一直是争论的对象，一些学者想要从中辨识出亚当及其堕落的故事在巴比伦的起源，而另一些学者则通过详细描述不同之处来捍卫《圣经》的荣誉。不可否认，在这两个故事的主题——获得智慧，失去永生——之间有一定的关系；然而，我们怀疑这场争论是徒劳无功的，因为阿达帕神话恐怕根本不属于亚当故事的类型，而属于上述第二个描述所代表的那一类型。这个描述出现在《创世记》第六章中，它讲述了“上古英武有名的人”，讲述由神和人的美貌女儿们所生的种族。《创世记》对于神的较为淫荡的行为言简意赅，57
并且没有提到使神的后代获得名声的那些功绩。在巴比伦神话中，我们至少可以找到一个关于半神英雄时代的故事。

---

① 这个巴比伦阿达帕神话的片断的英文译本见 Alexander Heidel, *The Babylonian Genesis*, 2d ed. (Chicago: University of Chicago Press, 1951), 147—53；对这个神话的分析可参见以下著作：ibid., 122 ff., and Meissner, *Babylonien und Assyrien*, 2: 188—89。

神话中的阿达帕并不像人们曾想象的那样是第一个人。他被描绘为“人类的种子”，但是，与相关用语进行的语文学比较使人确信，“种子”并不意味着人的“父亲”，而是人的“后代”。这样，他既是人的儿子，也是智慧之神俄阿(Ea)的儿子，因此是个半神的存在，从他父亲那里获得智慧，但并未获得永生。俄阿把他塑造为人类的领袖，并使他熟练地阐述地上的法令。阿达帕的职能是神庙粮食的供应者、俄阿之城俄瑞都的祭礼观察者，他与面包匠一起烤面包，提供食物和水，摆放和清理桌子(也许是在神庙中)并从事渔业。这些职能集于一身表明阿达帕既是俄阿神(Erida)之城的祭司，也是统治者。

一天，当他正在海湾里捕鱼时，一阵南来的风暴淹没了他。身怀魔力的阿达帕被激怒了，诅咒南风。他的诅咒折断了南风的翅膀，从而在宇宙里引起一场骚动。七天之后，天帝阿努(Anu)发觉了南风不吹并知道了原因，于是他召阿达帕前来。俄阿向他儿子提出忠告，告诉他为了在天上赢得朋友该如何行动，并特别提醒他不要品尝给他的任何食物或饮料，因为这将会是通向死亡的食物和水。得益于这些精明的忠告，阿达帕平息了阿努的怒气，这位天帝开始考虑如何处置这位肇事者。最初的损害是由俄阿造成的，他向一个人揭示了天与地的秘密(赋予这个人魔力)；阿达帕如今已是强壮的，并且有名字；最好的办法就是让他成为一位完全的神。因此，阿努命令给阿达帕拿来通向永生的食物和水。但阿达帕记着父亲的忠告，拒不吃喝，于是阿努放他回到地上。剩下的部分(片断四)损坏得太严重，难以形成连贯的故事。看起来似乎是，阿努嘲笑阿达帕的错误行为，却崇拜他的咒语所具有的力量，想知道如何增强自己的支配权。无论如何，他颁布法令取消了阿达帕的俄瑞都城的强
58 制工役，并给予高级祭司(由阿达帕所担任)绵及久远的荣耀。

对这个神话的解读可以从它的实用背景着手。关于阿达帕的这个故事以一篇宁卡拉克(Ninkarrak)咒语的长篇序言形式保存下来，宁卡拉克是掌管治疗的女神(片断四)。她将会治疗由于阿达帕不吃通向永生

的食物而给人们带来的病痛和疾患。从这一背景中我们得知，首先，这个神话并不是想要讲述众多英雄之一的冒险经历，而是在讲述阿达帕是人类的唯一代表；其次，死亡并不被视为人类生存的基本要素，而是一种本来可以避免的不幸。这个神话关心的显然是人类的生存和存在。

因之，在讨论这个神话的含义时，我们必须区分神话故事的内容与这一内容所符号化的经验。如果我们不加批判性的审慎便选择神话的一些部分加以研究，似乎它们是一篇论文中的一些命题，自身具有含义，那么我们就会得出一些可疑的结论（这种结论事实上已经有人得出过），譬如，巴比伦人相信死亡是俄阿故意误导的建议造成的后果，或者是俄阿和阿达帕方面的错误计算造成的后果。这种类型的解读把这个神话当作似乎是一项关于人类行为的经验研究，但一个关于神和半神的神话显然不是这种经验研究。

这个神话中的各种符号必须和它们所表达的经验联系起来。人的生存被剥夺了永恒性，永恒性是属于神的。虽然这个核心观点被明确表达，但把握这种剥夺所蕴含的意义则不那么容易。确实有一种“本来可以……”的感觉，而且，对于同质性的意识牢牢占据着主导地位，压倒各种生存所具有的独特性。人能够是半神，能够拥有通过诅咒进行破坏的魔力，而且他的半神实质能够通过身体享用生命的物质而得以完善；看来，他没有理由不成为一位神。然而，尽管有着这种对于同质性的意识，但与众神竞争的动机以及傲慢地追求永生（在《创世记》中，亚当被认为是永生的）的动机，却被不可思议地压制了。永生不在阿达帕的能力范围之内；他的父亲俄阿没有给他这个能力，而当他有机会获得永生时，却是由阿努自愿给他的。① 59

① 不过，这种限制并不是巴比伦神话的一般特征。在吉尔伽美什史诗中，英雄热切地寻找着能带来长生不老的药草。这种差别使得吉尔伽美什史诗被归类为这两个神话中更加古老（因而也许是更早？）的一个。

这两位神的行为令人迷惑不解。俄阿是智慧之神,他把智慧传给他的儿子。俄阿欣然地把儿子培养成人类领袖,这当中有某种普罗米修斯式(Promethean)的首创精神。他为什么把原本显然可以给予他儿子的永生扣留下来?这个神话是否可能暗示着一种真正的智慧,这种智慧将不会渴求将生存延长到额定的时限之外?不能忽视的一种可能是,在这些神的描述中透射出荷马式的亮光。在这个神话里,也许有一种对宁愿做人而不做神的意愿的朦胧认可。诚然,如果我们进一步提出阿达帕不吃通向永生的食物并无错误,俄阿不想让阿达帕吃这食物是因为它将会导致其人性的死亡,恐怕有些过度引申。不过,这个对于死亡食物和水的警告仍然有诡异之处,因为神话中的这些物质并不是文艺复兴时期的宴会上发放的毒药,毒药后果不是心脏病发作,而是人终有一死,那么,它们能对本来就会死的阿达帕造成什么损害呢?也许这个谜团可以通过求助于《创世记》神话中类似的怪事而得以解答。当人被逐出伊甸园后,他也因此被禁止取食生命树上的果实。但是,这种驱逐为何如此重要?通向生命树的道路可能会被某种物理障碍切断,也可能会被一道禁止接触果实的禁令所阻止,两者之间有何区别?它们的区别仅仅是在享乐主义、无所作为的生活与辛苦工作之间的差别么?在《创世记》中有一个答案:对那一越轨行为的惩罚,即“死亡”,并不是终有一死,不是生存的短暂,而是精神从存在中堕落。阿达帕神话尚未提出“从存在中堕落”的问题,但是,这个对于死亡食物的奇特警告——它导致拒绝永生的食物——问题掩藏在它那紧凑而费解的符号化表达之下,后来将在《创世记》中得以展开。

对于阿达帕拒绝永生的食物和水所带来的后果,我们的理解再次由朦胧转为清晰。阿努仁慈地将阿达帕贬谪为俄瑞都永久而荣耀的管辖者。拒绝永恒生命的英雄是创建并维持人间秩序的统治者。也许阿努的授权是一种诱惑?但这样解释会是一种过度引申,因为这方面的
60 经验尚未像《创世记》中的蛇那样出现分殊。但结果是一样的:人的领

地是对永恒秩序的类比化补偿。

第二节　政治秩序的符号化

在美索不达米亚文明中，通过类比宇宙秩序而实现的政治秩序符号化并不是来自创立于某个特定时期的思辨体系，而是政治现实和符号化朝着彼此方向成长，直至在巴比伦第一王朝（the First Babylonian Dynasty）中实现了一个定义明确的符号核心这一进程的结果。① 政治组织由各个独立的城邦（city-states）成长为管辖整个苏美尔—阿卡德（Sumero-Akkadian）文明地区的诸帝国，而且，将帝国视为宇宙及其秩序的类比物这种观念也随着帝国的成长而逐渐发展。

---

① 汉谟拉比（Hammurabi）是巴比伦第一王朝的第六位国王。他的统治持续了四十三年。在过去三十年里，这个王朝以及汉谟拉比的在位时间被实质性地向后推移了，尤其是受到在马里（Mari）出土的文物影响后。爱德华·迈耶（1926）认为该王朝约出现在公元前2225—1926年，汉谟拉比统治时期约在公元前2123—2081年。关于这场争论自迈耶以来的发展，比较 Sidney Smith, *Early History of Assyria*（London: Chatto and Windus, 1928）；同一作者的 *Alalakh and Chronology*（London: Luzac and Company, 1940）；以及 P. van der Meer, *The Ancient Chronology of Western Asia and Egypt*（Leiden: E. J. Brill, 1947）。当前关于汉谟拉比年代的意见有：公元前1848—1806年（Sidersky, Thureau-Dangin），公元前1704—1662年（Weidner, Boehl）。阿尔布莱特和德·沃克斯认为是公元前1728—1686年。悉尼·史密斯认为是公元前1792—1750年，他的意见得到帕洛特的赞同（—*Archéologie mesopotamienne*［Paris: Albin Michel, 1953］）。以上意见综述来自卢浮宫（Louvre）展览 *Les Archives Royales de Mari*（1800—1750 av. J.-C.）。普理查德在 *The Ancient Near East in Pictures*（Princeton: Princeton University Press, 1954），xii 中给出类似的概览。弗尔拉尼则倾向于接受公元前1704—1662年这样的时期（*Historia Mundi*, 2: 262）。尽管这个独特个案中的年代缩短，或者古代史总的资料的相应缩减并不会影响我们分析的细节，但是，这种缩减对于我们目前的问题仍然很重要。原因在于，它为经验的演化创造出更加密集、更为可行的媒介，取代令人惊愕但却空洞的时代延伸。

已知的最早政治形式——当然绝不是原始的形式——是城邦。城邦是由拥有大片土地的神庙组成的集合体，每座神庙都由一位神拥有，并由神的佃农管理。这些城市人口不等，最多的可有两万居民。通过由城市最高神祇的佃农进行宗教的和世俗的统治，构成一座城市的若
61 干个神庙单元，组织成更大的单元。[1] 这个角色在苏美尔是 ensi，在阿卡德是 ishakhu。这种组织出现的前提是，存在一个发达的众神体系，其中有诸神之间的等级秩序。事实上，这个众神体系会超越单一城邦的局限，而涵盖美索不达米亚诸城邦多样化的神。因此，就这些城市统一于共同的宗教文化而言，它们属于同一个文明。城市之间的边界纠纷因而并不一定导致战争，而是能够通过仲裁来解决，即由某个第三方城市的佃农来担任裁判，其决定得到佃农所代表的神的权威支持。尼普尔（Nippur）的恩利尔（Enlil）神在诸城市神中地位最高，[2]他的城市也就享有可与希腊德尔斐（Delphi）城相媲美的特殊宗教权威。

---

① 关于这种城市国家的内部结构，简短的苏美尔史诗“吉尔伽美什和阿嘉”（“Gilgamesh and Agga”）新近为我们的理解提供了帮助。雅各布森在 *Journal of Near Eastern Studies* 2（1943）中提供了这部史诗的部分译本，克雷默在 *Ancient Near Eastern Texts Relating to the Old Testament*, ed. James B. Pritchard（Princeton：Princeton University Press, 1950）（下文简写为 ANET）中提供了完整译本。埃雷克（Erech）的国王吉尔伽美什在与基什的阿嘉开战前向由老者和武士组成的议会进行咨询。因此，正如雅各布森所指出的那样，迄今所知最古老的政治议会的存在至少可由这些苏美尔城邦所证实。我不进一步讨论这个问题，因为资料太少，不足以得出任何结论。斯贝瑟对这个问题给予了相当大的，由于资料的缺乏而在某种程度上有所夸大的关注，参见 E. A. Speiser, “Ancient Mesopotamia”, in *The Idea of History in the Ancient Near East*（New Haven：American Oriental Society, 1955）。在美索不达米亚地区帝国层面的组织中，人们没有发现任何这种议会的迹象。

② 恩利尔，早期苏美尔创世神话中的神。在苏美尔神话中，海神 Nammu 是最初的创造者，它创造了天（An）和地（Ki），天为雄性，地为雌性。天地结合生出空气之神，即恩利尔。根据早期苏美尔神话，恩利尔将混为一体的天地分割开来。参见 S. G. F. Bran-

在城邦层面之外以和平手段建立政治组织似乎比在希腊遇到更加难以克服的困难,因为我们没有发现与希腊的城市联邦类似的组织,所以拥有更大领土的王国全部是通过战争和征服形成的。胜利的征服者及统一者采用了 lugal(意为“伟人”)的称号——一个已经在城邦中使用的国王称号。这一称号突出了基什(Kish)和欧皮斯(Opis)两座城市地方统治者的重要地位,[②]尽管我们并不完全确定这两座城市对其他城市具有何种优越性。这个称号是在城市总督(也就是 ensi)之外额外使用的称号;甚至到了亚述帝国时期,国王们还以他们的风格保留了阿舒尔(Ashur)的总督的称号。因此,即使在帝国时期,城邦组织也得以在地方行政机构的层面上保留。然而,总督的地位不可避免地受到创建中央行政机构的影响;当帝国政府强大时,总督几乎就只是一位可以在各个城市间调动的公务员而已。 62

伴随着对领土的管辖权的加强,一种相应的符号化表达也在发展。卢加尔扎吉西(Lugalzaggisi)时期(公元前第三个千年时代中期)保留下来的一段铭文揭示出这个新问题:

> 当恩利尔,所有国家(kurur)的国王
> 将这片土地(kalama)的王权授予卢加尔扎吉西;
> 当恩利尔使这片土地上的眼睛都望向他,
> 将所有国家都置于他的脚边之时;

---

don, *Creation Legend of the Ancient Near East*, London: Hodder and Stoughton, 1963, pp. 70—71。在历史上苏美尔众神中,恩利尔被视为土地的领主(lord of earth)(ibid., p. 71)。若干苏美尔神话将恩利尔描述为万物的创造者(同前, p. 80)。

② 基什是古代美索不达米亚的一座城市,位于现今伊拉克的中部、幼发拉底河谷地。——译注

恩利尔就为他征服了从日出到日落的地方，

并为他开辟了从位于底格里斯河(Tigris)和幼发拉底河(Euphrates)的下部海(the Lower Sea)到上部海(the Upper Sea)的道路。

这段铭文看来是经过精心撰写的。头两行描述宇宙领域(the cosmic sphere)的决定，次两行描述人世间政治领域内的事件，余下的文本则描述由此而来的管辖权问题。神祇恩利尔身为所有国家的国王，将苏美尔这片土地的王权授予卢加尔扎吉西。由于这道命令的执行，苏美尔人都将卢加尔扎吉西视为国王，而且，以他对苏美尔的管辖权为基础，他能够令恩利尔之下的所有国家臣服。结果是形成了一个广阔的管辖权领域，由东到西，从日出之地延伸到日落之地，而在南北方向上则从地中海延伸到波斯湾。① 统治者的管辖范围超出通常意义上的苏美尔地区，变得与神对宇宙的统治权一样广泛。这种符号化风格在阿卡德的萨哥尼德(Sargonid)王朝时期得以延续。在那里，我们可以发现"统治(世界)四海之人"和"四海之王"等国王的称号。

这些新符号在巴比伦第一王朝时得到充分发展。主要文献是《汉谟拉比法典》的序文：

恩纳奇(阿努 Anunnaki)之王、崇高的阿努和天地之主恩利尔，决定着地上诸王朝的命运，

当他们将恩利尔对所有人施行的职能(领导权)交予恩基(En-

① 这段铭文的文本见于 François Thureau-Dangin, *Les Inscriptions de Sumer et d'Akkad* (Paris: E. Leroux, 1905), 219。关于各种解读，参见 Meyer, *Geschichte des Altertums*, I/2, secs. 390—91。以及 Frankfort, *Kingship and the Gods*, 227—28。译文采用法兰克福给出的文本，有轻微改动以强调其措辞结构。

ki)的长子马杜克(Marduk),[1]令他在伊吉吉(Igigi)中声名显赫时，63

当他们呼告巴比伦那受称颂之名,使它特出于世时，

当他们为他建立一个永恒的王国,其根基有如天地般坚固时——

那时,阿努和恩利尔呼告我的名字,要我,汉谟拉比,忠顺的君主、诸神的崇拜者，

使正义主宰人间,荡涤罪恶与奸徒,杜绝倚强凌弱，

要我像太阳般照耀黑暗中的人们,光耀大地。

这段话的结构同卢加尔扎吉西铭文是一样的,但更为翔实。[2] 创建秩序,创立由天神马杜克统治的巴比伦以及建立由汉谟拉比领导的人间的巴比伦王国,这三者之间有着清晰的对应关系(parallelism)。[3] 而且,开始出现某种类似于符号"体系"的东西,从时间、空间以及实质等方面连贯地表达帝国的生存。

政治组织生存于时间之中,而且作为一个可识别的单元起源于时间之中。然而,在宇宙论风格的符号化过程中,并不存在由某个原初事件来清晰表达的历史时间流(flow of historical time)。相反,政府的建立

---

① 恩基,苏美尔神话中的水神。他有时被描述为海神 Nammu 之子。马杜克,苏美尔神话中伟大的巴比伦神,他创造了人类。参见 S. G. F. Brandon, *Creation Legend of the Ancient Near East*, p. 71。

② Robert Francis Harper, *The Code of Hammurabi King of Babylon* (London and Chicago: Univeristy of Chicago Press, 1904); Hugo Winkler, *Die Gesetze Hammurabis in Umschrift und Uebersetzung* (Leipzig: J. C. Hinrichs, 1904); Chilperic Edwards, *The Hammurabi Code and the Sinaitic Legislation*, 3d ed. (London: Watts and Co., 1921); Jacobsen in *The Intellectual Adventure of Ancient Man*, 193; Theophile J. Meek in *ANET*, 164. 所有这些译本均有参阅。

③ 我们将会在"天上的耶路撒冷"降于尘世的观念中发现这种对应关系的重现(见《加拉太书》第四章第二十六节和《启示录》第二十一节)。

被看作是诸神的宇宙秩序中的一个事件,人间的事件是宇宙秩序的类比表达。我们今天称谓的那类历史时间被一项宇宙法令的起源所表征。[1] 一些巴比伦第一王朝时期保留下来的关于宇宙起源的诗描述了“天上的大地”先于“地上的大地”而被创造出来。尼普尔、乌鲁克(Uruk)、俄瑞都及巴比伦等政治—宗教中心先在天上的大地被创造出来,然后相应的中心才在地上建立。这样,那些居于支配地位的政治单
64 元的起源就被追溯到世界的开端。

在时间上,政治过程是宇宙起源过程的反映,而帝国的空间组织则是宇宙空间组织的反映。宇宙的空间秩序是由主要的天体自东向西的运行所决定的,这些运行创造出由四个基点(four cardinal points)、世界的四角以及与之相应的四个区域组成的系统。在巴比伦人的观念中,整个地球被分成阿卡德(南)、埃兰(东)、苏巴尔图和哥舍姆(北)以及阿穆路(西)四个部分。就此而言,地上的帝国同天上的秩序相对应。反之,一种详细的天界地理学可以在天空找到地上配置的原型。天上的底格里斯河和幼发拉底河,地上那些伟大的城市,都被等同于特定的星座。甚至连太阳和月亮也被划分为与地上各部分相对应的区域,“月亮的右面是阿卡德,左面是埃兰,上面是阿穆路,下面是苏巴尔图”。[2]

在实质方面,政治秩序也反映着宇宙秩序。太阳神马杜克被确定为所有民族的统治者,而他在地上的类比者汉谟拉比则像太阳一般升起在民众之上,光照大地,颁赐正义的秩序所必需的条件。因此,帝国是一个小宇宙,它在原则上只能以单数形式存在。这个观念一直没有受到挑战,即令它在逻辑上无法与以下的事实兼容:在这一宇宙类比之

---

① 可对比“苏美尔王表”(Sumerian King List)的序文:“当王政从天上降下时,首先位于厄里杜。”(A. Leo. Oppenheim 翻译,见 *ANET*, 265)。也可对比“Etana 传说”(E. A. Speiser 翻译,ibid. , 114ff)。

② Meissner, *Babylonien und Assyrien*, 2: 110.

外存在着其他对立的强权。

这种小宇宙的符号化表达一直保留在整个巴比伦和亚述帝国历史上,直到被波斯征服为止。不过,亚述和巴比伦的铭文有一项显著的差异,这或许可以归因于这两个民族各自的独特性格。在《汉谟拉比法典》中,诸神将统治权授予国王,但却没有提及为获得统治权或许使用过相当血腥的手段。国王只是令正义主宰人间,荡涤奸徒与罪恶,并提供社会服务。然而,亚述人的铭文则对国王发动的战争有大量描述。例如,提革拉毗列色三世(Tiglath-Pileser)的一条铭文赞扬其是“勇敢的英雄,他在主阿舒尔的帮助下,像粉碎瓦罐一样粉碎所有不服从他的人们,像旋风一样摧毁他们,令他们随风飘散;国王以伟大的诸神阿舒尔、65
沙玛什(Shamash)和马杜克的名义奋勇前进,征服了从 Bît-Iakin[1] 的苦海(Bitter Sea of Bît-Iakin)到比克尼山(Mount Bikni),从日出之海到日落之海的土地,远达埃及——从地平线到天穹顶,对它们行使王权”[2]。除此之外,太阳—统治者的观念在本质上并未改变;例如,图库尔提—乌尔塔一世(Tukulti-Urtai)的一条铭文写道:“图库尔提—乌尔塔,宇宙之王,亚述之王,世界四方之王,所有民族之太阳,全能之王,Karduniash(巴比伦)之王,苏美尔与阿卡德之王,上部海与下部海之王,群山与广袤荒漠之王,舒巴瑞(Shubarî)和库提(Kutî)之王,以及所有奈瑞(Nairi)地之王,等等。”[3]仅仅在个别时候会出现有趣的细微差别,就像我们在亚述巴尼拔(Ashurbanipal)的铭文中看到的那样,当神对秩序的创造超出任命国王的范围而延伸到他的身体构造本身时,便属于此例:“我是亚述巴尼拔,阿舒尔和拜利特(Bêlit)的后代(创造物),后宫的最古老君

---

① 中东地区的古地名。——编注

② D. D. Luckenbill, *Ancient Records of Assyria and Babylonia* (Chicago: University of Chicago Press, 1926), vol. I, sec. 787.

③ Ibid., sec. 142.

主,头戴三重冠的主人阿舒尔和欣(Sin)自很久以前就以我的名字命名王权,他们在我母亲的腹内孕育我,为了统治亚述;沙玛什、阿达德(Adad)和以买他(Ishtar)用他们不可更改的法令命令我行使主权。”①

宇宙论方式的符号化既不是理论,也不是比喻。它是对社会秩序参与神的存在——这种参与被体验为一种真实的参与——的神话表达,而神的存在同时也安排宇宙秩序。诚然,宇宙和政治小宇宙依然是各自独立的生存物,但是,一条创造并统治的存在之流浩荡地贯穿其间,其结果正如我们所见到的那样,神是庙宇的所有者,而它的祭司与统治者则只不过是其佃农;马杜克对人间的统治是在天上确立的,而人间君王的上台掌权则只是执行了神的任命;地上的地理秩序是其在天上之原型的影像。确实,这种参与如此紧密,以至于帝国和宇宙的生存尽管是各自分立的,但它们
66 却都是无所不包的秩序的各部分。因此,我们有理由谈论巴比伦的宇宙观念,即宇宙被安排得像一个国家,宇宙和帝国在本质上是一个实体。

这种统一性将各自独立的存在者囊括为其组成部分,从而使得有必要创造一个符号来表达两个独立的部分之间的物理连接点,亦即存在之流从宇宙进入帝国的接点。当一种符号化风格的核心形成并被接受后,其内在逻辑便要求创造出进一步的符号。只要在政治秩序以宇宙论的形式被符号化的地方,我们就可以将刚才提及的这种必需的符号用希腊名称命名为“脐点”(omphalos),意为世界的中心,存在的超越力量正是从这里流入社会秩序。在希腊,这个脐点位于德尔斐的一块石头,它标志着宇宙的中心。在巴比伦文明中,正如我们所见,这种符号出现在《汉谟拉比法典》的序文中。在那里,巴比伦成为世界上无与伦比的永恒王国,因为它建立在“世界中心”;巴比兰(Bab-ilani)这个名

① D. D. Luckenbill, *Ancient Records of Assyria and Babylonia* (Chicago: University of Chicago Press, 1926), vol. 2, sec. 765.

称的涵义事实上就是众神之门(Gate of the Gods)。在卢加尔扎吉西铭文中可以看到正在形成中的这种观念——它区分了 kalama,即苏美尔地区,与 kurkur,即其他国家,kalama 构成人世间的统治中心,而 kurkur 则是其边缘的延伸。在以色列历史中,这种符号在《创世记》第二十八章第十一节至第二十二节中得到更加详细的阐述。雅各(Jacob)在某个"特定位置"躺下,以一块石头作为枕头入睡。在梦中,他看到一架梯子从地面伸到天上,上帝的天使们上上下下。在梯子的顶端便是上帝自己,将雅各所躺的那块地赐予雅各及其后代。"你的后裔必像地上的尘沙那样多,必向东西南北开展。地上万族必寻你和你的后裔所得之福。"雅各醒来后,他认识到这个地方是上帝之家和天堂之门,他把刚才作为枕头的那块石头立起来作为柱子,并将这个地方称为伯特利(Bethel),即上帝之家。[①] Baitylion 就是雅各之梦的微弱回音,这块石头位于威斯敏斯特修道院英格兰国王接受加冕的王座下面,据信它就是雅各在伯特利睡过的那块石头。

这个脐点符号已被证明能够适用于每一种帝国情形。前面已经提到德尔斐的脐点,在罗马集会的广场中有一个里程碑,形状像脐点,它 67
是世界帝国的象征。在美索不达米亚文明中,巴比伦是巴比伦时期的脐点,而尼普尔则是更早的苏美尔时期的脐点。在以色列,除了伯特利是较古老的在迦南的脐点外,至少有迹象表明耶路撒冷在稍后时代作为世界的脐点。在《以西结书》第五章中,先知受托付将如下讯息传达给以色列共同体:"这就是耶路撒冷。我曾将她安置在列邦之中心。列国都在她的四围。她行恶,违背我的典章,过于列国。干犯我的律例,过于四围的列邦,因为她弃掉我的典章。"(第五章第五节至第六节)位于脐点的民族有一种特殊的义务要遵守主的命令(the order of the

① 比较《创世记》第三十五章中的叙述。

Lord)。[1] 一些在世界的外围部分可以原谅的行为,如果发生在位于世界中心的民族则是不可原谅的冒犯。如果位于脐点的民族模仿外围邻居们的行为方式,他们就将受到严厉的惩罚(第五章第七节至第十七节)。

神的存在之流从神的源头经过脐点流入社会秩序,因此,它不会同等均匀地渗透最遥远的角落。脐点是文明中心,秩序的实质由此辐射向边缘地区,强度逐渐减弱。希罗多德(Herodotus)将"质的程度随着与中心距离更远而逐渐减弱"这个观念的起源归于波斯人:"他们给予那些居住在离他们最近地方的人最高的荣誉,其次是那些较远一点的人,依此类推,他们按照这个规则来分配荣誉;那些住得最远的人得到最少的荣誉;因为他们认为自己在各个方面都是所有人之中最好的,其他人只是按比例具有一些优点,那些住得最远的人总是只有最少的优点。"希罗多德(Herodotus)[2]进而告诉我们,米提人(Medes)在组织其帝国时采取的就是这样一种方式:他们自己对管辖权范围内的所有民族拥有领属权(overlordship),但仅直接管理与他们直接接壤的群落,而由后者来管理更外围的种族群落。帝国的这种组织方式因而反映出优秀的程度由距离中心的远近来决定。[3]

68 最后,为了强调脐点在各个宇宙论文明中的典型表现,我们应当想到中国人采用的符号"中国"(Chung Kuo)。它代表中央领地及国王所在地。"中国"被次等地位的封建诸侯国所环绕,后者又被蛮夷部落所环绕。在周朝早期,"中国"专指王室领地,而在秦汉两代,它的含义则转而指统一了的帝国,人类的其余部分作为野蛮的外部区域环绕着它。

---

① order 一词既有"命令"的含义,又有"秩序"的含义。——译注

② 希罗多德(公元前 484—430/20 年),希腊历史学家,著有《历史》,此书在西方被认为是最早的一部历史著作,希罗多德也被誉为西方"历史之父"。——译注

③ Herodotus I. 134, trans. A. D. Godley, in Loeb Classical Library.

对管辖权的时间、空间和实质的神话表达，连同脐点一起形成一套核心符号。这个核心被大量附属符号所环绕，它们相互联结，并由于其在苏美尔—巴比伦占星术体系中的共同起源而与这四个主要的符号形成一个整体。这里只能讨论其中的一两个符号，挑选的标准是其对后代历史的重要性。

黄道（zodiac）和数字十二这两个符号具有这种一般意义上的重要性。最好是将它们放在一起加以讨论，因为它们融合成十二宫图（dodekaoros）这个符号，到了公元前5世纪之后，便很难判定究竟是十二宫图对形成关于秩序的特定观念施加了影响，还是仅仅由数字十二独立地施加了影响。黄道是天空中的一条宽阔地带，太阳、月亮和行星运行于其中，由距离黄道两边各约九度的两条界线所圈定。巴比伦的天文学家们将位于这条带中的星体想象为一系列星座，由此对其进行区分及命名。由于资料的匮乏，这个意义上的黄道历史在许多方面尚不清晰，但是，似乎可以肯定的是，早在汉谟拉比时期，“月亮的轨道”经过黄道带中十六个这样的星座。在公元前5世纪之前，人们尚不能证明星座数量已减少为十二个，即产生了我们熟悉的从白羊座到双鱼座的序列，尽管这其实可能要早得多。将黄道归结为十二宫图是在数字十二影响下天文学理性化的一项成果。这个数字本身及其重要性来自于太阳历一年之中出现十二次月盈，将一年划分为十二个阳历月便是不可避免的了。而且，在巴比伦天文学体系中，各个月份以符号的方式与太阳在其运行过程中遇到的十二个星座联系在一起，例如，八月就被 69
认为是“天蝎星之月”等等。将黄道划分为十二个部分，每个部分三十度，以该部分所在的星座命名，这样就将黄道以十二宫图的形式融入日—月系统。

在巴比伦文明本身，这种符号化表达的用途由吉尔伽美什史诗得到展示，该史诗包含各种来源的神话与传说。我们仍然能够辨识出这部作品的主要来源:关于厄里克(Erech)的统治者、半神吉尔伽美什的故事;关于他的助手、太古人恩基度(Enkidu)的传说;以及巴比伦式挪亚乌塔那匹兹姆(Utnapishtim)的故事,他目睹并躲过了大洪水。这些来源都有着古老的苏美尔起源,最初成型的时间必定在汉谟拉比时代之前,因为巴比伦时期的神圣统治者马杜克在这部史诗中没有任何作用。但是,这部作品必定经历过多次修改,因为结尾的情节(也就是我们如今看到的十二号碑)看上去像是在十一号碑已经正式结尾之后又加上的附录。在保留下来的形式中,这部史诗包含刻在十二块泥碑上的十二段情节,时间是从公元前 7 世纪的亚述巴尼拔时期开始。十二块碑上的十二段情节,这种组织形式是我们当前的兴趣着眼点,因为它可能反映出黄道符号化表达的影响。这部史诗的现存状况使我们无法追寻黄道循环所包含的全部含义,但我们至少能够看出如下几点:关于神牛被吉尔伽美什和恩基度杀死的情节(金牛座);关于伊西塔和吉尔伽美什的情节(处女座);在太阳神沙玛什的帮助下,在黑暗的杉木林中杀死巨人胡瓦瓦(Huwawa),它以符号化的方式表达出光明对黑暗的胜利,这在塑像艺术中表现为一只狮子杀死一头牛(狮子座);遭遇蝎子人(天蝎座);以及关于大洪水的故事(宝瓶座)。

黄道符号化表达的影响可以或多或少地在如下现象中感觉到:业已存在的资料被按照数字十二的方式人为地组织起来,并将它们同黄道中的星座相联系。例如,在《创世记》第二十五章第十二节至第十五节中,以实玛利(Ishmael)的儿子们被一一提到,数量上是十二个;《创世记》第二十五章第十六节将这种列举概括为对“以各自的族为依据的十二族长”。在《创世记》第四十九章中,雅各祝福他的儿子们,将他们叫上前来并一一描述他们的性格特征,数量也是十二个。在这里,有些性格描述揭示出数字十二所具有的黄道含义,例如宝瓶座(《创世记》第四
70 十九章第四节或第十三节),狮子座(第四十九章第九节),一只驴(第四十九章第十四节),一条蛇(第四十九章第十七节),射手座(第四十九章

第二十三节至第二十四节)，一只狼(第四十九章第二十七节)。而且，仍然是在犹太传统中，我们不应忘记基督的十二位使徒。在希腊，在形成各部落的秩序时，也有类似的对数字十二的强烈偏好。希罗多德知道爱奥尼亚(Ionian)、亚该亚(Achaean)和伊奥利亚(Aeolian)的十二座城市。[1] 最后，在柏拉图的《法律篇》中，数字十二支配着次优城邦的建构。

在发展出十二宫图之后，黄道在解释政治现象时的作用在希腊化时期达到顶点；当时，十二个星座的天上秩序与十二个地区或气候带的人间秩序联系在一起。当时每个重要的地区都分配到黄道中的一个数字。现存最早的分配表大约可追溯到公元前 2 世纪，它将十二个国家与十二个星座罗列在一起。这套黄道所使用的名称(猫、圣甲虫、朱鹮、鳄鱼)显示出埃及的影响。这些是占星地理学的开端，它在公元 2 世纪托勒密的《四书》(*Tetrabiblos*)中得到充分发展。在托勒密的著作中，占星因果关系从各个地区扩展到其居民。十二宫图和行星据信会影响地上与之相对应的各个地区，而地上的气候反过来又会决定各民族的性格。占星地理学扩展成一种占星心理学和人种学。

在整个中世纪，托勒密的著作一直是标准的人种学体系，而且，当中世纪晚期理性文化崩溃，随之出现 16 和 17 世纪的占星术高潮时，根据托勒密著作重印的数量来判断，它的重要性甚至还有所增长。然而，在 16 世纪，由地理大发现带来的地理与人种知识的积累迫使人们重新思考托勒密对气候带的划分和对各民族性格的描述。而且，希腊政治理论的影响不断增长，这也要求放弃巴比伦的黄道体系。博丹(Bodin)在他的《方法》(*Methodus*)中按照这种新知识从事了修正工作。对气候带的划分和民族性格的描述尽管仍然显露出托勒密的来源，但在柏拉图和亚里士多德的影响下被重新组织。世界被分为四块，民族和政 71

① Herodotus I. 142, 145, 149.

体类型与之相对应，法国作为这种新秩序的脐点而在中央占据优越的地位。因果关系链中的占星术联系被抛弃了，只有气候带作为对民族性格发挥影响的原因而保留下来——这个体系很像希波克拉底（Hippocratic）《论空气、水与各地方》（*Airs, Waters, and Places*）中的气候人种学。占星地理学和人种学体系的这种修正后的形式，即作为一种关于气候影响民族性格、民族性格影响政治制度的理论，经过一些著名的中介人物，例如孟德斯鸠，而流传至今。①

迄今为止讨论到的各种符号都显示出太阳在巴比伦体系中的重要性。黄道是由太阳的轨道所决定的，数字十二是一个阳历年中月盈的次数。因此，必须就太阳这个符号的政治意涵补充一些评论。

《汉谟拉比法典》的序文和亚述的铭文都表明太阳神是人间统治的天上原型。国王被理解为太阳神在人间的类比者，从而被称为巴比伦的太阳或万民的太阳。统治权作为天上秩序的类比物这个特征，通过装饰中的天体标记得到强调。尤其是，皇袍被视为繁星密布的天空的类比物并据此进行装饰，而天空则被认为是太阳神的皇袍。皇袍绣有太阳、月亮、行星和黄道星座的符号化表达从古代一直延续到中世纪，因为皇帝维持了宇宙之王（cosmocrator）的特征。② 太阳作为代表政治
72 秩序的符号，这从美索不达米亚和埃及传播到西方。它在公元前 4 世

① 有关黄道这个符号的文献数量众多。作为关于它的入门读物，推荐 Jeremias, *Handbuch*, 113 及以下，以及其中关于"Tierkreis", 201 和"Dodekaoros", 242 及以下的部分；进一步的阅读可参看 Meissner, *Babylonien und Assyrien*, 尤其是 Vol. 2, s. v. "Tierkreisbild", 以及这些书中的参考文献。吉尔伽美什史诗有英文译本，Alexander Heidel, *The Gilgamesh Epic and Old Testament Parallels* (Chicago: University of Chicago Press, 1946)。

② Robert Eisler, *Weltenmantel und Himmelszelt: Religionsgeschichtlice Untersuchungen zur Urgeschichte des antiken Weltbildes*, 2 vols. (Munich: C. H. Beck, 1910).

纪出现在柏拉图的著作《理想国》和《法律篇》中。在亚里山大（Alexander）征服之后，在最佳社会的海里欧波里斯计划（Heliopolitan projects）和奴隶起义中，平等照耀所有人的太阳成为代表正义的社会秩序的符号。在夺取帕尔米拉（Palmyra）后，奥勒留（Aurelian）将城市的赫利俄斯（Helios）和贝勒（Bel）作为不可征服的太阳（Sol Invictus）引入罗马。① 君士坦丁延续了太阳最高神论，而且，尽管他废除了帝国硬币上的赫利俄斯图像，但带有太阳神形象的斑岩柱则在君士坦丁堡时期受到供奉。在公元4世纪，教会为了适应潮流，将作为“正义之太阳”的基督的生日调到12月25日，因为在异教徒的信仰中，这一天是太阳的生日，是它开始再次升起的日子。而且，从君士坦丁开始，上帝之日（dies dominicus）也保留了星期日②这个名称。③

将王权统治视为太阳神马杜克的类比者的观念激发出一套复杂的符号。目前对此的研究只能简要提及。太阳、月亮和行星是旋转着的天体，太阳的运行尤其决定着季节性滋生与死亡的周期。天体运行的周期性通过有关死亡与再生、革新现状与新的开端等年度节日仪式以类比的方式在政治领域获得体现。而且，每一年的衰败与复活的规律性预示了宇宙秩序在更大规模上的周期性，预示了秩序周期性地战胜混沌，复又陷于混沌的观念，这也就是宇宙万古长存（cosmic aeons）的观念。

在美索不达米亚的国家实践中，宇宙的运行在新年仪式中得到表现表达。在这些仪式中，太阳王（sun-king）必须亲自履行重要的礼仪，以此作为太阳开始了一个新周期的符号。不过，这些节日并不是现代意义上的新年庆典，它担负着在如下三个层次上表现周期性这一任务：

---

① Helios 和 Bel。

② “星期日”的英文为“Sunday”，有“太阳日”的含义。——译注

③ 关于这段论述的来源，参见 Jeremias, *Handbuch* s. v. “Sonne”。

土地滋生能力的更新，这种能力赖以依存的太阳周期的更新，以及秩序
73 对混沌的永恒胜利（太阳的运行本身即是代表这一胜利的符号）。在所有这三个方面，新年节日所表达的是一个新开端，是纠正所有不当，是宇宙从混沌的罪恶中得救。在所有这些方面，太阳王承担着救赎者（Soter）、救世主、新时代领路人以及作为共同体中受难者之代表的角色，他承担了共同体的罪恶并救赎它们，附带也救赎自己，以便恢复他那清白无瑕的王权统治。有关完美化与拯救的经验仍然深深埋藏在关于社会的宇宙式节律的经验中；可以说，在宇宙论文化层次上，救赎的循环在功能上对应于救赎论（soteriological）文化层次上关于超验完美化（transcendent perfection）的末世论。[①]

经验和符号面临来自反思性分析的压力，以至于即便是在多神论和宇宙论文化中，理性化的路径也变得清晰可见，这些路径将经由政治最高神论和神谱思辨而达到对神性存在之极端超验性的理解，随之而来也达到对世俗现实之本性的理解。

当有关天体运行和大地滋生能力循环的经验揭示出宇宙之中混沌与秩序的永恒循环时，这样一种路径才会变得清晰可见。在多神论的符号化形式的环境中，对于这些秩序的等级以及运动中的运动、周期之中的周期的认识都必须通过创立诸神的等级来加以表达。在天上诸神可见的高贵地位背后是神的力量在起作用，其命令使太阳神马杜克获得统治权；在任命了现存宇宙（aeon）统治者的众神背后，还有创造他们的其他诸神。在马杜克和天上其他诸神的权力背后是天的主人阿努的权力，以及与阿努同一代的诸神的权力；而他们反过来又来源于更为根

---

① 关于王权的救赎论功能，参见 *Handbuch*, chap. 13, “Die Erloeser-erwartung als Ziel der Weltzeitalterlehre”。对巴比伦的新年节日进行详细重构与解读的是 Frankfort, *Kingship and the Gods*, chap. 22。

本的大圣母(Magna Mater),提亚玛特(Tiamat)和阿卜苏(Apsu)等诸神的创造者。虽然多神论的符号化在此得到保留,但显而易见,这种类型的神谱构建可能会导向在超越世界的实在(world-transcendent reality)中
74 承认神的权力,并导致一神论思辨。这种终极突破并未在美索不达米亚文明发生,结果是政治的符号化形式自然停留于我们在巴比伦新年节日中所发现的那种复杂性层次上。作为美索不达米亚和波斯历史的继续,更高程度的理性化仅仅出现在——在希腊思辨的影响下——希腊化时期,以及古罗马的帝国神学中。不过,其他宇宙论文明(例如中国)也在他们自己的轨道内用他们自己的方式发展出唯一世界君主的概念,作为统治宇宙的唯一神在人间的类比;公元13世纪蒙古帝国的官方文档以充分的理性明晰性阐述了“天上一神,地上一帝”的原则。

与巴比伦本身的资料相比较,我们能够在以色列的传统中更好地分辨出追求理性化的斗争所经历的各个阶段。前面提到的关于以色列十二部落的黄道符号化表达,以及约瑟的梦(《创世记》第三十七章第九节至第十二节)——在梦中,太阳、月亮和十一个星球在向约瑟鞠躬致意,认他作它们的政治领袖——仍然停留在天体符号化的水平上。而且,直到《启示录》第十二章第一节,圣约翰也还看见“天上现出大异象来:有一个妇人,身披日头,脚踏月亮,头戴十二星的冠冕”——这个妇人正怀着那个屠龙救世的孩子。正如我们已经看到的那样,《创世记》第六章仍保留了一个由半神巨人所在的永恒宇宙的观念,这些半神巨人必须毁灭于大洪水中,然后人的世界才能出现。大圣母则保留在《箴言》第八章中的“智慧”(Sophia)形象里,它是主在创造世界之前的同伴。而且,《约伯书》也保留了从多神论向唯一的、不可见的创造者转变的痕迹。来自天体的诱惑仍然强烈,但更好的知识则愿意抵制这一诱惑(《约伯书》第三十一章第二十六节至第二十八节):

我若见太阳发光,

明月行在空中，
心就暗暗被引诱，
想亲吻它们。
这是当罚的罪孽，
因我背弃在上的神。

很难放弃众神，他们以其壮丽的临在（presence）主宰着天空，而且
75 这新来的上帝有其难以捉摸之处（第九章第十一节）：

他从我旁边经过，我却不看见。
他在我面前行走，我倒不知觉。

要找到这个上帝，向他陈明冤屈并同他争辩，这是很难的（第二十三章第二节至第四节以及第八节至第九节）：

我的哀告仍然苦楚，
在他的重责下我匍伏呻吟。
惟愿我能知道在那里可以寻见神，
能到他的台前。
我就在他面前将我的案件陈明，
满口辩白。

只是，我往前行，他不在那里；
往后退，也不能见他；
他在左边行事，我却不能看见；
在右边隐藏，我也不能见他。

正如上面最后几行诗所示，约伯在找寻他的上帝时，像巴比伦国王或中国皇帝一样向四方移动，但这种在空间的找寻却不再显示神的临在，因为大地已不再是神的天空的类比物。一个不存在众神的世界开始对人的情绪投下阴影（第二十三章第十五节至第十七节）：

> 我在他面前惊惶；
> 我思念这事，便惧怕他。
> 神使我丧胆，
> 全能者使我惊惶。
> 他那黑暗的奥秘使我惊惶，
> 它的幽暗使我迷惑。

不可见的神所引起的焦虑在早期基督教那里仍然是个问题，而重回可见众神的辉煌诱惑想必也是巨大的。在《加拉太书》第四章第八节至第十一节中，圣保罗不得不对一个故态复萌的教区提出忠告：

> 但从前你们不认识神的时候，是给那些本来不是神的作奴仆；现在你们既然认识神，更可说是被神所认识的，怎么还要归回那些虚弱无用的原始精灵呢？你们为什么情愿一直给他们作奴仆呢？你们当谨守日子、月份、节令与年份！啊，你们令我害怕。惟恐我在你们身上是枉费了工夫！

人们有时不能充分认识到以色列与基督教在多大程度上进行着同一场斗争，并非彼此之间的斗争，而是针对巴比伦宗教文化的斗争。通往理 76
性化道路上的障碍看来一直在于：很难在最完全的意义上体验到创造性的、超验世界的神性存在与被创造的、世俗的生存之中的存在之间的鸿沟；我们一再看到，有人企图通过引入或者重新引入中介性的生存物来淡化人与超验上帝之间的关系所具有的直接性。圣保罗在《罗马书》第八章第三十八节至第三十九节中作出的保证针对的正是这些倾向：

> 因为我深信无论是死，是生，是天使，是掌权的，是现在的事，是将来的事，是高处的，是深处的，是任何别的受造之物，都不能叫我们与神的爱隔绝。这爱是在我们的主基督里的。

在政治实践中，将存在的力量理性化尚未分殊为"宗教的"和"政治的"力量，而这种理性化正是创建帝国的条件。政治的世界在本质上是多神论的，这意味着，每个权力中心，无论多么弱小和多么不重要，都倾向于将自身视为世界上的一个绝对实体，尽管同时还生存着同样自以为绝对的其他权力中心。因此，帝国的创建者面临着一项必须完成的任务，即发明出一种关于力量的等级制度，能够将原先独立的各个单元融合成一个政治小宇宙。我们已经接触到这种理性化所采用的主要工具——政治最高神论。美索不达米亚诸城邦将它们本地诸神灵组成统一的政治—宗教单元；随着帝国的更替，各个获胜的神——尼普尔的恩利尔、巴比伦的马杜克、亚述的阿舒尔——依次成为帝国的最高神（summus deus）。然而，其他神灵并未被废除，而仅仅是被降格到较低的地位上。进一步而言，帝国的内在凝聚力和战斗力取决于符号的理性化能够在多大程度上转化为政府中央集权的技能。例如，巴比伦政权与亚述政权的一项决定性差异在于，在巴比伦帝国中，庆祝新年的活动是由地方长官在地方的宗教首府来举行，而更加中央集权化的亚述组织则要求地方长官在国王举行过庆典仪式后的年份中到帝国首都来
77 举行这种仪式。例如，重要省份哈兰（Harran）的总司令兼总督就必须在国王举行这一仪式后的第二年举行仪式，而且，除非是以他的名字命名国王举行过仪式之后的那一年的官员（the eponymous official），即里穆（limmu），否则他就不能继续保有职位。在巴比伦出现的地方总督世袭

制在亚述的实践中是不可能的；亚述军事力量的优势可能来自以这种方式实现的中央集权化。巴比伦帝国是由众城邦堆砌而成的，而亚述帝国则更接近有组织的民族国家这种类型。

第三节　宇宙秩序的符号化

严格意义上的宇宙论符号化可以定义为通过宇宙类比的方式对政治秩序进行符号化。人和社会的生活被体验为这样的情景：决定宇宙的存在力量同样决定着人和社会；宇宙类比既表达出这种知识，又将社会秩序整合入宇宙秩序之中。季节的节律、动植物生命中的繁殖力节律以及这些节律所依赖的天体运行，都必须被理解为类比的秩序。在这个意义上的宇宙秩序的知识，尤其是关于天文学的知识，在苏美尔—巴比伦文明中得到高度发展。

不过，前面的章节已经显示了这个问题颇为复杂的结构。美索不达米亚政治文化远远超出严格意义上的宇宙论符号化，而且甚至逆转了符号化的方向。诚然，对政治秩序进行宇宙式的理解，而对宇宙秩序也进行政治性的理解。不仅帝国是宇宙的类比物，而且政治事件也在天界发生。帝国统治的确立或改变是由众神间的政治剧变作为先导的，这些神废黜尼普尔的恩利尔，将其职权转交给巴比伦的马杜克。而且，天地之间的关系如此密切，以至于分隔它们生存的界限几乎变得模糊不清了。帝国是宇宙的一部分，宇宙也是一个帝国，人的领域是该帝国的一个分支。有一种囊括世界与社会的**唯一**秩序，它可以用宇宙论或政治的方式加以理解。

类比化阐释的相互性，尤其是将世界视为一种政治秩序，这是美索
不达米亚所特有的，而不是所有宇宙论文明的特征。例如，在中国文明 78
中，王朝的统治依赖于它拥有某种特定的美德（“德”，the teh）。就像天
下所有的事物一样，德是会耗尽的；当它被削弱到会给人民带来苦难并

引起革命动荡的时刻，一个新的有德者及其家族将会成功地推翻衰落的王朝。于是，王朝的兴亡被融入宇宙的秩序，因为上天的命令（“命”，the ming）授权一个有德的家族进行统治，而在这个家族失德的时候也会授权推翻它。社会与宇宙保持合拍有赖于天子及其王朝的德，而天的权力（“天”，t'ien）规定了各个王朝的兴亡。因此，虽然政治事件分享着各种宇宙力量的本性，但它们仍然只是人间争夺权力的斗争；天作为不受干扰的秩序，保持着至高无上的权威，而社会则为了与天保持合拍而展开斗争。在中国文明中，政治秩序被符号化为非人的宇宙力量运作的产物。

不妨简要回顾一下荷马史诗所反映出的晚期迈锡尼文明，这将有助于进一步了解美索不达米亚符号形式的独特性。在荷马那里，正如在美索不达米亚那样，众神的社会是人的社会的翻版；对应于在一个国王之下，由贵族武士构成的秩序，奥林匹斯众神的秩序也是一种在一位强有力但权能有限的君主之下由众神构成的贵族制秩序。这两种秩序之间的关系甚至比在美索不达米亚更为紧密，因为这些神不仅通过他们的法令来远远地指导人们的命运，而且会不露形迹或者改头换面地降临人间，甚至参与战斗。而且，他们不仅在人们的女儿身上找到快乐，比如埃洛希姆，还在儿子身上找到快乐；在特洛伊城前，双方的军队中都有一些半人半神的后代。众神和人形成一个大社会，凡人之间的战线也成了划分不朽者的战线。然而，尽管迈锡尼的与美索不达米亚的符号形式之间的这些相似点很重要，但是，它们与一项决定性的差异相比较则应被认为是次要的。荷马笔下的众神几乎都已失去作为宇宙力量和天界权力的特征；他们已被最大限度地人性化了，以至于有可能以拟人的方式来看待众神，而不破坏他们的神性。的确，在荷马那里有参与存在共同体的经验，但对这种参与所进行的符号化并不是以类比
79 于宇宙秩序的方式。这种符号化未经任何中介而把握住存在的那些神性力量本身。社会的秩序并不依靠社会与宇宙合拍，而是依靠社会直

接与被拟人化想象的众神保持合拍，在古希腊时代尤其是与宙斯（Zeus）的正义（Dike）保持合拍。在从迈锡尼文明转向古希腊文明的过程中，我们看到人类学符号化的一次早期兴盛。

在比较这三项个案——美索不达米亚、中国和迈锡尼——时，我们或许能够接触到（尽管肯定不能解决）人类智识史上最含混不清的问题之一，也就是各个文明在朝"存在中的飞跃"这个方向发展时的潜能如何。在美索不达米亚，我们看到，各项符号化表达很早就实现了相互渗透，对政治秩序以宇宙论方式加以符号化，而对宇宙秩序则以政治方式加以符号化。这两种秩序的相互增强看来有可能使这套符号化表达变得特别坚固，分殊性的经验难以使之解体。中国较为简单的宇宙论符号化表达在人世间留下足够的自由空间，从而在周朝没落时能够产生一种观念，认为社会秩序并不是依靠天子，而是依靠由孔子的精神所塑造的顾问与政府。这是朝人类学[1]方向迈出的一步，但并不是个彻底的突破。儒家的这种中间性立场反映在围绕着儒家是否一种"宗教"而进行的争论中。它并非"宗教"，因为它仍然局限于将儒家圣人视为一位同宇宙的**道**很好地保持合拍的人，他能成为塑造社会秩序的力量，支持——或者取代——王朝的德。但是，儒家思想发现了灵魂的秩序，因此，依靠其在神性秩序之下所具有的自主性和直接性，它革命性地突破了宇宙论集体主义，包含了在更加有利的条件下可能会成长起来的"宗教"萌芽。在荷马史诗中，宇宙论符号化表达确实解体了，这或许是由于，较之其他文明中通常的动乱时代，多利安人的（Doric）入侵和人口在地理上散居各处带来了深重得多的动荡不安。众神不再受到宇宙结构

① Anthropological，anthropology，人类学。沃格林在不少地方在十分宽泛的意义上使用人类学的概念，它不等同于今天惯常使用的狭隘学科意义上的"人类学"，而是广义上以人作为来源及对象的知识，并与西方以神作为超验价值代表的知识体系相对照。——译注

的约束，而当古希腊文明中出现了对于灵魂的发现时，人们发现自身直
80 接处于一位超验的上帝之下。将希腊哲学同以色列和基督教在其历史道路上所取得的宗教洞见相糅合所需的前提条件已经准备就绪。

虽然我们从公元前3000年的美索不达米亚原始资料中就可以推断出宇宙的政治符号化，但对这种符号化表达的连贯阐述则只保留在公元前2500年左右以“埃努玛—埃利什”(Enuma elish)命名，并以“当以上”作为开篇词的宇宙演化史诗(cosmogonic epic)中。这部史诗中的英雄是巴比伦的马杜克，是他建立当时的世界秩序。然而，他在故事中表现出来的性格则是尼普尔的恩利尔那样的；因此，这部史诗的原型也许是早得多的苏美尔时代的创作。而且，有一部亚述时代的较晚期版本保留了下来，阿舒尔在其中取代了马杜克。因此，这部史诗代表着从苏美尔人到亚述人所采用的美索不达米亚式符号化表达。①

《埃努玛—埃利什》的性质很难轻易描述清楚，因为我们的词汇业已经过分殊，不适合表达它的紧凑性。就其讲述创世的故事而言，它是一部宇宙演化史(cosmogony)。但是，将它与《圣经·创世记》相提并论却会造成一种完全虚假的印象，因为在《埃努玛—埃利什》中，创造世界的并不是上帝。众神**就是**这个世界，所以，宇宙结构的渐进分殊过程就是一个关于这些神如何被创造出来的故事。这一宇宙演化史同时也是一部神谱(theogony)。进一步而言，这些神为了恰当地组织宇宙而进行斗争，这就要求在那些较年轻的神当中建立新形式的社会组织，并最终导向马杜克的王权。由于创造宇宙同时也是一项政治事业，所以《埃努

① 《埃努玛—埃利什》有英译本 Heidel, *The Babylonian Genesis*。雅各布森对这部史诗的仔细分析在 *The Intellectual Adventure of Ancient Man*, 168—83。此处正文中的叙述将只强调对我们的问题有特殊意义的那些论点；关于更进一步的细节，请读者参阅雅各布森的分析。

玛—埃利什》同时也就是一部政治史诗。宇宙演化史、神谱与政治,这三项因素不可分割、融为一体。因此,只能通过以量化方式衡量这些因素各自的权重来判定这部史诗的性质,这是首先出现的路径。整部诗共包含七大块内容:第一块内容是严格意义上的宇宙演化史和神谱;第五块描述马杜克的创造工作;其余五块则是关于马杜克作为众神的救
主而出现,他与提亚玛特的激战,以及他的荣耀。所以,这部史诗作为 81
一个整体来说主要是政治性的;它将宇宙秩序符号化为政治秩序。

这部史诗各个构成因素的相互糅合使我们难以判定其性质,对它的解读同样也由于这种糅合而倍加复杂。不过,区分宇宙演化史中的三个阶段还是有可能的。在第一阶段,只有各种水元素生存:提亚玛特(海)、阿卜苏(甜水)和穆大(Mummu,也许是指云层和雾)。在第二阶段,泥沙沉积在分别以提赫姆(Lahmu)和拉哈姆(Lahamu)表示的海与甜水的边界上,陆地开始堆积;与陆地一起,分别以安莎尔(Anshar)和吉莎尔(Kishar)表示的天与地之间的地平线开始形成;分别以阿努和俄阿(Mummud)表示的地平线两侧环绕物开始形成;最后,从地上生出在巴比伦名为马杜克的神,但它的苏美尔原型则可能是风暴之神恩利尔,它用狂风使天地保持分离。第三阶段将众神之间的权力关系加以重新组织,将马杜尔提升到君王的地位,并使其完成宇宙的结构。从这种宇宙演化史叙述中,出现了为人们所经验到的有结构的宇宙。然而,这种宇宙演化过程并不是“创造”,而是宇宙通过众神的孕育和他们后代之间的斗争而成长的过程。众神本身就是宇宙结构的一部分。这种独特性引起有关宇宙秩序永恒性的这个进一步的问题。

在故事的结尾,《埃努玛—埃利什》的宇宙是一种已完成的秩序。如果这个宇宙被理解为经过生长之后完成的产物,那么也就没有宇宙秩序的永恒性,因为在宇宙结构完成之前并无秩序可言。历史学家确实曾将由各种水元素构成的第一阶段解读为产生秩序的混沌无序。但这种解读过于强调史诗中的宇宙演化史因素,以至于损害到其中政治

的,甚至是历史的因素。水元素阶段并不是混沌无序,而是一种由原始的三位一体构成的、独立自主的秩序,从中走出的那些成对的神有着一种新的、与现有诸神不相容的心理类型,很快就引起现有掌权者的愤怒。新来的这些神是一群精力充沛的家伙:

> 神圣的兄弟们聚集在一起。
> 82 他们搅扰提亚玛特,攻击它的守护者;
> 他们搅扰提亚玛特的内部,
> 在神的住所内左冲右突。
> 阿卜苏不能平复他们的喧闹,
> 提亚玛特对他们的行为沉默不语。
> 但他们的作为令她痛苦。
> 他们的方式不好。

老一辈的神最后终于采取行动。他们开会,阿卜苏宣布:

> 他们的方式已令我痛苦,
> 我日不能歇,夜不能寐;
> 我要摧毁他们,结束他们的方式,
> 重建平静,然后我们好安睡!

在由此而来的冲突中,那些年轻的神战胜了老一辈的神,并随之变成他们所主宰的新宇宙秩序的一个永恒部分。这已不止是关于宇宙演化史的神话,而且肯定不是关于秩序如何战胜混沌的故事。秩序在这之前就已经生存,保守的、较古老类型的诸神很珍视这一秩序,而冲突缘起于年轻一代的活力,他们以其行为搅扰了秩序。这个故事的某些细节甚至揭示出这场冲突的性质。年轻诸神的领导者是大地俄阿,“有着卓越的见识，灵巧且智慧”，是我们已经在阿达帕神话中遇到过的普罗米修斯式的人物。他用魔力打败甜水阿卜苏，并在其身体上建立住所——这如果具有什么含义的话，那就只能是意味着大地远离水体的危险。从这一冲突中可以看出对一场文明危机的微弱记忆，从这场文明危机中生发出处于明智首领的权威之下的社群，同时也能看出对这些社群所付出辛劳的微弱记忆，他们为了获得定居处所和土地而修筑堤坝和灌溉设施。

这部史诗的主体部分是关于从秩序的第二阶段向第三阶段的转型。老一代神渴望复仇，他们的反抗对新生的秩序构成威胁。这场反抗是经过精心准备的，而俄阿的魔力这一次则没能发挥作用。绝望的众神向年轻而卓越的马杜克寻求帮助。他愿意进行防御，但前提是他们要承认他是最高神，取代阿努的位置。这些神举行会议，统治宇宙的王权被交予马杜克，他在战斗中击败提亚玛特并重新组织宇宙： 83

> 他为伟大的众神创建了位置；
> 他按众神的样子设立了众星，它们是黄道的标志。
> 他决定了一年的长度，规定了季节的划分；
> 他为十二个月中的每一个月都设立了三个星座。
>
> 他将天穹顶固定在天的正中央，
> 他使月亮照亮四方；他将夜晚托付给她。
> 他任命她，夜的装饰物，来宣告日期。

然后，从已解体的各个敌手中创造出人，宇宙由此得以完成。人负有服务众神的义务，众神因而得以不用工作。为了答谢创世过程中的最后这项业绩，众神集会决定为马杜克建立圣殿，这是他们在人们接手工作之前进行的最后一项劳动：

所以，应当要有巴比伦，你们已经想要建成它；
让我们来添砖加瓦，并称它为圣殿。

这部史诗以列举马杜克的五个名字作为结尾。关于这篇马杜克故事的含义，几乎不会有什么异议：以巴比伦为中心在美索不达米亚确立王权统治。如果可以将第一场危机理解为原始共同体转型为有组织村落——这些村落后来成长为城邦——那么，第二场危机就是一个美索不达米亚帝国的建立。

上述分析应该已经表明，作为构成因素的那三个部分事实上是相互紧密联系着的。提取其中一个部分并将这部史诗解读为宇宙演化史、神谱或关于美索不达米亚历史神话的任何这种尝试，都将破坏这部史诗的意义，这正在于它的紧凑性。这种紧凑性是我们在这一节的头几页讨论过的美索不达米亚的独特之处。世界并不是由众神所创造；相反，众神在很大程度上就是世界本身。甚至人类对此也多有参与，因为人类就是某一位神解体了的身体，这个神以这种方式继续生存。进一步而言，宇宙是一场历史斗争的产物，这一斗争业已演变为某种固定的、终极的秩序，演变为某种有组织的世界国家。在政治意义上，人是这个世界国家的一部分。最后，这个世界国家的脐点是巴比伦本身，而《埃努玛—埃利什》则在每年的新年仪式上都得到诵念。考虑到这种紧凑性，这种符号化表达所具有的持久性或许就不会令人感到惊讶了。它比巴比伦生存得更久，因为它保留在希腊化时期的宇宙城邦（the cos-
84 mos as a polis）观念中。

第二章
阿契明帝国

对于短命的阿契明帝国(公元前550—330年)①的铭文,我们所能说的差不多就是一篇关于美索不达米亚观念的后记,因为这种类型的符号化在实质上是相同的:帝国与世界共存;王是由至上的神的恩典所创立;神准许万土万民置于王的统治之下,目的是将世界改造成为一个井然有序的和平国度。一篇来自大流士一世(Darius I,公元前521—485年)②统治时期的铭文将会揭示出这种典型的特征:

伟大之神亚胡拉玛兹达(Ahuramazda),

---

① 波斯帝国阿契明王朝,又称"阿契明帝国"、"波斯第一帝国",是波斯首个征服大部分中亚地区的帝国。公元前549年居鲁士二世统一波斯,建立波斯帝国。居鲁士属于波斯人的阿契明家族,因此他所创立的帝国也被称为阿契明王朝。疆域最广时东至今巴基斯坦,西北至今土耳其,西南至埃及。——译注

② 大流士一世是继居鲁士的儿子冈比西斯二世和一个篡位者之后,通过政变而掌权的一位伟大的波斯统治者。他在位期间是阿契明王朝的鼎盛时期。大流士一世是第一个向欧洲扩张的东方君主,当时,波斯帝国的疆域西至埃及,东括印度,南达波斯湾和阿拉伯半岛,北到里海及黑海一带。——译注

他创造了这地，他创造了那天，
他创造了人，他为人创造了和平，
他让大流士作王，众王之王，至高的统治者。

寡人大流士，伟大之王，
王中之王，拥有万民的列国之王，
辽远无垠的疆土之王，
阿契明人希斯塔斯普（Hystaspes）之子。

这种并列建构中的感召力（pathos）与在美索不达米亚是相同的；微观世界的统治者大流士，效仿亚胡拉玛兹达统治宇宙的方式来实施他的统治。第一节列举了神在他们的秩序中所创造的各个部分：地、天、人、人的和平以及和平的保卫者王。第二节接着说神的最后一项造物，即王，并对其含义详加阐述：这位王不是普通的王，而是伟大的王，这个
85 世界唯一的统治者，他通过类似于神的领土统治来参与神的创造。①

虽然阿契明的铭文对我们关于宇宙论形式的符号化知识几乎没有任何增益，但由于其他种种原因，它们在历史上还是重要的。这种波斯的符号体系来自于巴比伦文明元素和特有的叙利亚拜火教的宗教精神（zoroastrian religiousness）的相互渗透（在汤因比的意义上使用叙利亚）；因此它提供了一个例子，说明当某种类型的符号体系在一个新的文明介质中发生偏移时，它可能经历的转变。此外，它所体现的理性化，比

---

① 关于波斯的政治史，见迈耶的 *Geschichte des Altertums*，和同一作者的文章“Persia”, in *Encyclopedia Britannica*, 11th ed.；又见 A. J. Carnoy 的文章“Ormazd”, in *Encyclopedia of Religion and Ethics*; G. B. Gray, “The Foundation and Extension of the Persian Empire”, *Cambridge Ancient History* (1926), 4: i，和 G. B. Gray and Cary, “The Reign of Darius”, 同上，vii。

严格意义上的巴比伦类型所实现的层次更高。最后,这种转变和理性化都是彼此联系在一起的,因为拜火教的影响必须被认为是造成这种更高程度理性主义的首要原因,而正是这种更高程度的理性主义使阿契明的帝国神学引人注目。这一系列问题要求我们做出简明扼要的思考。

正如前面所引用的来自大流士一世的铭文所表明的那样,阿契明帝国的理性化采取了政治一神至高论的形式,与它在美索不达米亚诸帝国中所采取的形式相同。但是,由于波斯的帝国神学已经经历了拜火教宗教精神洗礼,所以这种覆盖了多神论符号体系的理性思考模式不像在美索不达米亚和埃及那样是在一神论的方向上发展的。因为在拜火教中,神的力量的多元性已经缩约为善与恶的两极力量。亚胡拉玛兹达,智慧之主,是代表光明、真理与和平的善神;而与他争斗的是代表黑暗、谎言与冲突的恶势力,这些恶势力集中体现在阿里曼(Ahriman)身上。阿契明诸王把善恶诸神在天上的斗争(cosmic struggle)变换成为两种势力之间的一场政治斗争的概念,其中一方是一个帝国,它将会按照亚胡拉玛兹达的愿望把地球改变成为和平的国度,而另一方是属于阿里曼黑暗国度的敌对君主和民族。王是神的工具,辅佐神与黑暗王国作斗争,因而无论谁与王作对,都将显示他乃是处于敌对一方的恶势力的代表。

在贝希斯顿(Behistun)铭文中,大流士一世说道:“至于那些反叛的各省,是谎言使它们造反,所以它们欺骗了百姓。于是亚胡拉玛兹达将
他们交在我的手里。”[①]这种二元的神学扩展成为一种对政治秩序乃至 86
人类行为的二元阐释。王和他的敌人不仅在宇宙论的意义上是真理和

① L. W. King and R. C. Thompson, *The Sculptures and Inscriptions of Darius the Great on the Rock of Behistun in Persia* (London: dist. By British Museum, 1907), sec. 54, p. 65.

谎言的代表，而且他们的个人行为在现实的(pragmatic)意义上也以真理和谎言为特征。反叛是阿里曼势力的一种表现，而在现实中，反叛是由虚伪的觊觎王位者散布的谎言所造成的一起政治事件。王生活在亚胡拉玛兹达的真理中，但是他的真理在现实中也被理解为王在叙述他的行动时的真实坦率。贝希斯顿铭文告诉读者："由于亚胡拉玛兹达的恩典，我还做过许多其他的事情，都没有刻在这铭文中；故此，这些事迹都没有被记下，以免今后读到这铭文的人会以为我所做的事情太多了，会不相信那些事情，反而会将其当作谎言。"①真理的代表(representative)甚至必须避免带有不诚信的外表。

在这个事例中，这种谨慎是尤其必需的，因为该铭文是传播亚胡拉玛兹达之真理的一篇严肃的文字记录。阿契明帝国的军事扩张被理解为对神的一种服务，而神的王国在地面上的扩张要求把这好消息公之于众。此外，进一步传布由这铭文所传达的信息被认为在宗教上是值得夸赞的，甚至是一种责任，而要压制其内容就等同于帮助黑暗势力。至少，这似乎是下面这段话的含义："现在希望我所做的对你来说是真实的；因此……没有向你隐瞒。若你不隐瞒这法令(edict)，而是公之于众，则亚胡拉玛兹达就会与你为友，你的家族就会繁衍众多，你也会长命百岁……若你隐瞒这命令，而不将其公之于众，则亚胡拉玛兹达就会将你屠戮，而你的家族也会血脉断绝。"②紧随其后的句子阐明了为什么征服是一个应当被传播的真理：亚胡拉玛兹达已经帮助了王，因为他"既不邪恶，也非说谎之人"；因为王不是那个说谎者(the Lie)阿里曼的仆人；因为王和他的家族在宗教的意义上都不是作恶者，而是"根据公

---

① *The Sculptures and Inscriptions of Darius the Great on the Rock of Behistun in Persia*, sec. 58, p. 68。

② 同上，secs. 60, 61, pp. 69 ff。

义”实行统治。① 根据这种建构,征服是可能的,因为王及其家族属于神 87
的真理国度。政治力量,由于其参与了神性的存在,所以显示了善和真理的力量。结果是,传播帝国扩张的消息不仅仅是对政治事件的一种报告,而且还是对真理构建秩序工作的一种参与。被公布的这则记述是真实的,不仅由于它符合事实,而且它也是对神及其功业的一种启示。

这种拜火教的宇宙二元论,通过其内在的逻辑,取代了多神论的文化;由于这种二元思考是有效的,阿契明的符号体系就展示了我们刚刚描述过的那种理性结构。但是,这种波斯帝国的神学不是一个逻辑一贯的体系,它还保留了旧有的符号元素。贝希斯顿铭文——它将王国的扩张描述为一个在真理和谎言之间进行选择的问题——在后面的一节说:“亚胡拉玛兹达,以及其他存在的神,对我施以援手。”一篇薛西斯(Xerxes)②的铭文说:“亚胡拉玛兹达乃是伟大的神,是众神中之最伟大者”;而阿尔塔薛西斯(Artaxerxes)一世和二世③的铭文称密特拉(Mithras)④和阿娜西塔(Anahita)⑤在这些其他的神中乃属较重要者。正如我们将从这些年代中看到的那样,多神论的元素在大流士时代即引人注

① *The Sculptures and Inscriptions of Darius the Great on the Rock of Behistun in Persia*, sec. 63, p. 72。

② 大流士一世之子,公元前485—465年为阿契明帝国国王。他在即位后不久镇压了一次埃及的暴乱,埃及人极其反对波斯帝国的统治。薛西斯继续进行与希腊的战争。他率大军入侵希腊,洗劫了雅典,但在萨拉米海战中被打败。薛西斯死于宫廷政变,被他的宰相阿尔达班谋杀。——译注

③ 阿尔塔薛西斯一世和二世分别于公元前464—425年和公元前404—359年为阿契明帝国国王。——译注

④ 密特拉是密特拉教的主神。密特拉教是起源于波斯的信仰崇拜,尤其流行于罗马军队中,盛行于罗马帝国后期,并与基督教相抗衡。——译注

⑤ 阿娜西塔,其名意指“纯净无瑕”,是古波斯文化里居住于金星永恒的处女之神,

目，在后来诸王统治时期甚至还有所增强。波斯的三位主神，即亚胡拉玛兹达、密特拉和阿娜西塔，对应着巴比伦的三位主神，即欣、马杜克和以实他（即月亮神、太阳神和维纳斯），这可能是在印度文明与波斯文明分裂之前的印度—伊朗时期受美索不达米亚的影响而形成的。[1]

多神论元素与玛兹达神元素的共存，使得当巴比伦和埃及文明通过被征服而融合在一起时，有可能来尝试对帝国进行一种多元式的建构。他们自身帝国神学中的玛兹达理性主义并没有阻止阿契明人在涉及巴比伦和埃及时以多神论的方式来组织帝国。从居鲁士（Cyrus）[2]到薛西斯的诸王都用“巴比伦王”作为他们的称呼的一部分，居鲁士还遵从了蒙马杜克召唤而登上王位的巴比伦仪式。当冈比西斯（Camby-
88 ses）[3]和大流士一世登上法老的王位时，都采取了埃及僧侣的名字，以强调他们与阿蒙神（Amon）的关系。这种符号的混合促进了异族文明与帝国的融合。只有当巴比伦、埃及以及爱奥尼亚诸城频繁发生叛乱，证明该制度失败时，诸位伟大的国王才放弃了这种尝试，把被征服地区当作阿契明帝国的组成部分来统治，而不再尊重他们的政治—宗教传统。

最后，我们应该注意到强烈的王朝意识和种族荣耀成分。大流士

也是掌管纯净水源以及生命诞生的女神。阿娜西塔在西伊朗以至近东地区有着广大的信仰族群，闪族人更将她祀奉为“天堂之后”，其地位在波斯文化里相当重要。——译注

① 见斯科雷德关于这个问题的文章，“Aryan Religion”, in *Encyclopedia of Religion and Ethics*, 2: 36。

② 居鲁士大帝（约公元前559—530年在位）是古代波斯帝国的缔造者。公元前559年，居鲁士成为波斯人的首领，统一了波斯的十个部落。公元前553年，居鲁士起义反抗米底，战争持续了三年，终于攻克米底都城，建立了波斯帝国。——译注

③ 这里是指冈比西斯二世，波斯阿契明王朝国王（前529年—前522年在位），居鲁士大帝之子。公元前525年，冈比西斯成为埃及统治者，建立了埃及第二十七王朝（波斯第一王朝）。——译注

一世之墓的铭文把他描述为“波斯人、波斯人的儿子，亚利安血统的亚利安人(Aryan)”。在贝希斯顿铭文中，大流士将自己描述为“希斯塔斯普之子，阿萨姆斯(Arsames)之孙，阿契明人……我父乃希斯塔斯普；希斯塔斯普之父乃阿萨姆斯；阿萨姆斯之父乃阿里亚拉姆尼斯(Ariyaramnes)；阿里亚拉姆尼斯之父乃泰斯帕斯(Teispes)；泰斯帕斯之父乃阿契美尼斯(Achaemenes)……故此我们被称作阿契明人；我们渊源甚古；自远古以来，我们家族就作王……在寡人之前我家族中有八人为王；寡人乃是第九位王。我们为王，以两条世系相传”。居鲁士之墓有这样的铭文：“寡人乃居鲁士，国王，阿契明人。”

我们已经谈及更高程度的理性主义，这是阿契明人思考的特征，因为它受到拜火教宗教精神的影响。这种理性主义的确切程度需要某种澄清，特别是由于在那种二元神学中彰显出来的宗教经验已经形塑了远远超出这种经验的发源地(叙利亚地区)的人类思想史。宇宙中善恶势力之间斗争的经验不仅在形形色色的古代灵知中重新出现，而且在中世纪盛期(high Middle Ages)以来的西方政治运动中重新出现。在当代政治中，真理与谎言的符号体系已经大体上变为主导性的，其结果是主要的政治—信条运动把自己解释为真理的代表，而其他人则是谎言的代表。这种大致轮廓已经被勾勒出来的经验，在今天是重要的精神世界的力量之一，可与基督教和古典传统相媲美。

这种经验类型纷繁多样的表现形式将会在它们适当的语境中予以讨论，目前只需要消除一种模糊认识就足够了，这种认识源自于将拜火教称为二元宗教的习惯说法。宗教只有在以下情况下才可以被划分为 89
二元的或一元的宗教，那就是宁愿冒着用数字化名称来抹煞经验上的差别之风险，这些经验上的差别也要以二元的或一神论的符号体系来表达。一方面，源自于我们在前面讨论过的“存在中的飞跃”这种转换(conversion)，要求有一个一元的符号体系来表达关于超验世界神性存在的正分殊中的经验。在这种转换的逻辑中，不允许用第二个神祇将邪恶的神秘性(mystery of iniquity)符号化。另一方面，能够借助善恶势力的二元论来恰当表达的经验必然十分紧凑(compact)，足以在一种尚未分殊化的状态中理解关于世界固有的(world-immanent)、善恶冲突的经验。二元论的神学，尽管可能带有一神论的暗示，但它原则上是对一种世界固有冲突的推测性判断(speculative extrapolation)，这种冲突与在中国导致了阴阳符号体系的那种冲突在实质上是相同的。由于这种世界固有的元素，在神的二元论或原则的二元论中恰当表达了自身的经验，就可能在形形色色的历史环境中消除那个时代的各种冲突，并成为政治神学的初始经验，而这些政治神学把它们自己的事业等同于宇宙
90 真理，而把敌人等同于宇宙恶魔。

第三章
埃　及

埃及秩序的历史现在正被人们重新估量。随着翻译和编辑的改善提高，各种资料来源已经变得更容易获得，而芝加哥东方研究所（Chicago Oriental Institute）的成员们最近的出版物已经在实质上提升了我们对于埃及的精神和思想发展的理解。而且，解释一般的古代文明，尤其是埃及文明的方法，已经随着汤因比的《历史研究》而发生了连续不断的变化。汤因比关于一个文明进程的各个阶段的理论没有被埃及学学者接受，由亨利·法兰克福（Henri Frankfort）最近做出的批评已经开启了关于解释原则的辩论。影响我们理解埃及政治秩序的那些问题将在本章接下来的第一节中得到讨论，以便我们纯正本色的分析不会由于太多的补充说明和脚注而不堪重负。①

---

① 除了第 53 页注释 1 所给出的那些文献外，关于埃及这一章所使用的一般著作包括：James A. Breasted, *A History of Egypt* (New Yor: C. Scribner's Sons, 1905); Adolph Erman, *Die Literatur der Aegypter* (Leipzig: J. C. Hinrichs, 1923); James A. Breasted, *The Dawn of Conscience* (New York: C. Scribner's Sons, 1933); Hermann Kees, *Aegypten* (Munich: C. H. Beck, 1933); Adolph Erman, *Die Religion der Aegypter* (Berlin: deGruyter, 1934); Herman Kees, *Der Goetterglaube im alten Aegypten* (Leipzig: J. C. Hinrichs, 1941);

第一节　文明进程的结构

古代埃及文明历时超过三千年之久。由于关于解释方法的辩论预
91 设了我们对于埃及历史各个阶段的传统分类法有一定程度的熟悉，所以列出一个年代略表对于读者来说是会有帮助的。幸运的是，对于我们的目的而言，没有必要进入那些关于早期埃及年代学的争论不休的问题——我们所需要做的只是就各种年代的相对次序达成一致。因此，只要接受下面这个由约翰·A·威尔逊(John A. Wilson)所给出的关于埃及历史各个分期的列表就足够了。[①]

早王朝时期(第一和第二王朝)	公元前3100—2700年
古王国（第三至第六王朝）	公元前2700—2200年
第一中间期(第七至第十一王朝)	公元前2200—2050年
中王国(第十二王朝)	公元前2050—1800年
第二中间期(第十三至第十七王朝)	公元前1800—1550年
新王国，或帝国(第十八至第二十王朝)	公元前1570—1165年
后帝国时期(第二十至第二十四王朝)	公元前1150—525年

Henri Frankfort, *Ancient Egyptian Religion* (New York: Harper, 1948); John A. Wilson, *The Burden of Egypt: An Interpretation of Ancient Egyptian Culture* (Chicago: University of Chicago Press, 1951); Rudolf Anthes, "Aegypten", in *Historia Mundi*, vol. 2。

在本章写作之时，我未能看到：Joachim Spiegel, *Das Werden der Altaegyptischen Hochkultur. Aegyptische Geistesgeschichte im 3. Jahrt. V. Chr.* (Heidelberg: F. H. Kerle, 1953)。

① Wilson, *The Burden of Egypt*, vii ff.

波斯征服	公元前525年
亚历山大大帝征服	公元前332年

这些年代提供了关于埃及政治史各个阶段的基本信息。在一位亦神亦王的法老领导下，领土统一在原初王朝末期实现，构成古王国之特征的那种制度形式，在两个中间时期的间断之后，分别在中王国和新王国时得到恢复。

到目前为止的这些内容都是有共识的。困难开始于对前后相连的各个阶段，特别是对于第一中间期的解释。汤因比在他的《历史研究》中把古王国解释成为埃及文明的形成时期；把第六王朝末期古王国崩溃之后的中间时期解释成为文明进程中的动荡时代（Time of Troubles）；把中王国时的重建解释成为埃及帝国时期，即普遍主义国家（Universal State）的时代。第二中间期，也就是喜克索斯（Hyksos）[①]入侵时期，于是成为普遍主义国家之后的空位期（Interregnum）；最后，新王国是最后一次复兴，恢复帝国直至其覆灭为止。[②] 这种建构激起了亨利·法兰克福的有力批评。虽然他的论点缺乏对于理论问题的透彻阐释，但是他基 92
于经验的抱怨却相当清晰。在法兰克福看来，汤因比关于一个文明进程诸阶段的建构是基于对不充分的材料的概括。这种模式是根据汤因比对希腊罗马史和西方史的深入理解发展出来的。因此，虽然它在这些例证中或许是有效的，但并不适用于所有情况，特别是不适用于埃及文明。古代的和现代的西方史有一种它自身独特的动力（dynamics），当

① 喜克索斯人是古代亚洲西部的一个混合民族，他们于公元前17世纪进入埃及东部并在那里建立了第十五和第十六王朝。喜克索斯来自古埃及文中的heka khasewet，直译的原意是“异国的统治者”。——译注

② 关于汤因比对埃及历史的建构，见他的*Study of History*, the sections s. v. “Egypt”, in the registers of vols. 3 and 6。

基于这些材料的类型概念被转用于早期近东文明时,一种进步主义的偏见就会被注入到对埃及历史的解释之中。

具体而言就会产生下述问题:希腊罗马的动荡时代见证了地中海地区内部无产阶级(internal proletariat)的形成,这个社会阶层成了新的宗教运动——首先是基督教——的发起人和承载者。如果关于动荡时代的这种描述被转用于埃及的第一中间期,那么人们就不得不把那个时期埃及的下层阶级解释成为内部无产阶级,正如汤因比所做的那样,而在法兰克福看来,它并不是内部无产阶级。而且,人们还必须寻找一种可被视为相当于罗马帝国的基督教兴起的现象。汤因比从奥西里斯宗教精神在下层阶级中的传播中发现了这种现象:“当埃及社会濒临死亡(in articulo mortis)时,奥西里斯教会看上去好像注定要对这个垂死的文明扮演刽子手和剩余财产继承人的角色,而这种角色基督教会确实曾为希腊文明扮演过,也由大乘佛教为中华文明扮演过。”①但是,奥西里斯教会的发展与基督教的发展有着不同的转向,因为喜克索斯的入侵使埃及社会居于主导地位的少数人与该社会中的内部无产阶级之间结成了一个反对民族敌人的神圣同盟(union sacrée):“正是这种最后一刻的和解使埃及社会的存在——在一种丧失活力的死中求生的状态下——延长了两千年之久,超出了这个解体过程本来会自然瓦解的正常时限……这种人为的调和(syncretism)行为消灭了内部无产阶级的宗教,同时又没有帮助居于主导地位的少数人的宗教恢复生气。”②法兰克
93 福反对这种解释,他认为,首先,从未存在过一个奥西里斯的“教会”,如果**教会**一词的意思是指一个把信徒组织起来的实体的话。此外,奥西里斯崇拜(cult)并非起源于下层阶级,而是源自于统治集团的信仰崇拜,并在下层阶级广泛传播。因此,描绘出一幅堪与基督教相媲美的宗

① *study of History*, 5: 152。

② 同上,28 ff。

教运动的画面是错误的，基于这个预设所作出的假设判断都是无关紧要的。猜测一种“正常的”埃及的发展会导致“奥西里斯教会”的胜利和一个“垂死的文明”的解体，没有丝毫经验上的意义。埃及的中王国和新王国并非处于“一种丧失活力的死中求生的状态”，而是繁荣的重要时期，新王国辉煌灿烂的帝国尤其如此。希腊罗马的发展、解体和崩溃的模式在此并不适用。这里浮现的是一种完全不同的图景：如果我们考虑到埃及文化的本质特征在古王国的第三王朝末期就已经发展出来，那么埃及的诞生看上去就像是一道炫亮的闪电，一个随后需要用一生的斗争加以实现的启示。埃及的历史有一种独特的静止不动的特点，最初所创造的一种形式在其后两千多年的时间里滋生蔓延，遭遇过危险，又重获生机，且历经变迁，但从未丧失其基本的认同与活力。①

法兰克福和汤因比之间的不一致非常重要，影响对于埃及政治史，以及作为整体的埃及思想的解读。而且，这不仅仅是两位学者间的观点分歧，因为双方的立场都得到一连串值得尊敬的权威的支持。汤因比关于产生了奥西里斯教会的埃及内部无产阶级的概念毫无疑问是他自己的概念，但是这个概念利用了爱德华·迈耶（Eduard Meyer）和布雷斯特德（Breasted）的著作作为其经验上的支持。法兰克福的尖锐批评也是他自己的批评，但是他也获得其他人的支持。例如，约翰·A. 威尔逊同意法兰克福的下述观点：汤因比关于文明进程的阶段理论不适用于埃及。至于“奥西里斯教会”，他特别坚持认为：“奥西里斯宗教已经死亡，不可能成为一个‘新社会’的开端，而且它最初是由，也是为汤因比所谓的‘居于主导地位的少数人’创造的。”不过，威尔逊发现有必要 94
告诫人们：“这些批评并未恰当地评价汤因比在攻击先前那些墨守成规

① Henri Frankfort, *The Birth of Civilization in the Near East* (London: Williams and Norgate, 1951)；对汤因比和斯宾格勒的批评见第一章“The Study of Ancient Civilization”。

的思想方面所带来的巨大的、令人耳目一新的影响。"[1]此外,对于他的埃及文明如闪电一般突然降生的思想,法兰克福可以引证其他埃及学学者与他一致的那些观点,特别是弗林德斯・皮特里(Flinders Petrie)的观点。[2] 而他的假设已经在政治思想史的细节上为赫尔曼・容克尔(Hermann Junker)最近关于古王国的研究所证实。[3]

这种意见分歧不可能通过增加任何一方的经验论证而得到解决。因为它是由使用未经充分分析的概念造成的,所以克服这种分歧必须借助深入探究其根源的理论问题。如果关于现实的若干变量被包含在一个概念之中,那么当其中某个变量沿着它自己的历史路径运行时,这个混合体概念就会不适用于具体的情形。对于这样的变量——无论是汤因比还是法兰克福都没有对其进行足够的区分——下面这三项内容必须被考虑进来:

(1)政治制度,它们的创立、巩固和解体。

(2)在社会上居于主导地位的关于秩序及其符号化的经验(宇宙论的、人类学的、救世神学的)。

(3)制度与秩序经验的结合,由此产生了法兰克福所说的一个文明的"风格"或"形式"。

根据上面所作的区分,汤因比在制度的意义上把第一中间期断定为动荡时代,是不错的。古王国在第六王朝末期的崩溃是一个政治制度典型的内生的解体,这种解体是由一个无效率的中央行政当局造成的,它允许地方权力中心的滋长,让官位变成世袭的,对于地方权贵财

---

① Wilson, *The Burden of Egypt*, 32.

② Frankfort, *The Birth of Civilization*, 25.

③ Hermann Junker, *Pyramidenzeit* (Einsiedeln-Zurich-Koeln: Benziger, 1949).

政资助太过慷慨，并且无度地提高中央的支出，结果是使百姓不堪重 95
负。① 这是一个使制度超负荷运行，使破坏性倾向失去控制的过程，这种情形也可在其他事例中观察到，例如在中国和西方文明中，尽管其原因可能在细节上不尽相同。如果汤因比关于动荡时代的概念被限定在这样一种现象——一个已经确立的政治文化的第一次重大的制度解体——上，那么它就适用于第一中间期。但是，它变得不适用是因为它还包含了对下层阶级创建一个教会的描述，这种创建发生在希腊的动荡时代，不是埃及的动荡时代。因此，当法兰克福拒绝关于“奥西里斯教会”及其失败的推测时，他是对的。埃及的宇宙论文化从未被人类学或救世神学的发展有效地打破。

但是，这些澄清并没有穷尽这个问题。虽然汤因比关于“奥西里斯教会”的推测必须被拒绝，但是他对于历史思潮令人敬佩的鉴别力使他发现第一中间期不仅是一种制度的崩溃，而且预示了与宇宙论符号的决裂，因为这种崩溃也影响了秩序的经验。奥西里斯的宗教精神确实在下层阶级中扩散，法老的宇宙论符号的有效性也受到严重质疑。一种经验思潮在传播，可以想见，在这种思潮中救世神学的宗教——如果它曾经存在的话——会找到适合它的丰沃土壤。但是，并没有先知或救世主兴起，而已经死亡的奥西里斯宗教，正如威尔逊已经指出的那样，几乎不可能变成一个能够构造共同体的教会。尽管埃及文化在这一时期获得了一种新的怀疑论的维度，但是法老的制度仍能以其不灭的活力度过严酷的考验。因此，当汤因比感受到一种孕育着新宗教可能性的经验思潮时，他是对的；但是当他推断这宗教的实际出现时，他

---

① 就一个内部无产阶级的形成和革命行动而言，汤因比关于埃及动荡时代的概念已经从 Joachim Spiegel, *Soziale und Weltanschauliche Reformbewegungen im Alten Aegypten* (Heidelberg: F. H. Kerle, 1950)一书中得到有力的支持——假设斯宾格尔对于所谓“伊普我(Ipu-wer)的告诫”的解释被证明在实质上是正确的。

是错的;法兰克福坚持认为没有宗教革命发生是对的,但是,他认为经验结构的变化与历时千年的埃及“形式”相比微不足道,这就有些牵强附会了。

如果我们仔细考察揭示埃及历史中这种张力的性质和程度的原始
96 资料,就会给上述抽象分析增加具体内容。“琴师之歌”(Song of the Harper)将会满足我们这个目的,它最初是一篇墓碑铭文,可能是为中王国建立不久前的一位王而作:①

> 这公义的王何其疲倦,
> 巨大的幸运已在眼前!
> 自神的时代以来,多少世代已经逝去,
> 但年轻一代又各就其位。
> 生活在从前的诸神安眠在他们的金字塔中,
> 安享至福的死者也埋葬在他们的金字塔中。
>
> 那些修建了宫殿——他们的居所——的人却非如此。
> 看看他们身上都发生了什么!
> 我已经听到了印何阗(Ii-em-hotep)和霍德德夫(Hor-dedef)的话语,
> 对于他们的言论,人们谈得如此之多。
> 他们的居所现在成了什么样?

① 关于其年代的问题,见 James H. Breasted, *Development of Religion and Thought in Ancient Egypt* (New York: C. Scribner's Sons, 1912), 182, 或同一作者的 *Dawn of Conscience*, 163; 以及威尔逊(John A. Wilson)在 *ANET*, 第467页所作的介绍性的注释。该文本引自 *ANET*,带有第467页的脚注指出的文本的不同形式。

它们的墙已毁坏,而他们的居所已不在——
就如同它们从未存在过一般!

没有人从那遥远的地方回来,
可以讲述他们的状况,
可以讲述他们的需要,
可以使我们的心平静——
直到我们自己也可以前往他们已经去往的地方旅行。

让你的愿望高翔,使你的心可以忘记给你授的福。
终你一生,都要追随你的愿望。
把没药(myrrh)洒在你的头上,把纤细的亚麻美衣穿在你的身上,
你要用具有神性的真正奇迹来受膏。

增益你所拥有的益品,
不要让你的心消沉下去。
追随你的愿望和你的利益。
遵循你心灵的命令,满足你尘世的需求,
直到为你哀悼的那一日来临。

心灵疲倦者(Weary of Heart)听不到他们的哀悼,
哀号不会把人的心从阴间救赎。
起来欢乐吧,不要在那里倦容满面!
看哪,不是每个人都可以将他的财产带在身边。
看哪,没有一个人离开这个世界还能再得复返!

这首琴师之歌表明，争论得如此热火朝天的奥西里斯宗教精神，显
97 然还不是埃及动荡时代的各种经验变化中最引人注目者。因为腐蚀已经如此深层，以至于对奥西里斯——那个心灵疲倦者——的信仰本身都遭到质疑。甚至最好都不要想那些旨在使死者在来世成为“成功人士”(effective personalities)的“授福”仪式。这种想法是令人厌恶的；此外，我们无法知道那些人在来世是否真正“成功”，因为未曾有人从那里回来告诉我们关于他的状况。这种质疑的结果是享乐主义的怀疑论，它劝诫人们只要活在世上就要满足生活的乐趣。这是一种没有欢乐(joy)的享乐主义，它反映的是沉湎于一种已经变得毫无意义的生活。死亡已经变成了“巨大的幸运”，使这位君王从他生存的疲倦之中解脱出来。

生命毫无意义地维持和逝去，这种经验强烈地占据着主导地位。这首诗歌的作者看到他自己此刻正处于一条令人厌倦的存在之链的尽头。自从“神(可能是指那位统一埃及的创立者)的时代”以来，多少代人曾经生存而又逝去，所实现的仅仅是他以及继位的诸神，还有他们那些被授福的显贵，现在都躺在他们的金字塔中。这就是攻击金字塔本身——象征永恒的符号——的关键词。过去的圣人的名字，即印何阗和霍德德夫，也是精心选择的。印何阗是乔赛尔①(Djoser，第三王朝，公元前 2700 年)的建筑师，是大规模石建筑的创造者和塞加拉(Sakkarah)台地金字塔(terraced pyramid)的修建者，后者是现存最古老的金字塔；霍德德夫是齐奥普斯②(Cheops，公元前 2600 年)的儿子，是所有金字塔中最宏伟的一座的修建者。这些圣人的智慧在这首诗歌的时代(公元前 2000 年)仍然众所周知，但是他们的坟茔却已毁坏了。无人在意那

① 埃及第三王朝法老，也是埃及最早开始修建金字塔的法老。——译注

② 胡夫(Khufu)是埃及第四王朝的第二代法老，希罗多德称他为齐奥普斯。胡夫法老所建的金字塔是规模最大、技术难度最高、最为神秘、被研究最多的金字塔。——译注

些矗立在那里、经历岁月侵蚀、供每个人瞻仰的金字塔,而那些较小的坟墓则遭到劫掠和毁坏,这些事实必然给人们留下了难以磨灭的印象。当这些象征永恒的符号本身都在逝去时,试图在这个世界创建物质的永恒,必然显得徒劳无功。简言之,埃及文化有一个内在的过去——有时它被回顾"古代"埃及的现代历史学家所忘记。即使对于一个中王国时的埃及人来说,金字塔时代也是年代相当"久远的",写作琴师之歌的人观察齐奥普斯金字塔的时间距离,大概和我们自己与沙特尔(Chartres)大教堂[①]的时间距离相若。这肯定足以成为一个教育实例,唤醒人 98
们意识到在人所能成就的东西与生存的永恒之间有一条鸿沟。而且,这种教诲一旦被习得就不会失去,因为这首诗歌在新王国历代帝国王朝仍在被人们复制承袭。这样,对于法老所创立之物的意义在经验层面上的怀疑论就被永久地包含在埃及的形式之中。[②]

琴师之歌并没有发展到使灵魂向超越的神敞开,而是降格为享乐主义和怀疑论。法老符号体系的腐蚀从未真正达到崩溃点,这种独特的现象将会阐明由法兰克福所提出的文明形式问题。

"形式",正如前面所指出的那样,源自于对制度和秩序经验的解释。固然,制度在经济压力下,或者通过权力分配上的变化,可能会崩溃,但是当饱受折磨的社会重新获得自我组织的力量后,新的制度将与旧的制度属于同一种形式类型,除非在秩序经验中也发生了革命性的变化。只要秩序经验保持其紧凑性的结构,即使已出现的腐蚀指向新的分殊化,形式仍将被保留下来。一个文明可能会被制度剧变严重动

---

① 法国著名的哥特式教堂,位于巴黎西南约九十公里处。现存的主教堂建于公元12至16世纪之间。最早的主教堂建于4世纪。——译注

② 关于动荡时代的这种怀疑论与新王国的启蒙运动(Enlightenment)之间的连续性,特别是与埃赫那吞运动之间的连续性,参见 Spiegel, *Soziale und Weltanschauliche Reformbewegungen im Alten Aegypten*。

摇，但仍然呈现出一种形式上千年稳定不变的外观。对形式的讨论不应停留在如下假设上，即有些文明——如希腊罗马文明——符合汤因比所提出的“进步主义”类型，而其他的文明——如埃及文明——则有一种自始至终保持不变的“静态”形式。通过运用支配秩序经验的紧凑性和分殊化的原理，“形式”的问题可以在理论上得到澄清，其现象也可以变得容易理解。在笔者目前这项研究的进程中已经浮现出来的三项原理，可以用下述方式加以概述：

(1)人的本性是不变的。

(2)人类经验的范围总是体现在其各个方面的充分实现(fullness)。

99 (3)经验范围的结构从紧凑到分殊化演变。

而且，秩序经验分殊化的进程并不在一个具体的社会内展开，也不在仅仅属于同一文明的诸社会内展开，它会延展在时间和空间上各不相同的多个社会，从而在世界历史进程中展开，而形形色色的文明以各自的方式参与这一进程。因此，一个社会的“形式”同时也是它参与那个略具轮廓，向未来无限延伸的世界—历史进程的模式。在这个基本层面之上，那些已知的最早的文明，如埃及文明，确实与后来的文明一样遭遇了同样的制度上的变迁盛衰，但是，由于关于秩序的紧凑经验并未在制度灾难的压力之下被打破，所以制度秩序的实际变化——带有一种独特的受压抑的性质——就在一种一直保持稳定的宇宙论形式中发生了。因此，虽然法兰克福正确地看到各个文明间的形式差异，但是“静态”和“动态”之类的语言必须被这样的描述所取代，这种描述确定一个具体社会的形式的方法是将该社会与超文明的(supracivilizational)进程联系起来——在此进程中关于秩序的紧凑经验得以分殊。

这里所提议的方法具有经验上的优势，一旦为了比较的目的而引入另外一个文明进程时，这种优势就会变得显而易见。关于中华文明的一些思考将被证明是有益的，而类似的益处已经在我们对于美索不达米亚符号的分析中得以证明。

在中国，周朝于战国时期解体，而这个动荡时代后来又让位于中国在秦汉两朝实现的帝国大一统。因此，这种制度进程类似于埃及的古王国、第一中间期以及随后的帝国重组的次序。纵贯这一进程，以及下迄公元1912年的中国历史，宇宙论的符号体系一直都未被打破。因此，在中国和埃及，“静态的”宇宙论形式都盛行了大约三千年的历史，中国的天子对应于法老，都是作为宇宙—神秩序与社会之间的中介(mediator)。这种类似甚至达到了此种程度：在中国的动荡时代，某些流派的道家学说中出现了类似于琴师之歌的经验和态度。

但是在中华文明的儒家学说中也出现了一种与宇宙论秩序在经验 100
上的决裂。尽管这种决裂不像同时代的希腊哲学那么深刻，但它却具有重要的制度后果，这是埃及无法媲美的。对社会的宇宙秩序的幻灭，以及对这种秩序通过天子而得以维持的幻灭，导向了对自立人格(autonomous personality)作为一种秩序之源的发现。此前仅仅依赖天子来维持的社会秩序，现在也依赖参与宇宙秩序的圣人，圣人成为天子的竞争者。在符号领域，这种自立人格的新经验及其构建秩序的意志，在帝王资格向圣人的转移中变得显而易见。**道**和**德**——对两者的拥有使“君”具有构建秩序的效能——现在变成了君子的心灵中具有效能的力量。因此，孔子对待圣人和君王的方式是几乎把两者融为一个与柏拉图的哲学王紧密联系的符号。而且，与统治者一样，君子的社会效力也受同样的宇宙命运的支配。王具有“德”(力量)，能够通过“命”，即上天的命令，将宇宙的“道”(秩序)传达给社会；以同样的方式，圣人的智慧是否会被听取并接受，以便他能变成共同体中一个有效的构建秩序的力量，也要取决于天命。① 因此，圣人就不再是这样一个社会的成员，该社会作为一个整体只能经由统治者这个中介来接收命令。圣人本人

① Marcel Granet, *La Pensée Chinoise* (Paris: La Renaissance du Livre, 1934); 481 ff; Fung Yu-lan, *A Short History of Chinese Philosophy* (New York: Free Press, 1948), 44ff.

就能够获得治国平天下之“道”，在充当“道”的中介方面，他就成为一个潜在的统治者和天子的竞争者——就我们所知，埃及人从未有过这样的观念。

但是，国王的符号向圣人的这种转移也显示了儒家学说作为社会中一种新的构建秩序的力量局限性。固然，通过人与宇宙的道之间的直接联系，人格已获得自主性，并可独立于社会的权威。不过，圣人的权威与天子的权威属于同样的宇宙论类型。经验的分殊化并没有像在
101 柏拉图那里一样发展出一种与社会中盛行的信仰相对立的新神学；从根本上说，它并没有变成超越的。儒家学说没有导致帝国的宇宙论形式的断裂，因为它不是柏拉图所创立的那种意义上的哲学。由于在两种秩序经验之间没有根本的不相容，帝国甚至可以利用儒家学者作为官僚来支撑其宇宙论形式。

总而言之，可以这样说，关于文明进程类型的辩论，只要仍在建构经验类型的层面上进行，那就一直不会有结果。可被理解的历史秩序不可能通过对现象的分类而发现；对它的探求必须通过对秩序的制度及经验的理论分析，以及对由解释那些制度和经验而产生的形式的理论分析。历史中最终恒定不变的事物是不可能通过构建关于现象规律性的类型概念而确定的，因为历史的规律性只不过是人性中恒定不变的因素在其紧凑性和分殊化的范围内的表现形式而已。而且，将现象规律性提升为历史常量的做法——这在文明进程中确实可以被观察到——是特别应该受到斥责的，因为文明不是重复一种生长和衰落模式的自足单位。文明是一种形式，在此形式下，一个社会以其历史性的独特方式参与了超越文明的、普遍主义的戏剧，即以越来越分殊化的方式与生存的秩序相和谐，从而接近存在的正当秩序。文明形式具有历史独特性，永远不会全部纳入现象规律性中，因为这种形式是人类戏剧中的一幕，而这出戏剧正以我们所不知道的方式持续至未来。

但是，上述理论思考决不应贬低探求文明进程中典型现象的价值。

我们不可避免地只能从现象规律性开始，以便达到人性中恒定不变的元素，以及不变的经验范围在结构上的分殊化；也就是说，达到人性的动态变化(dynamics)，对此我们称之为历史。

第二节　宇宙论形式

埃及人把他们的社会秩序体验为宇宙秩序的一部分。因此，通过符号来对这种经验的表达与美索不达米亚人属于同一种一般类型。不 102
过，从这种对经验和制度的解释中产生了一种文明形式，在它所有的主要方面都是独一无二的。这种形式之独特恰在于它的突然诞生，这必须被看作是创造力的一种闪电般的迸发。即使我们给这种"闪电"慷慨地加上一个多世纪，从而使这种形式成为确实清晰可辨的生存。此外，这种形式的独特恰还在于，其结构中的若干因素使它不同于美索不达米亚的形式，而且，由于同样的原因，也不同于任何其他宇宙论文明的形式。最后，它之独特恰在于，在这种形式范围内出现了丰富的经验分殊，这些分殊指向宇宙论界限的超越，因此被一些进步主义历史学家解释为希伯来和希腊之成就的先声(anticipation)。这最后一个特点尤其值得关注，因为在对宇宙论经验本身的主要文字表述方面，埃及文明已被证明是异常贫乏的。埃及既没有产生像美索不达米亚的《吉尔伽美什》或《埃努玛—埃利什》那样的史诗，也没有产生堪与《汉谟拉比法典》相媲美的法律集成。

在当前这一节，我们将会论及这种宇宙论形式的起源及其结构特征，我们将集中分析使埃及文明与其他同类型文明区别开来的那些特征。在接下来的一节，我们将会讨论在这种形式的遮蔽下，经验的动态变化。

在下述意义上，法老帝国的诞生是突然的：它们并没有与美索不达米亚诸帝国的起源相似的史前史。在美索不达米亚,我们可以追踪从原始的村社共同体(primitive village communities),经由城市国家(city-states),再到帝国的政治演进的轨迹。帝国的统一者征服了此前存在的城市国家,但是后者仍如此完好地保存了它们的制度认同,以至于诸帝国——它们是由当时碰巧是最强大的那个来实施统治和管理的——甚至采取那个霸权城市的名称作为帝国的名称。这样,史前史为后来的组织留下它的制度印记。

在埃及,我们面临着一种有些令人迷惑的情形。的确,法老的帝国也展现出一种将以前存在但被征服的诸政治实体统一在一起的制度结构。法老戴着双面的王冠,表示他化为上埃及和下埃及的"两地之主",
103 在每一场政治危机中,帝国都有分裂为两个单独王国的可能。不过,如何正确解释这些征候尚是一个疑问。一代人以前,历史学家们仍然愿意假设存在过两个王国,而下埃及被南方人所征服。今天,这个假设正在被放弃,因为各种资料来源都揭示,在这个三角洲只存在过一些小的公国(principalities),它们被征服之前从未形成过一个政治单位。下述假设似乎更为合理:尼罗河谷包含一系列由酋长领导的具有文化同质性的村庄共同体,一些规模不大的市镇(market towns)控制着周边地区,当从南方来的征服者——对于他们最初的力量和事业(enterprise)的来源,我们几乎一无所知——把一种共同的政治统治强加于这些具有共同文化的人时,他们并未遭遇太过顽强的抵抗。这样一种进程也可以由如下事实得到提示,即征服引发的不可避免的敌意显然在帝国建立之后很快就消弭于无踪。不存在针对三角洲人口持久的政治歧视;"两地"是平起平坐的。这个符号似乎不可还原为制度表达(institutional articulation)领域中的事件;因此,我们同意这样的结论,即它的意义将必须在宇宙秩序的经验所引发的动机中去找寻。①

我们必须承认,从原始农业共同体到一个伟大的帝国文明的突然转变是一个历史事实,但是对于促成了这样一种非同寻常的发展的环境条件,我们只能作合理的猜测。埃及是尼罗河两岸狭长而肥沃的一片土地,东西两端都止于荒凉的悬崖峭壁。在那片可居住的管状地带中,今天的人口密度是每平方英里一千两百人,远远高于欧洲人口最稠密的工业区比利时,即每平方英里七百人。古代埃及的人口密度要低得多,但必定仍比当时的任何其他文明地区高很多。这个假设之合理的原因在于其盆地灌溉系统——埃及的经济及其人口规模都仰赖于此——可以追溯到古代,甚至可能在早王朝时期就存在了。只是在公 104
元19世纪,在埃及总督穆罕默德·阿里(Mohammed Ali)的统治下,这个旧的系统才逐渐被运河灌溉所取代,后者大大提高了可耕地的面积,使之适合棉花和糖类作物的生长,结果导致人口超比例的增长。因此我们可以假设,农业人口以接近城市的密度聚集乃是促进文明能量突然迸发的明显因素。在一个人口密集的居住区中生活——穿越整个社区的河流就是它的公路——必然导致人们之间频繁的社会和思想交流,导向被纷繁复杂的局部对抗(local rivalry)所掩蔽的本质上的同质性,促进没有教条式自作主张的互相宽容,这些确实就是这个帝国文明从它一开始进入历史视野时就具有的特点。预设在征服之前就存在这

① 关于地理状况在政治构成方面所具有的力量,关于两个王国,统一之前霸权联盟的可能性,统一本身以及这种张力一直持续到王朝时期等问题,参见 Rudolf Anthes,“Aegypten”, *Historia Mundi*, 2: 134—41。

样的环境条件会使它的成功更易于理解。[①]

尼罗河谷的这种特点——作为一个持续存在的、同质的居住区,没有被主要的、毫无疑问处于支配地位的城市贯通为一体——一直延续到法老时期。[②] 在政治上,这种特点可由一个罕见的现象展示出来,即埃及在一千多年的时间里没有永久性的都城。像尼普尔、巴比伦或阿舒尔那类征服者可以据此统治全部土地的都城在埃及并不存在。一座新的城市,美尼斯的孟斐斯[③](Memphis of Menes),被建立起来作为象征统一王国的符号。实际的居住区原则上随法老移往他的金字塔将被修建的地区,而周边的城镇则变成行政机关所在地。直到公元前第二个千年的中叶,当忒拜(Thebes)具备了大都市的特征时,我们才可以有理由说到埃及的都城。[④]

但是,如果"两地"这个符号被假定具有宇宙论的特征,那么就会产生一个严重的困难,因为所有其他的宇宙论文明都是通过类比世界的四个方位(quarters)来符号化其国土上的空间秩序。为什么埃及会有一个二元的符号?宇宙的何种特征被这种二元论以类比的方式符号化了
105 呢?有人已经做出一些猜测,但是没有一个猜测具有很强的说服力。法兰克福发现这种二元区分的根源在于"埃及人的一种根深蒂固的倾

---

① 关于这种文明爆发的突然性,参见 Frankfort, *Kingship and the Gods*, 第一章以及同一作者的 *Birth of Civilization in the Near East.* 关于尼罗河谷的人口所具有的准城市的特征,参见 Wilson in *The Intellectual Adventure of Ancient Man*, 31 ff。关于灌溉问题,见"Irrigation: Egypt", in *Encyclopaedia Britannica*, 11th ed。

② 法老时期:根据本节最初的埃及历史王朝列表,法老最早出现在早王朝末期。——译注

③ 埃及一古老城市,位于开罗以南。据说该城是由在公元前3000年统一埃及的第一位国王美尼斯所建立,在亚历山大大帝征服埃及之前它一直保持着首要地位。——译注

④ Frankfort, *The Birth of Civilization*, 83 ff.

向，即以二元的术语把世界理解为一系列两个一组的迥然相异的事物，它们在不变的均衡中取得平衡”。作为一个整体的宇宙被理解为“天与地”，地被理解为“北与南”，人们也可以在两个一组的神等等现象中观察到同样的倾向。这种解释必须被当作循环论证而加以拒绝，因为，这种倾向“根深蒂固的根源”是什么，恰恰就是问题所在。① 威尔逊在拒绝了自己早先提出的一种解释之后，②最终采取了与法兰克福相反的观点，并且假定“‘两地’的二元性可能是产生埃及心理学二元论的一个更强有力的因素”。③ 我们同意威尔逊的假设，并用下述思考来支持它：河流的特性是奔流而下，因此在一个封闭的河谷中，“世界”自然具有“上游”和“下游”两个维度。在埃及独特的地形条件下，这条河流是经验世界的一个如此令人印象深刻的特征，以至于尼罗河可能比地平线和太阳更容易被当作空间秩序的来源，其结果是，一个二维的宇宙以类比的方式在“两地”的政治制度中被映射出来。其他的地形二元性可能强化了这种经验，并给予它用二元范畴来渗透整个思想的力量，但是就“两地”而言，尼罗河似乎就足够了。

通过类比宇宙秩序来表达政治秩序被下述事实进一步复杂化：太阳这个符号在埃及思想中至少与尼罗河这个符号居于同样的主导地位，即使不是更高的地位的话。这两个符号的共存可能反映了帝国秩序起源的不同历史层面。就其政治功用而言，双维的宇宙空间概念当然较为古老，因为征服从一开始就被理解为“两地”的统一。太阳的符号体系最初比较弱，在古王国时期力量逐渐增强，显然是受到来自赫里

① Frankfort, *Kingship and the Gods*, 19.

② Wilson, in *The Intellectual Adventure of Ancient Man*, 41 ff.

③ Wilson, *The Burden of Egypt*, 17.

奥波利斯(Heliopolis)①及整个三角洲地区的影响。在第五王朝时期,它已经变得如此强势,以至于法老采取了“瑞之子②”(Son of Re)的称号。
106 这时,太阳符号出现在哪里,哪里就会大量出现太阳统治下的地平线的四个方位的概念。在形形色色的文献中,地平线与帝国秩序的二元概念的融合导致这两种在逻辑上不相容的符号有冲突。此外,当这种情况发生时,两种符号体系在阐明秩序的意义时具有不同的功能。因此,考察一些太阳赞歌以便澄清它们的不同功能及相互关系是可取的。

引起我们注意的第一首赞美诗是献给霍鲁斯(Horus)③的。根据它将“上埃及和下埃及”的通常顺序颠倒为“下埃及和上埃及”这一做法,我们可以断定它的年代属于在第四至第五王朝统治下赫里奥波利斯处于优势地位的时期。下面选自这首赞美诗的段落是有趣的,因为它显示了两个符号之间明显的地形学冲突:

> 向你致意,那独一无二的,人们说他将永生不灭!
> 霍鲁斯来了,他大步而来;
> 他来了,他赢得了统治全地(the horizon)的权力,他赢得了统治诸神的权力。
>
> 向你致意,他红色血液中的灵魂,

---

① Heliopolis 在希腊语中的意思是“太阳城”,古埃及三座主要城市之一(另外两城是忒拜和孟斐斯),位于今天埃及首都开罗的西北郊。古王国时期,该城是一个天文学研究中心,并在神学思辨方面享有盛誉。——译注

② 瑞(Re,有时拼作 Ra 或 Rah,也称作 Atum 阿多姆)是古埃及赫里奥波利斯的太阳神。从第五王朝开始,他与忒拜神阿蒙结合在一起,成为埃及神系中最重要的神。——译注

③ 霍鲁斯是古代埃及的太阳神,欧塞利斯和艾西斯(司丰饶的女神)之子,被描绘成长着像鹰一样的头。——译注

他的父亲称他为独一无二的，诸神则称他为有智慧的，
当天（和地）被分开时，他登临大宝，在你心满意足的宝座上，
你可以随着你的步伐跨过天宇，
在你跨过埃及之际，你可以在下埃及和上埃及往来穿梭！①

霍鲁斯显然是统治全地的力量；他是神的灵魂，出现时身穿着日轮状的红色衣裳，并且大步跨过天宇。但是最后一句——它不是从天上而是从地上来看待这个过程——通过提醒我们处于南北方向的一条轴线之上的下埃及和上埃及，而打破了这种景象，并且让太阳在埃及“中间”，或者更确切地说，在埃及的“内部”运行，从一个恰当的角度来看，太阳正好是在埃及来回穿梭，把地平线之内世界的其余部分都排除在外。尼罗河谷长长的槽形地带与圆形的地平线在几何学上是不协调的。 107

若干世纪后，在亚马拿革命（Amarna Revolution）②之前的新王国时

---

① Pyramid Texts, 853a—854e. 所有金字塔文本（Pyramid Texts）的译文都引自 Samuel A. B. Mercer, *The Pyramid Texts in Translation and Commentary*, 4 vols.（New York: Longmans, 1952）。第一卷包含了那些文本；其余三卷是评论、注释和索引。金字塔文本由塞思编辑，*Die Altaegyptischen Pyramidentexte*, vol. 1（Sprueche 1—468），vol. 2（Sprueche 469—714）（Leipzig: J. C. Hinrichs, 1908—1922）。塞思的德文翻译和注释见 *Uebersetzung und Kommentar zu den altaegyptischen Pyramidentexten*（Glueckstadt: J. J. Augustin, 1935），它们包含了 Sprueche 213—582。

② 埃及法老阿蒙霍特普四世为摆脱忒拜阿蒙神祭司的控制和影响，宣布阿吞神为全国唯一崇拜的神，并禁止崇拜阿蒙神和其他一切地方神祇。阿蒙霍特普四世为此将国王的名字改为埃赫那吞（意为“阿吞的光辉”），将首都从忒拜迁往泰尔·埃勒—亚马拿，并改名埃赫塔吞（意为“阿吞的视界”）。关于“亚马拿革命”，详见本章第三节第四小节“埃赫那吞”。——译注

期的一首献给阿蒙—瑞的赞美诗中,同样的张力仍然存在。在这首诗歌中,阿蒙—瑞是以两地的统治者和至高之神的双重角色出现的,作为至高的神,他创造了地平线之内的一切,包括那些明确提到的外邦。这种张力已经变得愈发明显,因为地平线环绕的世界和两地的世界被有意识地区分开来。

下述段落引自这首赞美诗,它强调了阿蒙—瑞对埃及的统治地位:

> 那诸神所称赞的英俊可爱的年轻人,
> 他创造了下面的和上面的,
> 他照亮两地,
> 安详地跨过诸天:
> 上埃及和下埃及的王:瑞,胜利者,
> 两地的领袖,
> 孔武有力,尊敬的主,
> 那创造了全地的首领。

另外一个段落甚至专门挑出南北轴线作为这种统治权的维度:

> 你的爱在南方的天上;
> 你的和蔼可亲(sweetness)在北方的天上。

在选自同一首赞美诗的下述段落中出现了一种完全不同的具有神性的人格(divine personality):

> 那特立独行的唯一的神,长着千万只手,
> 漫漫长夜,众人皆睡他独醒,
> 为他的造物谋利益,

阿蒙，历经万事而不堕，阿多姆和哈拉克赫提（Har-akhti）。①

赞美是属于你的，当他们都这样说：
"为你欢庆，因你为我们而操劳！
向你致意，因你确实创造了我们！"
为所有的野兽向你欢呼！
替所有的外邦为你欢庆！

穷天之高，穷地之广，
穷大绿海（Great Green Sea）之深，
众神都臣服于陛下，
赞美那创造他们的有威能，
因靠近那给他们生命的而欢喜。② 108

在这里，阿蒙—瑞已经变成伟大的造物主之神，众神、宇宙和人类社会都充满感激地赞美他，因为是他创造了他们的存在，是他不眠不休地照看他们。他就是那个神：

他举起诸天，沉下大地，
他令一切如其所是，并造出了万事万物。③

---

① 意思是"地平线上的霍鲁斯"，早上在东方地平线上升起的埃及太阳神，是霍鲁斯的众多显现形式之一。它被描述成具有猎鹰的外表。哈拉克赫提与瑞结合在一起成为"瑞—哈拉克赫提"，并以此形式在赫里奥波利斯受人崇拜。——译注

② *ANET*，365 ff.

③ 同上，366。

在阿蒙—瑞无所不包的创造之中,埃及只是其中的一部分,与外邦一同被创造出来。它似乎并不是那个微观世界(microcosmos),即在其秩序中反映出宇宙的那个人类社会。因为神自己近似一种超越的无形物,所以任何内在的有形秩序都不可以恰当地与它类比。这首赞美诗确实反复利用了阿蒙神作为 amen,即隐蔽的伟大的神的含义:

> 那至高的统治者……
> 他的名字隐秘(amen)不为儿女所知,
> 因此他的名字叫阿蒙。①

当地平线上至高的可见的神隐退为"其圣殿隐而不彰"的一个神祇时,显然他就不能再成为那个类比的帝国秩序之源。

然而,由于从有形的太阳神向无形的超验造物主神的这种潜在的转变,借助处于宇宙的有形性和超越的无形性之间悬而未决的状态,他已经变成了最正宗的埃及政治神,深刻影响了帝国秩序的结构和持久性。具有这种影响的经验在现存最早的太阳赞美诗中得到了表达,这首献给阿多姆的诗保存在金字塔文本中,尽管其具体年代不确定,但是要比金字塔文本古老得多。这首赞美诗包含了两部分内容,其中同样的连祷文(litany)②先是献给太阳神,随后又献给已故的法老,后者被等同于太阳神。在连祷文的第一部分中列举了阿多姆为"霍鲁斯之目"(即埃及)所做过的事情:

---

① *ANET*,366。

② 礼拜仪式上的祷告,由主持人所背诵的一系列祷文组成,期间交错着众人所作出的固定反应。——译注

向你致意，霍鲁斯之目，他（阿多姆）用他的双手尽全力为你增色。

他不让你倾听西方；
他不让你倾听东方；
他不让你倾听南方； 109
他不让你倾听北方；
他不让你倾听陆地（land）中央的那些人；
但让你倾听霍鲁斯。①

为了感谢神赐予这样的礼物，在第二篇连祷文中，埃及向阿多姆献上了地上的礼物作为回赠：

是他使你增色；是他建造了你；是他使你安居；
你为他做一切他吩咐你的事，在他所去的任何地方。
你把你拥有的禽鸟栖居的河流带给他；
你把你拥有的礼物带给他；
你把你拥有的食物带给他；
你把你所有的一切带给他；
无论他想去何方，你都会带给他。②

这是一首奇特的太阳赞美诗，在其他的宇宙论文明中都无出其右者。虽然太阳确实在地平线的四个方向上都是有形世界的统治者，但埃及并不是那个无所不包的宇宙在地上的对应物。太阳神之所以运用他的力量，不是为了确保这个王国获得类似的对于全地的统治权，而显

① Pyramid Texts, 1588a—1589a.

② 同上，1589b—92e，有删节。

然是为了保护它,不使它卷入尘世的统治当中。第三篇连祷文甚至更为有力地强调这一点:

> 那些门牢固地矗立在你身上,就像伊姆特弗(Immutef)①一般;
> 它们不向西方打开;它们不向东方打开;
> 它们不向北方打开;它们不向南方打开;
> 它们也不向陆地中央的那些人打开;
> 但是它们向霍鲁斯打开。②

借着阿多姆的恩典,埃及的各扇大门都向世界紧闭;地平线也被关闭了(closed out)。

如果我们考虑到这首赞美诗涉及了广泛的经验,且为此目的使用了太阳神的复数形式(sun-gods),那么它的奇特之处就会变得容易理解,又不丧失其历史独特性。阿多姆和霍鲁斯显现在可见的日轮(sun-disk)中,但并不等同于后者;不过,我们可以说,造物主神阿多姆比地平线之神(the god of the horizon)霍鲁斯距离这种可见性更远。固然,埃及
110 作为霍鲁斯之目是处于霍鲁斯的地平线之内的,但是它需要抵御同样是地平线一部分的邪恶势力,而它只能从阿多姆那里获得这种保护。这样,由霍鲁斯和塞特(Set)所分别代表的善恶势力就变成了世俗生存的问题,在这场斗争中,助力必定来源于一个更高的神性存在,那就是阿多姆:

> 是他把你从塞特降与你的每一次灾祸中拯救出来。③

① 在埃及神话中,伊姆特弗是撑起天空的神。——译注

② Ryramid Texts, 1593a—1594a。

③ 同上,1595c。

以实现与超越的神祇更完美的和谐为目标的存在中的飞跃并没有真的发生，但是作为一种可能性它还是在这首诗歌中发出了声音。承蒙阿多姆的恩典，埃及既在世界之中又不属于这个世界；它对塞特的灾祸关上了大门，而对霍鲁斯身上善的力量敞开门扉，用心倾听。在宇宙论经验的这种紧凑性中，在多神论语言的面纱下，埃及成为神所拣选的民族。

这首赞美诗的第二部分把第一部分的连祷文转移到作为霍鲁斯和阿多姆之化身的法老身上。太阳神的恩典和拣选通过一位国王——他将宇宙秩序的神的力量传递给百姓——的统治而在社会秩序中得以实现。经由这位神王（god-king），埃及社会正敞开心扉聆听阿多姆和霍鲁斯的正当秩序；拥有法老保证了埃及在世界之中生存，使它不会沦为这个世界邪恶势力的牺牲品；如果没有法老，不仅国家会陷入政治无序的状态，百姓也会从神性存在的正义中堕落。如果在这个意义上理解这首献给阿多姆的赞美诗，那么这首诗就揭示了存在于法老秩序中的经验的结构。它必须被看作是研究埃及文明形式及其千年稳定不变的奥秘的最重要文献之一。

当神拣选了埃及，他并没有直接向百姓显现自己，或者与他们立约，而是通过他在他们统治者身上的显现而与百姓同在。现在我们必须开始处理法老符号体系中最让人迷惑的方面，也就是国王的神性。具有神性的王权统治（divine kingship）是一个罕见的现象。它出现在埃及，但是除了一些零散的例子以外，它既没有出现在美索不达米亚，也没有出现在任何一个主要的宇宙论文明中。在我们可以尝试做出解释之前，这个现象本身必须得到清晰的理解。一个具有神性的国王并不是具有人形的一个神，而是神通过他来彰显自身的一个人。如其所是，神一直显赫地处于他自己的生存领域中，并且只把他的实质延展到统 111

治者身上。希罗多德是当时一个有才智的人,他可以向埃及祭司提问,并且可能比我们今天有更多的跟诸神打交道的实践,他证实法老具有严格的人的身份。这位希腊历史学家了解到,美尼斯乃是第一个作为人的埃及国王;在他之前,这个国家都是由诸神统治的,特别是由霍鲁斯统治的;但是自从美尼斯开始,这个国家就"不曾有过化身人形的神作王"。[①]我们必须牢牢记住这一点,特别是因为各种埃及的原始资料都把法老称为神,把某个法老等同于这个或那个神,或者把某个神称为埃及的统治者。当看到这样的说法时,我们必须考虑到埃及的原始文献不是关于哲学人类学(philosophical anthropology)或神学的论文。这些简化的认同并不意味着埃及人不能区别神和人。他们完全知道他们的法老像其他所有人那样会死,而霍鲁斯或瑞的隐含显现(underlying manifestation)会在那些法老继承人各自的生命周期中得到继续。这样,法老就不是一个神,而是神的一种显现;利用神在他身上的出现,国王就成为神帮助人构建秩序的中介,尽管不是对于所有人,而只是对于埃及人而言。

对于这个符号的分析还没有结束,它也没有解释神王在埃及异乎寻常的出现。一个完整而充分的解释将必须深入洞察在这个符号中得到表达的那种经验,以及促成其发展的各种环境条件。这样一种解释——与通常对法老制度的表面现象的描述不同——在目前的科学状况下大概还不可能做出。无论如何,我会冒险给出一种意见。

或许我们可以通过分析埃及的另一个令人好奇之处——诸神在动物身上的显现——来论述这种经验。关于神在动物身上的显现这个主题,法兰克福曾写过一些非常出色的文字。首先,显现的本质在具有神性的动物身上比在具有神性的国王身上体现得更为清晰。例如,显现在太阳之中和国王身上的霍鲁斯神,也会显现在猎鹰身上;透特

① Herodotus 2. 142.

(Thoth)神[1]会显现在月亮、狒狒和鹮身上；女神哈索尔(Hathor)[2]会显现在母牛身上；阿努比斯(Anubis)[3]会显现在豺身上。在所有这些例子 112
中，没有哪种动物的显现会限制或明确规定神的力量；神一直都与他的显现形式泾渭分明。其次，通过下述观察——诸神在动物身上的显现中，个体与物种的界限倾向于模糊不清——这种符号的意义可以明晰一些。神是显现在某种动物身上还是某个动物身上，抑或显现在某个作为该种动物之代表的动物身上，这些都是不确定的。法兰克福得出结论说，这样的动物激起了人们的宗教敬畏，因为“在动物身上，代际相传不会带来任何变化……动物从无改变，尤其在这方面，它们看上去分享了——在一种不为人所知的程度上——被造物最基本的本性”。[4] 在动物的本性方面，物种要比个体重要。因此，正如我们将会阐明的那样，由于动物的种类历经许多代都一直保持不变的恒定性，所以人在它们身上感受到一种比他自己更高程度的对存在的参与；动物的种类比个体的人生存得更为长久，所以更接近世界和诸神的永恒存续。

神会显现在物种身上这种思想是发人深思的。具有神性的王权统治是否可能是同一种类的现象，其不同仅仅是由于人和动物本性不同而必然带来的表面现象的不同？因为人既知道他自己不止是一种动物，也知道他自己是由他这样的人组成的群体的成员，换言之，是一个社会的成员，而社会的持久性远远超过了个体的人的持久性。故此，在这样一个文明中——人们在其中感到诸神显现于动物种类之中，因为这些动物种类会持久存在——我们可以期待这种经验和符号化“类型”也会延伸到社会的持久存在中去。但是，一个社会的结构不同于一个

---

① 埃及的月亮、智慧和学识之神，其象征物为朱鹮和狒狒。——译注

② 埃及神话中的爱神。——译注

③ 埃及神话中的死者审判官。——译注

④ Frankfort, *Ancient Egyptian Religion*, 8—14.

动物种类的结构，因为一个社会是通过在一大群人中将制度融贯起来，并创立一个代表才能生存。因此，神不会随意在任何人身上显现自己，将其作为种类的代表；相反，他仅仅在统治者身上显现自己，使其作为社会的代表。我们可以说，在法老身上，具有神性的不是“人”而是“王”——虽然我们必须小心，不要过分强化这个问题而使它变成了职位的克里斯玛权威问题，因为在“王朝”制度中，当每个法老作为神的儿
113 子诞生时，都会同时存在具有神性的人(god-man)的观念，由于他所具有的资格条件，注定会接替法老的职位。不过，通过在国王身上的显现，神也显现在作为一个整体的社会中；反过来说，一个在土地上耕耘的最卑贱的农民，或修建金字塔的工人，作为一个埃及人，都会分享通过法老散发的秩序的神性；法老的神性辐射到整个社会，并将其改造成为神的民族。如果我们意识到隐含在这些符号中的秩序经验的紧凑性——人完全融入社会，他自己生命中的秩序感依赖于社会秩序不曾中断的稳定性——那么，我们就能更好地理解为什么埃及的“形式”已被证明是如此顽强地抵制那些正在分殊化的经验，抵制重新界定人的生存，使其面向超验的神。如果我们设想神的化身不是一个国王，而只是社会地位卑微的一个普通人，他谁也不能代表，却被他的追随者声称是人类的代表中介(mediator)和替人类受难的人，那么我们就能略微了解对于那些来自宇宙论文明中的人来说，基督教必定曾经显得多么不光彩。

这里还有一个尚未回答的问题：为什么诸神在动物和国王身上的显现会成为埃及文明中的一个重要特征，而在其他文明中的作用却并不重要，甚至毫无意义？我还是只能冒险尝试给出一种意见。似乎可能的是，埃及的独特性与前面讨论过的许多原始的村社共同体转变为一个帝国文明的突然性有关。作为这种突然转变的结果，一个较为古老和原始的文化中的若干元素可能被保存下来——正如国王偶尔表达出想要吃人的意图所显示的那样——在那些政治演进经历了城市—国

家阶段之后才出现帝国构建的地方,这些元素已经消失了。这种意见要想获得支持,就必须研究东非社会及其文化的特点,它们是埃及从中生长的社会和文化母体。但是,那将会超出我们目前这项研究的范围。

通过国王这一中介,宇宙的秩序辐射了整个社会。一些原始资料的节选将阐明埃及人对于这个过程的看法。我们将从古王国时期的金字塔文本中的一些段落开始,它们关注的是法老的纯粹神的身份,即在他已经离开尘世之后的身份。诸神在天国问候已经死去的国王: 114

这就是我的儿子,我的长子……
这就是我心爱的,我对他十分满意。[1]

这就是我心爱的,我的儿子;
我已经把全地都给了他,他可以像哈拉克赫提[2]一样有力地统治它们。[3]

他活着,上埃及和下埃及之王,瑞所心爱的,永生不灭。[4]

你与你父阿多姆一同为王,你与你父阿多姆一样尊贵;
你与你父阿多姆一同出现,痛苦不幸则倏忽不见。[5]

你已降生,你已高贵,你已满足;

---

① Pyramid Texts, 1a—b.

② 又作 Harakhti。——译注

③ Pyramid Texts,4a—b。

④ 同上,6。

⑤ 同上,207c—d。

在你父的怀抱中，在阿多姆的怀抱中，你已舒适富足。

阿多姆，让 N. 企及你的高度，将他揽入怀中，因为他永远是你亲生的儿子。①

法老的新"生"，他再生而拥有永恒的生命，是由于阿多姆和下层天宇女神的一次生殖活动给了他第二次的降生；但同时，死后的重生②是从永恒中诞生，甚至是在世界被创造出来以前：

N. 的母亲，住在下层的天宇，孕育了他；
他的父亲阿多姆使他降生，
在天形成之前，在地形成之前，
在人形成之前，在诸神诞生之前，在死亡产生之前。③

这个人物，神的儿子，在永恒之中从他的父亲那里降生，在死后又回到他的怀抱，与父亲一起作王——这个人，"他的精神属于天，他的身体属于地"④，在他为人之时是埃及的统治者。他的统治要引导神—宇宙的秩序力量进入社会，这种统治开始于他的加冕礼。加冕行为象征
115 着那个将会带来秩序、消除混乱的神的诞生，这个礼仪的含义在古王国的加冕礼仪式书中用非常类似于葬礼悼词(mortuary texts)的惯用语表达了出来。但是，这种类似并不是一种单纯的相似，正如我们马上将会看到的那样，国王的和宇宙的秩序构建的行动，即第二次降生并登上王位的行动，被体验为"同质的"，它们都"来自永恒"。所以，对这些文本

① Pyramid Texts，212a—213b。关于这段和上面一段，也可以参见后面的几段。

② 比较 Rev. 20：6，14。

③ Pyramid Texts，1466a—d.

④ 同上，474a。

的解读并不容易，因为如果把各种不同的意义束（strands of meaning）转换为正在分殊中的种种概念，那么这样一种紧凑性的特殊感觉（flavor）就会丧失。我们将从选自下埃及的布陀（Buto）的一篇加冕礼仪式书的某段落开始。

当国王走近“王冠，那有魔力的伟器”时，祭司就说：

> 对你而言，他是纯洁的；他敬畏你。
> 愿你悦纳他；愿你悦纳他的纯洁；
> 愿你悦纳他的话，他对你说：
> “当你的脸是平和、新鲜和年轻的时候，它是多么俊美，
> 因为神，那众神之父，已经生了你。”①

正如在一出梦里的戏剧中一样，戏剧中的人物彼此混合，并且彼此互换角色。引号中的那些话是由国王向王冠说的。国王将要戴上的那顶王冠现在是神的儿子，国王问候它就像众神问候获得新生的国王一样。那么，国王会是那个神吗？问候像他儿子一样的王冠？

的确，这场带有符号标识的戏剧似乎曾经是可能的。现存有一个令人好奇的赫里奥波利斯文本，关于它的含义权威们的意见各不相同。② 金字塔文本的翻译者和编辑者墨瑟（Samuel A. B. Mercer）认为它是一篇加冕礼的仪式书，被重新加工成为一篇葬礼悼文。③ 法兰克福则认为整个作品都是一篇加冕礼的仪式书。④ 我们并不想选择支持谁。

---

① Pyramid Texts，194d—195e。

② 这个文本是 Utterance 222，见墨瑟版本的 Pyramid Texts，I：199a—213b。

③ 墨瑟假设被加工过的那部分是关于登基的文本（an ascension text），始于 207a。同上，2： 94 ff。

④ Frankfort，*Kingship and the Gods*，108.

因为比该文献是一篇加冕礼仪式书还是一篇葬礼悼文这个问题更有趣的是下述事实，即这个问题很难回答，或者不可能得到答案，因为它们的符号体系实际上是同一的。[1]

该文本一开始就对那位将要扮演造物主神之角色的国王提出了告诫，国王当时正站在刚刚从混沌之水中浮现出来的原始之山（Primeval
116 Hill）上：

> 你站在上面，这由阿多姆所创造的土地……
> 你在其上，你高高在上，
> 你可以看到你父；你可以看到瑞。
> 他已向你，他的父亲，走来；瑞，他已向你走来。[2]

国王登上王位再现了神登上宇宙秩序的巅峰，整个埃及，通过金字塔和建在逐渐升高的地形之上的庙宇，被符号化为那座山。此外，通过登上王位，国王获得了在前面的加冕礼仪式书中被归于王冠——那"伟器"，那"有魔力的伟器"——的种种特征：[3]

> 你已佩戴了那有魔力的伟器……
> 你完美无缺；无事因你而止息。[4]

王冠佩戴者拥有其魔力的实质，因此现在我们就可以理解，王冠的

---

① 由于这个原因，在上文证明国王被神化的文献之中，我们毫不犹豫地包括了选自该文本的两个段落。

② Pyramid Texts, 199a—200a.

③ 同上，194c。

④ 同上，204a—b。

魔力可以被称作年轻的神，其魔力源于他的父亲。最后，登上王位可以被理解为与下述行为——那已去世而获得重生的国王上升来到他父亲阿多姆的怀抱之中——融为一体。[1] 构建秩序的造物主和构建秩序的国王，从永恒那里获得生命的具有神性的父亲和他的儿子，王冠及其佩戴者，身为国王的统治者和获得重生的年轻的神，就这样结合在一起，并且在法老身上共存。法老发散的社会秩序与神创世界的秩序在本质上是相同的，因为法老就体现了创造性神性本身。法老的秩序就是来自永恒的宇宙秩序之连续不断的更新和重新展现。

这种秩序在第一和第二中间期被严重打断，而且，在那些稳固的政权中也面临许多较小的动荡。中王国和新王国的原始资料不再有金字塔文本的那种自信的语调，相反，在其杂乱无章的自诩（discursive assertiveness）及其劝勉性特点中，显示了隐藏在它们背后的斗争。下面的劝诫采取的形式是父亲教导儿子该如何过正当的生活，它是第十二王朝的阿门内姆哈特三世（涅马勒，公元前1840—1790年）的总司库（chief treasurer）的一篇铭文： 117

涅—马—勒王陛下，在你们的身体中永生不灭，
他的伟力融入你们心中。
他是人心中的感觉，
他的眼睛洞察每一个人。
他是瑞，有了他的光束人们才能看见，
他照亮两地，胜过太阳的光辉。
他使大地绿意盎然，胜过威猛的尼罗河的灌溉，

① Pyramid Texts，212b.

因为他使两地充满了力量和生命。①

图特摩斯三世(公元前1490—1436年)的维西尔(vizier)②拉克米尔之墓的一篇铭文甚至说得更为简洁:

谁是上埃及和下埃及之王?
他是人赖以为生的神,
他是所有人的父亲和母亲,
他独一无二,无与伦比。③

法老是所有人的父亲,正如阿多姆或瑞是他的父亲一样;经由法老,人在次一级的程度上成为神的儿子,加入为他终生服役的军队(life-spending force)。神创造了人的身体,又使他的实质为人的身体和心灵所吸收,这些景象生动地表达了神的秩序在世界和社会中的唯一性。最引人注目的是哈特茜普苏德女王(Hatshepsut,公元前1520—1480年)的一篇铭文,这位女王考虑到她作为一位女法老的艰难地位,可能不得不更加强调她与神的同质性:

我已使他(瑞)所爱的真理(maat)光耀于世;
我知道他以它(maat)为生;
它是我的营养,我分享了它的光辉;
我就像他的一个躯干,一直跟随着他。

---

① 由威尔逊译为英文,见 *ANET*, 431。关于这则告诫之言的历史背景,见 Wilson, *The Burden of Egypt*, 142ff。

② 维西尔,古埃及政府高官的名称。——译注

③ Frankfort, *Ancient Egyptian Religion*, 43.

他造就了我，使他的威力在这个国家变得强盛。①

瑞所赖以为生的光芒（brightness），也是这位女王所分享的光芒，是瑞的女儿玛特（Maat）的光芒，瑞的光辉驱走了黎明的昏暗，照亮了整个白天。存在于众神和世界、诸王和各个人类社会之中的实质不是野蛮的力量，而是一种有创造性的生命，它驱走无序的黑暗，辐射玛特的光辉。Maat 这个符号过于紧凑而无法以现代语言中单独的一个词来加以翻译。作为宇宙的 Maat，它就必须被译为秩序；作为社会的 Maat，它就 118
必须被译为好政府和正义；作为对有序现实的真实理解，Maat 就必须被译为真理。②

在下面的金字塔文本中，宇宙的意义具有支配性的影响：

N. 来自火焰岛（Isle of Flame），
当他在那里用真理取代了谬误之后。③

扮演造物主神这个角色的法老来自火焰岛，后者在赫尔莫波利斯（Hermopolis）④神学中对应着赫里奥波利斯的原始之山。在这里，“真理”与“谬误”如果被译为“秩序”与“无序”（或混乱）就会显得更为清

① James H. Breasted, *Ancient Records of Egypt* (Chicago: University of Chicago Press, 1906), vol. 2, sec. 299.

② 关于 Maat 的多重含义，见 Wilson, *The Burden of Egypt*, 47 ff, 也可以一般性地参阅索引中的“Maat”；Frankfort, *Kingship and the Gods*, 51 ff; Frankfort, *Ancient Egyptian Religion*, 53ff。

③ Pyramid Texts, 265b—c.

④ 赫尔莫波利斯位于尼罗河西岸，是古埃及的城镇，此地现在开罗南二百六十公里处，今名阿尔—阿希莫宁（Al-ashmunein）。赫尔莫波利斯是埃及的智慧之神透特的主要礼拜地。——译注

楚。在另外一篇金字塔文本中，已故的法老期待他自己坐上"'使人有生命的真理'之王座"。[①]在这个段落中，Maat 的意义是一种作为结果而发生的秩序，与此同时，这种意义又与那种构建秩序的力量本身混合在一起。这种政治含义充斥着下面的段落：

> N. 摧毁了战争；他惩罚反叛；
>
> N. 作为真理的保护者而向前去；他把真理带来，因为他们本是一道的。[②]

在这里，Maat 是建立和平、结束反叛所带来的无序并且保护正确的或正当的秩序的政治力量。但是，这些职能与宗教意义上的捍卫真理都是不可分割的，正如提及取缔亚马拿异端的一篇图坦卡蒙[③]的铭文所揭示的那样：

> 陛下从两地驱除无序（或谬误），
> 以便秩序（或真理，maat）能够恢复其本来的地位；
> 他使无序（谬误）成为对这国家的告诫，
> 正如在"最初的时候"（创世时）那样。[④]

---

① Pyramid Texts，1079c。

② 同上，319a—b。

③ 图坦卡蒙是古埃及新王国时期第十八代法老。图坦卡蒙接替埃赫那吞作法老，他即位三年后，在宗教人士的怂恿下，也可能是受实际掌握政权的人左右，重新树立阿蒙神，恢复寺庙，并把首都迁回忒拜。——译注

④ 我引用的是法兰克福在 *Ancient Egyptian Religion*，54 中的译文；Wilson 的译文见 *ANET*，251。

原初创世时秩序的重新符号化,作为每个法老的职责,需要特别强调(a special poignancy),因为此时正是短暂的阿吞[1]崇拜期之后的政治恢复期。在刚才引用的这两段话中,我们已经接近波斯那种世界固有的真理和谎言的二元论;我们可以看到这一转折点,一种关于宇宙和社 119
会的二元概念将会由此分化出来,除非这种经验受到对一个最高神的信仰的制衡。

最后,存在于法老身上的神的正义(Maat)必须通过国王的行政机构转化为一种有效的社会秩序。虽然对于埃及行政机构及其发展的描述不在本项研究的范围之内,不过我们还是必须列举出一些典型特征。[2] 最初的行政机构具有父权制的简单性质,法老的亲戚以及从前的国王的亲戚充任各种各样的公职,在人员所能允许的最大限度内,公职充任依重要性由高到低排列,尽量向下延伸,目的是将国王的本质(royal substance)通过具体的人贯彻到社会之中。在第四王朝时,随着维西尔这一作为官僚机构首领的最高行政长官的职位(vizierate)被建立起来之后,行政机构实现了理性化和中央集权化。国王的正义通过具有同一血统的亲王——他们最初充任维西尔——来传播的做法后来被放弃了。但是,即使是在理性化的行政机构下,其管辖权限仍然变动不居,并不可避免地互相冲突,因为正义作为一个整体被认为存在于官员身上,这些官员的权限来自国王。埃及从未建立过堪与罗马相比的理性化官僚组织。除了这些一般性的评论之外,我们将把我们的分析限定在正义从法老向维西尔的传播内,因为向等级体系中更低层级的传播遵循着同样的原则。

在图特摩斯三世的维西尔拉克米尔的自传中,我们可以研究这种传授的意义。这位显要人物得意而详细地记述了他被国王授权的

① 埃及的一位太阳神,埃赫那吞统治时期被奉为唯一的神。——译注

② 一个简要的概述,见 Frankfort, *The Birth of Civilization*, 84 ff。

过程：

> 我是一人之下、万人之上的贵族……这是我第一次被召唤。我所有的兄弟都在外任职。我走上前……身着美服……我走到宫殿大门的门口。侍臣弯腰鞠躬，我发现仪式官在我面前清开了一条道路。

在作了这番铺垫后，他描述了正义在他身上的第一个影响：

> 我的能力不是像他们已经看见的那样：我昨天的本性已然改
> 120 变，因为我已身着（维西尔的）盛装，来作正义的先知。

当法老看到有个人能使他的心有同感时，他表达了他的喜悦，并且定下了传播的规则：

> 愿你能照我说的去做！
> 那么正义就会安于其位。

这段记述的结尾是描述遵奉职务要求所产生的结果，正如在维西尔的职务行为上体现的那样：

> 我遵奉他的命令行事……我将正义（maat）举上天空；我要使它的美传遍大地……当我审判申诉者时，我决不有所偏袒。我不会为了获得酬谢而改变决定。我不会对申诉者发火，也不会断然回绝他，而是会在他情绪失控的时候容忍他。我要拯救那些胆小

的人免于暴力。①

这样，宇宙的正义就从神那里开始传播，经由法老及其行政机构，而进入法庭上最卑贱、最怯懦的申诉者的生存之中。

第三节　经验的动态变化

前面一节论述的是埃及政治文化的形式；这一节将论述这种形式如何遭到正在分殊中的各种经验的侵蚀。

形式与侵蚀可以被清晰地区分为两个问题，但是在历史的进程中，将它们分隔开来，即使不是不可能，也颇为困难。不能把创造与侵蚀划归于前后相继的两个时期，甚至是否在任何时候存在过一种不受正在分殊的经验潜移默化影响的形式，也是有疑问的，因为在埃及的统一行动本身中就可以发现侵蚀的倾向，例如在孟斐斯神学中就是如此。而且，这些倾向从未真正打破过这种形式，以便使人们可以言及一场真正的革命，因为甚至在深重的政治危机中，当幻想破灭已经达到像琴师之歌所揭示的那种深刻程度时，同时代人还是把时代的罪恶归咎于法老秩序的堕落，并且期待从这种秩序的复兴中获得拯救。因此，在本节所分析的各种资料对于形式本身与它遭到侵蚀给予同样多的关注。这些资料将有助于我们理解这样一种形式——它既充满进化的动力，又强劲地抵制一种将会为它敲响丧钟的新生。 121

一、埃及类型的分殊化

要论述这样一种有生命力的形式必须要有所限制。从我们目前所处的有利视角来看，我们可以在埃及的原始资料中发现日后可能发展

① 由威尔逊译为英文，见 *ANET*，213。

为以色列和希腊成就的种子。但是,由于这个前提并不成熟,把开花当作是果实的萌芽——正如在带有进步主义偏见的、充满热情的埃及学学者中偶尔会发生的情况那样——无助于任何科学的目的。因此,为了确定可允许之事的范围,有必要澄清埃及符号化的结构;我们必须深入探究这样一种智识形式——它将自己旺盛的生命严格地限定在自己的界限内——的奥秘。着手这项工作的最好方式是首先说明何种类型及程度的分殊化不会在埃及文明中发现。

通过比较埃及的宇宙起源论与爱奥尼亚人的思辨将会恰当地展示埃及分殊化的局限。在埃及形形色色的信仰崇拜中心供奉着大量不同的造物主神。在赫里奥波利斯,造物主神是瑞或阿多姆,即中午和晚上的太阳的力量;在孟斐斯,造物主神是普塔,大地的力量;在埃勒凡泰尼(Elephantine)是库努姆(Khnum),一个在陶轮上创造了所有生物的神秘的神;在忒拜是阿蒙,风的隐藏的力量。当我们概述这一连串自然界具有创造力的力量——大地、风、太阳——时,我们想起了爱奥尼亚哲学家试图在水、空气或火中发现存在起源的努力。显然,埃及人和爱奥尼亚人从事过同一类的智识上的努力。在这两个例子中,人都在时间和空间中探求环绕着他的世界的起源,而且都发现答案是一种元素,它那持续的创造性存在显示它具有原初的创造力。

但是,除了这一点之外,这两种努力既不相似,也无法类比。说它们不相似,是因为它们的答案尽管有共同的物质,但在智识形式上却有巨大差别。在埃及,其答案是一个宇宙起源说的神话,一个关于神创造世界的故事,或者更确切地说是一个由神使世界获得秩序的故事;在希腊,其答案是关于存在的基本原理、关于存在开端(arche)的思考。而且,形式不同也不构成类比,因为在爱奥尼亚人思辨的背景中仍然可以感觉到思辨所由产生的宇宙起源论思想。爱奥尼亚人的思辨与宇宙起
122 源论神话在历史上是互相联系的,通过经验和符号的分殊化思辨导源于神话。宇宙起源论神话是一个更为古老的、更加无所不包的表达存

在秩序的形式，从这个神话中，爱奥尼亚人的思辨分殊出了一种将众神封闭在外的，存在和转化的观念，并且由于这种封闭要求根据其内在的力量作出解释。这种分殊化的过程——一个具有内在存在秩序的世界被哲学家创造出来——显然是希腊人的成就；在埃及不曾有过类似的成就。

这样，埃及神话的局限性就清楚了。不过，今天不再允许如此看待神话，即认为神话在人类历史上的唯一目的就是为更具理性的符号化形式提供铺垫；由于同样的原因，那种将神话的意义归结为部分预示了未来成就的做法也失去了意义。我们必须意识到，神话有它自己的生命和效能。虽然埃及人的思想没有从神话走向思辨，但它既不缺乏真理也不缺乏智识运动。揭示神话局限性的那一番对比恰恰也指出了它的力量之源泉。这是因为对于存在的思辨是从更大的宇宙起源论的复杂结构中分殊而来的，这一事实提示我们，神话在内容上比任何导源于神话的不完全符号表现形式都更为丰富。这种更为丰富的内容可以被方便地分为两类：神话首先包含了各种不同的经验组合（experiential blocs），它们在分殊化的进程中会分离开来；其次，神话包含了这样一种经验，它将上述经验组织融合成为一个有生命的整体。在埃及的宇宙起源论中，具有粘合作用的因素就是同质的经验。①

从神话的这些不同部分的相互影响中产生出其独特的紧凑性。例如，前面提到过的那些“基本元素”尚未被区分为各种物质（substances），即为世界所固有的构成自身的物质材料，而是被看作以其最令人印象深刻的宇宙显现形式出现的创造性力量——太阳、大地和风。而且，众神被认定显现于同样的宇宙现象中。众神存在的方式同样不 123
允许我们以希腊或现代的词汇对其加以区分。我们几乎不能说他们内

① 关于同质的问题——它与我们现在将要在文本中加以讨论的那种“一神论”的趋势尤其相关——见 Wilson, *The Intellectual Adventure of Ancient Man*, 65 ff。

在于世界之中,因为说**内在**就预设了对**超越**的理解,而超越尚未实现,尽管从关于神显现的经验中毫无疑问可以发展出一种对神性超越的终极理解。因此,在其紧凑形式下的神话既包含了这样一种经验组合——爱奥尼亚人及其后继者把它发展成为一种关于内在于世界的存在的形而上学,也包含了在这种思辨中遭到忽视的其他经验组合,后者发展成为对超越世界的存在的信仰。

在一种无法被我们的现代词汇翻译而只能被其分解的紧凑性中,神话把各种经验组合糅合在一起,而这些经验组合在后来的历史中不仅将被区分开来,而且可能会分崩离析。如果我们循着从神话中浮现出来的两条分殊化路径,如果我们考虑到它们将会被推进到极致(一边是极端的对彼岸世界的信仰,一边是持不可知论的形而上学),如果我们对人和社会的灵魂的无序这一不可避免的结果进行思考,那么,我们对紧凑性与分殊化各自的优点就会有新的见解。我们将不得不说,分殊化并不是绝对的善;它充满了危险,包括极端地把由神话所糅合在一起的经验组合分解开来,以及在此过程中丧失同质的经验。相反,宇宙论神话的优点在于它的紧凑性:它起源于一种对于存在秩序的整体性理解,提供了恰当表达相互平衡的多重经验的符号,它是一种充满活力的力量,在信仰者的心灵中保存了均衡的秩序。

这些优点的重量是由同质的经验承载的。在神话的简洁表达中,它不是联结各种不同经验组合的机械纽结,而是在存在的各个领域之间构建秩序的一条原理。诚然,存在的共同体被体验为一种物质的共同体;不过,是神的实质在世界中得到显现,而不是宇宙的实质在众神中得到显现。存在共同体中的各个伙伴在一种动态的秩序中被联系在一起,其原因是神的实质弥漫于世界、社会和人之中,而不是人或社会的实质弥漫于世界和众神之中。这样,同质的秩序就是等级制的;实质
124 从神性存在流向世俗的、社会的和人的生存。

根据这种分析，现在就有可能描述实际发生在埃及神话形式中的各种分殊化的本质和方向。分殊化既没有走向爱奥尼亚人的思辨，也没有走向灵魂朝超越的存在真正敞开；相反，它是在同质性范围内的思辨性探究。存在中显现出来的神性实体的本质——它在存在上处于较低等级——变成了探究的对象。而这种探究导致我们倾向于说不可避免地将这种实体确定为“唯一的”以及“精神的”。考虑到这个结果，我们可以合理地说埃及在朝着一神论方向演进，只要我们一直保持着这样的意识，即神在世界上显现的多元形式并未真正被一种超越经验打破。

选自第十九王朝的阿蒙赞美诗的一些段落将会阐明这种发展的性质和局限性。① 首先，这个唯一的神是未知的，因为他诞生于原初之时，独一无二，无人见证：

> 在最早的时代就第一个产生，
> 阿蒙，他在原初之时就已产生，
> 因此他神秘的本性不为人所知……
> 自己造出自己的母体（building his own egg），一个神秘诞生的守护神，
> 他创造了自己的美丽，
> 这个单独来到世上的超凡的神。
> 所有其他众神都是在他产生之后才产生。

此外，这个神一直是一个隐藏的、看不见的神，他的名字也不为人所知：

① 这些阿蒙赞美诗的年代被归结为拉美西斯二世（Ramses II）统治时期（公元前1301—1234年）。这些段落引自威尔逊的译文，见 *ANET*，368 ff。

阿蒙隐藏他自己，不让他们看见，
隐藏他自己，不让众神看见……
他远离天国，他不在地府，
因此无神能知他的真正模样。
他的形象未有文字记载。
无人曾见证过他……
他太过神秘，他的威力可能会显露，
他太过伟大，人们应当向他问询，
他太过有力，或可为人所识。
在说出他神秘的名字时，无论有意或无意，
125 那人都会立刻死于非命。

然而，这个外形神秘的神是一个外形多变的神：

外形神秘，容貌耀眼，
那外形多变的不可思议的神。
所有别的神都夸耀他，
以便借助他的美丽而赞美他们自己，
正如他是神。

不过，通过一种独特的关于最高神的三位一体的概念，其他众神对这唯一神（the one god）实质的分享以等级秩序的方式受到制约：

神共有三位：阿蒙，瑞和普塔，
再无神次于他们。
“隐藏”（amen）是他作为阿蒙的名字，他的脸是瑞，他的身体是普塔。

他们的城邑在地上，永远矗立：

忒拜、赫里奥波利斯和孟斐斯，直至永恒。

这些文本集合起来描绘了一幅相当清晰的关于当时智识状况的图景。将一个神抬高到超出所有其他神的至高地位，清楚地标示了向一神论方向发展的运动。此外，把他的本质定义为一个先于时间并超乎世界空间之外的存在，以及将他的其他特征描述为无影、无形和无名，这些努力都显示了在界定超越的神的本质时所使用的否定性神学(theologia negativa)的典型技巧。不过，这种正在分殊的运动并没有与多神论决裂；当它把显现在世界之中的众神解释为那个唯一的最高神之实质的分享者时，关于同质的经验被保存下来，纹丝未动。

具有特殊重要性的是上面引用的最后一段话中三位一体的符号。埃及学学者偶尔会禁不住诱惑以推测的眼光审视的文本之一，推断它可能预示了基督教的三位一体论。对于我们来说，任何此类暗示似乎都是不可接受的。这个符号只是一个简单的政治建构符号，其目的是让三座强有力而又互为对手的城市平起平坐地分享忒拜的阿蒙的高贵神性。在数字三背后没有隐秘的含义；它也可能是四个或五个神，如果当时的政治形势这样要求的话。不过，这个符号在其他较不明显的方面还是具有相当的重要性。首先，它决定性地支持了我们的论题，即埃
及一神论的发展并不是由一种真正的超越经验所激发的。如果人们在 126
那种三位一体的政治思辨与抬高那个无影无形的唯一神之间确实体验到存在冲突的话，茫然无视这种冲突几乎是不可能的。如此方式的容忍预设了，两种类型的思辨都被理解为是在神话的紧凑性范围内发展。此外，这个段落的重要性还在于，它表明在神话的范围内，各种不同的思辨方式都是可能的。一方面，三位一体的符号把另外两个神抬高到隐藏的、无影无形的阿蒙神的地位；另一方面，它保留了三位成为一体

的神的明显宇宙特性。就这个三位一体的神是隐藏的而言，他是阿蒙，是风；就他有一张脸、一副外表而言，他是瑞，是太阳；就他有一个身体而言，他是普塔，是大地。在至高无上的神——没有谁可以与他并列——的这种构建中，唯一的神有三种宇宙面相；但恰恰作为所有这三种面相的承载者，他又不等同于其中的任何一个。如果这个神话被翻译为神学的语言，我们将不得不说这个唯一神的本性可以用类比的方式定义为无所不在的存在的属性。这个神既是又不是风、太阳和大地。那些赞美诗在单独抬高阿蒙时运用了否定性神学的方法；在三位一体的思辨中，运用了实存类比（analogia entis）的方法。

这种分析的结果对于埃及一般宇宙论形式内的分殊化问题是有效的，现在我们可以把分析的结果应用于孟斐斯神学。

二、孟斐斯神学

孟斐斯神学是作为沙巴卡（Shabaka）统治时期的一篇铭文而被保存下来的，这位埃塞俄比亚王于公元前712年创建了第二十五王朝。但是，该作品创作的年代要早得多，可能早在公元前3100年埃及在第一王朝之下获得统一时。这篇铭文今天的名称是约定俗成的结果；它作为一种神学的特性描述当然是不够的。就它的内容而言，我们面对与巴比伦的《埃努玛—埃利什》史诗同样的复杂性，因为它同时是宇宙起源论、神谱和政治神话。当时的政治事件提供了这篇作品的创作动机，也提供了理解它的钥匙。关于它的形式，各种各样的文学技巧都被
127 使用了。我们发现了神话史、神秘的戏剧、带有沉思建构性质的作品，甚至穿插着说明了各种符号是如何在感觉经验的基础上形成了奇特的认识论的。如果这些作品的集合仍然具有一种文学形式的话，它已经无法被清晰地辨认了，因为太多部分，特别是中间部分，已经被损毁了。不过，可被辨认的那些小节确实是一部作品的组成部分，这部作品的宗

旨是论证确立孟斐斯为统一埃及的新中心的正当性。①

为了我们分析的目的,我们将区分孟斐斯神学中的三组观点。它们分别关注(1)埃及的统一;(2)把孟斐斯确立为新的政治世界的中心;(3)赋予孟斐斯高于所有其他埃及的信仰崇拜中心——特别是赫里奥波利斯——的地位神学思辨。不过,这三组观点在文本中是紧密交织在一起的。即使在某一组观点明显居于主导地位的地方——例如在包含了神学思辨的那一节——其他两种主题也以一种减弱的语气贯穿始终,以便使更广阔的政治背景不会被忘记。而且,这种区分也不应导致放弃(render)由同质性经验所产生的思想的紧凑性。因为在该文本的意象中,各种政治事件同时也是神在宇宙中上演的戏剧;在生存的各个层面上的事件,其实质上的同一性根本无法被一种分析所传达;我们必须让文本自己说话:

……普塔,也就是以那个伟大的名字 Ta Tjenen 命名的土地……

① 对孟斐斯神学的最古老的解释是布雷斯特德的解释,其最近的形式,可见 *The Dawn of Conscience*, 29—42。此外还可参见 Adolf Erman, *Ein Denkmal memphitischer Theologie*, Sitzungsberichte der Preussischen Akademie der Wissenschaften (Berlin, 1911); Kurt Sethe, *Dramatische Texte zu altaegyptischen Mysterienspielen*, Untersuchungen zur Geschichte und Altertumskunde Aegyptens 10 (Leipzig: J. C. Hinrichs, 1928); Hermann Junker, *Die Goetterlehre von Memphis*, Abhandlungen der Preussischen Akademie der Wissenschaften, Phil.-Hist. Klasse, No. 23 (Berlin: deGruyter, 1940); 同一作者的 *Die politische Lehre von Memphis*, Abhandlungen der Preussischen Akademie der Wissenschaften, Phi.-Hist. Klasse, No. 6 (1941); Junker, *Pyramidenzeit*, 18—25。关于最近美国人的解释,见 Wilson, *The Intellectual Adventure of Ancient Man*, 55—60; Frankfort, *Kingship and the Gods*, 24—35; Wilson, *The Burden of Egypt*, 58—60。实际上,所有与我们的目的相关的文本都可以在威尔逊的译文中找到,见 *ANET*, 4—6。

128 那统一了这片土地的人已变为上埃及的王和下埃及的王。①

这些片断揭示了这个伟大事件的意义。普塔的名字是 Ta-Tjenen，即“升起的土地”。这个名字影射了这样一种宇宙起源论的信仰——创世始于一个土丘，即原始之山，它从混沌之水中浮现出来。最初创造出来的这块土地就是埃及本身；而进一步，用神话中的身份来说，这个埃及就是普塔神。此外，这块土地由于一位征服者国王的出现而被统一，借助这一行为，这位国王进入普塔——埃及那升起的土地——的角色。事实上，纵贯埃及的历史，指称那原始时期“冒出的土丘”的象形文字也有“荣耀地显现”的意思，特别是指在法老登上王位时，他“荣耀地显现”。最后，提及对“土地”可能暗指美尼斯为了建造孟斐斯和普塔神殿而从沼泽地中开垦的土地，也可能暗指那“伟大的国度”，征服者恰从中来。创世与统一，世界与埃及，神与国王，神与土地，国王与土地就这样融合在一出从混沌中生出秩序的神话戏剧中，融合在一出贯穿存在的各个领域的戏剧中。这出意义紧凑的戏剧必须在下面分析的背景中被一直牢记。

关于统一和将孟斐斯确立为新的中心，我们可以一带而过，因为没有产生分殊化的问题。

征服的历史以及对征服正当性的论证被笼罩在一个神话故事里，这个故事中穿插着一些戏剧性的段落（第二部分）。土地神葛布（Geb）裁决了他的小儿子塞斯（Seth）与他的长子奥西里斯之子霍鲁斯之间关于统治埃及的冲突。塞斯得到了上埃及，霍鲁斯得到了下埃及。进一步考虑之后，葛布撤销了他的裁决，并把整个埃及的统治权交给他的长

---

① 由法兰克福译为英文，见 *Kingship and the Gods*, 25。这是该铭文第一部分保存下来的全部内容。在给各个部分编号的问题上，我们也遵循法兰克福所做出的方便的划分。

子的儿子霍鲁斯,使他成为合法的继承人。这个神话的政治意图是显而易见的:埃及最初是神统治下的统一的国土;在众神之间发生的改朝换代的纷争将国家分裂为两个部分;神作出一个决定,于是在合法继承人的领导下恢复了统一。因此,征服者是霍鲁斯,他根据神的裁决获得合法的继承权。随着他的胜利,在塞斯和霍鲁斯之间的争斗便告结束。作为这种新的和谐的标志,象征两地的两个符号化设施被立在孟斐斯的普塔神殿的大门口。这个神殿的名字是“称量过上埃及和下埃及两 129
地的天平”。

确立孟斐斯为新的中心,其正当性是通过一个神秘剧来论证的。在这个戏剧中,奥西里斯的身体被转化成为新的首都(第四部分)。这种转化的意义在如下段落中得到总结:

> 这样,奥西里斯就变成了国土最北边的国王城堡中的土地,他一度踏上这块土地。他的儿子霍鲁斯作为上埃及的王和下埃及的王出现在他父亲奥西里斯的臂膀中,众神在场,有的在他身前,有的在他身后。①

尽管我们刚刚讨论过的孟斐斯神学的这些部分没有展现出任何值得注意的分殊化,但是它们在几个方面都与第五部分的神学思辨有所关联。首先,它们确立了这种思辨所属的语境,并毋庸置疑地揭示了其政治动机。其次,通过丰富的多神论神话,它们抑制了任何想要夸大第五部分的“一神论”分殊化的企图。第三,通过自由地使神话顺应政治目的,它们揭示了当时的神话创作可以自由活动的一般范围。如果将

① 法兰克福的译文见 *Kingship and the Gods*, 32。关于这个段落对于埃及王位继承理论(活着的王是霍鲁斯,已故的王是奥西里斯)的重要性,见同上书,第十章和第十一章。

这个一般范围考虑在内,第五部分的思辨就会失去其大部分超乎寻常的特点;如果第五部分被独立考虑的话,它将显示这些特点。

我们现在将转向神学的思辨,它是一种对此前存在的宇宙起源论和神谱的随意操纵,以达到将孟斐斯的普塔抬升到埃及众神中最高地位的目的。它所使用的元素包括(1)太阳神的神话,他是从混沌世界中升起的造物主,(2)由太阳神所创造的众神的神话。第一个神话在下述版本中得到了最好的保存,即将阿多姆从混沌世界中的出现归于赫尔莫波利斯的版本。混沌世界由八位神组成:原初之水和水上的天空,无限和无形,黑暗和隐晦(obscurity),隐藏的和掩蔽的(concealed)。从这原始时代的八神(Ogdoad)中产生了阿多姆。而根据第二个神话,正是
130 阿多姆反过来创造了天地秩序的八神;这八神与阿多姆一起构成九神(Ennead)。用八神和九神这两个神话作为材料,孟斐斯神学的作者们必须把普塔解释得高于造物主神阿多姆。在神话的体裁中,这个问题只能通过使普塔在创世过程中先于阿多姆来解决,也就是说,使普塔等同于八神。他是:

> 普塔—努恩(Ptah - Nun),生育了阿多姆的父亲;
> 普塔—纳乌耐特(Ptah - Naunet),生育了阿多姆的母亲;
> 普塔……他生了众神。

然而,通过把普塔等同于原初的八神,八神实际上变得毫无意义。现在,要结束混乱,须最初有一个神,他从无之中创造了世界。

作者们显然意识到从无(ex nihilo)之中创世的问题,因为他们明显地在努力克服感觉意象(sensual imagery)的阻碍,把这个过程理解为精神上的。创世的工作不得不始于九神之首阿多姆。这个新的造物主神创造了从前的造物主神,这在下面的词语中得到表达:

以阿多姆的形式存在的(东西)在心中产生,并且在(普塔的)舌头上产生。

这个未经加工的词汇“以……的形式存在的东西”最好用希腊语eidos(文化之内涵)或我们现代的词汇“观念”(idea)来翻译。世界的起源类似于头脑(心)中的观念,是经由神的命令(舌头)发生的。不过以那种方式变为存在的世界不是《创世记》第一章中的那个世界——《创世记》第一章包含了审慎、系统的本体论:无机的宇宙(第一节至第十一节),植物的生命(第十二节),动物的生命(第二十节至第二十五节),人(第二十六节至第二十七节);它是埃及的“充满众神的”世界,它之创造始于传统的神—宇宙的力量,始于阿多姆和他的九神。普塔尚不是超越的神,而是在神话范围内的一种思辨的推断。此外,作为“精神上的”过程,其含义必须由神的“心”和“舌头”的反应来加以限制。我们从其他资料那里获知,神在创造观念的过程中所使用的这两个器官是神和国王之特性的所在。“命令”或“权威的话语”(胡,Hu),“知识”或“理解”(perception)(希亚,Sia),这些既是太阳神瑞的特征,也是法老的 131
特征。一篇金字塔文本这样说道:

在N.接受了命令(Hu)并掌握了知识(Sia)之后,
那伟大的(瑞)在他殿堂(chapel)之内站起来,
为了N.而放下他的高贵。[①]

---

① Pyramid Texts, 300a—c. 又见墨瑟的注释,金字塔文本的第二卷,到300a—c和251b。在后来的政治神学中,Maat(真理、正义、秩序)被加在命令(Hu)和知识(Sia)之上作为法老的第三个特征;来自库班石碑(Kubban Stela)的一个段落说道:“你是你父亲赫里奥波利斯的阿多姆活生生的摹本,因为你口中说着权威的话语,你心中有理解,你的话是

这样,神的“精神化”就与国王的“精神化”不可分割。我们必须一刻也不能忘记,由于同质的经验,这一节所说的“神学”同时也是一种“政治学”。世界作为一种神的“观念”的创造,与埃及作为征服者的王国“观念”的创造具有同样的本质。我们甚至可以说:视埃及从无到有的创造为国王征服者心中形成并从其口中说出的一种观念,乃是这样一种经验,它松解了神话材料并产生了名副其实的神学思辨的意识自由。

我们关于一种新的自由、一种神学阐述中有意识探索的假说并不是任意做出的,而是从文本中获得支持的。紧接着对最初创造行为的描述,就是一篇认识论的“教义”或“原理”,后者读起来像是希望将其非同寻常的建构正当化的创造者的一个脚注。其他诸神,像阿多姆一样,可能是用自己的身体来创造世界的;而普塔却是用心和舌来创造世界的,这就是他拥有更为优越的地位的原因:

> 事实如此,心和舌优于身体的其他部分,想想看,
> 每个身体里都有心,每张口中都有舌,
> 所有神、所有人、所有牛、所有爬行动物及其他一切生物莫不如此;
> (普塔胜在)能(像心一样)思考,能(像舌一样)指挥他所希望的一切事。
> 眼睛的视力,耳朵的听力,鼻子呼吸空气,
> 都听命于心。它(心)使每种思想涌现,
> 舌说出心之所想。
> 于是,根据心里所想、舌头所说的命令,所有工作与工艺,手臂

真理的神殿”;见 Frankfort, *Kingship and the Gods*, 149。

的活动，腿的运动，身体所有其他部分的活动得以完成。是这些命 132
令造成一切事物之高贵（或本质、价值）。①

该文本以浓缩的形式包含了一种哲学人类学。人的思想和意志的内容是通过观察环境而形成的。随后，意志被转化为有计划的行动和人造物（artifacts）的意义。既然由于同质性的原因这个理论也适用于神，那么万事万物的本质（它们的高贵或价值）就是基于神的意志而来的神的思想的化身。这些段落的重要性怎么强调都不过分，因为它们表明在没有打破宇宙论形式的情况下，分殊化在人类学和形而上学方向上可以走多远。可以在他们关于创世的神话中插入"脚注"，讲述他们在建构神话时所运用的原理的那些人，对自己的作品必然有一种相当超然的态度。孟斐斯神学即使不是独一无二的，也是一篇罕见的文献，因为它可靠地证实了在公元前 3000 年可以与神话创造相伴随的那种理性自觉的程度。

这种思辨的顶峰是使普塔位列阿多姆之上。阿多姆这个名字的意思是"一切事物"，它也意味着"无"；他在将自身显现为世界的秩序之前是处于完满状态中的"一切"。②鉴于他在众神中的等级，他的名号是"神之大者"。普塔现在被抬高为阿多姆和九神的创造者，鉴于他的等级更高，他得到了"神之极大者"（Mighty Great One）的名号。于是，从这个"极大的"造物主神那里产生出世界的秩序，这种秩序的所有等级都由该神的心和舌所发出的"话语"描绘出来。他首先创造了众神，然后是男性和女性的精灵（spirits），他们提供了"营养品"（nourishment），最后是人的秩序：

---

①　在威尔逊（*ANET*, 5）、法兰克福（*Kingship and the Gods*, 29）和容克尔（*Pyramidenzeit*, 22 ff.）等人各自的译文基础上有所删节。

②　Wilson in *The Intellectual Adventure of Ancient Man*, 53.

正义给予那行神所喜爱之事的人，
不正义给予那行神所不喜之事的人。
和平的人得生，
犯罪的人得死。

在完成了他的工作之后，神可以休息了：

133 在他已经创造了神的每样东西和每句话之后，普塔就心满意足了。

在审视他的造物时，他发现他已经造了埃及的众神、各个城邑和行政区。特别是，他把众神放入他们的神殿，建造起他们的供奉之所，并且给每个神以一个木制的、石制的或土制的身体，以便他们的心得到满足。当所有众神和他们的精灵都围绕着普塔，"因为与两地之主在一起而感到心满意足"时，创世的成功就变得显而易见。整个思辨的最后这一句结论再次将创世的神话指向它的政治动机，那就是埃及的统一。

通过普塔的话语来创造世界使布雷斯特德想到《创世记》中创造了世界的神的话语，想到圣约翰的逻各斯的思辨。从那时起，孟斐斯神学一直是埃及学学者的骄傲。① 他们坚持认为，埃及的思想从一开始就显示出自身达到了希伯来人和圣约翰的精神与道德水平；而通过它对秩序的第一原理的探索，通过在具有创造力的神的智慧（intelligence）中发

① Breasted, *Development of Religion and Thought in Ancient Egypt*, 47; Breasted, *The Dawn of Conscience*, 37. 布雷斯特德的意见被威尔逊所接受，见 *The Intellectual Adventure of Ancient Man*, 56，以及他的 *Burden of Egypt*, 59；这种意见也被法兰克福所接受，见他的 *Kingship and the Gods*, 29。

现这一原理,它达到了希腊人的智识水平。尽管不容否认的是,在这样的思考中有某种真理的内核,但是为了经得起检验,需要对其加以批判性的限定;因为这些思考过分明显地表现出抵制进步主义历史观念的意图,它们实质上是在主张:任何人如果仍然相信人类文明的初始阶段是“原始的”,只在以色列和希腊,我们才上升到一个对于西方人来说具有重大意义的层面,那么他就应当考虑一下人类历史中现存最古老的文献所显示出的成就。要反对这一观点,我们必须持这样的主张:只有当涉及到“教义”的进步观念最终被接受的情况下,它才是有道理的。然而,如果我们用关于经验的紧凑和分殊化的原理来取代观念史中的进步原理,那么,在一个古代文明中出现特定的思想观念和思考方法就不再有任何不同寻常之处了。埃及人对于逻各斯的思考不应该令人感到惊奇,因为这种分殊化在各种文明形式中都是可能的。只有当“有一个人,是从神那里差来的,名叫约翰。这人来,为要作见证,就是为光作 134
见证,叫众人因他可以信”(《约翰福音》第一章第六节至第七节)的时候,才会令人感到惊奇。因为那就不再是一个在神话形式内思辨的问题,而是与宇宙论形式的经验上的断裂,以及心灵向超越的开启。孟斐斯神学的逻各斯创造了一个与埃及同质的世界;《约翰福音》的逻各斯则创造了一个人类直接处于神之下的世界。《约翰福音》的逻各斯将会打破法老的中介地位;它将不会统一并创建埃及,而是会摧毁它的秩序。我们也许可以说,布雷斯特德正确地看到了在“教义”层面上的这种相似的思辨;但是由于生命不是一个教义的问题,这些思辨并没有触及文明的形式或本质。就关于秩序的经验而言,并不能认为存在这种相似关系。

三、对无序的回应

孟斐斯神学令人印象深刻的建构——一个神、一个世界、一个埃及——揭示出,法老秩序的创造就是使一个社会与神性存在相和谐。

当帝国的制度在第六王朝末期解体之后，持续的社会动荡的恐怖也许提供了理由，使人们可以重新思考这个已经崩溃的秩序的得失，以及那个曾经是捍卫它的神的功过。这是一个形成新的社会纽带，组织新的共同体，并恳求众神赋予它神圣意义的时刻。从绝望的深渊中可能会出现这样一个心灵，它消除了对世界的幻想，愿意带着因信仰一个超越世界的神而产生的力量来直面世界的邪恶不公。一个新人在神的引领下——神除了显现在他灵魂的爱的活动中外，不在任何其他地方显现——可能已经给他自己设定了任务，要创建一个政府，这个政府将较少地依赖各种制度的宇宙神性，而较多地依赖在这些制度下生活的人心灵中的秩序。

然而，形势所蕴涵的这些潜力在埃及动荡的重压下并未变为现实。法老的秩序已经闪电般地崩溃了，但是经历了这个时代的巨大痛苦，对于法老秩序的信仰——将它视为人类存在的真理——却从未被抛弃过。虽然人们在孤独时的反应相当不同，他们却共同把目光对准那已
135 经失去、有待重新获得的天堂。现存的这个时期的文字资料包含了对无序的描述、悲怆的哀歌、不可知论与享乐主义的回应、对怀疑主义及绝望到想要自杀的表达，以及对于一位会恢复帝国原有荣耀的法老的希望。这些文献总是让人着迷，经常含义深邃，有时气势恢宏，但是却从未显示出一种宗教的个人性（personality），从而能够成为在宇宙论文明范围之外的一种新共同体生活的中心。①

---

① 这种类型的人——我们刚才断定并不存在，斯宾格尔在他的 *Soziale und Weltanschauliche Reformbewegungen im Alten Aegypten* 发现他是一场革命运动的领导者，在“Admonitions of Ipu-wer ”（“伊普我的告诫”）中受到攻击。此外，斯宾格尔认为“Dispute of a Man, who Considers Suicide, with His Sou”（“一个想要自杀的人与他的灵魂的争论”）是这个革命领导人的一篇自传体文献，阐述了他在运动失败后自杀的理由。由于两个原因，我能做的仅仅是请读者去阅读斯宾格尔的著作。首先，对于斯宾格尔著作的解读涉及

在那些卷帙浩繁的留存下来的文献中，有一篇简短的文本引人注目，值得我们给予更加仔细的关注，因为它表明这些革命性的可能性尽管没有实现，但至少能够被那个时代的思想家们所设想。这个文本就是中王国时期的科芬文本（Coffin Text），其年代可以确定为公元前2000年；尚未发现在其他时期有过该文本的复本。[①]

在该文本的开篇段落，太阳神收到了逝者的灵魂；它们是从世界的动乱中被释放出来的，它们将接受神不得不传达的信息。神要求它们平静（peace），这种平静是神通过创世而使自己脱离了邪恶之蛇的缠绕后为自己找到的平静。当被这条蛇缠绕之时，他的心为他做了四件善事以便止息邪恶；现在他重复了这四件善事以便死者的灵魂可以分享他的平静。这四件善事就是：

> 我制造了四面的风，从此每个人都可以像他那个时代的同胞一样呼吸。那是第一件事。 136
>
> 我制造了大水，在那里穷人可以像大人物一样有权利（rights）。那是第二件事。
>
> 我使每个人都与他的同胞一样。我没有命令他们可以作恶，是他们的心违反了我所说的话。那是第三件事。
>
> 我使他们的心不再忘记西方（the west），以便神的供品可以献

到文本的重构和语文学的争论，其正确性只能由埃及学学者判定。其次，阐释方法的不严谨严重地削弱了斯宾格尔的解释，结果是，一旦将时代错误和过度解释剔除之后，我们很难确定这部著作还剩下什么可靠的核心内容。现在，在我看来，至少有一点是可能的，即“伊普我的告诫”确实提及一位受大众喜爱的领导人。但是，超出在文献中可研究发现的观念，是否可以归于那位领导人，似乎是有疑问的。将“争论”的作者归结为这个假设的革命领导人是一种让人感兴趣的可能性，但仅此而已。

① Breasted, *The Dawn of Conscience*, 221 ff; Wilson, *The Intellectual Adventure of Ancient Man*, 106 ff. 又见威尔逊在 ANET 中带有介绍性注释的译文，7 ff。

> 给地方上的众神。那是第四件事。

该文本是关于恶的本质和起源的一个小册子。作者把创世理解为通过一种“善行”的秩序来清除恶。世界和社会的良好秩序是造物主神从无序的邪恶那里强夺而来的,神将它完好无缺地置于存在中。如果世界存在恶,也是源于人心——违反神的命令的人心。这些紧凑的句子既暗含了关于黄金时代的神话,又暗含了一种神正论(theodicy);此外,它们还暗含了希望,当人抑制住他心中的无秩序,在服从神的具有创造力的命令中找到他的平静,则好的秩序便可恢复。但是,这篇短文确实非同寻常,就那些命令的内容而言:神已经创造了所有人的平等;他已经创造了埃及宜人的风和尼罗河的大水,使穷人和富人可以平等地享用;他已经在所有人心中平等地植入对“西方”——也就是对于他们的死——的关注,以便通过他们的祭品,他们可以有同等的机会得到超生。通过神的命令,社会变成一个由平等的人所组成的共同体;等级和财富的不平等是源于人心的罪恶。

由平等的人所组成的共同体的观念与孟斐斯神学相去甚远。不幸的是,我们实际上不可能更精密地确定这个文本的含义。现存的文字文献尽管为数众多,但不足以提供一幅意义连贯的埃及智识史的画面。因此,我们无法把这个文本放在语境之中。这样一些观念有先例吗?它们是单独的一个人的作品吗?它们是否体现了一个社会群体或一个地区的观念?对于这样的问题是没有答案的。我们只能指出那些显而易见的东西:在这里,人类的处境(conditio humana),而不是法老及其统一的埃及,是思想的组织中心。人呼吸着空气,耕耘着土壤,有生有死,心灵渴望平静然而却在争斗中侵犯了别人,他像他的兄弟一样是神面
137 前的人——所有这些都显示了一种新的宗教精神,从这种宗教精神中,一个直接处于他们的神之下的人类共同体可能会生长出来。但是就我们所知,这种生长并未发生。

同一时期的一首更为雅致的诗歌——它讲述了“关于一个想要自杀的人与他的灵魂的争论”①——有可能，虽然不是很确定，帮助我们阐明这个简短的科芬文本。

这个人由于时代的不幸而感到无比沮丧，想要结束这已经变得毫无意义的生命。但是他在这个不可挽回的行动之前犹豫了；他的灵魂不同意他的决心。在人和灵魂争论中，同意和反对自杀的理据得到陈述，最终做决定，灵魂同意追随这个人去他所去的任何地方。

灵魂不同意这个人做法的理由是自我毁灭的行为是不虔敬和不道德的。众神的命令和圣贤的智慧禁止人缩短他已被分配好的生命长度。针对灵魂的观点，人的辩解是，例外情况可构成在神面前违反规则的正当理由。而且，为了遵循其他公认的信条，他将为他的埋葬和祭品作适当的准备，以便他的灵魂将会在彼岸世界感到满足。灵魂对这样的前景并未感到高兴，为了动摇人的意志，它对这些准备的有效性表示怀疑，所采用的论据是我们已经从琴师之歌中知道的。但是人已经接近危急时刻，灵魂孤注一掷，建议他用精神自杀来代替身体自杀，以此来诱惑他。人痛苦到极点，因为他很看重生命，因为他不能忍受没有意义的生存。为什么不能将这些忧虑抛在一边？为什么不能干脆不绝望？人应当在快乐来临时享受快乐的日子：“追求欢乐的日子，忘掉烦恼！”这句话结束了这场与灵魂的争论。人受到这卑劣劝诫的刺激；现在他只身一人，寻求对自己命运的决定。在四段重要的以三行诗的形式表达的激烈言辞中，他达到决心赴死的高潮。

第一段表达了他对于灵魂之劝诫的极端厌恶。仅仅怀有这样的想法都是让人丢脸的，而如果他采纳了这个建议，他就会臭名昭著： 138

① 威尔逊的译文见 *ANET*，405—407。Junker，*Pyramidenzeit*，162—74，提供了一个仔细认真的解读。

看哪！由于你我将会臭名昭著，
比炎炎夏日的
鸟粪还臭。

灵魂已经无计可施；不能指望它有些许帮助；现在他孑然一身，处于时代的恐怖之中。第二段激烈的话语表达了他在孤独的绝境中的被抛弃感：

今天我还能向谁说？
我的同胞们是邪恶的；
今天的朋友们都不相爱。
今天我还能向谁说？
颜面已经荡然无存：
每个人都对他的同胞沮丧着脸。
今天我还能向谁说？
人本应当被他邪恶的品质所激怒，
但他却不顾他的罪恶有多严重，反倒逗笑取乐。
今天我还能向谁说？
公义不存；
这地留给作恶之人。
今天我还能向谁说？
折磨这片土地的罪恶，
永无止境。

以这种全然孤独的姿态，在第三组激烈言辞中，人转向死亡，作为一种从罪恶中的解脱：

今天，死亡对我而言，
就像病人获得康复，
就像囚徒结束了监禁而重返自由。
今天，死亡对我而言，
就像万里无云的天空，
就像使人知道他过去所不知之事的启示。
今天，死亡对我而言，
就像人身陷囹圄多年之后，
渴望再次看到他的家。

最后一组三行诗揭示了人必须寄希望于来世：

为何一定，在那边的他
会是一个有生命力的神，
会惩罚那犯罪之人的罪恶？
为何一定，在那边的他
会站在太阳船上， 139
使那里最上等的被献给神殿？
为何一定，在那边的他
会是一个圣贤，
当他说话时，他的诉求就会上达于瑞，不受阻碍？

文本的含义不言自明。我们只需要加上几句解释即可。第一部分，人和灵魂之间的争论，具有导论的性质。它看上去像是一种文学手段，用以概述那个时代在辩论生命的意义时的各种论点。具体的论点也可以从其他资料来源中获知。当这些论点得到处理后，作者就不再进一步争论，而是在作为主体部分的三行诗中表达了自己的立场。他带着极端厌恶的态度拒绝了道德自我毁灭的虚无主义。陷于自杀的绝境是由于在与其他人的共处中已经不可能有精神和道德生活而造成的。[1] 问题并不是生活不舒适或危险，这些在一个社会动荡的年代是不可避免的；毋宁说是这样一个问题：一个人被迫和道德堕落的人生活在一起。不幸的本质在下面这句话中得到简洁的概括："每个人都对他的同胞沮丧着脸。"精神的共同体（或者，对于埃及而言，我们应该说正义的共同体）被摧毁了。同胞垂下他的眼睛，因此你将无法从他眼中读出他与罪恶所做的交易，无法知道他已经变成一个纵容犯（conniver）。这个渴望精神生活的人在那些已经道德自杀的同时代人中受到的孤立使死亡看上去像是一个朋友，帮他打开生命囹圄的大门。我们应该注意把生命比作疾病和监狱——我们会在柏拉图的对话中再次发现这样的比喻。最后一组三行诗交代了把自杀当作道德出路的原因。它并非仅仅是从不能忍受的处境中逃脱，而且走上了救赎行动的道路。在彼岸世界，这个人将成为一个有生命的神，他可以通过惩罚罪犯、在神殿中恢复拜神和供品以及有效地向神发出诉求而帮助疗治社会的罪恶。

如果我们还记得关于同质的经验，那么这首诗的意义还会更大。由于神的实质经由法老传递的途径已经瓦解，所以那个时代就陷入动荡之中。在这种情况下，人可以通过自杀及融入有生命的神——他们能比单纯的人更有效地使他们的实质渗透到整个社会——来强化神的
140 实质。这听上去可能有点奇怪，但它与埃及的神话"形式"保持了一致。这位诗人在经验上注定要通过社会秩序的中介来体验正当的生存；他不可能梦想存在于政治秩序之外、直接归属于神的共同体中；通过一个

[1] 在文本中我们必须集中关注在这个具体事例中导致绝望的原因。我们无法详细论述这首诗所包含的关于一般意义上的绝境与自杀的杰出的心理学。埃及心理学的微秒之处尚未获得应有的重视。

有为的法老来实现救赎显然也不现实。对于埃及的个人来说，要让他的实质参与到秩序的重建中去，自杀的提议是极端的但却是唯一有效的途径。如果我们把这种解决方式与儒家将君主的道和德转移到圣人身上的方式相比较，它无疑是对法老维持秩序这一职能的一种超乎寻常的替代方式。

正如我们所言，这首关于自杀的诗歌可能会有助于阐明科芬文本的意义。那种认为该文本包含了一个平等主义革命计划的观点太过离谱，不应被考虑。我们宁愿这样认为，那种对绝望处境的分析在科芬文本中似乎又被向前推进了一步，从而达到这样的见解：即没有人是无罪的，即使作者本人也是如此。每个人都通过他心中的激情而卷入到罪恶之中，但他往往只在他的周围看到这罪恶的存在。科芬文本把人理解为平等的：不仅在神所赋予的向善的能力方面，而且在自身的作恶能力方面。只有在彼岸世界，他们的灵魂才会向神的平静敞开。究竟这种立场暗示了一种希望——像关于自杀的那首诗一样——希望由死者构成的完美共同体将会影响生者的社会，还是表达了一种对世俗事务的极端悲观主义，我们只能进行猜测。该文本没有包含任何线索。

四、埃赫那吞

在新王国时期，通过所谓的亚马拿革命，埃及政治形式经受新经验压力的那种坚韧性经历了最引人注目的考验。那个时代的各种事件更直接地与国王改革家埃赫那吞（阿蒙霍特普四世，Amenhotep Ⅳ，公元前1375—1358 年）的名字联系在一起；毫无疑问，这场革命的鲜明特征来自于法老的人格，来自于他对信仰崇拜的改革，特别是来自于他在献给阿吞神的赞美诗中所表达的唯灵论（spiritualism）。不仅在埃及的历史上，而且在人类的历史上，他都是第一位明确地作为个人而著称于世的 141
宗教改革家。当然，他的政治—宗教改革还是有其先例及起因的；要评估其确切的性质，需要我们理解这样一些环境条件，它们在几年的时间里为他的活动开启了历史空间，只是后来又再次将其关闭，使他的功业中途突然夭折。

法老秩序的盛衰沉浮——古王国的解体，随后的动荡时代，中王国的重建，秩序再次崩溃和喜克索斯的入侵，入侵者被驱逐（可能是在外国的援助之下），以及在忒拜以降的统治者的领导下再度实现统一——既在帝国的组织上，也在法老的地位上留下烙印。新王国的统治者不再是一个美尼斯那样的人物，后者在创建秩序之胜利的鼎盛时刻，可以将众神重新洗牌以适应他的征服。而新王国的统治者则更为谦卑地充当众神的工具，被众神恩慈地选中来恢复和保存一个并非由他所建立的千年秩序，这个秩序已经不止一次被他的前任管理得混乱不堪。政治统治的一次次衰落与众神的持久统治相对比，削弱了法老的威望；相应地，永恒众神的祭司的威望则获得显著的增长。特别是忒拜的阿蒙的祭司已经变成一种与法老抗衡的政治权力。那是一种牢固的权力，其力量来自历史上长期的日积月累。埃及已经被来自南方的统治者三次建立和重建；政治中心有两次向北迁移，这强化了赫里奥波利斯的瑞的影响。现在，南方的神第三次使他的工具处于自己的掌控之下；忒拜变成了新王国的首都，而忒拜的阿蒙—瑞则变成了帝国的神。

尽管如此，法老仍然是埃及的统治者。正是因为他作为个人乃是众神的工具，他的地位甚至获得一种新的锋芒。如果说他作为征服者和创建者的光辉不再闪耀，那么他仍散发着作为救世主和援助者的较柔和的光芒。早在公元前22世纪的资料来源中，我们就已经可以感受到个人统治者的这种救世主的特性。

那个时期法尤姆（Faiyum）的一位统治者对他儿子莫里卡尔（Merikare）的“教诲”就揭示了这位法老对于一位“了解人的品性”却不可见的神的信仰。他的儿子被告诫说：

> 一颗正直的心比恶人的牛更值得接受。

你为神做什么，他也会为你做什么……
神知道那为他做事的人。 142

神是人类的创造者和救助者，在他的安排中，统治者具有特定的职能：

井然有序的是人，他们是神的牲畜。
神按照他们的愿望造出了天和地……
他为他们的鼻孔制造了生命的呼吸。
那些由他的身体创造的人是他的影像。
他按照他们的愿望在天空中升起。
他为他们造了植物、动物、家禽和鱼来供他们食用……
他按照他们的愿望造出了白天的光，他航行而过以便察看他们。
他在他们身边建起一座神殿，当他们哭泣的时候他在倾听。
他甚至从蛋卵中为他们造了统治者，它将支撑起残疾者的脊背。
把你的爱撒向整个世界。[1]

把人类称作“神的牲畜”不是一个偶然使用的比喻；这种措辞直指法老的精神特征的核心。同一时期的“伊普我的告诫”详述了支撑起这种完美的法老形象的观念：

人们会说：
他是所有人的牧人。

---

① *ANET*, 417 ff.

他的心中没有恶。
虽然他的牧群可能很小,但他却整日整夜地照看它们。

这样一个牧人,

将会铲除邪恶;他会挥臂痛击它;
他会捣毁邪恶的种子和它们的继承者。

然而,当邪恶猖獗时,人想要寻找牧人却找不到他:

今天他在哪里? 那么,他是在睡觉吗?
看哪! 他的荣耀不能被看见……

通过对比法老的职能以及这种职能的缺席,将会引发尖锐的问题
143 及怀疑论:

你身上有权威、完美和正义,①
但让人不解的是,除了争竞的喧嚣,
你还会把哪样东西给予全地。
人们都遵从你所命令的……
那么,牧人是否喜欢死亡?②

这个尖锐的问题使法老为这无序负责;当人们胡作非为的时候,他们仍然是在执行法老的意志。因此,法老个人的品性成为国内和平的

① 可以比较前面第二节的注释。
② *ANET*, 443.

条件。于是，从不幸的深渊中将会产生出对一位救世主式统治者的渴望，通过其个人的优良品性他将会给百姓带来幸福的日子，我们发现阿门内姆哈特一世（公元前2000—1970年）统治初期的“尼弗罗夫预言”（Prophecies of Neferrohu）就表达了这种希望：

于是，一个国王将会来临，
他属于南方，胜利者阿门尼（Ameni）是他的名字。
他是努比亚（Nubia）之地的一位妇女的儿子；
他出生于上埃及……
欢庆吧，你们这些属于他的时代的人！
某人的这个儿子将会流芳千古。
那些存心作恶和图谋反叛的人，因为惧怕他而克制了他们的言论。
亚洲人将倒在他的剑下，利比亚人（Libyans）将毁灭在他的烈焰中。
反叛者臣服于他的愤怒，心中背信弃义者归属于对他的敬畏。①

在新王国，救世主国王必须忍受一个庞大的世界帝国的状况及其军事的、民政的和祭司的官僚机构。在图特摩斯三世对他自己的统治地位的说明中（公元前1450年），我们可以看出这种潜在的张力。一方面，他是阿蒙—瑞的儿子，那个扩展了埃及边疆的伟大的征服者：

神是我的父亲，我是他的儿子。
他命令我登上他的宝座，在我还在襁褓中的时候……

① *ANET*, 445 ff.

他使所有外邦都拜倒在我的威名之下……

144 他通过我双手的工作使战争胜利，拓展了埃及的边疆……

自从这国土最初分裂以来，他悦纳我胜过地上任何其他的王。

我是他的儿子，他那至高权威所心爱的。

另一方面，他从前是阿蒙的祭司，由于我们所不清楚的原因而被祭司团推上了统治者的地位，他从他的神那里受惠良多：

我用更大的好来回报他对我的好，我使他比所有别的神更强大。

我对他所施恩惠的报偿是用更大的恩惠来回报他。

我用不朽的工作来修他的宫殿……

我扩建了他的宫殿，那造就我的神。

我在地上为他建立了祭坛……

我知道一个事实：忒拜永恒不坠，

阿蒙万古长存……①

当读到对于辉煌的胜利和知恩图报的这种双重记述时，我们开始想要知道这种和谐能够持续多久。这位神的儿子，带着他能征善战的军队，迟早会发现他已经报答了神，他可以不需要忒拜的那些推选国王的祭司们。那正是在图特摩斯大帝两代人之后事实上所发生的事情，当时帝国由于其一系列胜利而经历了一段稳定时期。②

---

① *ANET* ,446 ff.

② 关于这一时期的政治史，见 Meyer, *Geschichte des Altertums*, II/1 的相应章节；关于亚马拿革命的先例和埃赫那吞本人的历史，见 Wilson, *The Burden of Egypt*；关于这一时期总体上的智识史，见 Breasted, *The Dawn of Conscience*。

埃赫那吞对于忒拜的阿蒙神的反叛具有一种复杂的结构。它既是制度上的也是精神上的,既是革命的也是反动的。制度方面容易理解。这位法老——那时仍然采用他的阿蒙神的名字叫做阿蒙霍特普四世——建立了对新神阿吞的信仰崇拜,慷慨地赠授大量土地来扶植这种信仰,他把自己的居所从忒拜移往一座更北的新建城市,即今天的特埃亚马拿(Tell el-Amarna)所在地,他在遭到地位稳固的祭司团抵制时诉诸极端的手段。这些人的财产被剥夺了,对他们的神的崇拜也被中止。国王将出奇的愤怒指向阿蒙。阿蒙神的名字只要在铭文中被发现,就让一帮人用斧头刮除;一些狂热的走卒甚至从这位国王先祖的名 145
字阿蒙霍特普中把阿蒙两个字刮去。国王也把自己的名字改为埃赫那吞,其含义可能是阿吞之灵(Spirit of Aton)。对于埃及社会来说,这是一个重大的颠覆,因为由国王的追随者所组成的新统治集团获得了巨大的权力,而与忒拜的神职人员相联系的旧统治阶级则失势蒙羞,并且遭受了严重的财产损失。总的看来,百姓们在物质上也必定受到这些变化的影响,因为与阿蒙崇拜相联系的大量的仆人、工匠和商人失去了生计。只是由于国王有军队及其能干的指挥官哈伦海布(Haremhab)站在他一边,制度上的倾覆才得以成功。

由于原始资料的缺乏,这场反叛的其他方面更难以描述。尤其是,阿吞神的史前史是模糊不清的。他当然不是由埃赫那吞所创造的,但他的存在不可能追溯到比这位国王的父亲阿蒙霍特普三世的统治更早的时候,或者至多可能追溯到图特摩斯四世统治时期。阿吞这个词是旧的习惯用语;它指的是日轮的形状,并没有关于神的暗示。阿吞作为太阳神第一次出现在埃赫那吞前一任法老统治时期的铭文中;在阿蒙霍特普三世的统治下,阿吞似乎在忒拜获得一个神殿,显然与阿蒙并不冲突。这个新出现的神的含义也许可以从阿蒙霍特普三世统治时期(公元前 1413—1377 年)的一首太阳赞美诗中推测。它是一首阿蒙—

瑞的赞美诗,但是日轮(即阿吞)这个词被用于称呼神:

> 向你致意,白天的日轮,一切的造物主和他们生命的给予者!

而且,还用上文论及的救世主的措词来称呼这个太阳神:

> 英勇的牧人,赶着他的牲口,
> 他们的避难所和他们生命的给予者。

最后,他是一个世界之神,光照全地,而不仅仅限于埃及:

> 那独一无二的主,他每日都抵达各地之极,
> 146 因此他看到它们从上面走过。①

这首赞美诗提示我们,对于忒拜的阿蒙及其祭司的抵制在埃赫那吞的前朝就在形成中。根据同质的规则,这个太阳神的品性也适用于法老,因此,那些救世主的词汇显示出法老作为救世主国王这一意识更加明晰。含蓄地赋予阿吞唯一神的名号表明正在寻求一个与阿蒙—瑞迥然不同的神。寻求神性存在的本质已经前进到这样一个时刻,以至于必须在此时找到一个新的名字,以便表现它那超越埃及众神之上的唯一性和至上性特征。此外,对于太阳神照耀全地和全人类的强调(在现存各种原始资料中这是第一次)提示我们,经由第十八王朝而实现的埃及边疆的扩张和世界帝国的创造乃是启动这种新的政治—神学思辨的经验基础。只有这样的猜测是可能的;但是它们足以让我们假定,至

---

① "A Universalist Hymn to the Sun", in *ANET*, 367 ff, in *the Dawn of Conscience*, 275—77, 已经注意到这首赞美诗的重要性,视其为阿蒙霍特普四世对阿吞崇拜的先声。

少有一代人在经验和符号上为埃赫那吞的反叛作了准备。

埃赫那吞的赞美诗通过他的贵族们坟墓中的铭文得以保存下来。要获得完整的文本以及详细的解读,读者应该参阅布雷斯特德的著作。[①] 我们将仅略微谈及与埃及政治形式的发展有关联的若干要点。

在这场反叛以及在它所采取的形式中,法老的人格都是一个决定性的因素。下面的段落将表明他的唯灵论特点,正是这种唯灵论使他引人注目,并且激发了他的反叛:

你壮美地从天空的地平线上落下,
你是充满活力的阿吞,生命之源!
你仁慈宽厚、巨大无比、耀眼夺目、高悬各地,
你的光芒笼罩各地,一切造物,从无遗漏。

所有牲畜都依赖它们的牧草,
树木和植物欣欣向荣,
鸟儿在巢穴中振动翅膀,
因崇拜你,它们的羽翼高高立起,
所有野兽都跃起它们的蹄子,
所有飞翔或降落的造物,
当你为它们升起时,它们才能生活。 147
船只在逆流和顺流中同样航行,
每条大路看到你就可通行。
河中的鱼儿在你面前穿梭;

① Breasted, *The Dawn of Conscience*, 第15章, "Universal Dominion and Earliest Monotheism",选自该文本中的赞美诗引文经常根据威尔逊在 *ANET*, 369—71 中的译文有所改动。

你的光芒落在大绿海中。

这是历史上的一个新的声音，是一个在内心深处与自然和谐，对阳光的辉煌及其哺育生命(life-spending)的力量有丰富理解并且赞美神及其造物的人的声音。这首赞美诗所描述的对神出现所表现出来的欣喜反应，被这首赞美诗本身继续展开，最后成为国王的灵魂对于阿吞之恢宏壮丽的回应。

阿吞是造物主神：
那独一无二的神，无与伦比！
你按照你的设想造了世界，
而你却孑然独行。

不过，他现在已经明确变成包括外邦在内的全人类的造物主：

叙利亚和努比亚国，乃是埃及之地，
你使人人各安其位，
你供其所需：
人人有其食，各人的寿限有其数。
他们说着不同的语言，
形貌也不相同；
他们皮肤各异，
因为你使那些外邦人与我们不同。

帝国的扩张打破了我们可以在古王国的赞美诗中看到的那种内敛的特征(infoldness)。世界已经打开，外邦人也被纳入帝国的范围。尽管他们有着种族、语言和文化上的差异，但是他们共同的人类特征是显而易见的。神现在被理解为全人类的神。

虽然具有这些普遍主义与平等主义的外表,但是这首赞美诗既不是主张一神论的,也没有宣布一个全人类的救世主神的到来。阿吞之创造比此前各种试图理解神之性质的努力都更为激进,但是它仍然处于多神论神话的范围之内。埃赫那吞通过排斥其他的神——特别是他所憎恶的阿蒙——得到地位的提升,他狂热地从各种铭文中铲除了阿蒙的名字以便摧毁其魔法的效力。但是,恰恰是这种狂热表明,阿蒙对他而言是一个必须加以考虑的实在。而且,他并没有以同样的狂热去 148
迫害其他的神。赫里奥波利斯的瑞至少就被容忍了;在该赞美诗中,阿吞就被等同于三位旧的太阳神:瑞、哈拉克提(Harakhte)和舒(Shu)。毋宁说,埃赫那吞的革命中似乎有些许反动,因为他又回头注意那些给古王国的法老们赋予荣耀的神祇。通过回忆那些更为古老的神祇,重申国王地位以反对忒拜的祭司恶魔的努力得到了支持。

我们在这位国王与他的神的个人关系中也可以感受到这种反动的痕迹,这一点尚未被充分注意到。阿吞是每个人本性(nature)的神,但只对国王而言,是其灵魂的神:

> 你在我心中,
> 其他人都不知道你,
> 救了你的儿子(埃赫那吞)。
> 因为你已使他精通
> 你的计划和你的威力。

法老作为神与人之间排他性中介的地位通过一场复仇被重新建立。自从第一中间期以来就在不断发展的平民的个人宗教精神被转移到作为地上之神的法老身上。至少那是埃赫那吞试图做到的。奥西里斯教被严厉地镇压下去。当时官员坟墓的铭文显示,对由国王领导的,垄断神的传播的行政机构有一种新的强调。在该政权的一个高级宫廷官员图图(Tutu)的墓碑上,国王被描述为阿吞的儿子,生活在真理中,从太阳神的光芒中出现,并被他确立为阿吞所及地区的统治者。神将他自己的永恒性赋予国王,并使他有与自己相似的外表;国王是神的衍生物。阿吞在天上,但他的光芒却照在地面;国王作为万道光芒所生的儿子是神在地上实现其构想的工具。神听得见国王心中所想,并且借国王之口为他说话。正如神一刻不停地每天使自己再生一样,国王也从他的万道光芒中形成以延续阿吞的生命。国王“活在”神的“真理之中”,正如神的真理活在国王身上一样;官员负责实施这真理并且有能
149 力这样做,乃是因为国王的灵魂(ka)活在他身上。这样,神的实质,亦即他的正义,就经由王国的过滤而最终及于臣民。[①] 但是臣民不能直接通达阿吞。当阿吞在世界上升起时,他拥抱了他心爱的儿子埃赫那吞;身为国王的儿子通过他的统治和行政机构把世界作为他的供品反过来献给神。臣民只有通过服从法老才能参与这种神性实质的循环往复。[②]

献给阿吞的这些赞美诗的优美,其个人主义、思想激情(intellectual excitement)、艺术中的现实主义、宫廷仪式的人性化以及一种普遍性文明的紧张感(nervousness)等“现代”风格,已经诱惑人们到埃赫那吞的改革中去寻找超出其所包含的内容。固然,这位国王是一个非同寻常的人。但是,当我们把一切都考虑在内的时候,他的功业与其说是一个新起点,还不如说是显示了法老符号体系的困境。他是一个身居高位的神秘的唯美主义者(mystical aesthete),并且可以用他的精神热诚最后一次为形式注入活力。但是就埃及的政治秩序而言,这就是全部内容。他忽略了帝国的行政需求和军事需求,也没能给予百姓任何东西。在他的统治接近尾声的时候,就各种资料来源所表明的情势而言,他被迫

① “Tomb of Tutu”, in Breasted, *Ancient Records of Egypt*, vol. 2, secs. 1009—13.

② “Tomb of Mai”,同上,1000。

作出了妥协。他的继任者图坦卡吞(Tutankhaton)再次变成了图坦卡蒙(Tutankhamen),并且屈服于忒拜。这种形式一直未被动摇,直到外来 150
征服将其终结。

第二部分
以色列的历史秩序

宇宙论秩序的紧凑经验被证明是顽强的。无论是美索不达米亚帝国的崛起和衰落，还是帝制埃及所反复遭遇的危机都无法打破对于神—宇宙秩序——社会是这种秩序的一部分——的信仰。固然，宇宙秩序的持久和社会秩序的短暂之间的对比并非一直无人关注，但是这种关注并没有决定性地深入到灵魂之中，其结果也就没有导致关于存在与生存之真正秩序的新洞见。政治上的大灾难继续被理解为由众神所决定的（decreed）宇宙事件。例如，在痛悼吾珥（Ur）被埃兰人（Elamites）所毁灭的苏美尔哀歌（Sumerian Lamentations）中，埃兰人的进攻就被体验为恩利尔的风暴：

恩利尔召来风暴——百姓呻吟着。
他召来彻底毁灭这地的风暴——百姓呻吟着。
他召来天上的大风暴——百姓呻吟着。
大风暴在天上怒吼——百姓呻吟着。
恩利尔因憎恨而召来的风暴，肆虐这地的风暴，
笼罩吾珥如同外衣，包裹吾珥犹似麻布。

如其所是,一件宇宙的寿衣(cosmic shroud)被神丢下来,裹住这城市,于是尸横满街。① 在埃及确实如此,制度的崩溃导致了我们在前一章所研究的形形色色的反应。秩序的经验——在埃及比在美索不达米
151 亚遭受了程度更深的震动——发展到了它的临界点,后者在紧随亚马拿革命之后产生的阿蒙赞美诗中变得清晰可见。② 渴望获得一种新自由的人,似乎马上就要向一个超越的神敞开他的灵魂;确实,新的宗教精神实现了关于一神论思考的令人惊奇的成就。然而,即使是在阿蒙赞美诗中,神的磁性吸引力也没有强大到可以使灵魂转向超越的存在的程度。那些埃及的诗歌没能打断法老秩序的纽带而变成一种在神之下的新型共同体的创立者。

不过,正是在它们的时代,这种纽带被打断了。阿蒙赞美诗是在公元前1320至1205年的第十九王朝下被创作出来的。正是在这个王朝时——根据近来的推测倾向——以色列人从埃及出走。拉美西斯二世被假定是那个实施压迫的法老,而他的继任者摩奈普塔(Mernepta,公元前1225—1215年在位)被假定是以色列人出埃及时在位的法老。虽然这种精确的假定可能是有疑问的,但一般来说公元前13世纪大约是摩西所处的时代。当埃及人自己把他们的宇宙论符号体系拉紧到极限状态却未能打断其紧凑性的各种纽带时,摩西却率领他的百姓脱离法老统治下的奴役而奔向神之下的自由。

在实际的历史中,这个事件实在是太不重要了,以至于都没能在埃及的历史记载中留下一笔。追随摩西的百姓是由一些希伯来部族组成的,他们曾被埃及政府雇来从事公共建设工程,地点可能是在三角洲东部地区。他们向东逃进了旷野之中并且在前往迦南之前,于卡迭石

---

① 引自"Lamentations over the Destruction of Ur",由克雷默译为英文,见*ANET*,455—63。

② 见第三章第三节第一小节。

(Kadesh)附近地区定居了至少一代人的时间。在那个他们逃离的中央集权的繁荣国家(welfare state)中,他们所受到的对待大概不会比国内处于同一社会地位的其他人口更糟。尽管如此,埃及对于一个渴望获得旷野自由的游牧灵魂之民族来说却是一座奴役的牢监。但是,当获得了自由之后,这自由的价值却被证明对于那些已经习惯了一种不同生活方式的人们来说是值得怀疑的。在物质生活的层面,可能在游牧生活与在一个繁荣国家中从事公共建设工程之间没有什么优劣之分。旷野生活的俭省引起了对于埃及美食的怀旧记忆;就我们所知,那个奴役的牢监可能已经变成了这些部落懊悔地想要返回的家园。即使没有这样一种虎头蛇尾,以色列人出埃及仍然很难值得人们记住。如果所 152
发生的只是一次从埃及势力范围内的幸运逃脱,那么结果无非是在肥沃月弯(Fertile Crescent)①和真正的旷野之间的边缘地带多了几个四处游走的游牧部落,他们竭力用偶尔为之的农业来弥补其匮乏的生活。但是旷野只是路上的一站而不是最终的目标;因为在旷野中这些部落找到了他们的神。他们与神立约,因此变成了他的民。作为由神所塑造的一个新型的民族,以色列征服了应许之地。以色列的记忆保存了这个故事,如果不是因为精神的迸发把这个实际发生的事件改造成为一出灵魂的戏剧,并且把这出戏剧的几幕改造成为关于神所带来的解放符号,那么这个故事就不重要了。

以色列人出埃及的各个事件,在卡迭石的逗留,以及对于迦南的征服都变成了符号,因为它们都被一种新的精神注入了活力。通过这种精神的阐发,制度奴役的牢监变成了精神死亡的牢监。埃及在不止一

---

① 两河流域美索不达米亚平原意指"两河中间",也就是今天伊拉克境内的底格里斯河与幼发拉底河,此处是农业最早发展的地带,故有"肥沃月湾"之名,也是两河流域文明的发源处,西方文明的滥觞。——译注

种意义上成为死者的国度，成为地狱（Sheol）。这种冒险是靠运气的，因为从地狱的出走起初只是通向了让人举棋不定的旷野，旷野介于同样令人不好受的两种形式之间，一种是游牧的生活，一种是在一个高级文明中的生活。因此，在地狱和出埃及之上必须再加上旷野作为这种历史困境的符号。在这个"世界"上，也就是说，在这个诸帝国盛衰的意义就像是一棵树的枯荣，以及波浪在永无休止的溪流中起伏一样的宇宙中，它不是一种特定的而是永恒的历史生存的困境。通过与宇宙秩序相合拍，那些从奴役的牢监中出来的逃脱者无法找到他们想要找寻的生活。当精神突然迸发（bloweth）时，宇宙论形式下的社会就变成了地狱、死亡的国度；但是当我们开始出埃及，并且徘徊在世界中想要在别处找寻一个新社会的时候，我们发现的世界乃是旷野。在我们停下来以便发现我们超越世界之外的意义以前，这种逃离无处可去。当世界已经变成旷野时，人最终处于孤独之中，在这种孤独中，可能如振聋发聩般地，他听到那精神的声音，这声音已经用它急切的耳语驱使和拯救人逃出地狱。在旷野中，神对那首领及其部落说话；在旷野中，通过聆听这声音，接受其赐予，并服从其命令，他们最终获得了生命（reached
153 life）并成为神的选民。

从旷野的蒸馏器（alembic）中浮现出来的不是一个像埃及人或巴比伦人、迦南人或非利士人（Philistines）、赫梯人（Hittites）或亚兰人（Arameans）那样的民族，而是通过神的选择与那个时代的各个文明区别开来的一个新社会类型。那是一个在历史舞台上活动同时又追求一种超越历史目标的民族。这种生存模式是不确定的，并且充满了出轨的危险，因为实在太容易把超越历史的目标与将在历史中实现的目标混为一谈了。事实上，出轨确实发生了，而且恰恰在一开始就发生了。这种出轨在应许之地迦南这个符号中找到了它的表达形式。这个符号是语义双关的，因为在精神的意义上，当以色列人从宇宙论的地狱辗转来到王的领地(mamlakah)、神的王国时,他们已经抵达了应许之地。然而在现实历史的层面上,从埃及的奴役中出走之后接着是通过相当世俗的方式征服迦南;然后到了完全是埃及或巴比伦制度形式的所罗门王国;最后则是降临在以色列头上的政治灾难和毁灭,就像加于历史上任何一个其他民族一样。历经若干世纪,在实际历史蜿蜒曲折的发展中,以色列没有逃离死者的国度。与摩西领导下的以色列人出埃及方向相反的一场运动中,那些耶路撒冷最后的护卫者们,违反耶利米的意志,将其带在身边并返回了埃及的地狱去死。应许之地只有通过历史之旅才能到达,但是它却不可能在历史中被征服。神的王国存在于活在这个世界上的人们之中,但它却不属于这个世界。迦南的这种语义双关从一开始就不止影响了以色列的历史结构,而且也影响了一般历史进程的结构。

简要勾勒这些由以色列在历史中的出现而引发的问题便能暗示相当多的细节上的复杂性。有年代学上的各种难题;有希伯来人、以色列人、犹大人和犹太人之间的关系;有以色列和周边的叙利亚社会之间的关系,近来的考古学发现已经向我们揭示了这种关系的重要性;有圣经叙事与那种可以从外部证据中重构出来的历史之间的关系;最后,还有实际历史和精神历史之间的关系,后者造成了世俗历史与神圣历史的基督教问题。对研究以色列的独特秩序来说,这些问题都会成为足够大的障碍。但是它们又被我们的文字资料状况和历史进一步复杂化 154
了。我们必须考虑到下述要点:早期以色列的各种传统经历了巴比伦放逐时期的编辑修订;由犹太拉比和基督教的圣典化和各种解释所造成的意义扭曲;自从公元 16 世纪以来各种英文译本进一步强加给《圣经》的希伯来文本的微妙意义变化,这些变化已经被固化为各种惯例,以至于当代的《圣经》译本也不敢偏离它们的意思;最后是由一个世纪或差劲或高明的圣经考证(criticism)掀起的辩论烟云,这些考证在每个问题上都形成了多层次的争论。今天我们已经达到了这样一种状态,那就是有能力的学者就“《旧约全书》的神学”或“以色列的宗教”写出了卷帙浩繁的著作，而其他同样有能力的学者则提出了诸如在《旧约全书》中是否能找到一种神学，或以色列是否有一种宗教这样的问题。

我们非常容易陷入历史和语文学（philology）的卷帙浩繁中。为了避免这样一种命运，我们应该避开这些争论而直接切入那个作为其根源的大问题，即以色列人对历史的创造。一旦这个巨大的、无所不包的历史问题得到澄清，那么在处理那些次一级的问题时所必须使用的方
155 法也将变得一目了然。①

---

① 要了解关于《旧约全书》的各种问题的争论状况，可参见 H. H. Rowley, ed., *The Old Testament and Modern Study: A Generation of Discovery and Research* (Oxford: Clarendon Press, 1951)。

这项对于以色列诸问题的研究使用了下述著作：

一般著作：William F. Albright, *From the Stone Age to Christianity*, 2d ed. (Baltimore: John Hopkins University Press, 1946). Albright, "Syrien, Phoenizien, und Palaestina", Historia Mundi, vol. 2。库克在 *Cambridge Ancient History* 中的一系列文章，包括 vol. 1 (1924), chap. 5; vol. 2 (1924), chap. 14; vol. 3 (1925), chaps. 17—20; vol. 6 (1927), chap. 7. Walter Eichrodt, "Religionsgeschichte Israels", in *Historia Mundi*, vol. 2. Adolphe Lods, *Histoire de la Littérature Hébraique et Juive: Des Origines à la Ruine de l' Etat Juif (135 après J.-C.)* (Paris: Payot, 1950). Meyer, *Geschichte des Altertums*, II/1, II/2. W. O. E. Oesterley and Theodore H. Robinson, *Hebrew Religion: Its Origins and Development*, vols. 1—2. (London: S. P. C. K., 1952). Johannes Pedersen, *Israel: Its Life and Culture*, 2d ed. (London: Oxford University Press, 1926), vols. 3—4 (1940). Max Weber, *Das Antike Judentum*, Gesammelte Aufsaetze zur Religionssoziologie, III (Tübingen: Mohr, 1921)。

以色列史：Albrecht Alt, *Kleine Schriften zur Geschichte des Volkes Israel*, 2 vols. (Munich: C. H. Beck, 1953). Rudolf Kittel, *Geschichte des Volkes Israel*, vol. 1, 5th-6th eds. (stuttgart-Gotha; Fried rich Andreas Perthes, 1923), vol. 2, sth ed. (1922), vol. 3 (Stuttgart-Gotha: W. Kohlhammer, 1927). Adolphe Lods, *Israel from Its Beginnings to the Middle*

---

of the Eighth Century (New York: A. A. Knopf 1932; London: Routledge and K. Paul, 1948). Lods, *The Prophets and the Rise of Judaism* (1937; rpr. London: Routledge and K. Paul, 1950). Martin Noth, *Geschichte Israels*, 2d ed. (Goettingen: Vandenhoeck and Ruprecht, 1954). W. O. E. Oesterley and Theodore H. Robinson, *A History of Israel*, 2 vols. (1923; rpr. Oxford: Clarendon Press, 1951). Julius Wellhausen, *Prolegomena zur Geschichte Israels* (1878; rpr. Berlin: G. Reimer, 1950). Wellhausen, *Israelitisch-Juedische Geschichte* (1894; rpr. Berlin: G. Reimer, 1914)。

《旧约全书》导论：Aage Bentzen, *Introduction to the Old Testament*, 2 vols. (Copenhagen: G. E. C. Gad, 1948). Otto Eissfeldt, *Einleitung in das Alte Testament* (Tübingen: Mohr, 1934). Ivan Engnell, *Gamla Testamentet: En Traditionshistorisk Inledning*, vol. 1 (Stockholm: S. K. V. D., 1945). Robert H. Pfeiffer, *Introduction to the Old Testament* (New York: Harper, 1941)。

原始资料、各种圣经译本和评论：*Biblia Hebraica*, ed. Rudolf Kittel, 8th ed. (New York and Stuttgart: Privileg. Wuertt. Bibelanstalt, 1952). *Holy Bible: Hebrew and English*, trans. Isaac Leeser (New York, n. d.). *The Old Testament in Greek According to the Septuagint*, ed. H. B. Swete, 3 vols. (Cambridge: Cambridge University Press, 1930—1934). *The Holy Scriptures According to the Masoretic Text: A New Translation* (1937; rpr. Jewish Publication Society of America, Philadelphia, 1945). *The Old Testament: An American Translation*. ed. J. M. Powis Smith (1927; rpr. Chicago: University of Chicago Press, 1944). *Die Fuenf Buecher der Weisung*, trans. Martin Buber and Franz Rosenzweig (Berlin, 1930). *The Holy Bible*, Revised Standard Version (New York: Nelson, 1953). *Goettinger Handkommentar zum Alten Testament*, ed. W. Nowack. *Kommentar zum Alten Testament*, ed. E. Selin. *Handbuch zum Alten Testament*, ed. Otto Eissfeldt。 156

第四章
以色列与历史

研究以色列的秩序中出现的主要理论问题大都起源于以色列人作为一个特殊的民族所具有的地位。神的选择使以色列能够一跃而与超越的存在实现更完美的和谐。这个历史结果打破了文明进程的模式。随着以色列出现了一个新的历史代理人(agent),此代理与其他民族不同,它既不是一个文明,也不是处于一个文明中的民族。因此,我们可以说埃及文明、美索不达米亚文明,而不可以说以色列文明。在埃及,民族与文明大约是同一的。在美索不达米亚,我们可以从这个文明中分辨出主要的民族个体,比如苏美尔人、巴比伦人、埃兰人和亚述人。在以色列,我们就遇到困难了。按照汤因比的理解,我们可以说叙利亚文明,包括这样的民族如以色列人、腓尼基人、非利士人和大马士革的亚兰人。但是纯粹列举各个民族分支使我们进一步的主张——以色列的地位是独特的——变得没有必要;因为这个产生了《旧约全书》的民族毫无疑问与众不同。而且以色列历史的进程与叙利亚文明的进程在年代上并不完全相符。它的开始比叙利亚文明在历史上的形成更早,而且当叙利亚地区相继被亚述人、巴比伦人、波斯人、希腊人、最后罗马人所征服的时候,它却得到了独立的、并且相当令人惊讶的发展。

一、以色列与文明的进程

我们应该通过年代学的问题来着手研究以色列的独特地位。就绝对的年代而言,我们接受最新的观点而无需争论。[①] 确切地说,使我们 157
感兴趣的是属于这些年代的人物、事实和事件的问题。

第一个年代表可以通过确定那些在《旧约全书》中所述事件——如祖先[②]的故事,在埃及的寄居(sojourn),以色列人出埃及等等直到放逐期后的历史[③]——的年代建立起来。其结果,仅限于那些主要事件,可以如下所示:

表一:

祖先时代	公元前1900—1700(?)年
雅各部落移民到埃及	公元前1700(?)年
以色列人出埃及	公元前1280年
希伯来人对迦南地的彻底征服	公元前1250—1225年
士师时期	公元前1225—1020年
王国(从扫罗到所罗门)	公元前1020—926年
王国的分裂	公元前926年
以色列王国	公元前926—721年
犹大王国	公元前926—586年

(接下页)

---

① 关于《旧约全书》所记载的事件和年代的考古学证据,有一篇报告,见罗利所编的 *The Old Testament and Modern Study* 一书中由阿尔布莱特所著的第一章和第二章。又见 W. F. Albright, *The Archaeology of Palestine* (Middlesex: Pelican Books, 1949)。

② 祖先是指亚伯拉罕、以撒、雅各和雅各的十二个儿子等人,是以色列十二个部落的祖先。——译注

③ 放逐期后的历史是指巴比伦囚禁这段历史之后的犹太人的历史(即公元前586年之后)。——译注

巴比伦放逐的开始	公元前 586 年
第二神殿的建造	公元前 520—516 年
尼希米(Nehemiah)的回归	公元前 445 年
以斯拉(Ezra)的回归	公元前 397 年

第二个表格可以通过确定从叙利亚到巴勒斯坦这一地域上发生的移民浪潮和政治统治的年代建立起来。

表二:

早期闪族人定居的浪潮	公元前 3000—2000 年
喜克索斯运动(闪族人的和胡里特人)	公元前 1680—1580 年
埃及人的征服	公元前 1580—1375 年
哈比鲁人(Habiru)[①]攻击迦南地	公元前 1480—1350 年
赫梯人的征服	公元前 1390—1300 年
埃及人对巴勒斯坦的再征服	公元前 1350—1200 年
以色列的入侵	公元前 1250—1225 年
非利士人入侵	公元前 1190—1175 年
158 非利士人占领时期	公元前 1080—1028 年
以色列势力的巩固	公元前 1020—926 年
从以色列—犹大王国到放逐期	公元前 926—586 年

(接下页)

① 当希伯来人从幼发拉底河流域来到迦南地区时,迦南人叫他们为哈比鲁(Habiru)人,意思是“从大河那边来的人”,后来写成文字,就成为希伯来(Hebrew)人。——译注

亚述人征服以色列王国	公元前 721 年
巴比伦人征服犹大王国	公元前 586 年
波斯的统治	公元前 538—332 年
马其顿的统治	公元前 332—168 年
马加比(Maccabaean)时期	公元前 168—63 年
罗马的统治	公元前 630—395 年

最后,我们可以通过确定叙利亚文明——在汤因比使用这个词汇的意义上——的各个主要阶段的年代来创建一个表格。根据汤因比的解读,以色列人和非利士人入侵叙利亚—巴勒斯坦地区造成的局面使一个独立的文明开始成长起来。赫梯人和埃及人的统治被打破了,在迦南地的独立居住区被限制在北部沿海的狭长地带,非利士人已经在南部沿岸定居,以色列人则居住在叙利亚南部的丘陵地。从这种最初的局面中出现了持久的政治组织:大马士革王国,腓尼基人的城市国家,以及以色列王国。为叙利亚文明在当地发展扫平道路的主要冲击来自于米诺斯海民(Minoan sea-peoples)的入侵;而汤因比也愿意把对这个新生文明的培育产生主要影响的功劳归之于米诺斯文化。因此,他愿意把叙利亚文明与同样附属于米诺斯文明的希腊文明放在一起比较。这个假设,正如我们将会看到的,在它的一般形式上是很难站得住脚的,但是它具有一个能够被感觉到的真理的内核。甚至在非利士人入侵之前,米诺斯文化对迦南地区的影响的确就很强了;自从 1930 年发现乌加里特(Ugaritic)神话诗篇以来,我们已经熟悉了一个迦南—腓

尼基神谱，它与希腊神谱的关联之近——如我们从赫西俄德[1]那里所知的那样——即使不是程度更深，至少同它与巴比伦神话的关联一样紧密。[2] 可以通过这样的术语加以界定的叙利亚文明有一个相对较短的成长期。它在公元前1150年开始形成，并最早在公元前926年遭遇了对它的发展最初的也是决定性的扼制，当时所罗门王国分裂成为以色
159 列和犹大。当新近崛起的亚述人的势力本来要求它们进行军事合作以便共同防御的时候，叙利亚诸国之间却卷入了自杀式的冲突。公元前854年的卡卡（Karkar）战役使这种冲突暂时中止，但最终它不过是表明叙利亚诸国的军事联盟，如果得到了延续的话，可能会阻止亚述人的进攻。叙利亚的混乱时代随着波斯人治下的统一国家的建立而告终。从汤因比的阐释中可以得到下表：

表三：

以色列人—非利士人入侵	公元前1250—1175年
叙利亚文明的成长	公元前1150—926年
叙利亚的混乱时代（先知们的时代）	公元前926—538年
叙利亚统一国家（波斯帝国）	公元前538—332年

为不同类型的事件创建几个年代表，这种方法的好处是把附着在所谓的历史事实上各方面的意义都纳入我们的视野。当事件出现在不

① 赫西俄德是生活于公元前8世纪的希腊诗人。归于他写的主要史诗有《工作与时日》（关于古代农耕生活的有价值的叙述）和《神谱》（关于众神及世界起源的描述）。——译注

② 乌加里特文本在Cyrus H. Gordon, *Ugaritic Literature* (Rome, 1949)，以及金斯伯格在*ANET*中的英文翻译中可以找到。对文本的分析，见W. F. Albright, *Archaeology and the Religion of Israel* (Baltimore: Johns Hopkins University Press, 1946)。

止一个表格中时，这个好处就特别显而易见。在三个表格中都有从以色列人入侵迦南地到耶路撒冷沦陷这样一个事件重叠的区域。例如，在每个表格中，对迦南地的征服都根据其各自的背景而有不同的含义。在表一中它是神的允诺的履行；在表二中它是席卷巴勒斯坦地区并且留下了民族血脉的许多移民浪潮之一；在表三中它是摧毁了赫梯人和埃及人对该地区的统治，并为叙利亚文明在当地发展扫平道路的移民的一部分。如果这三个表格合而为一，这些意义的差别就会消失，从而在未被充分界定的实证主义史学意义上，得到一串平淡无奇的“事实”。

在这个重叠事件时期之外，这些表格显示了显著的歧异。特别是摩西和出埃及的年代只出现在表一，而没有在表二、表三中。

摩西的年代不应出现在表二值得注意，但并不令人惊讶，因为在这里我们涉及的是民族运动和帝国统治的大规模事件。对于这些民族运动的庞大规模来说，摩西所带领的来自埃及的部落是一个没有明显特点的贡献因素。我们必须总是意识到以色列人在历史上的重要性并不 160
是归功于人数。在所罗门时代——记住这一点或许是恰当的——我们称为“以色列人”的那个民族是这样一些人：征服地的诸部落与历时千年的亚兰移民浪潮在迦南地的遗民，即胡里特人、赫梯人和非利士人混合而成的产物；而且王国被非以色列的大卫王朝（Davidic dynasty）统治着。

但是，表三中汤因比对叙利亚文明的建构中遗漏了摩西却令人感到震惊。在汤因比的历史概念中，“宗教”是正在崩解的社会的“产物”。当叙利亚文明瓦解时，它产生了先知和犹太教，正如后来希腊文明的崩溃产生了耶稣和基督教一样。在一部只是从公元前1150年入侵已经尘埃落定的时候才开始的以色列历史中，没有摩西的位置。那么除非他被完全当作一个神话而消除掉，在这种历史的建构中我们该到哪里去寻找摩西呢？汤因比通过假定了一条“精神启蒙的线索”而找到了他，犹太教和基督教也都可以相继被放入这条线索中。如果这条线索从先知们一直向前回溯,我们就会在其中发现摩西,以及更早的亚伯拉罕,直到最初的耶和华崇拜(worship of Yahweh)——汤因比把耶和华描述为"居住在阿拉伯半岛西北部并且激活了一座火山的神灵(jinn)"。这条"精神启蒙线索"的分支在穿过各个文明的同时,在其决定性的点上都与各个混乱的时代相关。因此,摩西将由埃及新王国(Egyptian New Kingdom)的解体而"产生",亚伯拉罕由汉谟拉比之后巴比伦王国的解体而产生——汤因比总是假设,而并不确定亚伯拉罕与摩西确实是历史上存在的人物。①

这位著名历史学家的诸般建构可能听上去有些奇怪,但根据对各个文明的研究它们无疑很有意义。它们以质疑此方法的价值为代价,其不懈的连贯性一定要得到赞扬。因为这种方法看上去既不适用于摩西看到的神之显现(epiphany),也不适用于以色列经由神人之约的建立;一条裂痕出现了,通过一条"精神启蒙线索"的辅助建构不足以将它修补。如果我们追随汤因比,我们就会得到下列对象:(1)从征服迦南地之后才开始其历史的以色列,(2)一条从神灵到耶稣的精神启蒙的线
161 索,(3)巴比伦人亚伯拉罕,以及(4)埃及人摩西。当我们看着这个奇怪的分类时,我们开始想要知道其历史保留在《旧约全书》中的以色列的情况如何?

困难来自于分别由表一和表三代表的两种历史的对立。《旧约全书》中所讲述的以色列不能融入由我们苛刻的当代史学所描画的那个图景。必须面对这个现实,它应该被这样理解,即没有简易的解决办法。至于妥协,汤因比的"精神启蒙的线索"应该会使进一步的、具有相似性质的努力丧失信心。也不可能通过抛弃这两个图表中的一个来取消这个难题。一方面,构建秩序的力量的消长必然是构成历史的素材;如果我们接受这个原则,我们必须也要接受重要性的等级——据此,以

---

① Toynbee, *A Study of History*, 5: 119 n, 6: 39.

色列在实际的历史中排位很低,而摩西时期则毫无重要性可言。因此,我们不能抛弃表三。另一方面,犹太教徒和基督教徒又有一种令人为难的特性:他们可以超越(outlast)政治势力的兴衰;如果我们消除犹太—基督教的(Judaeo-Christian)精神史,就会使一般的历史变得没有意义。因此,我们不能抛弃表一。两个表格必须都被承认是合理的;所以它们的冲突必须通过在理论上分析其根源进行消解。

暂时,我们将想当然地接受现实历史的追求以及表三,并且寻找表一的困难的根源,从而着手解决问题。

第一个大事年表确定了《旧约全书》中所叙述的主要事件的年代;而这个程序确实会导致难题。因为故事从《创世记》到《列王记下》的结尾都不是严格的关于实际发生的事件的历史——甚至在有的地方,提及的实际发生的事件在同时代的史学和宫廷编年史(court annals)中有确实的根据时,例如在王国时期,它们也不是严格的历史——而只是对以色列与神的关系的一种叙述。这并不意味着这种叙述没有实际的内核;因为相比于怀疑在《创世记》里创造世界的故事背后是否真的存在某个世界,我们没有更多的理由怀疑在以色列人出埃及的故事背后是否真的存在某个摩西。无论如何,在政治权力的世俗领域中,行动便会导致结果,这些事件不像那样能在一个现实的关于手段和目的背景中
被体验到,反之,它们就像遵从或者背叛一个神启意志的行为那样无法 162
被实际感受到。这些事件被这样的人(souls)所体验到——他们为实现自己与超越的存在的和谐而奋争,他们在自己倾注于上帝为人类所作出的安排中发现了个体和社会行动的意义。当以这种方式被体验到的时候,事件的进程就化为《圣经》中记载的历史,而单个事件则变成此岸世界中神与人相处方式的范例(paradigm)。于是,应用于例证事件(paradigmatic events)的真理的标准在这个意义上就不可能与那些应用于实际事件的标准相同。因为一个事件,假如在它与上帝意志的关系

中被体验到,并且作为一个范例的本质得到切实详细的阐发,它便是真正相关的。在时间、地点、参与者、他们的行动和言论等实际的细节方面的准确性与特定场合下神的意志的准确性,以及人类行动与神意的一致和相异之处的准确性相比,就显得远不是那么重要了。而且,最初的记述一旦进入口述传统的洪流,可能会为了改进其所例证的本质而被修正;如果需要的话,故事可能会通过想象的细节而被戏剧性地强调(pointed up);演讲的含义可能会通过劝勉式的(paraenetic)插补而变得更加明白易懂。自然,一个研究实际历史的历史学家会为这样的改动歪曲了原始资料而感到遗憾,但是《圣经》中记载的历史的作者会把它们理解为对真理的增益。

但是有时,这些传统可能显得太不合后来的作者们的口味;而细节的改写也许被认为不足以达到例证的真理。于是可能发生的是,这个传统整体被放入一个更为"现代"的概述(summary)中进行重铸。例如,根据一种不幸的传统而被命名为《申命记》的书并不是摩西的"第五"书,而是附于《四经》(Tetrateuch)之后的一篇劝勉巨著(huge paraensis)。它被塑造成摩西死前的一篇书面形式的演讲,总结了由出埃及、旷野和圣约所例证的教训,正如它在犹大王国终结前不久被理解的那样。《历代志》则重铸了《列王记》的传统,以便使其成为《以斯拉记》和《尼希米记》叙述放逐到巴比伦之后的重建的一个导论。但是,如此众多的例证历史仍然只是一个相对简单的问题。当我们找到似乎是同一
163 事件的几种叙述而无法知道为什么会有不止一种叙述时,局面就会变得更加令人迷惑。例如,对于迦南地的征服,《旧约全书》就在《约书亚书》中和《士师记》的开篇提供了两种矛盾的叙述。我们猜想实际发生的同一件事是否真的可以构成两个相差如此之远的版本的内核,或者是否这所谓的征服不过是希伯来部落的逐渐渗透,其中的两个阶段碰巧被这两个叙事版本再现出来,每个阶段都被当作范例详细阐述以便详尽地说明这一符号化(symbolic)的征服。最后,我们必须记住,这多

个历史和叙事版本被放逐期后的修订者整合到具有自身含义的同一个历史中；这些修订者的工作不是为了让现代历史学家们再把它解析为其组成部分的各种含义。

思考这个连续被新增含义的令人困惑的复合体应该使我们明白例证的历史和实际的历史不是相互敌对的。以色列的历史被书写下来不是为了让研究实际历史的历史学家——他们表情冷漠地确定了摩西的历史年代，同时又对他存在与否迟迟不作判断——感到困惑。它根本不想描述实际的历史，即使经过漫长的历史时段，这个实际的内核在细节上是如此有形而清晰，以至于我们对以色列历史特定阶段的了解超过了对我们西方中世纪时代的了解。我们开始明白历史是一段结构复杂的织锦，其中的经线和纬线在那两个大事年表中变得清晰可辨。当以色列的意义结构的模式在一定程度上更为分明的时候，或许两个年表之间看上去存在的冲突就会消失。因此，我们现在应该改变解决问题的路径。表三不再想当然被认为是正确的，而是被弃之一旁，因为我们怀疑是它的相对简单造成了难题，同时我们将接受以色列的历史，希望它更为复杂的结构——如果得到正确理解的话——能够解决我们的问题。

我们应该从之前所作的评论开始，即在《圣经》中记载的以色列历史即使在实际的历史中也不能被弃如敝屣，由于有了这个历史，以色列变成了一个独特的民族，在实际历史层面上的一个新型的政治社会。那些生活在地狱、旷野和迦南的符号体系中的人们——他们把自己的迁徙（wanderings）理解为完成一项神的安排——被这种体验塑造成为被选民族。通过存在中的飞跃，也就是说，通过发现超越的存在作为人 164
和社会的秩序之源，以色列人把自己构建成为历史中一种新真理的承载者。如果我们承认这就是问题的本质，那么例证的叙事，与它所有的复杂因素一起，通过它在以色列的建构中所发挥的作用而获得了一种新的意义维度。因为以色列人所承载的真理将会与发现真理的那一代人一同逝去，除非这真理以易于交流的符号被表达出来。作为真理的载体、作为历史中一个可被辨识的和持存的社会实体，以色列的制度只有通过创造一种例证的历史记录才能完成，这种记录要叙述（1）围绕着真理的发现所发生的事件，以及（2）经过反复修正、证实真理的以色列的历史进程。这个记录就是《旧约全书》。正是当它作为一种真实记录的可疑之处被承认的时候，这种叙事才揭示了它在政治和历史中创造了一个民族的功用。

因此，《旧约全书》之例证的叙事与以色列的真实生存之间具有紧密的联系，虽然这种联系不是存在于一种叙述及其所讲述的事件之间的联系。如果我们记得在论述美索不达米亚或埃及的历史时确实没有产生任何这种性质的问题，那么这种难以描述的关系的性质就会变得更加清晰。在论及近东帝国的思想时，并没有表一那样的东西使我们感到烦恼。一旦作出这种否定性的评论，这个表格的重要性——不仅是对以色列的历史，而且对于一般的历史问题——就变得显而易见了。在美索不达米亚或埃及的历史中确实没有用到这样一个表格，是基于以下这一充分的理由：这些文明中的任何一个都没有产生出一部《旧约全书》。通过把自己作为一个民族的诞生记录为历史上具有特殊含义的一个事件，以色列独自将自己建构起来，而其他近东社会则把它们自己构建成为宇宙秩序的相似物。以色列单独具有作为一种内在形式的历史，而其他社会则存在于宇宙论神话的形式之中。因此我们得出结论，历史是存在的一种符号化形式，是与宇宙论形式处于同一等级的符号化形式；例证的叙事以历史的形式与宇宙论形式上的神话对等。故此有必要根据它们的生存形式在政治社会中作出区分：埃及社会存在
165 于宇宙论的形式中，而以色列社会存在于历史的形式中。

既然表一的谜团至少在某种程度上得到了廓清，我们就可以回到表三，并且更为严密地考察构成其基础的斯宾格勒—汤因比的历史理

论。这一理论形式简朴，推理严密。斯宾格勒把一个文明（在他的术语学中是一种“文化”）看成是一种集体精神在它的历史图景中的成熟。这种精神只绽放一次；而随之产生的每个文明都沿着同样的阶段序列——也就是它们各自的“历史”，按照有机体的类比被想象为青年和老年——发展。当生命力被耗尽的时候，它们变得干瘪，进入了长短不一的衰落（fellahim）时期。因此，每一种文明都有一段历史；但是文明的演替并不是另外一段历史。这个理论自身有着很好符合常识的论证。因为过去的文明确实经历了潮起潮落、花开花谢，而这一过程的内在机制也得到了充分的理解。我们也许认为人类历史有可能不会总在这种文明的模式里进行塑造，但只要那些我们称作文明（civilizations）的各个社会将历史铺陈开，就没有理由假设当前和将来的文明会逃脱它们之前文明的命运。

然而，这种出色论证并不能减轻我们对于其结果的苦恼。因为这些文明以一种无意义的顺序彼此交替；当文明精神的多样性被穷尽的时候，对于斯宾格勒来说，人类似乎将堕入非历史的（ahistorical）、类似于植物生长的（vegetative）生存。这前景令人沮丧，而当汤因比加上他的想象力的时候，这幅画面就变得更加凄凉。悲观的斯宾格勒至少还能让我们心存侥幸，希望文明的兴亡交替这种令人忧郁的景象能够很快终结；但如果追随更加兴高采烈的汤因比，我们一定会害怕只要地球存在一天这种景象便永无休止。因为按照詹姆斯·琼斯爵士（Sir James Jeans）提供的关于地球的预期寿命的数字，汤因比计算出将来会出现十七亿四千三百万种文明。“想象一下十七亿四千三百万种完结的历史，每一个都与古希腊社会的历史一样长久而生动；十七亿四千三百万次再生的罗马帝国和天主教会以及日尔曼民族（Teutonic Voelkerwanderung）；十七亿四千三百万次我们西方社会与其他现存社会之间的关系

166 的重复!”①这位伟大的历史学家在憧憬这样的前景时惊呼,“我们的想象力不够用了”。②

我们姿态优雅地战栗——就像我们被请求思考时间、空间或者数字无限性的时候总会发生的那样,除非是思考这种无限性对于神的无限性具有何种可推断性(transparency)——但是坚定地拒绝玩这游戏。为了避免我们的想象力出现这种不可避免的不够用的情况,我们应该现在就在这问题上运用我们的理智。暂时假设仅仅斯宾格勒—汤因比的理论确实把问题简单化了——其想象的结果还只是隐约有所显示。而且,我们现在可以正确地指出这个缺点,也就是说,它无视作为一种内在形式的历史问题。在共同造成这个缺点的许多因素中,最能马上引起我们兴趣的一个因素一定会在该理论形成的历史背景中被找到。斯宾格勒和汤因比都背负着特定的人文主义传统的残余,这在他们晚近的自由主义—资产阶级的形式中显得更为清楚,根据这种传统,文明是产生文化现象如神话和宗教、艺术和科学的神秘实体。这两位思想家都没有接受这个原则,即秩序的经验以及它们的符号化表达不是一个文明的产物,而是它的构成形式。他们仍然生活在“宗教的创立者”忙于创立“宗教”的思想氛围中,而实际上宗教创立者关心的是人类精神的秩序化,而且如果成功的话,他们创立的是这样的人类社会,其中的人们生活在被发现是真正的秩序之下。然而,如果对以色列人的这一发现,即历史是一种生存形式视而不见的话,那么一个社会在神之下的生存形式也就被抛弃了。作为一系列文明循环的历史概念遭受了神之隐蔽(Eclipse of God)的损害,正如一位犹太思想家最近这样称呼这

---

① Toynbee, *A Study of History*, I: 463.

② 对于汤因比在 vol. I《附录》中的思想的进一步的分析,见恩格尔—雅诺西的研究“Krise und Ueberwindung des Historismus”, in *Wissenschaft und Weltbild* (Vienna, 1953), 6: 13 ff。

种精神缺陷一样。[1] 斯宾格勒和汤因比确实回到了文明的地狱，而本来摩西已经带领他的民族从中走出，而迈向历史的自由。

二、历史的意义

以色列人关于历史的概念，作为更为全面的概念，一定比构建了表三之基础的斯宾格勒—汤因比那有缺陷的文明循环理论更令人喜爱。167
但是这样一种偏好并没有消除以色列人的这个概念的内在困难。因为如果我们接受作为生存形式的历史概念，那么**历史**这个词汇就变得有歧义了。于是，**历史**既可以指文明进程中客观时间的维度，也可以指构成一个社会的内在形式。当然，只在其中一种意义上使用这一词汇可以很容易消除这种模棱两可；但是其结果将不会令人感到满意。如果去除第一个含义，因为只有“时间上的存在”可以断定宇宙论社会的属性，则埃及或者巴比伦将没有历史。如果第二个含义被去除，正像斯宾格勒和汤因比所做的那样，那么就没有词汇用来指称，当一个社会在时间的流逝中沿着有意义的道路走向神所允诺的完善状态时，在这种刚刚确立的、杰出的意义上，什么是历史。如果同时在两种意义上使用它，就会造成最大的不便，因为那样的话，一些社会就会比其他历史上的社会更具有历史性。如果我们偏爱以色列人的历史概念，那么它就必须马上被用来解决它自己造成的问题。

困难来自于下面的命题：如果没有以色列就将没有历史，而只有宇宙论形式的社会无休止重现。当然，这个命题乍一看是荒谬的，因为它导致了令人费解的模棱两可，而且或许最终会导致我们忘掉斯宾格勒和汤因比。但是，如果我们在它方法的严格性上把它理解为关于社会内在形式的一种陈述，那么这种荒谬性就将不复存在。它并不是意味着在一位未来的历史学家面前，将会永无休止地展现出柏拉图、基督耶

---

① Martin Buber, *Gottesfinsternis* (Zurich: Manesse, 1953).

稣、罗马帝国等等的循环接替(正如汤因比在他奔放的幻想中所想象的那样)。因为“永无休止的重现”是宇宙论文明表达(或更确切地说,能够表达,如果如此介意这种说法的话)它自己在宇宙秩序中的生存经验以及它的生存和寂灭的符号。“永无休止的重现”是宇宙论形式本身的一部分——它不是一个史学的范畴,也不会有历史学家去研究它。正因为如此,一个把自身的秩序理解为参与神—宇宙秩序的政治社会,不会生存于历史形式中。但如果它没有历史形式,那么它到底有没有历史?埃及和巴比伦没有历史,这样的谬论还少吗?如果在放飞想象力
168 之前先让理智介入,那么这种荒谬就会再度消解。宇宙论文明虽然不在历史形式之中,但丝毫不缺乏历史。想到我们关于人性的始终如一,以及紧凑性和分殊化的原则,我们就可以期待历史在这些原则中的出现与形而上学的和神学的思考几乎差不多,但是将会受到宇宙论形式的紧凑性的限制,尚未分殊化。一旦历史通过以色列被分殊化为一种生存形式,这种在场(presence)就会被揭示出来。我们不是从以色列,而是从美索不达米亚和埃及帝国开始我们的秩序历史的,因为回头看来,以宇宙论符号为手段,奋力追求秩序看上去只是寻求存在的真正秩序的第一阶段,以色列人将这项事业又向前推进了一步。特别是,埃及人经验的动态变化乃是引人瞩目的,因为它揭示了精神朝向一种从未完全实现过的、对超越世界的神之理解的运动。

因此,“历史”的歧义消解为紧凑性与分殊化的问题。埃及的历史,或者就此而言美索不达米亚或中国的历史,虽然以宇宙论的形式展开,但也是真正的历史。不过,这种知识在宇宙论文明自己紧凑的符号体系中并未得到清晰的表述;历史的在场只有在检视过去时,从历史作为一种生存形式已经被分殊化的视角上观察,才能够被发现。我们第一次遇到了这个将会使我们一再忙于解决的问题,即经过回头看的阐释,历史才得以创生。当精神和社会的秩序指向上帝的意志,结果社会及其成员的行动被体验为对这个意志的执行或背叛时,历史的现在(his-

torical present）就被创造出来了，同时把它的形式辐射到过去，这个过去在它自己的现在时（in its own present）还没有自觉地意识到自己与历史有关。经过历史形式的辐射，无论强调过去的负面特征，比如人必须逃离的地狱，还是强调其正面特征，如人必须经过福音的准备（praeparatio evangelica）以便进入精神的自由，过去都被融合到一连串事件之中，这些事件的意义中心在于历史的现在。作为社会生存形式的历史有扩展其意义领域的趋势以便容纳全人类——如果历史是揭示神与人相处的方式的话，它不可避免得这样做。历史倾向于变成世界的历史，正如它 169
一有机会就在《旧约全书》中所做的那样，以恢宏的气势叙述了从世界创生到耶路撒冷陷落的历史。

历史的形式拓展其意义领域超越现在、深入过去的这种趋势包含了一些问题，本研究后面的章节中将在适当的位置详细阐述这些问题。现在，只有三个最重要的问题被简要指出。它们是（1）人类的本体论实体（the ontological reality of mankind），（2）历史如何起源于正在历史上前进的现在，以及（3）历史实质的丧失。

（1）首先，历史把人类创造成了人的共同体，其中人们经年累月地追寻起源于神的存在的真正秩序，但与此同时，人类也因为自身真正接近了神之下的生存而创造了这个历史。它是一个复杂的、辩证的过程，其开端，正如我们已经看到的那样，深入到宇宙论文明之中，甚至更加深入到超出当前研究范围之外的人类的过去。例如，帝国扩张将本国以外的民族纳入其统治之下，就使被征服者的为人资格问题（humanity）进入我们的视野。在从图特摩斯三世到埃赫那吞的文本中，创造了埃及的神被转化为也创造了其他民族的神，现在还进入了帝国教会（fold）。因此，实际的历史进程本身提供了具体的场景，从中可以看到关于神和人类的真理，虽然这真理之光仍然微暗，因而社会的宇宙论形式还不会破碎。实际征服的领域使得下述真理变得一目了然:人类社会要大于一个宇宙论帝国的核心社会(nuclear society)。这种观察将既说明分殊化的因果机制,又说明历史的客观实在。通过回顾式的阐释把过去包含在历史之中不是一种“随意的”或“主观的”建构,而是真正发现了这样一个过程,虽然它的目标不为过去的世代所知,但它不间断地一直通往历史的现在。这个历史的现在是从本身也处在历史之中的过程中分殊出来的,这是就下述意义而言的:紧凑的符号体系逐渐松弛,直到其中所包含的历史真理以清晰的形式浮现出来。于是,由于这个被清晰表述的现在,过去没有得到阐发的过程也可以被认为是真正
170 处在历史之中的。人类历史的过程在本体论上是真实的。

不过,仍然存在着意义的晦暗不明,造成这种结果的人自己并不知道这一点;而且这种含糊极其频繁地引起洋洋自得的情绪,此种情绪与所谓的高等知识相伴随,特别是在后来世代中出现的那种自以为通晓一切的精神傲慢现象。这样的自得和傲慢当然是没有根基的。因为从历史的现在穿透过去的一道亮光并没有产生出可以一劳永逸地被当作知识贮藏起来的“历史意义”,它也没有收集起“现在”(the present)可以心安理得赖以存在的“遗产”或“传统”。确切地说,它揭示了人类努力建立此岸世界的生存秩序,同时又使自己与彼岸世界的存在的真理相合拍,而在这个过程中获得的并不是此岸世界中实质上更好的秩序,而是越来越理解横亘在与存在的超越真理之间的鸿沟。迦南在今天看来和过去一样遥远。任何人,只要曾经感受到历史的现在中这种引人注目之张力的增长,他都会克服掉洋洋自得的毛病,因为洒在过去的光亮加深了环绕着未来的黑暗。人们会在历史的深不可测的真理(mystery)——它作为神的启示的工具,是为了实现对于所有时代的人来说都是同样不可知的最终目标——面前战栗。

(2)历史回顾式地向过去的拓展起源于具有历史形式的现在。因此,再度产生了一整套问题,与历史的现在的多样性相关。每一个现在

都有它自己的过去；而且，在这纷繁多样的现在之间，以及由它们所创造的历史之间都有这种关联。以色列人的历史是最初的但不是最后的历史；它之后是基督教的历史，后者把它自身的形式拓展到以色列的过去中，并且通过圣奥古斯丁将其整合到它的神圣历史（historia sacra）的符号体系之中。而且，与以色列的历史并行发生的，还有古希腊人同宇宙论形式的决裂，产生了作为在神之下新的生存形式的哲学；古希腊哲学（它与历史形式的关系我们将用相当长的篇幅来加以探讨）的洪流进入了犹太—基督教的历史洪流之中，并且混合在一起。各种前后相继、同时并存以及相互混杂的现在所具有的这种多样性有一种可疑的武断色彩。出现了这样一个问题——是否有任何像是客观、真实历史的东西可能源于这样的主观、虚拟建构？ 171

这个问题是合理的；历史是对过去发生事件的主观解释，这种怀疑无法通过查明这些事件时所达到的任何程度的“准确性”来加以克服。如果确实存在历史客观性这样的东西的话，它的起源必须到历史形式本身之中去寻找；反过来，如果对主观性存疑，还是必须把疑问放在历史形式上。如果信仰被误读为一种“主观的”体验，那么被理解为在神之下对现在的体验的历史形式看上去只能是主观的。然而，如果它被理解为存在中的飞跃，理解为通过神的实体进入了灵魂，从而灵魂也进入了神的实体，那么历史形式就远非一种主观的观点，而是一个本体论意义上的真实历史事件。它必须被理解为这种性质的一个事件，只要把我们的历史概念置于严格分析叙述这事件的文字资料的基础上，而且我们自己不通过任意的、意识形态的臆测引入主观性。如果现在碰巧有些人通过符号来阐明这事件的意义，这种阐释就会把一道客观真理的秩序之光投射到该事件客观发生的历史领域之中。

而且，由于这事件不是虚构的而是真实的，这种符号化的阐释因而受到这事件性质的限制，所以我们可以期待对历史秩序纷繁多样的符号化，尽管各具特色，差异显著，却都符合一种普遍的形式。而这种期待确实被繁多的历史的现在及其符号化实现了。摩西带领以色列人从奴役之死走向神之下的自由之生。柏拉图发现了性爱的灵魂(erotic souls)将会生命不朽,而死去的灵魂会受到惩罚。基督教发现信仰可以把人从原罪的毁灭中拯救出来,并且让他像一个新人一样进入精神的生活。在以历史的形式出现的每一个现在的例子中,生死抉择都把时间之流分割为那个伟大发现的前期与后期。

进一步说,该事件的内容提供了对人和社会,过去、现在和将来进行分类的原则,根据它们对历史形式的接近程度,或远离它,或从它那里倒退,等等来进行衡量。这个原则,虽然在每一种情况下都是相同的,但根据它所应用的经验范围还是不可避免地会造成不同的结果。总是会把时间划分为发现之前与发现之后,也总是会把同时代的人划 172
分为那些加入了出埃及的行列因此变成了上帝选民的人,和那些仍然呆在地狱的人。但是,历史秩序超越这个中心的拓展将取决于过去的性质,这个过去被体验为在当前的社会中实际存在(socially effective)。处理这个实际存在的(effective)过去与历史的现在之间关系的模式被圣保罗在《罗马书》中确定下来。圣保罗把历史的现在理解为通过耶稣而获得的神启之下的生活,而犹太教徒与非犹太教徒则提供了新社会周围实际存在的过去。所有这三种社会——基督徒、犹太教徒和非犹太教徒——都同属于一种人类,因为他们都参与了神的秩序;但是这个秩序以不同的清晰程度揭示给他们,按照年代的先后顺序越来越高。对于非犹太教徒,法律是通过神的创造这一景象进行揭示的;对于犹太教徒是通过圣约和神发布启示命令(positive command)进行揭示的;而对基督教徒则是通过耶稣和心灵的律法(law of the heart)进行揭示的。因此,历史及其秩序是根据各种各样的社会接近最清晰之神启的程度建立起来的。这是对历史秩序的一种精妙的创造,它以圣保罗的现在为中心,并且涵盖了他的经验范围引人注目之处(high points)。显然,这种建构不可能是终极的,而必须随着经验范围的改变和扩大而加以修正;但至少它对于两千年中较好的部分来说仍然是“真实的”(true)。

当我们思考这个长的时间跨度时,我们再次被提醒注意那些巨变的(cataclysmic)事件,它们在实际发生的历史层面上构成了一种视野,比如使徒保罗的视野,而现在它们正在改变这种视野。以色列和基督教的历史形式是从图特摩斯三世以来多文明帝国造成的实际形势中产生出来的,我们已经注意到这些征服——即使是在埃及文明内部——如何引发和澄清了下述的人类概念,即人类不只包括埃及人,他们共同生活在唯一的造物主神之下。① 一种相似的实际情形,只是在远为宏大的规模上,被公元16世纪之后西方文明在全球范围内特大规模的扩张创造出来。从前对我们来说只是朦朦胧胧有所了解或者完全不了解的 173
各种文明现在涌现在我们眼前;而考古发现又在这数目庞大的文明之外加上了一个已经被遗忘的人类的过去。空间和时间范围的这种巨大扩展使我们的时代负担起这样一个重任,即把一个从未有过的包容广泛的人类的过去与我们自己最清晰的历史形式——也就是基督徒——联系起来。这项工作才刚刚开始。

(3)一个在神之下存在的社会具有历史的形式。意义之光从这个社会的现在落到它从中产生的人类的过去;在这种精神中书写的历史是社会用来建构自身符号体系的一部分。如果人类的故事被理解为这种意义上的符号,我们就意识到它会面临着本质的丧失,正如每个符号都会遇到的那样。在意义已经从中渗出很久之后,这个符号可能仍然被使用着,举例来说,正如当人类的过去不再与处于神之下的现在有

① 见 Oesterley and Robinson, *A History of Israel*, vol. I, by Robinson, *From the Exodus to the Fall of Jerusalem*, 586 B. C。此后引用为 Robinson, *A History of Israel*, vol. I, 4:“现代历史真正是从公元前1479年开始的,并且在我们种族的故事中论及了那个重要时期,该时期我们可以称作领土帝国主义时代。”罗宾逊对这一思想的阐述是有问题的,但这思想本身确实值得我们更仔细地关注。

关,而是与持有不可知论的或民族主义的历史学家的意见有关时,情况就是如此。然而,为了理解这个符号正受到重大危险的威胁,无须详述这类事例。因为与有意义的人类历史相关的材料汗牛充栋,仅凭其纯粹的重量,就倾向于瓦解它本应当予以促进的意义。正如一位考古学家最近的评论所言,"在对考古研究所怀有的热情中,有时人们不禁忽视了对巴勒斯坦怀有任何特殊兴趣且经久不变的原因:几乎整部希伯来人的《旧约全书》都是巴勒斯坦土壤和以色列作家的产物。"①不可避免的专业化将深入远离意义中心的材料和问题领域,它们确实相距如此之远以至于有时一个专家会认为掌握意义的中心与历史学家的任务无关。

这些线索应该足以表明这个问题。斯宾格勒—汤因比的理论把历史消解为文明进程的一个时间序列,我们现在应该从这个角度再次思考这一理论。如果我们认为一个历史学家应该把人类的过去与有意义的现在联系起来,那么该理论就会显得很奇怪。如果以下事实很明显,即思想家的目的是想表明不存在有意义的现在,而只有典型的、周期性发生的情形和回应,那么为什么他非要关心历史?这种显而易见的奇怪现象现在将会变得可以理解,如果我们把它看成是表达在犹太—基督教的历史形式——西方文明仍然存在于这种历史形式中——以及它
174 已经遭受的本质丧失之间的那种张力。这种文明循环的理论不应该从它的表面价值来看待;因为如果它的作者们对该理论是认真的,他们就将不再生活在历史的形式中,因此也就不再担心历史。该理论不仅让它的作者们感兴趣,而且也让广大读者着迷,因为它揭示了对于我们的时代而言,历史正处在被文明的循环吞噬的边缘。对于文明衰落的担忧根源在于被这种可能性——即如果人和社会颠倒了存在中的飞跃,并且抛弃了在神之下的生存的话,那么历史的形式,正如它可以获得的

① Albright, *The Archaeology of Palestine*, 219.

那样,也同样可以丧失——所激起的焦虑。固然,只要这种担忧激发起史学的极大进取心,那么历史的形式就没有丧失——至少没有完全丧失;但是当文明的机制极其野蛮地占据了最显著的地位,而正在浮现的历史的现在却被挤出视线之外,历史的形式必然遭受重创。重点的转换是如此彻底以至于它实际上使历史变得没有意义,因为历史正在从文明中出走。由以色列人、古希腊的哲学家和基督教所创造的伟大的历史形式并没有建立这种文明类型的社会,即使是这样建立起来的社会——它们仍将是历史的承载者——也必然由于文明的兴衰而只能蜿蜒而行。 175

第五章
意义的显露

本章将论及以色列意义上的历史的意义。该意义并不是在一个具体的时间点上出现并一劳永逸地保持下去的,而是逐渐显露自身并且在实际事件的压力下反复地被修正。结果是,《旧约全书》的历史文集——上讫《创世记》,下至《列王记》——展现了前面所指出的丰富的层理(stratification)。但是,所有这些基质(substrata)都被最后的修订所强加的意义以及这些章节的安排——以便它们能够叙述从世界的创立到耶路撒冷陷落这一连续性的故事——所遮盖。

放逐期后的作者们想要创作一部世界历史的意图一定要被理解为对以色列历史作任何批判性理解的基础。圣经叙事的目的,正如之前所提示的那样,并不是希望通过探寻巴比伦的某种神话起源,通过研究贝都因人(Bedouin)[①]的风俗(该风俗阐明了祖先的时代)来分解《圣经》,而是希望读者根据其作者的意图来阅读。探寻这些意图的第一条路径由《诗篇》第一百三十六篇给出。由三个不同的部分组成的、礼拜

---

① 贝都因人(Bedouin):阿拉伯、叙利亚、努比亚或撒哈拉沙漠的游牧部落中的阿拉伯人。——译注

式的《诗篇》第一百三十六篇给出了类似于注解以色列历史的指导原则一样的东西。它以一个序言开篇：

你们要称谢耶和华，因他本为善，
你们要称谢万神之神，
你们要称谢万主之主。

之后是一组同位语，描述了耶和华的功绩，因此对他的称谢是正当
的。首先是创造了世界： 176

称谢那独行大奇事的，
称谢那用智慧造天的，
称谢那铺地在水以上的，
称谢那造成大光荣的，
他造日头管白昼，
他造月亮星宿管黑夜。

其次是把以色列人从埃及拯救出来：

称谢那击杀埃及人之长子的，
他领以色列人从他们中间出来，
他施展大能的手和伸出来的臂膀，
称谢那分裂红海的，
他领以色列人从其中经过，
却把法老和他的军兵推翻在红海里。

第三是征服迦南地：

称谢那引导自己的民行走旷野的，
称谢那击杀大君王的，
他杀戮有名的君王，
就是杀戮亚摩利王西宏，
又杀巴珊王噩，
他将他们的地赐他的百姓为业，
就是赐他的仆人以色列为业。

这篇赞美诗的结尾是对既创造了世界又创造了历史的神的总结性祷文：

他顾念我们在卑微的地步，
他救拔我们脱离敌人，
他赐粮食给凡有血气的，
你们要称谢天上的神。

神的创世这场大戏是通过伟大的三幕场景展开的，它们分别是：创造世界，救以色列人出埃及和征服迦南地。这三幕中的每一幕都从无意义中汲取了意义：世界来自于无，以色列来自于埃及的地狱，应许之地来自于旷野。因此这些剧幕彼此相互阐释为神创的作品并产生了意义领域的不同历史阶段：在历史上神继续他的创造工作，而世界的创立则是历史上的第一个事件。对于这种观念来说，**世界历史**这个术语在它被一个过程——该过程同时是世界的创造和历史——所孕育的意义
177 上可以得到应用。在它所涵盖的范围内，《旧约全书》的叙述纵览了从神独创的隐居处直到它经由耶和华的仆人在应许之地定居而得以完成的全过程。正如在阿蒙赞美诗中我们可以洞悉在以后的历史中将得到

分殊化的思考结构一样，我们也可以在以色列历史的符号体系的紧凑性当中看到托马斯主义思考的三大基石——上帝、创造物和创造物回到上帝——的轮廓。以色列的历史包含了这个思考结构——虽然是以尚未分殊化的形式存在的——是其异常完善的奥秘所在。

虽然《诗篇》第一百三十六篇揭示了这种建构的思考范围，但还是必须要考虑更多文本以便详细地理解其丰富的动机。金哈德·冯·拉德（Gerhard von Rad）在他研究《旧约全书》首六卷的形式时已经对这种性质的问题给予了认真的关注。因此，下面的例子是从他的著作所汇集的材料中选取出来的，虽然我们将必须对它们作某种不同的理解以便与当前研究的目的相一致。①

造就了以色列历史之意义的若干动机中最古老的一个，在《申命记》第二十六章第五节b至第九节的著名的祷文程式（formula）中大概会被发现：

> 我祖原是一个将亡的亚兰人；
> 下到埃及寄居。他人口稀少；
> 在那里却成了又大又强、人数很多的国民。埃及人恶待我们，苦害我们，将苦工加在我们身上。
> 于是我们哀求耶和华我们列祖的神，耶和华听见我们的声音，看见我们所受的困苦、劳碌、欺压，
> 他就用大能的手和伸出来的臂膀，并大可畏的事与神迹奇事，
> 领我们出了埃及。将我们领进这地方，
> 把这流奶与蜜之地赐给我们。

① Gerhard von Rad, *Das Formgeschichtliche Problem des Hexateuchs*, Beitraege zur Wissenschaft vom Alten und Neuen Testament, 4:26 (Stuttgart: W. Kohlhammer, 1938).

178 这显然不是《诗篇》第一百三十六篇的伟大建构。确切地说,这篇祷文专注于以色列从埃及的奴役中被解救出来的具体历史经验;由于它是一篇仪式用的祷文,将与这块土地上初熟的土产一同奉上,所以它恰当地归结到出产了这些果实的迦南地这一主题上。不过,在它显示了历史的意义如何从一个经验的内核中分化出来的范围内,它具有自身的重要性。为了被带领出埃及,以色列人首先必须进入埃及。如果神在具体的历史形势下把自己显示为救世主,那么这种形势的史前史就进入我们的视野。《出埃及记》扩展到了祖先的历史中。

一旦这个内核拓展的模式被确定下来,它就可以得到详细的阐述以便适应更为具体的情况。例如,在示剑会议(Diet of Shechem)上,传统上认为详述了《申命记》第二十六章的祷文程式的演讲是约书亚所作。对"将亡的亚兰人"的提及扩展成为对祖先历史的简短回忆,说到了亚伯拉罕、以撒和雅各(《约书亚记》第二十四章第二节 b 至第四节)。之后,出埃及的奇迹以明确的细节被回忆起来(第五节至第七节)。最后,从埃及到迦南地之间的空白通过列举外约旦战争(Transjordanian Wars)中的主要事件以及征服本身——下迄当前在示剑举行的会议——来加以填补(第八节至第十三节)。在一个相似的庄重场合,当扫罗在吉甲(Gilgal)被立为王,撒母耳(Samuel)所回忆的事件从出埃及开始,经过士师时期,直到亚扪战争(Ammonite War),这激起民众不可抗拒的欲望想要一个亚扪人那样的王(《撒母耳记上》第十二章第八节至第十三节)。在用于礼拜式的文献中,主题的变奏可以使文献变得相当的长,比如在《诗篇》第七十八篇、一百零五篇和一百三十五篇中那样。

不过,不是全部以色列的历史都是通过扩展出埃及的经验发展起来的。存在着与之竞争的意义中心。例如,《申命记》第二十六章的祷文程式出现在《申命记》第六章第二十节至第二十五节中的一个不同的仪式背景中,并且略有改动。这次不是供奉迦南初熟的土产而是为什么耶和华的律例和诫命应该得到遵守这个问题引起了对神的拯救工作的回忆(第六章第二十节)。出埃及和迦南地现在一同变成了由神意产生的历史(providential history)的一段进程,它服务于后来的目标,即遵从上帝的诫命确立一个被选民族(第六章第二十四节至第二十五节)。虽然出埃及作为经验上的中心并没有被取消,但是它已经从属于由西奈山圣约所引申出来的意义了。就下述意义而言,使情况变得更为复杂的是示剑会议上约书亚的讲话(《约书亚记》第二十四章第二节 b 至第十三节):该讲话是一个仪式(第二十四章第十四节至第二十七节)的 179
序曲,通过该仪式聚集起来的部落与耶和华达成了一个预示着西奈山之约但并不与之完全等同的约(berith)。似乎还存在第三个经验上的中心,它足够有力以至于它已经在自己的节日和仪式中将自身表达出来。冯·拉德把它称为示剑的立约节;并且在重构它的仪式时区分了:

一、约书亚的劝勉(第二十四章第十四节及其后)
二、民众的同意(第二十四章第十六节及其后)
三、对法律的宣读(reading)(第二十四章第二十五节)
四、圣约的缔结(第二十四章第二十七节)
五、祝福与诅咒(《约书亚记》第八章第三十四节)①

---

① 同上冯·拉德,31 ff。示剑之约的结论意味着以色列作为一个民族的建立并不是一次完成的,而至少经历了西奈山和示剑两个阶段。对于以色列这段早期历史的重构,见 Martin Noth, *Das System der zwoelf Stamme Israels*, Beitraege zur Wissenschaft vom Alten und Neuen Testament, 3: 10 (Stuttgart: W. Kohlhammer, 1930), 以及 Albrecht Alt, *Die Staatenbildung der Israeliten in Palaestina* (Reformationsprogramm der Universitaet Leipzig: A. Edelmann, 1930), 现在重印于 Alt, *Kleine Schriften zur Geschichte des Volkes Israel*, 2: 1—65。比较“Der Bund der Israelitischen Staemme”, in North, *Geschichte Israels*, 特别是 89 及以下关于示剑会议的论述。

作为仪式的一部分而得到宣读的法律可能与西奈山立法有密切的关系,所以这个示剑的节日将会提供一个仪式的范例,该仪式已经汲取了另外一个源于不同经验背景的仪式的意义。关于一个独立的西奈节,在《诗篇》的第五十篇和第八十一篇仍然能找到一些蛛丝马迹。[1]

因此,这些仪式和礼拜是以色列历史的意义发展成为其复杂形式的过程的关键所在。它们首先经由具体历史事件的经验揭示了它们自己的动机;而且,它们还表明了把历史经验的内核拓展到过去和未来的可能性;最后,关于这些相互勾连的仪式的种种事例预示了把具有不同经验动机的传统融合为史学层面上一个意义整体的方法。不过,在达到这个层面之前,仪式进一步证明了它的经验负荷的强度,因为它促进
180 了作为文学形式——激发了信仰崇拜[2]的那些历史事件以这种形式得

---

① 这些原始资料显示出西奈节的存在迹象,这一点已经被摩文科尔所承认,见 *Le Décalogue*, Etudes d'Histoire et de Philosophie Religieuses, XVI (Paris: Felix Alcan, 1927), 119 ff。对于该问题的进一步探讨,见 von Rad, *Das Formgeschichtliche Problem des Hexateuchs*, 19 ff。

② 沃格林在著作中有意尽量避免使用 religion(通常译为宗教)一词。他在第四章第一节最后一段批评说:"斯宾格勒和汤因比都背负着特定的人文主义传统的残余,这在它们晚近的自由主义—资产阶级的形式中显得更为清楚,根据这种传统,文明是产生文化现象,如神话和宗教、艺术和科学的神秘实体。这两位思想家都没有接受这个原则,即秩序的经验,以及它们的符号化表达不是一个文明的产物,而是它的构成形式。他们仍然生活在'宗教的创立者'忙于创立'宗教'的思想氛围中,而实际上后者关心的是人类精神的秩序化,而且如果成功的话,他们创立的是这样的人类社会,其中的人们生活在被发现是真正的秩序之下。"在第九章注释中他又专门指出:"要想不仅对以色列的历史,而且还对一般而言古代近东的历史作充分的理解,人们惯用的术语**宗教**和**宗教现象**仍然是严重的障碍。宗教这个词并没有出现在希伯来圣经中,对此怎么强调都不过分。"所以,他在描述有关现象时通常使用"cult"来代替"religion"。"cult"一词,中文通常译为"宗教崇拜"或"宗教仪式",但是我们为了尊重沃格林所有意引进的文学区分,将根据上下文把"cult"译为"信仰"、"崇拜"、"信仰崇拜"、"仪式"或"信仰崇拜仪式"。——译注

到了叙述——的信仰崇拜传说(cult legends)的创作。在形式上变成了各种出埃及传统的逾越节(Passah)传说和变成了各种西奈传统的新年传说都可以被确认为这样的信仰崇拜传说。[①] 只有超出由信仰崇拜传说所塑传统之外才有严格意义上的史学建构的开始,时间是在公元前9世纪,当时大卫君主国(David monarchy)提供了书写历史的动机。于是,在那个层面上才有可能把具有多样化起源的传统联合成为一个意义连贯的关于该君主国的史前史,并且把叙事拓展到过去,越过祖先们的时代,直到前祖先时代的《创世记》。因此,一连串的动机从最基本的经验中生发出来,经由各种节日、仪式和信仰崇拜传说,进入到对这种叙事的思考建构当中。而且由于这一连串动机兴起的时候并没有丧失其本质特征,所以尚未展开的意义的思考形式可能回复到礼拜仪式的层面上,比如在《尼希米记》第九章第六至第三十七节的长篇祷文中情况就是如此,该祷文由于神的功业而赞美神,这些功业从创造世界开始,经由祖先们的历史、出埃及、西奈山和迦南的历史,王国、放逐和回归的历史,直到放逐期后举行的与耶和华立下新的圣约的仪式。

世界历史的建构展开了由经验的激发中心向外辐射的意义。由于正是神的意志,以及他与人相处的方式在具体的情境中被体验到,所以世界历史是有意义的,这是就下述意义而言的:它揭示了神在这一过程的每个阶段中——包括世界本身的创造——构建秩序的意志。因此,在世界历史的建构之外,出现了一个对于神的幻想,他凭借言语创造了世界和以色列。自然,他只是一个神,但他所具有的面貌与他把自己构

---

① 关于各种出埃及传统的信仰崇拜形式(《出埃及记》第一章至第十五章),见 Johannes Pedersen, "Passahfest und Passahlegende", *Zeitschrift fuer die alttestamentliche Wissenschaft*, n. s. 11 (1934): 161—75;以及同一作者的 *Isreal: Its Life and Culture*, vol. 3—4: 728—37。关于西奈传统的信仰崇拜形式,以及这种形式在《申命记》的建构中的进一步应用,见 von Rad, *Das Formgeschichtliche Problem des Hexateuchs*, 19 ff and 24 ff。

建秩序的意志向人揭示的方式一样多,这些方式包括环绕着人和历史的世界的秩序,对给予祖先们和被选民族的正当秩序的启示,以及他为他处于不幸中的子民带来的帮助。他是造物主、正义之神和救世主。这些是神的存在的三个最基本的方面,因为它们在以色列对世界历史的建构中变得清晰可见。当它们在《第二以赛亚书》(Deutero-Isaiah)中成为焦点的时候,就变成了类似于"神学"一样的东西;而且它们仍然是基督教体验上帝的基本模式。

181

在神之下生存的经验展开成为世界历史的意义;有意义的秩序从具有较少意义的环境中显露,为《圣经》的叙事提供了主题。**显露**(emergence)这个术语在当前的上下文中意在表示任何一种有意义的秩序从包含有较少意义的环境中显示出来的过程。它将适用于在《诗篇》第一百三十六篇中再现的三个主要事例,也适用于其他散布在它们之间以及它们之后的事例。圣经叙事是围绕着显露的重大事例建立起来的,并且作为从已经实现的意义层面上倒退的故事,或者作为回到已经实现的意义层面上的故事,在细节上获得了戏剧化的发展。

《创世记》建立了有意义的秩序显露和倒退的戏剧化模式。它以世界的创立开篇,在人的创造中达到高潮;接下来它用人类从偷食禁果犯下原罪(the Fall)到巴别塔的巨大倒退的故事说明秩序最初的显露。意义的第二个层面随着亚伯拉罕从吾珥的迦勒底(Chaldaean)城移民到迦南地——中间在哈兰驻留——而显露。这是第一次出埃及,借此近东的帝国文明作为意义较少的环境一般都背上了恶名。在这第一次冒险中确实到达了迦南地,但是在这应许之地的立足仍然缺乏稳定的根基。反复发生的饥荒先是迫使亚伯拉罕迁徙到埃及的一个临时定居点,后来又迫使雅各的部落迁移到一个更为长久的居住地。《创世记》在结束对第二次倒退的记述时,说到雅各的尸体被运回迦南地,将被葬于亚伯拉罕从赫梯人以弗仑手里买到的土地,以及以色列的子孙们的誓言,即当他们都回到应许之地时会带着雅各的尸骨一起回去。因此,《创世记》和《出埃及记》是存在的秩序在展开的过程中前后相继的两个阶段;但是显露和倒退的节拍会在《创世记》中反复两次,而存在的秩序尚未完成。《创世记》显然是在《出埃及记》、《民数记》和《约书亚记》中讲述的主要事件——也就是第二次出埃及在旷野中漂泊和征服迦南地——的前奏。只有随着这个主要事件,随着以色列作为一个民族经由圣约和它在应许之地定居,才能够到达历史的现在——意义之光正是从这里投射到《创世记》之上的。在这一点上,在意义完全显露出来的时候, 182
由《诗篇》第一百三十六篇所提供的指导也恰当地终止了,因为它是放逐期后的圣经修订者们仍然在世时的历史的现在——而不论那些使严肃修订最初的概念成为必需的实际事件的进程如何。不过,在转向那些发生在已经确立的现在之下那些令人烦恼的事件之前,我们必须考虑意义显露的另一个方面。

世界历史是所有被造物的历史,而不仅仅是以色列的历史。意义超越了严格意义上人类历史中世界的创立而显露出来,就此而言,《圣经》的叙事因而充满了如何把以色列的历史理解为人类的代表性历史的问题。在《创世记》第十八章第十七节至第十八节中,耶和华问他自己:

> 我所要作的事岂可瞒着亚伯拉罕呢?亚伯拉罕必要成为强大的国,地上的万国都必因他得福。

在《加拉太书》第三章第七节至第九节中,圣保罗把他自己在以色列之外的诸民族中的使徒身份解释为耶和华履行亚伯拉罕的允诺,而与圣保罗同时代的斐洛(Philo Judaeus)把犹太教主教的祷文解释为人类献给上帝的典型祷文。犹太社会的各个分支能或不能应对它自己的代表性的问题已经影响了直到我们时代的历史进程,这不久就会被看到。目前必须看到,《创世记》作为对过去的纵览——以色列的历史的现在正是从那个过去当中显露出来的——完成了两个重要的任务。一方面,它把作为意义的虔诚承载者的那个神圣族系(sacred line)与人类的其余部分分别开来。这个族系就是亚当、塞特、挪亚、闪、亚伯拉罕、以撒、雅各和以色列部落的十二个祖先。另一方面,它必须关注已经从神圣的族系中分离出去的人类。这个任务在《创世记》第十章中以概述大洪水之后来自于挪亚并且在地球上繁衍的诸民族而得以完成。不是所有被提及的民族都必然可以被确认出来。但至少雅弗的子嗣可以被确认是北方的各民族,他们之中雅完(爱奥尼亚人)的后代可以被确认是塞浦路斯、罗得斯(Rhodes)和其他海岛上的民族。含的儿子中迦南
183 的人口是与埃及人归为一类的,这可能是因为该国居于埃及的宗主权之下。最后,闪的后代包括埃兰人、亚述和亚兰,与希伯来人的祖先希伯(Eber)比邻而居。特定的细节,比如在《创世记》第九章中对迦南人的强烈憎恶,暗示被整合到这种地缘政治概述中的那部分传统是在这征服不久后形成的。

现在,显露的问题可以到由圣约和征服所创造的历史的现在之下的事件进程中去进一步探寻。就实际的历史进程而言,由《创世记》所建立的模式仅仅随着它在征服所实现的意义层面上的倒退和它重新获得这个意义层面之间的交替进行而持续下去。《士师记》以它对这种程式的几分单调而又有几分有趣的重复,成为这种类型的史学的典范:“以色列人行耶和华眼中看为恶的事,忘记耶和华他们的神,去事奉诸巴力和阿斯塔特”,随后叙述了通过在米甸人(Midianites)、亚摩利人(Amorites)或某个其他邻族手下的军事失败而即刻带来的惩罚,以色列人的悔恨,以及一个恢复了独立性的重要士师的兴起。

意义沉浮的这种形式上的节奏通过用十二个士师来概述这一时期而得到进一步的形式化;而这种节奏的模式——用许多士师加以强调——也许会无限期地延续下去,如果不是权力政治的紧急情况说服

以色列的同盟部落相信，他们需要一个国王治下的更为有效和集权的政府，以便对迦南地的征服能够获得某种程度的稳定。正是王国的建立不可避免地使作为神的王权统治（kingship）下的特殊民族以色列，与像其他民族那样拥有一个国王的以色列之间产生了冲突。无论这种君主政体，正如在所罗门和北王国（Northern Kingdom）的暗利王朝（Omride dynasty）治下那样通过吸收当时盛行的政府组织样式、外交政治活动以及与邻国的文化关系而在实际效果上取得了成功；还是它没有成功，并最终通过无用地反抗更为强大的帝国而给以色列带来灾难，先知们在他们反对的立场上总是对的。因为以色列已经把出埃及颠倒了过来，并且重新进入了文明的地狱。因此，这种关于倒退和忏悔的回归模式仍然贯穿了《撒母耳记》和《列王记》，但不再带有《士师记》的那份轻松，因为它越来越被以下意识所遮蔽（overshadowed），即王国在原则上是一种倒退，而与此同时，意义承载者的资格正转移到先知们的身上。184
而且，这部伟大历史著作在文字上的组织也不再能够成功地应对危机问题。固然，在形式上，故事在《士师记》之外又继续贯穿了《撒母耳记》和《列王记》；但是对于王国时期，如果我们想要充分理解以色列在王国问题上的精神斗争，那么先知书必须与历史书放在一起比较阅读。随着以色列人被放逐，指引意义的资格全然交给了先知们。

根据已经由圣约建立起来的现在而对例证历史进行的建构显然正在崩解，即使在放逐期后的圣经修订者——他们明确承认这个现在仍然有效——手中，情况也是如此。如果我们站到这些修订者身后，并且采取犹太教圣徒（rabbinical canonizers）们那更为超然的观点，那么困难的根源或许会变得更为清晰。因为希伯来正经（rabbinical canon）的章节分类对于理解意义显露中的这种混乱提供了一条有价值的线索。这些神圣的作品被正经分为：（1）《律法书》，（2）《先知书》，以及（3）《著作集》(Writings)。《律法书》包括《五经》[1];《先知书》包括从《约书亚记》到《列王记》、《以赛亚书》、《耶利米书》、《以西结书》和十二小先知书[2];而《著作集》大致包括放逐期后的文献,但是剔除了新约外传[3](A-pocrypha)和圣经次经[4](Pseudepigrapha)。从詹美亚(Jamnia)教会会议(公元100年)这一有利位置回顾这个重大的政治灾难,意义的显露似乎已经在三个主要阶段发生了。第一个阶段从世界的创立直到以色列根据圣约以及为履行圣约而制订的律法而在历史上被建立起来,正如我们可能想到的那样。不过,第二阶段带来了一种全新的发展,尚未被这些历史著作的修订者们正视,因为对迦南地的征服以及以色列的整个联盟的和王国的历史在它们的意义方面都从属于那些先知们新兴的耶和华崇拜。最后,第三组文献——在一个毫无特点的标题"著作集"[5]之下——在与建立第二神殿有关的篇章中(《历代记》、《以斯拉记》、《尼希米记》),以及在这个新共同体的赞美诗集中,有的只是一个意义的硬核,而对于其余的部分来说其特征是相当负面的,包括剔除马加比
185 家族史,即希腊化智慧文献的较大部分,以及几乎全部剔除天启文献,唯一的例外是《但以理书》。这样,承认这些著作为正经就把一种情形

① 五经即《旧约全书》的首五卷,包括《创世记》,《出埃及记》,《利未记》,《民数记》和《申命记》。——译注

② 包括《何西阿书》,《约珥书》,《阿摩司书》,《俄巴底亚书》,《约拿书》,《弥迦书》,《那鸿书》,《哈巴谷书》,《西番雅书》,《哈该书》,《撒迦利亚书》,《玛拉基书》。——译注

③ 作为《新约》补充的早期基督教著作,但未被主要经典接受。——译注

④ 圣经次经:写于公元前200年到公元200年的一批经文,假托希伯来《圣经》中的各先知和国王所写。——译注

⑤ 英文为the Writings,从字面上可以译为"著作集"或"作品集"。英汉字典里一般将其译为"希伯来《圣经》中的第三部分",但这里为了照顾行文的需要,译为"著作集"。——译注

正式化了，这种情况的实际存在已经被《德训篇》[1]（公元前130年）前言的作者感觉到了，他写道："《律法书》和先知们以及那些步先知后尘的人们已经传布给我们许多很重要的东西，由于这些东西以色列应该被称赞为有学识（paideia）和有智慧（Sophia）。"兼具学识和智慧的以色列属于过去。《律法书》和《先知书》是历史的尾篇。从这种意义的双重迸发中最后显露出来的不是迦南地，而是愿永世将他们的过去当作不朽的现在来加以保存的犹太社会。

在犹太教士的立场上作回顾式的阐释澄清了以下这点，即以色列的历史形式中令人困惑的因素是迦南地意义的不明确，也就是说，一个超越的目标被转化为一个历史的既成事实。随着对迦南的征服，以色列的历史，根据它自己最初的概念，已经走到了终点；其后果只能是《士师记》中写满的关于背叛和悔改的重复而不定的起起伏伏。从这种起伏的节奏中重新获取了历史的形式，但不是通过王国，而是经由先知们对耶和华崇拜的普遍可能的详细阐述。神圣的族系与人类其余部分的分离——这是一项由于该民族不过是众多民族中的一个而已经陷入僵局的事业——将会随着政治上的灾祸而耻辱地终结，除非先知们的耶和华崇拜有可能创立一个生活在神之下的社会，而后者无须不惜任何代价居住在迦南。不过，这个崭新的犹太社会，它接续了祖先时代的希伯来人以及同盟与王国时期的以色列人——仍然必须经历千辛万苦才能重新回到它从中分离出去的人类的怀抱，以便神对亚伯拉罕的应许得到实现。而且不是这个社会的全体都能够上升到这个更高的意义层面。因为从放逐期后的社会中出现了在历史上一直延续至今的塔木德犹太教（Talmudic Judaism）分支——但付出了惊人的代价，它不仅与夭

---

① Ecclesiasticus，杜埃版《圣经》中的《德训篇》，亦译《便西拉智训》或《次经传道书》或《耶数智慧书》。——译注

折的马加比民族主义切断了关系，而且也丢掉了它自己丰富的潜能，这
潜能在希腊化运动、改宗扩张（proselytizing expansion）运动和天启运动
中已经变得显而易见。神圣族系经由神选的这种代表性的分离逐渐消
失而演变为一种社会分离主义（communal separatism），这促使罗马帝国
186 的知识分子给这个社会加上了憎恶人类（odium generis humani）的属性。
最初作为人类真理的承载者到头来却被指控憎恨人类。而另外一个确
实成功的分支，不仅能使自己摆脱对于迦南地的领土诉求，而且能够摆
脱犹太教的民族遗产在犹太运动中出现了。结果是，它变得能够吸收
希腊人的文化，以及改宗运动和天启的狂热，并且能够把希腊文化与
《律法书》和《先知书》结合在一起。随着这种被称作基督教的犹太运动
的兴起，犹太人和希腊人，叙利亚人和埃及人，罗马人和非洲人能够融
合为上帝之下的同一种人类。在基督教中，当神圣的族系重新回归人
187 类的时候，这种分离结出了它的果实。

第六章
史学著作

以色列人关于人类灵魂、社会和历史中真正秩序的概念不可能通过参考明确论及此类主题的论文而得到廓清。从世界的创立到耶路撒冷陷落的历史叙述既不是一个圣经篇目(book),也不是若干圣经篇目的集合,而是一个独特的符号体系,该体系通过从所罗门时代到公元前300年这超过六个世纪的史学著作发展到它的终极形式。而且这部书面的文学著作已经吸收了口述的传统,后者最远可能追溯到公元前第二个千年的前半叶。因此有可能从一个在公元前9世纪获得其文学形式的故事中发现来自公元前17世纪的传统,以及公元前5世纪所作的编辑添写。我们可以进一步发现这部奇怪的著作并不是一件蹩脚的拼凑物而是一个条理连贯的故事,它传达了游牧部落道德规范的精要,或对于启示的精神回应,或对于外族神祇策略上的妥协。最后,我们可能发现这个故事在一个更为广阔的历史和思想背景中具有一种重要的功能,而那个背景也显示了同等复杂的结构。这种情况有点令人不安,因为它看上去不可能确定我们要探求的对象。我们是要论述公元前17世纪、前9世纪或前5世纪的思想元素呢,还是论述由这部似乎根本没有年代的作品所传达的思想,抑或依据该作品在更大的背景下所处的位置来论述它具有的意义?当然不可能有简单的答案,而且在许多情况下根本不可能有一个令人满意的答案。我们必须认识到由这样一个符号体系——它吸收了一千多年的早期传统和历史记载，在它们之上
188 又加上了解释，对解释的解释，以及编辑修订和插补添写，并且巧妙地塞入了经由更广阔背景下的整合而产生的新意义——所带来的难题。

为了解决这个难题，我们在本章中应该论述最上面一层(uppermost layer)的解释。虽然这种方式不会解决我们所有的问题，但是它至少能够把它们化约为易于处理的各个部分。因为对于最上面一层的单独研究将能够使我们进一步区分对于背景(context)的建构和嵌入背景中的材料，并且区分背景的意义和独立于背景的材料的意义。在这项研究接下来的第三和第四部分，我们将论述最终服从于这种史学建构的各种传统。

即使通过这种将包容广泛的背景进行分解离析的方法也不可能令人满意地解决这个难题——从我们刚刚使用过的专业词汇来看这一点是显而易见的。当我们说到"最上面一层的意义"，并且为了方便起见使它成为严格意义上的"史学著作"的特征时，它必须被这样理解：指定史学著作没有理由应该拒绝处于该叙事较为下层的部分，后者以与最上层叙事相关之历史主题的面貌出现。一些以色列史学中最杰出的成就，比如一位不知名的作者关于大卫的统治和所罗门即位的回忆录，属于较为下层的叙事。历史与史学只有通过一篇文献在圣经叙事的分层中所处的相对位置才能得到区分。一篇文献在它的特定主题上将成为史学；但是当一种后来的史学努力——在早期的史学努力所给予这一文献的文学形式下——吸收了那个特定的主题之后，该文献就将发展为关于后来那种史学努力的历史主题。由于**历史主题**这个术语也充满了棘手的问题，情况甚至变得更为复杂。在当前的上下文中，应当提醒读者的是：它仅仅被当作一种临时的分析工具来使用，这种工具在本章进一步展开时还必须经过认真的限定。

本章的主体将论述这部史学著作的各种符号(第二节)和动机(第

三节)。在这两个主要的小节之前,将对关于该叙事的资料来源(sources)和建构的《旧约全书》学的研究状况进行简要说明(第一节)。 189

第一节　叙事的资料来源

在当前这一部分"以色列的历史秩序"的篇首,我们绕过了《旧约全书》学的种种争论而直接进入了以色列秩序的诸问题,即(1)生存在神之下的现在的历史形式,以及(2)作为那种形式的符号体系的历史。之所以允许以这种方式进行处理,是因为《旧约全书》学虽然通过它的材料涉及到那些问题,但是极少关注它们的哲学穿透力,结果是对于它们的直接表述几乎没有贡献。随着我们的研究越来越深地涉及到具体的材料,情况发生了变化。在处理具体问题的时候,我们必须依靠《旧约全书》学的成果;即使当这种解释——根据我们的原则——必须沿着自身的理路发展,这条路径也会穿过被够格而且敏锐的学术成就所预先占据的领域。特别是关于圣经叙事的作者身份、著述(composition)和资料来源等问题,以及一般而言关于相互关联的史学问题——我们不仅在本章而且贯穿本卷的其余章节都要忙于这些问题——事实都是如此。

这种已被描述了大致轮廓的(adumbrated)状况造成了特定的表达问题。我们的研究是基于《旧约全书》学的成果,如果不参考这个基础我们就无法进行分析。不过,《旧约全书》学在西方文明史当中有其明确的位置,作为考证学(critical science)的一种发展,它几乎完全由新教徒学者推动,并与神学研究所关切的问题相关。结果是,它的各种争论达到了异常复杂的程度。一方面,这些争论直到今天仍然不能挣脱它们的神学起源的环境;另一方面,《旧约全书》的学者们几乎狂热般地参与推动了在考古学、语言学、比较宗教学和古代通史等完全与神学无关领域的进步。在起源和发展方向之间的这种不可避免的张力已经造成了——尤其在最近一代学者当中——极其丰富的观点，这使得一个以色列秩序的研究者如果不捎带写一部《旧约全书》学的历史的话，就不可能证明他自己关于这些文献之要旨的观点。自然，这个任务是有可
190 能完成的。不过，这么做却是不可取的，因为它将很容易把我们的研究规模扩充一倍，并且模糊它真正关注的问题。不得不设计一种妥协的办法以便解决这个困难。

关于这个问题的状况，我们已经给出了一个正式的说明，也就是在第九章第五节中，我们离开本项研究的主题仅就《帝国诗篇》(Imperial Psalms)的问题状况批判性地概述了文献并论证了我们自己的观点。之所以选择《帝国诗篇》，是因为它幸运地结合了几大优势。首先，《旧约全书》学对《诗篇集》(Psalter)的研究已经推进到非常接近我们自己的以色列秩序问题的地步，因此只有极少数问题不是我们直接感兴趣的。其次，关于《诗篇集》的争论是近期才发生的，所以这个批判性的研究没有在数量上对我们的研究构成太过严重的损害。还有第三，它以相对较高的理论清晰度涉及了令今天的《旧约全书》学者分道扬镳的各种观点，所以这种记述描绘了一幅超出《诗篇集》问题之外的科学状态的图景。因此，总的来说，这个批判性的离题之论(critical digression)对于当前各种争论与我们自己的研究之间的关系变得典型，而离题部分的规模则明确了这项研究不可能通篇都背负着这样的赘物。在所有其他情况下，我们决定把自己限于支持我们自己观点的论证上，同时简要地参考主要文献。

然而，现在需要的是介于刚刚提到的那种离题之论和文献目录式脚注之间的一种形式。因为一方面，关于圣经叙事的构成(composition)之争，正如荷马问题那样，对现有问题而言可以回溯到18世纪，因此要全面处理这些问题就需要一部规模庞大的专著，而这正是我们想要避免的。另一方面，有不止一个理由可以解释为什么两个世纪的《五书》考证不能用一个简短的脚注就打发了事。首先，根本无法轻松地给出

令人满意的参考文献，因为《旧约全书》学对史学复合问题的处理尤其能够体现它缺乏足够的哲学基础——一般来说这是《旧约全书》学的致命伤。那些论争的文献都是华而不实的，其理论水平还远未达到可取的地步。其次，我们可以引导读者参照的、针对该争论的一般概述具有各种各样的缺陷。例如，阿德菲·洛兹（Adolphe Lods）的《历史》（*Histoire*）之中关于资料来源考证的精妙历史，受制于第二次世界大战 191
期间通讯中断，无法把最近的德国和斯堪的纳维亚的文献融汇进来；而帕洛特（A. Parrot）所作的关于参考文献的附录，虽然有价值，但是不能代替批判性的评价。[①] 诺斯（C. R. North）关于"《五书》考证"的论文包含了最近的文献，确实如此，而且由于它讨论了伊万·英格奈尔（Ivan Engnell）的著作[②]而显得特别有价值。不过不幸的是，它局限于1920年到1950年这段时期，而关于这些问题的史前史不可避免地未能得到适当的关注。而且，就马丁·巴勃（Martin Buber）的著作——它对于理解这叙事及其构成来说非常重要——遭到忽视而言，它或多或少从专业的排他性当中遭受了损失。[③] 第三，《五书》考证的成果已经有特定的后果。即使它们的可信性今天在许多方面都遭到质疑，但必须把它们当作纯粹的信息提供出来，因为关于它们的知识在我们的研究进程中已

① Lods, *Histoire de la Littérature Hébraique et Juive*. 参见"Critique des Sources"（83—127）这一章与帕洛特的附录（1,035）。

② C. R. North, "Pentateuchal Criticism", in Rowley, ed., *The Old Testament and Modern Study*, 48—83. 参见紧随其后的史奈斯的论文"The Historical Books", 84—114。诺斯论及了英格奈尔的几篇文章，这些文章当时即将发表于 Ivan Engnell and Anton Fridrichsen, *Svenskt Bibliskt Uppslagsverk*, (Gaevle: Skolfoerlaget, 1948—1952) 两卷本中的第二卷。特别使用了"Moseboeckerna"这篇文章；"Traditionshistorisk metod"也十分重要。

③ 特别参见 Martin Buber, *Moses* (Zurich: G. Mueller, 1948)。巴勃的这部著作在 Rowley, ed. *The Old Testament and Modern Study* 中普遍被忽视了，他的 *Prophetic Faith* (New York, 1949) 也未被提及。

经成为先决条件。因此，为了满足我们研究的需要而又不过深地涉及《旧约全书》学的历史，我们应该集中关注以威尔豪森（Wellhausen）及其学派的文学考证（literary criticism），和英格奈尔的传统—历史的方法为代表的两个争论阶段。而且，在威尔豪森阶段，我们不应进入错综复杂的论证细节，或者进入各种各样的学者所作的个人限定、改进和保留，而是应该呈现出对一个具有典型特征的学派的描述。

根据威尔豪森学派的考证，在《五书》中可以对耶和华派（Yahwist，简称 J）和埃洛希姆派（Elohist，简称 E）的叙事作出区分，这样称呼的根据是各自在圣经叙事中所偏好的神的名称——耶和华抑或埃洛希姆。这些利用了口述传统的叙事被形诸文字并被改写直到产生了那种保存
192 至今的形式。耶和华派的叙事起源于公元前 9 世纪的犹大王国；而埃洛希姆派的叙事起源于公元前 8 世纪的以色列王国。在这两种叙事中都可以进一步区分出作为其构成元素的传统的线索。第三个资料来源是《申命记》（简称 D）的作者，这是根据其主要著作《申命记》来命名的，自从德韦特（De Wette）1806 年的著作以来，《申命记》一直被认定与公元前 621 年约西亚的改革法典是同一的。考虑到显然不同的传统构成元素，并已经假定该叙事经过修订，我们同意符号 J，E 和 D 不是代表明确的作者而是代表史学的“学派”。《申命记》学派被假定从至少公元前 17 世纪中叶一直到以色列人被放逐都是处于全盛时期的。《申命记》与 J 和 E 资料来源的结合可能发生在被放逐时期，同时伴随着根据《申命记》的精神而对早期的资料来源所作的明显的编辑工作。而且看上去很可能在 J 和 E 资料来源被整合到《申命记》作者的著作中之前就已经被其他人合并成为同一种叙事。最后，第四个资料来源是僧侣的或祭司的文件（简称 P），这文件包含了公元前 400 年的《祭司法典》（Priestly Code），但在它的文本中也涵盖了《圣洁法典》（Holiness Code，

简称 H)(《利未记》第十七章至第二十六章),后者回溯到了以西结[①]时代。把 J—E—D 都融合到 P 的叙述中发生在公元前 4 世纪,而根据僧侣的精神所作的修改可能直到公元前 300 年仍在继续。

正如我们已经指出的,圣经考证起源于神学所关照的问题。特别是《五书》考证是一个传统的研究项目,因为它在寻找《五书》的一位替代作者,而《圣经》的传统把《五书》的作者归结为摩西。它成为一个研究项目不是因为语文学的标准有力地区分了前五书与圣经叙事随后的篇目,而是因为它反对摩西的传统。当反对的压力缓和时——虽然它从未完全消失——语文学的思考就能够更为自由地发出自己的声音;而只有那时,作为一种次要的发展,这种资料来源的分析才能越出《五书》之外。J 和 E 的资料来源,经《申命记》作者之手的改写,似乎如此清晰地延伸到《约书亚记》之中以至于《六书》这个术语被设计出来用以指称这些篇目的集合。而且我们发现具有同样结构的资料来源在《士师记》、《撒母耳记》和《列王记》的前五章中得以延续,虽然有些欲言又 193
止和限定修饰。因此,各种连续的构成性叙事被认为超出《五书》之外而延伸到希伯来正经的《前先知书》(Former Prophets)中。在这个假设之下,J 的叙事将从世界的创立延伸到所罗门即位(《创世记》第二章到《列王记上》第二章);E 的叙事从亚伯拉罕延伸到扫罗之死(《创世记》第十五章到《撒母耳记下》第一章);而 P 的叙事从世界的创立延伸到约书亚之死(《创世记》第一章到《约书亚记》)。

如果接受这些假设,那么就不存在与 J, E 和 P 并行的 D 的叙事。固然,《申命记》本身是其作者们的作品,但此外,他们在圣经叙事的早期部分所发挥的作用主要是编辑。他们独立的工作只有从《列王记》才开始;结果是《列王记》的结构与此前篇目的结构迥然不同。它有可能

① 公元前 6 世纪的希伯来先知,号召犹太人出走巴比伦以回归敬神和信仰。——译注

是由单独的一位作者在放逐期后期回顾过去时写就的;而且它不是把现有的涵盖同一时期的叙事结合起来加以编辑的,而是利用同时代的编年史著作,比如《所罗门记》(《列王记上》第十一章第四十一节),或《以色列诸王记》(《列王记上》第十四章第十节[1])和《犹大列王记》(《列王记上》第十四章第二十九节),以及利用以利亚(Elijah)和以利沙(Elisha)的传奇故事集来作为自己的材料。而且,该作品具有一个可辨识的原则,因为所罗门神殿的建立——它被理解为与虚假的诸神正式决裂并把信仰崇拜集中在耶和华身上——被认为是以色列历史的新纪元。因此这个故事的拱顶依赖于两根支柱,它们分别是开篇的所罗门故事和结尾的约西亚改革。进一步说,这种建构的卓越性源于其高度的自觉性,这是指它明确依赖在《申命记》第十二章所清晰表述的一个律法:"我们今日在这里所行的,是各人行自己眼中看为正的事,你们将来不可这样行",去侍奉其他民族的神;当人们在应许之地安然定居时,那么就"到了耶和华你们的神所选择要立为他名的居所"。因此,在迦南的诸般信仰崇拜与耶和华之间的冲突提供了重要的原则;而君主国的历史根据《申命记》的律法被叙述为一连串例证的事件。

从威尔豪森学派的成果中浮现出一个明确的关于《五书》之构成的概念,除此之外,还有关于一般而言的圣经叙事之构成的概念。摩西在
194 这一传统中的作者身份是区分由符号 J, E 和 P 所指代的"资料来源"或"文献"并为它们指出确定作者的文学批评著作的起点。随着对这些经历了校订、编辑、合并和编写的文献的语文学剖析推进到各个构成部分中,"作者们"的数量不得不成倍增长;由于文学批评的主要组成部分大体上保持不变,这些"作者们"就必须被聚合成为与这些符号相对应

① 沃格林著作英文版原文如此。但是按照译者所参照的中英文对照版《圣经》,"以色列诸王记"字样出现在《列王记上》第十四章第十九节,而不是《列王记上》第十四章第十节,疑为沃格林所参照的《圣经》版本不同,抑或笔误或打印错误。——译注

的“学派”。作为《五书》作者的摩西最终被该叙事的各个组成部分的作者们所取代。在这个叙事中可能发现的任何意义都必须是在由文学批评区分开来的各种“资料来源”的层面上被发现的。马丁·诺特(Martin Noth)对这种情况作了很好的描述:“《五书》作为一个整体的创造,也就是说,把已经被众多E元素扩充了的J叙事整合到P的文字框架中,从一部记述传统的历史的角度来看并不是特别重要。那是一种纯粹的文字工作,没有经由新材料、新观点和新解释添加任何东西;它纯粹是对一种概括的提炼,只有就其总体是最终摆在我们面前的《五书》而言才具有重要性。”①某个不知名的作者,由于未知的原因,把各种叙事融合成为一个百科全书式的整体而不添加任何他自己的东西。“如果一些新东西从关于《五书》中所讲述的以色列的史前史进程中,或者从融合其神学解释的原始资料中产生出来,那么这种融合就将具有重要性。但情况并非如此。由于得到充分发展的口述传统有共同背景,以及由于相互的文字依赖,这历史在所有原始资料中都以如此相似的方式进行叙述,以至于即使把各种原始资料结合到一起也无法带来实质性的变化。”②

威尔豪森学派考证的方法和结果已经引起了不满的情绪,但是这种情绪却难于清晰地表述自身并把这种不满对准某个焦点。不过仍然有零星的爆发接近于击中目标,比如福尔茨(Volz)对艾斯菲尔德(Eissfeldt)的大纲的抱怨,后者把推测的资料来源的各个断片排列成平行的纵列(in parallel columns)。“我从这个大纲中看到那种迄今仍在盛行的方法发挥到了极致,我还发现它证明的正是与它想要证明的相反的东西,因为这些少得可怜的叙事碎片——它们在极大程度上都被这些纵 195

① Martin Noth, *Ueberlieferungsgeschichte des Pentateuch* (Stuttgart: W. Kohlhammer, 1948), 267 ff.

② 同上,271。

列所包含——恰好证明了不存在四种最初的叙事,以及这整个《五书》大纲只是现代学问的人为创造。"①而冯·拉德则以更为温和的方式为自己设定了新任务,即"超越已经穷途末路"的资料来源的分析,之后平静地开始"从其最终形式上阐明《六书》的各种问题"。②

如果现在我们力图靠自己来简述不满的原因,它似乎可以通过三个命题的方式清楚地表达出来:

(1)摩西作为《五书》作者的消失需要最终形式下的圣经叙事的意义消失。

(2)根据在圣经叙事中总是能被感觉到但是现在被批评者们忘记了的意义宝库来衡量,被发现的东西最后证明它并不值得被发现。

(3)在严格的语文学的考证结果之外是否真的发现了什么东西,乃是有疑问的。

这些命题的意义可以通过首先思考最后一个命题而得到最好的阐明。威尔豪森学派的考证工作在方法论上陷入了一团迷雾,因为它没能认清经验的、语文学的工作与对其研究结果的阐释之间的区别。我们通过这样的标准——比如用于指称神的各种名字、对专业术语的偏好、标准用语、句法特征、文学体裁(简单的叙述或者庄重的演讲)、在神

① Otto Eissfeldt, *Hexateuch-Synopse* (Leipzig: J. C. Hinrichs, 1922). 福尔茨的评论发表在 *Theologische Literaturzeitung* (1923);我引用的段落来自 North, "Pentateuchal Criticism", in Rowley, ed., *The Old Testament and Modern Study*, 55。读者应该意识到,引起福尔茨攻击的这种资料来源考证,虽然在今天已经特别不足信,但绝没有被放弃。近期在这个方向上的过分之举的一个好例子是 C. A. Simpson, *The Early Traditions of Israel* (Oxford: B. Blackwell, 1948)。

② Von Rad, *Das Formgeschichtliche Problem des Hexateuchs*, 1—3.

的概念上拟人化的程度、描绘刻画的艺术、对主题和地区的偏好、对事件的讲述（原始的和传说的，或者在精神上作出了阐发的），如此等等——可以很好地区分文本的各个组成部分；在所有这些方面考证工作可以是完美无缺的，结果可以是坚定可靠的，但是我们仍然不知道根据各种被设计出来用以阐发具体人的具体经验的符号体系，并以此种标准区分出来的各部分意味着什么。原则上，有可能这些“原始资料” 196
只是被剥离了语境的、带有残余文体风格的文集，而那些语境是文学考证者所不理解的。尽管不加限定的话，这种极端的可能性必定不适用于当前的这种情况，但是必须认识到这些文集的性质不可能通过在其形式中使用过的那些语文学标准来决定，而只能根据关于符号形式的各种假设来决定。这个假设——我们所讨论的这些文集是来自于确定作者的文献——只是基于一种 19 世纪的思想，即如果一大堆文字文本具有一定的长度并且显示了明确的风格特点，就是不可避免地必定有其“作者”的“书籍”。

显然，问题不是这么简单，如果读者回想起第五章第二节，在那里冯·拉德收集的材料用于追溯在关于历史情境和事件之经验的基本主题中意义的显露，这种显露经由节日和仪式性的集会、典礼和信仰崇拜传说而达到了史学的层面。一个复杂、客观的经验和符号表现的领域展开了，许多人在他们的集体自觉（collective consciousness）的层面上——比如自觉意识到他们是作为若干部落和那个缔结圣约的民族——参与进去。而关于已被体验到的秩序及其符号化的那个领域在结构上是如此稳固，以至于即使在史学阐发的层面上，虽然对参与此过程的个体而言在感知力、想象力和语言表达天赋等个人素质方面留有发挥的余地，但是对于现代意义上的“历史”或“作者身份”的个人阐释却未留下任何空间。而且，作者身份这一未加分析的概念在威尔豪森学派中促进了下述信念，即如果我们把这些假设的作者的作品称作一种“叙事”或“历史”的话，那么我们就知道他们都写了些什么，即使在这

样的术语背后潜藏着符号形式的可怕问题——不仅是关于圣经叙事本
197 身,而且也是关于作为整体的《旧约全书》这一正经集成。[1] 然而,这种性质的问题不能根据文献标准通过把文本解析为原始资料来得到处理,而只能经由对内容的分析来加以解决;所谓内容是指通过应用一种符号形式的理论而事实上可以在文本中发现的意义的各个组成部分。自然,这个基本原理并不意味着被威尔豪森的分析所辨明的各个构成部分是毫无意义的。相反,极有可能的是,由一种符号分析所辨明的各个组成部分将会全部落入某一种"原始资料"的范围内;由文学批评所辨明的各种原始资料应当接受严密的分析,因为如果剥离了原来的上下文,它们或许能够揭示假如不这样做就可能忽视的意义单元。但是,这样的巧合是一个事实问题,而不是在原始资料与符号形式之间事先就已稳固建立的和谐一致的结果。因此,如果使用时有所限定的话,资料来源分析在探究符号形式的各个组成部分时可以具有辅助作用;但是如果这种分析称这一完整的文本没有包含超越各原始资料之上的意义单元,那么它绝对是有害的。

上述思考导致了前面提出的第一个和第二个命题。部分符号形式会落入文学批评的某种原始资料的范围内,还是超越几种原始资料之上——这个问题是一个事实问题。而我们的分析会在几种情况下,特别是在第十二章对摩西的研究中表明,文本的非常重要的组成部

① 这些问题中的一部分在第五章得到了处理,其他的将在本章随后的第二节和第三节中进行考察。我们的研究在严格意义上的主题是秩序和符号化问题,在此之外还存在着语言哲学的问题,以及一般而言语言符号的意义与单独而言秩序符号的意义之间的关系问题。关于希伯来人的时间观念与历史秩序的关系,参见博曼的杰出研究 *Das Hebraeische Denken im Vergleich mit dem Griechischen*(1952; 2d ed., Goettingen: Vandenhoeck and Ruprecht, 1954)中的"Die Israelitische Zeitauffasung"一章。博曼著作的特点在于《旧约全书》学研究重点的转换;而两年之内就出了第二版这一事实似乎表明人们越来越认识到哲学基础的必要性。

分——具有一种与众不同的形式和它们自身的意义——事实上是超越原始资料之上的。但在这里详细论述特定的事例是不合时宜的。因为圣经叙事当然超出了其组成部分的各种原始资料,而充斥着无限的意义——基于众所周知的原因,即《圣经》正是为了这个目的才被创作而成的。或者我们应该更确切地说,历经若干世纪,通过许多人——他们为了使在各种构成材料中未能以同等清晰的程度得到阐发的意义达到例证的完善(paradigmatic perfection)而选择并结合各种传统——的综合工作,《圣经》才发展成为它的最终形式。如果这些综合工作没有添加清晰阐发的意义这个新层面,那么最终形式的圣经叙事就将变成无业知识分子的《玻璃珠游戏》(*Glasperlenspiel*)[①],这些人还不如让其原始 198
资料保持原样。面对如下选择:要么圣经叙事的创作者们损害了他们的原始资料的意义,要么文学批评者损害了这部综合著作的意义,我们宁愿选择后者。

不过文学批评的结果仍然不容忽视。虽然意义的部分超越了原始资料,但还是有其他部分而且是非常重要的部分与原始资料吻合。尤其是所谓的耶和华派文献是一组富含意义的文本,这些意义似乎为这拓展开来的叙事提供了史学的内核。遵循冯·拉德对耶和华派著作的描述,我们可以以下述方式总结出它的成就:耶和华派著作似乎通过扩展包含在《申命记》第二十六章第五节 b 至第九节的祷文程式中之主题而达到了史学的层面。他通过祖先们的神的传统以及神对最终定居于迦南的应许,以这样一种方式来组织祖先时代的材料,以至于这些事件对于耶和华的神意指引来说变得再明显不过。因此,祖先历史的进程在两个方面得到圆满实现:一方面,在围绕着征服的那些事件中定居迦南的允诺得到履行;另一方面,与亚伯拉罕之约通过在西奈山与以色列

① 《玻璃珠游戏》,赫尔曼·黑塞(Hermann Hesse,1877—1962)的小说,两卷本(作于 1931 年至 1942 年),由弗雷兹社出版,是他最后的一部长篇小说。——译注

人订立的圣约而得到实现。而且,从“将亡的亚兰人”到征服迦南地这一有意义的历史进程,仍旧在耶和华派文献范围之内通过从世界的创立到亚伯拉罕的史前史得到了拓展。[①] 确实,这是一种伟大的符号构建,完全落入了某种资料来源的范围之内;就J资料来源是最古老的一种资料来源而言,我们在这里触及了最终变成现存形式的那种圣经叙事的符号化工作的开端。[②]

不过,意义的一个重要组成部分将在文学批评界定的原始资料的范围内被发现——这个事实一定不能遮住我们的眼睛,让我们看不到另外的事实,即我们还是不知道关于“耶和华派”著作的任何东西。正如我们已经强调过的那样,关于意义的这个部分如何产生的假设不能
199 建立在其文学特征的基础上,而只能建立在其内容的基础上;而内容的意义并未要求单独的作者作为它的创作者。因为这种史学符号的圆满实现(entelechy)确实只是阐发了被体验到的、以色列在神之下的生存的圆满实现。这个民族生存的目的(telos)在本体论上是真实的,任何在感官上或在想象中参与以色列秩序的人都潜在地参与了这种史学符号的创造。文学特征只是指出了一个群体共同使用的语言,他们或许在一个时期内为数众多,都专注于与以色列在神之下的生存有关的传统。我们终于得出了文学批评的基本哲学缺陷,即试图像对待现代意义上的“文献”那样对待圣经的叙事,并且忽视了它作为符号体系,阐发了一个民族的秩序——以历史形式生存的以色列的本体论上的真正秩序——之经验所具有的性质。

---

① Von Rad, *Das Formgeschichtliche Problem des Hexateuchs*, 58—62.

② Von Rad, *Das erste Buch Mose*, *Genesis Kapite*l 1—12: 9 (Goettingen: Vandenhoek and Ruprecht, 1949), 16, 为J原始资料假设的年代是公元前950年,为E原始资料假设的年代是公元前850—750年,为P原始资料假设的年代是公元前538—450年。

威尔豪森学派的著作已经造成了一个理论真空。在把圣经叙事当作由一个或更多的作者所完成的文献而进行经验探究的时候，传统的意义——它从这样的符号，比如基督教的《旧约全书》，神的命令，或者由摩西在神的启发下所作的《五书》开始，辐射遍及圣经叙事——已经蒸发了。而且，把文本解析为更小的文学单元，同时得出关于以色列早期的实际历史是不足信的结果，这些做法距离这叙事本身意在表达的意义相差之远已不可以道里计。最后，一种关于符号形式的哲学——它本来能够把符号化的叙事与人类生存的问题联系起来以便回应神在历史中所给予的启示——未能得到发展。对这种状况的不满激起了英格奈尔在其著作①中强烈地反对威尔豪森学派。

英格奈尔区分了《旧约全书》研究的四种主要方法。按照它们的发展顺序分别是(1)威尔豪森学派的资料来源—考证的方法，(2)贡克尔(Gunkel)的形式—文学的(form-literary)方法，(3)比较宗教史的各种方 200
法，以及(4)由他自己所代表的传统—历史的(tradition-historical)方法。② 对英格奈尔的方法的描述必须从澄清他观点中特定的复杂性开始。首先，虽然传统—历史的方法在某些方面使先前的方法失去效力并且将其取代，但它在另一些方面只是对它们作了补充。因此，先前的

① 在接下来的概述中将被考虑到的著作包括：Engnell, *Gamla Testamentet*, vol. 1, 以及 Engnell"Litteraerkritik", "Moseboeckerna", 和 "Traditionshistorisk metod", in Engnell and Fridrichsen, *Svenskt Bibliskt Uppslagsverk*。英格奈尔观点的最近表述出现在他的" 'Knowledge' and 'Life' in the Creation Story", *Vetus Testamentum* 3 suppl。(Leiden, 1955: 103—19)。我要感激英格奈尔教授允许我将其重印。

② Engnell, *Gamla Testamentet*, 1:9 ff.

方法，只要它们能带来有根据的结果，就仍然必须被使用。① 而且，传统—历史的方法具有双重关照：(1)圣经叙事经由传统而非特定作者的文学活动的形成，以及(2)传统—历史区别于实际历史的特殊性。目前我们应该集中关注这种方法的结果，因为它关注的是圣经叙事的形成，此外，它取代了威尔豪森学派的概念。

在《旧约全书》中，英格奈尔发现了关于各种传统的三个大的文集：第一个文集由从《创世记》到《民数记》等篇目组成；第二个文集，从《申命记》到《列王记下》；第三个文集，从《历代志上》到《尼希米记》。② 我们目前只关心它们当中的前两个。第一个文集——英格奈尔把它简称为《四经》——源自于一个传统主义者的圈子，为了语言上的简便，它可以被称为 P 圈子。然而，英格奈尔使用约定俗成的符号(conventional siglum)时并未保留其原初的含义。因为 P 圈子必须被理解为这样一群人，他们保持着特定的传统，这传统整体上与威尔豪森学派的 P 材料完全相同，而且他们把这些传统连同保存在其他传统主义者圈子中的材料都结合到《四经》中。这大型的 P 文集——在英格奈尔的意义上也就是从《创世记》到《民数记》——因而是一部完整的著作，其中 P 圈子已经把自己的观点强加给被吸收进《四经》的整个传统。因此，不曾有过涵盖这同一时期的不同叙事，被一位没有贡献任何自己东西的不知名作者融合到一个百科全书般的故事中。代替它的是，曾经并存过各种各样的传统主义者的圈子，每个圈子都保留着自己的一套传统，并且使自己与其他圈子的传统交织在一起——如果由于某种原因这么做看上

① 例如，参见对其他方法的使用，in Engnell, "'Knowledge' and 'Life' in the Creation Story", 104 ff，以及对将要使用的方法的列举，共有六种之多，还不算各种子方法，in "Planted by the Streams of Water" (rpr. from *Studia Orientalia Joanni Pedersen Dicata* [1953], 85—96), 91 n 21。

② Engnell, *Gamla Testamentet*, 1: 209—59.

去是可取的——直到P圈子把可能是它自己的材料与其他圈子的传统 201
用它自己的一种意义合并到《四经》的叙事中。英格奈尔假设《出埃及记》第一章到第十五章的逾越节传说作为将其意义贯穿《四经》之建构的核心传统,在这一点上他追随了彼得森(Pedersen)。[①] 随后对《四经》的相同的假设也适用于《申命记》作者的著作。在《申命记》作者的文集背后也必然要假定存在一个被称作D圈子的传统主义者圈子,尽管这种情况——只有较少的人参与了最后的修订,有点像是一个由作者们组成的学派——的概率在P圈子中稍高一些。这两个圈子同时并存,并在放逐到巴比伦后的时期内完成了他们的著作,可能最晚都是在以斯拉和尼希米的时代完成的。最后,通过谁之手把这两部文集合并成一种叙事——可能是通过把P故事的摩西之死放到《申命记》的谈话的末尾(《申命记》第三十四章)来做到的——可能永远无法确定。

对这种新的传统—历史方法的研究结果与较早的资料来源—考证方法的研究结果的比较评价必须从这样的理解开始,即两套假定必然相互反对。新旧方法都不能利用独立的原始资料来获得关于这一叙事的起源和作者身份的信息;两者都必须把它们的论证建立在叙事本身的内容基础上。因此,如果英格奈尔的概念可以被认为比威尔豪森学派有显著的进步,正如我们相信它必然如此那样,其原因在于这种传统—历史的观点比资料来源—考证的概念对圣经叙事的内容理解要透彻得多。英格奈尔的著作,以及乌普萨拉学派著作的总体特点实际上是格外尊重玛所拉版(Masoretic text)[②],不愿推测(conjectures)和校正

---

① 关于英格奈尔自己对逾越节问题的观点,参见他的“Paesah-Massot and the Problem of ‘Patternism’”, in *Orientalia Suecana* (Uppsala, 1952), 1: 39—50。

② 约在公元900年左右的《圣经》经文称之为“玛所拉版”,因为这是由称为“玛所拉”(Masorete)的文士们所抄写的。目前所有这个时期的希伯来经文的抄本都相当一致。——译注

(emendations)(当希伯来文本很难的时候,尤其厌恶使用《旧约全书》的希腊文译本作为简便的解决办法),对于文本的处理具备精良的语文学工具,对用于廓清符号和信仰崇拜模式的各种可比较的材料具有广博的知识。这些技术性的优点是维护并非总能清晰表述的决心(will)——它想要回到圣经叙事及其组成部分本来要表达的意义,而这种意义已经被威尔豪森学派用J, E, P和D叙事的意义所取代——的
202 外围堡垒。传统—历史的假设显然比资料来源—考证的假设更符合该叙事意图传达的意义。例如,如果《四经》被认为是这样一部著作,即它与它最终的形式一起经由一个传统主义者的圈子而获得了自身的意义,那么文本的主体就重新获得了它在机械地结合各种资料来源的假设下已经丧失的意义;而同时,那个令人为难的编者——他把他最好应该不加干涉的各种资料来源结合在一起——也消失了。而且,对传统主义者圈子的假设也具有足够的弹性,从而能够容纳各种各样的传统类型,显然这些不同的传统类型不仅在该叙事当中而且大体上在《旧约全书》当中都可以被发现。对于智慧文献来说可以假设存在抄写员(scribes)和学问家的圈子,对于圣歌文献来说可以假设存在神殿教堂里的歌唱团体的圈子,对于律法文集来说可以假设存在教士团体的圈子,对于箴言来说可以假设存在自编自弹的游唱者(bards)或诗人的圈子(《民数记》第二十一章第二十七节的那些作诗歌的[moshlim]),最后,对于祖先的、英雄的和先知的各种类型的传说可以假设存在说故事的人或狭义的传统主义者的圈子。[1] 一幅绝妙的关于以色列文化以及由那些保存和扩展该文化的人所组成的纷繁多样的圈子的思维景象展开了。特别巧妙的是,当英格奈尔说到P圈子是一个"以色列人关于文学、历史和古代的风俗习惯制度的研究院,尽管当然它的根源和强烈的

① Engnell, *Gamla Testamentet*, 1: 41, 105.

兴趣都在于信仰崇拜”①时,他故意犯了颠倒年代错误。人们想知道是否这种类比真的如此颠倒年代;因为要关注延续了超过一千年的过去——这种过去作为对神与人相处方式的例证记录——如果不具备相当的人力物力以便不仅仅是机械地,而且要带着必要的理解力和学识来保存如此浩如烟海的传统,那么可能很难付诸实践。

英格奈尔已经把传统—历史不是实际的历史这种认识完全吸收到他的传统—历史的方法中。由于该方法的这个组成部分主要来自于彼得森在较早的时候对威尔豪森学派的反对,所以选自彼得森研究逾越节传说的一些引文将有助于我们理解这个问题:② 203

> 跨越红海(reed sea)③的故事……,以及这整个移民的传奇,虽然作为历史陈述的一部分被插入,非常显然具有信仰崇拜的特点,因为这整个叙事的目的在于通过阐明创造了这个民族的历史事件来赞美逾越节盛宴上该民族的神。其目标不可能是对并非超乎寻常的事件进行恰当的阐述,而是相反,要描述一个更高层次上的历史……这个传奇打算描述在耶和华和他的敌人之间神话般的战斗,这个目的主宰该叙事到了这样一种程度,以至于不可能指出被转化为这幕宏大的戏剧的事件本来是什么……通常把那部分节日传说——它把出走(departure)与跨越红海联系起来——的各种资

---

① Engnell, “‘Knowledge’ and ‘Life’ in the Creation Story”, 105.

② 关于他对威尔豪森学派的正式批评,参见 Johannes Pedersen, “Die Auffassung vom Alten Testament”, *Zeitschrift fuer die alttestamentliche Wissenschaft* 44 (1931): 161—81, 他对逾越节的研究, in *Israel: Its Life and Culture*, vol. 3—4: 728—37。下述引文来自于 pp. 728—31。

③ 有研究认为,希伯来文《圣经》里提到“Yam Suph”翻译过来应该是“Sea of Reed”(芦苇之海),所谓的“Red Sea”(红海)很显然是笔误,但此处遵循传统的翻译。——译注

> 料来源条分缕析的做法是缘于误解了这个故事的整体特点。该叙事不是记录报道，而是信仰崇拜式的赞颂(cultic glorification)。

在这些评论中，彼得森在该叙事的一个具体的子单元上触及到了得失攸关的决定性要点：首先，逾越节传说超越于各种资料来源之上；当该文本根据文学批评的原则被分解的时候，它的意义单元就遭到损害。而且，那个意义单元虽然被嵌入意图成为一种历史叙述的文本之中，但却与实际的历史毫无关系。力图“从现实出发”重构事件将是徒劳的，因为在该叙事的范围内事件的秩序是由耶和华对其敌人的胜利这起戏剧性事件决定的。最后，该叙事的意义被描述为对创造了其人民的神的“信仰崇拜式赞颂”。在这一点上，就“信仰崇拜式赞颂”是我们所谓的“例证的历史”的一种特殊情况而言，我们可以把彼得森和英格奈尔的观点与我们自己的观点联系起来。而且，我们再次遇到了“意义的显露”，因为例证的意义没有被历史学家直接强加在这些事件上，而是通过被参与者所经验到的这些事件的各个阶段，通过在一种信仰崇拜中经验的结晶，通过在一个信仰崇拜传说中对该种崇拜之意义的阐发，以及可能在该信仰崇拜传说被整合到英格奈尔所说的《四经》的P文集之前、之中和之后通过对该传说的进一步的史学阐述而发展起来。最后，如果我们假设威尔豪森学派资料来源的标准成为各种各样
204 的传统主义者圈子的标记(indexes)，那么这些圈子就已经参与到例证的意义这种复杂的发展过程中，即使这些元素——在最后的文本中通过资料来源的标准可以加以辨识——最初的背景永远不能被重新建构起来，而且这些元素本身单独来看也不能提供令人感兴趣的意义。

我们通过对比对英格奈尔的观点概述以及对资料来源—考证的总结性描述，已经展示了这些问题。读者现在必须小心谨慎不要把这种说明方法一般化为《旧约全书》学有关史学问题研究状况的公式。因为英格奈尔是要通过他尖锐的表述，反对大约盛行于三十年前的一种科

学状况。最近一代学者已经逐渐远离了那种典型的1920年代的状况；而英格奈尔本人极其渴望赢得来自各个方面的对他的传统—史学方法的支持。[1]《旧约全书》的复杂性并不服从于一个简短的理论公式，而科学上的发展线索也不是像我们对比两种概述所能显示的那样清晰。例如，英格奈尔追随彼得森，认为逾越节传说在《四经》中是意义的核心。也没有人会否认出埃及的经验是激发这些伟大动机的中心之一，这些中心在对传统的组织中不可能不让人感受到它们的力量。相反，冯·拉德则强调西奈经验是使秩序贯穿该叙事的一个动机激发中心。即使结果是《六书》而不是英格奈尔的《四经》，仍然没有人会否认西奈经验的力量及其对传统的显而易见的影响。而且，这种史学建构，与服从于其建构工作的各种传统不同，在大卫君主国的经验中具有独立的动机激发中心。该叙事的文学结晶点（point of literary crystallization）可能既 205
不是逾越节传说也不是《西奈山选段》（Sinai Pericope），而是《大卫记》（David Memoirs）；基于这种观察，我们在叙事的组织背景方面就超越了《四经》和《六书》，而在这种背景中，在冯·拉德阐明其著作的意义上，

---

① 参见 Engnell, *Gamla Testamentet*, 第一卷的两章 "Litteraerkritiken efter Wellhausen"（175—85）和 "Opposition: Kritisk uppgoerelse"（186—209）。特别是 Martin Noth, *Ueberlieferungsgeschichtliche Studien I: Die Sammelnden und Bearbeitenden Geschichtswerke im Alten Testament*（Halle, 1943）频繁地被英格奈尔引证来支持他自己关于这些传统文集的观点。而且，在1945年以后的文献中必须要提到 Artur Weiser, *Einleitung in das Alte Testament*, 2d ed（Goettingen, 1949）。魏塞在他写作的时候还没有接触到乌普萨拉学派最近的著作，使用了传统史（Traditionsgeschichte）这个术语，并且承认众多传统在这种宗教崇拜中的起源。而且，他意识到这些"原始资料"不是文字文献，并考虑到它们在口述和书写传统的过程中所经历的变化，它们不再能够以一种"原初"的形式被重新建构起来。但是，他愿意承认个人的作者身份在这些原始资料中留下的印记，因此在他对耶和华派著作的处理中接近于冯·拉德的观点。最后，他与彼得森一样意识到救恩历史（Heilsgeschichte）由于它在这种宗教崇拜中的起源而与实际历史完全不同。

可能很难否认存在“耶和华派”之手的干预。① 我们可以说,这种旧类型的资料来源考证确实已经被废弃了。经由《旧约全书》研究者们的成果而进入我们视野的是该叙事的丰富层次以及动机激发中心的多样性。而那种批判探究的新自由将会修补由19世纪的文学自负给该叙事的意义所造成的大部分损伤。

第二节 史学符号

在这部分中我们通篇都提到了作为以色列生存形式的历史,由圣约所创造的历史的现在以及以色列史学,但却忽视了如下事实,即希伯来语中没有一个词可以被翻译为“历史”。这是一个严重的问题,因为显然我们违反了解释学的第一原则——文本的意义一定要通过解读语言主体(linguistic corpus)而建立起来。不允许通过颠倒年代地使用文本本身没有其对应词汇的现代语汇“将解释加于”一部文学著作。因此,有两个问题要求我们给出答案:(1)对**历史**这个词汇的使用在对以色列的符号分析中如何被证明是正当的?以及(2)当以色列的作者们写到我们称为“历史”的东西时,他们是如何用他们自己的语言表达的?

第一个问题所要求的论证将依赖于紧凑性和分殊化的原则。以色

① 关于《大卫记》作为史学的动机激发中心的作用,参见Gerhard von Rad, “Der Anfang der Geschichtsschreibung im Alten Israel”, *Archiv fuer Kulturgeschichte* 32 (1944): 1—42。冯·拉德意识到史学问题不能从这部著作的文字现象来着手处理,反之,以以色列方式书写历史预设了我们所称作的“以历史形式生存”。“把一系列事件认定为历史的这种能力在古以色列要归功于它的信仰的独特性。”(6)于是,在这种洞见的基础上,冯·拉德就可以区分以色列类型的史学,宇宙论王国的编年史,以及内在论的(immanentist)希腊史学。在这些问题上我们自己的观点与冯·拉德的最为接近。

列思想家确实没有把历史的概念分殊到发展出一个理论词汇的地步。然而,只要足够周密慎重,这个现代词汇是可以被使用而不破坏以色列 206 符号的意义的,因为历史的概念起源于圣约。紧凑的摩西符号体系——即通过他的律法揭示的在神的意志下的共同体之生存——已经连续地经由以色列、犹太教和基督教的历史经历了一个阐发的过程,在这个过程中,除了其他的,还产生了历史的概念。经过了三千年的背叛与复归,改革、复兴和修正,以及基督教对于实质的获取和现代对于实质的丧失,我们仍然生活在圣约的历史的现在之中。而且,以色列史学家的工作仍在继续,虽然由于理论的分殊化,技术方法已发生了变化。因为以色列已经变成了全人类;律法的增加已经变成了原则的修正。

不过,对于这样的词汇比如**历史,历史的现在**和**史学**的使用在对以色列的符号分析中不仅被证明是正当的——它还是一种理论的必需。因为如果拒绝使用这些得到分殊化的词汇,就没有用于批判性分析和解读的工具。如果仅限于使用希伯来符号,那么我们的理解就将被锁定在这种紧凑性之中,后者在以色列的历史上已经导致了我们之前讨论过的灾难性的绝境。不过,我们不能不用现代理论词汇,即使使用极端的谨慎也是必需的,因为历史这个概念已经吸收了以色列范围以外的经验,我们有可能发生把后来的意义,例如基督教的意义,注入早期符号的危险。因此,解读必须保持尽可能地贴近《圣经》文本。而且,我们将对以色列的紧凑性具有的特殊性质作简短的思考。

在第四章和第五章的分析中已经反复涉及了以色列的紧凑性的性质。在这个社会领域所发生的事件不再被体验为宇宙—神的秩序的一部分,而这些事件对于超越的—神的实在的秩序来说则是再明显不过了。这种新经验的冲击必然是无法抵御的,因为和它的领导人一同遭受这种冲击的那个共同体因此作为一个特殊民族与周围的宇宙论社会分开——当时,那意味着同人类的其余部分分开。也许正是对于一个

207 相对较小的共同体而言神的冲击程度猛烈——实际生存的压力和损伤又日益加重其精神创伤——不可避免地用它具体的、与环境有关的特征封缄了这一事件的意义。无论如何,该经验的普遍主义含义从未在以色列的历史中被成功地阐明过。从文明出走的精神意义得到了充分的理解,但仍然与具体的从埃及出走密不可分;神的王国(Kingdom of God)从来不可能与迦南地全然分离;这一最初的伟大启示仍然如此不容分说地具体,以至于它精神上的更新不得不采取增加律法的文字形式,神经由以色列传达给人类的命令变成了一个特殊的种族—宗教共同体的圣经。因此,以色列的紧凑性的本质可以被归结为,这个内在于世界的具体事件对在该事件中被揭示的超越真理具有永久的约束性义务。

刚刚描述的这种性质的紧凑性是这个符号整体所特有的,以色列的历史思想正在这些符号中表达自身的。从这个整体中,我们现在必须挑出与下述问题有直接关联的一些符号以便思考,这个问题是:当以色列的历史学家书写历史的时候,他们是如何运用他们自己的语汇的?我们必须要问,他们写的是谁的或关于什么的历史?他们把他们所写的东西叫做什么?

以色列史学的主题,正如我们所看到的,在下述重要意义上是世界历史:它记录了关于世界和社会中的神意秩序经由神的创造和立约行为而产生。如果暂时取消了关于创世以及它对后来发生之事情所具有的意义的简要导论式说明,那么我们就可以说这一记录的绝大部分内容都是关于人类服从和背叛神的意志的戏剧。因此,史学家将会首先关注神的律法(toroth),它提供了衡量和评价人类行为的标准。在史学符号领域,这个支配性的主题已经优先于所有其他主题,因为它提供了《圣经》的标题"《律法书》,《先知书》和《著作集》"。这些文献的集合被简称为圣经(the "book",sepher, the Bible)[①]。

如果没有假定按照神诫生活的人类持续生存,那么关于在神意统治下的人的戏剧就无法展开。因此,人成为以色列历史学家第二关注 208
的主要对象,特别着重于他的再生产能力。

人类被想象为一个宗族,其共同体纽带来自于一个共同的祖先。根据这种观点,历史变成了记述从亚当到作者所处时代向下传续的人的后代(toldoth)。这种观念及其部分含义在《历代志》的篇首就看得出。这部后期的历史著作的作者开篇就长篇叙述从亚当到被放逐时期的以色列人的族谱(《历代志上》第一章至第八章),以便把那些从巴比伦的奴役中返回的人们,特别是那些现在当官的人们与过去联系起来,并因此保证他们具有合法的血统(第九章)。[②] 所以,这个族谱的记录在以斯拉的村镇联合(synoecism)中发挥了直接的作用。由于这个"圣洁的种类"(holy seed)与外族妇女通婚而被玷污了,她们与她们的后代现在必须被一个与神订立的庄严圣约驱逐出去。那是一个带有点喜剧色彩的严重事件:"众人都坐在神殿前的宽阔处;因这事,又因下大雨,就都战兢。"(《以斯拉记》第十章第九节)血统纯正的族长,由于未因与外族通婚而被玷污,将成为在耶路撒冷及其周边城镇的新定居点的统治阶级。为了建立纯正的血统,这个族谱必须被追溯到以色列人被放逐以前的王国。

---

① 作者在这里列举了三个词,它们都有圣经的含义,其中 the "book"和 the Bible 是英文,而 sepher 是希伯来文。关于 sepher 的含义,作者在本节稍后的部分还有进一步的解释。——译注

② 对于犹大王国的历史来说这会是一种奇怪的开篇。但是如果我们想起《历代志》的整部著作是关于政治灾难的记录,并意欲成为《以斯拉记》和《尼希米记》的一个警示性导论,那么就不会感到奇怪了。

在这个建构点上，出现了一个新的具有鉴别作用的资料来源。向前回溯到耶路撒冷的陷落，作者显然依靠活着的人们的记忆；但是，对于君主国时期，他提到了《以色列诸王记》作为他的名单的资料来源（《历代志上》第九章第一节）。不管这《以色列诸王记》可能是什么，对它的提及暗示了存在着涉及主要的以色列家族族谱的文字资料；而这些资料来源本身可能是基于神殿的或其他的公共档案文件。从《历代志》中并不能很确定地看出这些“全体以色列人”的书面族谱可以向前回溯到什么时候；但是在《历代志上》第二章至第八章中根据各个部落
209 对它们的排列暗示了它们是为了附属于雅各部族的某一祖先而根据原则建构起来的。

在构成联盟的各个部落之外，我们进入了传说、神话和沉思的领域。这个符号体系中的伟大节点是从闪以降的世系，闪是“希伯子孙之祖”（《创世记》第十章第二十一节）。希伯来语 shem 的意思是“名字”。这串名单用闪达到了对名字总称（the Name）的抽象，由此“全体以色列人”与无符号特征的人类区分开来。最后，这个名单从闪上溯到了亚当。希伯来语 adam 的意思是“人”。带有名字总称的这个人①最终来自于作为类属的人②。

《历代志》的这个名单说明了这些族谱可能具有的多种多样的用途，以及必定会从部族概念和人类概念之间发展出来的张力。后代（the toldoth）这个符号适用于以色列历史的全过程。按照年代顺序，可以区分出各个适用阶段：(1)被放逐而后返回的人的村镇联合；(2)王国的族长们；(3)联盟的各个部落；(4)祖先们的前后延续；(5)从挪亚到亚伯拉罕的第二个人类；以及(6)从亚当到挪亚的第一个人类。这些名单在细节上的可靠性不是我们关心的问题；但是我们必须注意名单的形式

① 指闪。——译注

② 指亚当。——译注

不仅适用于祖先时代的历史，甚至适用于前祖先时代的历史，在前祖先时代的历史中它不再能够服务于宗族的历史，但无论如何不可靠，它显然是宗族的符号体系，该体系被拓展开来从而涵盖了关于人类起源的一种推测。不过这种推测性的拓展在《历代志》诸名单的上下文中没有独立的作用，而是旨在确保“圣洁的种类”的纯洁性。因为这名单是严格地建立在把人类的主要血统（main line）与旁支血统（side lines）加以分离的原则基础上的。主要血统上的一系列名字被逐一列举直到出现了旁支血统的首领；在这个点上主要血统就被打断，旁支血统得到了记述，之后又回到对主要血统的列举上来。例如，亚当的后代一直列举到了闪、含和雅弗；之后处理的是雅弗和含的后代，以及闪的旁支血统；然后名单回到了对从闪到亚伯拉罕的主要血统的列举上来；等等。一次又一次地从次要人类的大众中夺回主要血统的这种方式对于现在即将发生的那个夺回——当时，从被放逐地回来的人将要作为“遗民”，作为“被掳归回的人”（《以斯拉记》第八章第三十五节），脱离“敌人”的人、 210
“那地的民”（am-ha-aretz，《以斯拉记》第四章第一节至第四节），也就是说，脱离那些当其他人被掳受奴役的时候仍然呆在那个国家的以色列人——来说是一个令人印象深刻的前奏。

到这一点为止，我们的分析带来了如下结果。后代这个史学符号把联合成为以色列同盟的各个部族的族谱作为它的基础。于是，族谱变成了表达群体统一的符号，而这些群体统一后本质上就不再是部族了。创造这样的群体的主导经验是在西奈山立下的圣约，它创建了类似于由原来是单独的部族在以色列的名义下构成的近邻同盟一样的东西。于是，起源于这个圣约的共同体经历了建构宗谱的工作；结果是，最初的部族以及后来加入他们的其他部族，比如犹大，被建构成为来自于一个共同祖先“雅各—以色列”的诸部族。不过，圣约是在一个特殊时间与一个特殊群体订立的对全体人类普遍有效的关于真实秩序的神启。因此，从中可能既会分化出同一个神之下的同一个人类的概念，也会分化出由真正信徒组成的一个核心的概念，在历史上这两种概念都分化出来了。这两个概念也都经历了建构宗谱的工作。人类的概念在上溯到亚当的宗谱形式中塑造而成；由真正信徒组成的核心变成了由宗谱记录着保存了“圣洁的种类”的“遗民”。在这两种情况下建构宗谱的工作都不仅仅是无关紧要的形式上的东西。人类的概念可能永远无法得到充分的理解，尽管先知们为之竭尽全力，因为通过宗谱的形式，它仍然与一个具有单独宗谱的神圣血统的概念密切相关。由真正信徒组成的核心的概念，在宗谱的影响下，带来了放逐期后村镇联合的荒诞结果：一群数量很少的被放逐者回到耶路撒冷，并开除了“那地的民”——也就是定居在应许之地的以色列人——的教籍。以色列人必须等待他们在历史上的复仇，直到从“那地的民”当中产生了耶稣和基督教。

然而，这个宗谱除了缩约为遗民之外，还扩展为整个人类。现在我们应该转向以宗谱的形式，转向对将在《创世记》中被发现的人类的概念所作的思考。这一思考在对主要名单——这些名单沟通了重大的人
211 类灾难和重建之间的间隔期——的建构中发展出一种有特色的风格。第一个名单从亚当延伸到挪亚（《创世记》第五章），省略了从亚伯到该隐的复杂情况。在人类经由大洪水被毁灭之后，第二个名单从挪亚开始（第六章第九节至第十节）。它很简短，只包括挪亚本人和他的三个儿子：闪、含和雅弗。是否这两节将来会出现在一个更长的名单的开头，我们不知道。但是我们可以理解为什么这个名单必须在这一点上中断，并且直到《创世记》第十一章第十节才得到接续——在那里它从闪延续到亚伯拉罕。因为在第二个名单的两部分之间插入了我们之前讨论过的《创世记》第十章的地缘政治名录。负责对《创世记》作最终组织的历史学家们希望他们的世界历史能包含全人类并且阐明这个神圣的族系与人类其余部分的关系。这个名单在逻辑上插入的位置是挪亚之后的那一代人，当时第一个人类已经被方便地毁灭了，而第二个人类

开始繁衍生息;由于这个定位,以色列的祖先现在成为与人类其余部分同时代的人——这一点对于一个被古老的美索不达米亚和埃及的高级文明所包围的民族来说必然具有某种重要性。不过,人类与神圣族系之间的张力被很好地保持下来。在巴别塔(《创世记》第十一章第一节至第九节)的间奏——它解释了在《创世记》第十章中所预设的人类在语言和地理上的散布状态——之后,主要的任务重新开始,神圣族系的名单从名字的总称延续到亚伯拉罕。随着最早的祖先从文明的出走,分离坚定不移地开始了;而现在神反过来认真地着手处理按照他的意志建立人类秩序的问题,对于该问题,他通过将人从天堂驱逐出去、大洪水的毁灭以及巴别塔事件之后人类的分散及其语言的混乱等较为激烈的手段都未能加以解决。

与《历代志》的作者要把以色列人逐出主要血统的疯狂决心相比,我们在《创世记》的一种理性超然的氛围中前进。在它的建构中嵌入的微妙思想要求我们更仔细地思考。这些名单都是形式化的,因为它们都是以“……的后代(toldoth)记在下面”(《创世记》第六章第九节;第十章第一节;第十一章第十节)这样的语句开头。这种形式化的意义在亚当的名单中最容易感受到,它是这样开始的:“这是记载亚当后代(toldoth)的书(sepher)”[①](《创世记》第五章第一节)。在这个上下文 212
中,这个词的意思只能被猜测;但是如果我们遵循巴勃的翻译,即Urkunde[②],并且假定它的意思是像一个真实可信的记录那样的东西的话,我们或许就不会犯很大的错误。对于可信性的这种坚持值得我们关注,因为该叙事的修订者不可能忘掉这一点,即《创世记》第五章中亚

① 由于译者所参照的中文版《旧约全书》关于此句的翻译“亚当的后代记在下面”没有译出book(sepher)这个词,而这个词在这里又是作者强调的重点,所以此处译者用自己的话翻译了这句。——译注

② 德语,意为证明文件。——译注

当的后代与在第四章第十七节和第四章第二十五节开始的关于亚当后代的叙述不一致。如果它表面上有什么不足信的东西的话,那么就是这个被虔诚地保存下来然而又相互冲突的名单的集合。而且,我们必须提出这个问题:世界上谁会对这些名单及它们的真实性感兴趣?在寻找答案的时候,我们不可能详述游牧民族的风俗习惯和贝都因酋长记忆跨越大约四个世纪的十二代祖先的非凡能力。因为这些名单不是列举任何人还有记忆的祖先,而是利用这宗族的符号体系作为推测人类和世界之创造的一种工具而进行的建构。因此,假定古代的符号论者不像现代原教旨主义者那样天真,这种可信度一定不是想要加之于这些名单的细节,而是想要加之于这些名单意图传达的符号意义。

对于这种意义,《创世记》第二章第四节提供了一条线索:“创造天地的来历(toldoth)乃是这样。”这一段开始叙述上帝创造世界,但是使用了与宗谱名单一样的句式。① 那是一种奇怪的用法;因为名词 toldoth 包含了动词 yalad,意思是“产生”、“生出”,因此明明白白地不是指创世(creation)而是指生殖(procreation)。故此,我们必须假设这种奇怪的用法是有意而为,正是为了揭示在创世与生殖之间更深层的联系。该假设被这个奇怪的段落之后的内容所证实。因为对创世的叙述(第二章第四节至第七节)被描述成为一系列的衍生过程,在耶和华创造性的辅助之下,先前的东西孕育了后面的东西:

> 创造天地的来历(toldoth),在耶和华神造天地的日子,乃是

① 译者所参照的《旧约全书》英文版在叙述上帝创造天地和叙述宗谱名单时都使用了同样的句式:“These are the generations [toldoth] of……”《创世记》第二章第四节的英文原文是:“These are the generations [toldoth] of heaven and earth.”《创世记》第五章第一节的英文原文是:“These are the generations [toldoth] of Adam.”但是中文翻译很难用同样的句式表述这两种截然不同的内容。——译注

这样：

野地还没有草木，

田间的菜蔬还没有长起来，

因为耶和华神还没有降雨在地上，也没有人（adam）耕地（adamah）；

但有雾气（ad）从地上腾，滋润遍地。 213

耶和华神用地上的尘土造人，

将生气吹在他鼻孔里，

他就成了有灵的活人，名叫亚当（adam）。

没有任何现代的翻译能够完全表达出希伯来语文本的这种暗示，即第一代的造物，也就是天和地，变得具有生殖力并与耶和华合作进行这种创世工作。从雾气（ad）和耕地（adamah）的孕育中——在耶和华的制造和赋予生命的举动之下——产生了第二代的 adam，这个词同时具有人和亚当的双重含义。

当我们把这一段与亚当家谱的开篇段落放在一起比较的时候，前者在符号建构中的作用就会变得更为清晰：

这是记载亚当的后代（toldoth）的书（sepher）：

当神造人的日子，

是照着自己的样式造的；

并且造男造女。

在他们被造的日子，

神赐福给他们，称他们为人。

亚当活到一百三十岁，

生了一个儿子，形象样式和自己相似，

就给他起名叫塞特。

有了摆在面前的这个文本的语言结构,读者就不会怀疑亚当的后代延续了天和地的后代。作者们意图使创世和生殖的意义在一个协力完成的过程中融合在一起;存在的秩序注定产生于神的创造性的主动之举以及造物的生殖反应。因此,关于这些名单具有可信度的内容不是从现在活着的人们追溯到某个远祖的宗谱,而是从神开始生成的(generative)世系——生成这个词要在创造和生殖的双重意义上来理解。由神以及雾气和耕地的生殖反应一起创造的人,继续按照上帝的形象样式繁衍自身。对于现在活着的人来说,这些名单证实了他们是
214 与神相似的人——也就是说,他们是由人构成的介质(human medium),该介质应该通过在生殖上服从于神的创造意志,而在生成存在的秩序中协同合作。神对秩序的创造并非以人为终结。这项工作通过向人发出的诫命并要求他乐于服从而得以继续。固然,如果没有人,这种合作就不可能;因此,上帝向亚当(《创世记》第一章第二十八节)和挪亚(《创世记》第九章第一节)发出的保证其继续生存下去的基本诫命是"要生养众多,遍满地面"。但是这种在后代的层面上实施的律法将不足以实现存在的秩序;因为,正如经验已经表明的那样,不敬神的人类生养众多,甚至比以色列人更有效地遍及地面。故此,在神为贯彻特别的诫命而对个人和群体的选择中,以及这些被选个人和群体对神深信不疑的回应中,世界历史的过程达到了最高的层面。神与人之间的特殊关系通过圣约得到形式化。因而,圣约,即约,必然被列为除了律法与后代之外的,用于表达以色列历史思想的第三个伟大的符号。

作为一项总体法律制度的约,以及在耶和华和以色列人之间的伟大的约,将在本项研究后面的部分得到讨论。不过,我们必须保持这种意识,即当我们试图确定这个符号的史学功能时,我们是在处理被加之于另外两个符号之上的一层意义。这个问题与关于后代的问题类似。在关于后代的问题中,基本的制度是拥有一位声名显赫的祖先的部族。

部族的族谱是公共记录。于是，族谱形式被用于象征并非部族的群体之间的共同体纽带，比如，已经由伟大的约建立起来的以色列，其部族建构中的共同体纽带就是如此，还有对人类的起源和多样化的思考中的共同体纽带亦然。最后，天与地的后代被置于亚当的后代之上，因此人类的历史从一开始就将弥漫着神创造性地构建秩序的意志。在约的问题上，我们以相似的方式在制度的基础上发现了游牧部落之间，游牧民与农业定居群体之间，以及在对外关系的同盟中的联盟协定。于是，约的形式被用于象征耶和华与以色列人之间的关系，正如这种关系在西奈山得到确立一样。最后，为了史学的目的而把这一符号用于伟大的约，后者建立了以色列的历史的现在。 215

此外，为了更细致地确定其史学的功能，我们必须消除作为伟大的约之后果的、对这一符号的制度用法。西奈山圣约对于以色列来说变成了它与耶和华正式关系的原型。每当在关键时刻这种关系必须被解除或者恢复，或者当律法的内容必须得到修改的时候，那个神圣的法令都被塑造成与耶和华订立的、或在耶和华面前订立的圣约的形式。主要的事例有(1)约书亚之约，在“神的律法书(torah)上”体现了它的内容(《约书亚记》第二十四章第二十五节至第二十六节)；(2)在希西家改革时的希西家(Hezekiah)之约(《历代志下》第二十九章第十节)；(3)约西亚之约，把《申命记》介绍为“约书”(《列王记下》第二十三章第二节至第三节)；(4)前面提到的以斯拉之约(《以斯拉记》第十章第三节)；以及(5)尼希米之约，不过它没有被指为约而是指为公约(amanah)(《尼希米记》第十章第一节)。在这样的例子中，约是一个制度符号而不是一个史学符号。

在圣经叙事的摩西之前的部分中可以感受到其严格意义上的史学功能，正如在后代这个符号的例子中可以感受到的一样。在这里，似乎约这个符号被有意用于强调历史上大的重要时期。这些重要时期有(1)亚当，第一个人类；(2)挪亚，第二个人类；(3)亚伯拉罕的第一次出走;以及(4)摩西的第二次出走。显然正是祭司的(priestly)编写修订,即把这个符号拓展到摩西之外而进入史前史来强调这些重要时期,并且把特定的仪式制度归于早期的圣约。亚伯拉罕的故事通过上帝与亚伯拉罕之约(《创世记》第十七章第一节至第八节)而得到拔高,创立了割礼日(第十七章第九节至第十四节);挪亚的故事通过立约(第九章第九节)得到拔高,开始戒食血肉(第九章第三节至第六节)。虽然亚当时期没有以一个约为标志,但挪亚和亚伯拉罕时期的组成部分插入到这个故事中来,因此强调的效果是一样的。因为这条强调仪式的线索在《创世记》第二章第三节通过安息日的创立而得以继续。在《创世记》第一章第二十九节至第三十节中插入了一条奇怪的律法,显然是为了把亚伯拉罕时期与挪亚时期的立约因素联系起来。因为神与挪亚所立的圣约规定:“凡活着的动物,都可以作你们的食物,这一切我都赐给你
216 们,如同菜蔬一样。惟独肉带着血,那就是它的生命(nephesh,生命,灵魂的意思),你们不可吃。”[①]“如同菜蔬一样”这句是指之前的《创世记》第一章第二十九节至第三十节:“我将遍地上一切结种子的菜蔬……全赐给你们作食物;至于(有生命的)地上的走兽……我将青草赐给它们作食物。”给这些活生生的造物的诫命,一种“素食主义”的圣约,看上去像是祭司修订者的一种深思熟虑的建构,它把这种约的符号延伸到亚当时期。

---

① 关于戒血禁令的进一步解释,见《利未记》第十七章第十一节:“因为活物的生命是在血中。我把这血赐给你们,可以在坛上为你们的生命赎罪;因血里有生命,所以能赎罪。”在这里翻译的困难与我们翻译荷马所使用的希腊语 psyche 的情况相同(而中文的转译就更困难。——译注)。包含在血中的生命(life-soul)应该在本体论上与由上帝能够赋予生命的呼吸吹进人身上的生气(life-soul)(《创世记》第二章第七节)具有相同的本质。因此,不许喝被屠宰动物的血的禁令后面马上跟着这样的警告,即没有人可以使人流血,否则他自己的血也将为人所流,“因为神造人,是照自己的形象造的”(《创世记》第九章第六节)。

考虑到这种圣约符号被加之于《圣经》的历史叙事之上，并且强调了各个重要的时期，我们有理由谈一谈对于历史时期的一种自觉思考。我们已经提到了四个时期，从亚当到挪亚，从挪亚到亚伯拉罕，从亚伯拉罕到摩西，以及从摩西开始的时期。不幸的是，没有方法可以确定这种关于年代的推测在以色列的历史上可以向前回溯多远；我们仅仅知道现在这种形式的修订本源于公元前 4 世纪。因此，它当然要早于公元前 165 年的《但以理书》对于四个君主国的构建；而且它可能起源于放逐时期巴比伦的影响。但是不应该赋予这样的猜测太多的重要性。我们所能说的一切就是，这个数字“四”——它在宇宙论帝国的空间定位上有其符号功能——可能被转化为时间上的定位（temporal orientation）。那种情况可能在以色列历史上的任何时刻发生，因为数字四的符号体系没有任何秘密。

约与后代都被用于对各个历史时期进行符号化。如果对于这种深思熟虑的意图——作为组织安排该叙事的基本动机——还有任何疑问的话，那么这种疑问也会被早期基督教史学中仍然由这种符号体系构成的用法所消除。因为《马太福音》最典型地体现了以色列人的风格，它以“亚伯拉罕的后裔，大卫的子孙，耶稣基督的家谱”开篇。希腊语 217
biblos geneseos 是《旧约全书》希腊文译本对 sepher toldoth（也就是《创世记》第五章第一节“亚当的家谱”①）的翻译。于是，在《马太福音》第一章第二节至第十六节中，按照上下传承的线索，从亚伯拉罕到耶稣之间的各个世代都得到了记述，而《路加福音》第三章第二十三节至第三十八节以传承的线索追溯了从“依人看来，约瑟的儿子耶稣”到“神的儿子亚当”的族谱。固然，由这些族谱所涵盖的时期被基督教化了。亚伯拉

---

① 沃格林原著的英文是“Book of the generations of Adam”，译者所参照的中文版《旧约全书》没有译出“book”一词，考虑到这里上下文的需要，译者对《旧约全书》中文版的翻译作了变通。——译注

罕是卓越的祖先,因为“地上万国都必因”他的“后裔得福”(《创世记》第二十二章第十八节);而大卫则是因为他经由拿单(Nathan)获得了神的启示:“我必使你的后裔接续你的位,我也必坚定他的国。他必为我建造殿宇,我也必坚定他的王位直到永远。”(《历代志上》第十七章第十一节至第十二节)尽管这些时期已经被基督教化了,但数字四还是被保留下来;仍然存在四个时期:从亚当到亚伯拉罕,从亚伯拉罕到大卫,从大卫到放逐期,从放逐期到耶稣(《马太福音》第一章第十七节)。在基督教和现代的思考中,历史的时期化这个重大问题持续地回溯到了以色列的诸位史学家。

第三节　史学的动机

这些历史学家的著作产生了一个从世界的创立到耶路撒冷的陷落的叙事。该叙事是关于某事物的故事,而无论该事物可能是什么,它都处在主题与该史学著作的关系之中。至少它对于现代人的思想来说是如此,因为现代人会想当然地认为历史一定是关于某事物的历史。

但不幸的是,它并非如此。在本章最初的几页中,我们已经警告过大家**史学**和**历史主题**这两个术语充满了棘手的问题。我们的思考现在已经把我们带回到了这些难题的中心地带。

一旦我们意识到该叙事在众多事情中还包括了对于上帝创世的说明,那么这一点就变得显而易见,即**历史主题**这个词汇如果不加限定则不适用于该叙事的内容。这样一种记述不是关于历史学家——或就此而言,任何其他人——所见证的事件的一套陈述(propositions)。上帝创
218 世的故事、挪亚和大洪水的故事、巴别塔的故事等等,都是神话;它们的“主题”不是这些故事的内容而是依靠这些故事得以符号化的经验。因此在漫长的叙事之后,这部史学著作产生的不是任何东西的历史,而是一个有意设计的神话。更进一步,神话与历史不是该叙事的明确分离

的部分，而是彼此缠绕在一起。严格意义上的历史主题越来越多地进入到祖先故事的进程中，并且在大卫帝国和诸王国的历史中显得格外重要，但是神话从未完全消失。而且，我们甚至不能说当该叙事越来越接近它的终点时神话的成分逐渐淡化，因为到最后它在“发现”《申命法典》（Deuteronomic Code）的故事中包含了一个极好而复杂的神话样本。自然，历史的元素在对这一发现的说明中清晰可辨。我们能够辨明该法典的作者身份，它被“发现”的巧妙时机，以及对神话的设计。但是这些因素都牢牢地嵌入该发现本身的神话之中，以及把该法典展现为一系列由摩西的演讲所传达的神的诫命的神话形式之中。因此，只有一次，我们拥有了一个真正的**关于**摩西的神话，它与摩西创造的那些符号不同。以色列的叙事者接受了关于这个发现的神话，并且把它当作历史一样记录了它的内容；在这样做的时候，他不可避免地告诉我们，在历史事实上，这样一个神话是被《申命法典》的“发现者”设计出来，并且真的被他们制订成法律的。叙事者不是受到该神话欺骗的人，因为他属于那个创造了该神话的圈子，甚至可能参与了它的创造。他的态度与孟斐斯神学（Memphite Theology）的作者们的态度非常相似。他能够设计一个神话并且同时相信它，因为该神话体现了一种经验的真理，即《申命法典》的诫命真正恢复了由摩西所传达的秩序真理。摩西十诫（Mosaic Instructions）的真实性被体验为对那个年代的重新发现。关于这个发现的神话——它已经被人当作历史接受了——是表达这种真实性的一种微妙而有效的方法。

所以，这部史学著作包含了真正的神话，真正的历史，还有历史、神话以及由神话——它是我们在《申命记》事件中发现的——制定而成的法典这三者的奇怪混合。这三种类型的内容融合在一个新型的故事中，它既不是神话，也不是实际的历史，而是之前分析过的“世界历史”，219
其经验上的内核在由摩西和圣约所建立的历史的现在中，而对它的详述是通过对存在的起源以及对世界历史诸时期的思考而完成的。因此,该“叙事”已经吸收了各种类型的材料,并且根据它自己的建构原则改造了它们。它是一种独特的符号化形式。所以,当我们现在再一次提出关于该叙事的“主题”的问题时,我们被推向这个结论:它没有“主题”,而只有一种意义,该意义唯有借助这种形式的经验动机才能被确定下来。

这个宏大叙事(great narrative)完结了,此发现为我们提供了一条了解这种形式的动机的途径。当以色列和犹大王国从政治舞台上消失的时候,以色列的历史学家丧失了他们对于世界历史事件的兴趣。但是如果我们认为以色列史学的主要目的无疑是通过圣约建立起这个民族,此外,该叙事用例证的方法详述了该民族在神的诫命之下的生存,那么并非如此显而易见的是:该叙事确实应该已经终结了,或者如果它已经终结了,它应该终结于这个特定的点上。如果从表面价值上看待该叙事,那么我们宁愿期待它得到了延续并绵亘至今,只要还有以色列人活着并且有能力从事这样的工作。

为了解释其终结的奇怪之处,我们必须假设这个宏大叙事的基本动机根本不是对于世界历史的兴趣,而毋宁是对于建立一个王国——这个故事会随着王国的终结而终结——的兴趣。这个假设被文字历史的事实所证实,因为历史的书写确实是从所罗门时代开始的,而它的第一个主题就是该君主国的起源。而且,J 和 E 传统被编成条理连贯的故事,并可能被用于在王国之下的写作,而且由于它们所处的历史形势,它们意图成为以色列人——他们被组织成为国王领导之下的民族——的早期历史。

不过,如果王国的建立提供了史学的基本动机,至少就书面历史而言,在这两个主要事件——以色列民族正是通过这两个事件建立起来的——之间似乎就会发展出一种冲突。因为就下述意义而言,成文的
220 历史那被假设的基本动机与该史学著作的内容相矛盾:根据该叙事本

身，以色列历史的焦点不是该君主国的兴起，而是该民族经由摩西时期诸事件的建立。

为了消除这种冲突，君主国的建立一定要被看作是对于以色列的意义远比它根据这叙事看上去重要得多的事件。先知们对于国王行为、外交政策和社会弊端等种种不公正的关注已经给君主国投下了阴影并且将其实际成就减到最低，同时又把所谓的征服迦南地这种相当灾难性的事件提升为英雄壮举。如果我们透过这种例证的编写修订而看到这些事件——它们作为吁求一位国王的先导——的实际内核，那么以色列对迦南的入侵仅取得了部分成功，他们所取得的立足点是不稳定的，非利士人的进攻用近乎消灭的方式使对手减员从而威胁以色列人的地位。这种局面必然真的让人感到绝望，因为君主国之前的以色列实际上只是基于各个部落未加组织的自发意愿形成的，通过圣约的纽带统一起来，以便在受到攻击的时候彼此协助。这种自发意愿不仅是未加组织的，而且即使发生了致命的紧急情况也是全然不可靠的。在权力政治方面，我们将不得不这样说："征服"迦南地是对这个国家的一次非决定性的渗透，到了扫罗时代，它处于即将被有着更好组织的非利士军队消灭的边缘。只有通过接受王权统治并成功结束非利士战争，征服才能完成，或者更确切地说，它才能真的变成有效的征服。

如果据此来看待征服的历史，那么史学的动机就会丢掉它们表面上的矛盾。因为严格说来，王国的建立在以色列的历史范围内不是一个事件，而是一系列行动的最后一项内容，通过这些行动以色列进入到了历史的生存。自然，这一系列行动始于摩西的功业，即出埃及和立约，但却不是以它们为终结的，甚至也不是以入侵迦南地为终结的。这个民族在其领土上的政治组织，也就是对这样一种形式——以这种形式它可以在历史的舞台上表演并且使自己一直留在这舞台上——的创造，只有通过君主国才得以实现。摩西对该共同体实质的创造一定要以这种为了实际生存的组织为补充。以色列生存的成功完成将成为激 221

发历史书写的经验,因为现在这个组织起来的民族已经形成,关于它可以书写一部历史。该历史著作将使扫罗和大卫的统治以及所罗门的即位成为它的第一个主题,正如在一位不知名的作者所写的那些传记中所体现的那样,那些传记被当作J文献的核心保存在《撒母耳记下》第九章至第二十章和《列王记上》的前两章中。而且,很容易理解,它会随着王国的毁灭而完结,也就是说,随着这个具有激发动机作用的政治生存的消失而完结。

根据刚刚讨论过的这种观点,王国的建立变成了以色列史学的动机激发中心。特别是,历史从这个结晶点上向后回溯以便符合这个新政治组织的现实。以色列通过圣约而得以在实质上建立起来的故事,以及下迄非利士战争的征服,一定要先于诸王的故事。为了符合大卫王国的条件,这个史前史必须为犹大的部族分派一个合适的位置,虽然这位国王的部族实际上从未成为最初的以色列联盟的一部分。而且,现在已经明确变为以色列领土的迦南地的问题也必须得到解决。因为这个迦南地凭其自身已经成为一个古老的圣地。为数众多的圣殿——在征服者与被征服者相互依存的过程中被接受为共同的避难所——现在必须与真正的希伯来部落传统融为一体,以便这个整体能构成一个连贯的故事,那故事关于祖先们,以及他们与以色列君主国现有领土的古老关系。最后,建构于祖先历史之前一定要有一个从世界的创立开始的人类史,从而描述和解释该王国的种族—政治环境。因此,这部以色列的史前史是一部有意构建的著作;而在那个更大的史学著作中该组成部分的基本动机一定不能在摩西时期的诸事件中去找寻,而要到由君主国的成功所造成的政治局面中去寻觅。

因此,当以色列史学的两个焦点得到了承认,而它们之间的关系得到了理解之后,矛盾就消失了。不过,这个独特的具有双重焦点的结构将会引起一些疑虑。我们已经说到了王国作为史学的基本动机的建
222 立;当然,在该叙事的文字起源中这是清晰可辨的。然而,在最终的结

构中,它完全被摩西圣约的动机所覆盖。而且,我们必须考虑到,该叙事确实随着耶路撒冷的陷落而终结了,正如我们可能预料的那样,但是关于它的史学著作在王国终结之后又延续了两个半世纪,从最初动机的视角看来这是非常出人意表的。一般来说,在王国终结后仍在继续创作的这部著作在摩西十诫中包含了《申命法典》和《圣洁法典》;它还进一步贡献了对于历史上四个时期的思考;最后,它拓展并强化了对创世意义的思考。而且,通过把该著作分为《律法书》和《先知书》,它是如此严重地隐蔽了那个基本动机,甚至作为一个连续性叙事的世界历史的特点都变得晦暗不明。在这部王国终结后仍在继续创作的著作中,对摩西和圣约创造的共同体本质的兴趣完全优先于王国,故而它不可能被简单地当作一个"次要"动机来处理。

意义结构中的复杂性不可能通过牵强的解释,而只能通过对问题作更清楚的陈述才能够被消解。我们从这样的意见开始,即世界历史已经吸收了纷繁多样的材料,并且把它们融合到该叙事的介质中。这一叙事,与它的内容一起,被承认为一种独特的(sui qeneris)符号形式。它没有一个"主题";它的意义必须根据激发了建构它的那些经验来加以理解。文字的起源揭示了王国的建立是年代顺序上最初的动机;但是总体的建构,与其王国终结后仍在继续创作的长篇著作一起,使得由圣约创造的历史的现在,以及对于历史的创造性起源和分期的思考,成为其内容的支配性原则,虽然这种动机在年代顺序上是第二位的。因此,内容中动机的顺序与时间上动机的顺序相反。因此,说明该史学著作的这种复杂性的因素可以总结为下述三个命题:(1)在历史事件的顺序上,立约先于王国;(2)在叙事动机的顺序上,王国先于立约;(3)在叙 223
事本身的内容上立约支配着王国。

一旦认识到这个结构,它的意义就一目了然了。造成各种困难的原因是紧凑的秩序经验。我们已经提到了以色列历史的两个焦点,即通过摩西和立约创造了共同体的实质，以及通过君主国创造了以成功的现实生存为目的的政治组织。这就是那两个焦点，后来随着基督教的发展分殊化为神圣的和世俗的历史，分殊化为教会与国家。在以色列的历史上，这种分殊化虽然从未完全实现，但曾非常引人注目地开始；在力图打破秩序最初的紧凑性的过程中，在这两个焦点的等级关系上发生了奇怪的逆转。在“征服”的形势下，在有可能被非利士人消灭的威胁下，把这个民族组织在君主政体之下被理解为完成由圣约所加派的任务。而一旦君主国建立起来并调整自身适应内外政治的紧急情况，这个新社会秩序却明显根本不符合圣约的意图。因此，对于摩西及其诫命的浓厚兴趣——这最终导致王国看上去是一个重大的越轨——只是随着反对君主国才开始的。所以，君主国的建立在以色列的历史和史学上都变成了一个让人产生矛盾心理的事件。没有君主国，作为联盟的以色列可能早就消失了，在历史上几乎不会留下什么痕迹；有了君主国，它生存了下去但又背叛了摩西的诫命。没有君主国，先知们澄清了耶和华崇拜之意义的反对意见就不会出现；而有了一个成功地持续生存的君主国，先知们的耶和华崇拜可能永远都不能变成一种普遍性的历史力量。

以色列的紧凑性的本质前文已经定义为“这个内在于世界的具体事件对在该事件中被揭示的超越真理具有永久的约束性义务”。这种约束性义务到君主国建立的时候已经变得越来越沉重了，因为最初对迦南地的应许使得这个民族在世俗政治组织上的每一步发展看上去都是实现由圣约所开创的秩序。当先知们开始他们的工作时，它已经沉
224 重得令人惊愕，因为它已经聚集起这个民族经历过的各种文明秩序。这个民族从荒漠中的游牧生活水平开始；之后在迦南地具有了定居的农业人口的特征；最后它在君主政体之下发展成一种城市和宫廷社会。由于从一种文明秩序转向另一种文明秩序没有影响这整个族群，故而王国之下的以色列已经保留了各种记忆以及数量可观的处于边缘地位

的游牧社会的遗民，与此同时新的城市和宫廷社会则是暴虐而富有的阶级来统治一贫如洗的农民大众。而且，社会和经济变化伴随着信仰崇拜领域的变化。在迦南地的农业定居已经使这个民族深知有必要给予各个佑护农业丰收的神祇以充分的尊重；君主国新的权力地位使它——作为一种外交上的需要——强迫人们尊重外族的神祇，并且强行为外族神祇建立官方的教会。因此，当先知们表达出对这种新秩序的不满时，他们就处于一种独特的地位。他们当然有足够多的攻击目标。但是这种攻击必须以某种名义来进行；无论他们在哪里找到一个由此发起攻击的基础，他们都发现该基础被一种必须被消除的约束性义务拖累着。

攻击外族人总是容易的。因此对崇拜外族神祇的攻击相对简单而有效，虽然因其带来的政治后果，这种攻击证明是自杀性的。通过诉诸一种美其名为农民的生活——充满了独立、自由、富足与和平——来攻击新的上层阶级的道德邪恶却不是那么容易；因为现实中自由而独立的农民是那些沉湎于崇拜巴力（Baals）和阿斯塔特的人。因此，攻击上层阶级的外族信仰崇拜十分容易，因为反对一切外族事物的民族主义憎恨可以被选为进行攻击的基础。以自由农民的道德秩序为基础攻击上层阶级的道德秩序是更为困难的，因为农民本身的信仰崇拜的秩序也要受到攻击。因此，这种有着双重指向的攻击有一种倒退的趋势，退回到与耶和华建立的圣约之下的游牧社会秩序。在先知反抗北王国的暗利（Omride）王朝中我们发现，利甲族（Rechabite）游牧民的首领确实与先知以利亚和以利沙关联密切。不过，由于不止一个原因，倒退到游 225
牧文明是困难的。首先，人民总体上不愿意回到游牧生活。事实上，游牧生活对于迦南地的定居者来说已经变得如此遥远以至于在《圣经》中只留下了很少的关于它的记忆，比如孤立的拉麦之歌（Song of Lamech）（《创世记》第四章第二十三节及其后）及其对复仇的带着血腥味的自夸。有时，比如在夏甲的故事中，我们还是发现了分别反映游牧民和农民各自的传统观点的两个版本。[1] 但是该隐和亚伯的故事,举例说来,是农业定居者的创作,他们希望解释的基尼人(Kenite)的那种游牧生活方式,对他们来说已经完全陌生。因此,在反对王国的习俗时,游牧生活的道德规范不可能得到什么支持使其有任何成功的希望。人们不可能逆转以色列的历史而回到旷野之中。不过更糟的是,旷野时期的耶和华崇拜显然没有提供可以权威性地用来反对这个时代的种种邪恶的精神符号。我们不知道这个难题的确切性质,因为摩西时期最初的那些符号不能毫无疑问地脱离后先知时期的编写修订所创造的背景。但是我们确实知道需要全体先知们的努力来使耶和华崇拜的精神意义从一个意义体系当中分化出来,而该体系把这种意义紧密地包含在游牧部落的联盟下达的构建秩序的诫命之中。一旦这些努力取得了一定程度的成功,先知主义(prophetism)的反对性就倍加无用。因为实际上,随着王国的毁灭,这种反对已经丧失了它的目标;而在精神上,显而易见的是,一个以色列王国的生存与否对于在神面前的正义生活的基本问题来说是无足轻重的。

通过对比那个困扰着早期基督徒的相反的难题,我们可以更了解
226 这个以色列难题的性质。在基督教中,耶稣的箴言(logia),特别是登山宝训(Sermon on the Mount),已经有效地使信仰的意义以及精神生活与

---

① 在《创世记》第十六章中夏甲是一个野蛮的游牧妇女,她憎恨她的主母的卑鄙手段。她流浪到旷野上,并且在那里相当好地独立谋生。在那里她被告知神为她的儿子以实玛利准备的伟大命运。在《创世记》第十七章中她是一个无助的仆人,被赶到旷野上。在那里她等待着她的孩子死于炎热和缺水,而且必然期待同样的命运也降临到她的身上。神通过奇迹拯救了她和她的孩子,之后开始宣布那个伟大的命运。(在译者所参照的中英文对照版《旧约全书》的第十七章中并没有沃格林所说的第二个版本的夏甲的故事,可能是使用的《圣经》版本不同的缘故。——译注)在第一个版本中,旷野是人可以躲避定居社会压迫而到达的自由地带;在第二个版本中,旷野是人不愿去而被驱赶去的地方,在那里他由于无力维生而死。在两个版本中,亚伯拉罕都扮演了一个令人同情的角色,即一个为了他家中的和平而抛弃了他的妻子,并使她陷入悲惨境地的丈夫。

特定文明秩序的诸条件相脱离。这种分离确实有效，以至于不理解文明秩序的重要性对许多基督徒来说是一个严重的危险。虽然先知们必须努力使人们理解耶和华崇拜，以便反对以色列的具体社会秩序，但一系列的基督教政治家，从圣保罗到圣奥古斯丁，必须努力使人们理解内在于世界的社会和政治秩序的迫切需要。先知们必须说明，以色列的政治成功不能替代遵从神的诫命的生活；而基督教政治家则必须说明，信仰基督不能代替有组织的政府。先知们必须强调在以色列社会秩序中的地位并没有在神面前赋予一个人以精神地位；而基督教思想家必须强调在圣事上接受进入基督奥体不会影响一个人的社会地位——也就是说，主人仍是主人，奴隶仍是奴隶，小偷仍是小偷，长官仍是长官。先知们必须解释在社会上的成功不能证明在神面前的正义；而基督教思想家必须解释《福音书》不是社会真理，救赎不是解救社会的办法，总而言之，基督教不是个人或集体繁荣兴旺的保证。

精神生活与世俗生活的关系问题处于这些以色列难题的最底层而未加解决。我们得赶快说这个问题就其性质而言不能获得永久有效的解决办法。可以找到而且已经找到了暂时有效的平衡方法。但是习惯、制度化和仪式化不可避免地——就它们的有限性而言——迟早会退化为对无限精神的桎梏；之后，精神打破已经变成恶魔般束缚的平衡的时候到来了。因此，当我们说这个问题的特征是未加解决的时候，并没有暗示任何批评的含义。但正是由于这个问题在原则上是不能解决的，它在历史上独特的未加解决的状态才具有不可估量的重要性。在以色列，这个问题没有得到解决，因为它正处于从摩西时期的紧凑性向先知时期的分殊化发展的边缘。而且，王国的建立是一场特定的危机， 227
它揭示了对摩西创立的事业恶魔般的偏离。在这里我们见证了精神努力将自身从特定社会组织的桎梏中解放出来的过程中，经验的相互作用。具有真正的世界—历史重要性的那种努力已经通过它在经验上的各个阶段，决定了圣经叙事作为一部文学著作（literary work）的独特结构。 228

第三部分
历史与符号的轨迹

这部史学著作最初被君主国的建立所支配。随后在先知运动的冲击下，兴趣的重点从成功而富有实效的生存转向了圣约之下的实质性秩序。最后，放逐期和后放逐期的历史学家们用附加的法典使《五书》的分量大大加重，围绕着所罗门神殿与耶和华崇拜的纯洁性来建构王国的历史，并且添加了对世界历史各个时期的思考。

但是，兴趣的这种根本转换没有促使历史学家们抛弃先前几代人的工作。结果是，这部完整的著作采取了我们在前一章中分析过的独一无二的符号形式。一方面，该叙事的形式把多种多样的神话和历史内容吸收到它的材料(medium)中，并且将其改造成为例证的世界历史。另一方面，作为结果的世界历史不是单独一位历史学家——他将最初的资料来源融汇贯通，并且把他自己的文学风格强加于这些原始资料——的作品。毋宁说后来的历史学家通过选择，压制、破坏、插补以及上下文潜移默化的影响而实现了期待中的意义上的变化。因此，该叙事以这种支离破碎的形式，包含了相当数量的原始资料，它们虽然脱离了自己的上下文，仍然能够展示它们最初的意义。

这种文学形式的独特之处是由一个秩序的诸问题从本质上决定的，该秩序在一种遵从神的诫命生活的正义性与一个民族为了历史上

的生存而建立的组织之间摇摆不定。固然,宇宙论符号体系的紧密性
229 被关于耶和华的经验所打破,但是用新的符号对这种经验进行的详述却从未完全洞悉存在中的飞跃对精神生活和世俗生活的各种后果。因此,以色列的符号具有一种令人难以理解的结构。也许那就是它们的本质在关于该主题的文献中很少能够一目了然的原因。先知们的耶和华崇拜看上去仍然是以色列对人类文明最被公认的"贡献",而关于有组织的生存的符号似乎与当时的宇宙论神话关联如此紧密以至于很难确定以色列的与众不同之处。

我们必须正视秩序的复杂性,正如我们必须正视该史学著作相应的复杂性一样。既不存在一个为神学家和《旧约全书》学者们所喜爱的、关于圣约和先知的"宗教的"以色列,也不存在一个受研究实际历史的历史学家们优待的"政治上的"以色列。只有这一个以色列,它试图在以圣约为中心的历史形式下生存,尽管与此同时无论哪里出现了实际生存的紧急情况,宇宙论神话都会悄然回归。虽然这些形式上的因素在原始资料中可以被很好地分辨出来,但我们必须拒绝这样的诱惑,即把这些因素彼此隔离开来,并且像人们经常做的那样,谈论在圣约之下的真正的以色列秩序以及由于"东方的影响"对它造成的损害。因为人民——他们对自己的神的理解尚不完善,他们为了迦南人、亚述人和巴比伦人的神祇而抛弃了它,他们甚至把它降格为与其他神祇处于同一等级的神,而且可能还不是最可信赖的神——与那些先知们一样代表以色列,他们有同样充分的理由背叛,正如先知们有同样充分的理由反对一样。在考虑各种形式因素之间的紧张关系时,这样做可能反而更好:根本不对这些形式作出区分,而是降到经验的层面上来谈论这两种经验力量,其中一种力量推动了一种遵从耶和华的生活的完全实现,另一种力量又把这个民族拉回到宇宙论形式中生存。因为,如果这种张力以具有经验力量的语言表达出来,那么将变得更为明了的是:以色列的符号,即使当它们非常接近周边文明的宇宙论符号体系时,仍

然承载着对耶和华崇拜的反对，或者从耶和华崇拜的倒退；而先知的符号，即使当它们最接近一种对神的超越的普遍主义理解时，仍然承载着 230
以色列实际生存的问题。

这两种相互对抗的经验力量在对这部史学著作的创作中遭遇了彼此。口述和书写传统的碎片被合并到这个宏大的叙事中，因为关于以色列为了在实际历史中生存而斗争的历史，在事件的每一个转折点上，都夹杂着它与圣约秩序的关系。实际发生的事件本身已经取得了一种符号意义，无论是基于对圣约秩序的实现或背叛，还是基于在神的意志与世俗生存的条件之间达成的诸般妥协。这些事件已经在传统中留下了它们的符号轨迹。后来的历史学家可以沿着这轨迹而行，并且根据圣约的秩序以例证的方式拔高这些事件，但是他们肯定不想破坏历史，这种历史本身已经变成了启示的符号。

前面的思考将会引导我们展现以色列的秩序符号。在当前这项研究的第三部分，我们会驻足于实际发生的事件的层面，并且沿着从亚伯拉罕的传统到北王国的终结这一期间这些事件的符号轨迹而行。当以色列的历史在世俗世界的灾难中完结时，大部分的兴趣（在公元前 8 世纪的犹大王国时）便明显转向了根据西奈启示而对正当秩序所作的阐明。因此，这项研究结尾的第四部分将论述摩西和先知们的符号体系。 231

第七章
从宗族社会到王权统治

第一节　亚伯兰的故事

希伯来部族对迦南地的渗透,正如在祖先们的故事中可以被看到的那样,开始于公元前第二个千年的前半叶。对于早期希伯来的秩序形式,没有可以可靠地确定是与这些事件处于同一时期的原始资料保存下来。不过,在《创世记》第十四章中讲述的亚伯兰的故事,为我们提供了一条了解当时的政治形势以及那个时代的希伯来思想的路径。

一、耶和华与亚伯兰的约

亚伯兰的故事开篇简述了美索不达米亚四个王的联盟与迦南地五个王的联盟在死海(the Dead Sea)的山谷中交战(《创世记》第十四章第一节至第三节)。迦南王集团已经事奉埃兰的基大老玛(Chedorlaomer)十二年了;在第十三年他们背叛了;第十四年,基大老玛及其盟友便与迦南人作战(第四节至第五节)。战争采取了入侵迦南南部诸部族的形式,袭击接近了反叛的中心(第五节至第七节)。交战发生在西订谷(valley of Siddim)。迦南五王战败;所多玛(Sodom)和蛾摩拉(Gomorrah)遭到了劫掠;胜利者离去了,掳走了亚伯兰的侄子罗得(Lot),当时罗得正住在所多玛(第八节至第十二节)。掳走罗得导致了亚伯兰的干预。一个战争的幸存者报告了罗得被掳走的消息,于是亚伯兰与他的同盟者和扈从一起追赶美索不达米亚诸王。他打败了他们,重新夺回了全部被夺走的东西,包括他的侄子罗得,然后返回(第十三节至第十六节)。在他回来的时候,他受到了所多玛王以及耶路撒冷的国王兼祭 233
司麦基洗德(Melchizedek)的迎接(第十七节至第十八节)。亚伯兰用所得的十分之一作为礼物来回报麦基洗德的祝福(第十九节至第二十节)。所多玛王只要求还回他的人口,并说亚伯兰可以保留其他的战利品(第二十一节)。但是,亚伯兰交还了所有的东西,除了他的仆人所吃的,以及他的同盟者应得的部分(第二十二节至第二十四节)。

作为一部文学作品,《创世记》第十四章的故事是个奇怪的障碍(erratic block),因为它不能被归结到《五书》的任何一个主要的资料来源。到《创世记》第十三章为止,叙事利用的是J和P资料来源;从《创世记》第十五章开始,E资料来源崭露头角。《创世记》第十四章显然是一个独立的耶路撒冷的传统;其当前的形式要归功于为了宣传大卫王朝而重铸一个更为古老的亚伯兰传统这一假设几乎肯定是正确的。这个故事在《创世记》的上下文中的作用就是通过它当前的形式,构想了关于一段祖先的冒险经历的原初传统。①通过那个最初的内容,这个故

① 关于这个故事在大卫王朝政治中的作用,见后面的第九章第四节。关于《创世记》第十四章的较早的观念,参见 Hermann Gunkel, *Genesis* (Goettingen: Vandenhoeck and Ruprecht, 1910), 以及 Otto Procksch, *Die Genesis* (Leipzig: A. Deichert, 1913)。贡克尔假设,一位犹太英雄取得的巨大胜利对于后期犹太历史的种种传说——比如在《历代志》和《犹滴传》(Judith)中——来说是具有典型特征的。它是对政治上虚弱无力的一种弥补,比如在《以斯帖记》中那样(289 ff)。普洛克把这个故事放到希腊时期,并且把它的创作

事把它自己的年代定位于“示拿王暗拉非（Amraphel）时期”。把暗拉非确定为汉谟拉比是可能的；而其他三位美索不达米亚王的名字也已经被试探性地确定下来。但是，根据巴比伦的资料来源，不可能找到这样一个时代，使具有这些名字的任意四个王成为同时代人，并且从事这种性质的远征。因此，与迦南敌对的诸王一定不能被认为是历史人物，而要被认为是汉谟拉比时期的四个主要民族，即埃兰人、巴比伦人、米坦尼人（Mitanni）和赫梯人的代表。[①]我们可以认为，故事的这个部分不过是想要确定在埃及人征服巴勒斯坦之前发生的事件的年代。此外，麦基洗德的片断（第十四章第十八节至第二十节）早就被怀疑是后世的插
234 补，因为假定公元前第二个千年的前半叶耶路撒冷有一个大祭司被认为犯了年代错误。这个怀疑永远不能得到证实，因为我们现在知道迦南诸城确实有过大祭司。[②]没有理由认为耶路撒冷当时不应该也有大祭司。因此，我们应该假定这个故事，无论在名字和实际的细节方面如何混乱不清，但在当时形势的典型特征方面却包含了一个真正传统的内核。这个故事的意义，正如《创世记》中关于祖先历史的上下文所传达的那样，必须被当成真的来接受，因为它没有包含任何内在不可能的东西。

这个故事揭示了一幅丰富多彩的政治场景。首先，有迦南的城市国家——所多玛、蛾摩拉、押玛（Admah）和比拉（Bela）——的王；后来又来了一位耶路撒冷的祭司兼国王。在约旦以东和以南生活着土著的原始民族，他们变成了美索不达米亚人入侵的第一批受害者。他们带有这样的名字，如Rephaim（巨人），Emim（恐怖），Horim（穴居者），以及

欲望归结为企图为亚伯拉罕在世界历史上留出一席之地。在麦基洗德身上他看到了第二神殿的大祭司投射到过去的一个权威化的形象（514 ff）。

① H. S. Nyberg, “Studien zum Religionskampf im Alten Testament”, *Archiv fuer Religionswissenschaft* 35（1938）：358.

② Albright, *Archaeology and the Religion of Israel*, 108.

Zuzim(可能与《申命记》第二章第二十节的 Zamzummim 相同,意思是大声喊叫者)。[1] 这些城市国家的诸王必须被认为最初是独立的统治者。但是在这个故事发生的时期,他们已经集体成为一个外族势力的“仆人”达十二年之久,当他们打破其受奴役状态的时候,他们在战场上以同盟国(chaberim)的形式出现。袭击东部和南部的原始部落的原因不明,除非这些城市国家对它们施加了某种统治权,否则对这些部落的劫掠式袭击将成为对诸王的一种经济打击。

除了这些城市国家之外,还存在一个它们控制之外的假设的乡村地区。亚摩利人定居在那里,他们成为亚伯兰的同盟者。最后,在从亚摩利人那里租赁和购买的土地上,生活着一个像亚伯兰一样的希伯来酋长,他为了一次战斗可以集合超过三百名出生于这个家族的训练有素的扈从。在约的主人(berith-masters)的关系上,也就是在这块土地上 235
的统治者(lords)与他们的附庸之间的关系上,亚摩利人支持亚伯兰的行动。如同事件的进程所揭示的那样,这个约本来就规定了一旦发生战争必定给予援助;因为在故事的结尾,那三个亚摩利人出现在亚伯兰的远征军中,并且同样有资格分得一份战利品。但是,亚伯兰与亚摩利人之间的这种约的关系,对于一个身在迦南的希伯来人来说并不是唯一可能的关系。侄子罗得定居在所多玛城,虽然他的身份,可能是一个(受保护的居民 ger),没有被指明。罗得在所多玛的身份似乎与亚伯兰

---

① 我们对迦南地的土著人所知不多,只知道与希伯来人相比,他们的身材看上去异常的高大。Rephaim(巨人)是被用来指代那些原始居民各个分支部分的一个属类词汇(《申命记》第二章)。这样一个迦南的巨人族的存在,现在在《圣经》的传统之外,通过提及“但以理这个巨人族人”(Daniel the Raphaman)(“The Tale of Aqhat”, trans. Ginsberg, in *ANET*, 149 ff)的乌加里特文本得到了证实。一部分“巨人的后代”活存下来到了以色列时期,变成了非利士人的士兵(《撒母耳记下》第二十一章第十六节至第二十二节)。这些巨人中最著名的是歌利亚(Goliath)。

的身份没有关联。不过在罗得与亚伯兰之间有一种盛行的宗族法律，使亚伯兰有义务去营救他被绑架的侄子；结果是，亚摩利人作为约的主人其战斗力开始发挥作用——如果不是因为约，他们似乎就不会关心迦南诸王的事务。但是并不一定会出现这样的漠不关心，因为美索不达米亚人对土著民部落的袭击也延伸到了哈洗逊他玛（Hazazon-tamar）的亚摩利人身上。因此，亚伯兰的约的主人可能最终通过他们的亚摩利亲属而卷入亚伯兰的远征。

所以这个故事部分明指、部分暗示在迦南地的各个政治集团之间的关系是一个错综复杂的系统，如果没有为这个地区的各个集团所共同接受的神的法令，那么该系统就很难恰当地发挥作用。假定有一个共同的神作为政治契约的监护人——这个神在希伯来语中是 baal berith（约的巴力）——或许可以解释战争之后耶路撒冷的祭司兼国王的出现。他以“至高的神的祭司”（priest of El Elyon）的身份带着饼和酒出场。他在下述两小节中为亚伯兰祝福：

> 愿天地的主、至高的神，赐福与亚伯兰。
> 至高的神把敌人交在你手里，是应当称颂的。

麦基洗德所祈求的神的名字与以色列的耶和华或埃洛希姆不同；但是在其他方面，我们对他的本质一无所知。英文的翻译“至高的神”（the highest God），虽然准确，同样没有提供进一步的信息。[①] 但是这里
236 乌加里特的发现再一次帮了我们的忙。迦南人确实有一个至高无上的神——风暴神哈达（Hadad），简称巴力，是万神之王；这个巴力的标准称号之一是 Al‘iyan，即“获胜者”。巴力作为迦南万神之最高神的至上性

① 钦定本（Authorized Version）的翻译有“the most high God”。芝加哥译本，莫法特译本（Moffat），以及美国犹太出版学会的译本“God Most High”。

很早就被建立起来，最晚也在公元前15世纪。[1] 这个巴力必然是耶路撒冷这个神殿国家（temple-state）的至高的神，他通过他的祭司兼国王麦基洗德来赐福，并且由于他把敌人送至那些承认他的人之手而在一次成功的战争后取得战利品的十分之一。

亚伯兰是那些承认迦南的巴力的人之一。不过，虽然准备让巴力享有他的那份战利品，但除此之外亚伯兰对他的忠诚有所保留。在麦基洗德的片断之后，所多玛王提出让亚伯兰分享战利品；但是亚伯兰以激烈的、几乎是污辱性的语言拒绝了这个必然应该被看作是慷慨的馈赠：

> 我已经向天地的主、至高的神耶和华起誓：
> 凡是你的东西，就是一根线、一根鞋带，我都不拿，
> 免得你说："我使亚伯兰富足。"
> 只有仆人所吃的，并与我同行的亚乃、以实各、幔利所应得的份，
> 可以任凭他们拿去。

这是一篇生动有力的演讲；一种爆发，却在显露的边缘悬崖勒马，陷入沉默，从而覆盖了已经说出一半的东西。它揭示的东西不仅仅是一个骄傲的游牧民——他由于一位国王的慷慨而变得富足——的怨恨，如果这种情感确实发挥了重要作用的话。因为在公然拒绝这位国王的馈赠背后，还包含了对麦基洗德及其至高的神的拒绝。当亚伯兰向耶和华起誓的时候，他直截了当地为他自己的神盗用了巴力的称号。通过耶和华，他

---

① Albright, *Archaeology and the Religion of Israel*, 73, 195. 关于这个称号出现的文本，见"Poems about Baal and Anath", trans. Ginsberg, in *ANET*, 特别是 section V AB C, p. 136, 或者 Gordon, *Ugaritic Literature*, 32 ff。

发出了他未完成的誓言,即不拿走这位国王的任何财产。他公开声称不愿因这位国王而变得富足实际上是愤怒地拒绝因这位国王的巴力而变得富足。是耶和华,而不是麦基洗德的神,把敌人送到亚伯兰手里;是耶和
237 华,而不是耶路撒冷的巴力,祝福了亚伯兰;亚伯兰不会把他的繁荣兴旺归功于那个监督着迦南的政治联盟之间关系的至高的神,而是完全归功于耶和华。因此,亚伯兰把这位国王的馈赠减少到满足一个苦行者的花费的水平。

简单涉及这个故事的上下文就将排除对其意图的任何怀疑。当亚伯兰污辱性地拒绝因巴力的祝福而变得富足时,我们可以正当地发问:他将怎么样在至高的神佑护下的政治秩序中取得成功。当我们读到《创世记》第十五章开篇的小节时,这种顾虑就消解了:

> 这事以后,耶和华在异象中有话对亚伯兰说:
> 亚伯兰,你不要惧怕!
> 我是你的盾牌,必大大地赏赐你。

在这一章后面的进展中,耶和华与亚伯兰立约(第十五章第十八节),应许当亚摩利人罪恶满盈的时候(第十五章第十六节),他的后代将取得迦南的领土(第十五章第十八节至第二十一节)。《创世记》第十四章的意义通过这个续篇毫无疑问得到了澄清。亚伯兰正处在出埃及的困难形势中。实际上他已经离开了原来在迦勒底的家,但是在迦南地,他所定居的环境中周围人对人类和社会秩序的理解与美索不达米亚人并没有实质性的差别。他仍然是一个外族人,他的身份取决于他的约的主人们,也就是亚摩利人,后者在事物的精神秩序上的主要工作似乎就是累积罪恶,而他必须勉强接受这个在巴力之下的秩序体系。在精神上他深感不安。从迦勒底出走表明他不再能够心满意足地生活在宇宙论的经验和符号世界里,但是当他的灵魂向神敞开的时候,他在

那个向他敞开的新世界里的活动仍然缺乏保证。一方面，他与巴力妥协了——如果他想生存下去，他就必须这样做；另一方面，这个新的神已经强有力地控制了他，足以使他的灵魂紧绷，并且在一个关键的情形下导致了《创世记》第十四章第二十二节至第二十四节所记述的那种爆发。旧神与新神之间的张力确实很强，特别是由于这个新神的性质以及他的助力的大小根本不确定。至高的神从耶路撒冷的巴力转向耶和华留下了这样的疑问：耶和华是否就是真正的神或者只是与其他的神 238
相敌对的一个最高的神？而且，虽然亚伯兰拒绝在巴力的认可下到手的财富，但他不是不愿意发达；他不想为了耶和华而被毁灭。因此，他一定已经离开那个充满悲伤的动人场景回到家中。由于他的爆发他当然没有结交朋友。耶和华现在会保护他避免可能发生的后果吗？在他生命的这个关键时刻，"耶和华的话"传达给他，使他在这种情形中每一个感到不安的方面都得到了抚慰：(1)一般地使人镇定的"你不要害怕"；(2)在政治困难上"我是你的盾牌"；以及(3)应许"必大大地赏赐你"以弥补他的经济损失。

《创世记》第十五章的抚慰与应许巧妙地消解了《创世记》第十四章的紧张。约的符号的转变是一个杰作。在《创世记》第十四章中，亚伯兰通过他参与迦南的政治契约体系而受到束缚。他在人和神两方面都生活在巴力的统治之下：亚摩利人在政治关系上是他的约的主人(约的巴力)，而耶路撒冷的巴力是这个政治之约的监护人。在《创世记》第十五章中，当耶和华与亚伯兰立约的时候，解放的决定性的一步迈出了。固然，世俗的形势仍旧与现在的情况相同；但是在精神上的束缚随着约的主人的改变而被打破了。从现在开始，亚伯兰真正生活在其中的秩序已经从巴力的迦南地转变为耶和华的领地。束缚的符号已经变为自由的符号。而且，在这种情况下，与耶和华所立之约显示了它自身的特殊性质。在亚伯兰的世俗处境中，正如我们所说的，没有任何变化。这个新的耶和华的领地还不是身在迦南的一个民族的政治秩序；当时它

还没有越出亚伯兰的精神之外。这种秩序通过神的实在涌入人的精神
239 而发源于此人，并且从这个原点扩展成为历史上的一个社会实体。① 在它发端的时候，它只是一个笃信神的人的生命；但是这个新的存在，建立在存在中的飞跃的基础之上，孕育了未来。在亚伯兰的经验中，这个“未来”还没有被理解为来世（eternity）——根据它的判断，人生活在他的现在。自然，耶和华的约已经是来世在时间中的闪现；但是作为超越（transcendence）的“未来”，其真正本质仍然被历史时刻上的一个辉煌的未来这种感觉上的类比所遮蔽。亚伯兰得到了神对于他将在迦南的领土上有无数后代并取得政治上的成功的应许。在这个意义上亚伯兰的经验是“属于未来的”（futuristic）。它是那个贯穿以色列历史而进入犹大历史并导致大灾难的约的一个组成部分。不过，缺乏分化一定不能仅仅被看成一种瑕疵。因为正如前面已经讨论过的，紧凑的经验包含了紧凑性的纽带——在分殊化的过程中，这纽带失去得太过频繁——它把未分化的各种元素凝聚在一起。虽然这个约的种种应许仍然遮蔽着超越的意义，它们至少保持了这样的意识，即来世确实进入了历史的进程，即使经由世俗过程而对超越的完成是一个不可能通过这样或那

① 关于个人神区别于地方神或自然神的问题，参见 Albrecht Alt, *Der Gott der Vaeter: Ein Beitrag zur Vorgeschichte der Israelitischen Religion*, Beitraege zur Wissenschaft vom Alten und Neuen Testament, 3: 12 (Stuttgart: W. Kohlhammer, 1929)。精神上敏感的个人得到了一个至今仍不为人所知的守护神——它被命名为“某某的神”（God of N. N.）——的启示。阿尔特发现这样的个人神被前基督教晚期的帕尔迈拉文（Palmyrene）和纳巴泰（Nabataean）铭文所证实。Julius Lewy, “Les textes paléo-assyriens et l' Ancien Testament”, *Revue de l' Histoire de Religions* 110 (1934)。通过“你父亲的神”这样的措辞在公元前 2000 年的灰山（Kultepe）文本中的出现确证了由阿尔特所发现的现象。阿尔特注意到了在这种类型的神与作为个体的人之间的更为紧密的关系，以及这样一个守护神逐渐变为社会和历史的神的演变趋势（*Der Gott der Vaeter*, 46）。参见 Eichrodt, “Religionsgeschichte Israels”, 377—79。

样的迦南地或乌托邦得到解决的悖论。

《创世记》第十四章和第十五章合起来是一个珍贵的文献。它们描述了产生约的经验以反对迦南文明的宇宙论秩序的环境，以及这经验本身的内容。关于这个故事的可信性和年代的语文学及考古学问题现在将会呈现出不同的面貌。因为显然我们感兴趣的既不是这个故事的文字形成的年代也不是它的可信性，而是这个故事所传达的经验的真实性，以及这种经验发源的历史情境的可能时间。就其真实性而言，问题不是太难，因为没有人能够描述一种经验除非他曾有过这种经验，或者原本就有，或者通过想象的再现。进行这种文字定型工作的作者们 240
当然是通过再现而具有了这种经验；而以故事的戏剧化要点而娴熟地阐发它的意义表明他们对这个故事极其熟悉。对于谁最初具有这种经验这个问题的解答将不得不依靠这个常识性的论据，即具有这种经验并且能够服从其权威的宗教人物不是天上掉下来的。把他的灵魂向耶和华的话语敞开的那个人在精神上的敏感性；使这话语变成与当时的世界相对立的生存秩序所要求的信任和坚韧；以及把文明束缚的符号转变为神的解放的符号这种创造性的想象力——上述品质的结合是人类历史上伟大而罕见的事件之一。这个事件有一个名字就是亚伯兰。就这个事件发生的年代而言，我们无从依凭而只有《圣经》的传统，该传统把事件年代放在希伯来人定居迦南地的前埃及时期，也就是公元前第二个千年。因此，这个年代必须被接受。

二、政治形势的连续性

亚伯兰的约的经验没有随着拥有它的人的逝去而消失。关于它拓展成为一个共同体的秩序以及它传承到以色列时期的情况，我们通过各种可靠的同时代的资料来源不能有丝毫了解。自然，《圣经》的叙事追溯了从亚伯拉罕经由以撒和雅各到以色列的十二位祖先，进一步到寄居埃及,经由摩西恢复耶和华的秩序,出埃及,下迄对迦南的征服的线索。不过,这条传承的线索是高度形式化的。它没有告诉我们任何东西,而只有下面这个事实,即贯穿整个希伯来部族的历史,这种经验的涓涓细流一定持续奔涌从而通过摩西之约扩展到以色列的建立。不过,有一些资料来源——部分是外在的,部分是《圣经》的——指出定居在迦南地的希伯来宗族所处的一般形势是始终如一的,正如在《创世记》第十四章所描述的那样。这种经验得以保存所仰赖的历史环境的存在具有连续性。

正如《创世记》第十四章为前埃及时期所预设的那样,迦南地区在政治上表现为若干小的城市王国,对于喜克索斯王朝被驱逐以后的埃
241 及统治时期来说依旧如此,这经由亚马拿信札(Amarna Letters)[①]得到证实。[②] 帝国的行政管理,以及适度有效的军事占领,在埃及都落入了一位负责亚洲事务的官员手中。地方诸侯——其民族的多样性可能反映了现在已经被打破的喜克索斯王朝势力在民族上的各个组成部分——有相当大的活动自由,他们利用这种自由以争斗和联盟的方式来扩大他们各自的统治区域。[③] 在这种军事和政治形势中的一个重要因素是阿比鲁('Apiru)部落。[④] 在有些情况下,他们强大得足以用征服和支解

---

① 这些信札大部分是在大约公元前1400年到公元前1367年之间,由迦南的城邦诸王写给埃及亚门诺裴斯三世和埃赫那吞朝廷的书信。——译注

② 以亚马拿信札为基础的关于巴勒斯坦政治形势的分析,见 Meyer, *Geschichte des Altertums*, II/1, pp. 362—67。

③ 关于亚马拿时代与喜克索斯王朝时期之间的连续性,参见 Albrecht Alt, *Voelker und Staaten Syriens im Fruehen Altertum*, Der Alte Orient, vol. 34, no. 4 (Leipzig: J. C. Hinrichs, 1936), 34 ff。

④ 阿比鲁这个名字的意义以及谁是阿比鲁这个问题仍然有争议。阿比鲁('Apiru)这个名字在语文学上与希伯来(Hebrew)这个词有联系,这一点是可能的,不过由于考古学的原因必须受到质疑。但是关于阿比鲁在民族上就是希伯来人这一点几乎无人怀疑。

来威胁王侯的领土；在另外一些情况下，他们成为某些诸侯的盟友，与另外一些诸侯作战，并且得到土地作为回报。于是，一个诸侯与阿比鲁结成这样的同盟可以被解释为背叛了埃及的最高统治者；而另一个诸侯就会感到发动一场反对叛逆者的战争以维护埃及的秩序，并且附带以对手为代价来扩张自己的领土是正当的。这种政治形势从希伯仑（Hebron）地区的王舒瓦达塔（Shuwardata）写给法老（埃赫那吞，Akhenaton）的一封信中可以看得很清楚：

启奏国王我主，阿比鲁的首领已经起兵攻打由国王我主的神赐给我的土地；但是我已将他痛击。还要让国王我主知晓：我所有的弟兄们都已背叛了我，是我和阿卜杜·何巴（'Abdu-Heba）抗击了阿比鲁的首领。①

作为舒瓦达塔的盟友而被提到的阿卜杜·何巴是耶路撒冷的国王，他在亚马拿信札的其他地方是作为舒瓦达塔的敌人出现的。这两个敌手在此刻会携起手来，这表明阿比鲁的危险必然相当之大。来自阿卜杜·何巴本人的一封书信具有一种令人绝望的语气： 242

请我王忧心他的土地！国王的土地已经丧失了；全部都是从我这里夺去的……我已经变得像是一个阿比鲁，看不到国王我主的双眼，因为我正处在一场战争之中。我已经变成茫茫大海中央的一叶扁舟！强大的国王的军队征服了拿哈林（Naharaim）和库施（Cush）的土地，但是现在阿比鲁夺走了国王的城池。国王我主的

---

① 全部引文来自阿尔布莱特和孟登豪在 *ANET* 中的英译。舒瓦达塔的信，同注①，487。

> 地方长官已经一个不剩——全体阵亡了！[①]

最后，在比布鲁斯的瑞布·阿迪（Rib-Addi of Byblos）的书信中，亚摩利人出场了，他们与阿比鲁结成同盟。亚摩利人的首领阿卜杜·阿什塔（'Abdu-Ashirta），后来还有他的儿子们，威胁要与瑞布·阿迪的兄弟领导下的人马共谋夺取比布鲁斯：

> 看看我们的城市比布鲁斯！其中有国王的大量财富，那是我们祖先的财产。如果国王不以武力干涉来保卫这座城市的话，那么迦南地上的所有城市都将不再是他的了。[②]

迦南诸侯太过骄傲以至于在称呼像阿比鲁首领这样的游牧暴民的时候不用名字。因此，不可能把亚马拿时期的事件与圣经叙事中任何个人或部落的名字联系起来。而且，该叙事没有保留关于埃及统治时期希伯来对迦南的战争的任何记忆。为什么没有与埃及支配下的迦南相冲突的详尽参考资料，这个问题只能靠推测来回答。也许在阿比鲁入侵的时候，承载亚伯兰传统的那些部落搬到了事件发生的边缘地带。考虑到通过圣约建立的以色列民族还不存在，一群部落的战争业绩很有可能不被未直接卷入的部落关心。但是也有可能战争传统被后来的历史学家在建构祖先时代之时排除在外。《创世记》第十四章不仅仅作为一篇文学作品让人感到奇怪，而且也是因为它描述了这样一个祖先，他作为战神（war lord）率领着他小而精干的部队。一般而言，祖先们都被描写成为爱好和平的人。在这个故事中有一个疏忽（slip）是非常罕

① 亚马拿信札 288，*Syriens im Fruehen Altertum*，第 488 页及其后。

② 亚马拿信札 137，同上，483 ff。关于比布鲁斯事件，见 Meyer，*Geschichte des Altertums*，II/1，347 ff，360 ff。

见的,正如在《创世记》第四十八章第二十一节至第二十二节中我们发现的雅各一样——考虑到对他之前的事迹的记录,这有点令人惊异——他把“示剑”遗赠给约瑟,说这是“我从前用弓用刀,从亚摩利人手下夺的那块地”。根据亚马拿信札(特别见第289封),这种疏忽可能 243
是对那些导致示剑降于阿比鲁的诸般事件的一种回忆。①

幸运的是,圣经叙事保留了一些片断,能够揭示征服发生时期处在迦南的希伯来部落的政治形势,这形势与《创世记》第十四章以及亚马拿信札中描述的相同。《创世记》第三十四章以人格化的形式记录了一段部落史。把人名转化为部落名称,这段资料告诉我们一个叫底拿(Dinah)的希伯来部落与示剑这个城市,也就是约的巴力(Baal-berith)的所在地,达成了一个契约,包括联姻通婚(《士师记》第九章第四节)。西缅和利未两个部落憎恨这种安排并袭击了示剑城。但示剑人有效地进行了报复,这两个部落实际上几乎被摧毁。《约书亚记》第九章至第十章讲述了基遍(Gibeon)城的故事,该城在约书亚战胜了耶利哥(Jericho)和艾(Ai)城之后与他立约。当基遍(“一座大城,如都城一般”[第

① 我以可能的最简化的形式把自己限制在这样一般化的推测中。阿比鲁人与希伯来人之间的关系,在亚马拿信札中描述的事件与圣经叙事之间的关系,以及在亚马拿与征服迦南地之间的希伯来历史的年表,是一部多卷本著作的主题。不过机敏而富于想象力地试图重构从大约公元前1500—1200年这一时期的努力已经产生了令人信服的结果。只是没有足够的原始资料。关于这个问题的一个持平的概述,参见 Lods, *Israel*, 43—52, 181—89。只有一个细节应该被提及,因为它与连续性这个问题有关。雅各,也许还有约瑟的名字通过图特摩斯三世(公元前1490—1436[该年代与第四章中的译注的年代不符。——译注])的铭文中亚洲国家的目录被证实是迦南的地名。这样的目录的节选现在在 *ANET*, 242 ff。可以很容易找到。Jacob-el 这个名字被证实是埃及一个喜克索斯王的名字。参见 Meyer, *Geschichte des Altertums*, I/2, 321 ff。最近,对公元前16至13世纪这一时期最好的概述是 Albright, “Syrien, Phoenizien, und Palaestina”, 344—48。关于阿比鲁的问题,见 350 ff。

十章第二节])与入侵者达成协议的时候，迦南诸王受到刺激而采取了有力的对策。五位“亚摩利”王的联盟在耶路撒冷王亚多尼洗德(Adonizedek)的领导下围攻基遍。随后约书亚的胜利及其血腥的后果不必太过当真，因为耶路撒冷直到大卫时期仍是一座独立的城。

这些片断是重要的，因为它们证明了关于耶和华之约的经验其实际背景具有显著的连续性。在从公元前6到8世纪的任何时期我们都会遇到迦南诸王及其联盟、亚摩利人、希伯来人、一位耶路撒冷王、一个
244 约的巴力以及一个由各个政治行动者之间达成的契约所构成的体系。亚伯兰这个独一无二的天才通过与耶和华立约而获得精神自由时所处的环境，就是由希伯来部族结成的一个信奉耶和华的同盟在要维护其不同于周边迦南文明的身份认同时所处的环境。

第二节　底波拉之歌

一、耶和华崇拜向摩西时代的传承

关于耶和华的经验的产生背景、内容和年代，我们仅仅知道可以从《创世记》第十四章到第十五章中总结出来的那些东西。关于这种经验向摩西时代的传承，以及它从单独的灵魂的秩序扩展成为一个共同体的秩序，我们除了知道它得到了传承和扩展这个事实之外就一无所知了。《出埃及记》第十八章提供了关于这个事实的信息。

根据《出埃及记》第十八章，摩西和他的百姓们在奇迹般地逃脱追赶他们的埃及人之后，就在旷野上驻扎。摩西的岳父听说了这逃脱的经过，就赶来会见这些逃亡者。在《出埃及记》第十八章中，这个岳父被确定为米甸的祭司叶忒罗(Jethro)；而在《士师记》第一章第十六节中他被确定为基尼人何巴(Hobab)。抛开这些名字上的变化不谈(在《出埃及记》第二章第十八节他还有一个名字叫流珥[Reuel])，这个人物显然

是米甸人的基尼分支的祭司和首领。在与摩西的会谈中，在互致问候和交流讯息之后，叶忒罗说：

耶和华是应当称颂的，
他救了你们脱离埃及人和法老的手，
将这百姓从埃及人的手下救出来。
我现今在埃及人向这百姓发狂傲的事上，
得知耶和华比万神都大。

之后叶忒罗开始为耶和华献祭；而摩西、亚伦和以色列的诸长老都来与叶忒罗一起在神的面前吃饭。这种情形让我们想起另一位祭司兼国王麦基洗德，他以其至高的神的名义来与亚伯兰会见并为他祝福。但现在是耶和华占据了至高的神的位置；叶忒罗，而非摩西，是他的祭司。因此，这个会见的故事指出在基尼人当中有耶和华崇拜的经验，而且很有可能在摩西的时代，其他被统称为“米甸人”的部落中也具有这 245
种经验。[①] 而且，这个神及其崇拜都不可能是最近才兴起的，因为耶和华这个名字的意义已经被遗忘了，并且需要解释（《出埃及记》第三章第十三节至第十四节）。此外，耶和华被介绍为“你们祖宗的神”，也就是亚伯拉罕、以撒和雅各的神，因此显然在那些已经涌入埃及的部落中耶和华崇拜已然衰落了（《出埃及记》第三章第六节，第十三节）。

圣经叙事中的以色列是一个崇拜耶和华的近邻同盟。这个联盟包

① 基尼人与耶和华的特殊关系也出现在其他的资料来源中。使基尼人得名的祖先该隐，得到了“耶和华的记号”（《创世记》第四章第十五节），一个象征着这种宗教的成员资格的部落图腾。在王国时代，耶和华纯粹主义的狂热支持者之一是禁酒会（the Rechabite community）的创建者，根据《历代志上》第二章，他是一个基尼人。

括部落(matteh, shebet);由宗族构成的部落(mishpachah);由家族构成的宗族(beth-ab)。家族首领在宗族首领的领导下形成了一个民主的共同体,宗族首领的权威来源于一种自愿接受的个人权势。宗族是基本的宗教、军事和经济单位,其战斗力从三百人到一千人不等——可能更接近后者,因为eleph(一千)这个词流通时相当于mishpachah(宗族构成的部落)这个词。联盟中部落的数量是十二个,虽然被放进这个象征性的数字十二中的部落并不总是同样的一些部落。在定居迦南的时候,以色列在示罗(Shiloh)有一个耶和华圣殿的近邻同盟。

这个同盟于何时产生是不确定的。而且,一个叫做以色列的部落联盟先于摩西所创立的、在耶和华之下的以色列就存在也不是不可能的。关于以色列的生存,最早的外部证据是摩奈塔(Merneptah)时代的胜利颂歌(Victory Hymn),颂扬公元前1225年的一场亚洲战役:

> 特赫努(Tehenu)[①]被消耗殆尽;哈梯(Hatti)得到平定;
> 迦南遭遇劫掠,恶行昭彰;
> 亚实基伦(Ashkelon)被夺去性命;基色(Gezer)被捕获;
> 雅罗安(Yanoam)变成了不存在的空中楼阁;
> 以色列被洗劫,他的后代却幸免;
> 何鲁(Hurru)成了埃及的寡妇![②]

以色列这个词在铭文中是用来界定一个民族而不是一个地方的。
246 这将意味着,就在征服前后,在迦南或靠近迦南的地方,以色列处在一种变动不居的环境中。但不幸的是,这个时代埃及的文牍书记(scribes)

---

① 公元前3000年起,古埃及铭文中称埃及以西的北非各族为特赫努。——译注

② 由威尔逊译为英文,*ANET*, 378。

不再是可以信赖的，而且确实会出错，因此无法得出确定性的结论。[1]

二、底波拉之歌

关于以色列联盟的秩序的思想，最早的资料来源是《士师记》第五章中的底波拉之歌。它与公元前1125年的那些事件处于同一时代，而且可能其作者就是它所纪念的那场战役的一个见证人。作为一则原始资料它具有极高的价值，因为它不仅保存了关于该事件的"事实"，而且保留了戏剧性的经验。它与《士师记》第四章中对这场战争的散文式叙述一同提供了一幅相当清晰的关于早期以色列的耶和华秩序的图景，尽管文本包含了讹误。

在底波拉之歌的时代，希伯来部落对迦南地的渗透已经导致了对约旦以西三个不同地区的占领。北部的定居点围绕着加利利海（Sea of Galilee）呈弧形拓展，直到地中海海岸；中部的群体已经越过约旦进入撒马利亚（Samaria）[2]；从南部的渗透导致了犹大定居点的建立。这三个希伯来地区被迦南各个城镇的领土隔开。一条宽阔的迦南地带横亘在北部和中部的定居点之间，从海岸开始，穿过埃斯德赖隆（Esdraelon）平原，直到约旦，而南部的犹大与中部的以法莲地区（Ephraimite region）被一个城镇地带分开，该地带包括山上要塞耶路撒冷。南部定居点仍然软弱无力，在政治上不具有重要性；犹大甚至没有在底波拉之歌中被提及，显然还不属于以色列联盟。重大事件发生的舞台是北部地区，在那

---

① 关于这个联盟的形成及其历史，参见 Noth, *Geschichte Israels*, 关于"Israel als Zwoelfstaemmebund"的部分。

② 巴勒斯坦中部一古城，位于现今约旦的西北部，该城作为以色列北王国的首都建于公元前9世纪，于公元前721年被萨尔贡（Sargon）二世征服，公元前2世纪时被希律一世大帝推毁并重建，据传说施洗者圣约翰埋葬于此。——译注

里迦南诸王的联盟在外邦人夏罗设的西西拉(Sisera of Harosheth-goiim)领导下袭击以色列村落,目的是让北部和中部的部落保持分离状态,并且如果可能的话,限制他们领土的范围。主要的战役在接近米吉多(Megiddo)①的基顺(Kishon)河展开。猛烈的雷暴雨使地面变得泥泞不
247 堪,因此战车无法发挥作用;溃败的迦南人在他们越过基顺河——它已经由干涸的河床变成了洪流——撤退时遭受了惨重的损失。迦南人的首领西西拉在逃跑过程中被一位基尼妇女所杀,而他本是到她的帐篷中寻求庇护的。

这支歌描述了在迦南人的掠夺下以色列乡村所受的苦难:

在亚拿之子珊迦的时候,②
大道无人行走,
都是绕道而行。
以色列中的农民停工,③

---

① 巴勒斯坦西北部古城,位于埃斯德赖隆平原的南部边缘。因其位于连接埃及和美索不达米亚的通道这一战略位置上,而成为早期历史上许多战役的发生地点。——译注

② 根据译者所参照的中英文对照版《圣经》,此处还有一句"又在雅亿的日子"(英文是"in the days of Jael"),但沃格林的《圣经》引文中没有这句。——译注

③ 沃格林原文引用的《圣经》,这一句的英文如下:"The work of the peasants had ceased in Israel",直译应该是"以色列中的农民停工"。但是译者所参照的中英文对照版《圣经》,这句依据的英文原文是"The peasantry prospered in Israel, they grew fat on plunder",也与中译"以色列中的官长停职"不相符合。出现这样的情况,可能是由于两者对希伯来文《圣经》的原文理解不同的缘故。这里根据沃格林的版本译出此句。在下文中,沃格林引述的《圣经》与译者所参照的中英文对照版《圣经》多有出入。在这样的情况下,译者都将主要根据沃格林的原文直译,并将在相应的译注中分别列出两种不同版本的英文,供读者参考。——译注

直到我底波拉兴起，
等我兴起作以色列的母。

底波拉是一位女先知，她通过她的歌（可能呼吁人们行动起来并且诅咒敌人）唤起百姓的抵抗。由于这个联盟无论在和平时期还是战争时期都没有永久性的组织，所以这位女先知所作的歌必须鼓动一位领导者，并且说服人民跟随他：

底波拉啊，兴起！兴起！
你当兴起！兴起，唱歌！

最后找到的领导者是巴拉（Barak），他曾经当过西西拉的俘虏，而现在有一个机会让他进行某种私人的复仇。但是这些部落没有全体参与到这项共同的事业中来。相应地，这支歌既有颂扬也有谴责：

以法莲冲进山谷……①
以萨迦（Issachar）的首领与底波拉和巴拉同来……
西布伦人（Zebulum）是拼命敢死的……

但是其他人踌躇不前：

① 沃格林原著的《圣经》原文是："Ephraim surged into the valley……"；译者所参照的《圣经》中英文对照本这句的英文是："From Ephraim they set out into the valley"，与沃格林原著相符；而其中文译为："有根本在亚玛力人的地，从以法莲下来的"，与詹姆斯王的《圣经》译本相同。——译注

在流便的部族中发生了激烈的争论……①
基列人安居在约旦河外……
亚设人在海口静坐……

不过这仍然是一次伟大的起义。这些部族从山上下来，根据战争的惯例，战士们的头发放了下来：

在以色列中当他们让头发飘扬，②
百姓也甘心牺牲自己，你们应当颂赞耶和华。
君王啊，要听！
王子啊，要侧耳倾听！
我要向耶和华歌唱，
我要歌颂耶和华以色列的神。

耶和华从他所在的遥远的南方赶来帮助他的百姓，驱动了他的风
248 暴战车：

耶和华啊！你从西珥出来，
由以东地行走。
那时地震天漏，

---

① 沃格林原著的《圣经》原文是："In the clans of Reuben great were the debates"；译者所参照的《圣经》中英文对照本这句的英文是："Among the clans of Reuben there were great searchings of heart"，其中译为"在流便的溪水旁，有心中设大谋的"。——译注

② 沃格林原著的《圣经》原文是："When they let stream their hair in Israel"；译者所参照的《圣经》中英文对照本这句的英文是："When locks are long in Israel"，其中文译为"因为以色列中有军长率领"。——译注

云也落雨。
山见耶和华以色列的神就震动。

他遇到了站在迦南一边的，这个国家在天上的统治者，米勒（Meleks）：[①]

米勒都来争战；
那时迦南的米勒在米吉多水旁的他纳（Taanach）争战，
却未得掳掠银钱。
星宿从天上下来争战，
从轨道上下来帮西西拉争战。[②]

但是他们的帮助对于西西拉和他的盟军来说无济于事，因为耶和华的风暴和洪水显示了威力：

---

① 关于后面的第五章第十九节到第二十节，我使用了由尼博格所建议的翻译，见他的 *Studien zum Hoseabuche: Zugleich ein Beitrag zur Klaerung des Problems der Alttestamentlichen Textkritik*（Uppsala Universitets Arsskrift: Almquist and Wiksells, 1935: 6），47："西西拉与以色列人之间的战争被描绘成为迦南的城市神与耶和华之间的战斗。"

② 这段引文来自《士师记》第五章第十九节至第二十节。沃格林的英文原文是："The Meleks came and they fought, then fought the Meleks of Canaan, at Taanach, at the waters of Megiddo. They won no booty of silver. From the heavens down they fought, the stars down from their courses, they fought on the side of Sisera." 译者所参照的《圣经》中英文对照本这段的英文是："The kings came, they fought, they fought the kings of Canaan, at Taanach, by the waters of Megiddo; they got no spoils of silver. The stars fought from heaven, from their courses they fought against Sisera." 其中文译为："君王都来争战；那时迦南诸王在米吉多水旁的他纳争战，却从未得掳掠银钱。星宿从天上争战，从其轨道攻击西西拉。"——译注

基顺古河把敌人冲没。

迦南人的溃败是毁灭性的。西西拉在他逃跑的过程中向基尼妇女雅亿寻求避难。她盛情接待了他,并且在他感到安全的时候,用帐篷的橛子刺穿了他的脑袋:

愿基尼人希百的妻雅亿,比众妇人多得福气,
比住帐棚的妇人更蒙福祉。

场景从西西拉丧命的贝都因人帐篷转换到了他的家,那里他的母亲正在等待他回来,并且不知道为什么他迟迟不归。这支歌兴致勃勃地细述了这位妇女期待的情景,这种期待很快就被那个噩耗粉碎:

他们莫非得财而分?
每人得了一两个女子?
西西拉得了彩衣为掳物,
得绣花的彩衣为掠物。
249 这彩衣两面绣花,乃是披在被掳之人颈项上的。

这支歌以这样的句子结篇,它们可能是后来加上去的:

耶和华啊!愿你的仇敌,都这样灭亡;
愿爱你的人,如日头出现,光辉烈烈!

后来的各个历史学派的评注和修订并没有妨碍到底波拉之歌;它的年代是如此之早以至于它尚未受到以色列—迦南的信仰调和的影响。它以质朴的形式清晰地描绘了一幅耶和华的以色列的图景,是这

方面现存唯一的文献。因此，对想要区分早期以色列的思想及其后来的发展，区分最初的以色列思想和后来迦南人所添加的部分的那些历史学家来说，它的每一个细节都具有无可估量的价值。在这支歌中变得清晰可见的这种早期秩序的主要特点如下：

一个以色列联盟确实存在，但是没有政治组织。单是这个事实就在很大程度上揭示了这个民族及其秩序的起源。因为如果没有永久性的组织，如果在出现紧急情况的时候临时应对的措施具有底波拉之歌所显示的那种危险，那么"以色列"永远也不可能"征服"迦南地；作为联盟组成部分的各个部落只能缓慢地进行渗透，埃及人的势力在这一地区的解体使这一过程成为可能。虽然这种渗透不完全是和平进行的，但也只包括部族与地方敌人之间的小摩擦，而不包括任何与迦南人的重大冲突，对于迦南人，只能通过整个联盟组织起来的军队才能加以应对。不存在政治组织是因为不需要进行国家规模上的军事努力。结果是，这个联盟的耶和华几乎不可能是个战神。确实，我们可以在该叙事中发现这样的蛛丝马迹：每当重大关头，在"祖先的神"出人意料地把自身显示为战神时，以色列人都感到惊喜，正如在《出埃及记》第十五章中米利暗的呼喊一样：

> 耶和华是战士，
> 他的名是耶和华……
> 你们要歌颂耶和华，
> 因他大大战胜，
> 将马和骑马的投在海中。

同样的惊喜的经验也遍及底波拉之歌，它反复强调在一场以色列的大战中各个部落的自发参与，以及耶和华的帮助。仅从这种惊喜的语气中就得出结论说以色列作为一个整体在西西拉战役前从未共同打 250

过一场仗(因此,在严格的意义上,从未在政治上生存过)是太过轻率了,但先前发生的类似事件肯定不够令人印象深刻,以至于没能在这个民族的记忆中留下痕迹。底波拉之歌很难被认为是一篇偶然被保存下来的偶然诗作。它必须被理解为是在歌颂这个伟大的事件——以色列首次把自身体验为在耶和华领导的政治行动中联合起来的民族。①

如果这种解读是正确的,如果与西西拉的战争确实是在建立耶和华领导的以色列上迈出了决定性一步的事件,那么这支歌的细节作为关于一个民族起源的信息来源就显得格外重要。固然,这种信息缺乏连续性,因为这支歌是一首诗而不是一篇专题论文。但是有些东西仍然变得一目了然。

为了战争而在军营中集合起来的战士被称作 am Yahweh,即耶和华的民(《士师记》第五章第十一节和第十三节)。神自己并没有与他的民一起同在迦南,而是从他远在南方的所在地赶来帮助他们(第五章第四节)。作为耶和华之所在的约柜,在这支歌中没有被提及;但是既然约柜一般来说是件靠不住的战争装备,从它被此歌遗漏这个事实中也很难得出任何结论。在后来的非利士战争中它具有一种重要的功用,但是它被证明是如此无效,以至于敌人将它夺走了。一旦它被夺走,无论它被放到哪里,它在传播瘟疫方面都变得非常有效;非利士人很高兴它能够物归原主。之后当它在自己的人民中间继续制造麻烦的时候,它被存放到一个谷仓中并遭到抛弃;没有了这个危险的物品,以色列非常成功地结束了非利士战争。最后,在征服耶路撒冷之后,它又被大卫记起来,并被放到城市的一个帐篷里。它从底波拉的战争中奇怪消失可能进一步指出耶和华从前不是一个战神,他在这方面的能力在那场战争中被发现是有用的。

---

① 该文本中的这些暗示是根据 Gerhard von Rad, *Der Heilige Krieg im Alten Israel* (Zurich: Zwingli-Verlag, 1951)的研究。

耶和华本身被体验为一个在自然力当中彰显自身的神。他的出现带来了自然的剧变：大雨倾盆、地震山洪，甚至星宿也参加了战斗。然而耶和华在他的风暴之中的显现不同于恩利尔展开的如同巨幕一般将乌尔覆盖的风暴。在“乌尔毁灭之哀歌”（Lamentations over the Destruc- 251
tion of Ur）中，埃兰的进攻被体验为恩利尔的宇宙风暴；在底波拉之歌中，真正的风暴被体验为耶和华的现身。在这场真实的风暴中把自身显示为耶和华的不是一场宇宙风暴，而是 zidekoth Yahweh（《士师记》第五章第十一节），逐字翻译是：耶和华的公义。这个用语的意思只能被推测为神的正义的作为（acts），以此作为他在人民之中建立的正当的秩序。耶和华作为神是在历史行动中把自身显示为真正秩序的创建者的。现在，这个概念似乎与埃及语中的正义（maat）相去不远，这正义既是神的正义，又是居间的（mediating）法老的正义。但是，耶和华的公义再次具有不同的面貌，因为没有一个居间的人能够把宇宙秩序转化为社会秩序。不仅是底波拉之歌，大体上也包括《士师记》的整个篇目的一个奇怪之处就是缺乏一个词汇来指代在发生危机的时候负责维持政治秩序的人。把底波拉称为 shophet，即士师，可能犯了年代错误，因为 shophet 这个词是《申命记》的作者在进行编写修订时创造的。但是底波拉至少可以把她的公共影响力归功于她作为一位女先知，即 nebijah（第四章第四节）所具有的公认的精神权威。① 但是对于战争领导者巴拉来说，则根本没有词汇来指明他的作用。战争中联盟的行动所依靠的具有超凡魅力的领导人，显然没有被设想为社会的宇宙秩序的一个类比物，后者要求通过符号来进行适当的表达。因此，尽管底波拉之歌很简短，但它准确无误地揭示了以色列与宇宙论文明的决裂。

---

① 可能甚至 nebijah 这个词的使用也犯了颠倒年代的错误。Nebi‘im 只被确凿地证明属于撒母耳时期。像底波拉这样的一个人物更有可能是一个 roeh，即占卜预言者（seer）。

这支歌颂扬了一场战争的胜利。耶和华领导下的战事相关的一些思想成为这支歌的预设，但要充分理解这些思想要求我们运用更多的资料来源。军事行动不计其数，但并非所有这些军事行动都是 milhamoth Yahweh（《撒母耳记上》第十八章第十七节；第二十五章第二十八节），即为耶和华争战，即使《士师记》有时给人这种印象；除了很少的例外，它讲述的仅仅是圣战的故事。为耶和华争战是全体人民的参与，如果不是在事实上，至少也是在意愿上。它们是根据一定的仪式进行
252 的。没有一个地方完整地列举了这个仪式的各个组成部分，而只能通过收集其散见于军事行动各个不同场合的片断才能获得其完整的内容。不过这种仪式的一般结构仍然能够从保留在《士师记》第四章第十四节至第十六节的简短叙述中发现：

> 底波拉对巴拉说："你起来，今日就是耶和华将西西拉交在你手的日子。耶和华岂不在你前头行吗？"于是巴拉下了他泊山，跟随他有一万人。耶和华使西西拉和他一切车辆全军溃乱，在巴拉面前被刀杀败。西西拉下车步行逃跑。巴拉追赶车辆、军队，直到外邦人的夏罗设。西西拉的全军都倒在刀下，没有留下一人。

这种仪式的开头在这段叙述中被遗漏了；从其他语境中可以获知的一些特征也没有被提及。在这段叙述之初，军队整装待发，准备投入战斗。但是在耶和华的民（am Yahweh）准备投入战斗之前一定要有些准备步骤。必须要有一个宣言，不是关于对敌战争的宣言，而是关于人民所处的紧急状态的宣言，这个宣言要通过号召战争的先知般权威来发出。随后，一个具有超凡魅力的领导人必须被激发起来行动，正如巴拉被底波拉所激发那样；这个领导人必须有足够的权威通过使者号召民众起来行动，例如在《士师记》第三章第二十七节或第六章第三十四节中的情形那样。在召唤之下，部落和宗族们的思考和行动带来了各

种不同的结果，正如底波拉之歌所指出的那样。军营中的战士们必须在仪式上保持纯洁，特别是要节制性欲，因为耶和华与他的民在一起。献出燔祭，获得神启。只有在那时，当一切似乎都是有利的，领导人（在目前的情况下，是底波拉命令巴拉）才会发出命令："耶和华已经把敌人交在你手中"；然后军队可以开始用完胜来执行这项命令。因为耶和华"在他们前头行"，是他在打仗，而军队只是执行的工具而已。作为耶和华的工具，战士们的特征是要求他们在精神上具有合格的条件。他们必须对耶和华有信心；他们必须自觉地意识到不是他们自己而是他们 253
的神在战斗并且赢得了战争。因此，在对米甸人的战争中（《士师记》第七章），耶和华告诉战争领导人他的军队过于庞大以至于不能把敌人交在他手中。以色列人可能自夸是通过自己的力量赢得了战争。军队的大部分必须被驱散，特别是那些惧怕胆怯的和不能充分信任耶和华的；胜利必须由少数完全信任他们的神的坚毅战士来赢得。当这种仪式上的和精神上的先决条件被满足时，战斗就可以开始了。在各种各样的圣战中，战斗的外部环境迥然不同，但是耶和华一律通过使敌人的军队恐慌（《士师记》第四章第十五节或第七章第二十二节）、"溃乱"、"惊骇"和迷乱——由此，敌人有时开始自相残杀——来帮助他的民。一种神秘的恐惧控制了敌人，因此他们不能反抗——可能当一群半裸而癫狂的人被击败，狂呼尖叫，长发在风中飞舞，这样的场景也不足以让人过分惊讶。当敌人战败之后，这场圣战通过禁令（cherem）的仪式而划上句号。由于耶和华赢得了战争，战利品就是他的；所有的金银财宝都进入神的宝库；所有活的生物，无论人或动物，都为了向他表示敬意而被屠杀。[1]

在底波拉之歌的时代，当在耶和华领导下作战的时候，以色列是一

① 关于这种战争仪式及其变化，以及丰富的文献材料的更多细节，见 von Rad, *Der Heilige Krieg*。

个民族。那是一种不容易描述的生存模式,因为对这个时期——作为从游牧民族的部落制到由民族构成的国家(national statehood)的过渡状态——更为明显的特性描述可能是具有误导作用的。固然有一个转变的问题。这个民族的基本单位仍然是宗族和部落;在外邦的环境中定居的状态是如此变动不居,以至于我们甚至不能谈及国家的领土。这个部落社会显然正在朝着更加具有持续性和得到更好勘定的领土占有状态,以及向战争压力下的政治组织发展。而且,这支歌的特定细节指出民德相对于游牧时期也已经发生了实质性的变化。因为杀死了西西拉的那个基尼妇女的壮举,根据游牧民族的标准,是恶劣地违反盛情待
254 客的道德规范的行为,而这支歌的创作者以一种最坏也就是暗示了极端暴力女子战(jingoism)的方式称赞了这种丑陋的谋杀;这个特定事件是民族进步的明证。不过,把这种生存模式解释为过渡性的似乎是轻率的,因为它包含了那些纵贯以色列的历史都保持不变的因素。这些因素远非为统一的民族国家地位(national statehood)作出了贡献,而毋宁说证明了那些一旦王国得到建立就将使它遭到解体的力量。因为圣战,正如底波拉之歌所描述的那样,是一项充满经验上的困难和含糊的制度。为耶和华争战基本上都是防御性战争——至少,还没有一个侵略性圣战的例子被记录下来。这个民族被想象为处于和平状态,在政治上处于被动的环境中,并且不倾向于把战争当作民族扩张与巩固的工具。以色列本身根本没有进行这些战争;是耶和华为他的民而战的。这些战争没有暗示用于扩张耶和华的领地或帮助他的民取得世俗成功的传教的暴力(missionary violence),如同在伊斯兰圣战中那样。耶和华,正如我们所说的,基本上不是一个战神,而与西西拉的例子一样,只有当他的民被压迫和侵略置于险境时才来帮助他们。特别是,耶和华

不与其他的神作战；事实上，在这支歌中甚至没有提及任何其他民族的神。[1] 不过，这种独特的被动性（passivity）以及把所有的军事行动都交付给耶和华，当时仍然与人们在事件发生时精力充沛地参战非常和谐一致。在《士师记》第五章第二十三节中，与战场相隔不远的米罗斯（Meroz）城因为未来参战而遭到尖刻的诅咒：

> 耶和华的使者说："应当诅咒米罗斯，大大诅咒其中的居民，
> 因为他们不来帮助耶和华，
> 不来帮助耶和华攻击勇士。"

当神在紧急情况下赶来帮助百姓时，这位诗人丝毫不会因为一个民族不来帮助神而感到不安。[2] 关于耶和华帮助的经验可能与一个战士共同体的精神混合在一起，同时不使人们去思考这个概念的前后一致性。但显然，在这种符号体系中有一个裂缝。这些部落的战争精神和赶来帮助一个本质上是被动的共同体的神之间可能有矛盾。这种发展无须走向一个被有效地组织起来的民族，并在神的指引下成功地处理它的政治事务。它还可能走向一个和平主义的共同体，愿意静坐等待它的敌人在神的干预下溃败而不采取任何自己的军事行动。 255

事实上，以色列的历史是同时沿着这两条路径发展的。我们斗胆

---

① 但是，沃格林所引用的底波拉之歌的《圣经》段落中提到了迦南在天上的统治者米勒，他们站在西西拉一边与耶和华作战。见本节前面的论述。——译注

② 这句的英文是："The poet was not perturbed at all by a people's coming to the help of the god while the god comes to the help of the people in an emergency."但根据上下文，译者认为在"by a people's coming to the help of the god"中加入一个"not"，改为"by a people's not coming to the help of the god"似乎更切合作者的本意。译者怀疑是英文原文漏打了一个"not"，这里按照加入"not"的句子译出此句。——译注

说，承认这种双重路径是理解以色列历史的关键。在具有超凡魅力的领袖领导下从事防御性战争的临时组织被证明不足以抵抗在非利士人入侵之后日益兴起的外国势力。这种临时组织必须被永久性的王权统治所取代。但是一旦君主国被组织起来，在底波拉之歌中可以被察觉到的那种潜在的张力就变为现实。在这支歌所描述的形势中，女先知与战争领袖在战争的组织上相互合作。女先知通过她的歌动员并明确了人民的情感（今天我们应该说是公共舆论）；战争领袖使自己受到激励去承担他的职责。女先知发布命令说耶和华已经把敌人交到这领袖的手中；后者准备执行命令。但是仅仅把程序中的这些步骤阐述出来就使我们清楚地看到，一个有组织的政府，它有国王、决策官员以及军队，在决策时不可能客气地请求某位先知给出是否应该进行一场战争，以及根据先知掌握的关于耶和华意图的信息，给出参战时机是否有利的意见。当先知与政府关于正当秩序和政策的意见发生分歧时，一定会爆发严重的冲突。而且，确实已经爆发出来的那些冲突，在其基本问题方面都被关于耶和华经验的不一致性所形塑，我们在底波拉之歌中就可以察觉出这种不一致性；而且这些冲突被君主国形式的永久政治组织建立之后的制度变化所助长。因为为了在政治上和军事上变得有效的君主国首先必须弥补以色列战争技术的落后。一支现代化的职业军队被组织起来，它在战争中能够抗击其他军事力量的战车；而临时的农民军，即底波拉之歌中的耶和华的民，被废弃不用，结果是农民阶级
256 与生俱来的尚武精神逐渐衰退消亡。耶和华的民的战斗性转化成为臣民的和平主义，职业军队从事的战争正是在这些国民的头上进行的。当先知们强调耶和华经验中的被动性成分时，在王国庇护下，这些倾向和平的人民给予了社会回应。这种经验和思想上的新风气在 J 文件中关于以色列被奇迹般地从埃及人手中拯救出来的后所罗门时期的记述里可以被感受到。在《出埃及记》第十四章中，人民惧怕埃及的追兵，摩西告诫他们说：

> 不要惧怕，只管站住！看耶和华今天向你们所要施行的救恩……耶和华必为你们争战，你们只管静默，不要作声。（《出埃及记》第十四章第十三节至第十四节）

而当埃及人被洪水吞没的时候，该记述的结尾说：

> 以色列人看见耶和华向埃及人所行的大事，就敬畏耶和华，又信服他和他的仆人摩西。（《出埃及记》第十四章第三十一节）

在底波拉和基甸的时代，当一名战士没有恐惧并且信任耶和华的时候，他就符合在圣战中作战的资格；而现在人民感到恐惧并想向埃及人投降。耶和华独自战斗，人民观看这表演；只有当耶和华显示出他的威力时他们才愿意相信他。这种奇特的被动性——甚至只有在取得了世俗成功的好处之后才愿意信任耶和华——当然不是一个政府可以赖以为基础的公民道德；它也使先知们犯踌躇，否则先知就倾向于动员这样的情感来抵抗王国政府的政策。①

先知们的耶和华崇拜将在后面的语境中得到处理。但是对底波拉之歌的分析应该已经明确了这一点，即关于王国时期耶和华的秩序这个有时令人困惑的问题，源自已经出现于现存最早的文献中的一种经验结构。 257

---

① 在当前的上下文中，以色列的符号是从世俗经验的视角进行讨论的。同样是反映了一种可疑的公民道德的这些段落，当考虑到它们的精神含义时，就会呈现出非常不同的面貌。在耶和华显示了他有效的军事帮助之后，对他的朴素信仰随后会变成对下述洞见的一种紧凑表达，即信仰不是起源于人的首创而是起源于神走在前面的恩典（gratia praeveniens）。

第三节　基甸的王权统治

《士师记》对从约书亚时代到非利士战争之间所发生的那些事件进行了高度形式化的叙述。根据作者们在《士师记》第二章第六节到第三章第六节中提出的史学计划，这个民族被认为定居于应许之地，并且自从归顺了把他们带到那里的耶和华之后就一直过着幸福的生活。但是该民族行在神的眼里看为恶的事，并且事奉迦南人的巴力和阿斯塔特。于是耶和华通过把他们交到他们敌人的手中来严惩他们，尤其是为了那个目的而留下数族（第二章第二十三节至第三章第六节）。当他们陷入足够大的困境而后悔的时候，耶和华就会兴起一个领导人，即士师，以便把他们从敌人的手中拯救出来；而新的和谐会持续这位士师的终生。在他去世之后，这个循环会重新开始。《申命记》的修订者们一定把这看作是一个惬意的安排，因为他们用这样一种怀旧的措辞来结束全篇："那时以色列中没有王，各人任意而行。"（第二十一章第二十五节）

确实由这些作者所记述的这些事件并没有在每一点上都证实他们的计划。以色列人的确屈从于迦南诸神。《士师记》的作者们正确地发现在君主国之下激起先知们愤怒的信仰调和起源于公元前 12 和 11 世纪的联盟时期。围绕着这个真实的历史内核，他们通过毁损原始资料和富有想象力的添加建构了这种循环模式。但幸运的是，他们的编辑工作没有完全毁坏原始资料；导致了信仰调和与君主国的那个过程的本质特征仍然能够被辨别出来。首先，不管以色列的背叛与战争之间的联系在神看来可能是什么，在实际历史的层面上，信仰调和是成功打败迦南人的战争的结果，而不是其原因。第二，在一种没有国王的田园诗般的自由中，每个人并不能随心所欲地行事。相反，来自外约旦的游牧民族的袭击被证明对于那些已经定居的入侵者来说是如此令人苦恼，以至于他们被迫采取了更为有效的君主国的形式。国王们最初就是地方诸侯，正如在基甸和耶弗他（Jephthah）的事例中一样。但是随着一支非利士人的势力巩固和扩张而导致外约旦的压力日益加重时，王 258
权统治必须变成全国性的。

信仰调和，正如我们所说的，是希伯来人成功地渗透到迦南地的结果。即使原始资料没有确认这个事实，我们也可以把它视为当然。只要以色列人和迦南人之间有摩擦，在信仰崇拜事务上友好共存的条件就很难具备。耶和华崇拜将在相对纯洁的层面上被坚持，这可以在底波拉之歌中看到。不过这个矛盾时期并没有持续很久；摩擦也从未激烈。《士师记》没有记录任何西西拉战争之前的严重冲突，可能俄陀聂（Othniel）的那段插曲是个例外（第三章第七节至第十一节）；那是一个可疑的例子，因为敌人的身份是不确定的。在西西拉战役之后，《士师记》根本没有记录与迦南的任何冲突。到大约公元前1100年，希伯来人的渗透是一个已经完成的事实。以色列人和迦南人都是同一国家的居民；在面对来自游牧民族入侵者的共同危险时，他们从前的敌意都消失了，因为当那些入侵者从东部攻击约旦巴勒斯坦这一边（cis-Jordanian Palestine）时，他们对以色列人和迦南人不加区分。希伯来定居者与原有的居民正在变成一个拥有共同文化的民族，虽然这个过程只有通过所罗门王国的拉平效应（leveling effect）才得以完成。《申命记》修订者们对这些事件的形式化描述，甚至在今天仍然易于模糊以下事实，即在西西拉战役之后，“士师们”是战争的领导者，这战争不是希伯来部族联盟对迦南的战争，而是包括迦南人在内的巴勒斯坦居民对外部敌人的战争。在“以色列”的名义下，一个新的民族正在形成。

这种新的形势在米甸战争的故事中，以及在基甸发展为世袭的王权统治的过程中变得显而易见（《士师记》第六章至第九章）。米甸战争的年代必须被确定为公元前11世纪的前半叶。《士师记》中的叙述不是特别清楚,尤其是其早期阶段不算清楚。米甸游牧民族不止一次入侵巴勒斯坦,几场战役的记录被编辑者融合成为一个故事。而且,基甸的第二个名字耶路巴力(Jerubbaal),虽然被精心解释过了(第六章第三十二节),仍然暗示两个领导人的业绩被归结到一个人身上。此外,圣战的仪式在何种程度上被应用于这几场战役是不清楚的。《士师记》的
259 叙述暗示它在早期阶段得到了应用。但是即使我们接受这种看法,其程序也与西西拉战争中的程序迥然不同,因为没有可以与底波拉相提并论的人物出现。不过,在《士师记》第六章第八节至第十节中的确提到一位不知名的先知(nabi)来劝导人民。但是他与随后的战争的关系没有得到说明,他可能是编者们捏造出来的。基甸本人被描述为在不同的时间从耶和华的一位使者(malak,第六章第十一节)那里,从耶和华的灵(ruach,第六章第三十四节)那里,或者从耶和华本人(第六章第二十三节和第二十五节)那里得到他的灵感。这种独特性也许解释了后来事件的进程:这个没有先知的辅助就获得了他的灵感并且亲手处理问题的人一定是个比巴拉更令人印象深刻的人物。虽然米甸战争的早期历史因此处于不确定性的阴影之下,但是在基甸发展为王权统治之前的最后一场战役可以得到更为清晰的理解,由于一点好运,《士师记》第九章成功避免了编者们对它的热情;第九章较少被扭曲的传统阐明了前面刚刚发生的那些事件。

基甸的最后一场战役几乎肯定不是联盟的一场圣战。他被描述为正在追击两位米甸人的首领,他们在一次入侵的过程中在他泊(Tabor)杀死了他的兄弟。当他俘获了这两个米甸人,并且反过来把他们杀了之后,他报了族间的血仇;更为直接的是,只有他自己的宗族——玛拿西(Manasseh)的亚比以谢(Abiezer)族,其聚居的中心在俄弗拉(Ophrah)——参与了复仇。不过,邻近的居民区为这些袭击所苦,并且可能是由于约的关系,有义务参加这场战役,因为他们中的一些人由于拒绝提供帮助而遭到了基甸的惩罚(第七章第十四节至第十八节)。无

论如何,在这场胜利之后,正如这故事略带夸张地记述说,“以色列人”要求基甸成为他们世袭的国王(第八章第二十二节)——有些夸张是因为基甸没有成为全以色列的王,而只成为俄弗拉及其周边城镇的王。他的王权统治是介于圣战中全民族的领导和后来扫罗的全国范围的君主统治之间的一种政治形式。米甸人的危险,虽然没有影响到全体以色列人,但是威胁仍然如此之大,以至于引发有限地区的人们用一种永久性的政府组织来予以抗击。

一旦基甸为王,他就要求被击败的米甸人的金质财宝归他自己,并将其制成一个以弗得(ephod),可能是一个由金板铸成的耶和华的雕像。这个塑像被存放在俄弗拉的一个圣殿之中,即国王的住所中。因 260
此,这位国王的第一个举动就是建立一座神殿,也就是为君主国建立一个信仰崇拜的中心,与联盟在示罗的圣殿相争。虽然这位国王的意图不为人所知,他行为的结果却是一目了然的。就像后来的所罗门神殿,这个王室的小教堂倾向于成为一个平民的神殿:“以色列人拜那以弗得。”(第八章第二十七节),正如编者们不满地评论的那样。无论是否有意为之,俄弗拉的耶和华神殿发展成为“王国”及其“人民”的信仰崇拜中心。因此,基甸创立一座“神殿”必须被承认为是创造了一种新政治秩序的符号。一方面,以色列正在发展一种民族意识,以便能充分代表政府和信仰;另一方面,耶和华发展成为一个定居的和有组织的民族的神。基甸神殿的普遍成功证明了这个民族在经验上为一位特别的民族神的出现,为一位统治迦南地及人民的政治性耶和华的出现做好了准备。当所罗门的国王小教堂发展成为垄断性的以色列神殿时,这种经验上的趋势甚至更为有力地彰显了自身。确实,这种发展是如此成功,以至于这种神殿制度在王国之后仍然存在,并且变成了放逐期之后犹太社会的聚集点。

在对以色列历史的阐释中,耶和华崇拜的这种内在发展在某种程度上被忽视了，但是我们认为，它对于理解以色列人和迦南人的信仰调和来说是重要的。当以色列人接受了迦南人的神以及他们的信仰崇拜，他们不是简单地背叛了显然受到欺骗的“耶和华”。因为与这个民族政治结构的发展齐头并进，耶和华崇拜正在经历一种变化，也就是把这个神降格到一个特定的民族神的地位上来。这块土地上各种神的信仰调和开始于耶和华崇拜本身，当时这位祖先们的神在政治意义上变成了这个国家的神。当以色列通过创造一位国王作为它的代表而发现了它作为一个民族的生存时，它也从耶和华身上发现了这个民族的超越的代表。因此，在耶和华崇拜上的政治特殊主义必须被承认是一种与先知们的普遍主义运动处于同一层次的运动。如果先知们的普遍主义从未取得非常大的成功，其原因一定不能从人民背叛耶和华而信奉
261 巴力和阿斯塔特的行动中去寻找，而一定要从耶和华的政治特殊化中去寻找——对于这种政治特殊化先知们从来也不能从根本上加以克服，即使是在“第二以赛亚”①身上也不能完全克服。

在创造了这个王国的信仰崇拜形象之后，基甸试图通过与王国的重要宗族联姻来巩固他的地位。那必然是一种不可思议的努力，因为这个故事记述的结果是他的儿子不少于七十个（第九章第二节）。以这种方式，基甸再次为稳固王国而开创了一种方法，这种方法后来为所罗门及其在以色列和犹大王国的继承人进一步发展了。一个君主国与一个宗族社会的叠加使这种方法成为不可避免要加以使用的方法，即使

① 《圣经》学者们一般认为《以赛亚书》第一部分（第一章至第三十九章）和第二部分（第四十章至六十六章）不是同一个作者。他们认为第一部分的作者住在耶路撒冷，是“耶路撒冷的以赛亚”，即公元前8世纪的先知以赛亚；第二部分的作者不住在耶路撒冷，可能住在巴比伦、埃及或其他地方，但他熟悉巴比伦，他的名字我们不知道，于是称他为“巴比伦的以赛亚”或称之为“第二以赛亚”。——译注

它一定会造成麻烦。这麻烦包括通常的后宫事件,在众妻子和她们的儿子之间的敌对,继承的不确定性,以及最有力的儿子必须肆意整体屠杀他的弟兄以便保证他作为继承者的地位。而这一种妻妾成群的体制中会正常发生的种种不愉快之事因为妻妾们所代表的信仰崇拜的多样性而进一步恶化。虽然基甸还没有遇到暗利王朝因他们的国际外交婚姻所带来的那些困难,但是当他把作为迦南人的妾纳入他的后宫时,他就为他的继承者们埋下了祸乱的种子。她们中的一个是示剑的妇女,示剑是迦南人的约的巴力所在地。她为他生了一个儿子叫亚比米勒(Abimelech),但基于女族长的婚姻习俗,她继续与她的家人生活在一起(第八章第三十一节)。根据《士师记》的叙述,俄弗拉和示剑的神之间的关系在基甸有生之年是怎样的并不清楚。但是有一点一定要被认为是可能的,即示剑的迦南人是通过一个被他们自己的神所认可的约而受制于君主国的。无论如何,一旦基甸去世,以色列人又把他们的偶像崇拜活动从俄弗拉的耶和华转向示剑的约的巴力(第八章第三十三节)。同时亚比米勒离开了众兄弟——基甸本来是把王权遗留给他们全体的——并回到了他母亲的部族以便取得他们的支持让他成为唯一的君王。这个部族同意了,并且说服了示剑的全体公民。亚比米勒从约的巴力的宝库中取得了资金,组了一支雇佣军,杀死了他所有的兄弟,除了逃脱的约坦(Jotham)(第九章第一节至第五节)。这里第一次记录了一位觊觎王位者使用雇佣军,雇佣军后来在大卫的兴起中发挥
了重要作用,并最终变成了这个民族王国的职业军队的核心。亚比米 262
勒的王权统治没有持续很久。在一次源于示剑的反叛过程中,这座城市被夷为平地,不久以后亚比米勒本人也在提备斯(Thebez)阵亡(第九章第二十二节至第五十七节)。这就是以色列的第一个君主国的终结。

在亚比米勒的故事中插入了"寻找国王的树木"的寓言(《士师记》第九章第八节至第十五节)。它是现存最早的希伯来说教诗,大约与基

甸的君主国同时,即使被放到它当前的上下文中,也仅仅是因为它那切题的教训。作为表达以色列人关于王权统治思想的最古老的文献,它有其重要性:

> 有一时树木要膏一树为王,管理他们,
> 就去对橄榄树说:"请你作我们的王。"
> 橄榄树回答说:
> "我岂肯止住供奉神和尊重人的油,飘摇在众树之上呢?"
> 树木对无花果树说:"请你来作我们的王。"
> 无花果树回答说:
> "我岂肯止住所结甜美的果子,飘摇在众树之上呢?"
> 树木对葡萄树说:"请你来作我们的王。"
> 葡萄树回答说:
> "我岂肯止住使神和人喜乐的新酒,飘摇在众树之上呢?"
> 众树对荆棘说:"请你来作我们的王。"
> 荆棘回答说:
> "你们若诚诚实实地膏我为王,就要投在我的荫下,
> 不然,愿火从荆棘里出来,烧灭黎巴嫩的香柏树。"

教训一目了然。根据这个部族社会的标准过着有益生活的人,没有一个愿意作王。只有一个无用的人才会在意他是否因为发挥了像荆
263 棘所投下的阴影一样可疑的功用而受到尊重。此外,对一位国王,虽然当你保持忠诚的时候没有多大用处,但在你反抗他的时候却是危险的。他的愤怒可以像从干燥的荆棘中燃起的森林之火一样具有毁灭性。这寓言对于思想史而言具有巨大的价值,正如底波拉之歌一样,因为在这里我们可以触及在所罗门王国和先知们的抵抗使问题复杂化之前,纯粹的以色列思想。这个寓言没有像后来的资料来源那样谴责王权统

治，因为耶和华是以色列的王，像这样的王权统治是对神的一种背叛；更确切地说，它反映了这样一些首领——他们感到自己完全能够履行所有地方层次上的政府职能，并把王权统治视为一种危险的麻烦——的怨恨之情。它是一种深植于这个民族君主国时期的怨恨之情，并且是所罗门死后导致王国分裂的一个重要因素。 264

第八章
为帝国而奋斗

第一节　耶和华崇拜的范围

基甸的王权统治这段插曲帮助我们进一步洞悉了以色列秩序的社会动力。显然在最初的耶和华崇拜中没有任何因素会把一种特定的政治形式强加于信徒。恰恰因为他的本质中没有这种限制因素,但凡社会和政治形势需要被理解为神的力量之显现时,耶和华都能适应。当联盟处于险境而不得不诉诸战争时,他可以成为战神。当游牧部落定居而变为农民的时候,他可以成为保佑农业丰收和兴旺的巴尔,而同时对于外约旦的希伯来人来说,他仍然可以是一个憎恶其本质被农业所歪曲的神。当出现了征服和占有一块领土的问题时,他可以变成一个土地神,就像迦南其他地区那些不信耶和华的民族神一样。当宗族组织能够满足政治生存的时候,他可以变成看护约的神,通过神的生命实质(divine life substances)使各个部落团结起来。当政治形势要求实行王权统治时,他可以变成王国秩序的神,在形式上与埃及的神非常类似。结果是,靠摩西的灵感和天赋,从奴役和旷野中夺取回来的精神自由,可能经由把神性消解为特定的神力而再次丧失。

这样一种故态复萌的可能性在公元前 11 世纪及其后的时期，在耶和华的本质与其他迦南神的本质趋于同化的过程中变得显而易见。在《士师记》第十一章第十四节至第二十八节中，耶弗他与摩押（Moab）王的谈判提供了一个引人注目的例子。在就一块有争议的领土进行辩论时，这位外约旦的英雄令人信服地对摩押王说："你的神基抹（Chemosh） 265
所赐你的地你不是得为业吗？耶和华我们的神在我们面前所赶出的人，我们就得他的地。"（第十一章第二十四节）耶和华与耶弗他及其以色列的关系与基抹同摩押诸王之间的关系没有实质性的差别，正如我们从公元前 9 世纪的米沙石刻（Mesha Stone）[①]上所知的那样。那时，正是摩押王米沙可以这样说："至于以色列王暗利，他羞辱了摩押许多年，因为基抹对他的国家表示愤怒。他的儿子仿效他，也说'我要羞辱摩押'。我在的时候他就这样说，不过我已经战胜了他和他的家族，而以色列已经永远消亡了！"[②]这段话对于双方都具有教育意义。有两个民族在作战，在扩张各自的领土方面彼此敌对，每个民族都有他自己的神。但只有这两个民族，而不是他们的神，在彼此攻伐。至少，没有一个神以牺牲另一个神为代价进行扩张的迹象。如果一个民族战败，那不是因为敌人的神更强，而是因为自己的神发怒了。一方面，外邦的神凭其本身的头衔被承认为一股力量；另一方面，毫无疑问他们自己的神会带给他们胜利，除非这个民族引起了他暂时的不悦。

这种独特的政治神学被一种同样奇怪的决疑论（casuistry）进一步

---

① 1868 年在死海以东接近底本（Dibon）的地方发现的一块三英尺长的石板，碑上刻有三十四行字，记载了摩押王米沙在战场上击败了以色列王的事迹。——译注

② 米沙石刻的年代被确定为公元前 830 年。由阿尔布莱特 译为英文，*ANET*，320 ff。

阐明。在公元前9世纪的摩押战争中,以色列、犹大和埃多姆(Edom)[①]的联盟马上就要获得对反叛的米沙的全面胜利。作为最后的办法,这位摩押王为了确保基抹的帮助而将他自己的儿子献为燔祭。那显然是一个决定性的举动,因为"以色列人招人痛恨,于是三王离开了摩押王,各回本国去了"(《列王记下》第三章第二十七节)。在这个例子中的"痛恨"一定是基抹的痛恨,他得到了这个至高无上的祭品的抚慰,现在将要回击侵犯他的领土的人。在这种情况下,没有关于耶和华可能取胜的迹象。在以色列人这方面,我们发现在早期与摩押的战争中,耶弗他使用了同样残酷的燔祭手段。显然他也不是特别确信他的领土要求的正当性。为了确保胜利,他许诺如果取胜,就把在他结束战事归来的
266 时候出来迎接他的第一位家庭成员献为燔祭;这个人就是他的女儿(《士师记》第十一章第二十九节至第四十节)。阐明这个问题的第三个例子是亚哈谢(Ahaziah)试图从以革伦(Ekron)的神巴力西卜(Baal-Zebub)那里获得神谕(《列王记下》第一章)。耶和华命令以利亚(Elijah)前去干涉,提出了一个相关的问题:"你差人去问以革伦的神巴力西卜,岂因以色列中没有神可以求问吗?"这位王必须因他违反习俗而死。那个非利士的神是一种神力这还是没有问题的;但是在以色列的领土内,耶和华具有为他的臣民发布神谕的唯一权能。

在我们看来,纷繁多样的传统为一种新生状态中的政治至高神论(political summodeism in statu nascendi)[②]提供了珍贵的记录。叙利亚地区在文明上得到了充分的统一,从而使其中各个不同民族的神相互承认为构建秩序的力量。这座万神殿的成员各自的辖区在领土上被各个

---

① 埃多姆是巴勒斯坦的一个古国,位于死海与亚喀巴湾之间。根据《旧约全书》记载,其原始居民是以扫的后裔。古名为以东。——译注

② summodeism这种一神教是指对居于万神之上的一个至高的神的崇拜,而万神不过是作为这个至高的神的各种显现而存在。——译注

民族的实际占领区域所界定。但一个神的辖区是否会与它特定的民族所统治的领土在整个叙利亚地区共同扩张，是一个与实际历史层面上所发生的事件有关的问题。经验上与万神殿诸神的关系可能为每一个实际发生的意外事件提供论据。每一个神都准备成为他的民所征服的领土范围内的至高的神，即使不是唯一的神。如果一个民族获胜了，他们的神就已经把这块土地授予了他们，这块土地就同样既是神的也是这个民族的。如果这个民族战败了，那么是神暂时生气了，但是神仍然是他的民将在未来征服之领土的潜在统治者。不过在实际的战争中，当征服被证明是不可能的，敌人的神就再次被充分认可是凭他本身的头衔所具有的一种力量；而他们自己的神，即使在战败的时候，如果遭到敌人的无礼对待，也可以把自身显示为一种可怕的麻烦（nuisance），正如约柜在非利士人当中的活动所表明的那样。

如果只是给这种被夸大的神力的经验贴上一个标签——比如一神论，多神论，单神崇拜（monolatrism），或者单一神教（henotheism）[①]——我们将一无所获。必须实事求是地对待这种经验，在它不稳定的丰富性中蕴含了朝这种或那种方向发展的可能性。以这样的方式显示自身的神力可能变成有限的政治神，就像非利士人的城邦神，或牧人的摩押王国的神；也可能变成地方的巴力，如示剑的约的巴力或俄弗拉的耶和 267
华；或最终成为一个叙利亚帝国的神，如果这些竞争者之一能够战胜其他神的话。

因此，在以色列秩序的动态变化中有一个阶段，在这个阶段上耶和华可能发展成为一个政治神，或更明确地说，发展成为一个像基抹那样的神。虽然耶和华在我们刚刚分析过的经验层面上可能降低到与摩押的神平等，但这并不能得出结论说基抹可能上升到摩西的或先知的耶

① monolatrism 和 henotheism 都是指信奉一主神而不否认他神存在的一神论，而 monotheism 是相信只有一个神存在的一神论。——译注

和华的高度。我们必须考虑在关于耶和华的经验中每一个特定阶段耶和华崇拜的动态变化的全部范围，从而不误以为它与其他神处于平等地位的表面现象就是它的本质。因为最后正是以色列的耶和华作为政治神给叙利亚文明盖上了第一个帝国的印记，而不是摩押的诸神，也不是腓尼基或非利士的城邦诸神，即使非利士人在他们的攻击力被大卫领导下的以色列复兴所粉碎之前曾经离成功很近。虽然各种其他因素也对这场斗争的结果作出了贡献，但最重要的因素是耶和华作为一位非政治的、普遍的神所具有的潜质，由于他的普遍性，他可以成为塑造了那些伟大人物的精神力量。

这种潜质可能在任何时候突然苏醒，而它确实在关键时刻，通过耶和华的灵在先知和军事人物个人的神灵感应中实现了。其结果是在精神上形成了——就我们有记录的信息所能表明的范围而言——在当时是独特的品性(unique character)。在以色列为建立帝国的斗争中涌现的那些伟大人物通过《圣经》而使我们对他们如此熟悉，以至于很难想象他们的出现——在世界政治舞台上代表了一种新的人类——是如何给他们同时代的所有人留下深刻印象的。一般而言，我们只有从他们在艰难时刻给自己的追随者们注入的爱和强烈的忠诚感中才能察觉到他们的影响力。和他们更为亲密的圈子中，我们知道，个人品性通过精神的形成，以及这种现象对于政治管理所具有的含义，都被充分理解。因为这种理解是在历史的创造中表达自身的，不是对外部发生的事件的一种编年史记录，而是受到这些行动者的品性鼓舞的一系列行动。这个时期的历史传记被结合到《撒母耳记》的诸篇章中。

我们已经提到了“品性”和“动机”。不过这样的语言不应促使我们
268 相信这些传记的价值在于分析行动动机时的心理敏锐——当然毫无疑问它们具有这样的优点。这种敏锐一直是生存的一个条件，而且必须被假定存在于社会之中，即使当它没有找到文字上的表达，正如埃及的那些远为古老的智慧文献一样。甚至在以色列的文献中我们也能发现

年代较早的心理学观察的奇事，比如在底波拉之歌的特定段落中那样。在公元前11 和10 世纪的以色列历史中新出现的情况是，这样的心理学知识被用于理解那些作为个人变成了实际历史舞台上精神力量承载者的人物。巴比伦、亚述或埃及的统治者从未被刻画出这样的品性的肖像，他们的个性（埃赫那吞例外，他的个性在他的颂歌中自我显示出来）都消失在他们作为社会的宇宙秩序的代表和保护者的职能背后。他们的个性——如果真的能够被了解的话——只有通过他们被记录下来的行政管理和军事行为才能得到了解；甚至这样的记录也经常是骗人的，因为对军事战役的描述，比如对法老们的军事战役的描述，被严重形式化，以至于事件实际发生的过程几乎不可能被可靠地重构出来。如果我们考虑到这种杰出的史学消失就像它出现那样突然，那么它这样突然展现的性质可能将会得到最好的理解。在圣经叙事中，所罗门之后以色列和犹大王国王室成员的个性不再像此前时期那么鲜明，或者是因为没有更好的叙述留存下来，或者是因为他们不再让官方历史学家们感兴趣；而关于后所罗门时期诸王中最伟大的王暗利，我们近乎一无所知，因为所有保存下来的关于他统治的记述只是《列王记上》第十六章第二十一节至第二十八节的寥寥数行。原因在于，作为先知运动的结果，诸王不再成为以色列精神秩序的代表。公元前8 世纪和7 世纪的伟大人物——他们的品性就像扫罗、大卫和所罗门的品性一样生动地为我们所熟悉——是众先知。历史，也就是在耶和华之下以色列的存在，正从以国王为代表向以先知为代表转变。只有在较短的时期内，不到一个世纪，当列王把以色列从实体灭绝中拯救出来，并建立了君主国作为庇护所，这个民族为了世俗生活而建立的组织才被体验为在耶和华之下的真实生存。看下面这段话：“过了一年，到列王出战的时候，大 269
卫又差派约押，率领臣仆和以色列众人出战。他们就打败亚扪人，围攻拉巴。”（《撒母耳记下》第十一章第一节）在以色列历史上的任何其他时刻都不如大卫统治时期，能够让历史学家抓住一位国王为了炫耀权力而出征的这种发生在春天的壮观场面。但是,一旦这种荣耀被人目睹,对它的记忆就可能被保存在王权统治的概念里。还有迈蒙尼德(Maimonides)[①],在他的《复诵法典》(Mishneh Torah)中提及了一位国王的"可打可不打的战争",他参加这些战争是为了"提高他的伟大和声望"。[②]

第二节 扫罗的王权统治

一、扫罗的兴起

为了发展耶和华崇拜的这些潜能,以色列必须受到被非利士人灭绝的威胁。在公元前 11 世纪的下半叶,旨在对巴勒斯坦实行帝国统治的那场关键斗争,其最终的源头在于约公元前 1200 年左右由爱琴海的移民所造成的形势。爱琴海各民族通过接连不断的移民潮所造成的混乱已经在这场运动的边缘地带导致了他们对当时的亚洲各帝国的攻击。赫梯帝国在公元前 1200 年被海民所灭(他们在埃及的历史记载中被称为海民)。赫梯帝国被消灭得如此彻底以至于只有小的公国(principality),比如阿勒颇(Aleppo)[③]和卡尔赫米什(Carchemish)分别生存到了公元前 9 世纪和 8 世纪。埃及帝国可能最终经受住了这次打击,但是

① 迈蒙尼德(1135—1204),中世纪一位伟大的西班牙犹太哲学家,著作涉及哲学、法学和医学。原著以阿拉伯文写成,又译成拉丁文和希伯来文,代表作有《迷途指津》等。——译注

② *The Code of Maimonides*, *Book Fourteen*: *The Book of Judges*, trans. A. M. Hershman (New Haven: Yale University Press, 1949), 217 ff.

③ 叙利亚西北部一城市,位于土耳其边界附近。也许早在公元前 6000 年即有人居住,阿勒颇为穿过叙利亚通往巴格达交通要道上的重要一站,后成为中东基督教的主要中心。——译注

它对亚洲各省的控制在公元前12世纪已经变成纯粹名义上的统治了。随着帝国势力在这一地区被消除，叙利亚和巴勒斯坦在公元前1190年以后成为了权力真空。

希伯来诸部落可能从东部和南部渗透到这个权力真空之中；但是在这个地区的南部沿岸也可能定居着那些海民的遗民，他们被称为非利士人。关于非利士人定居的第一个世纪的情况，我们只能从他们在圣经叙事情境中的所作所为合理地总结出来一些内容，此外一无所知。他们一定与迦南的环境同化得非常快——因为他们的语言，他们特有的名字，以及他们的神都是闪族的——而且可能比希伯来人更为彻底，因为他们像他们的邻邦那样组织成为城邦。主要的城市有以革伦，亚 270
实突（Ashdod），亚实基伦（Ascalon），迦萨（Gaza）[①]和迦特（Gath）[②]。统治者被命名为 seren，这个非闪语词汇在圣经叙事中经常被用于指称非利士人城邦的统治者（例如，《撒母耳记上》第五章第八节和第十一节；第六章第四节和第十二节）。[③] 这些非利士人相对较小的领土表明他们在人数上比希伯来人要少得多。但是，他们在政治上得到了更好的组织；那五大城市显然是一个联盟的成员，作为一个单位来行动，尽管我们不知道其构成的细节。这些城市的统治者之一，迦特的诸侯，有时被称呼为“王”，但是这种区别的原因我们还是不知道；他当然只是迦特的王，而不是全体非利士人的王。在军事上，他们带着铠甲的装备以及战

---

① 西南亚一城市，位于加沙走廊，一狭窄沿海区，沿地中海分布，靠近以色列和埃及，是五个主要非利人城邦国之一，现多作“加沙”，这里遵照中文《圣经》的习惯译作“迦萨”。——译注

② 加沙东北偏东巴勒斯坦一古城，是巴勒斯坦五个城市王国之一，是巨人歌利亚的故乡。——译注

③ seren 这个词可能与希腊语的 tyrannos 有关联，因为闪语的《圣经》把它译为 truno，而塔古姆（Targum，《旧约全书》的亚拉姆文译文或解释。——译注）把它译为 turono。参见 Lods，*Israel*，349。

车都比希伯来人的要优越。

由城邦组成的这个小而精干的中心扩展成为一个非利士帝国,对此我们既不知道明确的细节,也无法准确地确定其年代。这些事件一定是在公元前1150年至1050年之间发生的。非利士人扩张的两个阶段可以在圣经叙事中辨别出来。对于仍然处在公元前12世纪的第一阶段的记忆保存在《士师记》第十三章至第十六章的参孙(Samson)的故事中。非利士人与他们的希伯来邻邦的摩擦导致了非利士人的领土在犹大地区的扩张(《士师记》第十五章第十一节)以及但(Dan)[1]支派向北方的移民(《士师记》第十七章[2])。发生在公元前11世纪上半叶第二阶段的扩张带来了与中部的便雅悯(Benjamin)[3]和以法莲部落的冲突。它导致了民族的大灾难,在这场灾难中约柜被非利士人抢走,而联盟的圣殿示罗被摧毁(《撒母耳记上》第四章至第六章)。以色列的领土是由非利士官员直接管辖还是由向非利士人负责的希伯来人管辖,我们并不清楚。后来,我们发现大卫处在一个显然是负责犹大省的非利士地方长官的位置上。到公元前11世纪中叶,在第一次扩张时期中,我们只能确定非利士人采取了这样极端的手段,比如通过驱逐所有的
271 铁匠来解除以色列的武装(《撒母耳记上》第十三章第十九节至第二十二节)。[4]

以色列人从令人绝望的形势中恢复过来,正如他们在西西拉战争

---

① 在《旧约全书》中,但是雅各的儿子和以色列一个部落的祖先。——译注

② 原文如此,但是根据译者所参照的中英文对照版《圣经》,但向北方的移民是第十八章的记载而非第十七章的记载,可能是《圣经》版本不同的缘故。——译注

③ 在《旧约全书》中亚伯和瑞克尔的小儿子,一个犹太部落的祖先。——译注

④ 关于这个非利士时期,参见 Otto Eissfeldt, *Das Verhaeltnis der Philister und Phoenizier zu anderen Voelkern und Kulturen*, Der Alte Orient, vol. 34, no. 3 (Leizig: J. C. Hinrichs, 1936),以及 Albright, “Syrien, Phoenizien, und Palaestina”。非利士人对以色列

的时候通过一位先知和一位勇士的联合努力所实现的那样。该叙事包含了大量细节信息，其中的一部分或许是可靠的。无论如何，事件实际发生的进程不可能可靠地重构出来，因为真正的传统与神话的因素混合在一起，并且经过了后来的编者们认真的重述。最让我们感兴趣的要点，也就是扫罗王权统治的诞生及其被人民所接受，尤其显得晦暗不明。从扫罗死后发生的那些事件以及大卫的统治中让人一目了然的是，世袭的王权统治确实已经在以色列扎根，作为个人的国王受到人民的尊敬和爱戴，尽管关于王位的继承可能有争论，但是无人想要废除这项制度。[①]考虑到就在半个世纪之前宗族社会的成员还对王权统治持有偏见——正如在“寻找国王的树木”的寓言中所表明的那样——我们想要知道是什么导致了人们思想感情的这种逆转。但是只有通过一些合理的假设才能提供对此的理解。显然出现过全民族的紧急情况。由于各部族无法抵抗非利士人的势力，部族首领们的权威和声望必然受损，相应地，战争领袖和王具有了民族救星的特征。此外，在联盟和它的信仰崇拜中，不是一切都井然有序。以利（Eli）和他两个儿子的故事（《撒母耳记上》第二章第十二节至第三十六节；第四章）暗示了处在祭司职位上更为年轻一代的腐败，这种腐败无法为长辈所控制。最后，经由希伯来人和迦南人的融合而形成的新以色列的成长必定向前推进。希伯来部族虽然仍居主导地位，但不再代表整个“民族”了。从前所不知道

的三次攻击被艾斯菲尔德确定为分别发生在公元前1080年（对撒马利亚的征服），公元前1020年（针对扫罗的军事行动），以及公元前1000年（在征服耶路撒冷之后针对大卫的军事行动）。阿尔布莱特假定非利士人于公元前1175年定居在他们的五个城市；第一次非利士人的征服发生在公元前11世纪中叶；扫罗的统治在公元前1020—1000年期间。

① 即使当个别任职者招致了怀疑和反叛，对于这种王国制度的尊敬还是一直延续到了先知运动的时代。王权统治本身，作为由扫罗建立的制度，在公元前8世纪的下半叶才第一次明确遭到先知何西阿（Hosea）的谴责。

的先知——也就是一帮民族主义狂热分子，他们在精神上受到尊敬，但在其他方面则被认为处于较低的社会阶层——的出现，暗示了新的社会阶层以及在严格意义上的希伯来部族之外的一个"民族"的形成，后
272 者具有更为强烈的以色列"民族"意识。

在扫罗出现的时代，这种已有大致轮廓的类型的发展必然已经成为先决条件。扫罗上升到王权统治的情形至少吸收了关于那些事件的两个主要版本，其一是支持王国统治者的版本，其二是反对王国统治者的版本。[①] 反对王国统治者的版本显示了公元前 8 世纪及其后先知们的影响。我们应该首先论述支持王国统治者的版本，因为它在年代上必然更早。

支持王国统治者的版本倾向于把扫罗的君主国描述为是由耶和华所立，而不是由人民或扫罗自己所立。这种倾向在基什丢驴的传说中一目了然，基什是便雅悯部落的人。基什的儿子扫罗被他的父亲派去找驴；当他无法找到它们时，他最终求助一位叫撒母耳的"先见"（seer），即 roeh（《撒母耳记上》第九章第一节至第十四节）。但是，撒母耳在前一天已经接到耶和华的命令要他膏这位年轻人作以色列的领导人，拯救以色列脱离非利士人的权力统治（第十五节至第十六节）。撒母耳遵守了这个命令，通过他，扫罗被耶和华膏为神的工具（第十章第一节）。在随后的谈话中，撒母耳命令扫罗前往基比亚（Gibeah），那座城市里驻有非利士的守军或者放有非利士人的一块石碑（对此的解读不确定），到那里就可以"趁时"行动，因为神与他同在（第十章第七节）。传统在这一点上出现分歧，但是这段话可能是指推翻非利士人的胜利之碑，这标志着以色列人起义的开始。在接近基比亚的时候，扫罗

① 洛兹在支持王国统治者的版本中区分了传统中较老和较新的层面。参见 Lods, *Israel*, 352—56, 关于"The Three Versions of the Founding of the Monarchy"的附录。

将会遇到一班先知(nebi‘im)拿着瑟、小手鼓、笛子和竖琴;他们将受神启示而说话(第十章第五节)。耶和华的灵将降临在他身上;他也会受神启示而说话,并且变为“新人”(第十章第六节)。从撒母耳那里得到了这些指示之后,扫罗上路了,“神就赐给他一个新心”,那天这些预言的事情都发生了(第十章第九节)。

这个故事是不完整的,但是它关于王国统治的意义是明确的。国王的涂油礼是近东地区流行的一个习俗,以色列人采用它作为标志着一个人成为国王的“自然的”仪式,但是在这种风俗的转换中它取得了一种特定的意义。因为由撒母耳执行的涂油礼是一种客观发生的圣 273
礼,而不是经由这个执行者造成的魔术般的权力传递。记述这个故事的历史学家小心谨慎地指出,是耶和华,而不是撒母耳,膏了这位王。这个圣礼的结果,“新心”,是由耶和华造成的,而不是由撒母耳显而易见的行为造成的。王国统治是由耶和华创立的。国王是神所膏的弥赛亚(Messiah)[①]。

王与他的神之间的关系具有直接性当时似乎是一个让人关注的问题,因为如此之多保留下来的传统都强调了这一点。按照洛兹的意见,甚至关于撒母耳青年时代的传说也必须被认为最初是关于扫罗的传说,那么这个问题就尤其令人担心。在《撒母耳记上》第一章中,哈拿(Hannah)向示罗的耶和华许诺,如果耶和华赐她一个儿子,她将使他终身为神服务。当这个儿子降生的时候,“她给他起名叫撒母耳,说:‘这是我从耶和华那里求来的。’”(第一章第二十节)。根据洛兹的说法,很难看出 shemuel[②] 这个名字如何可能来自 sha‘al 这个动词。“另一方面,如果原文是这样:‘她给他起名叫扫罗(Saul),因为 sha‘ul 的意思是

① 犹太人所盼望的复国救主及犹太国王,意为救世主或解救者。——译注

② shemuel 是希伯来文的撒母耳(英文是 Samuel)。——译注

“请求”’，那么我们将得到一个相当好的词源学的起源。”①洛兹的建议是有说服力的。如果我们接受它，那么由耶和华所赐的这个孩子及其为神献身的故事就是关于扫罗的故事。《撒母耳记上》第三章中耶和华给年轻的撒母耳的启示，或许应是给年轻的扫罗的启示。

对于扫罗与耶和华之间关系，同样的关注出现在他与众先知会面的故事中。这个故事需要加以解释，因为连这位以色列的历史学家②也发现有必要添加一两个考古学的脚注以便使它能够被同时代的人所理解。“有一班先知遇见”扫罗（第十章第十节）。不过，这些先知与公元前8世纪及其后的那些伟大的先知不属于同一类型。更确切地说，那些伟大的先知延续了在扫罗时代为一个像撒母耳那样的人所代表的类型。这位历史学家强调了这一点；因为在说到先见撒母耳的时候，他补充说“现在称为先知（nabi）的，从前称为先见（roeh）”（第九章第九节）。因此，那些只有在后来才被称为先知的先见们与这班先知们的区别被
274 赋予了某种重要性。不过，要准确地描述这两种类型证明是困难的。已经有人努力把他们区分为具有听觉幻觉的人和具有视觉幻觉的人；解梦或解释征兆的人和通过出神癫狂来进行解释和预言的人；与各种二流的神相通的人和与民族神耶和华相通的人，或者说是通过进入出神癫狂状态的方法与神相通的人。这些区分都不令人满意，因为它们总是在某个特定的事例中失去效力。不过，这种差异，正如我们已经说过的那样，必然具有重要性，因为以色列的历史学家特意强调了它。因此，我们应该回到关于撒母耳的那些段落本身所作的区分：先见和伟大的先知都是惯于独处的人，而扫罗遇见的先知却是一“班”。那确实是一个十分重要的差异，以至于寻求进一步区别的特征似乎显得多余了。

---

① Lods, *Israel*, p. 354.

② 这里指《撒母耳记》的作者。——译注

因为以具有传染性的出神癫狂为基础的集体先知活动(prophetism),在小亚细亚是一个普遍的现象,这种现象以狂欢的酒神狄奥尼索斯(Dionysos)崇拜的形式延伸到希腊文明之中,而它却不是早期以色列历史的特点。它在扫罗时代的出现将预示着巴力崇拜的出神癫狂活动向耶和华崇拜的渗透,这与迦南人和耶和华的希伯来人融合成为新以色列的进程并行不悖。而且,扫罗本人通过传染也发作了癫狂,[1]而在基甸的例子中,耶和华的灵仍然是在一个独自发生的经验中降临到这位领导人身上的。

除此之外,这种新现象的政治意义只能在模糊的轮廓中被辨别出来。这种集体类型的先知当然被认为是处于较低社会阶层中的个人。那些知道扫罗是出自一个好家庭的年轻人,还有目睹了他与预言性活动有关的癫狂发作的人们,看到他与这些不知其父为何人者为伍以及这些人的精神状态时感到很诧异(第十章第十一节至第十二节)。我们可以感觉到希伯来部族社会憎恶那些根本不是希伯来人的人以及那些陷入社会底层以至于他们的宗族联系都已丧失的人。这个反讽的问题"扫罗也列在先知中吗?"变成了一句谚语(第十章第十二节)。

也许扫罗及其王国统治的成功要归功于他对一种新"民主"类型的精神体验的敏感。根据大卫和他的妻子,即扫罗的女儿米甲(Michal)的故事,我们获得了这种思想,这个故事作为另一个事例让我们了解到王国社会层面上的各种关系,这些关系由于与扫罗故事中同样的原因而 275
变得紧张。当这位获胜的国王带着约柜进入耶路撒冷的时候,在队伍中,他穿着细麻布的短裙在约柜前面"尽其所能地"跳舞(《撒母耳记下》第六章第十四节)。米甲,一个挑剔的女人,厌恶地看到大卫在扈从和他们的女眷面前展示生殖器,后来谴责他缺乏品味,没想到这位国王说他是在耶和华面前,而不是在那些女人面前跳舞。耶和华已经选他

① 除了《撒母耳记上》第十章第十节,参见第十九章第二十三节至第二十四节。

作为他的民的统治者，取代了扫罗及其全家。为了耶和华，他愿意用甚至比他在今天所表现的更为放纵的方式来贬低自己。即使她不喜欢他夸示自己的这种方式，她所指的那些扈从的女眷们却愿意尊敬他（《撒母耳记下》第六章第二十一节至第二十二节）。[①] 对在耶和华面前倾力舞蹈如此挑剔的这个女人一直没有子嗣（第二十三节）。大卫的裸露癖，正如扫罗的先知活动一样，显示了耶和华崇拜较为粗鄙的层面，这个层面在社会上存在于那些赢得了对非利士人战争的人民之中，后者与屈从于非利士帝国扩张的希伯来部族社会不同。这些早期的王把他们自己体验为这种平民的耶和华崇拜以及他们那"班先知"的代表。

不幸的是，这些以色列的传统有巨大的断裂。在公元前 11 世纪与扫罗相遇之后，这种集体性的先知们只有在关于公元前 9 世纪以色列王国的叙事中才重新出现。那时存在着为数众多的先知班子，成员人数达到几百，在首领的领导下组织起来，并且隶属于各种不同的圣殿。耶和华以及巴力使这样的组织，这些"先知的儿子"（bene hannebi'im）受到神的感召。而且，这些班子已经变成了一种政治机构，因为他们隶属于宫廷，在一个军事计划开始之前受到咨询时，他们知道如何获得正确的答案。亚哈（Ahab）有一班耶和华的先知，相应地，他的腓尼基王后耶洗别（Jezebel）也在自己手下雇了一班巴力的先知。在王权统治和这些集体的先知之间没有发生明显的冲突。唯一对王国计划提出反对的是一个惯于独处的人物，音拉（Imlah）的儿子米该雅（Micaiah）（《列王记上》第二十二章）。直到巴力的先知与耶和华的先知之间的冲突被这些
276 独处的先知激发起来的时候，耶和华集体的先知才加入了反对国王的行列。耶和华和巴力的先知班子在撒马利亚宫廷的这种暂时的和平共处，可能最好地证明了以色列的王权统治与那些在叙利亚文明地区基

① 这段费解的话的意思无法十分可靠地确定下来。各种翻译之间差异巨大。

于希伯来人和迦南人的融合而发展起来的民众狂欢的宗教精神之间具有紧密联系。此外，公元前9世纪第一次为集体先知与严格意义上的希伯来传统之间的文化水平差异提供了文字证明，因为起源于这些先知班子的以利沙传说，走向了与《大卫记》或那些伟大的先知们著述的思想氛围迥然不同的一种民间传说的风格。最后，nabi（先知）这个词的历史为理解这种紧张提供了一条线索。这个词并非希伯来语原有的词汇，可能起源于巴比伦语，并且随着扫罗时代那班癫狂的说方言者而进入到希伯来语之中；它以足够强的力度在这种语言中生根，以至于把公元前8世纪及其后的那些惯于独处的先知——他们反对王权统治以及“虚假的”集体先知——也吸收到它的意义中来。这个词的历史反映了在两种类型的先知之间存在的政治—宗教的紧张关系。那些惯于独处的先知对君主国的反对如果被看作是要从那种平民形式的耶和华崇拜——随着王国的建立它已经变成了民族生活的基础——当中试图重新夺回较为纯粹形式的耶和华崇拜，正如前面所提示的那样，那么这种反对就会更容易为人理解。那些放逐期后的先知们反对这种平民形式的耶和华崇拜的思想感情，以及他们对那地的民（am-ha-aretz）的憎恨，也就是对那些在王国时期确实曾经是以色列的民的憎恨，也将得到进一步的阐明。

但是，在当前的上下文中，决定性的要点在于从集体的先知活动中可以极为成功地重新夺回一种更为纯粹的耶和华崇拜，因为在这种王国机构[①]的过度发展之下，较为纯粹的耶和华崇拜确实还充满活力。虽然耶和华崇拜和巴力崇拜的出神癫狂彼此非常相似，它们之间必定有一种本质区别。因为就我们证据所及的范围而言，在崇拜巴力者从事的显然相似的集体先知活动中，没有什么东西是本可以被重新夺回的，也没有什么东西是本可以导致像何西阿或以赛亚那样的精神领悟的。

---

① 指集体的先知活动。——译注

"这些先知的儿子",他们支持扫罗和后来的国王,因此必然是耶和华的
277 先知而不是巴力的先知。不过,这知识本身并非很具有启发性,因为我们不知道当一位先知处于出神状态时,他身上发生了什么。什么样的神或魔鬼支配了一个出神癫狂的先知必须通过可传达的"话"进行检验,因为这话来自于这种出神的状态,并且明确成为预言、建议和行为。现在,这些先知们在把他们的出神状态用话语明确地表达出来方面显然受到了某些妨碍。至少,我们发现他们总是"依附"于高位——也就是圣殿或宫廷——依附于这样一个机构,该机构有权力运用其他手段,比如一位先见的话,或者一个祭司的命令,或者一位国王的决定,来实现清楚的行动方案。所以,在政治方面,这些先知班子只能充当正在寻求有效组织的新以色列民族意识的扩音器。他们当然不像埃及的祭司团一样是政策的制定者和拥立国王的人。因此,这些班子的民族耶和华崇拜与这样的王国机构——它表述了出神癫狂状态未表述的内容——密不可分。就这些班子表达了人民的声音的意义而言,他们能够为那些愿意而且能够在战争与和平时领导这个国家的人提供来自"基层"的精神权威,但是他们自己无法成为领导者。领导人必须是像扫罗那样的人,他结合了勇士和政治家的超凡魅力与出神癫狂的预言家的超凡魅力。一个先知不可能变为一位国王,但一位国王遇有必要时可以受到感染而进入出神的状态。国王就是那个能够用语言和行动清楚地表述这种出神经验的意义的人。出神活动与清晰表述之间的这种关系在公共组织的历史中不是独特的。在早期基督教中,当那些说方言者在一个共同体中制造了难题时,我们发现了同样的问题。例如,在《歌林多前书》第十四章中,有一篇由圣保罗所作的关于处理出神状态的方法的特殊咏唱;最重要的一点是当在场的人没有能够解释说方言者的"话"时,他就必须要沉默。因此,集体的出神癫狂是一种精神力量的流入,其确切的性质只有通过它在共同体中所服从的灵媒才能被确定。只有在回顾耶和华崇拜、基督教或悲剧所表述的有关这种精神

的文化时,我们才能提及耶和华崇拜的、基督教的或酒神狄奥尼索斯的出神癫狂。每当集体的出神癫狂发生的时候,一方面是一种弥散的、传染性的精神力量,另一方面是由各种机构和理性解释所强加的表述,它 278
们之间就会出现文明的紧张。

二、灵魂的精神秩序

当一个共同体的秩序必须依赖出神的先知和能够清晰表述的阐释者之间的一致时,这种紧张的后果就非常严重。当这种紧张在一个人的灵魂之内发生时,正如在扫罗身上所发生的那样,其后果就会变得更加严重。一个像他这样积极地进行出神癫狂活动的人不仅会感到有责任把这种弥散的力量转化为正确的王国行动,而且也会在关键时刻——当必须做出决定性的行动而这种精神力量却消逝了的时候——为犹豫不决和焦虑的状态所苦。在扫罗后来的岁月中,他精神上的这种紧张变得显而易见。他陷入了沉思忧虑的时期,因此他在大卫的音乐中感到放松,随后他再次间或受到对这个年轻人致命的不信任影响——虽然我们必须考虑到他怀疑大卫会成为他王权统治的竞争对手可能是非常正当的。扫罗去拜访隐多珥(Endor)的女巫的故事揭示了他精神失序的性质(《撒母耳记上》第二十八章第三节至第二十五节)。对这个故事必须认真地加以分析,因为这段插曲对于以色列总体的精神和思想史而言都具有极大的重要性。

时间是在基利波(Gilboa)战役的前夕,在这场对非利士人的战役中扫罗和他的儿子约拿单将会赴死。扫罗被灾难的预感弄得意志消沉。那种精神力量已经舍他而去,耶和华也不再通过先知或祭司的神谕,或托梦而跟他说话。遭到遗弃的扫罗想要召唤撒母耳的鬼魂以便从他那里获得建议;他拜访了一位能够"交鬼"并且能够把死人叫来询问的妇人。这个隐多珥的妇人确实为他把撒母耳召唤而来。但是,这位国王却无法从这位先见那里获得任何抚慰。撒母耳的鬼魂谴责这位国王肆意搅扰他的清静。如果耶和华没有向扫罗说话,那么神的这种缄默的含义就很明显了。在撒母耳活着的时候,在一个为这位国王所熟知的特定时刻,扫罗没有听到经由这位先见所传达的神的声音;结果是,扫罗再也听不到这声音了。这个鬼魂现在所能做的一切就是确认国王的预感:明天,扫罗和他的儿子们将会在战役中阵亡,以色列将被交在非利士人手中。

乍一看,这个故事的意义似乎一目了然。当神的训令在撒母耳所
279 指的那种情形中出现时,它们可能是严苛的;当他所喜欢的人按方便和同情的原则行事时,感到受辱的神就会报复他的精神的卑劣化身以及这位国王所代表的共同体。不服从神的意志就会带来对个人和集体的惩罚。

不过一旦扫罗的行动被放到上下文中来看,这种显而易见的明晰就突然消失了。因为此前,扫罗的一条法令已经在王国的领土上禁止了交鬼之人和行巫术者的存在(《撒母耳记上》第二十八章第三节),并且使他们的活动获致死罪(第二十八章第九节)。因此现在当这位国王求助于一位交鬼之人时,他就违反了他自己的法令,并且犯了同谋之罪,如果不是犯了这交鬼之罪本身的话。

为什么扫罗驱逐了交鬼之人,并没有明确的交代。不过,可能的动机之一是相当明显的。死者的鬼魂是埃洛希姆(《撒母耳记上》第二十八章第十三节),即神性的存在(divine beings);他们作为可备咨询的力量,一旦被剪除就会消除耶和华的对手。但是,不用质疑这种基本动机是否有说服力或是否出自真心,我们也应该承认一种附带的政治动机——这种政治动机通过扫罗后来召唤撒母耳鬼魂的行动成为可能。既然这位国王亲自询问一个交鬼的人,那么显然不是因为他认为他们是"骗子",而是相反因为他们带来了真正的埃洛希姆,所以这个特定的群体(gentry)才要被剪除。这些鬼神不是假神或非神(no-gods),而被相信是真正的神,即使他们处于较低的地位。有关神力的这种经验还是

被夸大了，超出多神教或一神教之外，而考虑到这种夸大，即使在一个耶和华的王国中，这种鬼魂的神性存在也可能在政治事务上变成敌对权威的来源。在与非利士人的艰难而旷日持久的斗争中，不满的臣民肯定会咨询这样的神性存在以便了解战争将会朝哪个方向发展；有的人可能像扫罗本人一样非常想知道国王是否会较早地故去。因此，驱逐交鬼之人的意图可能正是防止有人进行扫罗所参涉的这种咨询。其他的政治文化由于上述这些已经大致被交代的原因也发布了类似的法令，例如在西方文艺复兴时期，当时罗马教廷禁止进行与教皇之死有关的占星术预测，因为这些预测易于导致政治投机、动荡和阴谋。无论如何，这种政治动机，正如我们所说的，不需要损害基本的关于耶和华崇 280
拜的动机。一个动机可能只是加强了另一个动机，最终的结果对耶和华和国王扫罗来说都是满意的。①

但是，存在的理由（raison d'état）与精神上的忧虑的这种可喜的相遇并没有穷尽这段插曲的复杂性。这种鬼魂的神性存在必然已经在以色列人的精神生活中扮演了一个重要角色，否则就没有必要如此严厉地惩罚向他们进行咨询的行为，而扫罗的这条法令必然已经相应地严重扰乱了精神生活。对于精神系统的这种干预具有重要的后果。我们所知道的关于扫罗的经验和行动的情况就足以证明他的灵魂不是生活

① 前面的分析建立在这样一个假设的基础上，即扫罗针对交鬼之人的法令在历史上确有其事。但是，杰出的权威们认为这些相应的段落在该叙事中是犯了年代错误的插补。关于这种否定性的观点，参见对扫罗拜访隐多珥的女巫的分析，in Oesterley and Robinson, *Hebrew Religion: Its Origins and Development*, 91 ff。我更倾向于 Lods, *Israel*, 358 的观点，他认为这个传统“整体上都是可能的”。这种解释应当受到下述原则的指导：只要没有决定性的证据反对它，我们就必须接受一个传统。这个事实——纵贯其历史，招魂术在以色列都一直存在，而在后来的一些事件中不得不频繁地遭到禁止——不是反对扫罗曾经禁止招魂术的有效论据。

在对一个超越的神的信仰中的组织有序的灵魂，相反，他的精神是对狂欢的感染力、祭司的神谕以及先见的建议，对神的托梦和神的声音，还有来自鬼魂的神性存在的讯息保持着多样化敏感的一个领域。他是一个人，在出神癫狂的状态下也是“另一个人”，但首先他是那个叫做以色列的、非个人的、分布广泛的人类的一分子，并且这些人必须集体为王国的不当行为赎罪。在扫罗关于耶和华秩序的众多难题中，显而易见的是，有关个人灵魂的诸问题被牵涉进来——荷马史诗中，与扫罗处于同一时代的同一问题在迈锡尼文明的动乱中尖锐化了。然而，在以色列的历史中，这些问题转向了一个与希腊历史迥然不同的方向，在决定这种转向时，扫罗的这个法令显然是头等重要的原因。我们必须简要地描述一下这个问题，以及它在以色列和希腊所采取的不同形式。

存在中的飞跃，把神性存在体验为超越世界的，与把人理解为人性
281 的是不可分割的。个人的灵魂作为超越的感官中枢必须与对超越的神的理解同步发展。现在无论在哪里，只要经验上发生了存在中的飞跃，对这种经验的表述都必须抓住死和不朽之谜。人是会死的；不朽的是神。对于希腊人和以色列人来说都是如此。但是，人死后的生存确实从未十分符合这种整齐的存在论划分。在荷马史诗中，死后的生活是精神或生命力作为冥界的一个精灵或幽灵的存在；以同样的方式，以色列人死后的生活是地狱的一种虚幻的、鬼魂一样的存在。在两种情况下它都不是一个将会给人性的秩序带来最终完善的生存。在希腊，从这种最初的情形中发展出这样一种理解，即把精神理解成为一种不朽的实质，能够实现越来越完善的秩序，如果必要的话它会通过反复的显现直至达到永久的超越世俗世界的状态。这种发展要归功于从毕达哥拉斯和赫拉克利特开始的哲学家们，并且在柏拉图的对话录中达到高潮。毋庸置疑，希腊的多神教文化促进了对这个问题深思熟虑的建构，因为对于把这种不朽的灵魂看成是一种恶魔，也就是一种较低等级的神性存在，不存在根深蒂固的抵制。在以色列，早期的，即使是不完善

的关于一个普遍而超越的神之真实本质的理解滞碍了这种类似的发展。死者是神性的存在，而没有人应该成为一个神性的存在。《创世记》第三章第二十二节至第二十四节在这一点上是绝不让步的："耶和华神说：'那人已经与我们相似，能知道善恶；现在恐怕他伸手又摘生命树的果子吃，就永远活着。'耶和华神便打发他出伊甸园去。"

人与神的地位的这种不相容性似乎第一次被扫罗完全实现了。由于死者是神性的存在，也由于人们相信他们将持续存在无可动摇，所以必须通过一项王国的法令把这些神降低到一种公众潜意识的层面。祖先崇拜，关于一位部落创始人（heros eponymos）的神话，以及最重要的是召唤这样的神作为与耶和华相对立的权威，都必须被压制。结果是，对于个人灵魂的理解，通过神的诫命达到对灵魂内部秩序的理解，以及通过对死亡的赦免——这将会结束世俗生存的不完善——达到对灵魂完善的理解，都无法得到发展。在此世生活中缺乏稳定的与耶和华的关系被死亡完全打破；生命中没有实现的东西永远无法实现。希西家（公 282
元前 8 世纪晚期）的诗歌带着同情表达了这种困境，通过这首诗，这位国王感谢耶和华使他从一场疾病中恢复了健康（《以赛亚书》第三十八章第十八节至第十九节）：

> 原来阴间不能称谢你，
> 死亡不能颂扬你，
> 下坑的人不能盼望你的诚实；
> 只有活人，活人必称谢你，
> 像我今日称谢你一样。
> 为父的，必使儿女知道你的诚实。

纵贯王国的历史，关于灵魂的问题一直这样被淹没在"公众潜意识"之中，即使先知们也无法解决它。只有到了以西结的时代（公元前6

世纪晚期),为解决这个问题所迈出的第一步才能被察觉到,这就是在道德规范方面勉强承认个人的责任和根据个人的功过论赏罚(《以西结书》第十四章、第十八章和第三十三章)。但即使是集体责任原则的废止也并没有打破关于灵魂的秩序及其拯救的经验困境。只有到公元前3世纪在波斯人的影响下,这种僵硬的立场才被削弱,永存不朽的思想才能够进入犹太人的经验范围之中。

这种悬而未决的状态——在这种状态中关于灵魂的问题一直在以色列的历史中存在——在符号领域产生了令人好奇的后果。一方面,它有利于历史现实主义的推进。另一方面,它又阻碍了哲学的发展。

关于历史现实主义,对鬼魂的神性存在的压制把作为一种建构形式的祖先神话从公共领域中剪除了。固然,这并不意味着希伯来部落不知道祖先崇拜甚至英雄崇拜。有足够多的关于这种崇拜仪式的记载在《圣经》中留存下来(并且被考古发现所证实)从而证明,希伯来部族在进入对耶和华的信仰崇拜之前,是通过他们的祖先崇拜建立起来的,正如任何一个希腊贵族家庭单位(genos)一样。在耶和华时期,我们发现了这样的祖先圣所,比如埋葬了撒拉和亚伯拉罕的麦比拉(Machpel-ah)洞(《创世记》第二十三章和第二十五章第九节),拉结(Rachel)的墓碑(《创世记》第三十五章第二十节),以及约瑟在示剑的埋葬处(《约书
283 亚记》第二十四章第三十二节)。此外,我们还发现了英雄的圣所,例如利百加(Rebekah)的奶母底波拉的圣所(《创世记》第三十五章第八节),米利暗在"圣地"加低斯(Kadesh)的坟墓(《民数记》第二十章第一节),以及撒母耳在拉玛(Ramah)的埋葬地(《撒母耳记上》第二十八章第三节)。无论如何,虽然祖先和英雄在大众层面的以色列宗教中是神性存在,但他们从未在耶和华崇拜的层面上——圣经叙事正是在这个层面上发展的——成为神话人物。相反,那些已经消失在前摩西时代的神话幕后的人物,如埃及的迦南地名目录中的 Jacob-el,或 Joseph-el,

被恢复了历史人物的身份。毫无疑问，雅各，也许是约瑟，还有可能是没有保留下来记录的其他人，从历史上的首领被美化为神话般的祖先，之后在很大程度上是以这样的方式——一位现代的批判历史学家从神话中重温实际发生的事件——他们又恢复了从前的身份。结果，以色列人发展了一种其他文明无可比拟的符号形式，也就是关于祖先们的历史。

我们必须认识到这种现象不同寻常的特点以便理解它不同寻常的结果。在“公共”的层面上，这种神性存在已经变成了历史上的祖先，他们现在必定已死，并且不再能够对尘世的事务发生影响。在这个层面上，对于一种死后生活的信仰被彻底地抹去，以至于后来的传道者（Kohelet）可以说：“活着的狗比死了的狮子更强。活着的人知道必死；死了的人毫无所知，也不再得赏赐，他们的名无人记念。他们的爱，他们的恨，他们的嫉妒，早都消灭了。在日光之下所行的一切事上，他们永不再有份了。”（《传道书》第九章第四节至第六节）因此，对这种神性存在的彻底历史化，根据经验的逻辑，陷入了我们可以从传道者身上观察到的虚无主义和享乐的存在主义困境。

但是在较低的、平民的层面上，生者与死者的共同体，也就是人具有的连续性社会秩序的实质，通过对宗族祖先和民族英雄的崇拜，以及对他们作为顾问和复仇者有援助作用的信仰被保持下来。虽然历史学家们[①]竭尽全力要消除关于这种信仰的所有传统，但为数众多的段落——它们清楚地显示了对“祖先们”或一个人死后就归向他们的那些“人”[②]的信仰——还是幸免于难。一种先知的精神可以突破这种平民的、鲜活的经验而达到这样的洞见：人死后都归向他们的那种神性存在 284

① 指圣经叙事的作者们。——译注

② 例如，《创世记》第二十五章第八节，第十七节；第三十五章第二十九节；第四十七章第三十节；第四十九章第二十九节。

的共同体就是与具有神性的祖先本人在一起的共同体。在回避了关于祖先的神性存在及其地位问题的同时,《第三以赛亚书》(Trito-Isaiah)①的一篇祷文把祖先们在人类社会中的功能转移到神自己身上(《以赛亚书》第六十三章第十六节):

> 亚伯拉罕虽然不认识我们,
> 以色列也不承认我们,
> 你却是我们的父。
> 耶和华啊!你是我们的父,
> 从万古以来,你名称为我们的救赎主。

在这篇祷文中耶和华取代了救世主——也就是 goel,部落法之下的近亲和复仇者——因为这个功能不再由亚伯拉罕和雅各的神性存在来履行。耶和华可以通过他的灵,也就是他的精神的显现来帮助他的民的看护人,正如他在摩西时代所做的那样。这位先知追问道(《以赛亚书》第六十三章第十一节及其后):

> 将百姓和牧养他全群的人
> 从海里领上来的在哪里呢?
> 将他的圣灵降在他们中间的在哪里呢?
> 使他荣耀的膀臂在摩西的右手边行动,
> 在他们前面将水分开,
> 要建立自己永远的名,

---

① 《以赛亚书》第五十六章至第六十六章被称作《第三以赛亚书》,其作者细节不详,但大约是在公元前6世纪晚期(公元前525—500年)或公元前5世纪早期(公元前500—475年)从事写作的。——译注

带领他们经过深处，
如马行走旷野，
使他们不至绊跌的在哪里呢？
耶和华的灵使他们得安息，
仿佛牲畜下到山谷。
照样，你也引导你的百姓，
要建立自己荣耀的名。

正如同过去一样，这位先知希望耶和华的灵能够再次在未来引导他的民，于是他祈祷（《以赛亚书》第六十三章第十七节）：

求你为你仆人、
为你产业支派的缘故转回来。

我们可以感觉到对前摩西时代祖先的神性存在的这种敌意。这篇祷文的作者极力要逃出他们的氛围，并通过他的灵在历史上的显现去理解那个独一无二的埃洛希姆。他的努力至少部分取得了成功。固然，耶和华仍然是以色列的神，而不是人类的神；而且关于灵魂的问题 285
根本没有得到澄清；但至少这些问题以这样一种方式被尖锐化了，因此从一种显然令人绝望的形势中浮现出了解决方案的影子。关于这篇祷文是紧接着公元前538年回归耶路撒冷之后就被创作出来的，还是写于公元前4世纪与波斯人的冲突期间，人们的意见存在分歧。无论如何，以色列处在一个政治上的困难时期。从人那里无法期待任何帮助，无论是从此岸世界的人，还是从归向他们祖先的人那里都是如此。而且，神必须帮助社会的世俗生存这样一种感觉仍然盛行；只有对于处在历史困境中的民族的帮助才是重要的，对个人灵魂的帮助则非如此。从这样的否定中——它排除了可以想象的其他选择——产生了关于神的思想，它将会作为我们的救世主回到历史中来，以便矫正失去希望的人们所处的状况。

关于神将会采取何种形式回到历史中来，这篇祷文未曾置喙。我们不应该从《第三以赛亚书》中读出比实际能从那里发现的更多的东西。无论如何，在这篇祷文中有足够多的内容暗示了一种经验上的情绪——在这种情绪中人们愿意接受神在地球上的出现，并且愿意变成这位救世主的追随者。自然，有大量其他的近似这个神人(god-man)的符号，它们将会使基督耶稣的出现对于罗马帝国文明混杂的人类来说显得可以理解，这些符号有埃及的法老们，希腊的神王，以及犹太人对大卫王国的弥赛亚的期待。不过，它们中的任何一个都没有包含使基督教遭人诽谤的特定因素，这个因素将在《第三以赛亚书》中被发现：超越世界的神回到了已经没有神性的宇宙中，并且回到了已经变成了人的历史的历史中。从摩西时代就内在于耶和华崇拜之中的、神与世界之间的鸿沟可以通过宇宙论符号的留存，迦南的农业神以及祖先崇拜，历经若干世纪在以色列人中被填平；但是当神与世界分离的可怕含义通过先知们的工作得以实现时，当世俗世界的政治灾难使人认识到在一个被神所弃的世界中生活的痛苦时，神回到这样一种历史——其中各种具有神性的力量已经被十分彻底地消除了——中的时机就成熟了。

关于哲学，我们必须说它在希腊意义上的发展被有关灵魂地位的
286 犹豫不决所阻碍。追求智慧的爱预设了一种个人化的灵魂：这种灵魂必须使它自己与特定人类群体的本质充分脱离，从而体验它与其他人的一致，这种一致是通过共同参与神的宇宙法则建立起来的。只要灵魂的精神生活是足够弥散(diffuse)，使它在神之下的地位只能通过宗族和部落的中介而以紧凑的方式被经验到，那么个人对神的爱就无法成为灵魂构建秩序的中心。在以色列，神的精神，即耶和华的灵，是与这个共同体，以及那些凭其能力而作为共同体代表的个人一起出现的，但

它不是作为在每个人的灵魂中构建秩序的力量出现的，正像神秘主义哲学家的理性或基督的逻各斯是出现在基督奥体的每一个成员之中的，并通过它的显现创造了 homonoia，即共同体的志趣相投一样。只有当人——虽然与他的同胞生活在这种精神的共同体之中——有一种与神相关的个人命运时，这种灵魂的精神性爱才能获得自我阐释，柏拉图称之为哲学。由于之前所讨论的原因，以色列的历史不可能取得与之相提并论的发展。当灵魂没有宿命时，当人与神的关系被死亡打破时，即使超越世界的神的启示像给摩西的启示那样个人化而且让人感受深切（比曾经给予一个希腊哲学家的启示更为个人化而且让人感受更为深切），这种启示也将被这个部落在世俗世界中的紧凑性所钝化。以色列的神在他的愤怒和恩典中显示了自身；他造成了忠诚服从的快乐和背叛的痛苦，胜利的狂喜和被遗弃的绝望；他在自然现象中和他化为人形的使者中彰显自身；他对他选中的人说话能够让人听得到，内容清楚，不厌其详；他是一个意志，他也立法——但他不是柏拉图意义上看不见的灵魂的尺度。先知能够听到并且传达神的话，但他既不是哲学家也不是圣徒。

以色列没有发展出柏拉图主义的“死亡实践”。不过，存在中的飞跃，当它创造出了历史的现在——作为一个民族在神的意志统治下的生存——同时也加强了对个体人性的敏感。或许由于灵魂除了死亡以外没有别的命运，生活中的胜利和失败都以一种至今不为人所知的强烈程度而被体验到。在扫罗的王权统治之后，我们感受到一种新的经验上的情绪，由于没有更好的词汇，这种情绪姑且可以称为特殊的以色 287
列人文主义。体现这种情绪最早的伟大文献是宏大的弓歌（quinah），也就是在基利波战役之后大卫为扫罗和约拿单所作的葬礼哀歌或挽诗（《撒母耳记下》第一章第十九节至第二十七节）：

以色列啊，

你尊荣者在山上被杀。
大英雄何竟死亡!
不要在迦特报告;
不要在亚实基伦街上传扬,
免得非利士的女子欢乐,
免得未受割礼之人的女子矜夸。
基利波山哪,愿你那里没有雨露;
愿你田地无土产可作供物,
因为英雄的盾牌,在那里被污丢弃。
扫罗的盾牌,仿佛未曾抹油。
约拿单的弓箭,非流敌人的血不退缩。
扫罗的刀剑,非剖勇士的油不收回。
扫罗和约拿单,
活时相悦相爱,死时也不分离。
他们比鹰更快,比狮子还强。
以色列的女子啊,当为扫罗哭号。
他曾使你们穿朱红色的美衣,
使你们衣服有黄金的妆饰。
英雄何竟在阵上仆倒!
约拿单何竟在山上被杀!
我兄约拿单哪,我为你悲伤!
我甚喜悦你,
你向我发的爱情奇妙非常,
过于妇女的爱情。
英雄何竟仆倒!
战具何竟灭没!

在这首弓歌中没有精神戏剧的色彩，没有对耶和华意志的服从或背叛的问题，没有寻求神的行动的根据。神最好也不存在。基利波的 288
灾难在人类早期的生活环境中是一件严格意义上的人类事务。颗粒无收的诅咒落在了基利波山上，因为以色列的武器和士兵丢弃和阵亡在那里。与他们一起逝去的还有以色列的美，包括在战争中其男子气概的壮美，即 gibborim，以及当用战利品装扮起来之后妇女们增添的妩媚。由于这是以色列为建立帝国而奋斗中的一次关键失利，所以敌人的欢乐带给他们的痛苦就像他们自己的损失所带来的痛苦一样多。这次失利是一场殃及个人的灾难，因为爱人之间、父子之间，朋友之间的共同体都被死亡所打破。

三、神权统治

扫罗取得王权统治的第二个版本具有反王国统治的倾向。

在这个版本中，扫罗的故事之前是关于撒母耳的领导能力的记述。在这个描述中它是如此成功以至于使王权统治显得没有必要(《撒母耳记上》第七章)。事件是按照我们从《士师记》中所知道的那种背叛和回归的诚信神灵节奏发展的。撒母耳是一个劝说人们抛弃他们的外邦神灵并回到耶和华这里来的士师。在耶和华的帮助下非利士人被彻底击败，这使人们的回归得到了回报。以色列再一次从其所有的敌人手中被解救出来；撒母耳年纪老迈了，他就立他的儿子们作为他的继承者(《撒母耳记上》第八章第一节)。看上去以色列在其士师的领导下平安无事，直到下一次背叛扰乱了耶和华和他的民的关系。

确实，一次背叛发生了，但人民不是转向巴力和阿斯塔特。在故事的这个转折点上，当读者准备好看以色列与耶和华关系的下一个低谷时，圣经修订者们却把人民对一个王的吁求安排进来。向撒母耳提议立一个王的“以色列的长老”确有不平之事，因为撒母耳的儿子们收受贿赂，屈枉正直(第八章第三节)。不过在这位历史学家看来，这不是要求“一个王治理我们,像列国(goyim)一样”(第八章第五节)的原因。使撒母耳对这种请求感到不安的原因(第八章第六节)在耶和华对这位先知祷告的回答中变得一目了然(第八章第七节至第九节):

> 百姓向你说的一切话,你只管依从,因为他们不是厌弃你,乃是厌弃我,不要我作他们的王。自从我领他们出埃及到如今,他们
> 289 常常离弃我,侍奉别神。现在他们向你所行的,是照他们素来所行的。故此你要依从他们的话,只是当警戒他们,告诉他们将来那王怎样管辖他们。

从一个士师统治的政府转向一个国王统治的政府不仅仅是世俗意义上政治形式的变化。它是与以色列——作为在耶和华,即以色列的王,统治下的一个民族——的神权政治[①]结构的决裂。撒母耳也许因为以色列人拒绝他的士师王朝而不悦,但是真正的问题是对耶和华的王权统治的背叛。于是,撒母耳遵循了耶和华的命令,并且诚恳地警告人民什么将会降临在他们头上(《撒母耳记上》第八章第十一节至第十八节)。国王将会迫使年轻男子服兵役和成为农奴;年轻的女子将不得不为王室服务;最好的地将会被没收并分配给国王的臣仆;人民将被课以重税以便维持国王的行政管理,此外还必须在部分时间为国王服差役。

---

① 我使用巴勒的术语 theopolitical(神权政治的)而不是 theocratic(神权统治的)这个词,是为了表明以色列——作为在神统治下的一个民族——的这种既是经验上的(existential),又是超越的独特结构。当经验的统治,特别是王权统治,被体验为受到神的命令的束缚,尤其是当一位神职人员通过神的命令来衡量行政官员的行为,并且可以使他的批评变得有效的时候,theocratic 就可以方便地得到使用。关于在后一种意义上 theocratic 这个概念的形成,见 Hendrik Berkhof, *Kirche und Kaiser* (Zollikon-Zurich: Evangelischer Verlag, 1947), 143 ff。正如这文本现在将会表明的那样,正当神权政治的经验被王国的建立所扰乱的时候,神权统治的因素进入了以色列的结构。

“那时你们必因所选的王哀求耶和华，耶和华却不应允你们。”（第十八节）但是百姓执意要求；他们想要一个王“使我们像列国一样，有王治理我们，统领我们，为我们争战”（第二十节）。

以色列人有自己的意志。撒母耳把人民聚集在米斯巴（Mizpah），大会开始选举一位国王（《撒母耳记上》第十章第十七节至第二十四节）。选举的程序描述得过于简洁而不能让人十分清楚。显然，由部落、宗族和家庭来抽取神签以便缩小候选人的范围；从中可以发现一种古老风俗的残余，根据这种风俗，可能的候选人要把他们自己藏起来，而第一个被找到的就被认为是神的选择。通过抽签与捉迷藏相结合的办法，扫罗成为耶和华所选中的王位候选人。他站起来比所有其他人都要高一头；当撒母耳把他介绍给民众的时候，人们欢呼着“愿王万岁” 290
接受了他。不过，后面的两节暗示不是每个人都对这个选择感到高兴（第十章第二十六节至第二十七节）。

这个程序在《撒母耳记上》第十二章中得到了继续。撒母耳要求并且实现了他的卸任，同时他完美无瑕的行为也获得了承认（第十二章第一节至第五节）。这位新的弥赛亚是撒母耳卸任的见证人（第五节）。随后以色列人在耶和华的法庭前受到了一次奇特的审判（第十二章第六节至第二十五节）。撒母耳在耶和华前祈求。他详述了主对那些在场的人和他们的祖先所行的“公义的事”，以及以色列人对耶和华的背叛。最后的冒犯是通过选择一位国王来拒绝耶和华的王权统治。不过，神仍将宽恕他们，但是有一个条件（第十二章第十四节至第十五节）：

> 你们若敬畏耶和华，侍奉他，听从他的话，不违背他的命令，你们和治理你们的王，也都顺从耶和华你们的神就好了。倘若不听

从耶和华的话,违背他的命令,耶和华的手必攻击你们和你们的王。①

为了确认撒母耳的恳求和诺言,耶和华展现了一个神迹。民众被说服了;他们承认他们在求立王这件事上的罪恶,并且得到同意当他们行善事的时候神的报应就会停止。

正如我们可能预料的那样,在这种律法上的准备工作之后,以色列人对善行的违背并没有被延迟很久。《撒母耳记上》第十五章讲述了一段对亚玛力人(Amalek)战争的插曲。耶和华已经传话给撒母耳说这位新王应当因为"以色列人出埃及的时候"亚玛力人对他们所作的事而毁灭他们。撒母耳把耶和华的话传达给这位国王;扫罗进行了这场战争并取得完胜。但是一场针对亚玛力的战争是一场用禁令(cherem)的仪式来完成的圣战。② 国王和民众都没有严格地执行禁令,并且把战利品中最好的部分留给他们自己。撒母耳不得不进行干涉,并亲手杀死了亚玛力人的国王以便履行耶和华的命令。之后他向扫罗宣布因为违反
291 神的命令他已经被抛弃了。扫罗恳求说他相对无辜(他屈服于他的战士们的压力),但没有被接受:"从前你虽然以自己为小,岂不是被立为以色列支派的元首吗?"(第十五章第十七节)于是撒母耳离开了这位被离弃的国王,并且终其一生都没有再见过他。其结果就是在基利波战役的前夜关于隐多珥的女巫的那段插曲。

① 沃格林原文用的《圣经》英文如下:"then the hand of Yehweh will be against you and your king",直译应该是"耶和华的手必攻击你们和你们的王"。但是译者所参照的中英文对照版《圣经》,这句的中文译为"耶和华的手必攻击你们,像从前攻击你们列祖一样",与詹姆斯王的英译本相同。——译注

② 在《复诵法典》中,迈蒙尼德把针对征服前占据迦南地的"七族"的战争,针对亚玛力的战争,以及防御性战争列为圣战。

扫罗王权统治的这个反王国统治的版本已经创造了西方政治最重要的符号体系之一。通过把希伯来《圣经》(the Bible)吸收到基督教的《圣经》(the Scripture)之中,撒母耳与扫罗之间的关系已经变成了对世俗统治进行精神控制的范式。从卡利亚里的路西弗(Lucifer of Cagliari)和圣安布罗斯(Saint Ambrose)的神权统治意识最初的激动人心,公元4世纪的各种冲突,到基督教帝国文化的终结,此外又进入日内瓦和马萨诸塞湾殖民地的加尔文主义的神权统治,这个撒母耳—扫罗的故事都是"作为先例援引的个案"(leading case)。甚至在帝国的基督教解体中,敌对的各方仍然参照这个故事来证成他们的立场,正如神格唯一论者①坚持其作为上帝的子民有遵守主的命令反对某个犯了错的扫罗的权利一样;又比如,反过来,某个詹姆士一世坚持其国王的权利,不要陷入扫罗的罪恶,而要承担起他作为"以色列支派的元首"的责任反对犯了错的人民。

具有如此重要性的一个符号体系要求解释者要慎重。它不能被当作后来人对历史事件所作的神权统治的歪曲而遭到摈弃。虽然在它当前的形式中,这个故事的开端确实不早于公元前9世纪先知们对撒马利亚宫廷的反对,虽然撒母耳的讲话是以公元前7世纪《申命记》作者的学派那种极其流畅的风格发表出来的,但是这些历史材料中的一部分以及这个问题本身很有可能回溯到扫罗时代——即使只有与其真实的内核有关的常识性假设才是可能的。

怀疑的中心是撒母耳。显然,他是一个只具有地方性声誉的先见,当迷路的动物必须被找回时,可以找他咨询。特别是,如果我们同意洛兹的说法,即关于扫罗青年时代的传说被后来的历史学家们转移到了撒母耳身上,那么他必然是一个相对不重要的人物,至少直到扫罗本人出现时为止都是如此。固然那不是他不应该成为神的工具去指出并膏

① 公元2至3世纪时古代基督教中反对三位一体之说的人。——编注

292 这位国王的理由，但是他作为以色列的一个士师的地位以及他作为有影响力的先知——由于神学上的原因，在非利士人的危险迫在眉睫的时候，他命令国王进行远征——被归到后来的例证创造的范围内。然而，正当我们同意这些考证者的观点——历史上的撒母耳这个人物必须在实质上被还原——之时，这个故事的其他部分不仅增加了存在的可能性，而且还必须被假定为历史上曾有其事，即使传统没有把它们保留下来。因为在扫罗兴起的时候，撒母耳的角色越无足轻重，那么寻找战争领袖的人民，他们所发挥的作用，以及这个领袖自己实际取得的成绩就越大。因此，实际事件的进程可能在《撒母耳记上》第十一章和第十四章中得到了最好的保存：《撒母耳记上》第十一章记述了扫罗与亚扪人的战争和对被围困的雅比—基列(Jabesh-Gilead)的解救；《撒母耳记上》第十四章记述了最早的一场对非利士人的战争。在两篇记述中，战役之后都是扫罗采取了王权统治。在地方叛乱和战役中一位成功的领导人，如果他被选举为王，那么就应该唤起民众对于把他们从非利士人那里解救出来的希望——这确实是事件的一种可能的进程。民众要求“立一个王治理我们，像列国一样”(第八章第五节)与这幅图景非常相符。但是这要求会遭遇一些必须被克服(第十一章第十二节)的对立意见(第十章第二十七节)也与之非常相符。

考虑到这种形势的实际特点，说它不可能包含，至少不可能以一种初始的形式包含最终在撒母耳—扫罗故事的诸问题中所表达出来的那些经验，绝对会是草率的。[①] 与此相反，如果从以色列的神权政治结构向一个民族君主国的这种决定性转变只引起了不加思考的热情，那才显得奇怪。可能存在着宗族反对的残余，这种反对早些时候已经在“树木的寓言”中表述得很清楚了。也有可能存在着一位历史上的撒母耳，

① 事实上，《士师记》甚至把这些经验投射到了在基甸采取王国统治之前发生的那些事件中。参见《士师记》第八章第二十三节。

或者更准确地说不止一位,他们认真思考着在被耶和华选中的一个民族与一个像所有的异邦那样在一位国王领导之下的以色列之间的差异。这就是这种神权统治的符号体系所扎根的经验领域。因为这种神权统治秩序的思想不是某个思想家在某特定时间创造出来的一种“学 293
说”,而是一个符号,它表述了在神所构造的社会与人所构造的社会之间被体验到的张力。只要以色列是依赖希伯来部族社会组织的一个联盟,那么这种张力就可能只在罕见的事例中才起作用,比如在紧急情况下体现出具有超凡魅力的领导能力这样的事例,而正是在那种情况下,这种张力在可能硬化为一个严重的秩序问题之前就会消解。当紧急情况明确为常设组织的日常事务,即使只是在地方上这样做,例如在基甸企图建立王朝的例子中那样,其结果也是灾难性的。然而,现在,以色列的神权政体得到了一个全国范围内的永久性王权统治的补充;因此就不得不提出这样的问题:以色列虽然像列国那样得到了一个王,但是不是还没有像列国那样变为一个国家(nation)?是否以色列已经不是耶和华的选民?如果情况是这样的话,那么王权统治该如何应付一个神权政体的各种紧急情况?

在某种程度上,但也只限于一部分,这些问题被以下社会过程所解决,在这个过程中,希伯来人和迦南人融合成为新以色列,这个新以色列想要立一个王。这个融合而成的民族确实正在变成一个与列国一样的国家,直到公元前 8 世纪的时候,这个过程被先知的反叛(Prophetic Revolt)所中止和部分逆转。尽管存在这样的事实,即这种冲突在相当大的程度上是通过倒退回宇宙论文明的地狱而得到解决的,但神权政体的经验从未彻底湮没,以至于它不可能被重新发现。这是以色列人的王权统治实验中的决定性事实。只有当我们假定,从王国制度危及神权政体的时候开始就一直连续存在神权统治秩序的问题,这种神权政治意识的保存才是可以理解的。在以色列的历史条件下找不到制度上的解决方案可以与基督教对精神和世俗秩序的发展相提并论。因为在严格意义上以色列历史的范围内,这种神权政体的思想没有结出它的果实,即人类作为一个普遍教会的思想。因此,这个神权统治的问题,当它随着一个民族君主国的建立而产生后,就从早期的神权政体,经由秩序的倒退进入到宇宙论的形式中,进入到耶和华的超凡能力对王国行政管理与王朝更迭这一例行常规的不时干预中,以及先知的反
294 叛中,直至进入犹太社会在放逐期后的祭司组织中。被选民族的这种紧凑的符号永远不可能被关于普遍的上帝和普遍的人类的思想完全打破。然而教会的问题,不论分化得多么不完美,一旦一个世俗政体随着民族君主国一起被建立在耶和华的神权政体中,它就内在于这种形势之中。

因此扫罗的君主国确实标志着这个神权统治问题的开始。所以撒母耳—扫罗的故事必须具有这样的特征,即它以例证的方式详述了一个问题,这个问题确实产生于这些例证的事件应该发生的时代。固然,这些事件没有如同它们被叙述的那样发生,因为对这些问题高度清晰的形式化表述及其丰富的细节,预设了一种君主国的经验,以及君主国与在它建立时并不存在的耶和华秩序之间的冲突。无论如何,这些创作《申命记》的历史学家们(他们创造了这个例证的故事,并且把它放在扫罗的时代)对于这个神权统治问题的本质起源比那些现代考证者(他们想把这个问题放在对它作出文字表述的时代)来说有着更为敏锐的见识。我们甚至可以再向前迈一步,假定那些后来的历史学家们持有使他们自己倾向于在神权统治的意义上以例证的方式进行阐述的传统,即使这些传统不再可能被证实。因为扫罗的神权统治的问题不能被认为全部都是后来的创造,只要我们接受他晚年的精神失序是真实发生的。这位具有超凡魅力的战争领袖——他在一个危急时刻发起了永久性的王权统治,后来又丧失了他的超凡能力——必然带着高度的自觉性体验到了世俗事务对精神向导的需要。他的灵魂被弃——这驱使他拜访隐多珥的女巫并疯狂地寻求耶和华的真言——显示了一种在

历史上真实存在的经验，即精神秩序与世俗秩序之间的紧张。不论对历史上的撒母耳以及他在这位国王的焦虑中所发挥的作用有什么样的疑问，对于扫罗意识中的那个撒母耳都是毫无疑问的。

第三节　大卫的兴起

以色列的事业似乎随着基利波战役而一同沦丧。非利士人再次控制了约旦以西的巴勒斯坦。但是，一些年后，反抗可能重新开始，这次 295
战争通过大卫帝国的建立而以完胜收场。这种令人称奇的复兴的原因，以及这些事件的细节是政治史的主题而不是我们所关心的内容。[①] 无论如何，我们必须回忆一下这段时期的一般特征，因为它们共同确定了以色列人解决政治秩序问题的一个新阶段。

在扫罗统治期间(公元前1020—1004年)，不仅新以色列的形成在希伯来联盟旧有的地区上又进一步向前推进了，而且这个过程还超出了这一地区，进入到了耶路撒冷以南的犹大地区。把不是以色列联盟成员之一的犹大拖入以色列民族的形成过程，由于几大原因而成为具有重大后果的一个事件。首先，以色列的实质性扩张扩大了它与非利士人斗争的领土和民族基础。这种力量的提升可能尚未被扫罗充分利用，但是它在实质上有助于大卫成功结束这场斗争，而且有助于增强他的王国实力。第二，在领土上，把犹大容纳进来的结果是使迦南诸城邦集团——耶路撒冷属于这个集团——成为以色列领土上的一块飞地。地缘政治的诱惑——消除王国的南北两部分城镇的不便所造成的阻隔——是难以抵挡的。大卫对耶路撒冷的征服不仅使领土联为一体，而且是他使这座山上要塞成为新帝国中立的首都——它到目前为止还

---

① 关于这段时期的历史，参见关于“扫罗”和“大卫”的章节，in Robinson, *A History of Israel*, vol. 1。

保持着它未被征服的独立性，并且从未成为以色列或犹大的一部分——这个政治上的巧妙行动之前提条件。第三，犹大不仅仅是增加了以色列的领土和人口。在为建立帝国的斗争中，可以被计算在内的增加量要加倍，因为此前犹大曾经处于非利士人的势力范围之内；非利士人与以色列人的势力现在此消彼长。而且，非利士长期作为犹大的宗主国已经导致了这两个民族的一部分成为共同体。当犹大成为以色列的一部分时，它把曾经对犹大施加特定控制的非利士同盟的那个部分也带进来了。这种控制不曾被全体非利士人所施加——因为他们没
296 有中央政府——而是被内陆城市迦特所施加。与犹大的这种关系不可能是完全敌对的，因为大卫在他的放逐生活中曾经在迦特找到了一个避难所；当他自己的战争胜利结束之后，迦特及其附属城镇就被吸收到帝国中来了。迦特护卫队变成了军队的一个重要组成部分；他们对大卫的个人效忠在押沙龙(Absalom)危机中被证明是对他的主要支持力量。最后，以色列与犹大的融合，虽然带来了犹大领导下的短暂的联合王国，但也证明是后来分裂的原因，从那场分裂中犹大变成了以色列的耶和华秩序的承载者。

犹大的起源是不清楚的。它的成长独立于从东方向巴勒斯坦渗透的北部和中部诸部落，只有这一点是确定的。《创世记》第三十八章暗示了来自南方的游牧入侵者与迦南人口的早期混合。但是这种民族形势不够清楚，以至于无法推测犹大的名字是属于土著迦南人还是属于那些入侵者。而且，基尼人和基尼洗人(Kenizzite)的部落也构成了这个混合而成的人口的一部分。他们可能是比约旦以西的北部和中部诸部落的耶和华崇拜更少受到迦南的信仰调和影响的那一支耶和华崇拜的保持者。犹大的首都是希伯仑。在《士师记》第一章第一节至第二十一节中保存了不多的关于这段政治史的传统，但太不清楚而无法让我们确定地澄清其内容。在第一章第八节中记录的夺取耶路撒冷，如果在历史上确实可靠的话，可能只是一个短暂的成功。有理由怀疑在这个

征服发生时《士师记》第一章中所预设的犹大在以色列诸部落中的成员资格。底波拉之歌颂扬和谴责的对象中没有犹大这一点较合理地表明犹大当时还不是诸部落中的一员(《士师记》第五章)。而且,《士师记》第十五章第九节至第十三节中关于参孙的一段插曲,涉及公元前 12 世纪的形势,明确提及了非利士人对这一地区的"辖制"。这种较早就开始实行而且比较持久的外族统治,或许是使该地区的人口融合为这样一个民族的因素——这个民族后来可能被当作一个"部落"而被忽略。①

在非利士战争期间犹大与以色列的融合比起犹大本身的起源来说只是略微清楚一点。我们有这样的印象:在持续的战争的影响下,古老 297
的部落组织变得不稳固了。个人正常的生活进程被打断了,同时在战争领袖的军队和扈从——他们可以吸收生活被扰乱的个人——当中产生了社会组织的新中心。军事征服,对土地财产的掠夺和征用,以及在杰出的军事和行政管理人员当中进行再分配所造成的不安局面为一种新型国民(subject-population)创造了一种共同命运,同时它还产生了一个由军队中的战友所构成的新统治阶级,他们的共同利益在于保持对已经被拖入战争漩涡的这整个地区的权力。而且,当遥远部族的成员聚在一起,并通过为国王服务的军事和宫廷的职业生涯而形成共同的忠诚时,从前在广为分散的各个地区过着平静生活的人们之间就形成了新的联系。圣经叙事中的一些例子将会阐明这一过程。

在以色列人为建立帝国而进行的斗争中,以及在这种新秩序的构建中的决定性因素是创造了军队,其成员是本人直接便依附于战争领袖的职业士兵。我们已经在耶弗他对他的兄弟们发动政变的例子中第

---

① 关于犹大的历史,参见上注,特别是关于"The Origin of the Tribe of Judah"(犹大部落的起源)的注释,169 ff。关于在南部地区的这种部落活动以及部落组织的一个更为详尽的研究,参见 Noth, *Geschichte Israels*, 74ff, 167ff。

一次遇到了王国政治的这种工具。在耶弗他势力增长的过程中它再次出现,当时“有些匪徒到他那里聚集,与他一同出入”(《士师记》第十一章第三节)。随后,在大卫的例子中,我们对这种“匪徒”由以出现的人力库(reservoir)有了更多了解:“凡受窘迫的、欠债的、心里苦恼的,都聚集到大卫那里,大卫就作他们的头目,跟随他的约有四百人”(《撒母耳记上》第二十二章第二节)。扫罗以一种类似的方式招募到他的常备军事扈从的骨干:“扫罗平生常与非利士人大大争战。扫罗遇见有能力的人或勇士,都招募了来跟随他。”(《撒母耳记上》第十四章第五十二节)

但是,上面列举的这些例子尽管显然有它们的相似性,但也显示了微妙的差别。耶弗他和大卫在逃亡的日子里不得不对聚集到他们这里的喜欢冒险的叛逆者和逃犯感到满意,而扫罗却处于合法的地位,可以“拣选”他的战士,正如这句话所表明的:“扫罗从以色列中拣选了三千人”以便把他们组织成为跟随他自己和他的儿子约拿单的作战分遣队
298 (《撒母耳记上》第十三章第二节)。被扫罗招募到他的军事组织中的这些人至少有时是出自好的家庭。大卫——他加入了这位国王的军队——作为“伯利恒人耶西的一个儿子,善于弹琴,是大有勇敢的战士,说话合宜,容貌俊美,耶和华也与他同在”(《撒母耳记上》第十六章第十八节)而被推荐给扫罗。这些特征集合在一起形成对一个外表健美内心善良的人(kalokagathos)的生动描写——这种方式可能在更晚的年代才会出现,但即使在更为粗鄙的描写中我们也看到了这个出自富有家庭的、相貌英俊的、有教养的儿子。大卫的职业生涯帮助我们进一步洞悉了这个新社会的成长。他变成了国王的儿子约拿单的盟兄弟(berith-brother)(《撒母耳记上》第十八章第三节),与非利士人作战建功成名,并且被提拔为国王军队的指挥官(第十八章第五节),最后变成了国王的女婿(第十八章第二十节及其后)。然而,这位年轻的指挥官变得太受欢迎了。当妇女们迎接凯旋的战士们,唱着“扫罗杀死千千,大卫杀死万万”的时候,扫罗开始“怒视”大卫,并且怀疑他是王位的竞争对手

(《撒母耳记上》第十八章第七节至第九节)。为了除掉这个对手,他派他去执行更为危险的任务(第十八章第十三节及其后),这种策略后来大卫用来对付拔示巴(Bathsheba)的丈夫并取得了更大的成功。当最后大卫必须逃离具有谋杀他的意图的扫罗时,这位未来的国王,尽管年轻,但凭他自己的名号已经是一股势力了。投机冒险之徒数以百计地聚集在他身边,当然是期待当这位前途无量的年轻人获得成功的时候所带给他们的巨大回报。这样做的不仅是这些投机冒险之徒,还有他的全族(第二十二章第一节)。

在这里,构成这种新秩序的一个更为重要的因素变得清晰可见,那就是成功的战争领袖所属的宗族。从国王的宗族中产生了王国有影响的权贵。扫罗的主要支持者,以及他死后这个王朝的主要支持者是押尼珥(Abner),他是国王的堂兄弟和总指挥。大卫的元帅(general)约押(Joab)是他的侄子。当扫罗在与大卫的冲突中召集他的臣仆们时,他们被证明是来自这位国王的部族的便雅悯人;扫罗对他们说:"便雅悯人哪,你们要听我的话。耶西的儿子能将田地和葡萄园赐给你们各人吗?能立你们各人作千夫长、百夫长吗?"(《撒母耳记上》第二十二章第七节)耶西的儿子确实做不到;当他当权的时候,他必须为他自己的人提供这些职位。这段话揭示了当为建立帝国的斗争取得成功时,国王的士兵,包括他的部族能从中获得的物质利益,以及为这种斗争提供资金支持的量入为出的方法。随着一个个迦南城镇从非利士人手中被夺 299
取过来,丰厚的战利品蜂拥而至。这种收益来源足以从财政上支持在扫罗的初期发展条件下的进一步扩张,当时这位国王还没有一座官邸或宫廷,而是继续住在他的庄园里,并且在一棵柽柳树下或坐在他的农舍的厅前——他的矛就斜倚着墙放在他旁边——召集他的臣仆。即使在大卫时期,当时王国仍在扩大,直到其所能支配的疆域扩展到埃多姆、摩押、亚扪和大马士革的亚兰,这种源源不断的战利品仍然是一个重要的收入来源。直到所罗门统治时期,由于与财源的紧张相比,支出过多地增长，合理的财政管理才成为必需。在这种理性化的过程中，国王部族的特权得到了最为牢固的确立。因为当帝国被分为十二个行政区时，犹大不在其中；很可能这意味着它免除了被强加于这些行政区的税赋和劳役。所罗门死后以色列准备从大卫王国分裂出去的动机，在很大程度上是受到国王的部族所处的这种有利地位的激发。

尽管在一位战争领袖权势增长的过程中，在为建立帝国而进行的斗争中，以及最后在充分利用王国资源的过程中，宗族发挥了重要的作用，但是当大卫逃离扫罗前往犹大时，他却没有从其部族的支持中获得太大帮助。因为扫罗在以色列的王权统治有效地控制了南方，虽然圣经叙事中没有保存与获得这种控制的过程有关的任何传统。扫罗可能追击大卫和他的追随者迫使其从一个藏身之所跑到另一个藏身之所，并且惩罚他的支持者，直到大卫被逼与他的部从一起到非利士的迦特王那里寻求庇护。他在洗革拉(Ziklag)，一个依附于迦特的城镇，被赐予了一个住所，并且能够通过袭击南方的非犹大人口而获得战利品来团结他的士兵(《撒母耳记上》第二十七章)。在基利波战役之后，大卫可以与他的追随者及他们的亲属和平行军来到希伯仑，在那里住下来，并使自己被膏为犹大的王(《撒母耳记下》第二章第一节至第四节)。同时，扫罗的元帅和堂兄弟押尼珥把扫罗的儿子伊施巴力(Ishbaal)带到约旦以东，并且在玛哈念(Mahanaim)把他立为以色列的王(《撒母耳记
300 下》第二章第八节至第九节)。这种安排显然有利于非利士人，他们满足于控制西约旦的巴勒斯坦，而且可能期望这两个相互敌对的王将来不再对其造成危险。

和平持续了七年半(《撒母耳记下》第二章第十一节)。随后由扫罗的王国统治所激发的那些社会力量再次变成致命的力量。国王的部族已经尝到了由征服和帝国的建立所带来的战利品的好处。即使国王们维持着他们的和平，他们的将军们却有其他的想法了，正如显然他们所做的那样。为建立帝国而进行的斗争，不是通过任何与非利士人的冲

突,而是通过“押尼珥和伊施巴力的仆人”以及“约押和大卫的仆人”之间的一场对抗(《撒母耳记下》第二章第十二节至第十三节)而重新启动的。这两位元帅的武装力量在不属于这两个王国任何一方的领土上,也就是耶路撒冷以北的基遍池遭遇的原因,在圣经叙事中没有得到解释。考虑到后来发生的事件,这场遭遇看上去背后还有更多的东西,而不仅是正式归结到的期望在每一方所出的十二个年轻战士之间进行一场模拟战。无论如何,这场所有参加者确实彼此残杀的模拟战发展成为在对立阵营的军队之间进行的一场真正的战斗;这场真正的战斗——其中自我防卫的押尼珥杀死了约押的一个兄弟——发展到“扫罗家和大卫家争战许久”(《撒母耳记下》第三章第一节)。这场旷日持久的战争的命运变得不利于便雅悯人。在这个关键时刻,押尼珥挑起了一起与他的王伊施巴力的突发事件,通过表演一场正义的愤慨,他转而效忠王权统治的对手(第三章第六节至第十一节);他随后提出与大卫立约,许诺把全以色列都交给他(第三章第十二节)。大卫准备接受,只有一个条件就是他的妻子,扫罗的女儿米甲要首先被送回到他身边——显然是为了提高他继承以色列的王权统治的合法性。押尼珥履行了他自己那部分约。他把米甲交给大卫,并且取得了以色列长老们的同意,尤其是便雅悯人的同意让他们归顺大卫(第三章第十三节至第二十节)。他准备去集合以色列的显要来与大卫正式立约。在交易的这个关头,当他就要变成扶立大卫作王的人,当未来王国的实质性权力大概就要交到便雅悯人手里的时候,约押介入了,并且以起源于基遍池的那场战斗的血仇为借口,不费吹灰之力就刺杀了押尼珥(第三章第二十一节至第三十节)。这个行为具有约押可能已经算计到的后果。随
着其强人的死,便雅悯人几乎没有希望在他们的单独控制下重新取得 301
权力。他们当中的两人刺杀了伊施巴力,后者对他们的目的来说已经毫无用处,然后把他的首级拿到希伯仑献给大卫(《撒母耳记下》第四章)。大卫被所有这些血腥行为彻底震惊了。他处死了这两个谋杀伊

施巴力的凶手,并且不遗余力地为他昔日的战友押尼珥作了一支葬礼的挽歌(第三章第三十三节至第三十四节)。但他很谨慎地没有涉及实施了这次谋杀但还有价值的约押。随后他接受了王位(第五章第一节至第五节)。耶和华与他同在。

当非利士人最后采取军事手段试图阻止这种统一时,他们被击败
302 了(第五章第十七节至第二十五节)。

第九章
世俗事业的巅峰

第一节　大卫帝国

在那些后所罗门时期的历史学家们看来，联合王国是以色列自从出埃及和征服迦南地以来发展的巅峰。然而，事件的实际进程，就各种传统经过编辑加工之后还能为我们所辨别出来的内容而言，根本没有展现出如此完满的结局。相反，以色列的命运转向了世俗的冒险事业，带有穷途末路而不是飞黄腾达的特征。至少，如果这场为建立帝国的斗争被还原为实际发生的几个历史阶段，那么它看上去像是穷途末路了：在第一阶段，非利士人以牺牲以色列为代价扩张他们的领土，并且激起了以色列人在扫罗领导下的解放战争。第二阶段是基利波战败之后，在"扫罗家和大卫家"之间进行的战争，目的是为了对一个联合起来的民族实行王权统治。最后，在第三阶段，大卫对以色列和非利士人连战连捷，这导致了他对耶路撒冷的征服，并建立了在一个犹大王朝统治之下的联合君主国。如果我们纵览这实际历史进程的始终，结局似乎对于以色列来说是一场灾难而不是成功。最初，有一个以色列联盟，即使它的耶和华崇拜处于一种分裂的状态，而希伯来部族与迦南人的民族融合已经在创造一个新的民族上取得长足发展。在这场斗争的尾声，这个从前独立的联盟其领土和人口已经被吸收到一个王国之中，该王国不仅包括犹大也包括更多的迦南地区，并且处在一个犹大部族的统治之下。而且，在所罗门当政时，由于在税收和差役事务上有利于犹
303 大而歧视以色列，致使后者的地位进一步下降。固然，以色列在所罗门死后重新获得了独立。但正是它从王国分裂出去的事实证明了当初的联合没有被体验为严格意义上以色列历史的一个巅峰。重获独立也不能被看成是以色列各种问题的解决办法，因为在两个世纪有余的充满血腥的内政史之后，这个独立的王国在亚述人的攻击下覆灭了，其结果是，以色列不再是一个可辨识的政治和文明实体。

这些就是实际历史的严酷事实。但是它们已经如此成功地被圣经叙事的例证建构所覆盖，以至于即使到了今天，缺乏关键的概念还是使得我们很难适当处理连续性和同一性的问题。一方面，考虑到下述事实，也就是在以色列存续期间发生的最重要的事件就是以色列的消失，那么关于"以色列历史"的语言必定会引起疑虑。另一方面，这种语言又可以证明是正当的，因为毫无疑问即使"这些东西"难于命名却是存而未绝的。然而，在本项研究进一步展开时，这种性质的问题将会在适当的地方得到处理。当下我们只需要关注它们的存在，以便在进行分析时还能意识到实际的历史背景。

以色列和犹大的联合君主国提供了我们正在讨论的那个时期的实际历史背景，该君主国由于缺乏更好的名字，我们姑且称之为大卫帝国。它显然没有延续以色列联盟——作为一个应对紧急事件的组织——曾经发展起来的那个君主国，而必须被看作是由征服者、他的军队和他的部族，在以色列、犹大和迦南诸城邦的领土和人口上所强加的一个新的帝国建制。不过，参与帝国建构的征服和武力因素，至少在大卫统治的早期，为真正的民众支持所平衡，这种支持是缘于民众从非利士人的统治下获得的解脱，以及帝国势力和朝廷气派的壮丽恢宏所带

来的吸引力。无论如何,帝国持续的时间没有超过它的创立者和他的儿子的统治时期(分别是公元前1004—966年和公元前966—926年)更为长久。细心观察这八十年就可能得出这样的结论:根本不存在一个稳定不变的帝国。因为在大卫统治时期,帝国仍在形成,其领土通过军事指挥官逐渐扩张到埃多姆和大马士革,并通过支派的诸侯扩张到
摩押和亚扪。但是在所罗门统治时期,虽然直接的行政管理延伸到了 304
亚扪和摩押的大部分地区,但是作为一个整体的帝国却瓦解了,因为南方的埃多姆和北方亚兰人的大马士革重新获得了独立。如果在大卫去世时通过征服所聚集的领土和人口能够被他的继承者结合在一起,经过几个世代,一个在类型上可以与埃及和美索不达米亚帝国相提并论的稳定的叙利亚帝国就有可能诞生。但是,由巴勒斯坦和叙利亚的领土和人口所组成的这样一个帝国组织,当变得稳固时,是否会成为一个以色列帝国——即使它应该采取这样的形式——也是可以存疑的。

兴衰交替如白驹过隙,没有为帝国的稳定存在留下喘息的空间,也没有为这种问题的发展留出时间。决定了帝国的迅速衰落和分裂的原因相当复杂。毫无疑问,在对待他的儿子们这个问题上大卫的不足难辞其咎;还有所罗门的个性,圣经叙事为其围上了荣耀的面纱,只是偶尔露峥嵘,这难得一见的真面目看上去有点不够明智。但是追求在最好的情况下也很难确定的细节将是徒劳无功的。即使是品性和政治才能都完美无瑕的人在试图克服建立一个持久帝国的基本障碍时也会不知所措,这个障碍就是巴勒斯坦的土壤贫瘠得无可救药。巴勒斯坦太过贫穷而不能维持一支一流的军事力量,更不要说,像美索不达米亚和埃及的富庶的大河文明那样,有一个气势恢宏的宫廷。我们已经略微谈到扫罗的战事和大卫的征服在筹措财源的方面情况。当征服达到了它的边界,而领土在边界之内必须合理地加以管理的时候,战利品就不得不停止成为主要的收入来源。为国王服的劳役,税收以及由控制贸

易得来的收入必须取代战争时期非常的筹措财源的方法。当达到那个临界点时,资源的匮乏很快就被证明为限制性的因素。

实际的困难,正如我们所指出的,已经消失在环绕着所罗门统治的荣耀之幕背后。尽管如此,特定事件至少允许我们对真实的情况作管中窥豹式的了解。我们在《列王记上》第九章第十五节至第二十二节中
305 发现,所罗门从亚摩利人、赫梯人、比利洗人(Perizzites)、希未人(Hivites)和耶布斯人(Jebusites)——也就是那些"以色列人不能灭尽的"非以色列民族——的后裔中招募为他服苦役的奴仆。对那些活着的时候可能创造收益的人进行大批杀戮,或者把他们当中的幸存者当作为王室建筑项目服苦役的劳工,都无法增加这个国家的财富。而且,与《列王记上》第九章第二十二节的提示相反,以色列实行的不是统治苦工的军事贵族政治,事实上,为了实现修建神殿的非生产性目的,通过"从以色列人中挑取服苦的人"(《列王记上》第五章第十三节至第十八节),这个被选民族本身被迫去服役。"以色列全地"的十二个"官吏"作为十二个行政区的统治者,每人每年要为王家提供一个月的供给(《列王记上》第四章第七节至第十九节),他们很难从其他人那里而只能从以色列人那里征收供应品。全国为之所苦,为王室项目提供的收益日渐减少。在修建奢侈建筑的第二十个年头,《列王记上》第九章第十节至第十四节记载,所罗门只能通过把加利利(Galilee)的二十座城卖给推罗(Tyre)的希兰(Hiram)来获得一定数目的金子。但是当希兰视察他的新领土时,他发现这些城邑都处于贫困的状态,"他就给这城邑之地起名叫迦步勒(意思是不好),直到今日"(第十三节)。因此,毫不令人惊讶的是,当所罗门死后其继任者威胁要增加负担时,以色列就从大卫家分裂出去,而掌管服苦役之人的亚多兰(Adoram)在那种情况下被人用石头砸死(《列王记上》第十二章第十六节至第十八节)。

第二节　大卫—拔示巴的故事

对于大卫帝国时期,特别是对于大卫的统治和所罗门的继位,《撒母耳记下》和《列王记上》的圣经叙事提供了关于实际发生的事件,关于这些领袖人物的动机和行动,甚至关于制度细节的丰富信息。到修昔底德叙述了希腊在公元前5世纪所发生的事情为止,我们对这两代人的了解超过了对此前人类历史任何时期的了解。然而,当我们试图从如此丰富的信息来源中抽取关于秩序的经验,以及支配这个新君主国的各种符号时,我们遇到了困难,因为该叙事没有包含任何全神贯注于秩序问题的事件,像大卫之前历史中的那些伟大事件一样。没有亚伯拉罕从一种更为紧凑的经验背景中汲取关于约的思想,没有"树木的寓言",没有底波拉之歌,也没有扫罗和撒母耳围绕着王权统治及其与耶 306
和华崇拜的关系所发生的斗争。不是这类的信息来源统统不见了——正如我们将会看到的那样,它们隐藏在《圣经》的其他部分中。在这段叙事本身,秩序的问题奇怪地缄默了;而《撒母耳记下》第十二章第一节至第十五节a关于拿单的一段插曲,作为正当秩序问题得到清晰表述的一个重大事件,是一个例证的插补,它的姗姗来迟正好突显了当时对于正义问题缺乏这样的精心关注。

当我们在它的背景中研究这段关于拿单的插曲时,我们就会感受到精神氛围中的这种不同寻常的灰暗。

大卫和拔示巴的故事为拿单事件提供了背景。它是关于一个人呆在家中,利用一个战士上战场不在家的时机而与他的妻子有染的这样一种永远都会发生的卑劣故事。这个老掉牙的故事获得了历史意义是因为呆在家中的那个人是以色列的国王,耶和华的弥赛亚,而那个士兵是"王的仆人"之一,赫梯人乌利亚(Uriah)。这位国王命令乌利亚暂时休假，试图使那个未出生孩子的父子关系变得模糊不清。不料他的努力失败了，因为这个赫梯人遵守了圣战期间对以色列士兵的房事禁忌。随后由于大卫给约押的著名信件，乌利亚被派去送死。那位战争留下的寡妇按照仪式为她的亡夫举丧，之后就进入了国王的后宫（《撒母耳记下》第十一章）。耶和华对此不悦，并且采取了措施。那个孩子在生下来的一周之内就夭折了。在孩子患病期间，大卫郁郁寡欢，他禁食，祈祷和守候。当那个孩子最终死去的时候，大卫立即停止忧伤，沐浴，进食，并且到耶和华的殿敬拜。他向那些对他的举动表示惊讶的臣仆们解释说，当孩子还活着的时候，他可以希望耶和华发慈悲救活他，但是现在孩子已死，悲痛和悔罪都无济于事。随后他与拔示巴同寝，并且生了所罗门（《撒母耳记下》第十二章第十五节 b 至第二十五节）。

这个故事构成了关于扫罗和大卫统治的传记的一部分，可能其作者的青年时代与这些事件发生的时间部分重合，该故事在大约公元前
307 900 年传到民间。① 拿单事件就被安插在这个故事中。该叙事在那个孩子出生后就被打断了。这时耶和华派拿单去见这位国王（《撒母耳记下》第十二章第一节至第十五节 a），这位先知对国王一开口就讲了“穷人的羊羔”的寓言（第十二章第一节 b 至第四节）：

> 在一座城里有两个人：一个是富户，一个是穷人。富户有许多牛群羊群；穷人除了所买来养活的一只小母羊羔之外，别无所有。羊羔在他家里和他儿女一同长大，吃他所吃的，喝他所喝的，睡在他怀中，在他看来如同女儿一样。有一客人来到这富户家里，富户舍不得从自己的牛群羊群中取一只预备给客人吃；却取了那穷人的羊羔，预备给客人吃。

---

① 就这些传记，它们的作者、目的和日期的争论，见 Lods, *Histoire de la Littérature Hébraique et Juive*, 160—168。

大卫对那个富户的行为感到愤慨（第五节至第六节），没想到却得知他就处在那个为恶之人的位置上，必将遭受耶和华的惩罚（第七节至第十节）。对这惩罚更为细致的描述预示了后来所发生的历史事件（第十一节至第十二节），随后回到这即将到来的惩罚，也就是那个孩子的死（第十三节至第十五节 a），以便最初的故事现在能够继续，并且仍然有意义。

我们在分析大卫和拔示巴的故事，以及后来添写的这段插曲的时候，一定要小心由后来的各个世代——直到我们自己——对一则似乎能引起所有人兴趣的轶闻（haut gout）所慷慨赋予的各种曲解。因此应当清楚的是，我们处理的既不是一个伤感的爱情故事，也不是恐怖的国王的阴谋诡计。我们将不会谴责这位国王的道德良心，或者用这样的论据为他辩护说：其他东方的君主也做了类似的事情，甚至更坏，却没有受到良心的责备。就本项研究所关心的问题而言，这个故事在三个方面是重要的。首先，这个故事是在一个关于政治传记的《圣经》篇目中被讲述的。不论其主题所具有的趣闻价值或叙事者的文学艺术究竟如何，它之所以在这些传记中占有一席之地，是因为所罗门的母亲是一位重要的政治人物。我们可以假设在王宫附近住着不止一位拔示巴，她们在从国王房子的屋顶就可以看到的地方洗澡，希望可以进入国王的视线；而且很有可能的是，有不止一个人成功地实现了这个直接目 308
的；但是她们当中只有一位在王位继承的斗争中扮演了关键角色，并且把所罗门送上王位。因此，这段插曲被保留在它最初的上下文中，不是因为作者对其主题的细节感兴趣，而是因为它是帝国的政治史——尤其是宫廷史——的一部分。事实上，作者对于由他的故事细节所偶然引发的那些问题——那是些相当重大的问题——是如此含糊其辞，以至于一位后来的历史学家[1]发现有必要把拿单的故事插补进去以至少澄清其一部分意义。因此,这个故事的第二个重要意义是作为引发“穷人的羊羔”这则寓言的背景。最后,这个故事及后来的插补之所以对我们重要的第三个原因是,它是一个素材:帮助我们理解帝国的耶和华秩序之危机;也帮助我们了解生活在与这个故事发生的时间相同或相近的人们对它作何理解。

这个故事在讲述的时候带有某种克制,这也是这些传记整体的特征。这种克制——似乎要把所有的事情都讲出来,然而却在那些关键性的问题上模棱两可——是这些传记的鲜明特征。它是一种温文尔雅的、有王室气派的风格,与那些早期作品咄咄逼人的精神攻势和毫不含糊的清晰透彻相去甚远。因此这段插曲含义丰富,但是直接的表述却很简短。不过,它还是说出了足够多的东西,从而使我们看出这种克制是由精神上的衰变所造成的一种风格,同时也是用于描述这种衰变的一个工具。有时缄默不语,有时略而不谈,这显示了一个身居高位的人在记述这些国事时的审慎,也显示了当此岸世界的人感到他的主观行为领域——其中充满了荣耀、魔力、激情、悲剧和存在的理由(raison d'état)——受到来自一个令人不安的领域(比如超自然的存在)的灾难威胁时,他的心神不定。这段插曲中的所有问题都非常清楚,但几乎没有一个被挑明。

一旦我们根据故事中一个绝对清晰的事实——在圣战中战士们必须遵守不得行房事的禁忌——试图逻辑一贯地解释这个故事时,我们就会注意到这种暧昧。当大卫给拔示巴的丈夫一个机会回家,从而试图掩盖他与这个女人的风流韵事时,他受到乌利亚严厉的谴责(《撒母耳记下》第十一章第十一节):

---

① 指在最初的大卫与拔示巴的故事中添写了关于拿单那段插曲的圣经修订者。——译注

约柜和以色列，与犹大兵都住在棚里，309
我主约押和我主的仆人都在田野安营。
我岂可回家吃喝，与妻子同寝呢？
我指着王和王的性命起誓，我决不行这事。

一个赫梯人战士如此认真对待耶和华战争的惯例，这种意料之外的固执必然使这位更加老于世故的弥赛亚大为难堪。大卫使乌利亚喝醉，希望在醉酒的状态下他的原则会松懈。只有在这一努力失败后，他才送他——带着那封给约押（对大卫忠心耿耿）的信——去战场赴死。但即使当其丈夫已死，迅速将这位妇人纳入后宫似乎也是明智的；因为乌利亚的例子已经表明不是王国的每一个人都像这位国王和他的宫廷扈从一样视战争禁忌于无物。

假定这种解释是正确的，那么这个故事就揭示了耶和华的秩序在帝国中已经出现了严重的危机。它不仅显示了这一危机的存在，而且显示了不愿去谈论这一危机的态度，甚至可能都缺乏对危机性质的敏感。根据这个故事，大卫与拔示巴的风流韵事只不过是一段激情时刻。国王接受了一个看上去必定像是主动的邀请——可能确实是一个主动的邀请；他无意把这个妇人纳入后宫，也无意为了这个目的而杀死她的丈夫。相反，他想掩盖这个事件，并且使大家都忘记有这回事。那么是什么迫使这位国王有这样非同寻常的举动？是有必要保护这个妇人（或他自己）不受他们通奸后果的伤害吗？故事对这一点不予置喙。它也没有提及为什么耶和华对这个事件感到“不悦”。对乌利亚事实上的谋杀似乎也没有引起任何人的惊讶。唯一真正提及的动机就是房事禁忌，在乌利亚的讲话中它被强有力地置于故事的中心地位。但是，如果这个战争惯例就是王国遭遇的各种困难的核心——正如我们必须假设的那样——那么以色列的秩序状态就确实很严峻。有一位来自犹大部落的以色列国王,他在一场圣战中十分轻视房事禁忌而违反了它,但事件的严重性又促使他至少力图掩盖他违反禁忌的事实。他的宫廷仆从在这一事件中都对他绝对服从,为他提供帮助,他们都可以信赖,而不会在背后愤慨地对国王说三道四以至于国王违反禁忌的事会被乌利亚得知。这位国王设想这位休假中的战士也不会拘泥于那些规矩。但随后出人意料的是,在所有人当中偏偏是一个赫梯人会拿这个禁忌当真。
310 那种情况本身就显示出耶和华的秩序已经败坏到何种地步。

但是,更加揭示了问题状况的是乌利亚答话的详细内容,因为它提出了当时的圣战是何其神圣的问题。由此我们获得了这个对于以色列军事史来说是重要的信息——当时的军队在组织上分为两个部分:民兵和作为"王的仆人"的职业军队。耶和华的民(既有以色列人,也有犹大人)带着约柜,他们作为预备队当时驻扎在后方,而职业军队则在从事更为危险的、在战术上也更为困难的围攻拉巴(Rabbah)的行动。当我们思考这个被选民族作为帝国军队的战略预备队的新角色,并把它与底波拉时代的圣战相比时,当以色列获得了它在耶和华统治下的积极生存时,我们一定不仅想知道这场战争的神圣性,而且想知道这些行动者的真实身份。固然,战争仍然是在耶和华领导下进行的,甚至这个民族的民兵也不总是扮演二流角色。在针对亚扪人的那场重大战争的第一阶段,职业军队孤军奋战,在这种情况下,约押自己在战前对他的兄弟说(《撒母耳记下》第十章第十二节):"我们都当刚强,为本国的民和神的城邑作大丈夫,愿耶和华凭他的意旨而行。"而在战争的第二阶段(《撒母耳记下》第十章第十五节至第十九节),正是民兵在孤军作战——我们猜想是这样,因为职业军队必须保存实力。但是当一支职业军队不仅为本国的民,而且为"神的城邑"(即迦南诸城)而战时,当由一位具有超凡魅力的领袖领导的战争其仪式已经被简化为指挥官镇定而虔诚的祈祷时,我们一定再一次想知道究竟谁是以色列人。战争第三阶段——此时乌利亚战死——的神圣性甚至更加有疑问,因为对这场战役的记述以我们之前引用过的一个小节(《撒母耳记下》第十一章第一节)开篇,它暗示这是一年之后“到了列王出战的时候”的一场“可打可不打的战争”,而根本不是在耶和华领导下的一场决定性战役。看上去,圣战中的以色列正在给帝国的合理行政和合理作战等迫在眉睫的问题让路。就职业军队——他们绝对不是原来的耶和华的民——而言,很难看出他们如何可能保持这个被选民族在耶和华领导下进行战争时的悲悯。当所罗门引入了战车这种武器时,要做到这一点必然变得更加困难。因为这些战车部队所驻守的城邑——夏琐(Hazor)、米吉多、伯和仑(Bethhoron)、巴拉(Baalath)和他玛(Thamar)——都是原来的 311
迦南诸城,而其军事人员也是职业化的(《列王记上》第九章第十五节至第十九节)。[①] 就以色列的民而言,他们逐渐解体的过程也不是完全没有痛苦的。从《撒母耳记下》第二十四章数点民数的故事中可以看出这一点。显然,要合理地治理军队要求清点“拿刀的勇士”的数目。大卫下令进行人口普查,但这时他甚至遭到了约押和众军长的反对。以色列的力量不是取决于军队的数量,而是取决于耶和华的帮助和战士们的信念——这种认识仍然根深蒂固。但是大卫占了上风,随后发现他用机械化的军队进行圣战这一做法立刻遭到由耶和华降下的一场瘟疫的惩罚。[②] 因此,数点民数的故事进一步证实了我们对于大卫—拔示巴故事的解读,因为妨碍圣战的仪式和符号体系——也就是妨碍以色列

---

① 关于这个问题,见 von Rad, *Der Heilige Krieg*, 36, 以及那里所给出的进一步的文献。

② 大卫数点民数必然深深地激起了人民的警觉,并且引起了各种各样的猜测。后来《历代志上》第二十一章关于这次人口普查的类似的叙述中,是撒但(Satan)刺激大卫违反耶和华的命令。但是,《旧约全书》中关于撒但的历史相当复杂,我们的研究将其排除在外。参见 *Études Carmélitaines* (1948)中《撒旦》卷的研究,特别是 A Lefevre 的“Ange ou bete?”这项研究。

生存形式——确实是一个重大事件，在这个事件中全体人民都感受到耶和华秩序的危机。

不过，虽然我们可以透过这个故事的表面发现问题的性质，但是故事外表面纱般的朦胧不清仍旧是真实的。这副面纱不仅遮盖了拔示巴—乌利亚—大卫的这出戏剧性事件，而且也遮盖了孩子诞生后大卫的所作所为。故事本身的这个后果尤其重要，因为它表明这种晦暗不明不是完全缘于叙事者的讲述风格，也要归结于这些事件本身。大卫的行为的确十分怪异，以至于他的宫廷扈从也要求他作出解释，而传记作者[①]小心翼翼地对此作了记述。只有大卫希望能够通过其表现来取得神的怜悯时，才会沉溺于各种悔罪的行为；然而一旦能获得这种好处的诱因消失，他立刻就停止悔罪，显然他的思想意识没有把通奸、违反
312 不得行房事的禁忌或谋杀乌利亚以及孩子的死当作负担，并且愉快地开始享受由他的罪孽所带来的好处。这样一个人当然具有一种非同寻常的个性——其非同寻常甚至足以使那些可能已经很了解他的宫廷人员感到吃惊。从这一事件中浮现出来的大卫的品性，得到了在他生命中所有其他关键情形下他的所作所为的确证，这些都在传记中有丰富的记载。他的品性在历史上确然如此，我们一定不能一面嘲讽或提出道德化的批评，而一面将其忽略。因为显然这种品性是他成功的奥秘。这个人可以做到自重，可以忍受他自己的善恶，因为当权衡他生活中的得失时，他发现从他的成功只能得出一个结论：耶和华与他同在！我们还记得这个场景：当米甲谴责他在约柜前跳舞时，大卫回答说：

> 这是在耶和华面前；耶和华已拣选我，废了你父和你父的全家，立我作耶和华民以色列的君，所以我必在耶和华面前跳舞。

---

① 指这段圣经叙事的作者。——译注

他的言语混合了真挚的虔诚和精明的野蛮，他准备好为罪行叹惜并给予惩罚，然后再将好处收入囊中，他在活着的时候接受约押的所作所为，之后在他的遗嘱中要求王位继承者将他的这位臣仆杀死——所有这些都不是令人感到愉快的，但是它也不是不道德的。它是原始粗糙的和充满活力的。这就是降低到世俗成功层面上的耶和华崇拜。这种混合从未变得卑鄙和伪善，因为它的黏合剂是那种真正的整体性人格，我们称之为超凡魅力。耶和华确实与他同在——我们无法用更多的言语来表达。

我们可以理解，后来的世代就像他的同时代人一样对这个具有超凡魅力的残忍之人身上的谜感到不解，甚至比他同时代的人更为不解。
拿单的那段插曲——虽不能准确地确定其年代，但一定是属于先知时
期的——力图使一个已经丧失其意义的故事变得有意义。如果说这种
努力没能阐明违反房事禁忌这个关键点，那么这可能不是因为缺乏对
此的理解，而是因为这些传记在这一点上的含糊不清。另一个可以比
较的例子在《撒母耳记上》第十五章，当扫罗违反了圣战的惯例时，这个
要点得到了历史学家们——他们创造了撒母耳故事中各个例证的元
素——的充分理解，这可能是因为当时各种传统还保存得非常好，足以
使这个问题变得一目了然。然而，在大卫的故事中，这个问题是如此晦
暗不明，以至于构成当时形势的其他元素暗示它们本身应得到详细阐 313
述。我们必须注意，正如冯·拉德已经正确指出的，把各种传统融入到他们最后的文字形式中的历史学家们，没有一个曾经目睹过一场圣战，这种仪式在时间上属于久远的过去。

无论如何，虽然“穷人的羊羔”的寓言没有触及房事禁忌的问题，但它也没有表明它只是对大卫—拔示巴故事的一个误解。正如对撒母耳—扫罗故事的神权政治的插补以例证的方式使暗含在那种情势中的

问题明朗化一样，拿单的插曲也使我们聚焦于一个新近浮现出来的问题。当耶和华之下的以色列及其战争的旧秩序在王权统治、宫廷、职业军队和合理管理帝国的行政和战事等日益增长的力量的压力下瓦解时，支配这些新生力量的秩序问题就变得迫在眉睫。当这位国王由于其职位的永久性和权威性而高居于普通民众之上，当他的所作所为不再受一个具有超凡魅力的战争领袖所遵循的惯例支配，当这位国王对他应做之事的兴趣缘于一位妇人的巨大诱惑，当这位国王的手段不是用于支配一个平民，而是用于对付一个令他讨厌的有妇之夫时，这位国王的所作所为就一定会成为一个需要反省和思索的新主题。可能的滥用职权将会导致对国王施加特殊的职责限制，而相应的一个不受国王行为侵害的、臣民的个人权利领域必须被划定出来。在大卫的王权统治下，这种性质的问题开始变得至关重要。因此，拿单的那段插曲根据王权起源于耶和华对大卫的恩惠而详述了这位国王的权力及其范围（《撒母耳记下》第十二章第七节至第八节）。结果是，他娶拔示巴为妻和谋杀乌利亚看上去就是随意添加神所赐予他的种种恩惠，并且必须被解释为藐视"耶和华的命令"（第九节）。这段插曲力图建构"国王的财产"这一概念，它包括国王的战利品和财物，他的职位和权力，以及任职者的特权和职责。在所有这些方面，财产都是一种神的信托，只有遵守耶和华所加诸的那些条件才能够持有。一方面，这种以色列联盟的旧秩序正在瓦解，另一方面，对于帝国的各种世俗力量来说，一种新的耶和华秩序开始明朗化。在拿单的这段插曲中，对这种新秩序阐明的程度相对较低；而且在以色列的历史中它从未达到过技术意义上的法
314 哲学高度。尽管如此，即使在这个紧凑形式的事件中，关于国王的操行、正义以及臣民的权利等问题的实质也变得一目了然。就其文学形式而言，"穷人的羊羔"的寓言必然与"寻找国王的树木"的寓言并列作为以色列人的"国王寓言"之一——如果我们可以使用这个由赫西俄德创造出来的，用以指称这种文学类型的术语的话。

第三节　大卫的王权统治

对于希望澄清一段时期的思想的历史学家和读者来说，前面的分析显得有些拐弯抹角和不够令人满意。我们想要十分确切地知道当时这位国王的状况实际是怎样的：人民以及他自己是如何看待他的地位的；这种经验是如何被符号化的；在法治的条件下这种地位是如何被制度化的。

遗憾的是，这种精确程度不可能被达到。正如我们已经指出的，大卫—拔示巴的故事在精神问题上的含糊其辞不是作者的错，而是当时的历史形势的特征。关于国王之地位的那些文本一般来说也是含糊的，不是因为文本是有欠缺的，而是因为王权的地位是在各种令人窘迫的无奈压力之下发展起来的，不会忍受人们根据耶和华的秩序对它进行太过苛刻的盘查。因此，接下来对大卫的王权统治的文本分析，将会尽可能仔细地描绘出围绕着王权制度演变的这种精神不确定性的氛围。

这种含糊不清从一开始就伴随着大卫帝国的王权制度，因为大卫两次被膏为王，先是成为犹大的王，后来又成为以色列的王。

扫罗死后，大卫和“跟随他的人”以及他们的眷属一同“来到希伯仑”，并与他们在“希伯仑的城邑中”定居。“犹大人来到希伯仑，在那里膏大卫作犹大家的王。”（《撒母耳记下》第二章第一节至第四节）那就是我们所知的关于他的第一次王权统治的全部内容。对于下述问题我们只能猜测：是否希伯仑是与“犹大家”的定居点同时扩张的，它是变大了还是变小了；是否其他部落或宗族也在这位王所辖的领土范围内居
住；如果是这样的话，他们是否在那些前来膏大卫为王的“犹大人”之中 315
呢，或是否大卫只是犹大一个部落的王，他通过武力统治了其他部落。

我们既不知道这种涂油礼采取的是何种形式,也不知道是由谁来执行的。看上去好像大卫是在耶和华的命令下搬到希伯仑的(第二章第一节),他走在他的军队前面,并得到了他的部族的支持,而且好像这个地区的居民也认为服从一个王——客观形势已经把这个王送到他们中间——是明智的。

而且,这个有着异质性人口的地区突然变成了一"家"人并且膏了一个人作王,就好像那是一个古老的惯例,这是令人称奇的。如果我们还记得伴随着王权统治在以色列的出现的那些困难,那么犹大由一种非政治性生存到王权统治的顺利过渡就变得可疑了。最有可能的是,这位征服者依靠他的军队使自己成为那些没有自卫能力者的统治者。固然,这种统治的建立几乎没有遭遇任何抵抗,因为一方面,扫罗的统治已经使这些人民熟悉了王权统治的制度及其在与非利士人的斗争中的优势,另一方面,犹大的耶和华崇拜不像以色列联盟的耶和华崇拜那样系统连贯。

但是,在大卫于希伯仑诸城邑建立王权统治的背景中,从一开始就潜伏着这样的思想:大卫的王权统治是对扫罗在以色列的王权统治的接续。因为在押尼珥——他已经立伊施巴力为"全以色列"的王(《撒母耳记下》第二章第九节)——看来,大卫的王权统治至多不过是犯了对以色列王的叛国罪。在非法和篡位等罪名所投射的阴影下,扫罗家和大卫家展开了一场战争,结果是伊施巴力被害。在随后的投降仪式上,"以色列的长老"才迟迟发现他们与大卫原来是骨肉相连,甚至在扫罗的时候耶和华就已经预先安排大卫成为以色列的看护者和王(《撒母耳记下》第五章第二节)。非法的罪名已经被"以色列的长老"正式宣言去除,大卫就与他们在耶和华面前立约,他们反过来再膏他作"以色列的王"(第五章第三节)。虽然这段资料没有提及这约的内容,但是事件的顺序暗示这约的种种规定就是举行涂油礼的条件,正是这涂油礼最终

将以色列的王权统治赋予了大卫。[①] 316

乍一看,这个约似乎是王权制度中一个相对清楚的元素。大卫的王权统治建立在统治者和民众代表的一种契约关系的基础上。但是,一旦对这个约作更仔细的考察,它的意义就变得不确定了。无论由双方达成的约定条款可能是什么,《撒母耳记下》第五章第三节中所描述的情景都标志着这个约在当时令人沮丧的(如果不是令人绝望的)政治和军事形势中是一个投降协定。它认可了一个准外邦的征服者的统治。而且,我们必须考虑造成这种形势的其他因素。首先,大卫没有借助于与任何人立约已经是犹大的王。此外,在这个场合下,他不仅变成了以色列的王,因为以色列的长老与他缔结了一个约;而且也变成了迦南诸城邑的王,不过我们没有从这段文字记录中获知关于诸城邑代表的信息。在缔约之后,他在一个当时还未从非以色列人手中征服过来的地区和城邑为这个联合王国建立了一座首都。因此,在希伯仑所立之约——它远非大卫王权统治的基础——可以被认为只不过是以色列部族服膺这位统治者的一种形式,他驾驭着一个日益扩张的帝国。所以毫不奇怪的是,当帝国由大卫传承给所罗门的时候,我们不再听说有一个约的存在。这种传承是通过完全不同的手段来规制的:(1)押沙龙(Absalom)谋杀了大卫的长子暗嫩(Amnon)(《撒母耳记下》第十三章);(2)押沙龙的反叛流产,他自己也被约押所杀(《撒母耳记下》第十五章至第十八章);(3)形成了一个支持亚多尼雅(Adonijah)的宫廷党派(《列王记上》第一章第五节至第十节);(4)形成了一个反对派,他们在后宫密谋支持所罗门,结果是在大卫还活着的时候所罗门就被膏为王(《列王记上》第一章第十一节至第五十三节);以及(5)在大卫死后亚

---

① 关于实际发生的事件有一个更为详尽的重构——它利用推测来填补该叙事的空白——参见 Noth, *Geschichte Israels* 中关于"Der Grosstaat Davids"的一章。

多尼雅被杀(《列王记上》第二章第十二节至第二十五节)。固然,这个约并非完全不重要,因为它在帝国内帮助以色列人保持了一种身份认同,这种身份认同可能突然出现在任何时候的反叛和分裂中。例如,押沙龙在他的叛乱中就利用了以色列人的不满,这种不满是由国王在司法行政方面偏向犹大造成的(《撒母耳记下》第十五章第二节至第六节)。押沙龙死后,叛乱在示巴(Sheba)的领导下继续进行,我们发现这个便雅悯人就是前面提到的那些"匪徒"(第二十章第一节)之一,后者
317 曾作为那些未来国王们的扈从。大卫认为示巴的反叛比押沙龙的反叛更危险——他这样想可能是对的,因为示巴是一个真正的以色列人,不会受到他与国王部族之关系的阻碍(第二十章第六节)。而且,所罗门死后,当罗波安(Rehoboam)前往示剑,准备在"以色列人"的拥立下登上王位时(《列王记上》第十二章第一节),以色列人坚持他们有自由与这位假定的继承人商定一个约。本来旨在成为一场正式仪式的会议却以反叛收尾。以色列人发出了这样的口号:

> 我们与大卫有什么份儿呢?
> 与耶西的儿子并没有关涉。
> 以色列人哪,各回各家去吧!
> 大卫家啊,自己顾自己吧!

以色列从帝国分裂出去。这个分裂的行为不可避免地提出了这样的问题:谁离开了谁?新国界的南北双方对此的回答不同。最终编辑这段圣经叙事的犹大正统主义者确定是以色列从"以色列"中分裂出去的:"这样,以色列人背叛大卫家,直到今日。"(《列王记上》第十二章第十九节)但是在《申命记》第三十三章第七节保存着一段北方的祷文:

> 求耶和华俯听犹大的声音,

引导他归于本族！

以色列从“以色列”分裂出去——这句话令人迷惑之处并没有逃过时人的注意，并且使后来的历史学家们感到担忧。大卫帝国实际上是以大卫的名义建立的。以色列可以勉强加入；它可以在一位本族领袖的领导下反叛该帝国；它可以最终从帝国中分裂出去；但是大卫所建立的王国仍然存在，不论以色列对它的感受如何。尽管如此，没有了以色列，这个新的政治实体在实际政治中就不是什么了不起的力量了。甚至更糟，当以色列公开反对它时，它的合法性就遭到质疑，因为它正是从以色列那里借用了它的那一套符号体系。在这两个方面，大卫对于他所建立的王国的不稳定性都有着一个精明的政治家的理解。他通过把米甲留在他的后宫而小心翼翼地维持着他接替扫罗对以色列的王权统治的合法性；他坚持通过在希伯仑立约而正式接受他对以色列的统治；他甚至使自己第二次受涂油礼以便确保他已经存在的王权统治真正成为对以色列的王权统治；在米甲的那段插曲中，他发展了由耶和华从扫罗家到他自己和他的继承人传承统治权（translatio imperii）的概念；与他自己家族内爆发的反叛和谋杀相比，他更担心便雅悯人示巴的反 318
叛。但是大卫对此即使理解得再多也改变不了以色列是被选民族的事实。同盟的希伯来部族才是以色列，因为耶和华是他们的神；耶和华是以色列的神。在以色列与大卫所建立的王国之间的任何冲突都会激起这个关键的问题：耶和华与以色列同在，还是与大卫同在？

这个问题一直到北王国覆灭，以色列作为一个竞争对手消失时才得以解决，因为那时犹大不仅能够声称耶和华是它自己的神，而且能够把以色列的历史当作它自己的历史继承下来。只有到那时，这个领域才允许自由地以例证的方式阐释一个符号体系，该体系的最初建构可以追溯到大卫时期的冲突。只有假设耶和华对以色列的选择包括选择大卫家作为它的统治者，假设耶和华与他的民所立之约同时就是他与大卫家为建立永久王权统治所立之约,以色列和大卫究竟谁是神之所选的问题才能够得到解决。由米甲的那段插曲(《撒母耳记下》第六章第二十一节至第二十二节)发展出来的大卫关于传承统治权的概念当中,我们可以发现这种建构的开始,因为在这些小节中,耶和华不仅被解释为以色列的神,而且被解释为在耶和华的民之上建立的王权统治的神,以及王权继承秩序的神。写作《列王记上》第十二章第十九节的历史学家则更进一步,他摧毁了盛行于扫罗和撒母耳时期的神权统治的思想。在早期的统治中,以色列人要求立一位王的呼声仍然是对耶和华的背叛;现在,在所罗门寿终时,拒绝后来的国王统治不是意味着对耶和华的回归,而是对耶和华新的背叛,因为国王是耶和华的敕许代表。从非利士战争和大卫的胜利中浮现出一种关于被选国王的经验,当发生冲突的时候,被选国王优先于被选民族。当以色列与大卫和大卫家同在时,耶和华就与以色列同在。对于他的民而言,法老是神的秩序的仲裁人,在同样的意义上,国王变成了耶和华秩序的仲裁人。

因此,甚至到大卫时期,这种建构发展的必经之路也是一目了然的。但是没有这样的资料来源可以有把握地被确定是同时代的似乎已经迈出了这决定性的一步。正如在大卫—拔示巴的故事中,最后的解决办法在《撒母耳记下》第七章关于拿单的一段插曲中得到了详细阐
319 述。[①] 它所处的位置使我们确定这段插曲的性质是一种阐释。它紧随大卫在约柜前舞蹈以及他答复米甲的故事之后,这个故事属于《撒母耳记下》的传统中最古老的一部分。大卫宣称他已经被耶和华选定作以色列的王,这成为拿单所传达的耶和华的话的主题(《撒母耳记下》第七章第八节 b 至第九节):

> 我从羊圈中将你召来,叫你不再跟从羊群,立你作我民以色列

① 参见《历代志上》第十七章中类似的叙述,略有不同。

的君。你无论往哪里去,我常与你同在,剪除你的一切仇敌;我必使你得大名,好像世上大大有名的人一样。

随后,对大卫的应许就与对以色列的应许联系起来(第十节):

我必为我民以色列选定一个地方,栽培他们,使他们住自己的地方,不再迁移。

最后,对大卫和以色列的这两种应许被混合到一句惯用语当中,从现在开始这句惯用语将永远与耶和华的名联系在一起(第二十六节):

万军之耶和华是治理以色列的神。这样,你仆人大卫的家必在你面前坚立。

经由先知的口说出来的耶和华的话(dabar),具有与大卫所立之约的特点,虽然berith(约)这个词没有出现在《撒母耳记下》第七章中。但是,立约就是其意图这一点被《撒母耳记下》第二十三章第五节所证实:“神却与我立永远的约。这约凡事坚稳,关乎我的一切救恩,和我一切所想望的,他岂不为我成就吗?”耶和华与以色列所立之约已经拓展到将大卫家也包容进来。

第四节　大卫与耶路撒冷

大卫的王权统治从根本上不同于扫罗的王权统治,这将会变得一目了然。扫罗时期的王权制度是由以色列联盟具有超凡魅力的领导者发展而来的;由紧急状态下的领导向永久统治的过渡,虽然严重扰乱了神权统治的符号体系,但也只是引起了各种神权统治的问题。大卫时

期的王权统治是由一支职业军队的领导者发展而来的,这支军队既可
320 以用来支持以色列,也可以用来反对以色列。大卫的王权统治是征服的制度形式;这种新的王权形式,在夺取叙利亚文明地区的较大部分作为其帝国主体的过程中,遵循的是它自己的符号化规则,后者原则上与周边的美索不达米亚和埃及文明中发展出来的各种形式没有分别。帝国符号体系的语言是由大卫职业生涯中最重要的事件决定的,那就是征服耶布斯人的耶路撒冷并且需要与这块新取得的领土上的主神——这个新首都的至高神——达成妥协。与新征服领土上的主神达成妥协是每一个近东的征服者和帝国创建者都必须做的事情。

然而,大卫的形式发展出独一无二的特征,因为它通过融合耶布斯人的形式和以色列的非宇宙论的耶和华崇拜,从而避免了朝纯粹宇宙论符号的演变。叙利亚文明的最高神与被选民族的神遭遇导致了一种具有调和色彩的信仰崇拜。至高神与耶和华混合而成的神保持了以色列的耶和华的特点,同时又从至高神身上攫取了一个宇宙论帝国的最高神(summus deus)的特征。[①] 对这种新的调和论形式的探究只是在最近才刚刚开始,有关的辩论仍然没有定论。要展现这个问题的全貌需要另辟专论。在当前的语境中,我们应该把自己的讨论限制在最重要的资料来源及其含义上。

在对帝国符号体系的研究中,大卫和耶路撒冷是不可分割的,因为征服者的符号体系就包含在征服的符号体系之中。

---

① 关于这两个神的融合,以及大卫的宗教信仰调和论,见 Ivan Engnell, *Studies in Divine Kingship in the Ancient Near East* (Uppsala: Almqvist and Wiksells boktr., 1943), 175:“大卫是以色列的宗教王权统治实际的和有目的的创建者,这是在这个词汇的真正意义,以及‘具有调和论色彩的’王国官方宗教的意义上而言的。”参见 Engnell, *Gamla Testamentet*, 1: 138 ff。

自从人们确定“大卫”最初不是一个严格意义上的名字，而是用来指称一种军事职务，一种王国的官职，甚至可能用来指称一个神，大卫是谁这个问题就在《旧约全书》学中成为一个极端重要的问题。① 在马里文本（Mari Texts）中，我们频繁地发现 dawidum 这个词带有“将军”和 321
“军队指挥官”的含义。② 虽然单独面对这些文本时，我们很难对大卫把这个词作为他的名字表示怀疑，但是关于这件事发生的背景和时间就众说纷纭，莫衷一是了。诺特推测这个称呼可以追溯到大卫指挥一支雇佣军的时候，并且在后来不确定的某个时候被改造为一个人名；但是约翰逊确信“只有在夺取耶路撒冷之后”，扫罗的继承者才以“一个可以被解释成神的名字的称呼”闻名于世。③ 我们倾向于同意这样的观点：征服耶路撒冷是精心建构帝国的符号体系（包括国王的名字，并赋予它官方的认可）的重要时刻，即使在那个事件之前他的扈从或广大人民就应该已经用这个名字称呼大卫了。因为帝国的信仰崇拜——为数众多的与之相关的礼拜仪式和赞美诗现在都留存在《诗篇》之中——必然是在某个时间被创立的，而夺取耶路撒冷之后的时期是最有可能的。无论如何，由于种种原因，近期要想对这个问题达成共识是非常困难的。首先，该叙事对于必然在某个时间已经采取的措施三缄其口；结果是，

---

① Sigmund Mowinckel, *Han som kommer* (Copenhagen: G. E. C. Gad, 1951), 45.

② *Archives Royales de Mari*. Publiées sous la direction de André Parrot et Georges Dossin. XV. *Répertoire Analytique des Tomes I à V*. Par Jean Bottero et Andre Finet (Paris: Impr. Nationale, 1954). 在“Lexique”, 200, s. v. dawidum 超过二十次被提及与这个词汇相关。

③ Noth, *Geschichte Israels*, 165. Aubrey R. Johnson, “The Role of the King in the Jerusalem Cultus”, in *The Labyrinth*, ed. S. H. Hooke (London, New York: Macmillan, 1935), 81.

我们甚至不知道大卫本来的名字是什么。[①] 由于通过发音而起源于dwd 这个辅音复合词的那些闪语词汇所具有的含义较多,问题进一步复
322 杂化了。[②] 在马里文本中,dawidum 指称一位军事领袖;但是,在征服进行时,在耶布斯人的耶路撒冷中,这个词可能是"一个被大卫占有的、迦南的祭司兼国王的称谓"。[③]这种观点得到了 ledawid 这个标题的支持,后者出现在大量的赞美诗之前。对 ledawid 的传统翻译是"大卫之作"或"由大卫所作",假设大卫是其作者,这种翻译必然是错误的。我们所说的这些赞美诗意在"献给大卫",也就是说,供这位国王在主持祭祀仪式时使用。而且,它们不是意在献给那位耶路撒冷的征服者本人,而是任何一个大卫,也就是说,献给包括它的创建者在内的大卫王朝的任何

---

① 如果在大卫与歌利亚之间进行一对一格斗的传统是可信的,那么《撒母耳记下》第二十一章第十九节所提供的另一个版本——据此是伊勒哈难(Elchanan)完成了这一壮举——在当前上下文中就是重要的。但是,与伊勒哈难是大卫本来的名字这一假设相反,我们可以主张说,故事中的伊勒哈难只是大卫的勇士(gibborim)之一,与大卫本人截然不同。

② 辅音 dwd 可以以几种方式发音,对于我们的目的来说最重要的几种是 dawid, dod 和 dodo。应当指出的是,只有《历代志》通过在 waw 之后插入一个 yodh 而明确地发为 dawid。这种做法反映了一种后来的、有选择性的意图,因为《撒母耳记》、《列王记》和《诗篇》都把它们自己局限于 dwd,而不论其发音的变化。玛所拉文本(Masoretic text)的元音标号接受《历代志》的发音,也同意《撒母耳记》、《列王记》和《诗篇》的做法。还要进一步指出的是,在记载大卫及其勇士的早期功绩的段落中,出现了一些 Dodos(朵多)。在《撒母耳记下》第二十三章第二十四节中,前面提到过的伊勒哈难是"伯利恒人朵多的儿子"(son of Dodo of Bethlehem);第二十三章第九节的以利亚撒(Eleazar)同样是一个朵多的儿子。当上下文的含义有疑问的时候,这些有关发音的困难和不确定之处就变得显而易见。新修订标准版《圣经》(RSV)把《撒母耳记下》第二十一章第十五节至第十六节的那个段落译为:"大卫就疲乏了。伟人的一个儿子以实比诺(Ishbi-benob)……要杀大卫";而芝加哥译本译为:"随后伟人的一个儿子朵多来了……要杀大卫"。

③ Engnell, *Studies in Divine Kingship*, 176.

一位王。最后,英格奈尔假定 ledawid“最初是信仰崇拜典礼文的标题,这是从前以色列的耶布斯时代继承下来的,其实际的含义是‘献给国王的赞美诗’”①,他很有可能是正确的。当然,所有这些分析并不预先排除大卫是某一篇赞美诗的作者。② 除了军事指挥官和国王的含义之外,dwd ——其发音是 dod ——最后还有“亲爱的人”的意思,可能是指称“化身为国王的一位植物之神”。③在《旧约全书》中,dod 在《以赛亚书》第五章第一节中出现,被用在耶和华身上。从这些纷繁多样的材料中,我们尝试着得出结论:那位耶路撒冷的征服者为了将他的地位符号化为帝国的统治者,根据其所具有的所有含义——军事指挥官、祭司兼国王、神的代表和神所钟爱的人——而采取了大卫这个名字。

征服耶路撒冷是大卫的帝国事业的一部分。关于这项事业及其对于创造这种耶路撒冷的信仰崇拜具有的重要意义,我们今天所知良多,这都要归功于乌蒙博托·卡索托(Umberto Cassuto),朱利叶斯·鲁伊(Julius Lewy)和尼博格(H. S. Nyberg)对于《创世记》第十四章的精妙解读。④ 在第七章《从宗族社会到王权统治》中,我们利用《创世记》第 323
十四章作为资料来源来解读耶和华作为亚伯兰个人的神的经验,以及

① Engnell, *studies in Divine kingship*。

② 关于 ledawid 的复杂问题,见 Sigmund Mowinckel, *Offersang og sangoffer: Salmediktingen i Bibelen* (Oslo: Aschehoug, 1951), 87 ff, 360 ff, 以及对于61ff 的长注31。

③ Engnell, *Studies in Divine Kingship*, 176.

④ Umberto Cassuto, *La Questione della Genesi* (Florence: F. Le Monnier, 1934). Lewy, “Les texts paléo-assyriens et l'Ancien Testament”, 29—65. H. S. Nyberg, “Studien zum Religionskampf im Alten Testament”, 329—87. 读者应该注意,《旧约全书》杰出的权威们仍然对这些新的解读持有疑虑。参见 Albrecht Alt, “Das Koenigtum in den Reichen Israel und Juda”, *Vetus Testamentum* 1 (1951):2—22。阿尔持(p. 18)认为有可能大卫接管了各种耶布斯形式,但是他发现《创世记》第十四章和《诗篇》第一百一十篇的材料太过单薄,而不能为那些对它们的解读提供坚实的基础。

约的符号的改变。当时,我们把自己的解读局限于该文本——当它处在祖先历史的那个当下的位置时——倾向于具有的含义,但同时我们也指出这个故事在文字上的蹊跷之处,因为它代表了一种独立的耶路撒冷传统,并且不能被归结到那三种主要的J,E和P来源的任何一种。为什么亚伯兰的故事以一种属于耶路撒冷传统的独特形式被保存下来——我们刚刚提到的那些学者回答了这个问题,他们假设当前形式的这个文本是起源于大卫时期的一则宣传材料。① 亚伯兰加入迦南诸王一方反对他们的美索不达米亚敌人,其目的是使以色列对被征服民族的统治合法化,特别在大卫统治之下尤其需要如此。这些民族从前处于东方诸王的统治之下,亚伯兰把他们解放出来;因此,迦南的征服者们——从摩西到大卫——是在践行一种自亚伯拉罕开始就属于以色列的权利。② 亚伯兰对敌人的追击延伸到了"大马士革左边的何把(Hoba)",这表达了帝国的领土要求。③ 为了解救罗得——摩押和亚扪的祖先——的这次干涉意在提醒亚摩利人和亚兰人谁是他们从前的压迫者,以及他们是被亚伯兰所拯救的这一事实:"一种以色列对这些民族的保护关系悬而未决。"④就帝国之内的这些关系而言,大卫承认耶路撒冷及其至高神,正如他的祖先亚伯兰所做的那样,但是拒绝承认其他

---

① 我应该强调,关于这个文本当前形式的假设——对此我予以接受——并不影响我们前面对于亚伯兰故事的解读。在《创世记》第十四章中,我们必须区分(1)最初的亚伯兰传统,现已散佚不存,(2)当前的形式,在此形式中传统是通过大卫的宣传来表达的,以及(3)通过祖先历史的修订者们回归到包含在当前形式中的亚伯兰传统的基本要素。由于其口述传统和文学建构的水平,《旧约全书》的文本在很多情况下都不止一个含义。遗憾的是,关于多重含义的问题还没有被《旧约全书》学者充分认识到。因此,对新含义的发现时常伴随着这样的假设,即之前所发现的含义是解读的错误。

② Cassuto, *Genesi*, 372. Nyberg, "Studien", 377.

③ Cassuto, *Genesi*, 372. Nyberg, "Studien", 360.

④ Nyberg, "Studien", 376.

的迦南王,亦如亚伯兰对所多玛王本人所做的那样。① 因此,这个文本可以被描述为"意识形态文献,据此大卫想要阐明他对耶路撒冷的权 324
利。身在希伯仑的这位祖先亚伯兰是身在希伯仑的这位年轻的犹太部落之王大卫用来掩饰他真实意图的人物(cover-figure)"。②

王权统治和帝国所必须采取的那种符号形式与耶路撒冷作为一座耶布斯人的城邑和至高神的所在地密切相关。亚伯兰的故事再次反映了,或许是证成了大卫将耶和华等同于迦南人的神的折中做法,而这就需要帝国的耶和华崇拜接受耶布斯人的信仰崇拜形式。在《诗篇》的文献中经常可以发现这种信仰调和论的痕迹,比如耶和华在"神的众子"(bene elohim)中是无与伦比的(《诗篇》第八十九篇第六节),周围的神的众子要将荣耀能力归于耶和华(《诗篇》第二十九篇第一节),在神的扈从的秘密会议中,他是大有威严、令人恐惧的神(El)(《诗篇》第八十九篇第七节)。这个耶和华与至高神的集合体(Yehweh-Elyon)坐在"聚会的山上,在北方的极处";巴比伦人的暴政被描述为企图升到神山(Mountain of God)之上,并且变得"与至上者同等"(《以赛亚书》第十四章第十二节至第十五节)。"神的城"是"至高者居住的圣所"(《诗篇》第四十六篇第四节);"大卫"是他的长子,"世上最高的君王"(《诗篇》第八十九篇第二十七节)。③ 而且,至高神具有撒冷(Shalem)和洗德(Zedek)——他们出现在一个配角的位置上——的外表或本质。④ 耶路—撒冷(Jeru-shalem)这个名字本身意味着"创造撒冷";而 Shalim 是一个古老的、西方闪族的神,这通过与公元前 2000 年的灰山文本中一

① Cassuto, *Genesi*, 374. 以色列不欠迦南任何东西。以色列所有的一切都毫无例外地是拜耶和华所赐,耶和华被等同于耶路撒冷的至高神。Nyber, "Studien", 361.

② Nyber, "Studien", 375.

③ Johnson, "The Role of the King", 87, 95, 77.

④ Engnell, *Gamla Testamentet*, 1: 119.

样古老的、字义为“神”的那些名字得到了证实。[1]《创世记》第十四章第十八节暗示他可能是一个酒神，因为撒冷王兼至高神的祭司麦基洗德将饼和酒献给亚伯兰。[2] 至高神所具有的 Shalim（希伯来语是 shalom，意思是繁荣、成功、和谐的状态、和平，但是也有一场平安战争[a shalom war]的说法，意思是该战争将会导致理想的和平）的方面可以与 Zedek（公义）相媲美。在圣经叙事中，我们遇到了两位其名字带有神的含义的耶路撒冷王，一位是麦基洗德（“洗德是我的王”，《创世记》第十四章第十八节），一位是亚多尼洗德（“洗德是我的主”，《约书亚记》第十章第一节和第三节）。在《诗篇》中，耶和华将应许赐平安给他的民，
325 他的公义要行在他的面前，然后“公义和平安，彼此相亲”（《诗篇》第八十五篇）。作为先知身上最重要的德性，公义所具有的非同寻常的重要性，以及耶和华的王国——作为和平的国度——通过一位和平之王的实现，都源于同时是公义和平安之化身的耶路撒冷的至高神。

在撒冷建立统治的政策，可以在那些带有神的含义的名字中找到其表达。大卫分别在希伯仑（《撒母耳记下》第三章第二节至第五节；《历代志上》第三章第五节至第九节[3]）和耶路撒冷（《撒母耳记下》第五章第十四节至第十六节；《历代志上》第三章第五节至第九节）所生的儿子们的名字是具有启发意义的。在希伯仑所生的儿子中，除了那些与我们问题无关的名字以外，我们发现了用耶和华（Yahweh）构成的名字，譬如亚多尼雅（Adoni-yah）和示法提雅（Shephat-yah），而其中只有一个人的名字是用 Shalem 构成的，他就是押沙龙（Ab-shalom）。在耶路撒冷所生的儿子中，用耶和华构成的名字已经完全消失了，而用 El 或 Shalem

---

[1] Lewy, “Les textes paléo-assyriens”, 62.

[2] Nyberg, “Studien”, 355.

[3] 此处沃格林原注有误，记载大卫在希伯仑所生之子的内容载于《历代志上》第三章第一节至第四节，而不是原注所说的《历代志上》第三章第五节至第九节。——译注

连接的名字受到青睐,前者有以利沙玛(Elishama),以利雅大(Eliyada)和以利法列(Eliphelet),后者有所罗门(Shelomo)。[①] 押沙龙的名字出现在希伯仑所生的众子之中可能表明大卫的帝国信仰调和计划在征服耶路撒冷本身之前,在希伯仑的那些日子里就已经在准备中了。[②] 而且,这同样的符号体系也被大卫帝国的敌人以及接替大卫帝国的政权所采用。几个亚述王在他们的名字 Shalmanassar 中结合了 Ashur 和 Shalem 的名字,后两者分别是东方和西方的闪族人的主神(great divinities)。"在 Ashur 和 Shulmanu 两个名字中包含了亚述帝国的全部政治计划",那就是建立一个统治东方和西方的闪米特民族的统一国家。[③] 而萨尔玛那萨尔五世(公元前 727—722 在位)确实变成了以色列王国的终结者。最后,这种符号要求在被放逐之后得到了更新,当时所罗巴伯(Zerubbabel)给他的儿子起名米书兰(Meshullam),给他的女儿起名示罗密(Shulamit)(《历代志上》第三章第十九节)。[④]

关于夺取耶路撒冷之后的各种安排,我们从该叙事中只能得到很少的信息,甚至就是这些信息也必须根据遍及《圣经》其他篇章的符号体系来进行解读。在征服的过程中,我们既没有听说这个城市被摧毁,或遭到严重损毁,也没有听说其人口全体被害或遭到大规模屠杀—— 326
虽然其人口构成必然随着大卫的宫廷官员,以及军事和行政人员的涌入而受到重大影响。因此,该叙事没有解释为什么它假定征服之后的耶路撒冷实质上已经不再是原来的那个耶布斯人的城邑了。在众多制度变化中,祭司的任命是非常重要的。大卫使他儿子当中的几人成为

---

① Lewy, "Les textes paléo-assyriens", 62. Nyber, "Studien", 373 ff.

② Engnell, *Gamla Testamentet*, 1: 139.

③ Nyber, "Studien", 353.

④ Franz M. T. Boehl, "Aelteste Keilinschriftliche Erwaehnung der Stadt Jerusalem und ihrer Goettin?" *Acta Orientalia* I (Leiden, 1923): 80.

祭司，虽然我们不知道确切的人选，或成为哪个神殿的祭司；特别被任命为祭司的是撒督（Zadok）和亚比亚他（Abiathar）（《撒母耳记下》第八章第十六节至第十八节）。[①] 后两者显然职级最高，两人都带着约柜行使职权（《撒母耳记下》第十五章第二十四节至二十九节）。关于亚比亚他，我们知道他属于以利（Eli）家族，以利是示罗的耶和华神殿的祭司。尼博格想要确认撒督是耶路撒冷的最后一位祭司兼国王，他退位来支持大卫，结果得到了祭司之职作为回报。这个意见很具有吸引力，特别是因为它将能解释在《创世记》第十四章亚伯兰的故事中，撒督的祖先麦基洗德所担任的角色。[②] 在评价这个建议的时候，我们必须还要考虑在所罗门继承王位的事件中，撒督和亚比亚他分别采取的立场。亚比亚他支持亚多尼雅，而撒督则站在所罗门一边：看上去似乎宫廷里形成了耶和华派和撒督派，结果是，在所罗门即位之后，撒督就能够除掉祭司职位上的耶和华派对手（《列王记上》第二章第二十六节至第二十七节）。随着亚比亚他被放逐到亚拿突（Anathoth），耶和华的祭司王朝就从耶路撒冷消失了。[③]

在从放逐中返回之后——当时最高祭司已经篡夺了原来国王的职权——最终形式的圣经叙事就完成了。因此毫不奇怪的是，在该叙事中，我们对于一般而言国王的地位，特别是对于他作为最高祭司的职能——这是大卫及其后继者从耶路撒冷的耶布斯统治者那里继承而来

① 根据译者所参照的中英文对照版《圣经》，《撒母耳记下》第八章第十七节记载，担任祭司长的是撒督和亚比亚他的儿子亚希米勒（Ahimelech）。但是在《撒母耳记下》第十五章第二十四节至第二十九节中，是撒督和亚比亚他带着约柜。——译注

② Nyber, "Studien", 375.

③ Geo Widengren, *Psalm* 110 *och det sakrala kungadoemet i Israel* (Uppsala Universitets Arsskrift: Lundequistska bokhandeln, 1941: 7, 1), 21.

的——所知甚少。尽管如此,我们对于这种连续性却有相当清晰的了解,因为有足够多的加冕礼上的神谕、典礼文和赞美诗留存了下来。《诗篇》第一百一十篇对于我们当前的语境来说显得特别重要,因为它建构了在麦基洗德和大卫的制度之间的连续性。① 327

《诗篇》第一百一十篇前面的标题是献给大卫(ledawid),因此标志着这首诗在与这位国王有关的仪式上将被使用。该文本本身由一系列神谕组成,这些神谕的内容表明它们是一个加冕礼的仪式书,或至少是这种仪式书的重要组成部分:

(1)这首赞美诗以一个神谕开篇,表面上是由一位神殿的先知在一个仪式性的场合——那看上去是这个加冕礼的第一幕——说给国王听的:

---

① 关于《诗篇》在迦南的和一般近东的背景,参见上注,以及 Geo Widengren, *Sakrales Koenigtum im Alten Testament und im Judentum* (Stuttgart: W. Kohlhammer, 1955), 44。又见 Aage Bentzen, *Messias. Moses Redivivus. Menschensohn*, Abhandlungen zur Theologie des Alten und Neuen Testaments (Zurich: Zwingli, 1948), 12, 17 ff,以及 Mowinckel, *Offersang og sangoffer*, 75 ff。关于《诗篇》第一百一十篇的年代问题,摩文科尔认为《诗篇》中的神谕可能很难适用于大卫本人,但是可能适用于所罗门(同上,411 ff),因为大卫在征服耶路撒冷的时候已经是王了。这个论证是有说服力的,但不是结论性的,因为我们对于有关的仪式、或者使用这种仪式的场合所知太少,所以无法确定地得出这样的结论。这篇短小的赞美诗的文本是难以理解的,而且某些地方保存不够完好,因此传统的翻译实际上是毫无用处的。我们使用了温登格雷恩对《诗篇》第一百一十篇第三节及其后的内容的翻译,该翻译在 *Sakrales Koenigtum*, 44ff 中得到了改进。但是,在怎样将诗句分配给说话人的方式上,我们与温登格雷恩不同,以便使神谕的顺序显得更加有意义。顺便说一句,我们的分配方式比起温登格雷恩通过他自己加入的那些逗号而创造出来的意义来说,更好地契合了他对这篇赞美诗——作为为一个加冕仪式而发出的一系列神谕——的翻译。可以用来证成这两种翻译和解释的丰富的可比较的材料无法在此重新列举出来;读者可以参考温登格雷恩的著作,以及 *Sakrales Koenigtum* 一书所附的参考文献。

耶和华对我主说：
“你坐在我的右边，
等我使你仇敌作你的脚凳。”

耶和华邀请这位国王坐在他的右边，这位国王必然将要登上的王座被理解为耶和华的王座。我们可以把这第一幕称之为登基典礼。

（2）当这位国王接受这邀请，并且被假定已经落座之后，说话人接下来描述在神的权力之下的有效统治，这再次得到了直接来自于耶和华的话的支持：

耶和华必使你从锡安伸出能力的杖来，
“你要在你仇敌中掌权。”①

在这个仪式的第二幕，国王显然被授予了权杖。这权杖是由耶和华本人从锡安伸出来的，它的主要作用就是战胜敌人。

328 （3）第三句神谕在翻译上有巨大的困难。它或许可以被译为：

当你掌权的日子，你的民甘心牺牲自己。
穿上圣洁的妆饰向前去！
“我使你诞生，就如同清晨的朝露！”②

---

① 这一句的引号应为沃格林所加。译者所参照的中英文对照版《圣经》中这一句没有引号。关于《诗篇》第一百一十篇的引文，沃格林多有改动。——译注

② 这一小节，沃格林所采用的温登格雷恩的英译是：“Your People offer themselves freely on the day of your strength. In holy array go forth! ‘From the womb of the Dawn, as Dew have I brought you forth!’” 译者所参照的中英文对照版《圣经》中，这一小节的英文是：

在第三幕中,国王被授予了宇宙统治者的长袍,在篡夺了祭司的职能之后,这长袍被描述为最高祭司的长袍,也就是"圣洁的妆饰",穿着它,他现在将要走上前去向他的民展示自己。"当你掌权的日子"可能就是举行加冕礼的这一天,此时人民甘愿接受这位国王的统治;但是也有可能是指战争中的某日,人民自愿组成民兵。在两种情况下,这第三幕都使国王的对内统治变得有效,正如第二幕使他能够战胜仇敌一样。这种有效统治的生动情景再次得到了来自于耶和华的神谕的支持,耶和华宣称这位国王就像一个新生儿,神将陪伴他,并像父亲一样呵护他。

(4)随着国王被宣布成为耶和华的祭司,该仪式达到了高潮:

> 耶和华起了誓,决不后悔,说:
> "你是照着麦基洗德的等次永远为祭司。"

吉尔·温登格雷恩(Geo Widengren)的翻译仿效了《旧约全书》的希腊文译本[①](kata ten taxin Melchizedek),正如大多数译本所做的那样,按照麦基洗德的式样,或照着麦基洗德的等次,来描述一个祭司的职位。但是,希伯来文本却是这样写的:"由于我是一个麦基洗德,你将永

"Your people will offer themselves willingly on the day you lead your forces on the holy mountains. From the womb of the morning, like dew, your youth will come to you." 其中文译文为:"当你掌权的日子(或作行军的日子),你的民要以圣洁的妆饰为衣(或作以圣洁为妆饰),甘心牺牲自己。你的民多如清晨的甘露(或作你少年时光耀如清晨的甘露)。"由于沃格林所采用的英译与译者所参照的《圣经》版本出入较大(沃格林已经强调了这篇赞美诗在理解和翻译上面临着很大的困难),因此译者根据沃格林的英文原文翻译了这一节。——译注

① 该译本于公元前3世纪完成,又称七十子(由翻译者的习惯数量而来)希腊文本《圣经》。——译注

远为祭司。”①在这种情况下，麦基洗德这个固有名称还带有“一位公义的王”的含义，这位王的公义（zedek）源于他的祭司职能以及耶和华这个最初的源头。

（5）第五节和第六节，神殿先知重新开始描述这位国王通过耶和华的意志而进行的统治：

> 在你右边的主，
> 当他发怒的日子必打伤列王。
> 他要在列邦中刑罚恶人，
> 尸首就遍满各处。
> 他要在许多国中打破仇敌的头。

我假定“在你右边的主”就是那位国王，从而符合第一句神谕的要求——国王要坐在耶和华的右边。因此，这位先知的话是向耶和华说
329 的，作为对这位新立之王的正当职责的确认。各种英译本（RSV 译本，犹太出版学会[Jewish Publication Society]译本，芝加哥译本，莫法特[Moffat]译本）都把“主”（Lord）一词的首字母大写，在几种手稿中都用来指称耶和华。

（6）这首赞美诗结尾的一小节“他要喝路旁的河水，因此必抬起头来”，似乎是对国王下达的一条仪式指令，国王被认为应该在基训（Gihon）这条小溪中饮入生命之水。

由于涂油礼作为拥立一位国王的重要步骤在此缺失了，《诗篇》第一百一十篇可能是不完整的。但是在这样的问题上保留自己的判断也是不错的，因为对于以色列人的各种仪式，并没有独立的资料来源；相反，这些仪式必然是在类似于《诗篇》第一百一十篇这样的原始资料基

① 杜姆这样坚持，并为芝加哥译本所仿效。

础上重构而成的。如果这首赞美诗描述的是一个要持续几天的仪式其中一天的完整内容,那么涂油礼的缺失也能得到解释。如果这是一个为已经被膏为王的大卫——在这个场合下他进入到了耶路撒冷的祭司兼国王的这种宇宙论符号体系之中——举行的典礼,那么涂油礼的缺失仍然能够得到解释。无论我们所讨论的这个仪式的确切性质是什么,它都决定性地表明宇宙论文明的帝国符号体系是如何通过耶布斯人的传承而进入以色列的。

第五节 帝国诗篇

在大卫建国之后,关于帝国符号体系的主要资料来源是《诗篇集》(Psalter)。但是,发现这个资料来源是非常晚近的事,而关于其性质的争论又是如此激烈,以至于如果我们不首先澄清自己在这个问题上的立场,那么就没法开始描述这些符号本身。这样做的必要性还在于这个事实——帝国诗篇和帝国符号体系这样的专门词汇不是关于该主题的文献所惯用的,而是我们自己的创新。

一、赞美诗的性质

这些赞美诗不是写于后放逐时期,甚至不是写于后马加比(post-Maccabaean)时代的,对个人或集体虔诚的最初表达,而是源于那些将被用于前放逐时期君主国的信仰崇拜仪式上的圣歌、仪式书、祷文和神谕——这个发现是20世纪《旧约全书》研究中的重大事件之一,也可能是最重大的事件。虽然这个发现到目前为止几乎被普遍接受了,[①]但是 330
对细节的探究还远未完成,这为广泛的争论提供了舞台。而且,人们发

① 主要的例外是美国人:M. Buttenwieser, The Psalms, *Chronologically Treated with a New Translation* (Chicago: University of Chicago Press, 1938),以及R. H. Pfeiffer,

现这些赞美诗的符号以及它们的模式辐射了先知文献和历史叙事这两种形式，因此对《旧约全书》整体的解释就面临着全新的问题。[①]虽然重新阐释这一综合性任务的部分成果已经被认为持之有据，但是这个任务本身是如此庞杂，以至于人们甚至还没有就基本原则达成共识。最后，对这个发现的探索遇到了严重的方法论问题，甚至是有关秩序与历史的哲学问题。就这最后一类问题而言，当前关于《旧约全书》的研究状态只能被形容为迷失方向、不知所措；这个资料来源所产生的各种困难甚至变成了进一步推进各种实质性问题的拦路虎。

为什么长久以来这些赞美诗的性质一直都晦暗不明，其众多原因中有两个已经得到了特别强调：

(1)首先是关于诗人的浪漫主义概念——他在其人生的特定境遇下以“诗歌”的形式来表达他的经验或思想感情。在这个概念的影响下，这些赞美诗被当作在特定环境下的有感而发之作(pièces de circonstance)，无论这环境是国家的还是个人的；研究这些文献的历史学家可以考察它们的创作环境，或它们作者的个人风格。[②]但是，《诗篇》是为普遍的情境而作的，因此很少包含对特定历史环境的影射；而且它们遵从仪式的范例，因此没有显示出一位作者的个人风格。所以，把它们当作
331 浪漫的诗作就不可避免地是在误导读者。

Introduction to the Old Testament (New York: Harper, 1941)。在这些新问题上颇犯踌躇的是 Lods, *Histoire de la Littérature Hébraique et Juive*。

① 最近，对于文本的重新考察甚至已经延伸到了《新约全书》。参见 Harald Riesenfeld, *Jésus Transfiguré: L'Arrière-Plan du Récit Evangèlique de la Transfiguration de Notre Seigneur*, Acta Seminarii Neotestamentici Upsaliensis XVI (Copenhagen: E. Mundsgaard, 1947)；以及 Goesta Lindeskog, *Studien zum Neutestamentlichen Schoepfungsgedanken* (Uppsala Universitets Arsskrift: Lundequistska bokhandeln, 1952), 1: 11。

② Lods, *Histoire de la Littérature Hébraique et Juive*, 724.

(2)第二个原因必须在如下事实中找寻：19 世纪的《旧约全书》研究主要是新教学者的职业，他们的"眼界不够开阔，看不到一般而言仪式在宗教发展中所处的基础性地位"，这是因为他们"很不看重仪式"，而这正是虔诚主义(Pietism)①时代以来在新教徒中盛行的潮流的特点。② 19 世纪的时代精神用它在"诗歌"和"宗教"上的个人主义阻碍了我们对这些赞美诗作充分的理解。浪漫主义和虔诚主义一同使这些赞美诗的通用性和仪式性变得隐而不彰。

大家公认：这些障碍被克服，以及这些赞美诗的性质逐渐被阐明的过程已经开始，但是至今尚未结束。因此，接下来对几个主要阶段的描述，以及对它们所引发的问题的说明，将取决于当前这项研究本身所尝试性地给出的解决方案。③

---

① 17 和 18 世纪时德国路德教派的宗教改革运动，旨在努力恢复新教中虔诚献身的理想。——译注

② Mowinckel, *Offersang og sangoffer*, 24.

③ 关于《诗篇集》的新老研究概述，见 Lods, *Histoire de la Litterature Hébraique et Juive*, 718—42。关于《诗篇集》的新研究，Aubrey R. Johnson, "The Psalms"是用英文完成的一章出色的作品，in *Old Testament and Modern Study*, ed. Rowley (Oxford: Clarendon Press, 1951), 162—209。关于这一过程的概述非常具有启发意义的有：Hans-Joachim Kraus, *Die Koenigsherrschaft Gottes im Alten Testament: Untersuchungen zu den Liedern von Jahwes Thronbesteigung*, Beitraege zur Historischen Theologie 13 (Tubingen: J. C. B. Mohr, 1951), 15—26, 以及同一作者的 *Gottesdienst in Israel: Studien zur Geschichte des Laubhuettenfestes*, Beitraege zur Evangelischen Theologie 19 (Munich: Chr. Kaiser, 1954), 9—17。摩文科尔最近发表的"'Psalm Criticism between 1900 and 1935' (Ugarit and Psalm Exegesis)", *Vetus Testamentum* 5 (1955): 13—33, 由于其作者之故而具有特别的重要性。

二、形式—考证的方法和仪式—功能的方法

贡克尔奠定了新研究的基础。他观察到，古代近东文明在它们的符号语言、艺术、文学和宗教上比现代西方文明更加保守，他以此作为研究的起点。根据这个洞见，他随后为《诗篇集》的研究设定了两条基本原理：首先，个人的文学成就——如果确实有的话——只有在通用形式的大背景下，或者说在文学类型（Gattungen）的大背景下才能够被识别出来。因此，批判研究的第一个任务就必须是建立《诗篇》的主要类
332 型。其次，由于这些类型不是从作者个人那里获得其意义的，它们的意义就必须来自于对那些普遍情境——正是为了能用于这些情境，它们才被创造出来——的描述。这种情境贡克尔称之为生活场景（Sitz im Leben）。由贡克尔发展出来的这种术语学现在仍在使用；他的原则也仍然作为研究以色列文献的基础，虽然它们不再被认为是这种研究的终点和全部。

根据他的第一个基本原理，贡克尔按照类型对这些赞美诗进行分类。对于帝国符号体系来说特别重要的是，他将登基典礼颂歌（Enthronement Songs）（《诗篇》第四十七篇、第九十三篇、第九十七篇和第九十九篇）归为一类，它们显然与耶和华登基为王的典礼有关；此外又将王者诗篇（Royal Psalms）（第二篇、第十八篇、第二十篇、第二十一篇、第四十五篇、第七十二篇、第一百零一篇、第一百一十篇和第一百三十二篇）归为一类，它们与一位国王有关，可能是前放逐时期以色列和犹大的那些君王。贡克尔按照他的第二个基本原理——寻找生活场景——所开展的工作不那么成功，因为君主国的官方信仰崇拜仪式还没有被恰当地理解为这些赞美诗的场景。因此，虽然他把王者诗篇归结到前放逐时期的各个场景中，但他在登基典礼颂歌中却看到了一种基于正统先知的影响而具有后放逐时期精神的诗歌类型——这种观点今天已

经很难站得住脚了。①

虽然这个过程的第二阶段具有更为丰富的动机,但是通过摩文科
尔的著作我们可以对其进行简洁的描述,其著作将纷繁多样的影响和
局部的洞见集中起来,对这些赞美诗作出了崭新的描述。② 摩文科尔是
在贡克尔研究成果的基础上遇到这个问题的,并且意识到了形式—考 333
证方法的弱点。类型必须利用文学考证的方法建构起来。能够被细心
的读者所发现的、反复出现的惯用法和主题,必须被用作类型的标准,
而类型的意义则取决于为之发现的生活场景——如果确实发现了这样
的场景的话。于是这种分类就是在如下假设中进行的:对于每一种通
过形式—考证方法建构起来的类型,都清清楚楚地对应着一个场景,正
是这个场景激发了这种特定的文学形式。但是在进行分析的时候,在
这种关系的两个方面我们都遇到了困难。一方面,这些类型并没有构
成一个简单的列表,因为为数众多的赞美诗都被归入了不止一个类目

① 贡克尔的著作延续了相当长的时间,并且经过了一些修改,特别是受到摩文科尔的影响,后者的著作我们将在后面的段落中进行讨论。贡克尔对其原则的最早系统陈述,见"Die Israelitische Literatur", in *Die Kultur der Gegenwart*, ed. Paul Hinneberg, 1/7 (Leipzig-Berlin: B. G. Teubner, 1906)。他关于《诗篇》的主要著作是 Hermann Gunkel, *Die Psalmen* (Goettingen: Vandenhoeck and Ruprecht, 1926)。由贝格利什完成的他的最后著作是 *Einleitung in die Psalmen: Die Gattungen der religioesen Lyrik Israels* (Goettingen: Vandenhoeck and Ruprecht, 1933)。

② 摩文科尔最初对他的思想的广泛阐述,见其六卷本的 *Psalmenstudien* (1921—1924)。对我们的目的来说,最重要的是第二卷 *Das Thronbesteigungsfest Jahwaes und der Ursprung der Eschatologie*, Videnskapsselskapets Skrifter, II, 1921, no. 4 (Kristiania: J. Dybwad, 1922)。最后的综合性重述(有所修正)是 *Offersang og sangoffer*。一些特殊的要点得到了重述,见 *Zum Israelitischen Neujahr und zur Deutung der Thronbesteigungspsalmen*, Avhandlungen, Norske Videnskap-Akademie, II (Oslo: J. Dybwad, 1952)。还可参见前文引用过的 *Vetus Testamentum* 中对《诗篇》考证学的概述。

之中，再加上子类和混合形式的建构，使得这个系统变得复杂化了。另一方面，关于"什么构成了一个生活场景"这个问题，贡克尔缺乏持之有据的理论——因此，对各种场景的分配充其量只是通过结合若干以色列宗教史的一般概念，从这些类别本身所能获得的结果，此外并无更多的重要意义。贡克尔的著作带有相当程度的随意性和不确定性，因为它的特点是以林奈系统的方式进行植物学式的分类。既然这个类比是贡克尔自己作出的，那我们就可以略而言之，并且简述那个已经变得显而易见的任务，即从林奈（Linné）[1]推进到孟德尔（Mendel）[2]和魏斯曼（Weismann）[3]的遗传学。

正是摩文科尔审慎地迈出了这一步，并且用公式化的方法把它简述为从"关于《诗篇》的形式—考证方法"到"仪式—历史或仪式—功能概念"的进步。对于摩文科尔来说，信仰崇拜仪式变成了辅助类型建构的新发生学（genetic）原则。固然，在形式—考证的意义上，类型作为分类的第一个步骤仍然有其重要性，但是作为生活场景的信仰崇拜仪式将允许把几种文学类型——如果它们可以被归诸同样的信仰崇拜仪式的话——归为一类。摩文科尔不仅能够将五或六首贡克尔的登基典礼颂歌，而且能够将几种其他类型，总数超过四十首的赞美诗归诸耶路撒
334 冷的新年节。[4]

摩文科尔的理论改进的动力——我们暂且把问题的逻辑放在一边——随着来自近东文明和原始民族的可比较材料增加而被提供。关

① 林奈（1707—1778）：瑞典博物学家。——译注

② 孟德尔（1822—1884）：奥地利植物学家，遗传学之创始人。——译注

③ 魏斯曼（1834—1914）：德国生物学家。——译注

④ 对新年节，以及与之相关的《诗篇》的研究，占据了摩文科尔的 *Psalmenstudien*（1922）第二卷的全部内容，此外还包括 *Offersang og sangoffer*，118—191，中最长的一章"Salmer til Jahves tronstigningsfest"。

于古代世界的知识，特别是通过考古学发现的——今天考古学影响到了一般而言的所有历史科学，并且颠覆了很多持之有据的概念——迅猛增长，尤其引人注目，因为它影响了我们现在所关注的这个过程的所有阶段。甚至在贡克尔的著作中它也提供了推动力，通过对美索不达米亚史料的比较研究，贡克尔已经意识到了宗教制度和文学形式的一般的、缺乏变化的特点。[①] 在摩文科尔的概念正在酝酿形成的过程中，来自巴比伦和埃及的可比较的材料已经急剧增长，此外，他还感受到丹麦人类学家维勒姆·格洛恩本兹（Vilem Groenbech）的影响。[②] 以色列具有一种独特精神史的思想开始让位于这样的认识：以色列的制度和信仰崇拜与周边文明的制度和信仰崇拜极为相像。就对《诗篇集》的解读而言，摩文科尔看到有相当多的赞美诗，如果认为它们与以色列的新年节有关——这种新年节与巴比伦的属于同一类型，最近人们已经对它有了更好的了解，尤其是通过兹摩恩（Zimmern）的研究——那么它们就变得易于理解。[③] 由于《旧约全书》在颂扬耶和华的登基典礼时并没有如此之多地提及新年节，所以这个假设就是其想象力的一个令人钦佩的成果。不仅是信仰崇拜仪式的内容，而且就是其生存本身都必须从这些赞美诗中作出推断。无论如何，这个假设证明是如此具有说服

① 参见贡克尔的早期著作 *Schoepfung und Chaos in Urzeit und Endzeit*（Goettingen：Vandenhoeck and Ruprecht, 1895）。

② 格洛恩本兹通过他对彼得森的著作 *Israel：Its Life and Culture* 的影响而再次使人们感受到他对以色列研究的巨大影响。

③ 在写作 *Psalmenstudien* 时，摩文科尔不知道他的思想已经被福尔茨在 *Das Neujahrsfest Jahwes*（*Laubhuettenfest*）（Tübingen, 1912）中率先提了出来。兹摩恩的专著 *Zum Babylonischen Neujahrsfest* 出版于 Berichte ueber die Verhandlungen der Saechsischen Gesellschaft der Wissenschaften（Leipzig：B. G. Teubner），58（1906）和 70（1918）。我们更容易接触到的是 Heinrich Zimmern, *Das Babylonische Neujahrsfest*, Der Alte Orient, vol. 25, no. 3（Leipzig：J. C. Hinrichs, 1926）。

335 力，甚至贡克尔也接受了它。①

三、具有神性的王权统治和类型主义

虽然摩文科尔的仪式—功能概念是对贡克尔的形式—考证方法的明确改进，但它仍然具有同样的弱点，虽然程度较轻。固然，摩文科尔已经从文学形式的“植物学”表面深入到激发了这些形式的信仰崇拜仪式的“遗传学”深度。尽管如此，信仰崇拜仪式本身在社会秩序中有其功能，而虽然它是一项可辨识的内容，但它不是一门批判的秩序科学最终的研究对象。除非我们超出信仰崇拜仪式之外而进入到对秩序——前者是后者的一项功能——的研究中，那种植物学式分类的表面主义及其理论弱点就会在研究这些赞美诗的仪式—功能层面上重新出现。当人们对摩文科尔的假设——用耶和华的登基典礼来过以色列的新年节——的辩论持续展开时，他的观点的困难就变得显而易见了，因为这个节日之存在——这解释了为什么有这些诗篇——是从那些诗篇中推断出来的，而后者正是它应该去解释的。诉诸其他会明确证实这个节日之存在的资料来源是不能打破这种循环论证的，因为我们看不到这样的资料来源，于是这个循环论证的假设就首先成为必要条件。既然一个替代的解决办法确实可以被提供出来，正如我们前面提到的克劳斯(H. -J. Kraus)的著作最近所做的那样，那么这场辩论就有无限延续下去的倾向。要强化这种观点并打破这种循环论证，只有通过这样的理论论证：这种假设的登基典礼的节日本质上属于一个符号集，该符号集正是一种特定类型的秩序的特点，而这种类型的秩序就出现在以色

① Gunkel-Begrich, *Einleitung in die Psalmen* (Goettingen: Vandenhoeck and Ruprecht, 1933) 105，强调如下论点是无关紧要的：这样一个节日（耶和华来到他的神殿，对这位登上王位的神的赞颂）在《旧约全书》中并未得到证实，因为这一整套仪式都是从这些赞美诗中推断出来的，否则就不为人所知。上注概述了这样的节日和仪式。

列,因为在《旧约全书》中我们毫无疑问可以找到这种有特色的符号集的其他部分。

虽然无论是在一般而言的《旧约全书》研究中,还是在对《诗篇集》的特殊研究中,这个理论问题都尚未以这种方式被表述出来,但是经验上朝这个方向已经迈出了一大步,这发生在该过程的第三阶段。这种推动力又是部分来自于知识的增长(特别是通过来自于拉斯珊拉[Ras Shamra]的乌加里特材料[①]),部分来自于这个问题的逻辑(这导致我们更为细致地考察我们所讨论的这些信仰崇拜仪式的意义)。其结果是, 336
一方面,我们对近东新年节的信仰崇拜仪式的"模式"有了更好的理解;另一方面,我们认识到这种模式的意义与国王的角色,即作为古代文明中神与人的中介紧密相关。所以,最终我们从这些诗篇文献的"宗教现象"中勾描出一条线索,该线索超越了信仰崇拜仪式的"宗教现象",而到达了一个宇宙论王国的制度中心,也就是国王。[②]

在埃及和巴比伦的资料基础上,胡克(S. H. Hooke)在这种仪式的模式中区分了如下主要阶段:(a)戏剧般地表现神的死与复活;(b)复述关于创世的神话,或者用符号的形式加以表现;(c)仪式化的战斗,可以预见神将大胜其敌;(d)圣婚;(e)胜利游行,其中王扮演神的角色,其后跟随着一列地位较低的神或前来造访的神。胡克发现这个程式化的仪

① 这批乌加里特文的文学作品大概起源于公元前14世纪,但是在1929年,才在北叙利亚古乌加里特的遗址被发现。这批著作包含了许多宗教诗歌,与《旧约全书》的诗歌,特别是《诗篇》极其相似。——译注

② 要想不仅对以色列的历史,而且还有一般而言古代近东的历史作充分的理解,人们惯用的术语宗教和宗教现象仍然是严重的障碍。宗教(religion)这个词并没有出现在希伯来《圣经》中,对此怎么强调都不过分。

式隐含在新年节、加冕礼、入会仪式,甚至非经常性的仪式中。①

对于作为一种新年节的以色列人的神殿盛宴(Feast of Tabernacles),约翰逊(A. R. Johnson)区分了仪式的如下阶段:(a)光明之军的领袖耶和华大胜海水的混沌世界或原始怪兽所代表的黑暗之军;(b)耶和华被加冕为洪水之王和万神大会的统治者;(c)耶和华创世的神秘之作。约翰逊把这个节日理解为该社会群体一年一度的复兴。它构成了这出仪式戏剧中国王——也就是人民的代表——再创造性工作的背景。通过一种仪式性的战斗——其中作为人民代表的国王大胜那些已经联合起来企图毁灭人民的国王或国家,正如黑暗之军所做的那样——人民的救赎,人民战胜死亡就得到了保障。在这场战斗的过程
337 中,被指为耶和华的儿子、仆人或受膏者的国王最初遭到了羞辱。"但是这证明了对他和他对其民的救赎,因为它包含了一种对耶和华的终极依赖,这也是该社会群体作为一个整体的 SEDEK(忠诚或正当关系)所要求的。"②从经验的方面看,约翰逊在没有为一门秩序和符号形式哲学奠定新基础的情况下,对这个理论问题的澄清已经尽其所能做到最好了。③

这个研究过程从对这些赞美诗的形式—考证分析开始,到最后把具有神性的王权统治确立为最重要的关注焦点。这种研究重点的变化

① S. H. Hooke, "The Myth and Ritual Pattern of the Ancient East", in *Myth and Ritual*, ed. Hooke (London: Oxford University Press, 1933), 8. 参见同一册书中胡克的论文"Traces of the Myth and Ritual Pattern in Canaan"。胡克对这个模式的解释仍然是非常不够的,因为他认为"在人类的经验中处理不可预知的因素"是这种仪式的功能。尽管如此,他还是认识到了这种模式适应于一种社会结构,而国王是该结构的中心(4)。

② Johnson, "The Role of the King", in *The Labyrinth*, ed. Hooke, 110 ff.

③ 约翰逊在方法论上意识到他的著作的重要性,这一点最终由他对这个问题的重述表现出来,见"The Psalms", in *The Old Testament and Modern Study*, ed. Rowley, 193—95。

体现在使用这些赞美诗作为原始资料来探索王权统治的研究在数量上的显著增长，这些研究显然都想当然地认为这些赞美诗的生活场景是前放逐时期君主国的信仰崇拜仪式。我们确实可以说关于王权统治的一种新文学类型已经发展出来了，这可以由英格奈尔，本特森（Bentzen），法兰克福（Frankfort）和温登格雷恩的著作作为例证——我们仅提及主要的论文。[①] 在这个系列中具有特殊重要性的是英格奈尔的著作，因为它全面论述了那些乌加里特的材料，以及后者对于理解以色列制度的重要性。[②] 最后，当摩文科尔在他后来的著作《他来了》（*Han som kommer*，1953）中论述具有神性的王权统治时，我们感到了 338
研究重点的转换。[③]

---

① Ivan Engnell, *Studies in Divine Kingship*, vol. 1 (1943); Aage Bentzen, *Det sakrale Kongedoemme* (Copenhagen: B. Lunos bogtr., 1945). Henri Frankfort, *Kingship and the Gods* (Chicago: University of Chicago Press, 1948). Widengren, *Sakrales Koenigtum im Alten Testament und im Judentum*. Aubrey R. Johnson, *Sacral Kingship in Ancient Israel* (Cardiff: University of Wales Press, 1955)当时尚未出版。

② 参见如下章节“The Evidence of the Ras Shamra Texts”和“The Krt Text”, in Engnell, *Studies in Divine Kingship*。关于迦南宗教仪式的模式（不同于一般的近东模式），参见 Engnell, *Gamla Testamentet*, 1, 116 ff, 和118 ff。关于迦南与以色列的宗教仪式模式之间的关系，参见“Exkurs II: Ueber das israelitische Neujahrsfest”, in Widengren, *Sakrales Koenigtum*, 62—79。关于乌加里特的背景，特别是《诗篇》的乌加里特背景，参见 Albright, *Archaeology and the Religion of Israel*, 14—16。

③ 参见对于埃及、巴比伦和迦南等地具有神性的王权统治制度的概述，in Mowinckel, *Han som Kommer*, 25—44，其后是这一研究“Israels kongeideal”, 46—68。由约翰逊所强调的在新年节和王的角色之间的紧密联系得到了摩文科尔的承认，in “Psalm Criticism”, 17。

四、新观点的困难

在过去的半个世纪中,方法的迅速转变和需要消化的堆积如山的材料已经彻底地消耗了《旧约全书》的研究者和宗教历史学家们的精力,以至于他们都忽视了要奠定新的哲学基础的任务。关于以色列和希伯来《圣经》在人类精神史上的地位的种种传统概念,“宗教现象”可以与社会秩序隔离开来而单独予以论述的思想,19 世纪进化论和实证主义的残余,以及最后但绝非最不重要的一点,由 20 世纪的学者们发展出来的临时代用的各种术语学——凡此种种问题,今天已经累积到阻碍我们探求实质性问题的地步。

通过我们时代最杰出的《旧约全书》学者之一冯 · 拉德的一句偶发评论,我们可以了解这种困难的性质:冯 · 拉德宣称他自己为帝国诗篇提出的世界性要求(universal claims)而感到迷惑不解。固然,他接受用信仰崇拜仪式来解释这些诗篇,而他自己也在对《六书》形式的研究中使用了这些新方法,但是他仍然发现这种帝国类型的宇宙论符号体系在小小的犹大王国的条件下显得有些荒诞不经。① 这句评论所说明的形势必然具有负面特征,这是由一种符号形式哲学的缺失而导致的。如果帝国符号体系在实际政治中是一项统治世界的计划,那么由冯 · 拉德所提出的问题就能够证明是有道理的;而一旦认识到我们是在处理作为社会秩序源泉的宇宙秩序的经验,以及那种经验在宇宙论神话语言中的表述,那么冯 · 拉德的问题就会消解掉。在任何给定的事例中,神话的语言都是由关于秩序的经验来激发的;它与使用该语言的社会单位的大小或成功与否毫无关系。我想强调我是在描述一种形势,而不是在批评我杰出的同事冯 · 拉德。相反,他是为字面上的语言和

① Gerhard von Rad, “Erwaegungen zu den Koenigspsalmen”, *Zeitschrift fuer die alttestamentliche Wissenschaft* n. s. 17 (Berlin, 1940—1941): 216—22.

需要进一步关注的现实之间的不协调所困惑，而其他人甚至都没有提出这一问题。

不仅这种类型的问题没有被提出来，而且还发展了这样的术语学——它们用其具有批判性结论的外表遮蔽了这个问题的存在。在这 339
方面特别不幸的是对意识形态这个术语不加区别的使用，这在斯堪的那维亚学者当中很盛行，他们在说到一个宇宙论文明中国王的地位时经常这样使用该词。[①] 我们所讨论的这些学者当然不是马克思主义者；而且很有可能的是，当他们把一个由卡尔·马克思所发展出来的符号——他使用这个符号是为了与维多利亚时期的西方资产阶级文化作斗争——用在一个法老或一位犹大王身上时，他们甚至没有意识到他们在做什么。我们只有表明《旧约全书》的研究者们、宗教历史学家们和东方学学者们在突然遭遇"具有神性的王权统治"这样一个看上去像是"政治"的现象时准备不足，才能使这种奇怪之处得到解释。在政治活动中，**意识形态**作为一个术语在老于世故者的政治辩论中被频繁使用。

因此，虽然这种用法不是马克思主义渗透到《诗篇集》研究中的一个表征，但术语学上这种新习惯却不是完全无害的。首先，它是那一系列没有得到足够分析的概念的继续，关于这些概念，我们的追溯已经从类型和生活场景，经由信仰崇拜仪式，到达了具有神性的王权统治；它是又一个阻碍我们建构批判概念的语词偶像（word-fetish）。其次，它帮助掩饰了一个可疑的理论观点——我们可以在对信仰崇拜仪式的模式这个术语同样不加区分的使用背后发现这个理论观点。模式这个词指

---

① 关于这种用法的程度，参见摩文科尔 *Offersang og sangoffer* 的主题索引中与 s. v. *kungaideologi* 有关的参考文献，或者英格奈尔的 *Gamla Testamentet*, vol. I；或者最近的温登格雷恩的著作 *Sakrales Koenigtum* 中题为"Die Kroenungsorakel und die Koenigsideologie"的一节。

的是一种符号戏剧，在该剧中宇宙论文明的存在秩序周期性地恢复到与生存秩序相一致。这种符号戏剧本身，以及它在一种宇宙论秩序中周期性地重演的动机，都是很好理解的。此外，同样类型的符号体系会在每一种宇宙论秩序中重现，而且如果几种秩序在地理上相邻，那么许多这样的秩序在符号上的相似性会通过文化扩散而增加——这些都是可以理解的。最后，我们也可以理解，这种符号体系会在不确定的时间段内保持不变，如果必要的话会保持几千年，直到宇宙论经验的紧凑性经由灵魂向神的启示开启而被打破。秩序是可以理解的，而其可以为人所理解的意义也可以通过适当的语言进行传递交流，正如我们在此时此刻所做的那样。但是，“模式主义”的语言不能触及秩序的意义。
340 它把符号可以为人所理解的、实质上始终不变的性质转变成为不可理解的、“早期文明”中信仰崇拜仪式的模式在现象上的稳定性。通过使用这个未加分析的，因而在实质上是不可理解的术语——意识形态——“模式主义”的这种效应被强化了。由于这些偶像语词把我们能够理解的、将经验符号化为呆板模式的过程现象化了，它们就暴露了自己的起源是一种进化论的历史哲学的残余。

当我们对“现象”的描述超越了种种原始文化和宇宙论文明而到达被选民族在神之下的真正历史形式中的生存时，结果就变得触目惊心。例如，像彼得森的《以色列》那样的研究，它运用了极其丰富的可比较的史料，与它令人遗憾的历史干瘪同样让读者印象深刻。固然，由于以色列人“想立一个王，像列国一样”这个有说服力的理由，宇宙论文明的“信仰崇拜仪式的模式”也能在以色列发现。由于王是宇宙和社会秩序之间的符号化中介，而且无论“意识形态”存在与否，他都可能不是我们可以拥有的一个统治者，所以他在以色列的出现就伴随着宇宙论符号的出现，这些符号与秩序的仲裁和恢复有关。尽管如此，是以色列想要立一个王；它的历史生存形式虽然受到严重影响，但是还没有被这种宇宙论的混合形式所消除。因此，近期文献强调“具有神性的王权统治”、

"意识形态"和"信仰崇拜仪式的模式"等概念给我们留下了这样令人不安的印象：这不仅仅是暂时忽视了真正独特的、以色列在上帝面前的生存问题，这种忽视似乎源于——至少部分如此——对以色列秩序的一种真正曲解，而这是它缺乏足够的哲学洞察力的结果。

五、对神话化的抵制

由斯堪的那维亚学者们的著作所引起的这种不安情绪多半不是源于将会遭到历史学家批评的确凿误读，或源于将会冒犯神学家的异端邪说，或源于将会招致哲学家反对的理论命题，正如缺乏基本原理的清晰性就会招致他们的反对那样。强调《旧约全书》的神话因素，如果不加适当的限制，就会让人怀疑——就我所知，但未经证实——对于《圣经》和基督教的极端神话化是有意为之。这些怀疑由于那些夸张的和 341
理论上不严谨的公式化表述——如果其作者清楚这些表述的含义，那他一定会急忙收回这些话——而得到进一步滋长。[1] 近年来，这种不安的情绪已经发展为批评地抵制。特别是德国学者已经试图确定神话因素流入《旧约全书》的确切程度，并且力图更加清晰地阐明在以色列历史形式的范围内，这些神话因素经历了怎样的意义变迁。现在，这种抵制的局面对于科学研究的状况来说具有重要意义，因为这些德国学者的著作也像他们的斯堪的那维亚讲英语的同行的著作一样，受到哲学基础不足的妨害。我们将论述以色列的"具有神性的王权统治"问题中的一个决定性要点，以此作为例子加以说明。

德国学者抵制对《旧约全书》，以及更进一步，对基督教的神话化

---

① Kraus, *Die Koenigsherrschaft Gottes im Alten Testament*, 145 n 1, 集中了后来本特森的 *Messias. Moses redivivus*。*Menschensohn* 里的一些段落确实让人吃惊。但是我对克劳斯的如下意见持保留态度，他认为这样的命题"意味着一场严重的神学危机"。这场特殊的"危机"似乎通过在相关的理论问题上动脑筋就可以得到克服。

(Mythisierung)。尽管他们接受王者诗篇属于君主国的信仰崇拜仪式——虽然关于登基典礼颂歌是否是后放逐时期所作仍存争论——但他们提出了这样的问题:当具有神性的王权统治的符号体系进入历史形式的影响范围时,它是否仍然保持了原来的意义?

要以否定的方式回答这个问题,必须首先表明在以色列的信仰崇拜仪式中确实存在一个历史形式的影响范围;在君主国的信仰崇拜仪式中宇宙论的符号体系并非如斯堪的那维亚学者们所强调的那样普遍;而是另一种特定的以色列信仰崇拜仪式主宰了这一秩序。冯·拉德的研究确实证明这样一种信仰崇拜仪式存在的可能性很大,他表明西奈山的几个章节(《出埃及记》第十九章至第二十四章)具有信仰崇拜传说的特征,而且他还表明它的形式被用于《申命记》的建构。① 此外,人们发现《诗篇》第五十篇和第八十一篇中包含了这样的元素(耶
342 和华在西奈山显现,宣告摩西十诫)——如果我们假设存在一种"圣约节",过节时这种类型的赞美诗具有一种仪式的功能,那么这些元素就能得到最好的解释。② 这样,冯·拉德就利用摩文科尔的仪式—功能方法表明,不仅在对宇宙秩序、神和王的仪式性再造中存在一种信仰崇拜仪式,而且在西奈启示的背景中也存在一种信仰崇拜仪式。

在表明两种符号形式确实共存于被选民族的秩序中之后,这种思维景象通向了迄今尚未得到足够重视的一整块问题领域。冯·拉德已经率先表明一个独特的历史事件,例如以色列在西奈山经由耶和华及

① Von Rad, *Das Formgeschichtliche Problem des Hexateuchs* 以及 *Deuteronomium-Studien*, Forschungen zur Religion und Literatur des Alten und Neuen Testamentes, N. F. XL (Goettingen, 1947)。摩文科尔早已注意到这种类型的宗教仪式问题的存在,见他的 *Le Décalogue*, 特别是第 129 页。

② Von Rad, *Das Formgeschichtliche Problem des Hexateuchs*, 19 ff.

其仆人摩西而得以建立,当它在这个民族的秩序中给人以深刻印象时,就不一定非要通过口述传统或书面叙事而保留在记忆领域中,而是可以在一个信仰崇拜仪式中得到仪式性的更新,这种方式与周边帝国的宇宙论秩序所采取的方式相同。① 较早的符号体系并未随着宇宙论的秩序形式一同消失,至少它的一部分元素在历史形式中又被重新发现,虽然它们的意义背景现在是由新近分殊化的组织中心——也就是神的启示——来加以确定的。② 此外,正如当前的事例所表明的那样,各种不同的形式因素之间的关系不能被化约为一个简单的公式。③ 因为首先,圣约的历史符号进入了仪式上得到更新的宇宙论形式之中,其含义未被损害;然而第二,这一历史事件的传统是以一种信仰崇拜传说的形式来表达的,这种方式使我们永远无法根据实际历史来重构事件的进 343
程;而且第三,这种吸收了历史事件的信仰崇拜传说形式被用于组织一

① 这个观点在 Kraus, *Gottesdienst in Israel*, 55 及以下得到了精心构建,虽然其含义未被完全理解。

② 克劳斯在 *Die Koenigsherrschaft Gottes im Alten Testament*, 70 注释 1 中已经注意到这一观点:"我们的任务不是从近东的神话来解释《旧约全书》,而是从其本身来解释,虽然我们会对外来神话保有适当的尊重。"这使得下述问题成为开放性的:"《旧约全书》本身"究竟是什么? 克劳斯对"《旧约全书》的圣约民族中发生的那些先知的—历史的事件"的提及指明了正确的方向,但是适于这个任务的概念建构很难说已经开始了。克劳斯本人坚持认为(145 及以下):"无论如何《旧约全书》的历史概念现在必须得到澄清。关于 *Offenbarungsgeschichte* 和 *Heilsgeschichte* 的保守神学教学(theologoumena)对于神学来说毫无用处,除非我们明确界定这些概念的含义。"我们同意他的如下观点:今天需要对这个神学研讨会的范畴——它们源于奥古斯丁的神圣历史(historia sacra)的概念——作相当程度的提炼以便迎合一种理论上远为复杂的局面的要求。

③ 摩文科尔使用的是历史神话(historical myth)这一术语;克劳斯更偏爱使用神话历史(mythical history)。

篇文学作品，例如《申命记》，这提出了非常难的、关于它本身的形式问题。①

虽然力图澄清以色列形式的组织中心取得了成功并且导致了重要的结果，但是目前直接着手解决“具有神性的王权统治”问题的努力还没能克服我们刚刚指出的那些困难。②

首先，大卫的王权统治中以色列的构成元素必须得到清晰的界定。正如我们所看到的那样，这种王权统治是通过约的符号的扩张——其目的在于经由耶和华与大卫所立的一个特殊之约（简称为大卫圣约以便与西奈圣约相区分）而使这个王朝变得合法化——而被建立在耶和华的传统之中的。而且，这种扩张并非无关紧要的思想建构，而是采取了经由先知拿单所传达的耶和华的话（dabar）的形式。在这里我们看到了大卫的王权统治中真正的以色列构成元素的核心：根据耶和华所启示的意志经由一位先知所建立的制度。通过对这个核心的强调，以色列形式的中心再次跃上前台——而此前在斯堪的那维亚学者们对“具有神性的王权统治”的论述中它本已退回后台。

随着王权统治的先知制度得到稳固，我们就可以着手解决问题了。耶路撒冷的王权统治作为东方符号体系的切入点，以及这种切

① 德国学者力图对这种特殊的以色列形式作出一种更具批判性的理解。为了描述这个问题的状况，我们已经从其众多成果中挑选了一个作为例子。事实上，他们的努力范围相当广阔。我们必须特别提到阿尔特的著作，他为数众多的著作现在大部分都可以更加容易为我们所获得，见 Alt, *Kleine Schriften zur Geschichte des Volkes Israel* 。“Die Urspruenge des Israelitischen Rechts”（1934），“Die Wallfahrt von Sichem nach Bethel”（1938），以及“Gedanken Ueber das Koenigtum Jahwes”（1945）与当前的问题有特殊的联系。Martin Noth，“Gott，Koenig，Volk im Alten Testament：Eine methodologische Auseinandersetzung mit einer gegenwaertigen Forschungsrichtung”，*Zeischrift fuer Theologie und Kirche*（1950），我无法找到。

② 主要的专著是 Kraus，*Die Koenigsherrschaft Gottes im Alten Testament* 。

入的宏大规模都得到了承认。[1] 现在的问题是“在多大程度上这些神话元素从属于王国信仰崇拜仪式的主叙事，或者在多大程度上它们以神话的形式把自身保持为构成元素”——对于这个问题，我们将以支持第一种选择作为回答。[2] 阿尔特发现我们很难相信“假定 344
是普遍的、东方的具有神性的王权统治”会被以色列的秩序所接受，除非它已经在相当大程度上被改造了（umgebildet），从而变得能够接受对耶和华的严格服从，确切地说是能够接受大卫家诸王对耶和华的严格服从。[3] 克劳斯提到了“东方的王权统治的意识形态”突然切入“大卫王国的各种传统之中”；他计划表明“由《撒母耳记下》第七章中先知的话所基本确定的大卫的传统，虽然承认东方的王权统治的意识形态等外来因素，但无论如何不允许它们以其神话本质的形式（mythologische Wesensgestalt）继续存在”。[4] 他认为尤其不可能的是，一种巴比伦形式的登基典礼节可以成为那些“外来因素”的一部分，因为这样一个节日将会“从根本上改变以色列的整个信仰（Glauben）和思想”。只有害处较小的元素才能被接受；而且就是这些元素，也像作为神之子的国王这个符号一样，“被深刻地重塑”（tiefgehend umgepraegt）”。[5] 因此，关于登基典礼颂歌，克劳斯回到了贡克尔对于它们的年代断定，并且宣称它们的生活场景是后放逐时期的一个节日，该节日是为了庆祝耶和华从巴比伦回到锡

---

① *Die Koenigsherrschaft Gottes im Alten Testament*, 67; Kraus, *Gottesdienst in Israel*, 77.

② Kraus, *Gottesdienst in Israel*, 77.

③ Alt, “Das Koenigtum in den Reichen Israel und Juda”, 18.

④ Kraus, *Die Koenigsherrschaft Gottes im Alten Testament*, 67.

⑤ 同上。

安山。①

我们以直接引语的方式列出了这些有计划的表述的一部分，目的是表明困难的根源：这些段落充斥着未加分析的概念和普遍不具有批判性的专业词汇，这使得我们不可能着手处理《撒母耳记下》第七章拿单的预言中不同种类的符号之间的关系问题。我们还记得大卫的王权统治是经由拿单所传达的耶和华的一段话而建立的，这段话宣布这位国王将成为神的儿子。那个事件是以色列的历史形式与近东宇宙论形式的交汇点，因为这位先知通过耶和华的话来赋予大卫王朝合法性，而
345 在这个场合耶和华所说的话却碰巧是埃及的加冕礼上的一句惯用语。这两种形式因素（对于这两种因素我们目前应该不偏不倚）的并置被如下事实进一步复杂化了，那就是在出埃及的时候，耶和华曾经宣布以色列是他的长子，反对法老具有神子的身份。因此，宣布大卫为神的儿子不仅引入了埃及的符号体系，而且影响了以色列的神子身份。我们不可避免地要提出一些问题：以色列已经不再是神的儿子了吗？或者一种法老类型的秩序已经通过新的天意被强加到以色列身上了吗？又或者君主国可能是一个蒸馏器，通过它以色列人将被改造成为适于与耶和华建立新圣约的遗民？在本项研究进一步展开时，这样的问题将会困扰着我们。眼下我们提出这些问题只是为了表明以色列的历史——而不是《旧约全书》的文本——才是这些问题植根的领域。

“对神话元素的改造”，或至少是对它们的“基本形式”的改造，不是

---

① 这是克劳斯关于 *Koenigsherrschaft Gottes* 的研究的重任。克劳斯企图在登基典礼颂歌中发现第二以赛亚的影响，从而证明它们的年代是后放逐时期，这种努力由于约翰逊所提出的原因似乎已经失败了，后者的“The Psalms”, in *Old Testament and Modern Study*, ed. Rowley, 193 ff，反对由 N. H. Snaith, *Studies in the Psalter* (London: Epworth Press, 1934) 以及 *The Jewish New Year Festival* (London: Society for Promoting Christian Knowledge, 1947) 早先所做出的相似的努力。

一个文献层面上的问题。拿单的预言或那些赞美诗引起了棘手的问题正是因为它们包含了未加任何改造的神话元素。因此,对于克劳斯力图通过文本解读来解决这个问题的努力收效甚微,我们不应感到惊讶。关于那些以耶和华为其父的“儿子”的符号(《诗篇》第二篇第七节)——就像法老以太阳神为其父一样——他只能据理力争说这样的“概念在自然的或神话的意义上很难理解”。一旦它们被放到以色列的背景下,它们就“充分表达了”国王的先知制度;它们甚至“指向耶和华话语的创造性行为”。[1]够了。这种文本解读并没有使我们超越这种保证,即当神话符号出现在《旧约全书》当中时,它们就不再具有原来的含义了。

为了打破这个僵局,我们必须放弃所有调和文本的努力。历史符号和宇宙论符号必须都根据它们的表面价值而被接受,它们都要被当作是对相应的秩序经验的表达;结果是,我们必须承认,大卫帝国以及后继的以色列和犹大王国都建立在相互冲突的秩序经验的基础上。这 346
样一种混合的秩序究竟是如何起作用的,不是一套符号“服从”另一套符号的问题——这种服从要仰赖当代《旧约全书》学者们的解释功夫——而是相互冲突的经验在公元前10至6世纪的以色列社会中如何平衡的问题。如果我们想要知道行动的动机——它们源于相互冲突的经验,后者的共存通过那些符号得到了决定性的证明——是否保持了很好的平衡使秩序仍能维持稳定,我们就必须考察以色列的历史。只有个体或群体的行动才能表明这些经验的相对效力,以及这些符号相应的活力或实质性的损失。

没有必要为了发现这种冲突的线索而进行深入的研究。例如,在公元前9世纪,当北王国宇宙论形式的王权统治威胁要在信仰崇拜仪式中最终优先于耶和华崇拜时,先知们反抗暗利王朝的行动就显示了

---

① Kraus, *Die Koenigsherrschaft Gottes im Alten Testament*, 69 ff.

历史形式的力量。就犹大王国而言,大卫圣约与西奈圣约在王国的存续期间始终相互冲突,一波又一波的改革运动不断重申古老神权政体的基础是西奈圣约,以反对王权统治的支配地位。在“具有神性的王权统治”与西奈传统之间的紧张只有随着王权统治本身的覆灭才宣告结束。那时,从这种冲突中已经浮现出一种新型秩序的迹象,包括遗民的先知符号,新圣约以及耶和华的弥赛亚。这种性质的冲突在以色列的历史中很难被忽视,而且它们当然也逃不过那些德国学者的注意。相反,德国学者在对这些冲突的探究中做出了卓越的贡献。① 尽管如此,人们尚未看到这里就潜藏着问题的答案,而这个问题拒绝在文学批评的层面上进行处理。

六、结　论

关于这各种各样的问题,我们自己的观点在它们出现的时候就已
347 经暗示过了。现在我们应该通过回顾文森科(Wensinck)就宇宙论符号体系这一主题所作的早期研究,来把这些分散的评论集中起来。② 文森科已经注意到每一个新年都是创世的纪念和重复。秩序不是事物的一种永恒状态,而是从混沌到合一的转换。一旦被创造出来,秩序就要求人们关注它不稳定的生存,否则它就崩解而陷入混乱。恢复秩序的所有方面的那些信仰崇拜仪式集中在新年节,这些方面包括:在创世主的统治下的世界秩序;植物生长的循环更新;神殿的建立和修复;国王的

---

① 参见 Leonard Rost, “Sinaibund und Davidsbund”, *Theologische Literaturzeitung* 72 (Leipzig, 1947)。关于犹大王国的改革浪潮,见 Kraus, *Gottesdienst in Israel*, 70 ff, 82, 90。特别重要的是冯 · 拉德的 *Deuteronomium-Studien*, 它揭示了那些非耶路撒冷的、拥有土地的绅士是申命改革(Deuteronomic reform)背后的社会力量(43)。

② A. J. Wensinck, “The Semitic New Year and the Origin of Eschatology”, *Acta Orientalia* I (Leiden, 1923): 158—99.

加冕礼以及他构建秩序的权力的周期性恢复。从混沌到合一转换的戏剧——它从植物生长的循环中汲取了它的主要符号——因此是这样一种形式,它可以适用于我们所讨论的任何一种秩序问题。作为它在《旧约全书》中应用的主要事例,文森科列举了创世的故事,出埃及和过红海,在旷野中漂泊和征服迦南地,遭受巴比伦人奴役和从放逐地返回,先知对于世界毁灭及其经由耶和华而得到复新的预见。更为微妙的是,他发现这种形式按照对世界末日和天国享福(blessedness)之预言的顺序被应用于先知们的作品中,此外还应用到那些遭受苦难的神仆(Suffering Servant)身上,他们最终战胜了羞辱,取得了成功。最后,先知们对于这种形式的应用促使文森科得出这样一个定义:"末世论实际上是应用于未来的宇宙论。"

虽然文森科的表述经常是不确切的,但是他的见识令人钦佩。从他的研究中我们可以收获这样不朽的洞见:宇宙论帝国和以色列的符号形式并不是相互排斥的。虽然每一种伟大的形式都有其自身之经验的组织中心,但是这些形式都是一个连续谱的部分,因为在历史进程中,根据紧凑性和分殊化的标准来衡量,人们所体验到的存在秩序和生存秩序的同一性把这些形式联系在一起。这种宇宙论的形式既不会由于符号化的组织中心转换到关于神对人的启示的经验而变得毫无意义,被选民族的历史也不会随着基督耶稣的到来而变得毫无意义。举例来说,作为在宇宙论文明的范围内发展出来的符号元素之一,仪式化 348
的秩序更新贯穿了人类历史始终——从巴比伦的新年节开始,经过约西亚对圣约的更新和基督耶稣之牺牲的圣礼更新,直到马基雅维里向基本原则的复归(ritornar ai principij)——这是因为从存在的秩序上堕落,然后再向它回归是人类生存的一个基本问题。一旦对于一种秩序经验的充分表达在宇宙论形式的范围内被发展出来,在神的启示变成符号形式的组织中心时,它也不会从历史中消失。因为在所创造的历史形式的范围内,我们必须区分更为直接地受到启示影响的经验领域,和比前者大得多的、仍相对未受影响的领域。神和人之间的关系要求有新的符号来对其进行充分的表达，例如 dabar（耶和华的话），nabi（揭示神的话语的人），berith（圣约），da'ath（神的知识）等等。但是在世界上生存的种种条件——比如天体和植物生长的循环，生与死，生殖的规律，为了维持生命而工作，政府组织的必要性——仍然一如其旧，不需要新的符号化。因此，宇宙论符号体系的很大一部分就被历史形式所接受，虽然这种不加改造的传承易于在新的符号形式中制造紧张。我们已经在西奈圣约和大卫圣约之间的紧张中注意到这种类型的冲突。

根据这些观察，相较于对赞美诗的辩论带给我们的诸多困惑，"东方神话"突然切入"以色列的秩序"看上去就更容易理解和更少令人感到困扰。我们必须意识到，我们所简称的"以色列的秩序"是一个社会的历史，这历史是由一个民族认同的核心和西奈启示的塑造力凝聚而成的。现在，在其历史进程中，那个社会的秩序已经经历了引人注目的变化。它最初是由西奈圣约创造出来的。这个约在秩序的方面有些非同寻常，因为它规定了神与人之间的正当关系，以及被选民族各个成员之间的关系，但是没有为一个政府组织——它将会为这个民族在实际历史的权力领域中生存提供保障——预作任何安排。这个空白现在被
349 非利士战争之后，大卫的征服而建立的组织所填补。因为源于这个圣约中心的符号体系未曾超出我们刚刚指明的范围，所以宇宙论符号体系就涌入了圣约所留下的真空地带。

我们一定不能用源自西奈圣约的、一种真正的以色列秩序的语言，以及随着大卫的王权统治而进来的外来元素的语言，掩盖由这个圣约所留下的真空地带的问题。因为这样一种显著的区分——可能是受到神学的或"宗教的"顾虑所激发——意味着这个圣约为一个社会提供了完整的秩序。在世界上生存所需的诸多条件——它们在这个圣约秩序中实际上是遭到极度漠视的——于是将会被看作现实的种种因素，它们以某种方式被改变，从而使圣约（而且只有圣约，别无他物）之下的一

个社会的生存变得具有历史可能性。但是，如果我们接纳这种观点，我们就把先知关于一个和平国度中新人类的幻想变成了我们解释的前提假定。而批判的秩序与历史的哲学不允许我们那样做。

因此，我们在讨论这些赞美诗的时候所依据的就不应该是“东方”元素侵入以色列的现存秩序的观点，而是这样一种观点——一种秩序，因为在启示的秩序中没有为其存在所需的条件留下位置而即将停止存在，由于种种政府制度的建立而得以完善。这些制度是由大卫帝国提供的，结果是，它们的符号体系与圣约一样都是“以色列”完整秩序的一部分。因此，我们可以谈及“帝国符号体系”以及“帝国诗篇”，因为前者可以在后者中被发现。这种术语学必须优先于诸如源于文学批评的“王者诗篇”这样的范畴。所有其他的问题，尽管其本身也非常重要，但是会被认为次于这些符号在以色列秩序的帝国部分所具有的功能。例如，帝国和王权统治的符号体系在本质上是宇宙论的——这个事实必须被当作理所当然之事为我们所接受，因为拥有一个像列邦一样的王是对圣约秩序的补充，这个补充不仅是以色列人想要的，而且也是其为了生存而亟需的。关于埃及、巴比伦和乌加里特有类似情况的问题就不是那么重要了，因为这个符号体系不是起源于文献，而是起源于帝国在世界上生存所遭遇的紧急事件。登基典礼颂歌是否真的在君主国的 350
信仰崇拜仪式中发挥了作用，这个备受争议的问题变得不那么迫在眉睫是因为一个符号的分支基本不会影响这个问题的基本原则。我们的假定是帝国的符号源于帝国的秩序，除非各种资料来源清晰地指向他处。因此，下面从这些赞美诗中所选择的具有代表性的例子就可以比较简短。它们只需表明宇宙论的符号体系出现在以色列的秩序之中，以便为我们研究后来的冲突作好准备。

以色列所固有的这些帝国符号体系的问题在西奈秩序与大卫的王权统治融合**之后**才开始出现。一方面，这些符号施加了其宇宙论之紧凑性的压力，从而使以色列变成一个更加接近于列邦的国家。另一方面,西奈启示的中心施加了压力来分殊这些符号的紧凑意义,以便它们能够符合历史形式。在结论中我们必须思考这种形式的分殊力,因为它强烈影响了这些赞美诗的意义。登基典礼颂歌的篇首语,the Yahweh malak,将会阐明这个问题。

The Yahweh malak(例如《诗篇》第九十三篇)在詹姆斯王版本的《圣经》中被翻译为“耶和华作王”(The Loard reigneth)——这个翻译并不错。尽管如此,对于君主国时期参加耶和华的加冕仪式的信徒而言,这句话最初的含义必须被翻译为“耶和华已然成王”。但是,没有人可以说,在何种程度上这句完成时态的短语对于仪式的参加者来说具有以下分殊化的含义,即在对他的宇宙统治的仪式化更新中,“耶和华已然成王”,因为“耶和华”永远“是王”。这些符号确实是紧凑的,因为它们具有一种神的力量的含义,这种力量既永远处于世界之外,又通过兴衰成败的循环而在世界之内。而且,这种永恒的统治不能只是从其紧凑的含义中分殊出来,而是要从中整体剥离出来。詹姆斯王版本《圣经》的普通读者几乎不可能听过关于这些诗篇的“仪式—功能的概念”,而且有幸不知道 the Yahweh malak 最初在信仰崇拜仪式上的含义。最后,没有人可以有把握地说,在以色列历史的哪个转折点上,在神对其
351 选民的现时统治的意义上,对耶和华已然成王这句话,在遭受了犹大历史的种种不幸的吟唱者口里开始尝到苦涩的味道,并且从绝望之中唤起了这样的希望——总有一天耶和华将在一个完美的和平国度里真正成为他的民的王。在那个转折点上,宇宙论意义上的耶和华统治的仪式化更新开始转变为一种末世论的希望,希望在世界末日秩序得到恢复,并且永远不需要更新。

文森科将他所认为的宇宙论与末世论之间的联系作了这样的公式化表述:末世论是“关于未来的宇宙进化论”。[1]摩文科尔把这种联系当

① *Acta Orientalia*, 170. 参见之前所引用的公式化表述,同本书,198。

作他的《〈诗篇〉研究》第二卷的主题，这一卷的副标题是“耶和华的登基典礼节与末世论的起源”。他以下述两个命题来概述他的研究结果：(1)末世论的内容源于信仰崇拜仪式的登基典礼节；以及(2)通过滑向一个不确定的未来（此未来最初是一年一度的耶和华登基典礼的直接后果——这种后果是在这一年期间逐步实现的），末世论得到进一步发展。[1] 神的国度，最初是一种需要年年更新的仪式化的展现，最后变成了一种末世论的、在世界末日实现的神的国度。[2] 虽然文森科看到了这种联系，但是他却没有触及这个问题：为什么人们应当“把宇宙论应用于未来”并因而产生了末世论。摩文科尔向前更进一步，描述了这些宇宙论符号的“历史化”究竟是什么，但是他没有探究这个问题：为什么神话只在以色列而没有在其他地方被历史化。[3] 最后，冯·拉德以他对于问题的一贯正确的敏感告诫我们要警惕关于“历史化”的语言，因为历史是以色列的一个基本构成要素。[4] 现在我们可以把这个问题表述为：当这些符号进入以色列的历史形式中时，暗含在这些紧凑的符号中的意义逐渐展开。当超越的神启已经变成了关于秩序和符号化的经验的中心，这些紧凑的符号的超越含义就得到释放；相应地，这些符号中的意义含量也逐渐减少，直到秩序每隔一段时间的仪式化更新变成它最 352
终将得到永久恢复的先兆。

第六节　帝国符号体系

帝国秩序的符号体系是耶和华的符号与宇宙论符号的结合，而这

① Mowinckel, *Psalmenstudien*, 2: 226.

② 关于宗教仪式所展现的神的国度，同上，213。

③ 同上，214。

④ Von Rad, *Das Formgeschichtliche Problem des Hexateuchs*, 20.

两者都是从迦南的环境中,以及周边的帝国秩序中提取出来的。关于以色列的帝国制度、礼拜仪式和加冕礼的主要来源,学者的观点随着对周边文明——从巴比伦和埃及到乌加里特文明——的知识的日益增长而不断变化。最近,格雷(Gray)已经对可以理解的,对于乌加里特资料来源的巨大热情发出了警告:“假定希伯来的王权统治是在一个迦南的原型基础上塑造的,这太过随意了。”①因为迦南的王权统治长期以来被简化为由雇佣军的指挥官来统治,这个过程甚至在亚马拿信札中都清晰可见;王室人员大部分是从一个非闪族的军人阶级中招募的。② 以色列的王权统治在从扫罗到大卫的转换之中开始存在,根据这个过程,迦南的王权统治——与启人深思的各种以色列制度相去甚远——本身也将变得更容易理解。③ 阿尔特断然宣称埃及的传统似乎是大卫王朝的帝国要求的主要来源,特别是在所罗门时期。④

为了在不断变换的观点中找到我们自己的理解,我们应该区分两种不同的资料来源:文献上的和经验上的。就文献出处而言,由于我们在前一节所阐明的原因,来源问题在当前的上下文中不是很重要。但是,与周边符号体系的亲缘关系变得重要起来,因为它们显示了与某种周边秩序——该秩序的符号得到了采纳——的一种经验上的关系,无论这种关系是妥协的关系、竞争的关系还是对抗的关系。在本章第四节“大卫与耶路撒冷”中,我们已经研究了耶和华崇拜与耶布斯人的符

---

① John Gray, “Canaanite Kingship in Theory and Practice”, *Vetus Testamentum* 2 (1952): 219.

② *Vetus Testamentum* ,218。

③ 同上,220。

④ Alt, “Das Koenigtum in den Reichen Israel und Juda”, *Vetus Testamentum*, 18ff. 克劳斯在 *Gottesdienst in Israel*, 72 n 125 和 77 n 134 中也提出了同样的观点,为耶路撒冷的耶布斯元素留出余地。

号体系之间的妥协关系。在本节中，我们将从对埃及符号的接受开始，
因为它们显示了一种对埃及秩序的效仿。正如我们在第五节所提示的 353
那样，这种关系特别重要，因为它与摩西对埃及的反对不符。

我们已经说过王权统治的先知制度是耶和华符号与宇宙论符号的融汇点。在《撒母耳记下》第七章关于拿单的一段插曲中，耶和华向大卫应许（第七章第十二节至第十六节）：

你寿数满足，
与你列祖同睡的时候，
我必使你的后裔接续你的位，
我也必坚定他的国……

我要作他的父，
他要作我的子……
你的家和你的国，必在我面前永远坚立。
你的国位也必坚定，直到永远。

“我要作他的父，他要作我的子”这一惯用的表述——其后就是对永久统治的承诺——与金字塔文本 1a—b 和 4a—b 相呼应：

这就是我的儿子，我的长子……
这就是我心爱的，对于他我已心满意足。

以及：

这就是我心爱的，我的儿子；

> 我已经把全地都给了他，他可以像哈拉克赫提一样有力地统治它们。①

虽然根据拿单的传统，这种王权统治是通过“耶和华的话”建立起来的，但是毫无疑问它是在埃及模型的基础上设想出来的。

就犹大诸王而言，这种符号体系在对待周边的敌人时，不可能不引
354 起一种帝国的优越感。这种帝国意识在《诗篇》第二篇的诗节中得到了
很好的表达。第一诗节就对竟然有人胆敢对帝国采取敌对态度表示
讶异：

> 外邦为什么争闹？
> 万民为什么谋算虚妄的事？
> 世上的君王一齐起来，
> 臣宰一同商议，
> 要敌挡耶和华并他的弥赛亚②，
> 说：“我们要挣开他们的捆绑，
> 脱去他们的绳索。”

这种煽动叛乱的咆哮和图谋都是徒劳的。因为，正如第二诗节所

---

① 这里所引用的金字塔文本在当前的上下文中是重要的，此外它对于摩西与埃及符号体系的关系来说也是重要的，后者我们将在第十二章第二节第一小节予以论述。由于塞思在 *Uebersetzung und Kommentar zu den altaegyptischen Pyramidentexten* 中的翻译仅仅从 Spreuch 213 开始，而墨瑟的英译又遭到了严重怀疑，我已经请一位埃及古物学者确认了墨瑟对于这些特定例子的翻译的正确性。我要对在慕尼黑召开的埃及学研讨会上赫克尔博士对我的帮助表示感谢。

② 沃格林的英文原文是弥赛亚，而作者所参照的中英文对照版《圣经》，此处的英文为“his anointed”，相应的中译为“他的受膏者”。——译注

解释的那样：

那坐在天上的必发笑；
主必嗤笑他们。
那时他要在怒中责备他们，
在烈怒中惊吓他们，
说："我已立我的君
在锡安我的圣山了。"

随后在第三诗节，王本人告诉我们他的自信来源何处：

受膏者说："我要传圣旨。
耶和华曾对我说：'你是我的儿子，
我今日生你。
你求我，我就将列国赐你为基业，
将地极赐你为田产。
你必用铁杖打破他们。
你必将他们如同窑匠的瓦器摔碎。'"

引号中的文字可能保存了用于大卫王朝时期的一篇加冕礼典礼文的文本。在即位之日，国王被耶和华接纳为他的儿子。神在那个场合所许下的承诺就像埃及的太阳神对他的儿子法老所应许的一样广大无边。而且，这个加冕礼只是执行了"圣旨"，也就是神的宇宙秩序。因此，第四诗节可以充分告诫那些有勇无谋的统治者：

现在，你们君王应当省悟。
你们世上的审判官该受管教。

当存畏惧侍奉耶和华，
又当存战兢而吻其足。
恐怕他发怒，
你们便在道中灭亡，
355 因为他的怒气快要发作。①

耶和华不再是以色列的神，而是具有神性的世界统治者，他通过他的儿子——来自大卫家的王——在人类中建立了秩序。在这个角色上，作为荣耀的王，耶和华出现在《诗篇》第二十四篇第七节至第十节的交互轮唱的典礼文中，该文可能是在一个新年节上使用的，当时约柜重新进入神殿，从而恢复了耶和华对世界的统治：

众城门哪，你们要抬起头来！
永久的门户，你们要被举起！
那荣耀的王将要进来。

"荣耀的王是谁呢？"
"就是有力有能的耶和华，
在战场上有能的耶和华。"

众城门哪，你们要抬起头来！

---

① 沃格林此处的英文原文与译者所参照的中英文对照版《圣经》的英文在内容上有部分出入。沃格林的英文是"kiss his feet with trembling, lest he be angry and ye perish in the way"，译者所参照的《圣经》英文是："Serve the LORD with fear, with trembling kiss his feet, or he will be angry, and you will perish in the way"，但中译是"又当存战兢而快乐。当以嘴亲子，恐怕他发怒，你们便在道中灭亡"，这与詹姆斯王译本的英译相同。——译注

永久的门户，你们要被举起！
那荣耀的王将要进来。

“荣耀的王是谁呢？”
“万军之耶和华，
他是荣耀的王！”

其他诗篇强调这位世界统治者的正义而不是他的荣耀，正如《诗篇》第九十七篇第一节至第二节所做的那样：

耶和华作王。愿地快乐……
公义和公平是他宝座的根基。

《诗篇》第九十九篇解释了耶和华的世界统治与通过国王而实现的俗世正义制度之间的类比：①

耶和华作王，万民当战抖。
他坐在二基路伯上，地当动摇……

王有能力，喜爱公平，坚立公正，
在雅各中施行公平和公义。

耶和华已经采取了一种新形式，即一个宇宙论帝国的神。在这个角色上，他把从埃及到巴比伦的宇宙论符号体系的元素吸收到自己身

① 在《诗篇》第九十九篇中，耶和华与国王之间的类比被另外的内容所掩盖，其所采取的方式是，这一类比的第二项，即国王，也可以被解释为就是指耶和华。

上。例如,《诗篇》第九十三篇把他描述成为一个坚定有序的世界的统 356
治者:

耶和华作王,
他以威严为衣穿上。
耶和华以能力为衣,以能力束腰。
世界就坚定,不得动摇。
你的宝座从太初立定。
你从亘古就有。

但是在此世——此世是从旧世界中建立起来的,并将永远存在——我们仍然能够听到混乱之中诸水的咆哮,而秩序正是从这种混乱之中努力取得的:

耶和华啊,大水扬起,
大水发声,波浪澎湃。
耶和华在高处大有能力,
胜过诸水的响声,洋海的大浪。

在与混乱的诸水斗争中,耶和华以胜利的姿态出现;在仪式上得到再造的大地向造物主唱起了它新的欢乐之歌,正如《诗篇》第九十六篇所描述的那样:

你们要向耶和华唱新歌,
全地都要向耶和华歌唱。
要向耶和华歌唱,称颂他的名。

在这首赞美诗中，耶和华被描述为众神之上最高的神和诸天的创造者：

因耶和华为大，当受极大的赞美，
他在万神之上，当受敬畏。
外邦的神都属虚无，
惟独耶和华创造诸天。
有尊荣和威严在他面前，
有能力与华美在他圣所。

虽然除了极个别情况以外，我们已经不可能给这些单独的诗篇确定确切的年代，但是这个一般的假设仍将会被证明是正当的，那就是耶和华作为帝王的时期是对于周边帝国文明的赞美诗文献高度接受的时期。这些外来影响的结果有时是非同寻常的。例如，《诗篇》第十九篇改编了一篇巴比伦的赞美诗以迎合太阳神沙玛什（第十九篇第一节至第六节），并且把它与一篇真正的以色列人对律法的颂歌（第十九篇第七节至第十节）结合起来，从而使这篇综合之作赞美神既在宇宙中显现，又在律法中显现。但是在其他的例子中，一首华丽的新颂歌是源于 357
巴比伦和埃及元素的结合，例如著名的《诗篇》第一百零四篇，它很像是埃赫那吞的太阳颂歌。但是对于我们当前的上下文来说具有特殊重要性的是这种宇宙论的风格向王权统治的意象渗透，正如我们在《诗篇》第七十二篇中可以看到的那样：

神啊，求你将判断的权柄赐给王，
将公义赐给王的儿子。
他要按公义审判你的民，
按公平审判你的困苦人。
……

他之永生，与日同在，
与月同存，直到万代。①
他必降临，像雨降在已割的草地上，
如甘霖滋润田地。
在他的日子，义人要发旺，
大有平安，好像月亮长存。
……
因为穷乏人呼求的时候，他要搭救；
没有人帮助的困苦人，他也要搭救。
他要怜恤贫寒和穷乏的人，
拯救穷苦人的性命。
他要救赎他们脱离欺压和强暴。
他们的血在他眼中看为宝贵。

耶和华已经变成了一个宇宙论帝国的最高的神，而以色列已经在一个来自大卫家的法老式仲裁者的领导下融入了一个帝国民族。诚然，圣约的秩序尚未被消除；但是这些赞美诗的美妙一定不能诱使我们上当，从而看不到以色列自从底波拉时代的联盟以来所经历的变化。由于引入了一种敌对的经验及其符号化——直至其覆灭之日，王国的历史都为此所苦——一种紧张应运而生。至少对于大卫和所罗门时期而言，我们有理由说耶和华的秩序正在分解。

无论如何，这些赞美诗的重要性远远超出了王国秩序中这种新的

① 关于此句，沃格林的英文原文是："May he live while the sun endures, And as long as the moon, through all generations!"译者所参照的中英文对照版《圣经》的英文与此相同。但是中译是："太阳还存，月亮还在，人要敬畏你，直到万代。"这与詹姆斯王版本的《圣经》相同。——译注

紧张所表现出来的种种症状。我们所挑选的例子不仅安排了帝国符号体系的各种主题，而且告诉人们这些主题所蕴含的未来的发展。因为帝国诗篇包含在第二神殿的赞美诗集之中，不是对已经消逝的过去的纪念，而是对企盼救世主的表达。正如大卫帝国来自以色列并取得了自身的生命一样，主的受膏者（也就是耶和华的弥赛亚）这个符号来自 358
于大卫帝国并取得了自身的生命。对于世俗事业的巅峰那逐渐消退的记忆可以被新的内容填满，那是一种末世论的希望，盼望一位作为精神上的拯救者的王，这个王将把以色列从其敌人所带来的各种苦难中永远地拯救出来。固然，正如马丁·巴勒正确理解的那样，那仍然是被选民族——他生活在他的神统治下的历史的现在——生存中的巨大堕落，但是该民族无疑也向生活在基督耶稣统治下的历史的现在的人类迈近了一步。现存的大量以《所罗门诗篇》为题的赞美诗，都来自于基督纪元开始的前一个世纪。其中，在征服耶路撒冷之后由庞培（Pompey）于公元前63年所作的第十七篇，以大卫的，也就是前基督的形式保存了这种对救世主的企盼的最后模式：①

> 主啊，你要留意，要拔擢大卫的儿子作他们的王，
> 神啊，在你选择他的时候，
> 他要统治你的仆人以色列。

在这些帝国诗篇的专门文体中，大卫帝国的救世主的行动总是为人所企盼：

---

① R. H. Charles, ed., *The Apocrypha and Pseudepigrapha of the Old Testament in English*, vol. 2, *Pseudepigrapha* (Oxford: Clarendon Press, 1913), 647—51. 接下来对该本文的引文根据瑞斯勒在 *Altjuedisches Schrifttum ausserhalb der Bibel* (Augsburg: B. Filer Verlag, 1928) 中的译文略作修改。

> 他要打破罪人的自负，就像打破陶工的器皿，
> 他将用一根铁棒把它们击得粉碎。

但是他的行动结果是这个民族——由上帝之子所组成的共同体——将变成圣洁的民族：

> 他要团结一个神圣的民族，
> 他会公义地领导他们。
> 他要审判这个民族的各个支派，
> 这个民族已经被主、他的神变成圣洁的民族。
> 他不会使他们再遭受任何的不公，
> 也不会有任何通晓邪恶之道的人与他们同住，
> 因为他知道他们都是他们的神的儿子。

帝国符号体系在《所罗门诗篇》对救世主的企盼中最后一次闪现。
359 之后它就被从《使徒书》到《希伯来书》的神学压制了。《希伯来书》的
作者回到了最初的"我要作他的父，他要作我的子"（《撒母耳记下》第
七章第十四节），以及《诗篇》第二篇第七节的有关段落中，但是他祛除
了拿单预言中的制度含义。神的儿子，即耶和华的弥赛亚，不再是犹大
部落的首领；这个宇宙的神也不再掌管一个世俗的帝国。大卫家已经
被改造成为天主圣父家（the house of God the Father），后者将由圣子耶
360 稣以人为材料加以建造。

第十章
以色列世俗生存的终结

第一节　分裂的王国

以色列对所罗门继承者的反叛标志着大卫帝国的终结。它再也没能得到重建。其北方的部分，包括十个部族，将自身组织成为以色列王国。它一直延续到公元前721年，在亚述人手中覆灭。其南方的部分，包括犹大部落和耶路撒冷地区，继续在大卫王朝的统治下作为犹大王国而存在，最后在公元前586年被巴比伦人所灭。①

以色列维持其独立的组织超过两个世纪。然而，新近赢得的独立并没有以一种伟大的政治形式结出果实。即使我们考虑到相当大量的、被犹大历史学家们所压制和毁灭的资料来源，根据我们已知的事件进程，主要的符号文献仍然不可能遗失。诚然，以色列王国有过短暂的辉煌时刻，但是其政治生存极度无序，以至于一种稳定的形式很难在战

① 当时只有十一个部族被计算在内：《列王记上》第十一章第二十九节至第三十九节。

争的动乱、喋血的王朝更迭以及社会动荡之上建立起来。以色列的世俗生存正走向穷途末路。在小得多的南王国中——在这里我们无需考虑各种资料来源被毁灭——其符号景观在这两个世纪中同样乏善可陈。大卫王权统治的符号体系继续得到使用;但是没有出现任何引人注目的发展。

尽管如此,这个时期并非一无是处。当时文学活动盛行。这是以
361 色列的思想和文学文化开始繁荣的时代。《大卫记》最后成形,并且公诸于众。以色列的歌曲和古代风俗都收录在《耶书仑书》(Book of Yashar)和《耶和华战记》(Book of the Wars of Yahweh)中。大卫和所罗门时代的王国年鉴和神殿记录得以继续;它们为非官方的历史工作——譬如《所罗门记》(Book of the Acts of Solomon)——提供了原始资料。关于暗利王朝的命运以及记耶户(Jehu)这些《列王记》中的一些重要章节都取材于《以色列诸王记》(Book of the Acts of the Kings of Israel)这本书。耶和华派和埃洛希姆派的史学应运而生。第一部法律规范,《约书》(the Book of the Covenant),以书面形式收集并组织完成。公元前9世纪先知的反叛在以利亚和以利沙的故事中获得了文字表达。最早的伟大的“写下预言的先知”,阿摩司(公元前750年)与何西阿(公元前745—735年),在这个时期结束之前一直享有盛名。甚至以赛亚的早年(从公元前738年开始)也与这一时期重合。

就以色列和犹大的文学成就的分布而言,北王国似乎占有较大份额。这几乎是在意料之中。尽管犹大曾经在帝国内短期占据优势,但以色列仍然是耶和华的选民。以色列而不是犹大是历史的活力之源;此外,北王国更为富有,人丁更加兴旺,与较晚才加入民族扩张行列的南王国相比也更有势力。帝国的首都,以及宫廷社会和行政人员仍在犹大王国这一事实并不能给予它太多与北王国的精神和政治优势相抗衡的砝码。因为耶路撒冷当时仍然是“大卫之城”;而所罗门神殿是一

个国王的教堂。这城市与神殿都尚未获得它们在公元前 7 世纪下半叶,通过约西亚改革和对祭祀的垄断所取得的那种重要性。无论如何,公元前 9 世纪先知的反叛发生在北王国;《约书》是出自北王国的一部作品;何西阿是一位以色列的先知;甚至犹大的阿摩司也选择以色列的伯特利作为他短期公共活动的场所。

在这种文学繁荣的背后是一场寻求表达的经验运动;这些经验指向在耶和华统治下的一种公共秩序,该秩序同时超越了以色列和犹大的世俗生存。在本节中,我们将分析这类经验及其符号化的表达。但是,在讨论开始之前,我们必须考虑这个过程——在此过程中以色列虽 362
然丧失了它作为现实历史中的一支力量的生存,但在人类秩序中却变成了一种更加伟大的力量——特定的形式方面。已经在前一节中闯入了我们视野的以色列的连续性和同一性的问题,现在必须得到进一步的澄清。

第一个需要考虑的形式方面就是以色列历史中强度与广度发展的结合。根据文明的程度来衡量,以色列从一个牧民水平上的宗族社会发展成为一个拥有理性的行政和军事组织以及一种分殊化的思想和文学文化的帝制国家。同时它在广度上从希伯来各部族的核心,通过吸收迦南人和犹大人而扩张成为一个拥有相当同质的文明的帝国民族。这个过程同时在两个方向上进行,威胁到了以色列社会的均衡发展。约旦以西希伯来部族的渗透,通过与迦南人口的融合而导致了一个新社会的形成,到公元前 11 世纪时,这个社会的民族凝聚力已经足以使其与米甸人和非利士人展开常规战争,并且在一个国王的领导下组织起来,甚至发展出了诸如癫狂出神的先知班子这样的民族意识表达形式。固然,这种发展的第一阶段已经严重损害了耶和华秩序质朴的纯洁性,但是其符号体系纷繁多样的表达并未危及以色列的世俗生存。迦南人显然被很好地融合进来,他们甚至增强了以色列在现实政治中的力量。在第二阶段,飞速发展所带来的各种危险变得一目了然。通过在细节上已经不可考的种种方式,犹大在扫罗统治时期被纳入了以色列的民族势力范围。现实力量的这第二次增长不再能够在组织上得到消化,作为联合王国一部分的以色列,不得不屈从于一个外来王朝。在第三阶段,以退出帝国为代价,以色列又重新获得了所谓的组织自由。但是在文化层面上,以色列的发展继续带有连续不断的活力,在南北王国皆是如此。其推动力来自于所罗门的穷奢极侈和人文主义的统治,一个帝国文明的行政人员和神殿文牍人员,一个富有的上层阶级在文化上的提高,以及由那些撰写宫廷传略和王朝通史
363 的民间人士所引发的文学活动,而且这些推动力并未随着帝国的终结而丧失其效能。相反,它们推动了我们曾经简要概述过的规模庞大的文学生产。虽然在为行动而建立的组织领域,该民族的发展遭遇了严重的挫折,但是在文学方面有所斩获。尽管以色列人和犹大人在政治上是分裂的,他们在文学领域却可以携手并进。在该领域,这个民族的扩展和统一——包括南部人在内——向前推进了。确实,在文化上对于犹大的吸收是如此成功,以至于在对以色列后大卫时期的历史进行文学建构的时候,南方的耶和华派要早于北方的埃洛希姆派。

利用共同的文献,历史学家和先知们创造了一个以色列,甚至在作为一个民族的以色列已经从历史上消失之后仍然在犹大生存下来。这种终极的改造使我们注意到以色列发展的第二个形式方面。有一种死亡与生存的模式贯穿以色列历史的始终。那本身并不令人惊奇,因为很自然,每一种发展都是那些生长过度的阶段的死亡。但是,被选民族的发展以例证的方式在历史上留下了一条独特的轨迹。被后来的发展所取代的各种生存形式并没有消退为死亡的过去,而是作为各种符号形式继续生存下来。从最初已经占据迦南的耶和华联盟中形成扫罗的具有超凡魅力的王权统治。旧有的神权政体不得不被该民族的一种更为有效的组织所取代。但是它的符号体系,即神的王国,仍然是一股有

生命的力量——其生命力确实强劲,以至于神的王国(mamlakah)的符号促成了后来关于一个神权政体,也就是一个能适应最初的神权政治思想的各种紧急需要的政治组织——的符号体系。于是,在非利士战争的压力下,从这种具有超凡魅力的王权统治中形成了大卫帝国。在组织上,较老的生存形式再次被抛弃,但是神权政体和神权统治的符号体系再次生存下来,其生命力强到必须通过扩展约的思想而创造出另外一个符号,以便把大卫家也容纳到这个系统中来。在大卫的组织崩溃之后,该符号体系的新元素也没有随之消失,而是变成了救世主思想的起点,该思想经过许多环节的演变,最终达于救世主基督耶稣。最后,从大卫帝国中生成了以色列和犹大王国。在这种进一步的组织调 364
整期间,那些生存下来的较早的符号在公元前 9 世纪的反叛中表明它们仍然强健有力,足以制约暗利王朝的政治活动,并且为一个能够超越政治组织上种种问题的以色列的发展准备了条件。组织变迁时各种符号的次序确实落入了一种模式。看上去似乎这已经是以色列的命运:在其实际生存的短短五个世纪中,当它为那些有生命力的符号创造出后代之后就趋于消亡。

我们刚刚使用的**命运**这个词表示这样的含义:一种生存物的秩序与它自身的持存与寂灭有关,也与历史生存中的人类秩序有关。这个词汇不应使我们想到任何浪漫的内涵。这样的神秘性——它们确实附着在以色列的命运之上——含义深奥,难于索解,同时在事实的面上却显得单调乏味。

这些神秘性中的第一个就是各种历史偶然性的共谋,其结果是使有意义的秩序得以生存下来。在那方面,以色列的命运确实是独特的,因为它发现犹大——该部族从非生存的状态迅速上升为政治上的对手和文化上的并驾齐驱者——成为它的伙伴,后者能够在较老的民族死亡之后,将它的遗产发扬光大。虽然如此,还是险些没能继续生存下去。如果耶路撒冷在公元前721年与北王国一同被亚述势力覆灭，那一个南方部族的上层阶级将与那十个北方部族的上层阶级一样在亚洲腹地消失得无影无踪，前者不会比后者留给我们更多的记忆。耶路撒冷在公元前721年侥幸逃过一劫给了它喘息的时间，在公元前586年之前的这段时间里犹大的民族实质仍然稳固，这足以使它在放逐之后生存下来。

但是，甚至历史的种种机缘也不能保证以色列在它的符号中存活下来，除非确实有什么东西值得传承下来。那就是附着在以色列命运之上的第二种神秘性：这个民族用它在存在中的一次根本性飞跃开始了它在历史中的生存；而只有在这个民族通过那最初的经验建立起来之后，它才在若干世纪的岁月流逝中取得了一种世俗的组织机体，以便维持它自身的生存。这个次序颠倒了通常的社会演化进程，在历史上是独一无二的。它是如此令人难以置信，以至于那些实证主义历史
365 学家，譬如爱德华·迈耶，对此根本不予采信；当其面临这样一个关键的考验时——也就是要承认下述结论的可能性：《出埃及记》第二十章的摩西十诫的内容确实为摩西所作（虽然其形式不是），而不是后来《申命记》作者的创造——甚至更为敏感的历史学家，例如像洛兹那样敏感，也感到要坚持他们自己的信念是有困难的。一个社会应该从原始的仪式和神话开始，由此逐步发展——如果确实有所发展的话——到一种超越的宗教的精神性；它的起点不应该是一个令人尊敬的社会甚至到终结时都有困难的地方。无论如何，我们必须接受以色列没有从社会演化的正确开端起步的这种神秘性，虽然进步主义的观点认为逻辑在先的事物总是要先出现的。在这个个案上，顺序确实颠倒了；而这种颠倒是以色列在符号领域具有非凡创造力的原因。因为生存的无序的开端——带有存在中的飞跃——为这个民族提供了经验上的动机，使其可以用符号的创造来应对它向地狱的逐步堕落，这些符号将在每一种新的世俗事务的层面上使它与超越的存在保持一

致。适应现实生存条件的每一步调整都必须以它最初作为神的选民的经验为标准来加以衡量。其结果具有某种模拟实验的性质,该实验是为了在已经实现了存在中的飞跃的条件下创造世俗生存的各种符号。

在公元前9世纪,权力角逐的各种迫切要求使这种实验走到尽头。暗利王朝的外交不得不与周边势力的宇宙论秩序妥协,以至于在耶和华的符号范围内不再可能找到这个问题的解决方案。对此的回应不得不革命性地回到源头,而这将冒着摧毁以色列的世俗生存条件的危险。那个初创时期的以色列在以利亚、以利沙和利甲族人的政治反叛中重申了自己的主张。在实际历史的层面上,这一运动是一种毁灭性的反应,它打破了恢复以色列的权势的全部希望;但是在精神层面上,它可以防止以色列毫无意义地陷入短暂成功的困境之中。

接下来我们将首先概述实际历史的状况,它使以色列面临着精神自杀或世俗自杀的两难困境。随后我们将论述《约书》,把它作为我们理解以色列社会内部发展不满的这种普遍情绪的主要资料来源,最后我们将论述对暗利王朝的反叛。 366

第二节　实际的历史形势

当以色列从帝国中退出时,犹大留了下来,它拥有首都、行政部门和大卫王朝,并且带着最低限度的内部忧患继续存在。然而,以色列人却面临着把自身组织成为一个国家的任务。它退回到了前帝国时代;那些可以被观察到的,在大卫上升到王权统治的过程中起作用的社会力量被释放出来,以便找到一种新的平衡。第一个国王耶罗波安(Jero-

boam)属于以法莲支派。各部族为控制王权统治的斗争重新开始。[①] 耶罗波安的儿子拿答(Nadab)只坐了两年王位。他被来自以萨迦的巴沙(Baasha)刺杀,刺杀者建立了下一个王朝,而他的儿子以拉(Elah)也在统治了短短两年之后被人暗杀。随着巴沙王朝的终结,军队的作用变得更加明显。以拉被一个野心勃勃的官员心利(Zimri)所杀,心利是两位管理战车的将军之一。但是这位新国王显然是在没有得到他的高级官员们同意的情况下就上台执政的。元帅暗利向首都进军;而心利仅仅统治了七天之后就死于宫廷的烈焰之中。暗利——由于他的职位,我们必须假定他是那位被刺杀的国王的部族成员——变成了下一个王朝的创立者,但是不得不与提比尼(Tibni)征战了四年,后者也觊觎王位,并且赢得了广泛的支持。最后,暗利王朝(公元前 886—841 年)的内外政策引起初创时期的以色列的各种力量蠢蠢欲动,这些力量曾造成了大卫帝国的忧患和覆灭。这场运动的王室终结者是一位将军,名叫耶户,他终结了暗利王朝,并建立了他自己的王朝(公元前 841—747
367 年)。接下来那些年的短暂的政权和内战随着公元前 721 年亚述人的征服而结束。[②]

---

① Alt, "Das Koenigtum in den Reichen Israel und Juda",强调了北王国早期阶段具有超凡魅力的领导因素。在经历了大卫王朝之后,独立的以色列想要回到扫罗的具有超凡魅力的王权统治的模式(4 f; 7—9)。我不太愿意接受这种不加任何限定的解释。虽然确实对扫罗的王权统治的记忆可能为推翻前两个王朝提供了一种有助益的动机,但是《列王记上》中的简短叙述并未提及耶罗波安或巴沙独特的超凡魅力。而且,这些王朝在可能被推翻之前必须通过父子相传建立起来。而无论在传承还是在推翻的时候,这些资料来源都没有显示出任何反王朝的动机。因此,强调如下事实似乎是可取的:这个新王国的王位只待被最强的竞争者攫取。

② 关于这一时期的各个年代日期来自于关于"The Chronology of the Regal Period"的注释,in Robinson, *A History of Israel*, 1: 454—64。

帝国的分裂使以色列和犹大都降格为与邻国一样的二流势力。眼下要想重建是不可能的，因为两个王国都视对方为僭越者，并且在以色列的前两个王朝时期陷入连绵不绝的战争之中。其仇恨深到对抗双方都毫不犹豫地与亚兰人结为同盟的地步，以期取得短期的优势。然而，最糟的是，叙利亚地区诸国之间的战争是在埃及和美索不达米亚正在复兴的强大势力的阴影下进行的。建立一个叙利亚和巴勒斯坦的本土组织的机会在公元前1200年前后稍纵即逝。在“罗波安王第五年”，埃及入侵了这一地区，耶路撒冷被攻陷并惨遭劫掠，这场战役似乎已经波及到以色列，并且沿着海岸线波及到腓尼基人的城市。

虽然埃及的入侵是一次军事袭击，没有持久的政治影响，但是这一事件的意义或许比那些支离破碎的原始资料——它们总是让人看到希望，却又不能带来确定性的发现——能带给我们的更多。我们必须指明它对于理解以色列历史可能具有的含义，但是也要有所限制，即只有最低限度的猜测是可能的。

以色列第一个王朝的建立者耶罗波安曾经是所罗门之下的一个行政官员。我们不知道他到底做了什么而引起了这位国王的怀疑。但是他从一位先知那里得知他将成为以色列未来的国王（《列王记上》第十一章第二十六节至第三十九节），而且他对于那些“匪徒”具有致命的吸引力，在以色列这是那些觊觎王位者的特征（《历代志下》第十三章第六节至第七节）。他寻求并得到了埃及的庇护，从而逃过了所罗门对他的谋杀（《列王记上》第十一章第四十节）。所罗门死后，他重返以色列，并成为反叛罗波安的领导者。在一代人之前，在哈达身上发生了一个类似的故事，这个年轻的埃多姆王子逃过了大卫的征服及大卫的民的屠杀。他也在埃及得到庇护，并娶了一位埃及公主，大卫死后，他重返埃多姆，显然成功地为人民所接受（《列王记上》第十一章第十四节至第二十二节）。法老以及尼罗河口三角洲的各个统治者似乎都插手亚洲的政治，即使与亚马拿信札时期相比这种插手程度较轻。这样相互关联 368

的第三个故事与所罗门本人有关。他“与埃及法老结亲”(《列王记上》第三章第一节),而这位埃及公主是他后宫中的政治珍宝。

但是,在这一点上,这些资料来源三缄其口,以至于我们几乎可以断定所罗门统治中的埃及影响在方方面面都遭到刻意的压制。王室通婚是国内和国际政治的一个重要工具。为了实现巩固国王权力的目的,这些外邦女子必须得到善待,特别是她们在宗教上的偏好必须得到促进。《列王记上》第十一章对所罗门随从他妃子们的神的过失进行了谴责,尤其谴责了他为西顿人的阿斯塔特,亚扪人的米勒公和摩押人的基抹建造神殿。“他为那些向自己的神烧香献祭的外邦女子,也是这样行。”(第十一章第八节)令人好奇的是,那位埃及公主可能不在这些明确列举出来的,得到了为她们自己的神修建的小礼拜堂的嫔妃之列。

为了寻求一种解释,有必要更多地重视这位极少提及的“法老的女儿”。在《列王记上》第三章第一节中,我们被告知所罗门“接她进入大卫城,直等到造完了自己的宫和耶和华的殿,并耶路撒冷周围的城墙”。这段话孑然孤立,没有说明它的语境。可能它只是包含了关于这位公主曾在旧城暂住这样一则事实——虽然我们可能不无理由地想要知道为什么这则信息历经若干世纪的岁月洗礼,仍然保留在这段叙事之中。但是,从这段话中析取这文本允许的全部意义对我们来说似乎是具有启发意义的,也就是说,这位国王的宫和耶和华的殿都是为这位公主准备的。那样的话,所罗门的神殿就是耶和华的宫,后者也可以被解释成法老女儿的神。没有必要专门提及这位来自埃及的妃子的圣殿,因为耶和华的殿既是为她修的,也是为这位国王修的。这个假设是具有启发性的,因为写作《历代志》的历史学家证实当时正在发生令后代蒙羞
369 的事。《历代志下》第八章第十一节记述道:

> 所罗门将法老的女儿带出大卫城,上到为她建造的宫里。因所罗门说:“耶和华约柜所到之处都为圣地,所以我的妻不可住在

以色列王大卫的宫里。”

这段话又是毫无语境地出现在那里;不过它清楚地表达了这样的含义:一位埃及公主不应住在耶和华所住的地方。而这种含义与相关的行为发生了冲突。因为约柜就放在大卫城,而这位公主在神殿完工之前一直住在那里;而且公主将搬去的新所也毗邻约柜所在的神殿。这段话看上去像是要力图掩盖法老女儿与约柜不可分割的事实。

如果我们考虑到大卫帝国确实是由一个征服者而不是以色列王国建立的,那么上述思想就有其可能性。这桩婚姻,以及首都的信仰崇拜设施,都是为统治者服务的,而且提高了他的地位,以色列的民却不是其受益者。我们记得帝国诗篇利用了埃及和巴比伦的模型,后者将代表宇宙论形式的耶和华在王国行使仲裁大权的人符号化了。我们对所罗门神殿所知的一切,连同它在方位上朝向旭日升起的东方,塔门将太阳的光线导入殿内,巴比伦人的“铜海”(brazen sea)放在十二只铜牛的背上,三个一组,分别朝向四个基本方位,以及其他各种各样的设备和装饰,看上去更像一个鉴赏家关于近东宇宙论符号的收藏品,而不是领导他的选民从文明的地狱走向自由国度的耶和华圣殿。[1] 此外,我们必须考虑大祭司的圣衣,它的各种符号在《出埃及记》第二十八章中有过描述,斐洛(Philo)在他的《梅瑟生平》(*Vita Moysis*)一书中对此作了解释。这圣衣的颜色和装饰是对宇宙的“一种复制和模仿”[2],因此,穿上它的人就将“由一个人转变为世界的本质”,将变成一个“小型的宇

---

① 关于这个神殿的各种符号,见 Albright, *Archaeology and the Religion of Israel*, 特别是第五章和参考文献。

② Philo *Vita Moysis* 2. 117 和 *De specialibus legibus* 1. 95, Loeb Classical Liberary (1929), *Philo*, vols. 6 and 7.

宙”。① 穿上这件圣衣，大祭司在向天主圣父履行他的职责时就将得到圣子的辅助，也就是得到经由神的话语所创造的宇宙的辅助。② 最后，我们必须考虑所罗门在神殿祷告时所说的话。希腊文译本的《旧约全
370 书》在《列王记上》第八章第五十三节有更完整的文本：

> 主已经在诸天中燃起了（或显示了，egnorisen）太阳，
> 但是宣称他自己将住在幽暗之处。
> “为我建一座殿宇，也为你建一座富丽堂皇的殿宇，
> 作为永远的住处。”

玛所拉版的《列王记上》第八章第十二节至第十三节这样写道：

> 那时所罗门说：
> “耶和华曾说，
> 他必住在幽暗之处。
> 我已经建造殿宇作你的居所，
> 为你永远的住处。”

我们一定不要向一个未得到妥善保存的文本苛求太多。尽管如此，正是玛所拉版的这处毁损显示的要点构成了困窘的根源。因为通过在诸天中安放一轮红日来彰显自己，然而自己却仍处在幽暗之处的神不太可能是别的神，而只能是十九王朝的阿蒙赞美诗中的神，即“隐藏”的阿蒙神，他在外表上是瑞。这种身份认定不应当被我们不加思考地理解为所罗门对阿蒙的“接受”，而应当被理解为近似一个宇宙之神

---

① *Philo Vita Moysis* 2. 135.

② Philo *De specialibus legibus* 1. 96. 也可参见 *The Wisdom of Solomon* 18：24。

的耶和华与阿蒙神的一次会面,后者的本质被体验为“隐藏”在所有宇宙的表现形式背后。因此,我们可以审慎地说,所罗门的神殿虽然是为耶和华所建,但也是为一位在本质上接近新王国的阿蒙神所建。①

当我们把以上因素都考虑在内的时候,大卫帝国与埃及之间的联系就必然比当前状态下的各种资料来源所呈现出来的联系更加紧密。在宫廷的层面上——虽然在大众的信仰崇拜中并非如此——耶和华与阿蒙已经实现了和解,从埃及一方来看,这种和解可以被很好地解释为埃及对所罗门的领土建立了一种宗主权。当这位国王去世后,各种力量之间必然已经进行了重要的重新调整,但现在被一种完完全全的、令人可疑的静默所掩盖。因为所罗门有妃七百,还有嫔三百(《列王记上》第十一章第三节)。即使我们考虑到其中有很大的夸张成分,他也必然有成群的儿子,他们当中的一个或更多个是出自“法老的女儿”——而 371
我们却一点也没听到情理之中的、围绕着王位继承所发生的阴谋和刺杀事件。由一个亚扪妃子所生的儿子罗波安继承了他父亲的王位,就好像他是唯一一个在世的王子一样。那么法老的那些外孙们命运如何,假设法老有外孙的话?是否有一个民族主义的宫廷党掌控了局面并打断了埃及方面的联系?我们不得而知;但是无论发生了什么,都应该为埃及的干涉提供了充足的理由。

耶罗波安在以色列的信仰崇拜改革必然也要放在反抗由神殿所代表的埃及影响的背景中去理解。他把两个金牛犊分别安在伯特利和但

---

① Hubert Schrade, *Der Verborgene Gott* (Stuttgart: W. Kohlhammer, 1949), 46ff, 注意到所罗门神殿的至圣所(Debir)的黑暗在当时的神殿建筑中是一个非同寻常的特征,此外还注意到在拉斯珊拉泥版的诗歌中有关于这一圣所的光亮或黑暗的争论(“关于巴力和亚拿的诗歌”的有关段落可以在 *ANET*, 134 中找到)。有可能这些腓尼基人的争论是由埃赫那吞统治时的亚马拿反叛激起的,因为反叛者在埃及的神殿中点亮了灯火。有可能对此作出的反应就是强调要保持黑暗。但那是一个需要考古学家去钻研的问题。

两地，将其作为领以色列人出埃及的真神，与耶路撒冷的神殿相对抗（《列王记上》第十二章第二十六节至第三十三节）。这些金牛作为看不见的耶和华的御座——耶和华可能出现在任何他想要出现的地方——可能并非如犹大的历史学家对这件事的描述那样是对耶和华崇拜的背叛，恰恰相反，它们是对所罗门神殿背叛耶和华崇拜的一种抗议，以及向更为纯朴的耶和华崇拜形式的回归。如果以色列的分裂不仅仅是一种宗族对抗和表达经济上的不满，如果它是一种真正的耶和华崇拜对神殿中供奉的外邦之神的反叛，那么在所罗门的统治受到种种埃及影响这件事情上表现出来的固执的沉默，就会是基于一种更为重要的动机。这种反叛可能在动机和结构上近似于以色列人对暗利王朝的信仰崇拜政策的反叛，我们的讨论现在必须转向这一内容。

埃及入侵对于其所经之处的城市和民族来说都是一场灾难，但是它后来撤退了，并且没卷土重来。随着亚述势力的时起时落，真正的危险正在东方酝酿。在公元前 14 和 13 世纪的扩张之后，亚述在影响力、经济财富和领土方面都被严重削弱了，这是紧随赫梯帝国的覆灭而发生的那些事件造成的。国家在提革拉毗列色一世（Tiglath-pileser I，公元前 1116—1093 年）领导下复原之后就是半世纪与亚兰游牧部落的战争，后者威胁要铲灭亚述。公元前 932 年，亚述在诸位有才能的统治者领导下开始了第一次向西部的扩张，从而把战火烧进了叙利亚、巴勒斯坦和腓尼基地区。正是在这一时期，由暗利王朝打造的叙利亚联盟在
372 公元前 853 年进行了卡卡大战，并取得了一定的成功，尽管耶户不得不在公元前 841 年向萨尔玛那萨尔三世进贡。在公元前 782 至前 745 年期间，叙利亚诸国享有一定程度的和平，因为这一时期的亚述王不够强健有力，他们很难抵挡日渐崛起的乌拉图国（Urartu）的势力。公元前 745 年提革拉毗列色三世开始了第二次向西的大规模扩张；当撒马利亚在公元前 721 年被萨尔贡二世征服之后，这次扩张就导致了以色列的

覆灭。

在暗利于公元前886年继承王位的时候，在以色列各部族之间进行的两个世代的战争——与南方犹大的战争和北方亚兰人的战争使此种局势进一步恶化——将会使一个即使不如暗利那么强硬的人相信必须采取有力措施，把以色列从覆亡的危险中拯救出来，尤其是人们已经实实在在地感到亚述势力的兴起，即使它还没有扩张到沿海。不幸的是，关于暗利时期实际发生的历史的大部分原始资料都已经散佚了，侥幸保存下来的也遭到严重的删改和歪曲，因为这个王朝不为犹大历史学家所喜爱。尽管如此，那些支离破碎的残存资料仍然足以使我们感到暗利和他的儿子亚哈力图按照大卫的模式重建一个卓有影响的叙利亚势力，其中心就在以色列。

暗利首先必须在内部巩固他的权力。他建造了一个与耶路撒冷相对抗的新首都。撒马利亚的建立（《列王记上》第十六章第二十四节）意在超越相互敌对的各个部族而创建一个中立的中心，这种方式仿效了大卫的做法，耶路撒冷使国王当时的住所移出相互敌视的以色列和犹大之外。而且，暗利对旧都得撒（Tirzah）——心利曾在那里为自己树立了牢固的地位——的轻松征服对于他自己来说必然是个教训。这个新都被建成一个牢固的要塞，战略上位于一座易守难攻的山上——这又是仿效耶路撒冷——以便保障政权的安全，防范国内的叛乱以及亚兰的敌人。王国又被进一步划分为军事指挥官领导下的若干行政区（《列王记上》第二十章第十四节至第十五节），其目的可能与所罗门的行政区相同，都是为了打破部族的组织。① 这种内部的权力巩固随后又辅之
以与推罗和犹大联姻的外交政策。下面的图表将显示出各种亲属关系 373
及其年代：

① 《列王记上》第二十章第十四节至第十五节的段落暗示当时同时存在一支由行政区组织的常备军和一支民兵。

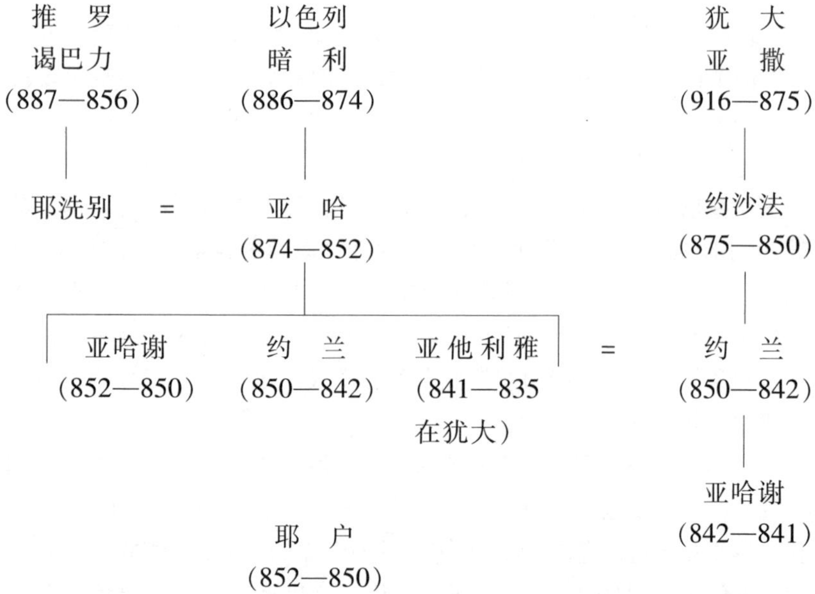

推罗、以色列和犹大的联盟确实将会成为一股具有影响力的势力，其强大足以对叙利亚地区的其他民族产生吸引力，并且形成一个抵抗亚述和埃及的核心。当然它在卡卡大战的时候证明了它的价值。是否在亚述人一波又一波的攻击压力下它还能保持团结，或者它能否发展成为一个强大的帝国，这是可疑的。① 由于这种国际形式的联盟在以色列国内引起的抵制，上述问题从未得到验证。这是因为联盟的守护神（它的约的巴力）是推罗的巴力，后者被视为与撒马利亚的耶和华具有同等资格。当一位阿斯塔特的国王兼祭司的女儿来到以色列的时候，仅有一

① 当时非常强盛的腓尼基势力正在迅速衰落。从公元前 12 世纪开始的腓尼基殖民的伟大时代正在走向尽头。他们最后一个伟大的创建就是在公元前 814 年建立的迦太基城。腓尼基势力确实正在转向西方，进入这些殖民地所在的地区。

座个人的巴力圣堂是不够的。耶和华与巴力美耳刻(Baal Melqart)[①]的政治伙伴关系要求在撒马利亚为这位巴力建一座官方的神庙,并将其奉为公共的信仰崇拜,且国王必须参加(《列王记上》第十六章第三十二节至第三十三节)。《列王记下》第八章第十八节的那段话暗示一种官方的巴力崇拜也在耶路撒冷被组织起来,当时该联盟通过犹大国王与亚哈女儿的联姻而得到扩展。关于这种神祇的交换是否是相互的,耶和华是否也在推罗得到崇拜的问题,这些资料来源都缄口不言。[②] 把巴 374
力美耳刻接受为以色列的一个政治神是与耶和华之下被选民族的神权统治思想的明确决裂。我们可以对所罗门为他的外邦妃子建立的诸多圣殿感到惋惜,认为这是一个国王的弱点;这座神殿,不论它看上去多么具有埃及的风格,却仍然是一座耶和华的神殿;但是现在一个外邦的神得到了公众的崇拜。如果以色列在大卫帝国内曾受到丧失其民族身份认同的威胁,它现在在腓尼基联盟中就受到丧失其精神认同的威胁。存在的理由已经把以色列推到了丧失其存在理由的悬崖边上。民众和先知的反叛都爆发了,在反叛中耶户使自己成为政治和军事上的执行

---

① 推罗的神,管理风暴与丰收。——译注

② 由于没有其他的现存资料,对于这个三方联盟的结构的种种推测都是徒劳无益的。我们已经提及了耶和华与巴力美耳刻的"平等地位"。这样的语言在严格的意义上是指巴力与这个国家的神一起在撒马利亚得到公众的崇拜。腓尼基方面是如何看待这种关系的,我们不得而知。在所有腓尼基殖民地都建有巴力美耳刻的神庙,从而在政治和宗教上保证这些殖民地永远隶属于它们的母城。我们有必要认为与撒玛利亚的这种关系可能不是相互的。暗利王朝方面可能认为的、一个以以色列为中心的三方联盟,有充分的理由被证明已经在推罗出现,它将成为地中海制海权的政治标尺,从而保护它在亚洲内地的贸易路线不因亚兰人而中断。谒巴力(Ethbaal),一个志得意满而且精力充沛的新王朝建立者,可能把撒马利亚看作是他的帝国在内陆作出的一个有价值的推进。考虑到我们对于暗利王朝政策所知的情况,假设在这些关系上存在相互性,在推罗也有对耶和华的宗教崇拜是合理的,但也仅仅是有可能而已。

官。这场反叛的成功导致了暗利王朝的覆灭。联盟不仅解体了,而且从前的盟友现在变成了不共戴天的敌人,因为推罗和犹大王室在以色列的亲属都遭到杀害。

第三节 《约书》

在公元前9世纪的危机中以色列人开始关注编纂书面形式的律法。可能现存最古老的法典就是在《出埃及记》第三十四章第十七节至第二十六节,耶和华派(J)对西奈立法的记述中的一个简要的命令集。不久之后出现了一部内容远为宽泛的埃洛希姆派(E)法典,载于《出埃及记》第二十章第
375 二十三节至第二十三章第十九节,它通常被现代历史学家们称为《约书》。①

---

① 在如下方面《约书》是一个充满争议的对象:(1)它的文字结构和起源,(2)它作为一个整体以及它的各个部分分别是在何时创作完成的,(3)其各个不同部分的内容的起源和年代。我们无法完全避免这些有争议的问题,因为它们中的几个影响到了这部律书及其内容的意义,但是我们应当把对其文本的讨论局限在与我们的特定问题有直接关联的问题上。关于更为全面的分析,见 J. M. Powis Smith, *The Origin and History of Hebrew Law* (Chicago: University of Chicago Press, 1931), 以及在这部著作中所引用的文献。史密斯的这项研究不一定是最深刻的,但是它以便捷的方式支持了它对于这部希伯来法典和其他东方法典的比较研究,因为它的附录包含了《汉谟拉比法典》、《亚述法典》和《赫梯法典》的译文。对于《约书》与其他法典之间的关系,一部更具见解的分析,参见 Lods, *Histoire de la Littérature Hébraique et Juive*, 204—19。对于当前这种争论的状况以及1931年以来的文献,我们也应当参考洛兹的意见。而且,自从史密斯的研究发表以来,又有在时间上早于《汉谟拉比法典》的《巴比伦法典》的片断内容得到出版。由克雷默和戈策对这些片断的英译,可以在 *ANET* 中找到。在这同一个文本集合中还包含了《汉谟拉比法典》(Meek)、《亚述法典》(Meek)和《赫梯法典》(Goetze)的新译文。以后对该文本的研究具有特殊价值的是 Alfred Jepsen, *Untersuchungen zum Bundesbuch* (Stuttgart: W. Kohlhammer, 1927) 和 Albrecht Alt, "Die Urspruenge des Israelitischen Rechts" (1934) in *Kleine Schriften zur Geschichte des Volkes Israel* (Munich: C. H. Beck, 1953), 1: 278—82。

对于《约书》的研究首先要求对包含在其中的“律法”有初步的理解。因为这部法典是一项不具官方色彩的工作。诚然，汇编律法必须由熟悉该律法的人来组织；因此可以合理地假设其编纂者是一个祭司或一群祭司。但是没有迹象表明这项工作是应王国行政机关的要求进行的；当然这一律法集成不是宫廷准备实施的王国法规。此外，也没有迹象表明其作者意图是否为收集公元前9世纪时在以色列施行的法律，或是否他意在为一个不守法的时代竖起一面法律之镜。如果应当是后一种情况的话，那么在很多实例中就很难确定是否一条特定的律则是原来就有但现在得不到遵守，还是一条新规定，根据作者的观点，该规定应当取代一种已经变得不合时宜的实践。因此，我们不能通过仔细研究其中包含的单条律则来处理这部律法书的诸多问题。更合理的做法是，我们必须从如下事实出发：一个或一群民间人士突然表现出对这“律法”的强烈兴趣，并且致力于对它进行系统的编纂。

在寻求解释这项事业的原因的时候，我们从公元前8世纪伟大的以色列先知何西阿那里受到某种启发。在《何西阿书》第四章第一节至第二节中，我们读到：

> 以色列人哪，你们当听耶和华的话。
> 耶和华与这地的居民争辩，
> 因这地上无诚实、
> 无良善、无人认识神。
> 但起假誓、不践前言、
> 杀害、偷盗、奸淫、行强暴、
> 杀人流血、接连不断。 376

这地的民做出令人愤怒的行为，其根源在于忽视了耶和华的律法。在第四章第六节，耶和华自己抱怨和威胁说：

我的民因无知识而灭亡。
你弃掉知识，
我也必弃掉你，
使你不再给我作祭司。
你既忘了你神的律法，
我也必忘记你的儿女。

神发出灭亡的威胁在第八章第一节中甚至变得更为强烈：

你用口吹角吧，
如同一个守卫来攻打耶和华的家，①
因为这民违背我的约，
干犯我的律法。

当圣约和律法都被违背的时候，这民就没有知识了；而一个民族没有关于神之秩序的知识将会衰亡，正如第四章第十四节所简洁表达的那样："这无知的民必致倾倒。"这些段落综合起来描述了一个精神和道德迷乱的社会；在为这种迷乱的状态感到痛心的同时，它们发展出一套描述这种状态的术语。人们处于一种无知的状态。但这不是通常的无知，即不知道从来不曾学过的东西这种意义上的无知。因为以色列的孩子们曾经听到过大量有关耶和华的事情，但是现在他们不再了解这个神了。这种无知是一种遗忘。由于神是一种不会在不知不觉之间被

① 关于这句《圣经》引文，沃格林的英文原文是"Like a watchman, against the house of Yahweh"，而译者所参照的中英文对照版《圣经》，这句的英文是"One like a vulture is over the house of the LORD"，中译是"敌人如鹰来攻打耶和华的家"。——译注

人忘记的存在，所以这种无知就是对神的离弃。

为了评价何西阿的先知书的意义，我们必须回忆一下在《为帝国而奋斗》那一章中所讨论的以色列与希腊的符号化形式的不同。我们说过，关于精神（psyche）①的思想无法在以色列得到充分发展，因为不朽性的问题仍悬而未决。永恒的生命被理解为神的一种性质；死后灵魂的生活将会把人提升到神的境界；摩西经验的存在中的根本性飞跃排除了有多个神存在的状态。结果是，灵魂的性爱倾向是一种无法展开的哲学本质；关于人性完美的思想不能打破关于一个在历史之中、上帝之下正当生存的被选民族的思想。不是哲学，而是对祖先历史的建构，一种特定类型的人文主义，以及最终是对神介入历史的末世论希望发
展起来。 377

何西阿的先知书揭示了由以色列经验最初的紧凑性所施加的种种限制。这位先知试图描述一个处于危机之中的社会，他发现恶的根源就是人们在关于神的事务上的“无知”。到这一点为止，他的分析与柏拉图在《理想国》中的分析完全相同。柏拉图像何西阿一样把恶诊断为对灵魂的无知，对于神的本性的一种无知（agnoia）。但是柏拉图可以从他的洞见开始分析灵魂如何通过与那个看不见的标尺保持一致而实现其正当的秩序。他甚至发展了“神学”的概念以便用术语来谈论对神的正确和错误的概念。在以色列更为紧凑的经验和符号条件下，何西阿不可能发现他问题的答案就是灵魂与神的标尺保持合拍，但是他必须在人的行为重新遵从由神的“命令”和“律法”所揭示的标准中寻求解答。不是向哲学的推进，而是向圣约和律法的回归构成了以色列人对这次危机挑战的回应。

① 沃格林的《秩序与历史》前两卷《以色列与启示》、《城邦的世界》中译本大部分术语都进行了统一，但 Psyche 在《城邦的世界》中的译法为“灵魂”。参见《城邦的世界》，陈周旺译，译林出版社，2008 年，第 501 页。——编注

如果对于圣约和律法的新的关注被理解为对一场世俗经验危机的回应,在功能上与希腊通过哲学作出的回应属于同一类型,那么以色列历史的特定问题将变得更容易理解。在公元前9世纪,我们很少听到摩西和他的著作。诚然,摩西及其著作在以色列作为耶和华统治下的一种神权政体的生存中,以及在口述传统——从公元前9世纪开始,该传统构成了史学的原材料——中都是有活力的。尽管如此,摩西时期的那些事件属于过去。现在关心的是这样一些迫在眉睫的问题,如对应许之地的占领,与迦南人和米甸人的战争,新以色列的发展与这个国家的居民的相互依存,部族社会与具有超凡魅力的战争领袖和国王之间的摩擦,与非利士人的战争,以及大卫帝国的兴起及其解体。摩西及其律法的话题显然不具有时代性。只有当对世俗生活的参与陷入了公元前9世纪那样的僵局,当以色列存在的理由危如累卵的时候,以色列生存的意义才成为时代话题。通过历史学家、先知和法典编纂者的综合努力,以色列在神所启示的意志之下的生存意义得到了廓清;这项工
378 作的中心是摩西这个人物,他作为最早的先知和立法者,在创立被选民族的过程中充当了神的工具。先知们可以重新唤起人们对于一个民族在神的意志之下的生存意义的意识。法典编纂者们可以通过这些得到系统化组织,并且考虑了时代条件的行为规则来表达这种意义。历史学家们可以把这些规范归结到摩西,直到这律法(Torah)达到现存的《五书》的规模。这三种类型的工作——先知的、律法的和史学的——在以色列对世俗生存危机的应对中,以及在它对犹大的承续中是不可分割的。

根据前面的思考,我们现在应当来分析这所谓的《约书》,或更确切地说是一个尚未有明确界限的文本。因为《约书》这个术语,就它用来指称《出埃及记》第二十章第二十三节至第二十三章第十九节这段文本的意义而言,是一个现代《旧约全书》语文学的概念,它在更具批判性的

辩论中更有意义,但却不能为我们的目的服务。如果我们想要理解公元前9和8世纪对于该“律法”的关注,我们就必须按照圣经叙事的作者们的意图来接受该文本的结构。《约书》在现代语文学的意义上并不构成一个独立的意义单元,而是被嵌入到埃洛希姆派对于耶和华与他的民在西奈山所缔结的约的说明之中。这一说明包括《出埃及记》第十九章至第二十四章的内容。先知的敏感,法律主张的技巧(nomoethetic skills)以及史学家的想象力结合起来创造了一个意义单元,对此我们必须用它自己的语汇来加以论述。

在这组文本中的第二十四章第七节出现了“约书”这个词汇,现代考证者把它用于他们自己的目的。按照该叙事作者的本意,它是指《出埃及记》第二十章至第二十三章中关于西奈立法的那部分内容。那部分包括两类规则,在第二十四章第三节中分别被称为“耶和华的命令”(debharim)和“典章”(mishpatim)或决定。该立法本身就区分了这两类规则,因为《出埃及记》第二十章开篇说:“神吩咐这一切的命令(debharim)[①]说……”而《出埃及记》第二十一章开篇说:“你在百姓面前所要立的典章(mishpatim)是这样……”《出埃及记》第二十章第二节至第十七节的命令今天通常称之为摩西十诫(the Ten Commandments 或 the Decalogue),因为在耶和华派对这些命令的叙述版本中,命令的数目明确地说明是十条(第三十四章第二十八节)。《出埃及记》第二十一章第二节至第二十二章第十五节的典章构成了这部法典的核心,现代的用 379
法称之为《约书》。因此,这个术语在《圣经》的意义上,既包括命令也包括典章。

然而,在《出埃及记》第二十四章第八节中该术语的意义似乎是对最初较为狭窄的意义的扩大。因为在《出埃及记》第二十四章第三节

---

① 译者所参照的中英文对照版《圣经》,此句中文译为“神吩咐这一切的话说”,这里根据上下文的需要作了必要的改动。——译注

中，人民仅就耶和华的命令宣誓立约；在第二十四章第四节，摩西仅仅写下了耶和华的命令，而不包括典章。此外，耶和华对于西奈立法的说明，也只包括命令部分。在《出埃及记》第三十四章第二十七节中，提到了根据这些命令与以色列人所立之约；没有提及典章。最后，《申命记》第五章第二十二节坚持认为耶和华晓谕了命令，“此外并没有添别的话”。从我们所引的这些段落中可以推断出关于西奈十诫的一种口述传统，它被所有这些历史学派所接受。在他们的史学著作中，根据这些历史学家们的理解以及他们所处的时代，它可以被用于明确耶和华秩序的实质。但是，为了实现这个目的的实践却各不相同。《出埃及记》第三十四章的耶和华派叙事(J)作为最古老的对西奈立法的记述，满足于仅仅使用摩西十诫。作为最新版本《申命记》的作者的叙事，则回到了带有一种批判基调的实践。因为在两者之间，埃洛希姆派的叙述已经以例证的方式通过将耶和华的典章也容纳进来而扩展了西奈立法的内容。看上去《约书》这个术语最初仅指耶和华的命令。而且，埃洛希姆派的做法提供了一条有价值的线索，即关于耶和华典章的法典应当被理解为通过详细阐述更为具体的规则来扩展包含在耶和华命令中的秩序实质。

关于文本结构的问题尚未穷尽。因为《出埃及记》第二十章至第二十三章的西奈立法在形式上并非如其在第二十章和第二十一章篇首自我宣称的那样明确分为命令和典章两个部分。埃洛希姆派的十诫仅仅包括《出埃及记》第二十章第二节至第十七节的内容。其后是第十八节至第二十一节的一段简短的插叙。该章余下的部分，即第二十章第二十三节至第二十六节，由一些律则组成，在措辞上它们被称为“耶和华的命令”，但是不属于十诫中的命令。巴恩迟(Baentsch)较早的著作接续了洛兹的出色分析，它已经表明第二十三节至第二十六节是另外十条诫律的一部分，这另外十诫的其余内容散布在《出埃及记》第二十一

章至第二十三章中。这个完整的十诫包括如下段落:第二十章第二十 380
三节至第二十六节;第二十二章第二十九节至第三十节;第二十三章第十节至第十九节。[①] 为了便于分辨,我们将把这另外的十诫称为第二埃洛希姆派十诫。

总而言之有四种十诫,根据内容可以分为两类。《申命记》第五章的十诫与《出埃及记》第二十章第二节至第十七节中的第一埃洛希姆派十诫紧密相关。第二埃洛希姆派十诫——其主要内容是关于信仰崇拜节日和祭祀的命令——与《出埃及记》第三十四章中的耶和华十诫密不可分。这两种类型的十诫何者更为古老,更为接近最初摩西的内容是个有争议的问题。我们倾向于同意马丁·巴勃的观点,他说《出埃及记》第二十章第二节至第十七节中的第一埃洛希姆派十诫有可能有其自身的时代和原创性,因为它集中关注一个在耶和华统治下的社会其神权政治秩序的本质。[②] 于是,第二埃洛希姆派十诫这一类型将不得不被认为是一个间接的创作,虽然其中部分材料也很古老,足以追溯到摩西时代。

正如我们所言,第一十诫集中关注了在耶和华统治下一个民族的神权政治秩序的本质,或许正因为这个原因,它没有包含非摩西的内容。第二十诫包含了只有在后摩西时代迦南的农业社会条件下才有意义的规定,例如建立收割节和收藏节(第二十三章第十六节),或为田地,特别是为葡萄园和橄榄园——作物需要较长的时间来生长——建

---

① Bruno Baentsch, *Das Bundesbuch* (Halle: M. Niemayer, 1892). Lods, *Histoire de la Littérature Hébraique et Juive*, 205ff.

② 《出埃及记》第二十章第二节至第十七节中的十诫将在第十二章《摩西》中得到论述。

立安息年制度(第二十三章第十节)①。存在如此大不相同但都自称是最初十项"耶和华命令"的版本提出了关于十诫的形式的问题,这种形式之中可以被塞进变化多端的内容。我们假设(因为在这个问题上无法证明任何东西)十诫最初曾被设计为一种形式,它可以以容易用手指数出来的一系列要点的方式容纳耶和华命令的基本要素。这样一种形式,一旦被创造出来,就可以在不同的具体化程度上被用于容纳"命令"。关于信仰崇拜仪式或各种节日的日期安排的规定,关于在变动不居的经济和社会条件下耶和华秩序的规定,支配民法或刑法的特定主
381 题的规定,如此等等——如果有了系统地加以汇编的愿望,所有这些都是将被塑造为十诫形式的潜在材料。如果该形式确实被用于这个目的,那么一系列十诫就将根据最初神学政治中十诫的精神而形成一部由法律规定组成的法典。

以埃洛希姆派形式出现的西奈立法,暗示在公元前9世纪的危机中必然发生了类似的事情。因为《出埃及记》第二十章至第二十三章不仅包含了耶和华命令中的神学政治和信仰崇拜仪式的十诫,而且在典章的名目下包含了其他几种十诫。有四种这样的典章十诫现在仍然保存完好;它们是:

(1)关于奴隶地位的十诫(《出埃及记》第二十一章第一节至第十一节)

(2)关于人身伤害的十诫(《出埃及记》第二十一章第十二节至第二十七节)

(3)关于牲畜伤人或人伤牲畜的十诫(《出埃及记》第二十一章第二十八节至第二十二章第四节)

---

① 原文如此,但译者所参照的中英文对照版《圣经》,涉及这一内容的是第二十三章第十一节。——译注

(4)关于各种不同的财产损失的十诫,可能的途径有在地上点火,委托保管之物的损失,偷盗,借来的牲畜所遭到的损害,如此等等(《出埃及记》第二十二章第五节至第十四节)。

在这第四个十诫之外,我们无法对该文本的结构再加以清晰的辨别。有可能一个关于性侵犯的典章十诫的残余部分保存在第二十二章第十六节、第十七节和第十九节中。而且几乎确定无疑的是,一个关于社会职责的十诫散见于从第二十二章第二十一节到第二十三章第九节的篇章中。但是我们不应贸然闯入这些有争议的领域。对我们的目的来说,这些能够清晰地辨别出来的十诫就足以让我们得出这样的结论:根据十诫中的主题加以组织的一个典章集在公元前9世纪由某个祭司团体编纂而成。四个这样的十诫,也许还包括第五个十诫的部分内容被埃洛希姆派历史学家融合成为他对西奈立法的记述。可能还存在几个其他的十诫,因为一位法律专家不太可能会使他的著述留下如此明显的空白,比如关于继承、离婚、通奸或程序的法律。为什么它们被这种记述遗漏(如果它们曾经存在的话)是一个推测无益的问题。

除了这些形式上的十诫之外,《出埃及记》第二十章至第二十三章的立法还包含了其他的材料,它们从未或永远不会以这种形式出现。尽管如此,这部分规定整体也不是一个杂乱无章的组合。有一些意义的线索从最初神学政治的十诫命令,经由那些典章十诫,贯穿到最后关于社会行为的种种劝告。我们现在必须涉及部分更为微妙的结构元素。 382

把耶和华典章的作者归结为摩西,以及用神学政治的命令把它们结合为一个文本,赋予了它们这样的特征,即用法规来详细解释包含在十诫中的原则。耶和华的命令说(《出埃及记》第二十章第十五节):“不可偷盗”;下述典章详细解释了这一法规(第二十二章第一节):“人若偷牛或羊,无论是宰了,是卖了,他就要以五牛赔一牛,四羊赔一羊。”

命令说(第二十章第十三节):“不可杀人”;典章详细解释说(第二十一章第十二节):“打人以至打死的,必要把他治死。”在这样的例子中,意义的线索相对清楚。命令是耶和华对人的命令,以“你应该”[1]这样的形式表达出来:[2]典章把命令精心建构为一条法律规则,以“如果”—法则[3]的形式表达出来,并附以一种惩罚。但是这条线索只是相对清晰,因为我们不知道那些典章当时是否真的得到了实施。故此,我们还不知道是否那些命令是一部实证法法典的前言,它们揭示了其权威的来源;也不知道是否那些典章是十诫的一个附录,旨在向一个目无法纪的时代表明根据神的命令,法律应当是什么。

如果我们考察一下在那些完好无损的典章十诫之外的法规,作者们的动机就将变得更加清晰可见。例如,耶和华的命令会说(第二十章第七节):“不可妄称耶和华你神的名”(也就是说,在施行巫术的时候不可妄称耶和华的名);而相应的法规会说(第二十二章第十八节):“行邪术的女人,不可容她存活。”在这种情况下,这条法规把一个普遍命令具体化到一则典章的层面,但是仍然保持了命令的“你应该”的形式。这种独特的混合形式看上去像是立法者的一种方法,借此提醒人民在一则已经废弃不用的典章(可能是扫罗的典章)背后有神的权威。又如命令说(第二十章第三节):“除了我以外,你不可有别的神”;相应的典章详细解释说(第二十二章第二十节):“祭祀别神,不单单祭祀耶和华的,

① 由于中文版《圣经》在翻译十诫的“不可……”时,其所对应的英文原文是“Thou shalt not”,所以沃格林说这种命令的表达形式是“Thou shalt”,再译成中文就成了“你应该”。读者在阅读中文译文的时候,可以把“你应该”理解为一个广义上的命令,既包括你应该做什么也包括你应该不做什么,而不要局限于字面上的意义和结构。下文还有类似的情况,不再一一注明。——译注

② 我是指其英译的形式。希伯来语中,该命令式动词是单数形式。

③ “如果”—法则就是指以“如果……,则……”这种形式出现的法则。——译注

那人必在禁令(cherem)下遭灭绝。”①这可能是远古时代的一则真实典章,但是在以色列官方的信仰崇拜是推罗的巴力的时代,它毫无疑问没有得到实施,更不用说普罗大众一般的信仰崇拜实践了。把它包含在众多的法规之中看上去像是先知对那个时代的邪恶的一种抗议。这样的例子使我们有可能认为埃洛希姆派关于西奈立法的文本根本不是一 383
部实证法的法典,而是为了把简明扼要的耶和华命令的意义编织到具体社会秩序的法规之中而做出的一种繁复的努力。我们假定为了这个目的,埃洛希姆派的历史学家发现有多种多样的意义可以任其支配。他可能使用了那四种典章十诫,因为很有可能的是,从它们与耶和华典章的精神相符的角度出发,这些典章十诫已经被集合起来,不管当时实际实施的情况如何。他还可能利用了也曾被耶和华派历史学家所使用的信仰崇拜仪式的十诫。

然而,在这些清晰可辨的十诫中被形式化的材料并不足以完全彻底地完成这项计划。“仁慈”的缺乏——何西阿曾为之抱怨——要求对超出这律法文字之外的种种劝告加以重述。有一些例子将会揭示埃洛希姆派作者最终的意图。“不可亏负寄居的,也不可欺压他”(第二十二章第二十一节);“我民中有贫穷人与你同住,你若借钱给他,不可如放债的那样对他。”(也就是说,不收利息;第二十二章第二十五节)这些法规是在具体典章的层面上进行叙述的,即使它们可能采取了“如果”—法则的形式,仍然没有任何约束力。当神的约束力被加诸其上时,这些法规缺乏对人的约束力这一点就得到了强调:“你即或拿邻舍的衣服作当头,必在日落以先归还他;因他只有这一件当盖头,是他盖身的衣服,

① 沃格林原著中此句的英文为“Who sacrifices to gods, save to Yahweh alone, shall be destroyed under the ban (cherem)”。而译者所参照的中英文对照版《圣经》此句的英文为“Whoever sacrifices to any god, other than the LORD alone, shall be devoted to destruction”。中译为“祭祀别神,不单单祭祀耶和华的,那人必要灭绝”。——译注

若是没有,他拿什么睡觉呢?他哀求我,我就应允,因为我是有恩惠的。”(第二十二章第二十六节至第二十七节)在这里,带有神的约束力的“如果”—法则被进一步辅之以对富人的道德感受提出一种合理的要求。在其他的一些例子中,这种推理还被加诸没有附带神谴之威胁的命令之上:“(在一场诉讼中)不可受贿赂,因为贿赂能叫明眼人变瞎了,又能颠倒义人的话。”(第二十三章第八节)这些劝告关注的是在一个已经分裂为富有的上层阶级和穷困不堪因而受人支配的群体的社会中,穷人的不幸和富人没有仁慈之心的行为。这种裂痕无法通过典章的实施,而只能通过回到耶和华命令的共同体精神才能加以弥合。要作为与耶和华订立的圣约之下的一个民族而生存,需要的不仅仅是服从律法的条文。埃洛希姆派提出了关于平等和慈善的劝告,如果得到遵循的话,它们将把这种精神转化为具体的社会秩序。

对西奈立法的记述在《出埃及记》第二十三章第二十节至第二十二
384 节中以耶和华对一位使者的任命作为结束,该使者将在这个民族的前面行,并且在路上保护它。“他是奉我的名来的,你们要在他面前谨慎,听从他的话……”如果人民不遵从他的话,那么这种冒犯将不会得到宽恕;如果人民听从他的话,那么耶和华将站在他们一边反对他们所有的敌人。从这些命令、典章和劝告中,我们回到了它们的起源,那就是在西奈山创造的神统治下的现在。那个现在还没有变成过去,而是通过这个使者——他的话与该民族同在——维持着它的活力;此时此刻就在埃洛希姆派的这一著作中仍是一个鲜活的现在。那永恒的话语总是现在发出的。正如它通过摩西讲出来一样,现在它也通过这位同时是立法者和先知的历史学家表达出来。通过例证的重构,过去被重新确立为一个现在。正是这位历史学家,而不是国王及其官僚机关,创造了以色列在耶和华统治下的现在。这位历史学家的著作微妙地把以色列秩序的权威从王国转移到了这种精神的新承载者身上。

第四节　先知以利亚

反对暗利王朝的耶和华运动得到了一群特立独行的先知们的支持,这种支持可能被强化到反叛和鼓动谋杀的地步。他们当中有三个人的名字为人所知,即以利亚、以利沙和弥迦(Micajah①);另外两个仍然是无名氏。他们当中伟大的精神力量是先知以利亚,即使该王室实际被铲除发生在他的后继者以利沙的时代。

我们很难形象地对那个决定性地干预了公元前9世纪危机的人加以描绘。原因是由于以利亚的传说具有传说的形式,所以不能被用作直接的史料;这位先知本人并没有著述,而他的言论也不像公元前8和7世纪的先知言论那样被其忠实的信徒保存下来。因此,他的崇高声望只能从他给同时代人留下的印象中加以推断;而其工作的大体情况也只能从其后代人罩在他身上的各种闪亮的符号光环中进行推想。由于与以利亚的出现紧密相联的符号体系具有末世论的性质,对于他个人及其工作的研究将同时成为对末世论经验的起源及其表达的探究。 385

这个先知是一位圣约(berith)的使者(malakh)。其职责的含义从《约书》的劝勉性结论(《出埃及记》第二十三章第二十节至第三十三节)中浮现出来。在圣约得到缔结,而律法得到宣示的时候,耶和华让他的民得知:"看哪,我差遣使者在你前面,在路上保护你,领你到我所预备的地方去。"该民族必须听从使者的话,因为耶和华自己就在其中显现。如果该民族听从了使者的话,那么耶和华就会来帮助它,为它带来经济繁荣和政治成功。但正是在成功的时候,当以色列战胜了其他民族而在他们的土地上定居的时候,必须小心谨慎而不能抛弃它的神

① 《圣经》中记载的先知弥迦的拼写为Micah,此处沃格林作Micajah,疑为同一人。——编注

(《出埃及记》第二十三章第三十二节至第三十三节)。

不可和他们并他们的神立约。
他们不可住在你的地上,恐怕他们使你得罪我。
你若侍奉他们的神,这必成为你的网罗。

这种警告可能与迦南的诱惑同样古老,但是在官方与巴力结盟的时代,当这位使者回忆起这种警告时,它必然具有一种特殊的影响力。但是,如果国王和人民都不听从耶和华的话,正如在公元前9世纪的巴力危机中他们的确没有听从一样,那么将会发生什么事?在这样一个背叛的年代,耶和华的话由于带有审判的威胁而变得激烈。使者将在耶和华顶着荣耀之光降临并对他的民执行审判之前扮演神的先行者的角色。

作为圣约使者的先知,作为神审判的先行者的使者,以及作为使者和先行者的原型,以利亚就是我们在《玛拉基书》(Malachi)的符号体系中发现的各种元素的结合体。这一《圣经》篇目的年代可能是公元前5世纪,它的作者被归结为"玛拉基"因为它宣布了"我的使者"(malakhi)的到来。其符号的程式在第三章第一节中得到了发展:

看哪,①我要差遣我的使者在我前面预备道路。你们所寻求的主,必忽然进入他的殿。

紧随上述引文之后的编辑插补将该使者等同于"立约的使者";这

① 沃格林原著的《圣经》引文以及译者所参照的中英文对照版《圣经》的英文原文中,此句的开头分别是"Behold"和"See",但是中译为"万军之耶和华说"。由于前面的一处引文把behold译为"看哪",与英文原文较为妥帖,故此处仍译为"看哪"。——译注

一简短篇目的结尾段落(第三章第二十二节至第二十三节)[①]更加明确 386
了这个预言的细节:

> 你们当记念我仆人摩西的律法,就是我在何烈山(Horeb)为以色列众人所吩咐他的律例典章。
>
> 看哪,耶和华大而可畏之日未到以前,我必差遣先知以利亚到你们那里去。

对这段文本的分析要从如下假设开始:《玛拉基书》所预言的以利亚是一个真理的言说者,而他所说的真理是历史上公元前9世纪的以利亚就已经说出的那个真理,虽然不一定是以《玛拉基书》的形式说出来的。在以色列腐败的过程中,神的意志和人的行为之间的张力在那个宣布神之审判的使者的话语中突然凸显出来。历史上的以利亚已经变成了那种政界之外的声音的原型;在玛拉基的手中,他被改造成为一个符号,象征着再次出现的对于重建秩序——该民族经常背离这一秩序——的要求。这个符号是被有意识地创造出来的,因此我们可以从该符号中得出具有历史实质的结论,这种实质已然被该符号所吸收。这种创造是有意识的,这一点已经为玛拉基本人所证实,因为把历史事件和历史人物改造成为表达审判之经验的符号一般来说是他的风格。不仅这种永恒的要求出现在以利亚的历史形象中,而且人所背离的神的秩序也必须被具体化为摩西的律法。应该指出的是,就现有的资料而言,此处是以色列历史上第一次"摩西的律法"这一措辞被用来指称西奈立法。以利亚变成了使者,在同样的符号意义上,摩西变成了立法者。而且,以利亚预言的内容——即将到来的耶和华日——是以历史

① 这段圣经在译者所参照的中英文对照版《圣经》的《玛拉基书》中是第四章第四节至第五节。——译注

上的政治灾难的形式出现的一种神的惩罚。最后,这警告本身将被理解为具有历史真实性,因为如果人民听从警告,悔悟,并且回归摩西的律法,那么耶和华日是可以避免的。在第三章第二十四节①,玛拉基让耶和华赋予他的使者一个历史救星的职责:

> 他必使父亲的心转向儿女,
> 儿女的心转向父亲,
> 387 免得我来咒诅(cherem)遍地。

因此,被符号化的以利亚的告诫之言充满了历史含义:使者的话宣布了耶和华对于此刻他的民的审判;对将来而言,它提出了两种选择:如果使者的话没有得到听从,那么耶和华日就会到来,而如果对于忏悔的要求成功了,那么就会有摩西律法的重建。

但是,《玛拉基书》符号体系的历史实质不允许我们把符号化的以利亚和历史上的以利亚等同起来。这位公元前9世纪的先知可以被玛拉基用作一个符号,因为历史上的以利亚讲出了一种相关的经验。用黑格尔的术语来说,这些历史人物是合理的,因为历史中存在理性;历史的结构(texture)可能变成玛拉基关于审判之经验的符号语言,因为审判出现在历史的结构中。因此,我们已经提到了那种已然进入该符号体系的历史实质。虽然这种实质,也就是关于神的审判的经验,是被玛拉基结合在以利亚身上的,但是以利亚表达它所用的语言却无法从玛拉基那里推断出来。为了找到以利亚可能的形式,必须考虑其他的资料来源。

---

① 这段圣经在译者所参照的中英文对照版《圣经》的《玛拉基书》中是第四章第六节。——译注

如果我们记得关于审判的经验并不是前所未有的——对于玛拉基而言当然不是前所未有的，而且对于玛拉基将这种经验与其相联的以利亚来说也不是前所未有的——那么对于其他符号体系的意识就会变得更加敏锐。《士师记》中反复出现了对于回归耶和华意志的号召，在对《士师记》的建构中反映了早期人们对这个问题的思考。背叛与回归的循环，以及与之相应的以色列的不幸和重建，必须被认为是力图解决这个问题的一种努力。但是这种努力不得不一直难以令人满意，因为该符号体系深深地镶嵌在那些历史事件之中。如果《士师记》的这种循环节奏重复了足够多的次数，那么即使是一位毫无批判力的历史学家也会怀疑他不是在处理实际历史的各个阶段，而是神与人的关系之中一种持续的张力。他会发现，对神的背叛是人的一种经常存在的状态；因此，审判在字面意义上的那种危机也经常存在；而且使者的话以及对重建的需要也经常存在。

《玛拉基书》的这种符号体系已经远远超过了《士师记》，因为历史事件和历史人物不再为历史的叙事服务，而明确成为种种符号，象征着 388
被体验到的背叛的存在，精神的表达，审判和重建。尽管如此，这些符号的大致轮廓仍然在很大程度上被意象的具体内容所模糊，以至于我们感到在表达与预期经验之间发生了矛盾，因为出现在先知话语中的审判，由于耶和华日那灾难性审判的未来，而显得不重要了。那个矛盾，也就是把象征（images）具体化的后果，甚至影响了这经验本身的表象（complexion）。因为重建的元素随着《玛拉基书》一同被那不可避免的灾难所带来的绝望淹没，很难期待有另外的选择。只有在《新约全书》中——当以利亚的这部分职责通过符号的复兴（apokatastasis）而获得了它确定的性质时——重建的元素才充分实现了它的重要性和独特性。

末世论的种种问题——《玛拉基书》将之与以利亚联系起来——通

过《马太福音》第十七章第一节至第十三节中那个意义深远的场景而被推进到更为清晰的程度。它包括两部分:(1)高山上所见的异象,一种早期基督教的传统把这座高山认定为他泊山;以及(2)耶稣的语录(Logion),这解释了关于那异象的戏剧性事件。我们应当再一次首先确证相关的文本:

耶稣——该福音书这样讲述——带着他的三个门徒登上一座高山。在那里他改变了形象。随后摩西和以利亚显现并与他说话。最后,一朵光明的云彩之中有一个声音说:“这是我的爱子,我所喜悦的,你们要听他。”(《马太福音》第十七章第五节)[①]当他们从山上下来,耶稣警告他的门徒在人子从死里复活之前不要泄露他们所看见的东西(第十七章第九节)。但是这些门徒却开始纳闷。神子与他们同在。那么为什么文士要说以利亚必须先来?(第十七章第十节)耶稣在其语录第十七章第十一节至第十二节回答这个问题说:

> 以利亚固然先来,并要复兴(apokatastasei)万事;
> 只是我告诉你们,以利亚已经来了,
> 人却不认识他,竟任意待他。
> 389 人子也将要这样受他们的害。

在这段语录之后,四福音书作者记述说,那时这些门徒才明白耶稣向他们所说的是施洗的约翰(第十七章第十三节)。

关于他泊山异象的戏剧性事件和这段语录一同构成了一个意义单元。理解它的最佳(即使不是最明显的)途径是通过这段语录的结构。因为那个结构——远非仅仅是一种文学方法——是从利用它来传达的

---

① Goodspeed 的译文“他是我所选”而非“我所喜悦的”可能与本来的意思最为相近。

内容中发展起来的一种形式。在这段语录中，耶稣首先重述了《玛拉基书》的预言，尽管重点放在由以利亚完成的复兴而不是耶和华日；随后用“只是我告诉你们”引出了这个以利亚符号的新含义。同样的结构也可以在其他耶稣语录中被发现，特别是在登山宝训中，在那里耶稣首先陈述了古老的教义（“你们听见有吩咐古人的话”），随后（用这句有气势的“只是我告诉你们”）反对他自己的训旨（message）。现在，在登山宝训的语境下，这种反对的含义在《马太福音》第五章第十七节中被阐明：

> 莫想我来要废掉律法和先知；我来不是要废掉，乃是要恢复其全部意义。①②

这个段落以及它对耶稣降临之目的所作之不甚明确的（discursive）声明，读起来像是他泊山上——在那里这个目的得到了实施——戏剧性事件的一个序幕。因为在那个异象中律法和先知都显现了，它们被人格化为摩西和以利亚。这是古老的教义。当彼得看到了这一显现，

---

① 如果不加解释的话，对这段话的任何译文都不能令人感到满意。詹姆斯王译本译为“我来不是要废掉，乃是要成全”（I am not come to destroy, but to fulfill），这是字面翻译，但是无法让我们了解其预想的含义。Goodspeed 译为“实施”（enforce），这太侧重其法律意义。里欧（Rieu）译为“使其完善”（to bring them to perfection），在我们看来，这更接近充分满足（saturation）的感觉，并且已经有一种意义存在于律法和先知之中，存在于希腊语的 plerosai（意为建立、坚立、坚定、证实、注满、完成。——译注）之中。我们更倾向于我们在这个文本中的翻译。

② 正如沃格林在上注中所说的，这段圣经有不同的译法。作者的英译是：“I have come, not to destroy them, but to bring them to their full meaning.”根据译者所参照的中英文对照版《圣经》，这段的英文译文是“I have come not to abolish but to fulfill”。其中译为“我来不是要废掉，乃是要成全”。——译注

当他看见两个古人在与耶稣交谈时,这场景显然使他高兴。因为他发现"在这里真好",并且提出要修建三座棚,"一座为你,一座为摩西,一座为以利亚"(第十七章第四节)。他准备让这三人会(Conference of Three)得到舒适的安排,但是他友善的建议令人恐惧地被一朵光明的云彩中发出的声音打断,那声音宣称耶稣是他的爱子。当这些因恐惧而
390 俯伏在地的门徒再次向上看的时候,"他们不见一人,只见耶稣在那里"(第十七章第八节)。耶稣现在是只身一人了。耶和华的使者确实已经化身为施洗的约翰。人们对这位耶和华日的先行者的认识不超过对他的前任的认识。他的话仍然不被听从,而且他本人也被处死。但是约翰是最后一个以利亚。神自己,通过他的儿子,现在将要遭受他的使者的命运。在人子从死亡中复活成为救世主之前,这些门徒一定不能泄露这个秘密:神自己正出现在历史之中。耶和华日不再是将由一位使者来宣布的以色列历史上即将来临的大灾难。它被转化成为在人们背叛了神的精神从而将其杀害的那个时代里,神的永恒审判的到来。在道成肉身之后,使者和先知式的先行者都不再可能出现了。

在《玛拉基书》的符号体系中,这一审判的出现不意味着取消了未来的耶和华日的到来。正如我们所说的,经由以利亚对律法的重建被淹没在这样的绝望当中,即以利亚的话仍旧无人听从。从耶和华日在以利亚符号集合中所处的主导地位,我们可以推断出它有着自身强劲而独立的生命,这生命植根于一种特殊的经验之中。① 不幸的是,没有能够确定无疑地揭示这一符号之起源的原始资料得以保存下来。耶和华日第一次出现在公元前8世纪《阿摩司书》的预言中。在它第一次出

---

① 玛所拉版的《玛拉基书》第三章第二十三节重复出现在这一先知书的结尾处:"看哪,耶和华大而可畏之日未到以前,我必差遣先知以利亚到你们那里去。"由于《玛拉基书》是十二先知书的最后一篇,在该文本中的这种重复(在詹姆斯王版和修订标准版《圣经》中没有出现这种重复)使耶和华日具有了所有这些先知书整体之精华的特征。

现的时候,它显然就有一个史前史,因为阿摩司(第五章第十八节至第二十节)用危险的大灾难来反对人民对于这一天是个欢乐结局的期盼:

想望耶和华日子来到的有祸了!
你们为何想望耶和华的日子呢?
那日黑暗没有光明,
景况好像人躲避狮子又遇见熊,
或是进房屋以手靠墙,就被蛇咬。
耶和华的日子,不是黑暗没有光明吗?
不是幽暗毫无光辉吗? 391

因此我们必须论述不是一种而是两种耶和华日的概念。

阿摩司提到这一日,在它是个欢乐结局的意义上,就好像它是一个被人民普遍接受、尽人皆知的符号。关于它的起源,我们只能猜测它属于一个符号集,其残余部分在帝国诗篇中得以保留下来。《诗篇》第二篇中登基典礼的誓言几乎不可避免地会导致人们创造出一个大众的荣耀符号,一个象征着耶和华和以色列统治各民族以及全世界的那一天的符号。因此,我们倾向于认为这个欢乐日是从宇宙论符号体系在大卫帝国的普遍兴起中发展起来的。所以,我们不必在埃及人对救世主的期盼中寻找其明确的文字先例。在以色列进入它的帝国阶段并因而善于接受各种外来符号——它们方便地表达了对于新建帝国的经验——的时代,出现这样的影响可以是想当然的。即使可能找到这样的先例,它们比在这种情况下通常会加以引证的中王国的文本更有说服力,这种符号的根源也不是文献而是以色列的本土经验。而且,我们怀疑在更为古老的近东帝国的文献中有可能找到关于以色列欢乐日的引人注目的先例。大卫帝国善于接受宇宙论符号这一点从未取代被选民族自身的经验。这个新的符号体系必须与以色列的命运——在神的王国中达到应许之地——混合起来。如果我们看一看后来在《约珥书》(几乎不可能早于公元前4世纪)中对这一日所作的末世论论述,我们就会发现神的审判对于以色列和犹大的迫害者来说是恐怖的,但是对于那些“求告耶和华的名的”(第二章第三十二节)人来说是欢乐的。那些逃脱的人将与那些被圣灵的浇灌所毁灭的人区分开来(第二章第二十八节至第二十九节):

> 以后,我要将我的灵浇灌凡有血气的。
> 你们的儿女要说预言,
> 你们的老年人要作异梦,
> 少年人要见异象。
> 在那些日子,
> 392 我要将我的灵浇灌我的仆人和使女。

《约珥书》的这段话在《使徒行传》第二章对圣灵降临的解释中得到接续。没有存在中的飞跃,也就是以色列对于成为被选民族的要求,就不可能从宇宙论符号中发展出这种性质的意义来。

可怕的耶和华日是不是《阿摩司书》的创造尚无定论。在现存的文献中,它最早出现在阿摩司的预言中,这一事实也证明不了什么。这一文本通过其第五章第二十节的问题形式暗示他的听众熟悉这个符号的种种可怕之处,并且可以通过这个问题想起其不太令人喜爱的意义。在权衡这个问题的时候,我们必须依靠之前在论述神权政治思想以及这种思想的作者被归结为撒母耳时所使用的论据。虽然我们不能认为以例证的方式归结思想的来源可以证明历史上的撒母耳曾经精心建构了这种思想,但是后来的历史学家在经验与符号的联系上显示出了相当深刻的洞察力。当时他发现撒母耳的处境就是某种经验的来源,如果要清晰地表达这种经验,就必须在神权政治的思想中去寻找答案。

关于这个令人恐惧的耶和华日，我们面临着一个相似的问题。《玛拉基书》以例证的方式将它与以利亚联结在一起。历史上的以利亚被拔高为那个宣布大灾难即将来临的原型人物。正如在撒母耳的例子中一样，这种例证的关联不能证明历史上的以利亚创造了这个符号。但是情况又复如此，这段《玛拉基书》的神谕明智地看到公元前 9 世纪的局势可能是某种经验——该经验可以在关于这个可怕日子的符号中得到清晰的表述的来源。正如我们所提示的，在撒母耳的例子中，神权政治思想必然曾经出现在那个时代不止一位先知的头脑中，因此现在我们假设在公元前 9 世纪的危机中也有不止一位以色列的先知有这样的思想，即那一天的局面与那些以沙文主义和宇宙论的形式背叛神的人们所期待的有些不同。因为在这些符号的逻辑中，那个可怕的日子是作为对那个欢乐日的一种反动而与之建立关联的。由于对统治世界带有非凡期待的那个欢乐日起源于帝国及其符号体系，所以那个可怕的日子显然是一种反王国主义的反抗。没有任何一种历史形势比公元前 9 世纪的先知的反叛更适合它了。

在后放逐期的犹太教以及在基督教中，以利亚都被认为是关于神给予人启示的戏剧性事件中的伟大人物之一。那么高的评价是确然无疑的。为了更清楚地确定他的作用，我们现在应该系统地列出末世论符号发展的主要阶段，对此我们在前文的分析中只能附带提及： 393

（1）末世论问题的提出伴随着迦南的含糊不清。神的王国被理解成被选民族在历史中生存和一块确定的地理区域内所建立的秩序。为了把一个并非此岸世界的王国概念从这个紧凑的符号中解放出来，必须根除下述构成元素：（a）在种族意义上的特定民族是该王国在历史中的承载者；（b）该王国可以通过一个民族的世俗组织加以实现；（c）该王国可以作为任何人类群体在神的意志下做到行为完美的一种持续性状态而得以在历史中实现。

(2)迦南在被征服之后处于一种张力之中。在这块新的定居地上,被选民族在神权政体的形式下和平生存被证明是不可能的;与迦南人的融合通过多种形式的信仰调和而削弱了原初的耶和华崇拜。这两种对秩序的扰乱被《士师记》符号的节奏性变化联系起来,成为背叛和神的惩罚。和平与繁荣是对良好行为的回报这种思想固然是比较原始的,甚至有一点巫术的色彩,但至少罪恶感和神的惩罚存在于其中。

(3)随着王权统治和帝国的成功,又有两种元素进入了这个符号集。一方面,通过撒母耳和拿单,先知作为耶和华秩序护卫者的角色变得清晰起来,神权统治问题的轮廓也显现出来。另一方面,随着把耶和华改造成为一个宇宙统治者,对于耶和华崇拜的普遍背叛在公元前10世纪达到了前所未有的程度。我们把迦南的符号向荣耀的耶和华日——它将会使这个帝国民族建立起对各个民族和整个世界的统治——转变的时间归结为这一时期。

(4)公元前9世纪以色列从帝国中分裂出去之后,这种背叛影响了公众的信仰崇拜。正如我们所提示的那样,那是末世论符号集形成的关键时期。法典的编纂者和历史学家们重新采取种种原始资料,试图重建秩序的标准,据此背叛就将被标示出来。"立约的使者"作为圣灵
394 的永远存在的声音而出现。先知们把以色列的宇宙胜利和荣耀日改造成为一个可怕的审判日,那天耶和华将以政治大灾难的形式降临在王国之中。

(5)这个符号集形成了,但是在公元前9世纪的危机中,它的指向仍然是反对王朝和外邦的影响。对于暗利王朝的反叛,虽然是由一位将军领导的,却得到了人民的支持,特别是得到了利甲族人的支持。在其特定的形式下,王国的组织是罪恶的根源。这个民族本身仍然是无罪的,并且可以依靠它来实现完善的状态,除非它被那些国王和他们的外邦妻子们引入歧途。在公元前8世纪,从阿摩司开始,有一连串伟大的先知理解到这个民族本身就是有罪的。对君主国的痴迷很快过去,

前君主国时期的被选民族再次进入人们的视野。可怕的审判日现在正威胁着这个民族本身。与此同时,在公元前 8 和 7 世纪,历史学家们进一步精心建构了早期祖先的历史和摩西的历史,而法典编纂者们则在摩西的《申命记》讲演中集中关注耶和华秩序的标准。

(6)在后放逐期的《玛拉基书》中,公元前 5 世纪,已经进入这个符号集的各个元素凝结成为一种模式。摩西和以利亚变成了立法者和先知的声音的原型。两个耶和华日变成了以色列最后得到重建或遭遇毁灭的两种选择。此外,可能很容易被忘掉的是,这个匿名的"玛拉基"是这样一位先知,他把关于过去和未来的种种符号结合成为一个新的、不可分割的符号以便表达他对于现在的背叛和审判的理解。

(7)通过玛拉基,这些充满了关于过去和未来的历史意象的符号实现了某种平衡。在它们的中心,永恒的现在——其中正上演着神与人的历史戏剧——变得清晰可见。随着耶稣的出现,神本身也进入了历史的永恒的现在。神的王国现在就在历史之中,虽然它并不属于历史。对于人类的历史秩序来说,道成肉身的后果没有立刻实现;还需要一些时间来寻找哪怕只是相对适当的表达形式。[①] 关于过去的符号首先失 395
去了它们的主导地位。在他泊山的异象中,摩西和以利亚与耶稣交谈,随后他们就消失了,即使彼得愿意把他们当作一个三位一体的精神体的成员而招待他们。律法和先知现在都被"成全"了。关于未来的符号则更为持久。正是在他泊山异象的语境中,耶稣自己(《马太福音》第十

① 这句话严格地指涉关于适当的符号化的问题。道成肉身本身之谜,也就是神人同体之谜,是无法理解的。只要历史在延续,道成肉身对于历史的实质秩序的后果就不会得到充分实现。即使是关于适当的符号化,这句话也必须加以恰当的限定,因为在基督教的神意之下历史的意义,在今天就像在耶稣及其同代人的时代一样,远远没有得到令人满意的确定表达。因此,这句话仅仅意味着,甚至要克服关于历史秩序的传统符号中最明显的不足也要花费一定的时间。

六章第二十七节至第二十八节)使他的门徒确信:“人子要在他父的荣耀里,同着众使者降临。那时候,他要照各人的行为报应各人。我实在告诉你们,站在这里的,有人在没尝死味以前,必看见人子降临在他的国里。”只有在早期基督教的若干世纪中,这些未来主义(futuristic)的历史形象才逐渐被改造成为真正的末世论符号,象征着基督的敌人,基督再临以及最后审判的到来——这些事件不再发生于历史的时间之内。

公元前9世纪是末世论历史上至关重要的一个世纪,因为在那一时期,各种进入该符号集的元素最终集合在一起。作为秩序标准的律法、以色列的背叛、审判的经验、秩序重建的若干选择以及以大灾难形式到来的惩罚,所有这些都出现了,虽然它们尚未发现《玛拉基书》的那种平衡。这个符号集的最终完成与以利亚有关。耶和华已经通过他的仆人摩西与以色列缔结了圣约;在以色列的背叛达到无以复加的地步时,耶和华通过他的使者以利亚用审判和毁灭来威胁那些冒犯他的人。通过摩西,该民族已经实现了存在中的飞跃并获得了在神之下的现在的自由;通过以利亚,提醒该民族耶和华可以放弃他的选择,并解除他的圣约。作为被选民族并不能保证其在实际历史中取得成功,而只是一种生存形式,该形式可以丧失,正如它曾被取得那样。存在中的飞跃充满了从存在中堕落的可能性。摩西和以利亚——两位分别处于该民族兴起和堕落时期的先知——在一起是适当的。在神之下生存的动力机制如同它需要建立者一样也需要告诫者和重建者。

396 在生存的动态变化中,摩西和以利亚互为补充。在历史进程中,该民族在经由摩西建立之后发生了以暗利王朝为代表的以色列的背叛。以利亚——既是告诫者也是重建者——作为第三种力量进入了历史。历史力量所形成的这种三角关系对于理解当时的形势是很关键的。如果先知的反叛只是以色列政府的一种政治对立,那么它可能很难获得成功。先知们是一股力量,因为甚至该王朝也没有质疑源自于摩西的精神权威。遗憾的是，我们对于这些力量之间的相互作用所知甚少。特别是，我们对于以利亚的出身一无所知。这个先知突然就出现在那里，出现在以色列国王面前，并且在蓝天中向他宣布："我指着所侍奉永生耶和华以色列的神起誓，这几年我若不祷告，必不降露，不下雨。"(《列王记上》第十七章第一节)在说完这些话之后，他就不再出现在那里；而此后连续几年天空一直湛蓝，没下过一滴雨。干旱和饥荒接踵而来。像以利亚这样一个人对于政府来说必然是令人头疼的问题，即使该问题仅仅勉强关乎人民的福祉。

先知突然干预了以色列的事务，这值得我们关注。部分原因必然可以通过原始资料的性质，以及《列王记》的作者对它们的使用加以解释。他主要的资料来源是《以色列诸王记》和《犹大诸王记》。这位历史学家从这些传记中为每一位国王的统治都作了简短的摘录，正如我们在《列王记上》第十六章第二十一节至第二十八节中发现的对暗利统治的事迹摘录，在第十六章第二十九节至第三十四节发现的对亚哈统治的事迹摘录一样。此外他还请读者参阅这些传记本身以便了解更多的信息。当《列王记上》第十七章的叙事拓宽视野而进入了关于先知反叛的很多细节时，显然从这些传记中所作的摘录现在被关于以利亚、以利沙和其他先知的故事及传说打断。因此，以利亚的突然出现——他在此前对亚哈统治的事迹摘录中并未被如此多地提及——可以通过资料来源的补缀来加以解释。不过，这种解释只具有部分效力。一般来说，当我们论述圣经叙事时，不把内容上的一些奇特之处归结为历史学家①的笨拙是明智的做法。虽然以利亚的突然出现可以通过一个新资料来源的开始加以解释，但是他在向国王作了一番宣告之后又突然消失却是这个故事本身的一部分。所以，我们宁可设想这位作者是在寻找一
些文学方法来传达这种难以解释的精神爆发的突然性。这个传说本身 397

① 指圣经叙事的作者。——译注

通过把以利亚刻画成为在耶和华的先知由于王室的煽动而全体被屠杀之后唯一的幸存者(第十八章第二十二节;第十九章第十节、第十四节),从而勇敢地与那个问题相抗争。这种形象与《列王记上》第二十章和第二十二章中作为亚哈的顾问而出现的单个的耶和华先知以及一班由四百人组成的耶和华先知团大相径庭。这样做的目的只能是通过想象出一位孤寂的先知,从而把以利亚这个人物提升成为对抗那个时代各种力量的一位伟大的精神对手。

对于各种力量的冲突,我们通过具有真实语感的措辞偶尔窥其一斑。三年大旱之后,以利亚再次出现在亚哈面前。这次会面是一幕简洁的戏剧(《列王记上》第十八章第十七节至第十八节):

> 亚哈见了以利亚,便说:“使以色列遭灾的就是你吗?”以利亚说:“使以色列遭灾的不是我,乃是你和你父家,因为你们离弃耶和华的诫命,去随从巴力。”

当国王和王后策划通过法庭判决将拿伯(Naboth)杀害从而取得了他的葡萄园之后,又一次会面发生了。当这位国王取得了葡萄园的财产后,以利亚再次出现了(第二十一章第二十节至第二十一节):

> 亚哈对以利亚说:“我仇敌啊,你找到我吗?”他回答说:“我找到你了,因为你卖了自己,行耶和华眼中看为恶的事。看哪,我必使灾祸临到你。”①

---

① 沃格林原著此句的英文是:“behold I am about to bring evil upon you”;译者所参照的中英文对照版《圣经》此句的英文是:“I will bring disaster on you”,而中译是“耶和华说:‘我必使灾祸临到你……’”。这里依照前例把 behold 译为“看哪”,而未译出“耶和华说”字样。——译注

第三次出现的时候，以利亚在迦密（Carmel）山上羞辱了巴力的众先知，而与王后，也就是推罗的巴力的祭司兼国王的女儿发生了直接冲突。《旧约全书》的希腊文译本中（但在玛所拉版中没有）的第十九章第二节保存了这位王后对该先知所说的开场白，这句简洁的话概述了这种力量冲突：

> 如果你是以利亚，我就是耶洗别……

这句话本身包含了种种威胁，促使以利亚仓促离开他的居住地。

这三场小小的戏剧揭示了以利亚所反对的各种力量，同时它们也显示了以利亚在当时的掌权者看来是个什么样的人。他是使以色列遭 398
殃的人，与国王相对立，而后者必须为该民族在国内和国际上的政治生存担负责任。在有关国王滥用职权方面。比如在拿伯的事例中，他是国王个人的仇敌。他是耶和华的先知，反对由王后所代表的巴力崇拜的。在所有这三种关系上，显然当时的掌权者既不可能也确实没有轻视他的反对。当国王和先知彼此指责对方是使以色列遭殃的人时，在这种敌意中又有一丝亲密的色彩。在国王这句“我仇敌啊，你找到我吗？”当中体现了一种对于期待的厌倦之感。甚至王后的自我声明也是防御性的，因为她一定要通过某种形式上的动作将自己提升到与这位先知平起平坐的地位。一场悲剧的大幕即将在对抗双方面前掀开，因为甚至那些将被先知审判的人也感觉到他所说的话中包含的真理。以色列的权威确实正在从王国向先知身上转移。

以利亚的攻击之辞指向以色列背叛的源头，也就是对巴力的信仰崇拜。《列王记上》第十七章至第十八章所讲述的事件，开篇就是以利亚突然宣布将有旱灾到来，这对掌管丰产的巴力的力量提出了质疑。如果以色列随着大丰收而繁荣起来，那是由于耶和华而不是巴力的保佑。用耶和华所降的旱灾——这旱灾一直延续到发生饥荒的程度,巴力却无力予以消解——可以最有说服力地给以色列人一个教训。耶和华认为三年的时间足够让以色列获得这种信念。以利亚从他的神那里得知神将要降雨。因此,这位先知出现在国王面前,并提出要与巴力的先知们在迦密山上进行公开的较量。但是吸取教训却不是这个民族的特性。当以利亚问道(第十八章第二十一节):

> “你们心持两意要到几时呢?若耶和华是神,就当顺从耶和华;若巴力是神,就当顺从巴力。”

众人愁眉不展,一言不发。只有在这场较量达到奇迹般的高潮时,他们才作出反应。以利亚祷告说(第十八章第三十六节至第三十七节):

> 亚伯拉罕、以撒、以色列的神,耶和华啊,求你今日使人知道你是以色列的神,也知道我是你的仆人,又是奉你的命行这一切事。耶和华啊,求你应允我,应允我!使这民知道你耶和华是神,又知
> 399 道是你叫这民的心回转。

于是耶和华降下火来,烧尽了祭品、祭坛和沟里的水。当众民看到这些的时候,他们俯伏在地,说(第十八章第三十九节):“耶和华是神!耶和华是神!”

以利亚的耶和华崇拜的性质在现代历史学家中间是一个有争议的问题。以利亚是否有一种一神论的概念,正如众民呼喊“耶和华是神!”所暗示的那样?或者他是否意识到了巴力的神性,并且只想维护耶和华在以色列的排他管辖权,正如那篇祷文所暗示的那样?前一种意见的支持者可以指出在第十八章第二十七节中以利亚嘲笑他那些信奉巴

力的同行。他嘲弄他们，让他们喊声再大些，因为毕竟巴力是一个神："他或默想，或走到一边（也就是去满足一种自然需求），或行路，或睡觉，你们当叫醒他。"这种论点认为，没有一个相信巴力是神的人会使用如此不虔敬的语言。第二种观点的捍卫者会指出在那篇祷文以及《列王记下》第一章的故事中，以利亚承认以革伦的巴力西卜的神性，但是坚持认为耶和华在以色列具有排他的管辖权。我们无意在这场争论中偏袒某一方，因为我们怀疑这种争论犯了颠倒年代的错误。毕竟以利亚必须处理的不是神学问题而是以色列的巴力崇拜。如果耶和华是以色列的神，那么巴力崇拜就必须被铲除，无论巴力是不是神。其要实现的主要目的是耶和华崇拜的垄断地位。此外，也非常有可能，而且各种表述确实使下述情况成为可能：以利亚关于神的经验是深刻而且明确的，这足以使他发现耶和华是神，而且除了他不可能有其他的神，因为他们都不是神。

神的使者的悲哀不具有神学的性质。他的危险是绝望。与巴力的诸先知较量以耶和华的胜利告终——虽然对这些敌人的屠杀应当像耶和华的先知被集体屠杀一样被忽视。不过，当奇迹已经发生，天开始下雨的时候，就巴力崇拜而言，一切仍如其旧。以利亚的使命以失败收场。而且，他的生命也处于危险之中。他逃离了这个国家，身边只有一个仆人陪伴。在犹大的别是巴（Beersheba），他把仆人留在身后，独自一人进入旷野，走了一天的路程。在那里他坐在一棵树下等死。 400

旷野中的以利亚是人类历史上最伟大的场景之一。出埃及的主题正贯穿其中——不过是以一种新的精神基调出现的。摩西已经把他的民族从文明的地狱带进了旷野；又从旷野——在那里该民族发现了它的神——带进了迦南。现在以色列和迦南已经变成了地狱；以利亚独自一人来到旷野，并没有带来一个民族。当在神之下自由生存已经遭遇失败，最后一次移民的时间就已经到来，也就是要进入死亡。或者更准确地说，那是以利亚的必然感受。因为在旷野中，神再一次显示了自己。一个天使在以利亚睡觉的时候来到他身边,命令他前往何烈山。以利亚在神奇的食物和耶和华的话的帮助下增强了力量,并且踏上了漫长的旅程。在何烈山,耶和华向他显现(第十九章第十一节至第十三节):

> 那时,耶和华从那里经过,在他面前有烈风大作,崩山碎石,耶和华却不在风中;风后地震,耶和华却不在其中;地震后有火,耶和华也不在火中;火后有微小的声音。以利亚听见,就用外衣蒙上脸,出来站在洞口。有声音向他说:"以利亚啊,你在这里作什么?"

他在那里作什么?当神的显现造成的一系列感觉冲击适时地消退之后——这些感觉冲击为神的显现作了铺垫,却不是显现本身——剩下的是一种柔和的宁静。那时,关于出埃及、旷野、迦南和死亡的感觉符号体系分崩离析了,并且显示出它的秘密,那就是此时此刻在这个世界上的精神生活。正如柏拉图的囚徒在看到最高纯粹的善(Agathon)之后必然回到洞穴之中,并重新加入到其他囚徒的行列之中一样,以利亚也被这柔和的宁静从神山送回了以色列。

以利亚在他所回到的那个世界上的任务是确立先知的前后接替。在从何烈山回来的路上,他发现了以利沙,并且把自己的斗篷搭在他身上。"随后以利沙就起身跟随以利亚,服侍他。"(第十九章第十九节至
401 第二十一节)当死亡迫近的时候——这死亡是神所决定的死亡,而不是绝望之死——以利亚与他的继承人下到犹大。在河岸上,以利亚拿起他的斗篷,卷起来击打水面。那水就分开了,如同红海在摩西和以色列人面前分开一样,以便他们可以踩着干地跨河而过。那就是跨进了最后的旷野及其自由。"他们正走着说话,忽有火车火马将二人隔开,以利亚就乘旋风升天去了。"(《列王记下》第二章第十一节)以利沙看见了这一幕,就呼叫说:"我父啊!我父啊!以色列的战车马兵啊!"随后

他拿起从以利亚身上掉下来的斗篷,用它分开约旦河的水,如同以利亚所做过的那样,然后走回到这个世界中来。 402

第四部分
摩西与先知

第十一章
申命律法

一、先知与以色列的秩序

历史——作为在神之下的现在——是以色列生存的内在形式。正如以色列已然经由摩西和圣约获得其历史一样，该民族还可以通过自身对耶和华及其诫命的背叛而丧失其历史。无论何时发生了这样一场背叛的危机，“立约的使者”都有职责唤起该民族遵从其义务，从而恢复其内在的形式。虽然这种描述远未穷尽先知主义现象，但是使者的职责一定能够引导我们在一项对以色列秩序的研究中解释这种现象。

当我们这样界定先知的职责时，以色列秩序的不稳定性以及先知任务的艰巨性就变得一目了然了。首先，听到耶和华的话的先知可能得出形势已经无可救药的结论，并且向他的神复命。那正是以利亚得出的结论；在实际历史的层面上，有可能那些潜在的先知们会由于感到其使命是徒劳无功的而将其放弃。确实，以色列可能已经沦为与其他民族一样的民族，而耶和华也可能以成为众多近东神祇中的一员而告终。但是在以利亚身上，耶和华的精神却证明其自身就是一股力量。不让这精神陷入绝望，这位先知就不可能让他的人民陷入绝望；他走进旷野的目的不可能是为了在神面前死去。这种精神虽然不属于此岸世界，然而却被体验为此岸世界的秩序之源；它在历史中生存遭受的孤独不可能被逃避的孤独所缓解。向何烈山的飞跃之旅被这样一个问题所阻断：“你在这里作什么？” 405

以利亚的经验预先阻止了存在中的飞跃遭到逆转。使者应该与他的民在一起。尽管如此,当这位先知遵从神在这个问题中所发出的命令而折回他的脚步时,他在归途上却遇到了另外一个问题:他和他的后继者们应该在这个世界上做些什么呢?先知们发现他们所处的形势确实是令人绝望的,因为其中充满了以色列现实生存的诸般复杂问题。一方面,当先知们在一定程度上取得成功时——正如他们在耶户的反叛中所成就的那样——他们危及了这个国家赖以生存的外交关系;而另一方面,当该民族作为组织起来的一个社会其生存面临完全毁灭的威胁时,与耶和华所立之约——其中包括对该民族将在迦南取得一个辉煌未来的应许——的价值又变得疑问重重。

因此,在先知运动的冲击下,在遵从耶和华秩序这件事情上——与该民族从公元前9世纪直至希腊化和罗马时期的历史相伴——发展出摇摆不定的态度。在各个帝国的压力下,以色列使自身融入到更为强大的邻邦的文化中,随后就遭遇一次耶和华民族主义的复兴,后者预示着一场政治灾难。公元前9世纪,在暗利王朝的统治下,耶和华秩序在外交方面的松弛引发了先知的反叛,这使得结盟的外交政策成为不可能。两个世纪以后,在犹大的玛拿西(Manasseh)的统治下,对亚述诸神的吸收又引发了申命改革,这灾难性地强化了对于巴比伦的抵抗。在马加比时期,在希腊化者与民族主义狂热分子之间的斗争中,同样的张力仍然存在。那些先知本人或多或少无助地受制于那个时代的各种力量。例如,一个叫耶利米的先知,最初是申命改革的一个宣传者,因为这项改革贯彻了先知们对于纯洁化耶和华崇拜的要求;随后他又成为改革的反对者,因为他意识到申命律法使先知精神成为僵化的教条;最后,下述传统是可信的,即这位先知在埃及被犹太人杀害,后者将耶路撒冷的陷落归于外邦神祇的愤怒,而这愤怒正是由先知改革对外邦神的冒犯引起的。在神之下的现在——当它被设想为一个弱小的民族与
406 诸帝国相对抗的惯常行为时——已经变成了一个自杀性的僵局。

以色列的《圣经》已经变成了基督教的《旧约全书》,而由先知传达的耶和华对他的民族的命令已经变成了神对人类所说的话。今天,我们需要一定的想象力才能意识到先知们关注的是一个具体民族的精神秩序,是那个耶和华已经与之立约的民族的精神秩序。在以色列历史的诸般条件下,先知的任务的具体性使他们面临着从未得到很好解决的各种问题。一方面,先知的经验使他们越来越清楚地认识到耶和华不仅是以色列的不二真神,而且是全人类的不二真神。另一方面,具体的以色列正在不断变换身份,从实现征服并与迦南人相融合的希伯来各部族,到包含犹大在内的大卫帝国的民族,再到两个分裂的王国,然后是犹大自己,最后是在重建的神殿周围的后放逐期社会的组织。耶和华倾向于成为一个普遍的人类之神,而经历了诸般变化的以色列则变得越来越小。因此,先知们在精神上深受普遍主义与爱国的褊狭观念——这种观念从被选民族的概念诞生之日起就内在于这个民族——之间的冲突的折磨。

当这种紧张——在放逐期创作的《第二以赛亚书》关于为人类受难的仆人(Suffering Servant)的符号中,并且在该符号于尼希米和以斯拉的限制性改革中突然令人失望地解体之前——为人所充分认识的时候,它将达到悲剧性的程度。然而,即使当其残余内容已经因此不为人所知的时候,对于这种两难困境的意识仍然是鲜活的,正如在无名氏所作的《约拿书》中所体现的那样。在这个较晚时候发生的故事中,一位先知得到耶和华的命令要他通过他的布道去拯救尼尼微(Nineveh),但他却逃往相反的方向试图躲避神的命令,但是在这个故事中,这种意识已经变得具有嘲讽的意味:

> 耶和华的话临到约拿……"你起来往尼尼微大城去,向其中的居民呼喊……"约拿却起来逃往他施去躲避耶和华。

我们不必赞同启蒙评论家认为《约拿书》是《旧约全书》中最深奥的篇目的观点，但也不应该忘记，到公元前4世纪的时候，在被列为正经的
407 文献范围内，以色列的这种悲剧性的两难困境已经带有一丝喜剧的色彩。

虽然在后放逐期的犹大文献中，这种两难困境毫无疑问不具有喜剧性的成分，但我们有时也想要知道在何种程度上这种悲剧性的内涵曾被充分认识到。固然，各种问题已经得到了清晰的表述，但是这种表述却没有引发任何思考；如其所是，各种冲突隐没在一种关于集体生存的狂热意志之下。北王国的大灾难在犹大的秩序经验中具有严重的影响，这体现在申命律法的创造之中，而我们应该假定这样一种根本性的符号重组将会引发某种刻薄的评论、悲痛的表达或反思的辩解。毕竟，以色列已经消亡了；而犹大是其传统仍然健在的继承人。但是，这种传承只是造成了术语表达上的一些细微变化，这可以在《以赛亚书》和《弥迦书》中看到。例如，在一个如“以色列的神”(The Holy One of Israel)这样的措辞中，以色列这个词对于以赛亚来说仍然意味着由耶和华通过立约建立起来的那个共同体。但是它也可以吸收政治上的偶然情况，而意味着组织在两个王国中的那个民族，正如《以赛亚书》第五章诗歌的第七节所言：

> 万军之耶和华的葡萄园，就是以色列家；
> 他所喜爱的树，就是犹大人。

一旦以色列的耶和华变成了两个王国的耶和华，在政治上处于分离状态的犹大就可以轻松进入以色列的符号体系，正如第八章第十四节所言：

> 他必作为圣所，却向以色列两家作绊脚的石头、跌人的磐石。

于是,从那个已经变为以色列两家之一的犹大,到公元前 734 年和公元前 722 年的大灾难过后、那个在政治现实中已经成为唯一的以色列家的犹大,只需要迈出一小步,正如《弥迦书》第三章第一节所言:

> 雅各的首领、以色列家的官长啊,你们要听!

这种传承的轻而易举,这种使已经丧失其政治生存的以色列被抛离其符号生存,并被犹大取而代之的魔术手法,使我们想起了大卫在他认可成功和生存时所采取的具有超凡魅力的残忍手段。 408

《申命记》的绝妙修辞以一种类似的残忍碾碎了在人类的唯一真神与耶和华作为以色列的(现在是犹大的)私有物之间的紧张关系。《申命记》第四章第三十五节警告该民族:“这是显给你看,要使你知道,惟有耶和华他是神,除他以外,再无别神”;第四章第三十九节继续说:“所以今日你要知道,也要记在心上,天上地下惟有耶和华他是神,除他以外,再无别神。”由于这种语言未受任何条件约束,所以这几小节可以被理解为(一些历史学家确实认为它们是)理论上的一神论的最早表述。然而,当我们读到第六章第四节至第五节的著名祷文时,就会产生关于这些表述的确切含义的疑问:

> 以色列啊,你要听!耶和华我们神是独一的主。你要尽心、尽性、尽力爱耶和华你的神。

正如其上下文所表明的那样,耶和华的独一性是可以与其他民族的神的生存相容的,故以色列人被警告不要追随那些神(第六章第十三节至第十五节)。此外,人类之神的唯一性和普遍性,很难与把其他民族的城邑、房屋和财产都交给以色列这一点(第六章第十节至第十二节)相容,或者与铲除被征服民族——其目的是为了不被他们的神所玷污——的命令(第七章第一节至第五节;第七章第十六节至第二十六节)相容。但是随后似乎又是那个普遍的神,通过一种自由的爱的举动,将以色列拣选出来与之立约(第五章第二节),并且优先于其他民族——他本也可以从他们中间进行拣选的(第七章第六节至第八节)——将以色列作为他自己的民族而赋予其神圣性。以色列被许诺说:"耶和华你的神,他是神,是信实的神,向爱他、守他诫命的人守约,施慈爱直到千代。"(第七章第九节)从各种表述的冲突中,我们只能得出结论说,《申命记》所达到的对于一种"神学"教义表述的水平并不比我们所研究过的那些早期文献更高。固然,朝着唯一的、普遍的神的一种分殊化理解的趋势是明显的,但这种理解仍然如此之深地镶嵌在该民族及其命运的紧凑经验之中,以至于其语境剥蚀了那些表述一神论的段落被孤立地看原本可以具有的意义。集体生存的残酷性还不允许
409 这意义消解成为在神之下的个人灵魂的自由,无论是否是以色列人的个人灵魂的自由。

二、摩西的讲话

《申命记》是混合了先知的精神与犹大关于集体生存的意志的符号。根据最为可信的推测,它是受到先知影响的祭司们的作品,或者是祭司与以赛亚和弥迦同时代的信徒——他们必须为在玛拿西统治(公元前 692—639 年)下的犹大解决耶和华秩序的问题而抗争——合作完成的作品。它是一部以摩西讲话的形式来表述的法典,目的是赋予使者的命令以其始创者的权威。

推测其创作的时间,也就是亚述在以撒哈顿(Essarhaddon,公元前 681—668 年)和亚述巴尼拔[1](Ashurbanipal,公元前 668—625 年)的统

① 亚述巴尼拔(公元前 669 年或 668 年至公元前 625 年在位):亚述国王,亚述帝国最后一个伟大的君主。在他统治时期,亚述的军国主义达到了崩溃前的顶峰。——译注

治下势力最为强盛时期，也是犹大与周边宇宙论文明同化程度最强的时期。《列王记下》第二十三章所列数的约西亚清洗行动暗示了犹大背离耶和华崇拜的程度：在神殿的庭院中，玛拿西曾为亚述诸神以及天上的万象筑坛（《列王记下》第二十一章第五节），这些东西现在必须被拆除（第二十三章第四节至第五节），还有献给太阳神的战车和马匹（第二十三章第十一节）；为某个丰收神的异教崇拜服务的牧师和仆人——他们在神殿中占有住所——被驱赶了出去（第二十三章第七节）；为诸位星神（astral gods）在屋顶所筑之坛必须被拆除（第二十三章第十二节）；此外，作为改革者的国王试图停止通过焚烧儿童来为摩洛（Molech，即Baal-Melek）献祭的做法（第二十三章第十节），玛拿西本人曾经沉溺于这种献祭方式（第二十一章第六节）；最后，由所罗门为他的妃子所建的外邦神的殿宇在这次普遍清洗中都被污秽了（第二十三章第十三节）。在亚述势力的阴影下，显然犹大的政府和人民把军事力量上更强的神祇吸收到他们自己的宗教文化之中，这正是当时被征服者的一种习惯做法。但是，尽管有如此彻底的同化，还是没有理由假定对耶和华自身的崇拜在这一时期遭受了什么损害。毕竟，公元前 8 世纪的先知们已经完成了他们的工作；而耶路撒冷在公元前 701 年奇迹般地逃过了西拿基立（Sennacherib）的征服极大地提高了耶和华作为一个地方神和领土神的声望。而且，大卫王朝的诸王继续作为“创造了诸天的耶和华”之下的“神的儿子”来进行统治；非常有可能的是，《帝国诗篇》的某些程式只是
在玛拿西的统治下才变得流行起来的。在玛拿西的统治下，有充分的理 410
由相信耶和华接近于达到诸天之主的地位，类似于美索不 X 达米亚的阿努的地位，这正如在耶弗他时期，耶和华变成了一个以色列的基抹，而在所罗门时期，他可能是一个接近于埃及的阿蒙的神祇。无论如何，耶和华作为以色列的唯一神，穿越了那个时代的神话迷雾而毫发无损。

在玛拿西的统治下，《申命记》可以被思考和写作，但是它不能影响公众。固然，由新的律法所规定的耶路撒冷对信仰崇拜仪式的垄断已

经对大众的情感作了重要的让步,因为(1)对于耶和华崇拜的仪式方面的集中关注抛弃了先知们坚持心灵纯洁的主张,以及(2)耶路撒冷对于信仰崇拜仪式的垄断为神殿赋予了一种物神崇拜的性质,这堪与穆罕默德在离开麦加的天房(Kaaba)时必须对人民做出的让步相比。然而,尽管耶和华崇拜被如此弱化,这位国王——即使他曾经有此意愿——也不能容忍在耶和华崇拜上存在一个有力的反对派,因为这将会危及犹大与强邻的关系。在以赛亚和弥迦那代人(公元前740—690年)与西番雅(Zephaniah)、那鸿(Nahum)和耶利米那代人(公元前637—580年)之间的中断期表明先知们被驱逐到了地下。因此,新律法的手稿,虽然保存在神殿中,却湮没无闻了,只有在约西亚统治下的公元前622年或公元前621年才将被重新发现。到那时,亚述势力已经过了它的巅峰期,而尼尼微也已经经历了赛克斯王(Cyaxares)在公元前625年对它的第一次围攻。得到一位国王青睐的先知党人可以将这部重新发现的法典公之于众,并使其作为这个王国的法律得到实施。

《列王记下》第二十二章至第二十三章讲述了该法典被发现并得到实施的故事。看上去这部法典确曾被遗忘过,并在偶然之间被发现,但是非常有可能的是,作为祭司的发现者了解他们的发现物的性质和起源。一位叫做户勒大(Huldah)的女先知受到询问,以便鉴别这部直接记录耶和华的话的"律书"的真伪;户勒大帮了这个忙,她允诺说,对背叛这部书所阐明的其律法的人,耶和华将发起可怕的报复,同时如果虔诚的约西亚愿意与他的人民一起重新遵从耶和华律法的话,那么报复的执行将会延缓。结果,在一个庄严肃穆的仪式上(第二十三章第一节至第三节),在向集会的民众宣读了这部律法书之后,国王"站在柱旁",
411 在耶和华面前立约,要遵守这部律书阐明的、源于圣约的各种规定,"众民都服从这约"。当时得到实施的那个文本在不同的地方分别被称作"律法书"(第二十二章第八节),"律法书上的话"(第二十二章第十一节),"律法书上所写的话"(第二十三章第二十四节),以及在一段可能是后放逐期创作的话中被称作“摩西的律法”①(第二十三章第二十五节);它也被称作“约书”(第二十三章第二节和第二十一节)。由于该文本在被收入当前形式的《申命记》之前曾经被编辑修改过,对于它确切涵盖的范围只能进行推测。第三十一章至第三十四章讲述了摩西之死,毫无疑问必须从这一文本中排除出去,因为它们属于J和E叙事。在其余的第一章至第三十章中,必须把律法正文(第十二章至第二十六章)与导论(第一章至第十一章)和结论(第二十七章至第三十章)区分开来。导论性的章节至少体现出三种导论的元素,结论性的章节至少体现出两种结论的元素,而律法本身就其重复的内容而言,表明它也包含了不同的版本。因此,最初的律法书必然是一部更为简短,结构更为紧凑的文献。②

---

① 译者所参照的中英文对照版《圣经》,此处的英文原文是“all the law of Moses”,其相应的中文为“摩西的一切律法”。但沃格林的英文原文是“the Torah of Moses”,似乎译为“摩西的律法”更为贴合原著。——译注

② 我们假定《申命记》,也就是它最初的核心部分,等同于约西亚的律法书,这个假定自从德·崴特(de Wette,1805)以来就一直居于主导地位。在20世纪20年代,关于其出自公元前7世纪这一日期的假定不断受到挑战。赫尔舍想要把这个日期拉近到公元前6或5世纪(1922);维尔兹(A. C. Welch)则希望把这个日期推远到所罗门时期(1924)。关于《申命记》的文字起源及其结构,以及围绕着它发生的争论,参见 Lods, *Histoire de la Litterature Hebraique et Juive*, 345ff;关于1920年以来形形色色的理论,见 C. R. North, “Pentateuchal Criticism”, *in The Old Testament and Modern Study*, ed. Rowley, 48ff。现存形式的《申命记》似乎是以西奈选段(《出埃及记》第十九章至第二十四章)为原型的。其主要的部分包括(1)对于西奈事件和劝勉(Paraenesis)的历史叙述(《申命记》第一章至第十一章);(2)宣读律法(《申命记》第十二章至第二十六章);(3)立约(《申命记》第二十六章第十六节至第十九节);(4)祝福与诅咒(《申命记》第二十七章及其后)。关于这个问题,参见 von Rad, *Das Formgeschichtliche Problem des Hexateuchs*, 24。

三、耶和华的诫命和摩西律法

对于《申命法典》及其历史的解读必须区分是发现了作为一个物质客体的手稿还是发现了作为摩西律法的手稿。作为一个物质客体的手稿可能确实在它得以完成的时候就被贮藏起来了，因为它不可能被公众所利用；它确实可能被遗忘了，又在偶然间被发现，尽管有可能某人关于它存在的记忆和那个朦朦胧胧的想法——在变化之后的政治环境中它可能具有重要性——有助于它的发现。但是，我们不能假定发现
412 者所属的祭司圈子不知道他们发现的是什么东西。他们必定已经知道他们拿在手中的不是“摩西的律法”，而是一部文学作品，是在不超过一代人之前由他们自己圈子中的一位或更多成员构思和写作的。当他们认为他们所发现的不是一部相对晚近时期的手稿，而是真正的摩西律法的时候，他们就进入了该书作者所创造的那个神话之中，尽管各种资料来源并没有揭示任何一个参与其中的人的深思熟虑程度。我们也不能假定写作《列王记下》的历史学家们不知道《申命记》的起源以及“发现”它的真实环境；当他们带着明显的诚意写作他们的历史时，他们也进入了那个神话。因此，我们必须论述一个复杂的符号形式，它的范围从《列王记下》的叙事，经由该叙事所讲述的关于律书的发现和实施的戏剧，到由法典——其发现者实施了该法典——的作者所创造的神话，进一步到关于摩西的各种传统（就这些传统已经进入该神话而言），最后到摩西本人。

在之前的一处语境中，当我们必须略微谈及《申命记》的问题时，我们简要地提到孟斐斯神学作为一个类似的例子。在这两个例子中，对它们的对比都延伸到了关于创造一个政治秩序的神话背后有自觉意识的因素。但是除此之外，这两个例子之间的不同将变得具有启发性。孟斐斯神学是一组关于诸神的故事，经过巧妙的构思使埃及的统一和孟斐斯的建立看上去像是宇宙—神界发生的事情在社会上的表现形

式。在它以适当的宇宙论符号的形式来演绎埃及秩序的建立这个意义上，这是一个真正的神话。反过来，《申命记》不是关于诸神而是关于一位历史人物的故事。无名氏作者描述了即将进入应许之地的以色列民族；出埃及和在旷野中游走是其之前的经历，而迦南现在就横亘在他们眼前。在这个历史的关键时刻，摩西将人民聚集起来，并对他们发表了包含了申命律法在内的一系列讲话（第一章第一节至第五节；第四章第四十五节至第四十九节）。

虽然有理由把这个故事说成是一个神话，但正如我们现在看到的那样，它的结构必须小心翼翼地与孟斐斯神学的结构加以区分，因为《申命记》的神话，在它被嫁接到非神话形式的以色列历史的意义上，并不重要。通过与我们在前一章研究过的约书进行比较，《申命记》结构 413
的独特性就会变得一目了然。在依赖 J 和 E 历史学家的《出埃及记》的叙事中，在作者与所叙述的事件之间并没有强加一个摩西作为言说者；历史学家直接向他的对象讲话，讲述了以色列经由与耶和华立约而实际建立起来的故事（即使这个故事已经通过插入新的法律材料而以例证的方式得到详细阐述）。耶和华、摩西和人民都是这出戏剧的演员，由此以色列作为被选民族出现在神之下的现在。在《出埃及记》中，我们是在例证历史的领域里前行；由于历史学家在各种传统的基础上，以与各个事件本身保持一致的方式详细阐述了其符号形式，所以《出埃及记》的历史，就其属于原创作品的性质而言，更接近孟斐斯神学而不是《申命记》，尽管两者所创造的符号形式迥然不同。在《申命记》中，立约的历史不再以与各种传统相一致的方式加以讲述。摩西现在是虚构的历史学家，他向他的人民讲述了他和他们自己出埃及、立约和在旷野中游走的历史，并且给他们陈明了祝福和诅咒的两种选择（第十一章第二十六节至第二十九节）：

看哪，我今日将祝福与咒诅的话都陈明在你们面前。你们若

> 听从耶和华你们神的诫命,就是我今日所吩咐你们的,就必蒙福;你们若不听从耶和华你们神的诫命,偏离我今日所吩咐你们的道,去侍奉你们素来所不认识的别神,就必受祸。

摩西,而不是耶和华,在人民面前设定了一个祝福和一个诅咒;摩西,而不是耶和华,要求人民不得偏离正道。《出埃及记》中出自耶和华的命令和典章,在《申命记》中都产生于摩西的权威。以色列经由神以历史的形式得到实际建立的过程,在《申命记》中已经变成了过去的一个故事,而虚构的摩西这一立法权威正是嫁接在这个故事之上的。

该民族的作者——如果我们可以借用维科(Giambattista Vico)的术语——已经变成了一本书的作者;在神统治下的现在中的生存已经被扭曲为律法统治下的现在中的生存。这种扭曲不是向宇宙论神话的一
414 种堕落,因为关于西奈飞跃的记忆被保留为摩西讲话的合法性背景,但无论如何它分享了这个神话,因为在神统治下的直接的生存现在由于虚构的律法作者的居间地位而被打破了。就其职责而言,创造申命律法的摩西必须与法老加以比较,后者将宇宙—神的正义改造成为关于社会秩序的法律正义。虽然在神统治下的现在并没有让位于一位活着的法老,但是神曾与之面对面说话的那个人现在被涂上了防腐剂,并且已经变成了一个木乃伊化的法老。

当耶和华的诫命被改造成为摩西律法,以色列——如果我们可以宽泛地使用这个词汇,以便将犹大继承者也容纳进来——历史上的一个新纪元就诞生了,由于引入了一个新的神话元素传统的连续性现在被打破了。固然,该传统并未消失,而是被保存在若干篇申命讲话的内容之中。但是当在神之下的现在已经变成了在神之下的一个过去时,一种断裂便发生了。摩西律法不是具有历史连续性的鲜活的以色列宪法,而是一个拟古的神话,据此其作者试图根据以色列的精神重建一个犹大,而后者正要消失在文明的地狱中。最初的立约经验不再有足够

的生命力,从而成为社会秩序的自由流淌的源泉,但是它仍然有足够的生命力使它能够通过运用某种策略而获得对自身的重新体验。

神的命令已经变成了律法书,其作者是已经变成一个法老木乃伊的摩西。一个新的神话被创造出来,其后果影响之深远是始料不及的。我们应该简要提及这个神话的较为明显的影响,因为即使今天我们还是能感受到这些影响,而且它们还影响了圣经解释的方法:

(1)摩西讲话(命令—典章)现在的形式包括《申命记》的第一章至第三十章,它是希伯来文献中最早的伪经。当D和P历史学家们在J和E叙事中插入这一篇目,它的伪经特点就遍布这部史学著作的大部分章节。由于把这些讲话直接插放在有关摩西之死的传统内容之前看上去似乎是恰当的,所以现在的《申命记》第三十一章至第三十四章也变成了这些讲话篇目的一部分,以至于摩西的作者身份延伸到了关于他自己之死的叙事之上。而且,直到摩西之死的这个叙事整体都落入 415
了新神话的形式之中:祭司法典和圣洁法典,作为现在的《利未记》被插入到这一叙事中;摩西的作者身份被延伸并覆盖了自《创世记》以降的历史;甚至“律法”的特征也被转移到这部史学著作身上。到公元前5世纪晚期,向作为律法的《摩西五书》的演化必然已经完成,因为撒马利亚的以色列人——他们当时开始与耶路撒冷的犹太人区分开来——可以单独把《五书》作为他们的《圣经》。

在接下来的一千五百年间,摩西作为《五书》的作者身份一直没有受到挑战。最早小心翼翼地对此提出问题的是托莱多的艾萨克(R. Isaac of Toledo,公元982—1057年)和以斯拉(公元1088—1167年),当时他们意识到涉及后来的事件和制度的特定段落与摩西的作者身份无法调和。但是,在他们之后没有立即出现追随者,直到又过去四百年,随着宗教改革的展开,关于细节问题的质疑才变得更加频繁。从18世纪开始,我们可以说,关于圣经叙事的结构出现了持续的、批判性的思考，直到19世纪，随着威尔豪森伯爵的假说的提出，《五书》考证学才被奠定了坚实的基础。因此，摩西的神话在最终解体之前，并且在通过一代又一代《旧约全书》学者的努力从而获得了对《五书》的起源及其结构的可以信赖的描述之前，持续了两千五百年的时间。故而只有到了20世纪才有可能在神话人物摩西背后发现那个创造了历史——作为人类在社会中生存之内在形式——之人的伟大身影。

(2)以摩西为作者的神话也无法持久抵抗其解体的命运，除非它在作为“神的话语”的《圣经》概念中找到庇护之所。《列王记下》第二十二章至第二十三章，在关于律法书为约西亚所接受的含糊其辞的说法中，仍然可以发现这个概念的起源。当这位国王听到“律法书上的话”(第二十二章第十一节)，他感到震惊而恐惧。不仅他的列祖没有听从“这书上的言语”，而且现在必须预料到耶和华随时会“遵着书上所吩咐
416 我们的”去行(第二十二章第十三节)。这位国王关于即将到来的神谴的疑虑得到了女先知户勒大的证实：耶和华正要降灾祸于此地以及此地的居民，“照着犹大王所读那书上的一切话”(第二十二章第十六节)。为了避免灾难的到来，这位国王在我们前面提到过的仪式上把这本书接受为王国的律法；在那个仪式上，“耶和华殿里所得的约书上的一切话”[1]再次得到宣读(第二十三章第二节)。在这几个段落中，word这个词不仅指摩西十诫中的命令，或仪式法、宪法、刑法和民法中的规定，而且还指围绕着它们的导论和结论，包括出埃及、立约和在旷野中游走的

① 译者所参照的中英文对照版《圣经》，此句的英文为“he read in their hearing all the words of the book of the covenant that had been found in the house of the LORD”，相应的中文为“王就把耶和华殿里所得的约书念给他们听”。由于沃格林此句的英文原文为“all the words of the Book of the Covenant which was found in the house of Yahweh”，译者此处根据原著的上下文把中文版《圣经》没有译出的“all the words”译为“(约书上的)一切话”。——译注

历史，以及祝福和诅咒。因此，“耶和华的话”也扩展到包括“那书上的一切话”；此外，诫命（toroth），也就是耶和华给他的民所发布的命令，被扩展为一个新的圣经类型，即律法书；最后，这种新的圣经，在它后来重新出现的时候，通过一种被称为“圣典化”的行为而被提升到一个特殊的神圣地位。在这个神圣的文本中已经被木乃伊化的神的话语，与经由他的先知之口继续被言说的神的话语之间，这种意义扩展和圣典化的重要影响可以立刻被感受到。我们可以想象，当耶利米看到由行为上遵从字面意义的律法取代了心灵上遵从神的精神时，他将感到多么可怖。

神的话语（the Word）的神话甚至比摩西的神话取得了更大的成功。从它在申命律法的起源开始，它不仅渗透了《五书》，而且渗透了最终被包括在希伯来语正经中的全部文献；通过圣典化，它也将它的形式强加给了基督教文献。虽然它没有摧毁精神的生活，它却不可避免地证明自身构成了精神自由展开的一个障碍。因为当神的话语启示给人的历史环境被赋予了这话语本身的权威，我们前面所提到的内在于世界环境的约束性义务就会变成一个神圣的梦魇一样的东西。对法令的详细阐释——这意味着用处于不断变化的经济和政治条件下“基本的”摩西十诫的精神来洞察社会秩序——倾向于变成圣典的化石，并且避免进一步的变革。正如我们在《创世记》中所发现的，对于世界起源于神的
创造的神话式阐释，确实被理解成为关于宇宙的物理学，并且引起了可 417
怕的“科学与宗教之间的冲突”。而神的话语的神话甚至扩展到各种译文之中，以至于在语文学上纠正一些老的翻译者的错误会被原教旨主义者谴责为对“神的话语”的篡改。最后，神的话语的神话在现代以来的若干世纪中曾有一段惊人的经历。因为中世纪晚期精神秩序的腐朽导致了一场改革运动，后者以一种奇怪地模仿公元前 7 世纪的申命改革的方式，给《新约全书》赋予了一部真正的基督教律法的功用。在基督教领域内再次热诚地坚持这个神话之后，该神话的形式就扩张到了

形形色色的诺斯替教义运动之中，例如扩张到孔德对于一部人性宗教的律法的创造之中，或者扩张到共产主义运动中一部马克思主义律法的形成之中。

四、启示的规定

由于刚才约略提及的那些特征，申命律法与《圣经》中的其他篇目相比，已经变得不仅仅是一个圣经篇目。如果它曾经一直是无名氏作者的文学实践，可能得到了保存，并且仅仅若干世纪后就作为一卷被遗忘的文字而得以重新发现，那么它就不过是一条证据，证明了在玛拿西的统治下，历史形式的生存在何种程度上已然削弱。我们将不得不说，祭司和先知圈子有能力将历史上的摩西改造成为一个小说式的人物。但是，这部手稿在一个适宜的时间被发现，以及它在犹大王国的最后一代人手中被接受为该王国的符号形式，已经让它成为使《圣经》成形化的核心(the crystallizing nucleus of the Bible)。我们甚至可以说，如果不是这本书把以色列的历史变成了律法，又把在神统治下的存在变成了在成文法统治下的存在，那么本来是没有《圣经》的，也就是说，没有书籍形式的《圣经》。对于一本书来说，那是一种非同寻常的成功；它暗示了比仅仅是一种文学幻想，或者是一个法典编纂者的技艺，或者是发现这本书的有利时机，更为强大的力量。

如果那个无名氏作者的天资没有把那些年代久远的，至少可以追溯到北王国先知反叛时期关于以色列秩序的各种动机总结起来并予以充分阐发，那么这部律法就不可能取得决定性的成功。前一章关于约
418 书那一节中，我们已经研究过对于公元前 9 世纪的危机的独特反应。该民族对于耶和华诫命的健忘引发了一部例证法典的编纂，该法典被组织成为命令和典章，也就是组织成为将为法令阐释和行为劝诫所遵循的各种原则的十诫。该著作的性质是独特的，因为它既不是由王国行政部门所实施的一部法典，甚至其作者也没有想要把它当作一个将

会付诸实施的方案，它也不是一个实际被遵守的法律集成；毋宁说它是这样一种努力，试图把在希腊化的条件下本可以成为一种得到神学支持的、关于正当秩序的哲学打造成为神的诫命的形式（其各种变体包括命令，“如果”—法则和劝诫）。

正如我们所看到的那样，在公元前9世纪以色列的各种条件下，哲学式的解决方案被预先排除了，因为作为正当秩序领域的一种不朽精神的概念尚未得到分殊，而且就连这种概念的形成也被《创世记》禁止人追求像神一样的不朽所阻断。先知们不是哲学家，对于这种特定话语的听取也不是用看不见的尺度来为灵魂建立秩序。这些诫命曾经是把存在中的飞跃变成具体的以色列秩序的符号化手段；对于诫命的修正则一直是在变化了的经济和社会环境中再次使秩序服从耶和华精神的手段。但是，由于西奈启示曾经是历史形式下的以色列的宪法，所以修正之后的诫命，为了成为权威性的，就必须与该叙事不断发展的主体整合在一起。因此，我们必须强调先知的修正与约书的立法及史学方面内容之间的不可分割性。

虽然到公元前7世纪的时候，这种解决方案的各种条件并未发生变化，但是关于其条件的思考，作为一种新的因素，已经进入了尚未得到解决的问题之中。在先知反叛的时候，这种解决方案受到经验和符号所能达到的分化程度的限制，但是该领域原则上是对进一步的变化开放的。从《阿摩司书》和《何西阿书》到《第二以赛亚书》的先知主义的历史提供了丰富的证据，证明存在着如下趋势，即通过神之下的人类这样一种普遍主义打破了以色列的乡土观念，以及通过写入心灵的立约这样一种人格主义打破了以色列的集体主义。启示的历史环境的约 419
束性义务本可以逐渐减少，如果愿意并且能够做到这一点的人后继有人的话。但是，在事件的实际进程中，通过把启示的环境包含在它的内容之中从而使其约束性义务永久化的趋势占了上风。当然，那不可能通过掉转历史的车轮，并且重温以色列在旷野中的境遇来实现，而只能通过把公元前 7 世纪犹大王国的组织包含在启示的内容中来实现。

因此，在申命律法中，我们发现了两个层面的内容。在其基础层面，该律法复制了公元前 9 世纪的约书的结构：这部律法也是被分为《申命记》第五章的命令和从《申命记》第十二章开始的典章；其目的也是根据十诫命令的精神来重建具体的秩序。在这个层面上，我们仍然行进在以色列传统的连续性中；在以例证的方式加以修改的表层之下，仍然存在远古时代的元素。但是，由于启示的历史偶然性受到永久性的规制，第二个层面就被添加了进来。《申命记》第十七章第十四节至第十八章第二十二节的这第二类诫命适用于国王、祭司、先知和摩西。作为一个总体，这些诫命把神统治下的现在中历史形式的生存——正如摩西曾经潜在地为全人类将它创造出来那样——凝固成为组织在公元前 7 世纪的王国中的犹大民族及其子孙后代的宪法性法律原则。

《申命记》第十七章第十四节至第二十节规定了犹大的王权统治。摩西预见到在迦南的定居。当该民族走到这一步，即他们想要像周边的异邦人一样立一个国王时，他们必须确定他们为自己所立的是由耶和华所选的王——是他们的同胞兄弟中的一员，而不是一个外邦人。虽然作者①接受王权统治的建立，因为它符合该民族的意愿，但是他谨慎地为这种统治加上了一些限制。国王不能增加其马匹的数量，从而使该民族不再回到埃及——可能这是一个谨慎的影射，暗指一位国王（所罗门？）从埃及获得马匹来交换奴隶劳工的做法；他也不能有太多的妻妾，从而使他的心不会偏离正道——这是影射外邦妃嫔的做法，以及对她们的信仰崇拜的引进；他也不能使他的金银财宝增加太多（第十七
420 章第十六节至第十七节）。对过去国王滥用权力的记忆所引发的这些特殊限制之后，是一条一般性的规定，即国王必须像任何平民一样遵守新的律法。为了使他始终不偏离法律的正轨，国王一旦登基，他本人必

① 指《申命记》的作者——译注

须在一本书中完整地抄录一部该律法的复本，该律法的原件处于利未族祭司的监护之下。[1] 随后终其一生，他都应该在那里诵读此书，由此他将会敬畏神，并且遵守律法的话，他不会比他的同胞兄弟更心高气傲，而他的王国——对于他和他的子孙来说——将会在以色列中持续下去（第十七章第十八节至第二十节）。在这些规定中，可以强烈地感受到大卫王朝来自于一个犹大部族的起源。统治者被设想成为一个部落国王，他与他的人民将受到同样法律的约束，而他的权力地位受到反对特定的滥用职权之禁令的限制。

《申命记》第十八章第一节至第八节规定了作为律法监护人的利未族祭司的地位。整个利未支派都不应该像其他以色列人那样拥有个人财产或遗产，而是作为祭司依靠从祭祀的物品中分取应得的部分来生活（第十八章第一节至第五节）。由于在耶路撒冷垄断信仰崇拜仪式的新条件下，村庄里的利未人的境遇将变得缺乏保障（《申命记》第十二章），一条特殊的规定使他们有权利移居耶路撒冷，并且从神殿的应得物中分取同等的份额（第十八章第六节至第八节）。但是，这条规定在实践中不得不被废除，因为耶路撒冷的祭司捍卫其地位以及新近取得的财物，反对那些饥饿的同胞涌进首都；而来自外省的利未人则不得不满足于一个内部的职位和少量的生活津贴。祭司与利未人的分裂就是从这个时候开始的。

最后，《申命记》第十八章第九节至第二十二节规定了先知们和摩西本人的地位。这些规定具有特殊的重要性，因为它们使我们能够了解《申命记》的作者圈子是如何看待摩西的。这部分内容从攻击“异邦的恶俗”开始。当以色列人已经进入了应许之地，他们当中就不应当再

---

① “该律法的复本”这个措辞被《旧约全书》的希腊文译本翻译成了 deuteronomion（《申命记》），也就是《五书》第五书的篇名；该篇的希伯来语的篇名是 debharim，即“讲话”。

有人使儿童经火，不应当有占卜的、观兆的、用法术的或行邪术的，也不应当有交鬼的、行巫术的、过阴的（第十八章第九节至第十一节）。耶和
421 华已经支持以色列把迦南的居民驱逐出去，因为他痛恨上述的种种做法。以色列必须只听从耶和华；由于人民恐惧他们会死去而不愿听到神本人的声音，所以神将不时地从他们中间兴起一位像摩西一样的启示者（nabi，先知），通过他的口耶和华将会说出他的话（第十八章第十五节，第十八节）。因此，摩西是一个先知，是一系列启示者中的第一人，这些启示者为了以色列，取代了占卜的、预言的、观兆的、用法术的和行邪术的人。他们的首要职责是居间传达"耶和华的话"，从而使咨询其他具有神性的力量的做法变得多余。在这个方面，摩西就是把以色列从多神论和迷信当中解放出来，并将其带到唯一真神面前的那个人。而他的先知继承人的职责则不那么明确。我们将不得不提出下面的问题：当"神的话语"已经在《申命记》摩西的讲话中得到如此充分的揭示，那么他们还能揭示什么？一个先知可否被允许质疑由律法所规定的祭品和仪式的重要性，甚至认为它们构成了心灵真正归附耶和华之精神的一个障碍？但是，《申命记》作者们回避了这样的问题。他们仅仅思考了以下显而易见的问题：人们怎么能知道一个先知所说的话是否确实是耶和华所说的话呢？他们把以耶和华名义预测的事件的实际发生作为一个检验标准（第十八章第二十一节至第二十二节）。这个内容贫乏的答案——如果我们接受了字面意义上的律法——将会使先知主义化约为在一个相当短的时间内可以通过对可感事件的观察而被证实或证伪的预言。

通过申命律法的这第二个层面，曾被选中替整个人类接受神的启示的那个以色列，已经缩减为最终将被称为"犹太人"的那个独特社会。未来曾经向精神净化和普遍倡导将全人类接纳到以色列之中保持开放，但是由于选择被限于一个具体的而且是相当小的民族身上，这个开放的未来现在已经被关闭了。在一个民族的王国、祭司和先知的组织

被赋予神的话语的权威时,启示本身的含义也已经被牺牲了。随着把历史环境包含在启示的内容之中,接受启示者的历史就确实已经走到了尽头。如果我们遵循《旧约全书》学者们——他们把我们称之为基础 422
层面的那一部分律法与北王国的传统之间的亲密关系归因于公元前722年之后来自撒马利亚的难民的强烈影响——的假设的话,那么在这一点上给以色列的历史和犹太人的历史划一条分界线将是再合理不过的了。

五、《申命记》与犹太教的发端

申命律法处于以色列秩序和犹太社会秩序的边界线上。一方面,当一个民族的作者已经变成了一本书的作者时,历史的一个章节就已告完结。另一方面,这本书又展开了它自己的生命,因为它激发了后放逐期的各个传统主义者的圈子把以色列人的记忆组织成为《圣经》(sepher),后者主要分为《律法书》(torah)和《先知书》(nebi'im),这种分类典型地覆盖并打破了作为以色列历史形式下的生存的那种叙事。因此,《申命记》是以色列秩序与完全不同的犹太社会秩序混合在一起的符号化领域;如果从以色列的过去和犹太人的未来这两个视角来看,那么该律法就会相应地体现出不同的面貌。

在关于这个主题的文献中,未来主义观点居于主导地位,因为关于《申命记》的研究主要是由对《圣经》——作为犹太人的《圣经》,它已经适时地变成了基督教的《旧约全书》——的关注决定的。《圣经》从来不是以色列之书这个基本事实如此之深地潜藏在历史学家们的自觉意识之下,直到今天它事实上已被遗忘了。因此,该律法的诸多方面——在我们关于以色列秩序的研究中一直困扰着我们——特别是关于神话中的摩西的若干问题,在《旧约全书》学者们的著作中几乎没有论及,虽然我们可以假定反对摩西是《五书》作者的论争可能引起了某种关于该神话之起源和意义的兴趣。这部律法是以色列生命的符号化终结,它把西奈启示的普遍潜能缩减为一个民族—宗教社会的法律，把启示的历史环境改造成为启示的话语，贤明之士以它为工具来压制先知主义，在学者们的解释中所有这些可理解的都不如最终保存这部集西奈传统大成之作的精神财富更为重要。当南王国在亚述侵袭之后得以继续生
423 存，以色列的遗产第一次获得了保存；在因此获得的一个半世纪的世俗生存中，那笔遗产经由犹大的先知们而得到极大的丰富；在犹大倾覆于日益高涨的帝国浪潮之前，通过约西亚改革对传统的积极复原，以色列的遗产以丰富化的形式再次得到保存。宗教解释学者和宗教历史学家之所以对申命律法感兴趣，不是把它当作以色列的墓葬，而是当作以色列精神向犹太教和基督教传承的承载者。因此，当我们现在转向该律法已经保存下来的方面，我们的说明可以建立在冯·拉德和沃尔泽·艾克罗德（Walther Eichrodt）的敏感而富于同情的解说基础之上。①

在他最早的研究中，冯·拉德略微提及了这个关键的要点，也就是该律法的"随和的神学"（relaxed theology），后者在《申命记》第三十章第十一节至第十四节有其表述：

> 我今日所吩咐你的诫命，
> 不是你难行的，也不是离你远的。
> 不是在天上，使你说：
> "谁替我们上天取下来，
> 使我们听见可以遵行呢？"

---

① Gerhard von Rad, *Das Gottesvolk im Deuteronomium* (Stuttgart: W. Kohlhammer, 1929); *Das Formgeschichtliche Problem des Hexateuchs* (1938); *Deuteronomium-Studien* (Goettingen: Vandenhoeck and Ruprecht, 1947); *Der Heilige Krieg im Alten Israel* (1951). Eichrodt, "Religionsgeschichte Israels", 377—448, 关于"Die Politische Theokratie der Reformkreise"那一章，同上，421—27。

也不是在海外，使你说：
“谁替我们过海取了来，
使我们听见可以遵行呢？”
这话却离你甚近，
就在你口中，
在你心里，
使你可以遵行。

这里的基调确实是随和的，因为这些话不是耶和华说给以色列人听的，而是神话里的摩西说给每个人听的毫不含糊的语言，他提醒他的民，神的意志现在已经向他们讲清楚了。当神缄口不言时，不再会有一个像扫罗那样感到痛苦的灵魂；也不再会有人因为害怕在真理中生存可能会丧失而感到战栗。“随着《申命记》的广为传布，人寻求他与神的可能的正当关系已经变得多余。人民现在可以生活在对他们的职责的履行之中；他们在神面前的地位毫不复杂。”如其所是，生活可以像永恒 424
的现在（nuncaeternum）一样行；当前没有危机，未来也不会有威胁。[①] 冯·拉德尤其强调了反复出现的“今天”：诫命是“今天”颁布的；人民是“今天”宣誓接受和服从的；祝福和诅咒是“今天”向人民陈明的；约旦将在“今天”被越过。[②]《申命记》的今天（hayom），实际上象征着“今天，还是今天”这样一种特殊的时间体验，其中与他的民同在的、神的超越的—永恒的现在，已经变成了他的启示话语的一种内在于世界的、永久的现在。神的话语经由摩西的传达（《出埃及记》第二十章第十九节）已

① Von Rad, *Das Gottesvolk*, 59—61.

② 《申命记》第五章第二节至第四节，第九章第一节，第十五章第十五节，第二十六章第十七节，第二十七章第九节，第二十九章第十节，第三十章第十五节，第三十章第十九节。参见 von Rad, *Das Formgeschichtliche Problem des Hexateuchs*, 25ff。

经完成，被传达的话语现在就存在于历史之中，而神的永恒性将会变成律法的永久存在。因此，律法书远不是像基督教思想家经常想象的那样是一个重负，恰恰相反，它是从神在场的生存紧张之中获得的伟大解放。申命律法的今天，虽然起源于以色列的历史形式，却是一种新秩序经验的符号表达，在这种秩序经验中，圣灵的涌入已经被缓和为受到神灵启示的、对于记录下来的神的话语的解释。永久的心灵平静已经取代了从存在中堕落这种生存的焦虑——尽管在这种新的生存模式中，不是一切事情都那么和平。

因为《圣经》的《律法书》就是它的战书。当历史形式下的生存降低为现实生存中为了生存而表现出来的不顾一切的侵略性时，耶和华的话语就降低为摩西的律法。由于资料来源的匮乏，很难在细节上断定导致公元前8世纪到7世纪现实思潮的这种变化的原因是什么，但是原则上这个过程的性质已经被冯·拉德令人信服地确定下来。必须假定，在他们于公元前701年取得胜利，并且把犹大的领土限制在一定范围内之后，亚述人遵循了自己通常的做法，接管了犹大的职业军队，以及他们的马匹和战车等装备，并将其整合到他们自己的军队之中。在大卫和所罗门统治之下就已开始的一段军事组织时期已然结束。随后，在希西家的继任者玛拿西的长期统治中，被解除武装、积贫积弱且受到限制的犹大，一直成为亚述的附庸。但是，在约西亚的统治下，当
425 亚述势力衰落并且覆灭的时候，犹大突然再次参加了令人印象深刻的战事，即使这次军事行动最后以公元前609年的米吉多的灾难告终。由于考虑到其经济状况，重建一支职业军队几乎是不可能的了，所以这支新的军事力量可能只有归功于民兵的复兴。[①] 重新组织人民的军队

① 关于这段时期的军事史，参见 Eberhard Junge, *Der Wiederaufbau des Heerwesens des Reiches Juda unter Josia*, Beitraege zur Wissenschaft vom Alten und Neuen Testament, 4:23 (Stuttgart: W. Kohlhammer, 1937)。

不可能仅仅是实施一部征兵法这么简单的事情,它必定涉及在那些必须为民兵部队提供人力的社会阶层中,也就是说,在那些在帝国和王国的统治下无论是在政治上还是社会上都已变得不再重要的农民(am haretz)中,出现的某种类似于民族复兴的东西。固然,有可能带有部族传统的农民阶层只是随着约西亚改革开展之后才重新进入现行政治的,但更有可能的是,约西亚改革正是一场自从公元前701年的大灾难之后就已经开始积聚力量的运动的表现。[①] 无论如何,《申命记》的内容要求我们假设它起源于"这样一些人的圈子,在其中关于具有神性的王权统治的概念,也就是关于耶和华的受膏者的概念,可能从未真正深入人心",[②]因为它的特征是来自于耶和华联盟时期的好战传统的复兴,以及与之相应的国王作用的下降。"摩西的律法"事实上区别于《圣经》中所有其他的法典,尤其区别于约书,因为它包含了关于军营中的官员和战士行为的详细规则,关于他们在战前、战中和战后行为的详细规则,以及围攻城邑的规则。此外,它还充满了关于彻底灭绝整个迦南的异邦人,特别是其城市中的居民的嗜血幻想。[③] 最后,灭绝异邦人的律法受到这样的可憎行为——他们归附其他的神而不是耶和华——的激发:《申命记》中以色列从事的战争是宗教战争。[④]

战争作为灭绝任何不相信耶和华的可见之人之工具,这种概念是《申命记》的一个创新。联盟的圣战曾经是防御性战争,当联盟遭到敌 426

---

① Von Rad, *Der Heilige Krieg*, 79ff.

② Von Rad, *Deuteronomium-Studien*, 43.

③ 例如,《申命记》第十一章第二十三节及其后,第十九章第一节,第二十章第十六节及其后。关于《申命记》这些方面的资料整理,参见 von Rad, *Der Heilige Krieg*, 68ff。

④ 同上,70。关于《申命记》遵照西奈选段的模式在形式上的组织,参见 von Rad, *Das Formgeschichtliche Problem des Hexateuchs*, 23—30。

人攻击的时候，耶和华就前来帮助他的人民。[1] 虽然幸运的是，这种新的残忍只有在重新书写以色列的喋血征服史时——当时的征服尚未造成这种血流成河的场面——才有可能付诸实践，但是这种更像是神话战争而非圣战的战事无论如何都是重要的，因为它揭示了，一种与在神统治下生存转向接受该律法相同的变化，也在经验和符号化结构中发生了。我们在这里论述的现象是几乎从未被人所探究过的，因此需要小心谨慎。尽管如此，看上去在《申命记》中，我们正在接近“宗教”的起源，它被阐释为历史形式下的生存向间接掌握关于神人关系的一种“信条”的转变。在《申命记》中，人类历史上这最早的“宗教”，当它被一个狭隘的士兵爱国运动的好战性和公民德性所打破时，将不得不被描述成为经由摩西传达的西奈启示。

最后这几句话一定不能被理解为有蔑视的含义。精神作为在人类灵魂中构建秩序的一种力量而生活在这个世界上。人类的自然属性(anima naturalis)具有丰富多彩的性格学特征，这在形形色色的现象中使构建秩序的精神变得虚弱。柏拉图和亚里士多德在构建他们关于最好的城邦的范式——必须容纳人的丰富多彩的性格——时已经明确了这个关于社会秩序的根本问题。先知、哲学家和圣贤，他们可以把精神的秩序转化成为行为实践而无需制度支持或制度压力，但这样的人少之又少。因此，精神的秩序为了在世界上生存下去，就不得不更多地依赖对于一种信条之诸多符号的狂热信仰，而较少地依赖积极行善(fides caritate formata)——尽管这样的依赖，如果在社会上居于主导地位，那么就容易扼杀它本应加以维持的秩序。即使我们承认《申命记》所有这些悬而未决的方面，当它坚持反对玛拿西统治下犹大的实践时，仍然显著地恢复了耶和华秩序；此外，当它坚持反对这种替代性选择——通过放逐和驱散上层阶级而彻底摧毁耶和华秩序——时，它已经证明自身

---

① Von Rad，chap. 7.2.2。

是以犹太后放逐期社会的形式拯救耶和华秩序的方法。 427

艾克罗德从这个方面——在实际历史的一个具体社会中保存耶和华秩序——思考了《申命记》。作为改革犹大王国的一种努力,《申命记》是"一个浪漫的梦想",其后就是突然唤醒约雅敬统治下的人民。它的伟大在于它普遍的"宗教导向",这易于在人民当中引发一种对于政府秩序的新态度。耶和华的爱已经选择了这个并不重要的民族,神的这种爱渗透了该民族的秩序。在神面前,所有人都是平等的;所以,《申命记》的法律秩序强调兄弟般的帮助,保护弱者和穷人,以及在各种具体情况下实施公平的正义(《申命记》第十五章第二十二节至第二十五节;第十六章第十八节至第二十节;第十七章第一节至第十三节)。国王本人——平等规则并未对他有所要求——只是一个负有特殊职责的耶和华秩序的护卫者和弱者的保护人(第十七章第十四节及其后)。在他们想象的法治(Rechtsstaat)事业中,那些法典编纂者们已经成功地把神爱之秩序转化成为一种制度模式,因此抵制了对国家的崇拜,还阻碍了一个世俗法律秩序的概念以及与精神秩序相隔离的政府的形成。这种转化,只有当它不仅仅只是拘泥于法律条文时,才有意义。因此,居于这个概念之中心的是社会的每个成员都有义务遵守神的律法;《申命记》第六章第五节个人的热切要求与个人的献身保障了该秩序的存续,不是通过外在的保证,而是通过生活在该秩序之下的人们的信念。这种模式不是一个乌托邦,它也不能被批评为不现实的。"它是用正确克服可能,用奉献克服自利,用精神力量克服物质利益的洞见;它是毫不妥协地反抗此岸世界的外部成功势力的先锋,是这样一个阵营的先锋,该阵营从现在开始就要把冲动和本能的历史传唤到道德义务的审判席前,并且使其转胜为败。"①

从这个由耶和华及其仆人摩西在西奈山创造的民族的视角来看,

---

① Eichrodt, "Religionsgeschichte Israels", 426.

以色列的现存秩序现在被埋葬在"这本书的宗教"之中。从放逐期和后放逐期的犹太教的角度看,这本"书"是在该律法之下的共同体生存的
428 开始。在以色列的过去与犹太人的未来之间,申命律法对于现在毫无意义吗?事实上,它是有意义的,虽然这是它所有问题中最晦暗不明的一个,并且这里只是有可能对这个问题的性质给出一点提示。

就实际历史而言,约西亚改革似乎起源于一个社会阶层的运动,该阶层已经由于大卫帝国及作为其继承者的两个王国在政治上的各种紧急事件而被排挤到边缘地位。在与亚述的斗争中,只有当以色列被毁灭,而犹大屈服投降时,过去在政治上缺乏力量的群体才能获得历史机遇,在统治阶级已经失败的任务上一试身手。但是在这个任务上,他们反过来也失败得如此彻底,以至于这一运动及其努力生存下去都需要在《申命记》以及关于当时的军事和经济形势的各种假设基础上加以重建。于是,就精神秩序而言,这场运动的巨大财富,也就是它的活力之源,似乎已经成为对西奈传统的保存,而在王国的公共秩序中,这些传统已经被王权统治制度,以及在外邦信仰崇拜方面所做出的外交上的和自愿的妥协所覆盖。即使在其力量的中心,我们还是要指出,这场运动在把启示变成书面文字,以及把圣战变成嗜血的宗教战争方面具有一种拉平效应(flattening effect)。尽管如此,从这些消极负面的东西中还是浮现出一种积极的共同体意识,一种对集体身份的强烈坚持,不管这在实际历史中遭到了多么大的损坏,而在精神上又变得如何平庸;特别是,这种共同体意识使这个放逐期和后放逐期社会付出巨大的努力,去保存自身的传统,并将这些传统编纂成为《圣经》。

这些特点的集合成为了一种现象,历史学家们有时称之为"复归"(repristination),或"拟古"(archaism),又或"民族主义"。所有这些词汇的使用都有一定的正当理由,但是由于它们暗示了无关的现象,所以没有一个非常适合于描述这种特定的集合。如果我们记得复归和拟古是那个时代的普遍特点,这种特殊的现象就能得到最好的理解。公元前9

世纪及其后的《申命记》作者们一心想着向西奈传统复归；而亚述巴尼拔在尼尼微收集了数量庞大的藏书——我们关于美索不达米亚文献的知识主要归功于此；此外，赛第（Saitic）时期的埃及回溯到两千年前，希望用拟古的方式复兴古王国的文学和艺术风格。这些有关复归和拟古 429
兴趣的类似例子暗示，在各个帝国间战争的冲击下，较为古老的文明秩序的崩溃是做出这种保存历史身份认同的疯狂努力的共同原因。不仅是最为明显的受害者犹大，而且就连交战的各个帝国本身都为这种不安意识所困；亚述，作为它们当中最坏的冒犯者，走向了毁灭，就像它甚至在犹大面前也已经终结一般令人感到突然。宇宙论帝国向其文明起源的边界之外扩张，族群之间相互取代，外邦的统治建立起来，在这种暴力受害者的灵魂之中导致的无序，是任何宇宙论类型的帝国都无法修复的。犹太社会从为了人的灵魂秩序最低限度之存续的努力奋争中——既是凭借其自身的名义，也是作为基督教的母体——以胜利的 430
姿态诞生了。

第十二章
摩　西

第一节　各种资料来源的性质

由于没有任何常规意义上的现存资料可供参考，所以我们无法描述那个创造了历史——作为神之下的现在的历史——的人的“历史形象”。[①] 摩西既未留下任何著述，也没有任何关于以色列的同时代的记

① 在关于摩西的较早的文献中，Paul Volz, *Mose und sein Werk* (1907; 2d ed., Tübingen: J. C. B. Mohr, 1932) 和 Hugo Gressmann, *Mose und seine Zeit* (Goettingen: Vandenhoeck and Ruprecht, 1913) 得到了使用。Martin Buber, *Moses* 把对摩西的理解置于一个新的基础之上，因为以例证的方式对摩西的描述，正如它在圣经叙事的文本中所表现出来的那样，得到了严肃的对待。但是，巴勃对他自己的方法并不是一直都充满信心；他时常想要把这个例证的摩西看作“历史上的”摩西。Elias Auerbach, *Moses* (Amsterdam: G. J. A. Ruys, 1953) 在他的方法上更为保守，并且常常不同意巴勃的解释。关于他对历史上的摩西及其功业的重构可以在他那本书的第 238—43 页找到。建立在经验证据基础上，运用了丰富的参考文献，而对摩西的一生进行了最好的重构的一篇近作是 Henri Cazelles, “Moïse devant l'histoire”, in *Moïse: L'Homme de l'Alliance* (Tournai: Desclée, 1955), 11—27。混合了经验证据和巴勃的成果的描述摩西的佳作有 Hans Joachim Schoeps, *Die gosssen Religionsstifter und ihre Lehren* (Stuttgart: Steingrueben-Verlag, 1950), 25—42。

录留存下来，即使曾经有过这样的记录。他的一生和他的功业也没有在埃及的书面文献中留下印记。尽管如此，我们既不必怀疑他的存在，也不必在其功业之性质的晦暗不明中苦苦摸索，因为其功业本身并未毁灭，作为一个很难被忽视的资料来源，摩西的功业就是以色列民族，该民族保存了它对于自身经由耶和华及其仆人摩西而奇迹般地得以创造的记忆。在《申命记》第四章第三十二节至第三十四节中，我们读到：

> 你且考察在你以前的世代，自神造人在世以来，从天这边到天那边，曾有何民听见神在火中说话的声音，像你听见还能存活呢？
> 这样的大事何曾有、何曾听见呢？神何曾从别的国中将一国的人 431
> 民领出来，用试验、神迹、奇事、争战、大能的手，和伸出来的膀臂，并大可畏的事，像耶和华你们的神在埃及、在你们眼前为你们所行的一切事呢？

关于这个主题的另一个版本更为清晰地表达了这种劝勉的动机，在《申命记》第六章第二十节至第二十五节，我们读到：

> 日后，你的儿子问你说："耶和华我们神吩咐你们的这些法度、律例、典章是什么意思呢？"你就告诉你的儿子说："我们在埃及作过法老的奴仆，耶和华用大能的手将我们从埃及领出来，在我们眼前，将重大可怕的神迹奇事，施行在埃及地和法老并他全家的身上，将我们从那里领出来，要领我们进入他向我们列祖起誓应许之地，把这地赐给我们。耶和华又吩咐我们遵行这一切律例，要敬畏耶和华我们的神，使我们常得好处，蒙他保全我们的生命，像今日一样。我们若照耶和华我们神所吩咐的一切诫命，谨守遵行，这就是我们的义了。"

该民族本身，由于它今天仍然存在，乃是它起源于这些奇迹般的事件的见证者，通过这些事件，耶和华把这个民族(nation)从一个国家(nation)中带了出来。作为耶和华在人类中间的代理人，作为该民族应该听从的来自于他们兄弟中间的先知(nabi)(《申命记》第十八章第十五节)，摩西与以色列人对于这些事件的记忆的连续性密不可分。“耶和华藉先知 (nabi) 领以色列从埃及上来”(《何西阿书》第十二章第十三节)。

除了保存在《圣经》中的关于他所创立的以色列的记忆以外，我们没有其他的资料来源帮助我们理解摩西这个人及其功业。这个事实必须和它的方法论后果一同被接受:

(1)这些后果中的第一个关乎那些可以被正当提出的问题。例如，我们一定不能沉溺于关于摩西作为“一个宗教的创立者”的种种推测，因为在《圣经》的任何一个地方他都没有以这种角色出现过。问题的提出，如果想要保持批判性，就必须像他为他的人民所了解的那样接受
432 他，也就是在一种为我们刚刚从《申命记》中引用过的那些段落所初步限定的意义上，把他当作那个带领以色列人从埃及上来的人。首先，在那里他是作为这样一个人出现的，这个人可以把希伯来各部族整合为民族—政治意义上的一个民族，也就是整合为一个非犹太民族(goy)，该民族愿意跟随他前往他带去的地方。而且，那个非凡的成就显然要归功于他在精神上影响人民的能力，因此这个民族将会“听见神的声音”，从而使它变成耶和华的民(am)。最后，他可以施加这种精神上的影响，是因为他本人曾经听见耶和华的话，并且遵守他的诫命。

(2)与鉴于这种圣经资料来源的性质，第二个后果其可能提供的各种答案有关。在第六章我们曾经简要地概述了圣经叙事中的各个意义层面，从后来的史学层面到被吸收到其中的各种传统。在细节上，尤其是关于摩西的细节上，各种形式相互吸收的层理甚至更为复杂。例如，在前面的第十一章中，我们研究了申命律法的形式，该形式已经开始不

仅支配了摩西的历史,甚至支配了作为整体的圣经结构。从这种类型的资料来源中可以得到的唯一答案就是这些资料来源的性质所允许它们给出的那些答案。对于这种圣经叙事的分析不会通过循环论证把我们带到"历史上的摩西"那里,对于这个摩西,由于完全缺乏常规意义上的资料来源,所以无法加以描述。口述和书面形式的传奇和传说,以例证的方式对于各种传统进行的口述和书面形式的建构,以及口述和书面形式的申命律法,已经彻底地渗透到它们的材料之中,因而要想建构关于摩西的可靠生平,或者建构当时各种事件的实际发展过程,已经变得不可能了。

如果我们想从这样的资料来源中汲取其历史实质的话,我们必须首先确定其形式的特征和动机,随后重新建构适于这种文学结构的各种情境和经验的本质。这个任务,虽然并不简单,但也不像它初看上去那么毫无希望,因为它从资料来源本身获得了多样化的支持。首先,由于常常以例证的方式来拔高它的本质意义,历史实质得到了圣经叙事的塑造,所以我们毫不困难地就找到了我们寻找的对象,因为该资料来源已经预见到了我们的意图;在这样的例子中,形式的意义是对所形成之实质的意义进行的推断。而且,在重要的例子中,形式是自我反思的,并且雄辩地表达了它自己的动机,所以结构的目的可以很容易区别 433
于被这种结构所吸收的种种情境和经验。此外,圣经叙事所特有的、层次丰富的各种形式,虽然使我们的分析变得复杂,但是却赋予其结果以更高的确定性,因为来自于几个形式层面的意义线索汇聚在同样的历史实质上。最后,在来自于资料来源本身——有时,这是令人惊讶的——的这种多样化的帮助之下,还必须加上一种重要的支持,后者来自于对历史可能性的考量以及本项研究的各条原则,有了这种支持,我们就能更细致地确定关键的情境和经验。

这种方法论的情况可以通过一些例子得到最好的阐释,而这些例子同时也可以充当摩西问题本身的一个导论。

申命律法这种文学形式最强地把摩西这个人物塑造成他在我们的传统中所存在的那个样子。由于只有当资料来源在形式上的元素被确定下来时,对摩西问题的分析才有成功的希望,所以我们的分析必须推迟到该律法的性质得到研究之后。由于同样的原因,我们现在必须通过排除该律法——它已经非常有力地将它的形式强加于其他形式之上——来开始我们的分析。这个任务相对容易,因为在这种情况下,正如我们在前一章所看到的那样,这个形式元素与它所吸收的历史实质之间泾渭分明。被当作《申命记》诸篇演讲的演说者而引入的那个摩西,毫无疑问是神话想象的产物。他必须被排除,那个作为五书律法的作者而被过分夸大的摩西就更应该被排除。这种处理,虽然极端,但却不该引起任何关于摩西的历史真实性的疑问;因为摩西的神话除非被嫁接到关于历史上的摩西的鲜活传统之上,否则就既没有意义,也不可能抓住公元前7世纪的犹大民族。但是,传统的摩西身上相当多的东西都随着他的神话消失了。因为不仅这个发表了历史的演说、祝福和诅咒的说话人被排除了,而且这位立法者的职责也受到严重的影响。
434 即使我们假定包含在这些演说中的命令和典章,在由例证的外壳,对变动不居的经济和社会条件的适应,以及明显是最近才添加进去的内容所构成的厚厚表层之下保存了摩西时期的各种材料,但它们毫无疑问已经丧失了它们作为一部由摩西所发布的律法的特点,因为在这些演说的内容中,该律法是直接发源于耶和华的。神自己,而不是摩西,是历史中的那个行动者。即使在前面所引用的那些段落中,也是耶和华,而不是摩西,带以色列人从埃及上来。当然,那并不意味着摩西完全消失了。他仍旧是传达神的话语的先知,而该民族害怕直接面对这位神(《申命记》第十八章第十五节至第十八节);正如《何西阿记》的那个段落所表明的那样,他仍然是把以色列从埃及带上来的那个神在人中间的代理人;但是他在这出历史戏剧中的角色已经明显变成第二位的了。

考虑到我们已经从《申命记》神话的那个令人印象深刻的人物,深入到那个不引人注目的摩西——他在那出基本上是耶和华和他的民之间展开的戏剧中仅仅扮演了一个中介人的角色,让我们暂时假设(在尚未以更具说服力的方式将其展现出来之前)我们已经触及了真正的历史基础。随后,我们就可以理解为什么在从底波拉之歌到大卫帝国终结的这一时期里,我们几乎没有听到关于摩西的事情。如果以色列把自身体验为耶和华秩序之下的一个民族,那么摩西在把该民族带到自己的神之下生存的过程中所发挥的这种中间人的职能,对于以色列秩序的符号化来说就确实只具有次要的意义。虽然关于摩西及其功业的传统得到了保存,但它们只有通过公元前 9 世纪危机中的先知的反叛,才得以占据符号体系的显著位置。当每个人都看见暗利王朝的联盟政策危及了耶和华秩序的时候,当精神的职责从政府组织转到那些先知身上的时候,诉诸摩西才能为先知的行动提供合法性的背景。但是,要有效地效仿摩西(imitatio Moysis)要求有一个作为典范的先知和立法者,可以为人所仿效。正如我们在前一章中所提示的那样,正是在那种形势下,那个《申命记》中最早的先知、那个提出律法的人、那个叙述他所创造的历史的历史学家,才最终诞生了。

如果我们把《申命记》神话当作随着公元前 9 世纪先知效仿摩西而开始的一个发展过程的终结,那么我们就可以猜想,带有先知特征的摩西出现于其中的那部分传统是在先知时期以神话形式构造而成的。在 435
我们能够发现历史的实质之前还必须去除另外一个层面的形式。一些例子将阐明起源于这个先知传说的各种问题。

(1)在《出埃及记》第五章至第十二章中,摩西和亚伦反复会见法老,先是劝说他,后来是通过瘟疫的威胁和实际的灾难来恐吓他,让他放他们的百姓走。即使我们考虑到摩西曾作为一个埃及人而被养育大,并且有理由在宫廷里有亲属关系,但是法老与一个建筑项目中工人的领导人就放他们走的事情进行谈判，这种描述还是太没有可能性而不能被接受为历史事实。但是，与法老会见的故事，如果我们把它归结为先知传说，那么就非常有意义了。因为在摩西面对法老并且要求他服从耶和华的意志当中，我们可以看出先知面对以色列国王的范式。撒母耳与扫罗，拿单与大卫，以利亚和亚哈，以及后来的先知们与他们的国王之间的典型情境被扩展到了摩西与法老身上。虽然反复的会见，以及面对面的谈判，必须作为先知传说的形式元素而被排除，但是我们必须当心别把实质内容与这种形式一同丢弃掉。在寻找实质的过程中，我们必须谨防用更有可能的实际事件来替代传说事件的这种实证主义陷阱。因为实际发生的事件细节几乎没有重要意义。为了确信一个由建筑工人组成的规模庞大的部落，如果没有大量的准备——这必然涉及某种在他们的领导人和埃及当局的官员之间进行的谈判——就不可能从埃及向外移民，我们并不需要传说。该传说向我们确证了下面这个远为重要的历史要点：在以色列人出埃及的故事中，涉及到了一个精神秩序的问题，一个在耶和华和宇宙—神文明之间的冲突问题，这种类型的冲突在以色列的历史上导致了先知与国王之间的激烈碰撞。不管摩西和法老之间的个人关系可能是什么样子的，这个传说都保存了关于摩西与法老秩序的原则发生的一场冲突的记忆。

（2）在关于摩西与法老之间进行谈判的故事中被嵌入了为数众多的从属传说，同样显示出它们是起源于先知时期。例如，摩西和亚伦作为魔法师出现；在《出埃及记》第七章第八节至第十三节中，他们试图用恶兆来震动法老。亚伦丢掉他的杖，杖就变作一条蛇。未受触动的法老召来他自己的一帮术士，他们中的每个人都丢下自己的杖，并使其变
436 成蛇。但是，耶和华的蛇随后就胜过所有其他的蛇，它把它们都吞掉了；显然它比法老的造物更为出众。这个传说使我们清楚地想起了以利亚与巴力的诸先知的竞赛，此外通常还会让我们想起公元前 9 世纪撒马利亚宫廷上相互竞争的先知班子。它可能起源于这样一些人组成

的圈子,他们围绕着以利亚和以利沙的传说创造了丰富的文献。关于它的意义,再说一遍,我们必须避免这种实证主义的错误,也就是把这个故事当作一条民族志的证据,证明摩西是一位早期的巫师。它仅能证明,耶和华优越于其他的神这一点,在一种较为原始的层面上也能找到它的表达。

(3)如果我们对于这种恰当的解释方法仍然存在疑虑,那么接下来关于摩西和亚伦用他们的杖所带来的灾疫的故事也会打消这种疑虑。试图通过对有关自然现象——可以设想其为故事所使用的原材料——的猜测,保全这些故事的历史真实性,没有什么比这种做法更不适宜的了,因为关于那些接踵而至的灾疫的传说,变得越来越具有自我反思性,并且揭示了耶和华高于其他众神的性质正是有意识地服从于这些传说之结构的历史实质。在倒数第二个灾疫,也就是覆盖埃及的黑暗之灾中,甚至这些灾疫的符号体系本身对于那个精神问题来说也变得一目了然,因为埃及遍地都是人们可以感受到的黑暗,"惟有以色列人家中都有亮光"(《出埃及记》第十章第二十三节)。随着最后一个灾疫——击杀埃及一切头生的——的到来,光明与黑暗之间的斗争达到了高潮。《出埃及记》第十一章第四节至第五节限定了这场灾疫的性质和程度:

> 耶和华这样说:"约到半夜,我必出去巡行埃及遍地。凡在埃及地,从坐宝座的法老,直到磨子后的婢女,所有的长子,以及一切头生的牲畜,都必死。"

然而,以色列人却将被免除这场灾疫,"好叫你们知道耶和华是将埃及人和以色列人分别出来"(第十一章第七节)。最后,《出埃及记》第十二章第十二节表述了这种分别的性质:

> 因为那夜我要巡行埃及地，把埃及地一切头生的，无论是人是
> 437 牲畜，都击杀了，又要败坏埃及一切的神。我是耶和华。

埃及遍地的黑暗是其诸神的黑暗，而以色列的光明是耶和华的光明。击杀一切头生的，虽然这把不幸加于人和牲畜，但却是——以一种尚未得到澄清的方式进行的——真神(God)对诸神(gods)的一种审判。通过这形形色色的形式表层，我们总是深入到同样的历史实质，也就是在摩西的耶和华和埃及的宇宙—神文明之间的冲突。

最后，这种历史实质，特别是在《出埃及记》第一章至第十五章，得到了一种教派传说形式的塑造，后者可以追溯到在春天举行的新年逾越节。几乎毫无疑问的是，这些节日的典礼由那些移民部落带到了埃及，并且可以为表达这样一种历史经验——通过丰收和秩序的神力战胜死亡和无序的黑暗势力而从一个巨大的危难之中获得拯救——提供形式元素。“在耶和华与法老王之间的竞赛所主导的整个传说中有一种统一性，竞赛目的是为了解救以色列人，同时它也期待着逾越节的盛宴，对于这盛宴的内容不断有所提示。”①作为最早认识到这个形式问题的人，彼得森看到强迫读者接受这个传说已经使我们不可能了解潜藏在下面的实际的历史事件：

> 这个传说打算描述耶和华及其敌人之间的神话斗争，这个目的对该叙事的支配到了这样一个程度，以至于我们不可能表明那些被改造成这出宏大戏剧的事件本来是什么。正是通过这个节日盛宴，各个事件才被浓缩和拔高到它们在这个神圣的故事中所呈现出来的维度。因此要说它们已经获得了我们通过这个实践中的

① Pederson, *Israel: Its Life and Culture*, vol. 3—4:731.

信仰崇拜仪式所了解的那种形式,也仅仅是可以想象。在这个仪式中,我们正在评述的这整个节日传说使人们在逾越节之夜重温了那些事件。所以,在跨越红海中经过的那一夜,对于经历者来说就如同是逾越节之夜本身,也就是他们在圣所所经历的那一夜,当然它与其在埃及的原型也并无不同。①

英格奈尔已经在这个传说中发现了对于我们的目的来说具有特殊重要性的那个信仰崇拜仪式的一个元素,那就是国王在这个祈祷丰产的仪式中所扮演的角色。国王的那些特征已经被转移到摩西身上,他 438
秉承了那个古老的帝王头衔(ebed Yahweh),即耶和华的仆人,同时还是神的 shaliah,即神的使者。神的使者在他前面行走(《出埃及记》第十四章第十九节);他得到了神的精神——云柱(the ruach)——的支持;他拿着那根能制造奇迹的杖,也就是王的权杖;他是使海水(tehom)退去的万风之主,正如在创世和大洪水的故事中一般。"摩西确实是救世主弥赛亚,带领他的民'出埃及'——带他们'出埃及'前往逾越节的庆典(Paesah celebration)!"他在一场以埃及的一系列灾疫为代表的仪式斗争中战胜了神的敌人。"那场争斗在对法老的胜利中达到顶点,而法老是一个类似于 Kingu——也就是阿卡德人所说的'伪国王'(shar puhi)的化身——的人物,法老正像是伪国王,没有被杀死,但是根据希伯来人的传统,他被囚禁在红海(Sheol,地狱)达五十天之久,以便他被永久置于地狱之门,虽然他可以生命不朽。"②

---

① Pederson, *Israel*: *Its Life and Cuture* ,730。

② Engnell, "Paesah-Massot and the Problem of 'Patternism'", 39—50. 从第 46 页及以下开始有所删节。又见文森科的研究"The Semitic New Year and the Origin of Eschatology", 158—99, 以及我们在第九章第五节的第三小节和第六小节对关于仪式和模式的一般问题的描述。

因此，摩西这个人物已经被不止一种形式所塑造。把摩西置于战胜了各种无序力量的救世主—国王这个角色之上的那些元素源自于逾越节的传说。由于这个传说可能在它建构的过程中吸引了形形色色的材料，所以反对国王的先知的元素也进入了这种形式。最后，摩西这个人物被《申命记》的神话掩盖了。

第二节　神的儿子

通过对各种形式——既包括申命律法的形式，也包括种种先知传说的形式——的分析，我们已经深入到了他们共同的历史实质。可以证明，这实质就是摩西的耶和华经验与埃及帝国的宇宙论秩序之间的激烈碰撞。这个结果提供了一种新的信息，可以帮助说明影响我们对摩西做出重要理解的那些困难。既然两种秩序之间的碰撞，以及这种碰撞所导致的一个民族——其秩序起源于摩西的灵魂——的实际建立，在历史上是一个独一无二的事件，那么原则上，一般的范畴就不适用于摩西，而只能作为认真限定之后的类似范畴来使用。这个人有点
439 像是一个先知(nabi)，当他听到耶和华的话后，他的灵魂就发生了存在中的飞跃；但是为他的民完成了与耶和华立约的这个人，并不是继他之后兴起的数目不确定的“立约的使者”之一。这个人有点像是一个立法者，他在无数场合依据神的命令——他可能已经对此做出了表述——的精神对提交给他的讼案实施审判；但是他本人并不是一个法典编纂者，尽管他的很多决定可能都已经变成了后来的法典编纂者的先例。这个人有点像是一个历史学家，他创造了历史，而且在他漫长的一生当中，必定时常修正围绕着他曾亲历的那些难忘事件而形成的故事；但是他毫无疑问不是《申命记》所描绘的那样一个历史学家。这个人有点像是一个解放者，他带领他的人民从奴役状态走向政治独立；但他不是以色列人的加里波第，因为这个民族为了从法老的奴役中被他解放出来，

又不得不为耶和华效劳。最后，虽然他是一个精神的奠基人，但他并没有创立“一个宗教”，而是创立了一个生活在神之下的现在中的民族。因此，为了充分描述摩西这个人及其功业的本质，我们被迫从这些类型的概念退回到各种符号，通过这些符号，圣经叙事的各个部分相对应的无名氏作者们试图按照与他们的传统保持连续性的方式表达这个问题的本质。那个本质就包含在如下的程式中：耶和华通过摩西把以色列人从埃及带上来。我们必须寻找那些符号，通过它们，这个简明扼要的程式的意义就得到了阐明。

幸运的是，我们可以发现，这样的符号就镶嵌在该叙事中。那个决定性的段落就是《出埃及记》第四章第二十一节至第二十三节：

> (21) 耶和华对摩西说：“你回到埃及的时候要留意，将我指示你的一切奇事，行在法老面前，但我要使他的心刚硬，他必不容百姓去。
>
> (22) 你要对法老说：‘耶和华这样说：以色列是我的儿子，我的长子。
>
> (23) 我对你说过，容我的儿子去，好侍奉我，你还是不肯容他去。看哪，我要杀你的长子。’”

这个段落的结构有些复杂。它不是一个传说的一部分，它本身就
是作为耶和华向摩西所说的一段话；然而它显然提及了我们刚刚思考 440
过的那些传说的资料来源。它被放在圣经叙事的这样一个点上，从这里开始，摩西踏上从米甸人那里返回埃及的归途，目的是去解放他的百姓；它显然打断了该叙事，后者在第四章第二十七节得以继续，当时亚伦与他的兄弟在旷野的埃及一边会面。因此《旧约全书》学者倾向于把

它当作一个被放错了位置的传统。尽管如此,我们对于接受这个论断还是犹豫不决,因为我们原则上拒绝这样的假设:通过把一个段落切分成若干部分,每个部分根据语文学的标准,必须被归结到各个不同的、作为构成部分的资料来源之中,这样就能够穷尽段落的意义。在我们看来,以其当前形式出现的这个段落出自这样一些人之手,他们把各种各样的J和E的元素编织成摩西与法老之间发生冲突的故事,随后这个段落又被精心选择放在今天它所处的这个位置,目的是简要概括贯穿于摩西与法老多次会见以及埃及发生系列灾疫的那些神话当中的主旨。

位于第四章第二十一节的第一个主旨是关于摩西和亚伦的魔法活动,以及法老长期的固执,这是考虑到传说的系列发展和灾疫的不断升级。由于这个主旨属于前面分析过的先知传说的形式,对于我们而言,它在这里就没有更多的重要性。它的年代必然很晚,因为它预设了那些传说的存在;这个小节的内容甚至可能与它形成表述的时间一样晚。

但是,对我们当前的目的来说具有相关性的是第四章第二十二节至第二十三节,因为在这两节中汇集的主旨关乎其历史实质。耶和华的经验与法老的秩序之间的冲突在一个既简单又完美的程式中提了出来。我们还记得金字塔文本,其中诸神将法老称呼为:

> 这是我的儿子,我的长子(This is my son, my first-born);

而我们现在从第四章第二十二节中发现的新程式与此发生了冲突:

> 以色列是我的儿子,我的长子(My son, my first-born, is Israel)。

在使埃及的符号适应新经验的过程中使用了同样的方法，例如在《创世记》第十四章中关于亚伯兰的插曲就是如此，在那里，约和约的巴力等符号从迦南的至高的神转移到了亚伯兰的神身上。在那个情境下使用的关于经验和符号的年代的论证，也适用于当前的问题。经验与 441
符号符合与埃及发生冲突的这种情形；没有理由不把这个程式的年代确定为摩西时期，或者不把作者身份归结为摩西本人。①

这个程式简短而明晰，但是它的内涵却是多方面的，并且有时还模糊不清。首先，它并不是在充分符号化方面的一种尝试，而是一条秩序原则。它出现在关于灾疫和出埃及的那些神话的主旨概述之中；源自于第四章第二十二节之原则的那个秩序，其第一个要点是第四章第二十三节中对法老所下的命令："容我的儿子去，好侍奉我。"这个主旨必须通过那些传说不断得到锤炼，因为可以理解，法老不愿意接受这个命令。当摩西和亚伦告诉他，要遵从耶和华的命令，他必须放那些百姓走，以便他们能够为他们的神举办一个盛宴，并向他献祭（第五章第一节，第三节），这时，法老尖刻地质问（第五章第二节）：

> 耶和华是谁，使我听他的话，容以色列人去呢？我不认识耶和华，也不容以色列人去。

而且他命令更严苛地对待这个不驯服的民族（第五章第六节至第二十三节）。但是这个命令无情地得到重复（第七章第十六节；第八章第一节；第八章第二十节；第九章第一节；第九章第十三节；第十章第三

① 在该文献中我没有发现任何地方提及了《出埃及记》第四章第二十二节与埃及的登基典礼仪式之间的关系。

节)；[1]该民族必须在旷野中侍奉他们的神。而且，在他们不断受到阻滞的过程中，越来越明确的是，出埃及不单是以色列人的事情，而且法老也不可避免地被卷入到对神人关系的秩序重建中去。以色列的向外移民不仅仅意味着失去了一支劳动力量；埃及的统治者在精神上也被降低了等级，并且必须把他作为神的儿子的地位让给以色列。耶和华要求以色列人为他服务，但是他命令法老认识到这种新的秩序；他通过摩西提醒这位统治者，他可以把埃及人从地球上消灭，但是他还想保留他们(第九章第十六节)："是特要向你显我的大能，并要使我的名传遍天下。"以色列人出走之后的埃及将不同于之前的那个埃及，因为现在一个比法老的意志更为伟大的力量将会被人所认识到。最后，当所有头生的被击杀之后，这位统治者屈服了；在夜间他把摩西和亚伦召来，并
442 且绝望地命令他们(第十二章第三十一节至第三十二节)：

> 起来！连你们带以色列人，从我民中出去，
> 依你们所说的，去侍奉耶和华吧！
> 也依你们所说的，连羊群牛群带着走吧！
> 并要为我祝福。

但是，其对以色列人出埃及的抵制只是暂时停止。当以色列人已经离去，法老和他的谋士就改变了想法。他们带着军队追赶以色列人，想要把他们带回来。而耶和华不得不通过红海的奇迹，用符号化的结局来贯彻这种新的秩序：神从前的儿子的军队被包裹在黑暗之中(第十四章第二十节)，陷入一片混乱(第二十四节)，并且被洪水吞没(第二十七节至第二十八节)，而神的新儿子，他的民族以色列，则安全地走上

---

① 参见希伯来文本。在修订标准版《圣经》(RSV)中，最早的两处提及是第八章第一节和第八章第二十节。

来，来到干燥的地面，并且进入了旷野。这一场景随着米利暗的胜利之歌而结束：

你们要歌颂耶和华，
因他大大战胜，
将马和骑马的投在海中。

当我们现在更仔细地来端详神的这个新儿子——他从埃及的黑暗处显现出来，并且进入了历史的新的安排所带来的光明之中——的时候，我们发现他是一个奇怪的创造物。首先，他不是一个个体的人而是一个社会群体；此外，他根本不想成为神的儿子；最后，他如此直白地表达了他对于这个新角色的厌恶和抵制，以至于我们开始想要知道当“神的儿子”这个措辞被用于指称，甚至很难被称为一个民族的一大帮任性的暴民时，可以想象它具有何种含义。在第一次会见之后，当以色列人的工作量被加大，他们的官长希望耶和华鉴察摩西，因为他使以色列人陷入了困境（《出埃及记》第五章第二十一节）。在红海，当埃及军队逼进的时候，百姓转而反对摩西：“难道在埃及没有坟地，你把我们带来死在旷野吗？你为什么这样待我们，将我们从埃及领出来呢？我们在埃及岂没有对你说过，不要搅扰我们，容我们服侍埃及人吗？因为服侍埃及人比死在旷野还好。”（《出埃及记》第十四章第十一节至第十二节）
如果神曾经不得不只依赖该民族本身，那么将永远不会有一个耶和华 443
的长子；没有摩西的领导，将永远不会有一个以色列民族。如果在以色列和埃及的秩序之间出现了碰撞，它的起源就在于摩西的某种经验之中。

将那些冷漠和执拗的希伯来部族改造成为耶和华的以色列民族一定花费了很长的时间，以及一位强势人物的很大努力。它预设了这样一个人的存在：他可以把该民族带入神之下的现在，因为他自己就已经进入了那个状态。而且，除非埃及文明在以色列人中渗透到一定程度，否则该民族作为神的儿子的这种程式就很难为人理解和变得有效；特别是，以色列的创造指向了这样一个人，他作为一个埃及人的生活感受是十分深刻的，如果充分估量的话，他可以把以色列的创造看作是对法老秩序的废除。

保存在《出埃及记》中并暗示对于各部族及其领导人的埃及化的种种传统已是众所周知，所以只需要最简短地回顾一下即可。《出埃及记》第十二章第四十节说以色列人寄居埃及的时间是四百三十年。这个数字是否正确，我们无从得知。我们仅仅对当时该地区的一般历史所知甚多，从而有可能对他们进入和离开埃及的年代做出不止一种推测，但是还不足以使其中的某种推测令人信服到无可怀疑的地步。这些部族可能是在喜克索斯时期进入埃及的，并且随着这个外来王朝一起被驱逐出去，或者他们可能是在一代人之后才离开的，要么是在亚马拿时期（公元前 14 世纪），要么是在公元前 13 世纪晚期。他们也可能仅仅是在亚马拿时期进入埃及，并且在一个世纪之后离开。《圣经》里所说的数字与下述情况最为相符，即以色列人是在喜克索斯时期进入埃及，又在公元前 13 世纪离开。关于进入埃及的年代，我们没有自己的意见可以提供；关于出埃及的年代，我们倾向于最为晚近的年代，即十九王朝时期，原因我们将在本章予以阐明。在任何一个假设之下，各部族寄居埃及的时间都长到足以使埃及的影响在该民族全体成员当中体现出来。特别是，这个年代长到足以使个人在埃及社会的等级体系中获得升迁，正如关于约瑟——移民们带着他的骸骨——的各种传统所表明的那样（第十三章第十九节）。在关于摩西的各种传统背后也必须假定摩西有过类似的升迁，尽管所有具体的细节都消失在这个传说的帷幕之后。一个婴儿[①]被发现，得到保护，并作为法老女儿的儿子被

① 指摩西。——译注

养育大，这个故事（第二章第一节至第十节）是一种典型的传说形式，近 444
东与其最相近的例子就是阿卡德的萨尔贡的故事。[①] 一旦一个占据较高社会等级的埃及化的希伯来人，由于其他原因，变得非常重要，足以成为传说讲述的合适对象，那么我们就无法从与他相适合的传说形式中析取出关于他生平的详细情况。

但是，在他被发现和被搭救的传说中嵌入了一个非典型的、具有特点的细节，那就是对摩西的名字及其含义的提及。当这个孩子进入公主的家中，"她给孩子起名叫摩西，意思说：'因我把他从水里拉出来。'"（《出埃及记》第二章第十节）这个段落具有一个更为直接的目的，那就是在已经被埃及化的摩西身上贴上一个希伯来人的标签，因为这个名字几乎毫无疑问与图塔摩斯（Thutmosis）或阿摩西斯（Ahmosis）这样的姓氏当中的成分如出一辙。由于这个成分的意思是"儿子"，它不像是被单独使用的，所以下面的推测是有道理的：其失踪的父亲是一位埃及神。在那种情况下，这个名字会被简化为摩西（可能是被他自己简化的），因为有字义为神的（theophorous）名字不太适合这个拥有它的人，后者反叛了神的埃及之子。[②] 但是显然，对于这个以色列的创建者来说，他的名字还是含有太多的埃及意味了，对此，一种希伯来人的解释被提了出来，正如《出埃及记》第二章第十节所言，该解释认为摩西这个名字源自于动词 mashah，也就是拉出来的意思，以便摩西可以成为从水里"被拉出来的那个人"。

因此，这个段落更为直接的目的就一目了然了。但是，对这个名字

① 萨尔贡传说的英文翻译，见 *ANET*, 119。

② Lods, *Israel*, 169; Bobinson, *A History of Israel*, 1: 81. A. S. Yahuda, *The Language of the Pentateuch in Its Relation to Egyptian* (London: Oxford University Press, 1933), 1: 258—60, 怀疑摩西是对一个有字义为神的名字的简化，而认为摩西的意思是"尼罗河的孩子"更为可信。

的解释有其困难之处，因为正如马丁·巴勃已经指出的那样，mosheh 这个形式如果是源自于动词 mashah，那它并不是消极地意味着“被拉出来的那个人”，一如《出埃及记》第二章第十节所想要表达的那样，而是有一种积极主动的含义，即“把……拉出来的那个人”。[①]因此，巴勃提示说，该段落具有一个隐秘的意图，就是指出摩西就是那个将以色列人从大洪水中拉出来的人。巴勃发现，对该名字的这样一种解释确实存在于以色列人的传统中，这一点通过《以赛亚书》第六十三章第十一节中的一个段落可以得到证实，该段落在任何其他假设之下都毫无意义。
445 这一小节开始的时候，以耶和华作为主语：“他想起古时的日子”；随后继续说：“Mosheh ammo，”意思是“摩西，他的百姓（Moses, of his people）”。这几个单词的次序没有表现出一种令人满意的含义。但是，如果 mosheh 被理解成为对摩西这个名字的一种解释，那么这种词汇排列顺序就变得有意义了，因为那样的话这个句子就必须被翻译成为：

> 他想起古时的日子，
> “那个把”他百姓“拉出来的人”。[②]

于是紧随其后这位先知对耶和华——他显然不记得他的百姓处于当前的危难之中——的呼喊也就非常有意义了：

> 将百姓和牧养他全群的人

---

① 参见 Ivan Engnell，“Mose”，*Svenskt Biblskt Uppslagsverk*，vol. 2，col. 311，所作的同样的评论，并参考《撒母耳记下》第二十二章第十七节，《诗篇》第十八篇第十七节和《以赛亚书》第六十三章第十一节。

② 此句沃格林的英文原文是：“He remembered the days of old，‘the one who draws out’ his people”。——译注

从海里领上来的在哪里呢？
将他的圣灵降在他们中间的在哪里呢？

我们倾向于接受巴勃的意见。[①] 但是，如果我们接受它，我们就不能满足于《出埃及记》第二章第十节的秘密意图或隐秘意图的假设。关于摩西的名字，显然确实存在两个传统，它们被关于红海奇迹的经验联系起来。他既是“那个把”他百姓“拉出来的人”，又是与他百姓一同被耶和华“拉出来的那个人”，正如他出现在《以赛亚书》第六十三章第十一节中那样。一旦这个名字与从红海中“拉出来”之间被建立起一种暗示性的联系，一点语法规则可能或多或少就不是玩弄（play with）这种符号体系的人们——当他们想要给一个他们知道是埃及人的名字加上一种希伯来的意义时——所首要关心的问题。对《出埃及记》第二章第二十节的不合文法的解释使得下述情况成为可能：当那种萨尔贡类型的传说使自身适用于摩西时，在符号动机的链条中，摩西的名字与动词 mashah 之间的联系就已经建立起来了。但是，在那种情况下，如果与红海奇迹的联系是首要的，那么当时确实发生了令人印象深刻的某件事情，使得它与这个名字之间的联系具有充分的理由——这件事并不一定是《圣经》所描述的奇迹，甚至不是由“合乎自然规律的解释”所暗示的某种替代物，而是奇迹般地逃脱了一个巨大的危险，对于这种危险，“从大洪水中被拉出来”这种措辞是适用的。 446

我们不能太过拘谨，拘谨到从各种符号中得出自然主义的结论——总是允许存在这样的可能性，也就是说在一个具体的事例中，这种自然主义结论将被证明是合理的——因为这些符号在并非感性知觉的经验里迂回穿梭。在《圣经》中还有一个地方也出现了动词 mashah，那就是在《诗篇》第十八篇中。在《撒母耳记下》第二十二章中，这首诗

① Buber, *Moses*, 51ff.

的作者被归结为大卫，有可能他真的“念过”(spoke)这首诗，如果排除一些可疑的段落的话。正如其序言告诉我们的，它是一首感谢耶和华把他从他的仇敌手中，特别是从扫罗手中拯救出来，并且感谢经由耶和华的干预而使他获得最终胜利的赞美诗。在这种语境中，正是大卫从大洪水中“被拉出来”(第十七节至第十八节)①：

他从高天伸手抓住我，“把我”从大水中“拉上来”。②
他救我脱离我的劲敌和那些恨我的人，
因为他们比我强盛。

孤立来看，这个段落仅仅证明了“他把我从大水中拉上来”这种措辞可以自由移动，并且能够普遍适用于奇迹般的拯救。但是，在这首赞美诗后面的部分中，这种拯救的性质受到了限制，并且十分接近红海奇迹的复合体。这首赞美诗是《帝国诗篇》之一，如果我们可以将这个类型加以扩展，以便将初始状态的帝国(imperium in statu nascendi)也包含进来的话；而大卫从大水中被拉上来，目的是为了让他作为列国的统治者而出现(第四十二节至第四十六节)③：

他们呼求，却无人拯救；

---

① 根据译者所参照的中英文对照版《圣经》，这两节应该是《诗篇》第十八篇的第十六节至第十七节，而不是沃格林原文所标的第十七节至第十八节，可能是《圣经》版本不同之故。——译注

② 此句中的引号为沃格林自己所加，目的是强调“把我拉上来”这种表述。——译注

③ 根据译者所参照的中英文对照版《圣经》，下述引文应该是《诗篇》第十八篇的第四十一节至第四十五节，而不是沃格林原文所标的第四十二节至第四十六节，可能是《圣经》版本不同之故。——译注

就是呼求耶和华，他也不应允。
我捣碎他们，如同风前的灰尘；
倒出他们，如同街上的泥土。
你救我脱离百姓的争竞，
立我作列国的元首，
我素不认识的民必侍奉我。
他们一听见我的名声，就必顺从我；
外邦人要投降我。
外邦人要衰残，
战战兢兢地出他们的营寨。

乍一看，对于“拉出来”这个符号来说，它似乎采取了一种奇怪的方式。如果我们还记得大卫胜利的续篇——也就是《诗篇》第二篇的登基典礼文，其中国王已经变成了耶和华的儿子——那么这个符号的意义看上去已经被颠倒了。当摩西把以色列从埃及带上来，他把神的新儿子从大水中拉出来，而神原来的儿子则在大水中毁灭了；现在耶和华从 447
大水中拉出来一位类似于法老式的神的儿子。是以色列人的地位现在已经被降低，而法老死而复活了吗？是神的儿子这个符号绕了一圈，又回到了宇宙论的统治者地位上来了吗？

为了理解这个问题，我们必须首先意识到，朝大卫式的神的儿子的这种演化是内在于摩西与法老秩序的冲突之中的一种可能性。希伯来部族的出走，正如我们所强调的那样，超出了浪漫意义上的民族解放。埃及统治者不是由于某种民族自决的原则而不得不放他们走，而是为了让他们改变他们的受统治地位，转而侍奉耶和华；他不得不认可耶和华就是那个发布命令的神。埃及的宇宙—神的秩序被废除了；以色列人得到释放意味着耶和华的历史秩序——在这个秩序中，新的神的儿子占据了首位——得到了承认。摩西的神不仅仅是以色列的神，而且是全人类的神;当摩西让他的百姓进入旷野,其结果不是在不同的神之下处于政治共存状态中的两个民族,而是一种以被选民族为中心的历史安排。尽管看上去如此,但是由摩西所建立起来的这种新的精神秩序并没有被大卫的王权统治取消。当以色列在各种环境压力下不得不像列邦那样得到一个王时,在摩西意义上的耶和华的历史秩序,以及耶和华和他的民之间的关系,都原封不动。我们最多只能说,由于一个作为国王的神的儿子侵入了这种符号体系,最初的神权政体发生了畸变(deformation)。

然而,再说一遍,节制是需要的。固然,当已经是神的儿子的以色列立另一个神的儿子为其统治者的时候,神权政体的秩序,或者说在耶和华之下的那个民族自由生存的秩序,发生了畸变。但是,如果我们考虑到以集体身份作为神的儿子而生存,这本身就是耶和华之下的人类秩序的一种畸变,这种不合拍则会呈现出不同的面貌——这一点在《出埃及记》的传说中得到极大的强调。为了给被选民族提供一种惬意的优越性,"埃及"应该永远与人类的其余部分相隔绝吗?在这种精神的过程中,神的儿子不得不再次被人格化——但不是变成一个法老——以便打破以色列的集体主义,并且释放耶和华秩序的普遍主义潜能。在这个过程中,大卫的王权统治确实是工具性的。因为正如我们在自己的分析中所表明的那样,《帝国诗篇》得到保存和精心阐述的原因不是王国的各种感伤怀旧的记忆(尽管这个因素也可能发挥了它的作
448 用),而是因为一旦王权统治制度在历史的重重打击下消失,王国的符号体系就变成在耶和华的精神中承载救世主希望的载体。而且,我们现在思考的《诗篇》第十八章如此成功地具有双重含义,以至于有些特定的小节——特别是第四十三节及其后的部分——是应该被归结为大卫时期所作,还是被看作带有救世主倾向的较晚时期的改写之作,成为一个有争议的问题。它以某种暧昧不清的口吻结束全篇:

> 耶和华啊，因此我要在外邦中称谢你，
> 歌颂你的名。
> 耶和华赐极大的救恩给他所立的王，
> 施慈爱给他的受膏者，
> 就是给大卫和他的后裔，直到永远。

这个有着国王身份的神的儿子，远非摧毁摩西的秩序，而是服务于该秩序在其自身的紧凑状态中所包含的那种普遍主义的展开。

当我们把《诗篇》第十八篇的结论与《希伯来书》第十三章第二十一节①的下述段落加以对比时，各种经验及其符号化表达的连续性——从摩西的奠基到弥赛亚的展开——将会变得更为清晰：

> 但愿赐平安的神，就是那凭永约之血使群羊的大牧人、我主耶稣从死里复活的神，在各样善事上成全你们，叫你们遵行他的旨意，又藉着耶稣基督在你们心里行他所喜悦的事。愿荣耀归给他，直到永永远远。

耶和华的受膏者，他首先是犹大的国王，其次才是先知们的弥赛亚，最终变成了荣耀万世的基督。从基督那里，一缕光亮穿透过去，照亮了摩西。因为在我们刚刚引用的这个段落中，对《旧约全书》有各种各样间接提及，其中的一个，就是对《以赛亚书》第六十三章第十一节的回忆，把耶稣和摩西联系了起来：耶稣是羊群的牧羊人，他与他的百姓一同从大海里被带上来。他是“被”神从死亡里“拉上来的那个人”；与此同时，作为神的工具，他又是通过在他的百姓心中行神所喜悦的事而

① 根据译者所参照的中英文对照版《圣经》，下述《圣经》引文出自《希伯来书》第十三章第二十节至第二十一节。可能沃格林参引的版本不同。——译注

把他们"拉上来的那个人"。通过弥赛亚符号体系的这些蜿蜒曲折的方式,摩西在神的秩序的动态变化中所具有的种种特征现在已经变成了
449 耶稣的特征;反过来,神的儿子的种种特征也是摩西的特征。

摩西的独特地位拒绝我们通过类型的概念对他进行归类,也拒绝我们通过圣经传统的那些符号对他进行清晰表述。他在神过去的法老儿子与这个新的以集体身份出现的儿子之间,在埃及帝国和以色列的神权政体之间的一个独特空白地带游走。如果我们从摩西身上认出了那个在启示的秩序中预示着神的儿子——但并没有描述他自己——的人,那么围绕着摩西之地位的那些晦暗不明之处现在就真相大白,而不仅仅是透着一缕微光了。正是这种中间地位的紧凑状态拒绝对他进行清晰表述,并且使我们不可能——即使是用他自己所处时代的符号——回答下述问题:摩西是谁?

但是,一旦我们意识到这个问题,我们就可以寻找这样的圣经文本,它们力图克服这个难题,并且取得突破——无论这有多么不完美——而达到对这个处于埃及秩序的紧凑状态和基督教秩序的明朗清晰之间的人的符号化。有一两个段落,在不同的清晰程度上,彰显了这种努力。

其中一种努力走到极端,把摩西称呼为神。当摩西接到耶和华的命令,让他带领他的百姓出埃及,并且为了使他们得到解救而恳求法老时,他顽固地加以抵制,其顽固程度几乎不输于法老本人。在一篇长对话中,耶和华不得不挫败摩西认为这项使命不会获得成功的一个又一个理由,直到他提及他的个人能力无法胜任一个谈判者的职责(《出埃及记》第四章第十节):

主啊,我素日不是能言的人,就是从你对仆人说话以后,也是这样,我本是拙口笨舌的。

随着摩西提出这一理由，这场对话达到了高潮，因为摩西，作为一个从身体方面为其拙口笨舌所妨碍的人，必须要说的那些“话”，在精神上正是神的话语。耶和华确实向摩西指出了他两方面的无礼。因为首先，这种身体上的缺陷是神的造物的一部分，因此当摩西面临神的命令的时候，这并不关他的事（第四章第十一节）；其次，耶和华在精神上将与他的口同在，并且指教他所当说的话（第四章第十二节）。当摩西仍然抗拒时，耶和华在愤怒中爆发了（第四章第十四节至第十六节）：不是 450
有亚伦吗？他是个能言的人，摩西可以把当说的话传给他。亚伦要向百姓说：

你要以他当作口，
他要以你当作神。

这段故事的另一个版本在《出埃及记》第六章第二十八节至第七章第五节，它甚至更为明晰地指向了摩西与法老秩序之间的冲突。摩西再次辩称他的“拙口笨舌”会成为成功谈判的障碍（第六章第三十节），但这次耶和华回答说：

我使你在法老面前代替神，你的哥哥亚伦将作你的先知（nabi，先知）①。

① 沃格林此句的英文原文是“And Aaron your brother shall be your revealer [nabi—prophet]”。译者所参照的中英文对照版《圣经》，此句的英文是“and your brother Aaron shall be your prophet”，相应的中译为“你的哥哥亚伦是替你说话的”。由于该中译没有译出“先知”的意思，而这个词又是沃格林在此处尤为强调的内容，因此译者根据英文将中译本《圣经》此句的内容作了修正。——译注

这个段落的语言一定不能被误解为那种真实表达了一种超越经验的真正符号化。摩西并不是一个存在论意义上的神,而只是一个隐喻意义上的神。但是,尽管作为一个符号它还有种种不足,但是该语言极好地表达了这种感情:摩西虽然不是神,但却在某种意义上超越了人。以一种难以定义的方式,神的这种出场已然经由摩西而变成了历史事件。

最后,另一个文本也不能被忽略——虽然它拒绝我们给予它结论性的解释——因为它在该叙事中的位置标志着它与当前这一组问题尤其相关。也就是《出埃及记》第四章第二十四节至第二十六节讲述的在夜间发生的一段插曲:

> 摩西在路上住宿的地方,
> 耶和华遇见他,想要杀他。
> 西坡拉(Zipporah)就拿一块火石,割下他儿子的阳皮,
> 丢在摩西脚前,说:
> "你真是我的血郎了。"
> 这样耶和华才放了他。
> 西坡拉说:"你因割礼就是血郎了。"

这段插曲的人种学维度以及它被用于解释婴儿的割礼是如何起源的,都不是我们在这里所关心的问题。要紧的是耶和华试图杀了摩西。对此有各种可能的解释:

(1)马丁·巴勃[①]所提示的关于这个奇怪事件的意义的一条线索大概是,它发生在从米甸到埃及的旅途上。最后,摩西遵守了命令,并且正在赶路。但是在夜间的黑暗之中,日间所获得的信心又被一种消沉

① Buber, *Moses* ,82—87,关于"Goettliche Daemonie"那一章。

的情绪所压倒。那个“杀手”可能是这种恶魔般的消极性，而这种消极性已经和所有其他神性力量一起，被作为排他性的埃洛希姆耶和华所吸收。它将会是耶和华身上的撒旦，带领摩西走进诱惑之中。 451

(2)除了由巴勃所提示的线索之外，我们还应该注意如下事实：这段插曲是紧随着概括了《出埃及记》第四章第二十一节至第二十三节的主旨之后出现的，在那段概括中，以色列被宣布成为耶和华的儿子，而且是长子。对主旨的概括和夜间插曲放在一起是合得来的，因为它们把该叙事作为一个整体的文本来加以解释，并且为严格意义上出埃及的故事提供了一个导论。因此，我们一定不能忽视下面的可能性：这段插曲的意义以某种方式与以色列作为神的儿子的地位联系在一起。在摩西的精神处境中，通过简单的不作为来背叛耶和华确实是不可能的。不作为就将是主动放弃职责倒向敌人一方；如果不有意识地重新确认法老的秩序，他就不可能不遵守耶和华的命令。我们最终认为，以色列历史学家们意识到了这个问题，这一点由他们对摩西和法老行为的类似建构可以证明。摩西在灌木丛里的对话——这先于《出埃及记》第四章第二十一节至第二十六节对该叙事的打断——中所表现出来的执拗的反抗，与这种打断之后法老在关于灾疫的传说中所表现出来的反抗遥相呼应。摩西和法老在他们已经明确表示遵从神的命令之后，都一再地以极端强烈的感情进行反抗。在这种类似的建构中，摩西几乎被杀死的夜间插曲将与红海灾难相呼应，在那场灾难中法老的秩序实际上被吞噬了。也许最后一次奋起，并且不得不被“杀死”的正是寄身于摩西的那个埃及人，也就是神原来的儿子，以便使神的新儿子得以确立。摩西从最后一次诱惑中奋起并走向胜利，而法老则在最后一次诱惑中湮灭。于是，西坡拉的举动必须被理解为通过该民族的母亲来确保该民族获得神的儿子的地位(sonship)。在这种神的儿子的地位中集体性元素需要一种特殊的保障。

(3)由巴勃给出的最后一个提示注意到在这个插曲的割礼与反复

得到强调的摩西的“拙口笨舌”(《出埃及记》第六章第十二节,第三十节)之间有一种可能联系。与耶和华的对话以及这种反复强调使得下述要点一目了然:摩西抵制神的命令与他的“拙口笨舌”有关。在这个
452 人身上——他的拙口并非心甘情愿地把神的话语讲给他所带领的那个民族,虽然他并不完全属于该民族——有某种不自由的东西。耶和华在这个对话的高潮部分所迸发出来的愤怒,或许不得不强化到在他们夜间会面时对摩西进行威胁的地步,目的是为了使他的拙口笨舌讲出有创造性的话来,并且把以色列人——该民族与神所立之约通过割礼得到确认——带入存在之中。①

摩西通过遭遇与神的独处而被排斥在普通人之外。正如他以他的神的命令为生,他也因他的命令而死。为他准备的非同寻常的命运在摩西之死的传统中找到了它的最后一个符号,当时摩西在毗斯迦(Pisgah)山顶上,俯视着他不被允许进入的那个应许之地:

> 于是,耶和华的仆人摩西死在摩押地,根据耶和华的命令。②耶和华将他埋葬在摩押地、伯毗珥对面的谷中,只是到今日没有人知道他的坟墓。

从字面意义来看,希伯来文本是说摩西死“于耶和华之口”,这是一

---

① 这个夜间插曲对于更为保守的历史学家来说是痛苦的。Auerbach, *Moses*, 51 中说:“神刚刚在一个大启示中向他所喜爱的摩西揭示了自己的名字,并且对他委以使命,在紧随其后的夜里就要对他发起致命的攻击——这是一种不可容忍的想法。”奥尔巴赫通过重新安排这段文本的大手笔而找到了突破这个难题的路径。

② 沃格林原著中此句的英文是“at the command of Yahweh”。译者所参照的中英文对照版《圣经》,此句的英文是“at the LORD's command”,相应的中译是“正如耶和华所说的”,这个译文没有译出 command 的意思。根据原著的上下文,此处需要把 command 译为命令,因此译者对中文版《圣经》的译文作了改动。——译注

种修辞,通常意味着"根据命令"。或许这种比喻的修辞在这里是有意识被使用的:这个拙口笨舌的人最终在神的口中找到了他的自由。

第三节 神

"通过一个先知,耶和华把以色列人从埃及带上来。"以色列的秩序起源于摩西;而摩西灵魂中的秩序则源于存在中的飞跃,也就是说,源于他对神的启示的回应。对于理解摩西的这种经验,现在有两种主要的资料来源。第一种资料来源是该启示的序幕,在《出埃及记》第二章;第二种是对启示本身的记述,也就是《出埃及记》第三章第一节至第四章第十七节所描述的在灌木丛中发生的情节。

对研究对象以及这两种资料来源的严格限定是必要的,目的是防止我们滑入无数与正题无关的枝节问题,这些枝节问题已经不可避免地在该文献——它关乎一个具有世界历史意义的事件——中累积起来。例如,我们不关心摩西之前的耶和华崇拜,除非它的影响波及到了 453
摩西的经验本身。把自身启示给摩西的耶和华,正如圣经叙事所讲述的那样,是作为一个或多个希伯来部落的部落神而为摩西所知的。耶和华可能是米甸人或基尼人的神,摩西在旷野中曾经向他们寻求避难——虽然我们应该明白,那个从前很受青睐的假设,也就是所谓的基尼假说,今天正受到严重质疑;他毫无疑问是祖先们的神,也就是亚伯拉罕、以撒和雅各的神。此外,他可能与摩西家族具有一种更为亲密的关系,因为他曾两次被指为摩西父亲的神(这里的 father 是单数:《出埃及记》第三章第六节;第十八章第四节);摩西母亲的名字是约基别(《出埃及记》第六章第二十节),这是在西奈立约之前唯一由耶和华(Yahweh)组成的有字义为神的名字。但是,耶和华是一个众所周知的神祇这个事实具有重要性的原因仅仅是,它证实了各种符号的连续性;它与启示的内容无关。当神把自己启示给摩西的时候,他可以被摩西看作是一个为人所熟知的神;特别是他可以如此得到希伯来人——摩西必须把他们从埃及带上来——的认同,否则他们将会很难跟从摩西。尽管如此,虽然这个符号的连续性能够引发信任,但是摩西的耶和华在他启示摩西的状态中是神;摩西之前的耶和华与以色列在历史上确立为神的儿子毫无关联。因此,我们也必须排除所有这样的推测,它们试图把耶和华降低到在进步主义的万物秩序中,适合于公元前两千年的一个神的原始状态——例如,不管他是一个"山神"(因为他出现在西奈山上),还是一个"火神",也就是一个"jinn"(因为该叙事中的西奈山似乎已经处于火山爆发的状态之中,抛上来火焰般的云朵,最适于充当一个神的宝座),还是一个"树神"(因为他在灌木丛中显现自己)。所有这样的推测在《圣经》告诉我们的这一内容——耶和华从某个他能听到他的百姓哀求(第二章第二十三节)的"高"处"下来"到灌木丛(《出埃及记》第三章第八节)和西奈山(第十九章第十一节)——面前都是不能允许的。他是一个隐藏的神(deus absconditus),隐藏在天际,并且随着形势的需要在这样的一些地方,以这样一些形式显露自身。他在何烈山上向摩西显现;他在路上陪伴着摩西,甚至试图杀死他;在埃及,他与摩西同在,并帮助他克服拙口笨舌的毛病;他下来击杀了埃及人的长子
454 和头生的牲畜。确实,耶和华的活动性在以色列的历史进程中变化多端;例如,在公元前7世纪,当他越来越与耶路撒冷联系在一起时,这种活动性较低;但是这种活动性从未完全消失,而那些被放逐者心存感激地发现,在巴比伦耶和华仍然与他们同在。

我们的第一个资料来源,也就是《出埃及记》的序幕,是文学作品的一个单元,它是由一位具有相当不错的心理学技能和戏剧技巧的艺术家综合各种各样的传统创作而成的。其中的若干部分,第二章第一节至第十节通常归结于E资料来源,第十一节至第二十二节属于J资料来源,而第二十三节至第二十五节属于P资料来源,除非有人愿意对这

些资料来源做出更为细致的划分。我们提及这些资料来源的归属，不是为了对它们进行更深入的追究，而是相反，因为我们想要强调这个合成作品的意义不可能通过追溯组成它的各种资料来源而被发现。由《出埃及记》第二章所告诉我们的摩西的精神紧张的加剧并非起源于能够加以辨识的J、E和P资料来源，而是有一个无法确定年代的独立起源。固然，这种文学形式是较晚时候形成的，因为它吸收了各种可以确定年代的资料来源，但是其内容——摩西逐渐长大，直到他遇到神——却是一种难以确定年代的，对一个精神过程的描述。我们不知道最终取得《出埃及记》第二章的那种文学形式的传统是何时开始的，但是其中没有任何东西与摩西的时代不相符。①

这位无名氏作者通过把一些以例证的方式加以拔高的事件联系在一起而开始他的叙述，这样，仅仅通过这些事件的顺序，加上最少的评论，它们就表达出日益增长的那种紧张。摩西最初是一个介于两个民族之间的婴儿，是一个被发现的希伯来人的孩子，作为法老女儿的儿子被养育大(第二章第一节至第十节)。随后，他成为一个年轻人，已经被埃及化但是不知道他自己的出身，他感到他自己很奇怪地被吸引到他的希伯来同胞那边去。各种各样的事件都引发了他的干预，这也多次揭示了他的性格，同使他的性格屈服于其命运的事件一般。有一次，当一个埃及人伤害一个希伯来人时，摩西施以援手，并且杀死了那个埃及人。又有一次，他看到两个希伯来人在争斗，就向他们指出他们的错误。但是这次，他的干预导致了令人不快的转折，因为其中一个希伯来

① 对于《出埃及记》第二章的各种资料来源所作的一个非常细致入微的区分，参见Simpson, *The Early Traditions of Israel*, 160—63，以及在圣经段落检索中提及《出埃及记》第二章的那些页码。对于这些资料来源的其他细分方法，参见Auerbach, *Moses*, 13—29。——对于破坏这个被整合在一起的文本的意义非常具有启发意义。Buber, *Moses* 没有把《出埃及记》第二章当作一个整体性的文本加以讨论。

455 人尖锐地质问他,谁立他作他们的头领和审判官,是否他想要像杀死那个埃及人那样杀死他。摩西突然意识到他的处境:他已经担任了与埃及行政当局相敌对的权威;通过一种未经思考的责任感,他在他的百姓的事务上把自己立为审判官;而他的百姓却远没接受他的权威,而是用向埃及人出卖他来威胁他。这种危险是真实的;摩西必须逃进旷野之中以便躲避对他作为一个反叛的希伯来头领的处决(第二章第十一节至第十五节)。现在,摩西在旷野中是一个逃亡者——后来他将带领他的百姓走进旷野之中——但是他仍然是一个具有权威的人。当他在米甸的一口井旁坐下,一群牧羊人想要驱赶一个邻近地方的祭司的女儿们,她们当时来到那里打水饮她们父亲的群羊。摩西再次进行了干预,并帮助了这些女人;因此他被邀请来与那祭司同住,并与其中一个女儿结婚。尽管如此,他仍然敏锐地意识到他是一个外人,一个不与他的百姓在一起的人。在埃及,他不能完全成为一个埃及人,因为他是一个希伯来人;在米甸,他是一个来自埃及的外人,其地位是一个寄居者(ger)。当他生了一个儿子之后,他给他起名叫革舜(Gershom),"因我在外邦作了寄居的"(第二章第十六节至第二十二节)。许多年过去了,从前的法老已经去世,摩西年轻时所遭遇的那些不幸的事件都被遗忘了。这个老人——他曾经作为一个希伯来人担任希伯来众人之上的权威——根据神自己的时间现在已经成熟了,可以作为耶和华的仆人来担任以色列的权威。最后一段情节引入了神,处于奴役之中的以色列人的哀求上达于神。现在是他倾听的时刻,是他记起与亚伯拉罕、以撒和雅各所立之约的时刻。

> 神看顾以色列人,也知道他们的苦情。

神的知悉就是他的行动。当神"知道了"之后,摩西就要受到启示(第二章第二十三节至第二十五节)。

第二个资料来源，也就是《出埃及记》第三章第一节至第四章第十七节的灌木丛片断，乍一看并没有表现出建构的清晰性，而这种清晰性正是其序幕的特点。这个文本，如同它今天看上去那样，是通过我们前面讨论过的对主旨的概括而与那些灾疫事件联系起来的，并且意在呼应摩西和法老之间会面的故事，它处于整个出埃及叙事的更大的单元之中。至于其意义层面，我们将会在后面对立约的分析中加以论述。现在，使摩西和神的会面与摩西和法老的会面相呼应的目的，已经通过 456
在最初记述启示时加入指向后来种种事件的内容而实现了。但幸运的是，这些插补的内容可以通过其内容和形式而被明确地辨认出来，我们应该按照巴勃的指导，删除下述作为后来添加进去的内容：[①](a)第三章第十五节至第二十二节，因为它部分是重复，部分预见了与法老发生冲突的各种细节；(b)第四章第一节至第九节，因为它预见了摩西所行的奇异之事(portenta)，而这与神启并没有内在关联；(c)第四章第十三节至第十七节，因为它为亚伦加入与法老的冲突作了铺垫。剩下的部分，也就是说，这个文本的主体(包括第三章第一节至第十四节，以及第四章第十节至第十二节)，又是一部一流的精神戏剧，尽管我们不知道它是否与《出埃及记》第二章出自同一手笔。我们现在将要分析的正是剩下来的这部分文本。正如在序幕的那个例子中一样，应该指出的是，把各个组成部分归结到 J 和 E 资料来源对于我们理解这个合成以后的文本来说是毫无帮助的。[②]

这出启示的戏剧被组织成为连续的、可以清晰地加以区分的几幕场景：

---

① Buber, *Moses*, 67—70.

② 另一种对该事件的核心部分的界定，考虑了 J 和 E 资料来源，但是忽视了这个文本的意义与各种资料来源相反，参见 Auerbach, *Moses*, 31—36。

(1)《出埃及记》第三章第一节至第三节:摩西在牧养他岳父的羊群时来到了何烈山,神的山:

> 耶和华的使者从荆棘(seneh)里火焰中向摩西显现。摩西观看,不料,荆棘(seneh)被火烧着,却没有烧毁。摩西说:"我要过去看这大异象,这荆棘(seneh)为何没有烧坏呢?"

对于荆棘——荆棘暗指西奈山——的反复强调使我们注意到启示的两个阶段。神先是从荆棘里向摩西显现自身,随后才从西奈山向百姓显现。荆棘(《出埃及记》第三章)和西奈山(《出埃及记》第十九章)作为两幕场景被联结起来,在这两幕场景中以色列的创立得以完成。[①]

(2)《出埃及记》第三章第四节:神的出场主要通过引起摩西的感官意
457 识而使他注意。现在这种出场对于摩西来说成为有着个人意味的一种出场:

> 耶和华神见他过去要看,
> 就从荆棘(seneh)里呼叫说:
> "摩西! 摩西!"
> 他说:"我在这里。"

通过这种平实的回答,摩西把他自己放进了那个声音的出场之中——而不管说话的人是谁——并且准备倾听。

(3)《出埃及记》第三章第五节至第六节:那个声音揭示他自己是神,因而在他们的相互在场之中引入了适当的距离。摩西是站在圣地之上,一定不能走得更近。当摩西相应地停下脚步并脱下了鞋子,那个

---

① Seneh 和 Sinai 可能具有同样的起源。除了《创世记》以外,参见 Engnell, "Mose", col. 312; 以及 Auerbach, *Moses*, 32 ff, 168 ff。

声音随后确认自己是他父亲的神，是亚伯拉罕、以撒和雅各的神。于是摩西蒙上脸，因为他害怕看神。

(4)《出埃及记》第三章第七节至第十节：看见神就要死。摩西把他的脸蒙起来，不去看这个会给感官带来可怕感受的出场，并且用他的灵魂去听这个声音所不得不说的一切。这个声音告诉他神的所知，那就是行动。启示开篇说："我的百姓在埃及所受的困苦，我实在看见了"；而它结尾说："将我的百姓以色列人从埃及领出来。"这里，第一次出现了"我的百姓(ammi)"这个主题，坚定地说出了第三章第八节中对于自由的应许。正如荆棘向前指向了西奈山，百姓也向前指向了圣约，通过圣约，希伯来各部族——他们至今尚不知道为他们所准备的命运——将被改造成为"我的百姓"。在神的知识中，在历史时间中展开的那个行动已经完成了。此外，那个历史行动已经微秒地随着启示开始了，因为神的知识现在已经变成了摩西的知识，摩西在他生命的进程中已经到了这样的阶段：可以聆听神的声音来清晰表述他的命令。当摩西可以听到这个声音指定他为耶和华的仆人时，他在精神上已经成长为耶和华的仆人。只有永远不能听到这个命令的人才能拒绝接受它；可以听到它的人就不能拒绝它，因为他在存在论上已经进入了神的意志，正如神的意志也已经进入了他一样。当对神的意志的意识已经达到了启示这样清晰的程度后，那个历史行动就已经开始了。

(5)《出埃及记》第三章第十一节至第十四节，以及第四章第十节至第十二节：当这个命令落在摩西身上的时候，它就不能被拒绝，但是摩西可以在接受它的同时，担心他作为一个人的能力无法完成这个显然是不可能完成的任务。他是什么人，竟能说服法老，并且带以色列人出埃及？（第三章第十一节）他如何能够向那些未来的百姓解释，他们祖 458
先的神——他已经从容不迫地聆听了他们在奴役中发出的哀求——就是那个现在确实将要帮助他们的神？（《出埃及记》第三章第十三节）当这个祖先的神通过自我解释他的名字"耶和华"而揭示了他的真实本质

之后,这样的忧虑就被打消了。这个解释是已经随着启示在摩西身上开始的那个行动的一部分,它也决定了这幕场景的文学形式。正如在之前的场景中,对于自由的应许是由开篇和结尾对“我的百姓”的提及来构筑的,现在对神的本质的这种至高启示是由《出埃及记》第三章第十二节和第四章第十二节的“我必与你同在”①构筑起来的。于是在这个解释的中心位置,神的意思被启示为“我是自有永有”(ehyeh asher ehyeh)。对于那些怀疑的以色列人,摩西将必须说:“那自有的打发我到你们这里来。”(第三章第十四节)一旦百姓对神与他们同在的启示做出了回应,他们因此就将打破埃及的奴役,并且进入神之下的现在。灌木丛对话中神与摩西的相互在场,将随之扩展成为神与他的百姓经由立约而在历史中的相互在场。②

灌木丛对话只有可能是由一个熟知神的启示和人的回应这些精神

---

① 沃格林此处的英文原文是“I will be [ehyeh] with you”。但是根据译者所参照的中英文对照版《圣经》,《出埃及记》第四章第十二节的英文是“I will be with your mouth”,相应的中译是“我必赐你口才”。——译注

② 我们的分析总体上是遵循巴勒的指导,见他的 *Moses*, 关于“Der brennende Dornbusch”那一章,56—81。与巴勒相反的意见,参见 Auerbach, *Moses*, 39—44。在奥尔巴赫看来,摩西试图发现神的真正的名字,因为它给予神力量;他提及了一些可以进行对比的事件,在《创世记》第三十二章第二十八节,《士师记》第十三章第十七节,《箴言》第三十章第四节。这种解释与该事件明显可见的内容相冲突,可能对此最好的解释就是他试图保留作为组成部分的 J 和 E 资料来源的含义。对于神的名字的这种解释来说,最近有一项研究是重要的,见 E. Schild, “On Exodus III 14 —‘I AM THAT I AM’”, *Vetus Testamentum* 4 (1954): 296—302:“对于摩西问题的回答不是一种模棱两可的循环定义‘我是自有永有’,也就是说,我就是我,我不再告诉你更多的东西了——相反,它是一种积极的回答,在这个回答中,神把自身定义为如其所是、如其所在、如其真实的那一个(the One Who Is, who exists, who is real)。”(301)第二个 ehyeh 指的是神的真实性,这个命题是基于与 asher 之后的从句结构相关的语法推理。如果《旧约全书》专家们在 1954 年仍然在辩论那个关系从句的语法,那么门外汉在 1955 年就可能被允许在该语境所暗示的意义上去阅读这个段落。

事件的人来写作的。他拥有第一流的先知头脑;而在这篇合成作品中使用了J和E的资料来源这个事实让我们可以确定他是处于公元前8世纪开端的人。我们不得不问:在形式上如此明显地是先知所写的一部作品是否包含了这样一种历史实质,它可以被假定在一个未经中断的传统中能够回溯到摩西时期?特别是,我们必须追问,能否认为摩西是把神的名字解释为“我是自有永有”之始作俑者?由于这些问题今天都被一 459
种无边无际的争论——这种争论首先在对问题的说明上不总是那么清楚,其次又实在太过频繁地受到进步主义意识形态偏见的损害——遮蔽了,所以我们必须简要地说明在我们看来这个问题的本质是什么。

我们必须首先认识到,我们是在论述大概是摩西所受的一个启示,而且除了那个启示以外没有其他什么东西;其次,关于启示的内容,我们除了刚刚分析过的那段情节以外没有其他的资料来源。因此,关于耶和华名字的词源学辩论——包括形形色色的推测,有的推测听上去更有道理,但是没有一个是决定性的——必须被当作与我们的问题无关的争论而予以排除。该叙事本身并没有提及任何可能已经影响了该启示之内容的,附着在耶和华的名字上的意义。相反,它把这个名字描述为一个其义未知的名字,因此就有必要提供一个解释以便赋予它精神活力。此外,这个解释无意成为一种词源学。就我们所知,在词源学上,ehyeh与yahweh的关联并不比mashah与mosheh的关联更多,换句话说,它们之间根本没有关联。这种解释玩弄了一下语音上的暗示,但是它的意义则是独立的。①

---

① 关于表示神的四字母词(tetragram)的可能含义,参见Auerbach, *Moses*, 44—49。奥尔巴赫假定四字母词是为了宗教仪式的目的而把神的名字的简短形式通过强调符号(He emphaticum)而扩大了的结果,并且指出从复数的elim到elohim也有一种类似的发展。如果奥尔巴赫关于神的名字是一种人为构成的假设是正确的,那么就不可能尝试做出任何对“耶和华”(Yahweh)这个名字的词源学解释。

就其独立的含义而言，一个令人生畏的问题通过如下事实——自从元老时代以来，神的自我解释（Ego sum，qui sum）就已经成为基督教推测神的本性的基础——而被置入这场争论之中。神的实体（esse）的首要性，与柏拉图所谓的神的善（bonum）的优先性相反，显然是基督教哲学在关于神的本质方面的一个重大的问题，因为它已经被正当地称为《出埃及记》的哲学。现在，这个假设——公元前13世纪或更早的一个游牧部落的成员应该已经设计了一种惯用语，包含了关于存在的形而上学——对于那些开明的人来说是荒谬的，即使对于更为保守的历史学家来说也有些过分了。例如，欧伊斯特里和罗宾逊就说：

> 我们可以相当确定，摩西时代的以色列神学与处于同一发展
> 460 阶段上的其他民族的神学没有实质性的差别。这个名字的意义已经引发了大量的讨论。由《出埃及记》第三章第十四节所提示的古代希伯来语的起源——“我是自有永有”——已经受到质疑，原因是它暗含了对于一个早期游牧民族来说过于高级的一种关于神的形而上学概念。①

甚至洛兹，这个最为敏感的研究以色列的历史学家，也说：

> 以色列的神的本性是，而且必须一直是难以理解的。根据我们的记述，耶和华（Yahweh）这个词仅仅是何烈山之神响应信仰崇拜仪式的实际需要而使人所知的一个形式上的名称（formal title），但是它有意成为对下述措辞的一种持续不断的暗示，这种措辞最典型的就是“他是自有永有”，即无人能知的存在。虽然这样一种解释气势恢宏，但是它似乎过于神学化，受到过多人为的影响，从

① Oesterley and Robinson, *Hebrew Religion*, 153.

而不能传达出那个米甸人之神的名字的最初含义。①

由于如下的几个原因,这两段话是富于启发意义的。首先,作者们想当然地认为在历史上不会发生非同寻常的事件;没有独特的人物——即使神有这样的意志——能够打破那个"发展阶段"。其次,他们可以做出他们的假设,因为他们仍然不知道,启示创造了历史,这历史是作为人类生存于神之下的现在的内在形式,因而不论它发生在什么时代,都不可避免地必然突破其"发展阶段"。如果这种突破发生在几个世纪以后,这种"发展"的突破性也不会更低。第三,由于他们不知道启示的本质是一种"突破",是在存在中的飞跃,所以他们都混淆了对这个名字的解释——这实际上是对神在场的那种经验的解释——和"耶和华"这个名字的一种词源学。显然,在这种相当低的方法论精度上,这个问题是不可能得到成功探讨的。

可是,虽然在那两段引文中所提出的论点甚至很难称得上是可以争辩的,但是它们背后的动机都非常合理的,即不愿用形而上学来曲解神在灌木丛中发出的启示。因此,我们面临着一个两难困境。一方面,刚才所引用的作者们(以及许多其他人)的感觉是对的,对《出埃及记》第三章第十四节的解释不可能是关于神的本性的一种哲学命题——不是因为它大概发生在公元前13世纪的一个游牧民族中间,而是因为,由于前面讨论过的原因,在以色列的历史上根本没有出现过哲学命题。 461
另一方面,当我们在大马士革中读到:

用于神的所有名字中最重要的(the foremost)就是"自有的"(HE WHO IS),因为它包含了它自身的所有东西,它包括了它自身作为一个无限的和不可预测的物质海洋的存在。

① Lods, *Israel*, 323.

这时，我们不能否认这种基督教的解释是非常牢固地建立在这个文本基础上的。[①] 虽然我们不能通过怀疑这个文本或者通过把它的年代拉近几个世纪来逃脱这种两难困境，但是如果我们考虑到由吉尔森(Gilson)所做的一个区分，那么就会看到一个解决办法：

> 当然，我们不能断言《出埃及记》的文本给予人类一个关于神的形而上学的定义。不过，如果在《出埃及记》之中没有形而上学，那么就有一个《出埃及记》的形而上学。[②]

吉尔森的区分适用于一个具体的情况，实际上就是我们关于从紧凑状态向分殊化演进的原理。虽然这个《出埃及记》的段落不是一个形而上学的命题，但是它在其紧凑状态中包含了由那些基督教哲学家加以分殊化的意义。

一旦我们认识到灌木丛中发生的那段情节被解释成为一种需要说明的紧凑的符号体系，那么不仅这种哲学式的解读看上去有充分的理据，而且由基督教思想家对这段情节所作的分析工作，一般来说也可以作为理解这种符号的一种重要辅助手段而被接受。为了这个目的，我们应该使用由圣托马斯在《神学大全》[③]中给出的对这个问题的总结。托马斯把“自有的”(HE WHO IS)看作神的最适当的名字，有三个原因：(a)因为它意味着由他的本质所决定的神，也就是作为他自身所成为的

---

① Johannes Damascenus, *De fide orthodoxa* 1.9, in *Patrologia Graeca*, ed. J. P. Migne, 94: 836.

② Etienne Gilson, *L'Esprit de la Philosophie Medievale*, 2d ed. (Paris, 1948), 50 n 1.

③ Thomas, *Summa Theologiae*, 1, q. 13, 11.

(as being itself);(b)因为它是普遍的,并且没有更细致地确定神的本质,这种本质是人今生的理解力所不可能领悟到的;(c)因为它意味着适合于神的、在现在之中的存在,神的存在既没有过去也没有未来。但是,托马斯超出了自有的(ehyeh)对于一门关于存在的哲学所具有的含义,并且把其他的意义元素也加以发挥。虽然"自有的"这个名字在象征神的本质的方式上是最适合的一个,但是"神"(God)这个名字在趋 462
于通过名字表征对象方面更加合适;而表示神的四字母词(tetragrammaton)①对于象征神的独一无二的、不能传达的本质这一目的而言则更为适当。出现在灌木丛情节的最后一部分的三个名字——ehyeh, elohim, YHWH——被圣托马斯用神的深度存在的结构协调起来,这种结构从哲学上可以传达的本质发端,经由客体的适当名称,而进入不可传达的本质的深邃之中。

如果现在我们把这个"哲学命题"的问题放在托马斯的分析语境中,那么自有的就将不再作为一种难以理解的哲学爆发(burst)而出现,而是要努力去清晰表述一种关于神的在场的紧凑经验,这种努力的目的是要表达一个实体上隐藏起来的神,本质上却无处不与人同在。我们可以说,"我必与你同在"并没有揭示神的实质,而是揭示了他与人同在的边界(frontier);恰恰是当神在场的边界已经通过启示变得清楚明白的时候,人才能够对那个向外扩展直至进入神名(the Tetragrammaton)那不可传达之本质的深渊变得敏感。事实上,一旦神的出现已经通过立约而变成了那个民族的一种历史经验之后,灌木丛情节中的启示在以色列的符号史上就没有引人注目的结果,而且当然也就没有哲学上的重要意义。但是,暗含在这个启示中的未经揭示的深邃已经导致神的名字变成了无法拼读的表示神的四字母词 YHWH。哲学只能触及其

---

① 用于《圣经》中由四个字母组成的表示神的正式名称的希伯来词,通常为 YHWH 或 JHVH(Yahweh 或 Jehaah)。——译注

秩序来自这个世界的实体之存在。

这个“哲学命题”的重大问题已经让位于这样一种洞见：一种关于存在的形而上学可以从《出埃及记》第三章第十四节中分殊出来，但却不是这个紧凑的符号本身的意义；由圣托马斯对这个问题的总结已经带我们回到灌木丛情节的完整意义，那就是给摩西的如下启示：神必与他及他的百姓同在。

隐藏的神的启示，经由摩西，揭示了他与他的百姓同在；启示与该民族在历史上的建立是不可分割的。在《何西阿书》的预言中现存一个有趣的文本，毫无疑问地证明了以色列人自己确实是在这个意义上来理解灌木丛情节的那些惯用语句的。正如我们所看到的那样，何西阿
463 诊断说这些百姓对他们的神和神的诫命的“健忘”是即将到来的大灾难的征兆。通过从荆棘中和西奈山发出的启示而被带入历史上的相互在场的神和他的百姓们，可能会再次分离开来。已经揭示他处于现在之中的神也可能退出；随后他将不再是“我必与你同在”，百姓也将不再是“我的百姓”。这位先知知道这种分离的过程已经开始了，而且将通过实际历史中的大灾难而告完成，除非百姓们回归并且记起他们的神。正如在给摩西的启示中，神的知识已经包括了以色列在历史上的实际建立，给何西阿的启示也同样包含了该民族的实际解体，这种解体伴随着北王国的外部毁灭。现在为了把神所预知的内容让百姓知晓，何西阿选择的方法是给他的儿子起一个符号化的名字（第一章第九节）：

> 耶和华说：
> “给他起名叫罗阿米（就是‘非我民’的意思）；
> 因为你们不作我的子民［lo-ammi］，
> 我也不作你们的神［lo-ehyeh］。”

这个文本是重要的，因为它不仅证明了这个符号体系在以色列神

权政体的建立过程中的作用，而且证明了这些惯用语在公元前8世纪中叶就存在。而且，由于给那个不幸的孩子起这样的名字就是有意要使人们普遍把它理解成为一个启示的行动，所以那个符号体系大概对于何西阿想要影响的人们来说是很熟悉的。因此，这个符号体系很难说是由何西阿创造的，而必定属于一个年代久远的传统。①

这个符号的结构和年代已经得到了足够的澄清，从而为回答这个关键的问题——“我是自有永有”是否摩西本人的创造——作了铺垫。一种肯定性的回答可以建立在那个灌木丛符号和十九王朝②（公元前1320—1205年）的《阿蒙赞美诗》的亲密关系基础上。我们将简要地确定其相似之处：

（1）在构成灌木丛情节的框架的两个段落，第三章第十二节和第四章第十二节中，ehyeh有这样的意思“我必与你同在”；而芝加哥译本正当地把第四章第十二节的ehyeh意译为“我必帮助你”③——尽管这种
意译破坏了该文本的结构。此外，神将会作为帮助者出现这种意思，得 464
到了神要摩西传达给百姓的诫命的证实：“那自有的打发我到你们这里来。”（第三章第十四节）这段话必须被意译为：“那作为你们的帮助者出现的打发我到你们这里来。”这句最核心的ehyeh asher ehyeh——通常译为我是自有永有（I AM WHO I AM）——必须根据这个意思来理解，

---

① 关于何西阿的预言，见Buber, *Moses*, 79。

② 沃格林原著中此句是“the Amon Hymns of Dynasty (c. 1320—1250 B.C.)”，由于他在下一页中又提到了“the Amon Hymns of Dynasty XIX”，所以此处他可能漏写了XIX，当然也有可能是印刷错误。——译注

③ 芝加哥译本的英文是“I will help you”。译者所参照的中英文对照版《圣经》，此句的英文（新修订标准版）是“I will be with your mouth”，相应的中译是“我必赐你口才”。——译注

这也得到了何西阿的预言的支持。除非我们引入了与主题无关的“哲学”范畴，否则这个文本只能意味着神启示他自己就是那个作为帮助者出现的。虽然神自己是隐藏的（第一个 ehyeh），并且因而必须揭示他自己，但是他将会在他所选择的（第二个 ehyeh）任何时候，以任何形式彰显自身。

（2）然而，作为一个隐藏在他的深邃之中，同时又按照他所选择的多种形式彰显自身的存在，这种神的概念恰恰是我们在十九王朝的《阿蒙赞美诗》中所发现的那种神性存在的概念。让我们回忆一些典型的段落：

在最早的时代就第一个产生，
阿蒙，他在原初之时就已产生，
因此他神秘的本性不为人所知……

他的形象未有文字记载；
无人曾见证过他……
他太过神秘，他的威力可能会显露，
他太过伟大，人们当向他问询，
太过有力，他或可为人所识。

外形神秘，容貌耀眼，
那外形多变的不可思议的神。

“隐藏”[*amen*]是他作为阿蒙的名字，
他的脸是瑞，
他的身体是普塔。①

① 由威尔逊译为英文，见 *ANET*, 368ff。

而且，甚至就在这种宇宙论的形式中，下述动机也变得显而易见，那就是倾向于把至高的帝国神改造成为有求必应的神：

寡妇们难道没有说："你是我们的丈夫？"
小孩子们难道没有说："你是我们的父亲和母亲？"
富人夸耀你的美丽，
穷人膜拜你的脸庞。
囚犯回头归附于你， 465
病患高声呼唤着你……
每个人都把头转向你出现的地方，
以便他们能够向你祈祷。①

但是，我们一定不能忘记，与我们刚刚引用过的这种类型的神在场的经验相近的内容都仍然局限在个人的虔诚和祈祷的范围之内。它们没有与帝国的宇宙论神话决裂。

在耶和华和阿蒙的符号之间的相似之处显而易见，毋庸赘言。在神身上所隐藏的深邃和他的种种显现之间的张力，通过这个灌木丛情节，已经从宇宙论神话的形式转换到这样一种形式，即神启示他出现在历史之中。② 如果我们考虑到摩西生存的根本问题——这个问题从之前的分析中已经浮现出来，也就是在耶和华的秩序和埃及帝国的秩序

① *ANET*，371。

② 在以色列和埃及符号之间的种种相似之处已经频繁地为人所总结，特别是在摩西和埃赫那吞的所谓的"一神论"之间的相似之处。关于这种种努力的一个概述，以及为什么它们站不住脚，见 Lods, *Israel*, 318ff，附录"论摩西的功业源于埃及"。我们自己在这个文本中所做出的尝试使用了从前未曾用过的方法。

之间的冲突——那么我们就有充分的理由认为这样一种转换正是由摩西决定性地完成的。非常有可能的是,正如当时人所理解的那样,对新秩序的启示是用那些明确废除埃及诸神之秩序的符号来进行表达的。同样类型的符号对抗我们也可以在《创世记》第十四章关于亚伯兰的片断中看到。启示可以与宇宙论经验决裂,但是除非它仍然沿用那些符号——当然同时改变了它们的意义——否则启示就不能得到传达。摩西的神必须为他的百姓所理解,不仅是作为祖先们的神,而且要作为反对帝国的阿蒙这种新历史安排的神。因此,我们愿意把灌木丛情节的符号体系的作者归结为摩西;由于提供这种连续性的埃及文本在时间上要晚于亚马拿时期,所以我们必须假定摩西所处的年代是公元前 13 世纪。

第四节　新的神意安排

466　随着灌木丛启示而开始的历史行动通过西奈山启示而得以完成。以色列的神权政体通过立约而建立起来是这出戏剧的最后一幕,在这一幕中,与法老秩序相对立的、在神之下的新历史安排得到了确立。在论述关于以色列建立这一幕时,我们应当使用前面几节中使用过的相同的方法。关于基本的要点,只需要简单的提及就够了:

再说一遍,除了圣经叙事本身之外,我们并没有其他的关于以色列的建立及其意义的资料来源。因此,所有与主题无关的推测,特别是那些具有意识形态性质的推测,都必须被排除在外。而且,正如在前面一节中,在各种紧凑的符号面前,那个"哲学"命题的问题必须被当作犯了颠倒年代的错误而予以排除一样,现在这个类似的问题——包含在《出埃及记》第二十章的摩西十诫中的如此崇高而纯粹的"道德规范",其作者是否可以归结为那个著名的"公元前 13 世纪的游牧民族"?——也必须同样不予考虑。固然,摩西十诫与"道德规范"有一定的关联,正如灌木丛情节与"哲学"也有一定的关联一样,但是,并不是一本道德指导手册而是那些基本原则的整体建构了一个在神之下的民族。此外,在提及那个在神之下所建立的共同体时,我们更喜欢使用由巴勒①所创造的神权政体这个词汇,胜过由约瑟夫·弗拉维尔斯(Josephus Flavius)②所创造的神治统治这个词汇,原因我们在前面已经讨论过了③。最后,以色列在西奈山的建立,与灌木丛情节一样,都不过是发生在一个历史真空中,但是却用它的新秩序来反对埃及帝国的那些符号。因此,我们应该再次仔细关注与这种宇宙论形式的相似和不同之处。④ 467

在立约中达到高潮的那个行动是从神听见他的百姓的哀求,并向摩西显现自身开始的。这一系列事件是一个行动的单元,因为在神的知识中,开端和结尾是同一的;但是在历史时间的展开中,这个单元必须一步一步地,通过人对神的启示的回应而形成。这个历史执行的问

---

① Buber, *Moses*.

② Josephus, *Contra Apionem*, 2, 16. 弗拉维尔斯的"神治统治"——由摩西建立的,把至高权力交于神的一种政府形式——在本质上与巴勒的"神权政体"是同样的意思。

③ 第八章第二节第三小节。

④ 我们的分析在非常多的细节上都大大得益于巴勒的著作,正如在脚注中对他频繁地加以引用所表明的那样。因此,简要地描述一下这部著作的性质、它的成就和不足是适当的,特别是因为我们不仅在许多细节上受惠于它,而且发现我们也同意巴勒的基本论点:"历史地看,这种在《出埃及记》及与之相联系的文本中所表现出来的观念,正是那些走出埃及、通往自由的希伯来人们对永恒的法老权威的拒绝。他们的首领将他们所通往的自由理解为神的自由(Gottesfreiheit),也就是神的统治(Gottesherrschaft)。历史地看,这意味着神灵通过当时受他感动而且得到他的指派的具有超凡魅力的人,按照以神的名义颁布的正义的律法为基础,所进行的统治。"(Moses, 158)

因此,巴勒已经看到了在摩西秩序与法老秩序之间的巨大冲突,但是在运用这个思想的时候,他总是不把这个一般的洞见应用于特定的问题。例如,宣布以色列是与法老相对立的神的儿子,这一点就没有被提及,他也未提及在灌木丛情节和《阿蒙赞美诗》中对于神的各种概念之间的关系,他也没有从被选民族的概念中看到那种宇宙论的模式——而那将是我们现在在这个文本中将要考虑的东西。

题在灌木丛情节中得到了表述。当摩西用他的人的卑微来反驳神的命令时，神回答说(《出埃及记》第三章第十二节)：

出现这样的不足，部分地可以解释为是由于作者对埃及和远东的宇宙论资料来源不够熟悉所致，部分地也是由于他不愿——这是可以理解的——使用早期基督教教士的以及经院哲学家的资料来源作为澄清摩西问题的指南。但是，决定性的障碍似乎是其方法论的困境，这也使我们的分析被迫经常做出一些批评式的概述。关于符号形式及其文字表达的严肃认真的研究只是在最近才刚刚开始。特别是对于圣经叙事的研究，仍然肩负着将各种构成性的资料来源条分缕析的繁重任务，固然，这是一项不可或缺的工作，但它不是在更高的意义层面上——比如对摩西启示之序幕的建构，或对灌木丛情节的建构——解决问题的办法。

必须要加以克服的种种困难将会变得一目了然，如果我们从迈耶的 *Geschichte des Altertums*，一部上一代学者的重要权威之作中引用一些段落的话："出了荆棘之火，耶和华亲自到埃及解放他的子民们去了……因此，摩西本人也被带到埃及去了。耶和华文献之后，他就在这里出生了，随之一个与他有关的离奇故事便广为流传……。这些杜撰之言的特别之处就是，在接下来的篇章里，它们的动机立即被避而不谈了……。摩西本人也不亚于一个士兵与英雄……毋宁说，他始终是个通过魔力而与神灵相结合的奇迹制造者……同样，他并不是通过英雄行为，而是通过魔法，迫使法老准许他们离开的。一位名叫摩西的埃及人可能实际上的确会希望自己曾以某种方式被流放到卡迭石，并在这里取得了祭司的领导职位。这样，他的名字将会被当作他们法术的创立者的名字而流芳百世。但是更多关于他的记录就无可查证了，从宗教和耶和华祭礼的任何埃及影响中找不到任何记载，毋宁说，这些故事完全打上了真正的旷野闪族部落的烙印。"(II/2, pp. 207—209)

在这些段落中显露的对于圣经问题的那种态度当然是不够的。尽管如此，甚至在今天它都具有强烈的影响：在汤因比的《历史研究》中将会发现的、在宗教问题上的种种奇怪之处，在很大程度上都可以这样解释：汤因比不谨慎地依赖了迈耶这个权威。因此，即使巴勃的摩西在很多方面都不能够令人满意(例如，我们在前一节中讨论过的，关于主旨之概括的关键立场，他就没有看到)，但是这部著作还是极端重要的，因为它在原则上与实证主义时代的精神怪癖决裂了，并且指出了更为现实地处理各种资料来源的途径。如果说我们的批判性评论能够被限制在一个最低的限度之内，那在很大程度上都是因为巴勃已经非常详细地说明了这种状况。

我必与你同在[ehyeh];你将百姓从埃及领出来之后,你们必在这 468
山上侍奉我,这就是我打发你去的证据。

神的在场向人保证了他可以完成一件他感到超出他人力范围的使命;而这种完成就是神在场的"证据"。在这个具体的例子中,摩西可以完成他的使命,因为神必与他同在;而这个使命实际被完成,即百姓在这山上侍奉神,将成为神在场的"证据"。由于在历史的时间中,这个"证据"存在于将来,所以在永恒之中将通过神的知识而与这个开端结合在一起的结尾,只有通过人相信神在场的这种回应才能进入人的知识领域。除非通过这种启示的经验摩西变成了耶和华的仆人,否则就不存在作为历史事件的对摩西的启示;除非在离开埃及的行动中,那个民族在这座山上侍奉耶和华,否则也就没有民族将从埃及被带上来。这个启示的礼物要求对方必须接受,目的是变成历史生存的形式。

以色列人出埃及,正如它在灌木丛中的启示到西奈山的启示之间拓展延伸一样,就是这出卓越的历史戏剧,因为它通过人类对启示的回应而把生存秩序带到历史形式中来。摩西必须接受作为他的百姓的领导,以及说服法老的使命;法老必须被弄得愿意放百姓走;百姓必须被劝导离去,并来侍奉耶和华。在这出戏剧的每一幕,如果正确的回应没有出现,那么演出就可能中断;确实,正确的回应是带着不情愿、犹豫不决、延迟,甚至还有必须被终止的抵制而出现的。这出戏剧的本质正是把人的行动塑造成神所知道的那种行动;因此,克服人的抵制的几个主要阶段决定了《出埃及记》故事的文学建构。作为个体的主角就是摩西和法老,一个是新秩序的创造者,一个是旧秩序的维护者。他们的故事
的组织手法是为了彼此呼应。在第一个故事中,神不得不克服摩西的 469
抵制;在第二个故事中,被设定为"在法老面前代替神"的摩西,不得不克服这位埃及统治者的抵制。之前存在的对于若干独立情节的处理已经被吸收到,并且服从于对两种秩序冲突的综合建构之中。我们已经

指出了灌木丛情节的附加内容;而我们现在必须强调那些后来的插补,虽然它们必须被排除以便澄清这个情节的原始建构,但是却不能被当作展现了一个二流编辑者的笨拙而不予考虑,反之,它们要被认真地看作一种精心的建构,目的是使最初的情节符合两种秩序冲突这个更为宏大的背景。在摩西的故事中所添加的种种阻碍和延迟,是打算呼应法老的一系列阻碍,以及一连串的灾疫是把各种各样独立的,曾经折磨埃及人的灾难集合在一起。而且,这种相似之处还通过高潮情节而被着重强调:宣布以色列是神的儿子与击杀埃及的头生的相呼应;那个谜一般的夜间场景——其中摩西险些被耶和华所杀——与红海大灾难相呼应,在那场灾难中,作为神的埃及儿子的力量实际上被吞噬了。只有通过对整个叙事的这种重叠建构,我们才能发现那个重大的问题,而如果作为组成部分的各个情节被孤立地看待,则该问题就会消失——这个重大问题就是历史秩序从埃及帝国向被选民族的跃迁。此外,对作为个体的主角们抵制神的所作所为的详细描述,是打算与那个作为集体的主角——也就是以色列民族——的抵制行为相呼应。毕竟,新的神意安排既不是摩西的秩序,也不是法老的秩序,而是神之下的那个民族的秩序;而该民族的抵制从最初对摩西的背叛开始,经由对他的解救行动的抱怨,以及当埃及的追兵临近时发出的责备,到在旷野之中的失望心情,以及叛乱和背叛的举动。摩西和法老是人类抵制神所预知的秩序的代表。以色列人出埃及的高潮部分,也就是新的神意安排经由立约而被实际确立起来,根本不是一个欢乐的结局,而正是人永无休止地背叛和回归他们在神之下的现在的生存秩序的开始。因此,虽然随着对摩西的启示而开始的那个行动确实随着对该民族的启示而告终,但是
470 对于这种秩序的抵制却在新的历史形式中继续进行。从世俗生存的压力中重新获得在神之下的秩序是一个永恒的任务,在这个意义上,历史才刚刚开始。

这出戏剧的最后一幕是通过立约使作为神之下的民族得以建立。这部分叙事中的文学层次问题与灌木丛情节的问题类似，只有一点不同，就是现在问题的数量更多了。又存在着一个可以被归之于 J 和 E 资料来源的材料基础。于是，有了 J 和 E 的材料作为建筑基石，一个无名氏的大师创作出了一部戏剧，是一个阐明神权政体建立之意义的例证。最后，这部文学建构的杰作已经被后来的历史学家用于更为隐秘的目的，因此今天看来，它被大量的插补和添写弄得面目全非，甚至部分被毁坏。中间那一层，也就是关于立约的精神戏剧，对于我们的问题而言具有最重要的意义。它包含了三个主要的场景：

(1)当百姓来到西奈山，摩西"到神那里"接到进一步的诫命(《出埃及记》第十九章第一节至第三节)，其形式是一则神谕，他必须把它传达给以色列人。这则神谕(第四节至第六节)告诉百姓关于立约的条件和意义。摩西召集诸长老，在他们面前陈明这则神谕。它被长老们和百姓们所接受。随后摩西就把他们接受一事回复给耶和华(第七节至第八节)。

(2)当神的启示和人的回应已经达成协议的时候，立约本身就可以完成了。立约的仪式要通过仪式性的自洁和划定一块庄严神圣的区域来进行准备(《出埃及记》第十九章第九节至第十五节)。随后耶和华降临到西奈山上(第十六节至第二十五节)，而百姓则聚集在山脚下(《出埃及记》第二十四章第一节至第三节)。当神和百姓相互在场的时候，立约就通过一个仪式化的行为而告完成(第四节至第十一节)。

(3)当立约已经完成，摩西被命令再次上山来接受石版，在那上面耶和华已经写下了规范该民族和他自己的关系，以及该民族各个成员之间的关系的基本准则(《出埃及记》第二十四章第十二节)。

因此，立约的整个行动明显是在如下这个叙事层面上加以组织的： 471
首先是对于立约及其为百姓所接受这两者的意义的启示；其次是立约

的仪式化过程；第三是宣示那些把该民族建构成为一个神权政体的规则。

但是，这种显而易见的建构由于前面所提及的大面积的插补添写而被扰乱，并且部分遭到毁坏。在耶和华降临在西奈山(《出埃及记》第十九章的末尾)和百姓聚集在山脚下(《出埃及记》第二十四章开头)之间被插入了约书(《出埃及记》第二十章至第二十三章)。而且，当立约完成后，摩西上山去接受石版时，他却被授予详细阐述的诫命，指导他修建"会幕"(tent)，以及如何制作会幕里的用具和如何举行仪式(《出埃及记》第二十五章至第三十一章)。只有到了最后，当诸般事情都已经交代完毕之后，神才想起来把石版交给他，但是我们并不知道上面写了些什么(《出埃及记》第三十一章第十八节)。随后是金牛犊事件(《出埃及记》第三十二章至第三十三章)，这致使摩西打碎了石版，石版的内容仍然未经昭示(第三十二章第十九节)。他不得不再次上山，以便得到另一套石版(《出埃及记》第三十四章)，最后我们安全地得到了它们，并且得知它们包含了载于《出埃及记》第三十四章第十节至第二十六节之中的崇拜仪式十诫。显然各个不同时期的法律集成围绕着西奈山立约聚集在一起，以便让它们都能分享作为最初创立之物的高贵庄严。正如灌木丛情节已经被不适当地拉长从而使它与关于那些灾疫的故事相呼应，这出立约的戏剧也被不适当地拉长以便使尽可能多的法律发展起源于此。

这出立约的戏剧已经被后来的插补严重地影响，因为将会被刻在石版上的神权政体的规则，已经从必然是它们原初的位置，即《出埃及记》第二十四章的结尾，消失了。而且，假定应该在进行立约时发布的规则和命令，现在既出现在立约完成之后，又出现在立约完成之前。结果是，立约是在十诫的基础上完成的，还是十诫是在立约的基础上发布的，今天成为一个有争议的问题。这种混乱的特定根源在于约书被插补到立约——这个程序使《出埃及记》第二十四章第三节至第八节所记载的仪式行为的特定词汇具有了双重意义——完成之前。因为在第二十四章第八节中，立约是“按这一切话 ”(debharim)完成的；而正如这个文本今天看起来那样，话这个词既可以指《出埃及记》第十九章第四节至第六节中的那则神谕的话，也可以指《出埃及记》第二十章的十诫命 472
令。在第一种情况下，立约将在神的口谕及其被百姓所接受的基础上得以完成；在第二种情况下，立约是在十诫的基础上得以完成，而根据这出戏剧，十诫应当在后来被铭记在石版上。进行插补的历史学家们已经使这第二种解释成为他们自己的解释，因为我们在《出埃及记》第三十四章中发现圣约的意思与那则神谕不同，而与十诫本身相同(第三十四章第二十七节至第二十八节)。最后，由于铭刻在石版上的那些话已经从它们固有的位置上消失了，我们必须决定那形形色色的十诫中的哪一个有可能是那个失踪的十诫——如果有一个是的话。关于这个问题，我们更青睐《出埃及记》第二十章第一节至第十七节的十诫，因为首先，它明确的神权政治的内容符合这三幕戏剧的意图，其次，它形式上的出类拔萃和精神上的意义深远与这出小戏剧的高质量很相称。

关于这出戏剧的历史可信性和年代，我们不可能给出确定性的答复。在《出埃及记》第二章中关于摩西的精神传记以及那段灌木丛情节之后，我们第三次遇到了一位才华横溢的“中间层”作者。我们不知道他是谁，这三篇作品是出自一人还是多人之手。我们只能说这些作者们是具有伟大的精神敏感度的人，他们能够在这些例证的戏剧中抓住摩西这个人及其功业的本质。此外，通过分析作为组成部分的各种资料来源，我们知道他们运用了 J 和 E 的材料，或者更为谨慎地说，他们运用了这样一些传统，后者也进入了 J 和 E 历史学家的著作。但是，关于无名氏作者们在这些材料上所强加的意义的传统，我们一无所知。关于历史可信性，我们只能说，一方面，处于“中间层”的那些戏剧所包含的内容，没有什么在历史上是不可能的，而另一方面，那些戏剧使一个令人心悦诚服的摩西浮现出来。

现在我们将要按顺序论述这出立约戏剧的三幕场景。

当百姓最终抵达了西奈山，摩西"到神那里"去接受诫命。耶和华命令他向以色列人传达下述谕旨，要他们接受(第十九章第四节至第六节)：

> 我向埃及人所行的事，你们都看见了；
> 473 且看见我如鹰将你们背在翅膀上，带来归我。
> 如今你们若实在听从我的话，遵守我的约，
> 就要在万民中作属我的子民[segullah]；
> 因为全地都是我的，你们要归我作祭司的国度[mamlekheth kohanim]，
> 为圣洁的国民[goy qadosh]。

前两句重申了这个伟大的历史问题：百姓已经看见埃及所遭遇的事情，而以色列人已经被带到神面前。如果神的作为将以人的回应为补充的话，那么神就准备建立这种以帝国符号来表达的新秩序：神的管辖范围将包括"全地"及其上的居民。但是，从所有民族当中，以色列民族将被选中作为这位统治者的王室之中弥足珍贵的财产(segullah)。他们将成为王家的领地(royal domain, mamlakah)；作为王室的成员，他们将成为祭司(kohanim)，也就是国王的私人助手。kohanim 这个词在大多数情况下都有祭司的含义，但在某些情况下确实在王室助手的意义上被使用；[1]或许这种意义的不确定状态是有意为当前这个场合而设计的，此时王家的领地是神的财产(segullah)，因此，其成员是"圣洁的国民"。

---

① 《撒母耳记》第八章第十八节；《列王记上》第四章第五节；《历代记》第十八章第十七节。这些参考出处来源于葛赛尼斯(Gesenius)。关于这个问题的进一步讨论，参见 Buber, *Moses*, 155。

这种帝国的比喻含义通过《申命记》第三十二章第八节至第九节对它的详细阐述而得到了澄清：

至高者［Elyon］将地业赐给列邦，将亚当的后代（或世人）分开，①

就照以色列人的数目（或神的数目［God-El］），②立定万民的疆界。

耶和华的份，本是他的百姓；

他的产业，本是雅各。

这个文本是难以理解的；它还可以翻译成这样的意思：当神确定万民的疆界时，给予每一个民族一个守护神，而把以色列人留作他自己的那一份。③

---

① 沃格林原著此句的英文是"when he divided the sons of Adam［or, man］"。而译者所参照的中英文对照版《圣经》，此句的英文是"when he divided humankind"，相应的中译是"将世人分开"。此处为了尽可能贴近沃格林原文，尤其是体现括号内外的内容之间的关联，所以对中文版《圣经》的译文作了调整。——译注

② 沃格林原著此句的英文是"according to the number of the sons of Israel［or, God-El］"。译者所参照的中英文对照版《圣经》，此句的英文是"according to the number of the gods"，相应的中译是"就照以色列人的数目"。这里的中英文译文刚好分别采取了两种可能的含义之一，并不一一对应。其原因在于中文版《圣经》所参照的原始文本不是英文版《圣经》，而是希伯来语《圣经》。此处译文没有与中文版《圣经》强求一致，而是以贴近沃格林原文为翻译原则。——译注

③ 参见犹太出版学会译本（Jewish Publication Society），修订标准版译本（RSV），芝加哥译本（Chicago）和莫法特译本（Moffat）的译文。我遵循了巴勃的译文，因为该译文比其他译文更严格地按照希伯来文本的字面意思进行了翻译。这个段落进一步的复杂性在于世界神（world-god El）可能并不完全等同于地方神耶和华——以色列就落入他的份额。关于这个问题，参见 H. S. Nyberg, *Hoseaboken*（Uppsala Universiterts Arsskrift, 1941:7, 2), 34，以及同一作者的"Studien zum Religionskampf im Alten Testament," 365ff。

不论我们偏爱哪一种翻译，都呈现出这样一幅图景：根据神的计划，人
474 类被分为若干民族，而以色列成为耶和华所得的份额。而且，该文本显然与西奈山的神谕联系在一起，因为紧随其后的几节（第十节至第十二节）再次描述了那只鹰的形象，它保护自己的雏鹰，并将其放在它的双翅之上，载着它从旷野来到安全之所在。

因此，从这则神谕中浮现出一种新的秩序，不只是以色列的秩序，而是全人类的秩序，以类比的方式通过一个帝国的符号加以表达，该秩序以王室领地为中心，周围环绕着各个行省。① 那正是使这种新的神意安排为一个民族——该民族即将与埃及及其宇宙论符号相决裂——所理解而要求的语言。② 但是，由于这种宇宙论的连续性，对于精神普遍主义来说，这种语言也可以变得晦涩难懂——如果在领土的意义上理解那些符号的话。③ 事实上，必须要到一千五百年以后，才能使耶和华的子民，也就是那个祭司的国度，在看不见的上帝之城中充分展开其

① 这种建构，虽然乃是所有宇宙论帝国的典型特征，但是具有原型的纯度（prototypical purity）。后来中国人的"中国"的概念，即位于中央的领土，也实现了一种类似的纯度。

② 从如下事实——该符号体系符合以色列人出埃及的情形——中不能得出任何关于该文本是何时取得其当前形式的结论。这出立约的戏剧的年代当然是非常晚的。同样的观点也适用于下述事实——该段落的主题，虽然不是其确切的语言，在《申命记》中有好几处（《申命记》第七章第六节；第十章第十四节；第十四章第二节；第二十九章第二节；第三十二章第八节至第十一节）都被重新提起。《申命记》作者对于这个主题的全神贯注也并不必然表明这出戏剧是在创作《申命记》时创作的。不幸的是，所有这种类型的论证都同时在上述两个方向上展开。

③ 在犹太教的历史中，该符号体系一直持续到犹太人的离散，重点是强调其领土含义。参见 *Mishnah*, Herbert Danby 译，（Oxford：Clarendon Press，1933），Tractate Kelim I，6—9，其中讲述以色列的国土高于所有其他国土的特殊圣洁性，以及在以色列的国土中，圣洁的地区呈同心圆排列，最为圣洁的所在就是神殿。

意义。

立约的仪式,即这出戏剧的第二幕场景,是一个祭祀仪式(《出埃及记》第二十四章第四节至第十一节)。根据它作为一种仪式性行为的性质,它几乎不能揭示由那些参与者加诸其上的任何意义。

仪式开始的时候,摩西在山脚下修筑了一座坛,并“按以色列十二支派”立了十二根柱子(第四节)。立这些柱子暗示,通过立约,各希伯来部族将聚合成为一个民族,并首次组织成为十二个支派。一个明显年代久远的细节是下一个步骤,即“以色列人中的少年人”得到命令去献祭(第五节)——显然当时还没有祭司。随后神与人之间的纽带就通
过摩西打造而成。他将一半血洒在神坛上,一半血洒到百姓身上,并且 475
说:“这是立约的血,是耶和华按这一切话与你们立约的凭据。”(第六节至第八节)我们认为“这一切话”是指神谕里所说的话,而不是后来所添写的十诫里的话。最后,摩西和诸长老走上山去,在神面前享受祭祀的膳食(第九节至第十一节):

> 他们观看神,他们又吃又喝。

立约结束。这种信息的匮乏不应使我们惊讶,因为在神之下的现在建立秩序不是发生在文学中的一个事件,而是发生在人的灵魂中的一个事件。对于这样一个事件——通过它,神的秩序在历史中确立起来,而从外部来看则没有发生任何事情——来说,“他们观看神,他们又吃又喝”是一种完美的表述套路。

虽然当人观看神的时候,表面上风平浪静,而存在中的飞跃则出现在他的灵魂中,但是在这种行为实践中,随后却发生了许多事情。与神缔约的希伯来各部族,即使是在摩西和诸长老的极力说服下,还是通过

他们对启示的回应而变成了历史中的一个新的民族。他们变成了以色列,因为他们的生活方式现在被系统地安排为一种神权政体,并受到源自于他们的神的那些基本规范制约。这些规范——假定铭刻在那些石版之上——现在已经从该戏剧的上下文中遗失了;我们已经说过我们倾向于认为《出埃及记》第二十章第一节至第十七节的十诫就是那部分遗失的规范,原因在于其内容,以及形式上和精神上的特质。关于这个资料来源的文本性质,必须做出一定的保留。第二十章第五节 b 至第六节,第七节 b,第十一节和第十二节 b 的那些命令上所附加的动机看上去像是后来添加的,应当不予考虑。对第九节至第十节和第十七节 b 的那些命令的详细说明可能是后来的建构。"不可为自己雕刻偶像……"今天被算为一条命令,实际上包含了三条命令,每一条都以不可(lo)开头;或许这三条命令,通过它们的主题联系起来,被缩短为一
476 条,目的是为了满足构建十诫形式的意图;否则的话,这十条诫命就将变成十二条。①

① 我们可以毫无困难地把《出埃及记》第二十章的十诫接受为一个正当的资料来源,因为我们只对这个问题感兴趣,那就是它在实质上和形式上是否适合于现在我们正在分析的这出立约的戏剧。提出它是否是由摩西本人所写的"最初的"十诫这个问题的历史学家们则面临着一个更为复杂的局面。我们的分析是基于下述假设:这出立约的戏剧已经从各种传统中析取出一个例证的本质,因此实际意义上的原创性问题就变成次要的问题。当然,我们不知道这出立约的戏剧是不是一个可信的记述,换言之,该十诫在将其本质内容澄清到例证的纯度(paradigmatic purity)的过程中是否未曾遭受改动。尽管如此,我们还是想要强调,在这个特殊的事例中,我们不知道为什么摩西不应是该十诫的实质内容的作者。但是,在这一点上,那些最好的权威们也众说纷纭,莫衷一是。却是先知运动的显著特征之一,特别是在运动初始时期:神(Jahweh)想要的是正义和怜悯(mercy),而不是祭祀(《阿摩司书》第五章第二十一节至第二十五节;《何西阿书》第六章第六节;《弥迦书》第六章第一节至第八节)。这个十诫,就像《申命记》一样,是对公元前 8 和 7 世

十诫的意义是由它本身的内容,以及从《出埃及记》第十九章第四节至第六节的神谕开始的这出戏剧的背景决定的。立约已经完成,以色列被接纳为国王耶和华的王室领地。因此,十诫不是关于宗教和道德规则的基本信条,而是对下述内容的宣告,即作为国王的神为新国度的秩序制订了基本规范。它开篇就宣布这些诫命源自于哪个权威:

纪的先知们所传达的神谕的一个无力回应”(*Israel*, 316)。洛兹可以为他的观点找到有力的支持,见 Mowinckel, *Le Décalogue*, 特别是 p. 60。欧伊斯特里和罗宾逊更为谨慎:“虽然(在这些诫命中)没有任何内容禁止我们做出它们是起源于旷野之中的判断,但是这个证据很难说足以使我们有正当的理由顽固地坚持或反对摩西是这些诫命的作者。而我们只能说这么多。无论这些诫命是否出自摩西之手,它们确实非常充分地代表了那些我们可以归于定居迦南以前的以色列人的普遍道德标准”(*Hebrew Religion*, 168ff)。读者可以做出他的选择:同意洛兹,则我们没有证据证明这些诫命的态度“曾经是早期以色列的特征”;同意欧伊斯特里和罗宾逊,则这些诫命“非常充分地代表了”早期以色列的“普遍道德标准”。此外,读者还可以坚称赞成摩文科尔的意见——后者似乎对列维—布鲁赫印象深刻——这些未开化的初民的“前逻辑思维”使得一个没有包含仪式性规定的十诫显得不可思议。读者也可以同意诺瓦克(*Der erste Dekalog*, 转引自 Buber, *Moses*, 179),认为摩西是一个只有耶稣能与之相比的宗教天才乃是不可能的。关于如下这个意识形态的假设,即这样的事情不可能在公元前 13 世纪发生,我们自己的立场已经在前面加以阐明。对于我们的立场来说有意义的论证,见 Rudolf Kittel, *Geschichte des Volkes Israel*, 2d ed, (Gotha: F. A. Perthes, 1909), 1: 383 ff,445—48。基特尔接受十诫乃是摩西所作的说法,而不管他认为十诫的“道德”内容是什么,因为他认为这个意识形态概念——从宗教崇拜到道德的进化——是错误的。为了支持他的观点,他提及了《埃及度亡经》(Egyptian Book of the Dead)中的“道德”命令,以及澳大利亚原始人当中的“道德”命令。因此,他假定十诫中的第四条至第八条诫命甚至比摩西所处的年代更为久远,因为它们更为原始。Elias Auerbach, *Moses*, 198—203, 为十诫是摩西所作辩护,因为特别是第十条诫命似乎表达了“旷野中的理想”。对奥尔巴赫主张的批驳,参见 Immanuel Lewy, “Auerbachs Neuester Beweis fuer den Mosaischen Ursprung der Zehngebote Widerlegt”, *Vetus Testamentum* 4 (1954): 313—16。

477 我是耶和华你的神，曾将你从埃及地为奴之家领出来。

耶和华是历史之主，他已经使他的百姓从为埃及效劳转而为他自己效劳。凭借作为新统治者的权能，他发布了一系列诫命，这些诫命根据主题可以分为三组：

1. 除了我以外（逐字翻译是在我面前），你不可有别的神。
2. a. 你不可为自己雕刻偶像；也不可作什么形像，彷佛上天、下地和地底下、水中的百物。
   b. 你不可跪拜那些像。
   c. 你不可侍奉它。
3. 你不可妄称耶和华你神的名。
4. 当记念安息日，守为圣日。
5. 当孝敬父母。
6. 你不可杀人。
7. 你不可奸淫。
8. 你不可偷盗。
9. 你不可作假见证陷害人。
10. 你不可贪恋人的房屋。

这些诫命既是对作为一个集体的以色列人说的，也是对该民族的每个个体成员说的。我们保留了“你应该”这样的形式①——虽然近来

① 沃格林原著中将十诫中的“你不可”译为“Thou shalt not”。这也是译者所参照的中英文对照版《圣经》当中的英译本的译法。而除了第一条诫命之外，中译本一律译为“不可”。为了体现沃格林的原意，即强调这些诫命是说给作为个体的人听的，此处的译文均在适当的地方把“Thou shalt not”译为“你不可”。——译注

的翻译已经放弃了这种形式——目的是强调这个词的特征，它是说给作为个体的人听的，因为他是神的领地上的一个成员。这些诫命不是普遍的行为规则，而是即将被这些听到召唤的人其灵魂所吸收的神之秩序的实质。只有在这公告所具有的神的实质进入了人的实质的意义上，这些百姓才确实被改造成为神之下的王家领地。

第一组的三条诫命，或者加上第二条诫命里的两条次级诫命一共五条诫命，处理的是神和人的关系。这些诫命没有包含“一神论的教 478
义”；毋宁说，它们禁止将会使神的本性——神已经揭示他自己是自有永有的——变得模糊不清的错误行为。耶和华是隐藏的神，他在他愿意的时间，以他愿意的形式来彰显自身。他一定不能通过人所设计的形象来显露自身，否则他作为隐藏的神的本质将会变得模糊不清——人不可能做到在通过符号化的行动模糊了神的本质的同时，而不影响他与神的关系的秩序。而且，在企图以可见宇宙之内的万物形象为神作像——即使这些企图显然无害——的背后，潜藏着把神置于人力可及的范围之内的欲望。人不可能做到跪拜那些像(2. b)或侍奉它(2. c)而同时又不用那种想象出来的神力代替那个通过“话语”来自行召唤人类的神性实在。从这样的占有，到以巫术的方式滥用已经被置于人的掌控之下的神力(3)，只需要向前迈出一小步即可实现。十诫的作者已经发现，人渴望创造一个能被控制的神是人企图代表神的种种做法的根源，不论这些做法的具体形式如何。在第一条诫命中，他直指问题的根源：他禁止“有别的神”，不是因为耶和华在多神论的意义上嫉妒他的对手，或者在一神论的意义上否认他们的存在，而是因为如果人“当着他的面”有其他的神，人就是在反叛神。“当面”这个措辞，在反叛的或敌对的存在的意义上，也在其他的语境下出现过，例如在《创世记》第十六章第十二节和第二十五章第十八节中，被抛弃的以实玛利与他的兄弟们相对而居。[①] 对其他神的承认是一种反叛的、自作主张的行为，这会割裂神与人之间的关系。[②]

第三组包括五条诫命，是自我解释性的。这些诫命把部族内部团结的规范转移到以色列民族这个新的社会实体身上。这些命令保护生活的基本益品、婚姻、财产和社会荣誉。最后一条诫命再次洞察到骚动不安的根源，它禁止抱有贪婪的情感，禁止怀有嫉妒，这种情感最终可
479 能会在特定的骚乱之中爆发出来。[③]

上述两组命令巧妙地通过中间一组积极的诫命连接起来。一个民族的秩序不仅存在于此时此地人与神以及同胞之间的正当关系之中，而且存在于该民族在时间中生存的节奏规律之中。对于时间中的秩序的清晰表达——既通过圣日这种神的节奏规律，也通过代际相传这种人的节奏规律——必须得到尊重。要求记住神的节奏规律的命令(4)结束了与人和神的关系相关的那些诫命；而要求尊重人的节奏规律的命令(5)则开启了与人和同胞间的关系相关的那些诫命。

显然，十诫不是“宗教”和“道德”规则的一个偶然集合，而是一个杰出的建构，并且牢牢抓住了人在神之下的社会中生存的本质。虽然这紧凑的符号不能提供一种明确的“秩序的哲学”，就像灌木丛情节不能提供一种“存在的哲学”一样，但是毫无疑问由于这种洞见——当与隐藏的神性存在合拍的努力没有受到人的自作主张干扰的时候，正当的

---

① 沃格林原著此句为“where the outcast Ishmael lives and settles ‘in the face’ of his brethren”。但是根据译者所参照的中英文对照版《圣经》，在沃格林所提及的《创世记》第十六章第十二节和第二十五章第十八节两处，英译本均未出现“in the face”这个短语，而中译本的译文(“他必住在众弟兄的东边”、“他子孙的住处在他众弟兄的东边”)更是没有体现出沃格林所说的反叛的或敌对的存在的含义。因此，此句根据沃格林原著上下文的意思进行了翻译，而没有参考中译本《圣经》的译文。——译注

② Buber, *Moses*, 93.

③ Buber, *Moses* ,195 ff.

秩序就会以某种方式从一个社会中生发出来——它充满了活力。既然它并没有发布积极的规范,无论是信仰崇拜方面的还是道德方面的,所以这个领域就仍然为文明在这两个方面的发展大开方便之门。尽管如此,十诫还是通过它禁止反叛性的存在这一命令来规制和指导这种发展。它是由第一条和第十条诫命这两块坚实的基石构筑起了框架,这两条命令分别针对由骄傲所做出的无神论的反叛,以及由嫉妒所做出的反人类的反叛。在这两座保护性的堤坝之间,该民族的秩序可以通过时间的节奏规律在中间来回移动。通过把神的意志清晰地阐述为十诫的命令,摩西确实让以色列作为神之下的民族在历史生存中建立 480
起来。

第十三章
先　知

第一节　先知的努力

没有神在灌木丛对摩西的启示和在西奈山对百姓的启示，就不会有立约的使者；但是没有立约的使者，我们可能就会对摩西以及发生在他那个时代的事件几乎一无所知。“历史上的摩西”这个激起现代人热烈辩论的重大问题，如果与真正的问题——先知们努力为被选民族重新取得在神之下的存在，这种存在正濒临丧失——相比，则必须被看作是次要的问题。那些无名氏作者们把保存在教派传说、诗歌和散文叙事中形形色色的传统，精心建构成为我们在前一章中已经研究过的，以例证的方式加以拔高的戏剧，这样做的目的就是重新建立曾经由发生在西奈山的那些事件所建立起来的意义。摩西从圣经叙事的“中间层”的那些场景中浮现出来，他以一种历史的连续性而生活在以色列先知的经验之中。先知们的摩西不是过去的一个人物，经由他以色列就作为国王耶和华统治下的民族而一劳永逸地建立起来了，相反，摩西是一系列先知中的第一个，这些先知们根据耶和华启示的话语，现在继续把以色列从埃及带上来，带入神之下的生存中。

因此，如果我们把“历史上的”摩西和活生生的摩西加以区分，并且把先知的经验界定为摩西生命的介质(medium)，那么先知运动的诸多问题，从公元前9世纪的危机到公元前6世纪的放逐，就会更为清晰地凸现出来：

(1)当作为先知的作者们回忆起摩西的功业，并且以例证的方式在戏剧场景中将其拔高，他们的工作本质上不是一个终点。它所服务的 481
目的是唤醒被选民族对于自身在历史形式下的生存状态的意识。该民族必须被提醒，首先，其本身是起源于祖先们经由摩西而对耶和华的启示做出的回应；其次是下述事实：该民族的继续生存要取决于其本身经由诸先知而对耶和华的启示不断地做出回应。因此，对过去的回忆与现在的召唤掺和在一起。它们都属于同一个启示的连续谱，当后者遇到了该民族的回应的连续谱时，就会创造出历史的形式来。该民族的历史形式在时间中加以展开；但是只有该民族——虽然它在时间中得到延续——生活在对于不受时间影响的，回应神的永恒启示的张力之中，这种历史形式才能保持不变。

(2)但是，先知在一个关于时间和永恒之间活跃着的张力的连续谱中混合了过去和现在，这有其自身的危险。因为正是当该民族的背叛已经达到这样的程度，以至于需要反复地、有力地提醒其在历史形式下生存的诸多条件时，对于过去的回忆才有可能产生意外的、不愿得到的结果。我们已经在《申命律法》那一章中研究过这样一种多余有害的结果，当时我们追溯的线索从对各种民族起源的回忆一直通向摩西的神话。先知们的努力远没有导致该民族对于由使者所传达的、充满活力的耶和华话语做出一种新的回应，而是脱离正轨，演变成为犹大王国的一部宪法，后者自称源自于“历史上的”摩西。本来打算在一个持续不断的现在中获得新生的过去，现在真的变成了一个僵死的过去；心灵应当对之做出回应的鲜活的话语，变成了行为可能与之保持一致的法律文本。

（3）朝神话中的摩西和申命律法的这种演变，虽然是由对以色列的神权政治宪法的一再回忆导致的，而且有时甚至可能为先知界所喜爱，但是毫无疑问不是他们的最终意图。因此，当这种偏离正轨的最初的症状变得显而易见时，也就是说，早在公元前8世纪时，先知在回忆各种民族起源的同时就警告人们不要产生这样的误解，以为耶和华会满意于人们对仪式程序的遵守，以及丢弃了律法精神的循规蹈矩。结果是，先知们为了恢复以色列的历史形式而进行的斗争不得不同时应付
482 两种恶行：一方面，先知们必须把已经背叛耶和华而倒向迦南和美索不达米亚诸神的以色列拉回来，使其重新服从耶和华；另一方面，当他们在第一个方面取得成功后，他们还必须使以色列从沙文主义和对外在成就的依赖，转向一种以圣约精神为根本的共同体生活。

（4）然而，先知们最严重的问题正来自于其工作的性质，也就是说，来源于他们要努力澄清在历史形式中生存的意义。当摩西时期的种种启示被一些精神敏感的人士——像灌木丛情节和立约戏剧的作者就必定是这样的人士——研究和重新体验之后，这种经验的内涵就会展开，就要求对这些内涵有一种新的类型的符号化。例如，那些普遍主义的内涵，在普罗大众的层面上可能被集体生存的残酷性所压制，但是在那些特立独行的精神至上论者——对被选民族的命运的哀痛深深折磨着他们——的灵魂中不得不赫然耸现。当信仰调和论者的背叛提出了这样的问题，即在何种意义上以色列仍然能够被耶和华看作“我的百姓”，人们就不得不考虑神有选择另外一个民族的可能性。而且，当来自周边帝国的日益显著的危险必须被解释成为神降下的灾难时，外邦民族就变成了耶和华用以执行一项历史计划的工具；结果耶和华作为人类普遍的神的特征就变得越来越鲜明。此外，反对以色列民族的先知式的人物代际相传、前仆后继地涌现，又不得不提出在耶和华之下秉承其精神，并且独立于以色列的集体生存的个人生存的问题。如果作为一个民族的以色列注定要毁灭，那么大概由先知们的追随者所组成的遗

民,能否逃脱厄运、获得拯救而拥有一个更好的未来？神的百姓能否在神之下自由结社,达成契约而变成一群具有精神特质的人物？那些愿意谦卑地追随他们的神的人应当遭受背叛者的命运吗？在这样的问题中得以展开的那些内涵将提出这样一个终极的问题:神的王国必然要采取政治上的以色列这种形式吗？如果对这个问题的回答是否定的,那么它真的必然要采取一个在政治上组织起来的民族这种形式吗？如果以色列是通过把摩西和圣约改造成为一个民族建立的神话而将其降
格为僵死的过去,那么先知们正要通过把神的王国改造成为在当时不 483
过类似于黎明时分地平线上射出的几缕微光一样的东西,而把以色列降格为僵死的过去。

当前这一章作为全书结尾,我们应该论述通过先知们而实现的对摩西时期的神权政体符号的这种改造。第二节将探讨在各种新经验的压力下,以一种紧凑的形式包含在那些旧有的符号之中的问题是如何展开的。《耶利米书》中的先知预言将成为我们这一节的向导。因为在这个较晚的时期,也就是犹大王国的最后时期,两个半世纪的对背叛和沙文主义的抵制,以及对于以色列在西奈山创立之意义的持续不断的思索,已经使这些经验分殊到如此程度,以至于明确要求有新的符号来对它们进行充分的表达,虽然这样的符号并不总是能够被找到。第三节将探讨对新的表达方式的寻求。在耶利米之外,带着他对种种问题的澄清及其解决方案那尚未揭开的面纱,我们注意到那位公元前6世纪的无名氏天才的先知预言,依照语文学的惯例,此人一般被称为第二以赛亚。他关于受难仆人的符号处于先知主义和基督教的分水岭上。

第二节　问题的展开

作为神统治下的民族,以色列的创造始于耶和华给摩西的神谕,后

来推进到圣约的缔结，最后终结于在十诫约束下的那个民族的创立。既然对于十诫宪法的违反在很大程度上都成为以色列秩序的问题让人切实感受到的场合，所以在分析耶利米对于以色列的神权政治生存的忧虑时，颠倒一下立约戏剧的场幕顺序将是较为适宜的。

一、十　诫

我们应该从“耶和华的话临到耶利米”，让他站在神殿的门口并向百姓讲道开始，因为圣殿讲道(《耶利米书》第七章)直接提及了十诫的文本。根据《耶利米书》第二十六章的信息，这个讲道是在公元前609或608年进行的。

在百姓进入神殿时，耶和华通过耶利米警告他们说，他们应当调整
484 他们的行为方式，不然他就不让他们在这个地方居住(第七章第三节)。他们一定不要相信：“这些是耶和华的殿！”因为除非他们在同胞中间践行严格的正义，不欺压外来的居民和孤儿寡妇，不流无辜人的血，也不随从别的神陷害自己，否则这个地方就不再是他们的家(第七章第四节至第八节)。如其所是，他们“偷盗、杀害、奸淫、起假誓、向巴力烧香，并随从素不认识的别神”，并且离去继续做那些可憎之事(第七章第九节至第十节)。“这称为我名下的殿在你们眼中岂可看为贼窝吗?”(第七章第十一节)

出自圣殿讲道的这些段落提供了有价值的信息，先知们的警告必须在这些信息的意义上加以理解。现代历史学家在谈到道德、政治、宗教或先知的神学时如此频繁地加以使用的那些范畴可能有它们的分类学上的用处，但是当把它们应用于先知们的意图时，却是犯了颠倒年代的错误，因为以色列的符号体系有其自身的逻辑：当先知们提出秩序的问题时，他们通过广泛的解释而把这些问题的起源归结到十诫宪法。《耶利米书》的那些段落在直接引用十诫的条文时——无论是以《出埃及记》第二十章的形式，还是以《申命记》第五章的形式——达到了高

潮,而它们把所有类型的冒犯行为都解释成为最终是对这些诫命的违反。这样的解释是可能的,因为十诫虽然是一个有实质内容的规范的集合,但同时也是在关于神和人的方面禁止自作主张的那些命令的范例。结果是,它的意义可能最终会集中到一条命令上来,即“你们当听我的话,我就作你们的神,你们也作我的子民;你们行我所吩咐的一切道”(《耶利米书》第七章第二十三节);因此,对诫命的违反也相应地集中到一种冒犯行为上来:“他们却不听从,不侧耳而听,竟随从自己的计谋和顽梗的恶心,向后不向前。”(《耶利米书》第七章第二十四节)

由于十诫的这种错综复杂的结构,先知们一般而言能够在偷盗、杀害、奸淫、起假誓和贪婪等范畴下为社会恶行归类;他们无情地运用这个可怕的工具,目的是要撕破种种制度和习俗的网罗;打破一个复杂的社会中社会分层、既得利益、职业习惯和继承的地位在行动及其对人性的影响之间所设置的适宜距离;并且在特定情形——如果较为宽松地
看,这些情形可以被视为令人遗憾的但却是不可避免的社会恶行—— 485
下,使人对人的直接攻击变得昭然若揭。例如,阿摩司在以华丽的、简短的方式论述因果循环时说到了富人(第三章第十节):

那些以强暴抢夺财物、
积蓄在自己家中的人,
不知道行正直的事。

何西阿将一系列未经确认的冒犯行为归入十诫的范畴(第六章第八节至第十节):

基列是作孽之人的城,
被血沾染。
强盗成群,怎样埋伏杀人;

祭司结党,也照样在示剑的路上杀戮,
行了邪恶。
在以色列家我见了可憎的事,
在以法莲那里有淫行,
以色列被玷污。

《弥迦书》明确认为攫取财富乃是十诫所说之贪婪的一个例子(第二章第一节至第二节):

祸哉,那些在床上图谋罪孽
造作奸恶的,
天一发亮,因手有能力,就行出来了。
他们贪图田地就占据,
贪图房屋便夺取。
他们欺压人,霸占房屋和产业。

他甚至看到该民族的秩序被扭曲成为上层阶级发动的反对穷人的一场内战(第二章第八节至第九节):

然而近来我的民兴起如仇敌,
从那些安然经过不愿打仗之人身上剥去外衣。
你们将我民中的妇人从安乐家中赶出,
又将我的荣耀从她们的小孩子尽行夺去。

一个世纪以后,耶利米仍然发出同样的抱怨:人们可以跑遍耶路撒冷的街道而找不到一个行公义或求诚实的人(第五章第一节至第二
486 节);尽管富人的恶行还是被特别挑出来加以谴责(第五章第二十六节

至第二十八节）但这个判断可以平等地扩展到穷人和富人身上（第五章第四节至第六节）。

这样，以色列的无序是根据十诫的普遍秩序来加以衡量的。就各人而言，对富人和穷人，国王和祭司，圣人和假先知，都根据反神的或反人性的自作主张这一标准平等地进行审判；就主题而言，文明守法和犯罪，违反仪式程序和违反宪法，滥用权力、身份地位和财富，对于同胞的不幸的铁石心肠和漠不关心，这些都同等地被归类为违反应当听从神的话语这一基本命令。由于先知的解释方法不是一时心血来潮或是一种创新，而是已被接受的以色列的秩序原则；此外，由于全体百姓，特别是统治阶级和宫廷确信他们的行为是对法律——这些法律在推行十诫的过程中已经得到精心阐述——的完美履行；最后，由于申命宪法，包括它对王权统治、祭司职位以及耶路撒冷垄断信仰崇拜仪式的规定，被理解为摩西的立法，所以，那些其类型已经被大致勾勒出来的先知预言就提出了一个关于公共秩序的重大问题。耶利米的先知预言不仅侮辱了该民族那些有影响力的分支，而且与犹大宪法相冲突。在他的布道中，当他用耶和华施加的毁灭来威胁神殿（第七章第十二节至第十五节）、耶路撒冷和百姓（第七章第十六节至第二十节）时，如果以色列坚持那些在每一个自国王以降的以色列要人看来，根据西奈圣约和十诫，乃是合法和合宪的行为，那么他的行为与叛国罪就仅有一步之遥；当他把任何与众先知的话语相左的行为（第七章第二十五节至第二十六节），换言之，尤其是与他自己的话相左的行为都界定为可憎的行为时，他是在用他的先知权威来与以色列的公共权威相对抗。以色列是等同于那个在由国王、他的官员和祭司加以解释的律法之下组织起来的犹大王国，还是等同于在由耶利米加以解释的十诫之下生活的一个完全不同的共同体？

对于这个问题可不能让步。但是，当时这两个以色列仍然通过相互关联的希望和恐惧而保持在一个共同体中。宫廷和统治阶级虽然拒绝接受先知的话语，但还是不敢在原则上攻击一个他们赖以取得自身之合法性的权威；众先知虽然宣告了耶和华对于这个腐败的社会及其
487 统治者的死刑判决，但还是期待出现皈依正道的奇迹从而使他们的百姓避开灾难。因此，这种冲突仍然在犹大王国内保持着一种张力。

无论如何，它是一种程度可怕的冲突。我们从圣殿布道的续篇中获得了关于这种冲突的一些情况，这在《耶利米书》第二十六章中得到记述。该布道被缩减为对其核心要点的一篇概述，读上去几乎像是一篇起诉书。据记述，耶利米曾说：如果百姓不听从耶和华，换言之，不遵循他的诫命（toroth），不在意他的仆人们，即众先知的话（debharim），那么神殿就会像示罗一样被摧毁，这城将为地上万国所诅咒（第二十六章第四节至第六节）。听众们被激怒了。他们围住耶利米，把他抓起来，呼喊着他必要死，因为他以耶和华的名义预言这神殿和城市将被摧毁（第二十六章第七节至第九节）。首领们（司法官员们）得知了这个消息；他们从邻近的殿赶来，坐在门口审理这个案子（第二十六章第十节）。众祭司和众先知是控告人，要求处死耶利米；这位先知[①]确证他确实是根据耶和华的命令而说那一番话的，这打动了首领们和众民（第二十六章第十一节至第十五节）。世俗的一方在这场冲突中战胜了精神的一方。首领们和众民决定一个真正以"耶和华我们的神"的名义说话的人是不该死的（第二十六章第十六节）。这个决定强烈地受到希西家统治时弥迦的先例的影响。弥迦曾经宣告了在实质上与耶利米相同的预言（《弥迦书》第三章第十二节）；他得到了赦免，其结果是耶和华被说服不实施他的威胁。对弥迦先例之做法的效仿将会更为谨慎（第二十六章第十七节至第十九节）。不杀死这个先知是一个精于世故的决定：如果他不是耶和华派来的，那么什么事情也不会发生；如果他是被耶和

① 指耶利米。——译注

华派来的,处死他就会促进灾难的到来,而宣判他无罪还留下了这样的希望:最终事情也不会比弥迦那个事例之后所发生的更糟。但是耶利米逃过了一次死刑却不等于任何人逃过了他的先知主义所提出的问题。

当发生这种事端时,不是每个先知都像耶利米那么幸运。对他进行审判的故事之后记述了这样一件事,一个叫乌利亚的,发出预言"攻击这城和这地",与耶利米所做的一样,但在他已经逃往埃及寻求避难之后还是被抓捕回国,由国王亲自用剑刺死(第二十六章第二十节至第 488
二十三节)。在所有人都把维持王国秩序的职责寄托在他身上时,国王约雅敬①显然不愿意轻易接受先知对其权威的挑战。国王与耶利米之间的冲突确实仅仅是被延迟了。因为五年后(公元前 603 年),这位先知——他不敢再次靠近神殿——根据耶和华的命令,派他的秘书巴录(Baruch)带着一个书卷,上面写着耶和华的话,在一个禁食的日子到神殿公开宣读,期待或许有人愿意离开他们的恶道(第三十六章第一节至第七节)。在宣读之后,这书卷被首领们没收,并受到检查。他们不得不将书卷送交给国王,但是仍然保持了足够的谨慎,建议巴录要和耶利米藏在一个没有人能找到他们的地方(第三十六章第八节至第十九节)。最后,这书卷被交到约雅敬手中。当时正是冬季,当有人替王念那书卷时,他面前的火盆正生着火。刚念了三四行(columns),本来不动声色在听的国王用刀将书卷割破——随后,犹大国王约雅敬将以色列之王耶和华的话投入火盆之中,直到整卷书被火焚毁(第三十六卷第二十节至第二十四节)。

当神的秩序将要与人的秩序脱离关系时,对于这位先知的审判和互判死刑构成了一个符号的集合,后者在相隔两个世纪之后又在苏格拉底和柏拉图的希腊重新出现。现在这位哲学家代表了德尔斐之神的

① 约雅敬是希西家的别名。——译注

秩序;“祭司和先知”作为诡辩的智者和政治家重新出现在控告者的位置上;“百姓”中再次出现强大的少数派投票反对死刑;还有柏拉图,他在他的对话中使这场审判继续下去,并且表明当雅典人判罚苏格拉底的时候,诸神已经判罚了雅典人。这种对比应该使我们认识到我们在论述的不是偶然发生的事件,而是经验与符号化的本质过程。这种类似之处既不是历史的狡黠,它们也没有暗示神秘的历史规律。毋宁说它们表明超越秩序和世俗秩序之间的关系,当它在先知和哲学家身上达到自觉意识的程度时,就会以紧密相关的符号清晰地表达出来;当那些人——问题就寄居在他们的经验当中——在共同体生活中变成了一种力量,那么他们所做出的种种回应就将如此紧密地联系在一起,以至
489 于其行动模式将变成一出符号戏剧,将启示的戏剧在行动中付诸实现。

这出在公元前7世纪末被耶利米和他的反对者付诸实践的戏剧,本是起源于先知关于社会的历史秩序和神所启示的秩序之间冲突的经验。幸运的是,在以赛亚关于他受到的第一个启示的记述中,现在保存着关于这种类型的经验的一篇自传体记录,当这种经验进入公共生活的洪流之中时,就展现为关于耶利米及其审判的戏剧。在《以赛亚书》第六章第一节至第五节,我们读到:

> 当乌西雅王崩的那年,我见主坐在高高的宝座上。他的衣裳垂下,遮满圣殿。其上有撒拉弗侍立。各有六个翅膀:用两个翅膀遮脸,两个翅膀遮脚,两个翅膀飞翔。彼此呼喊说:“圣哉!圣哉!圣哉!万军之耶和华,他的荣光充满全地!”

由于呼喊者的声音,门槛的根基震动,殿内充满烟云。

随后我说:

“祸哉！我灭亡了！
因为我是嘴唇不洁的人，
又住在嘴唇不洁的民中；
又因我眼见大君王万军之耶和华。”

虽然对于乌西雅(Uzziah)之死的提及使我们能够将这段启示的年代确定为公元前740年，但是这信息却不是为了那个目的而被提出的。更确切地说，它揭示了启示不是一个先知的私人事务，而是在一个特定的时刻通过先知把神引进该民族的公共秩序中。此外，国王之死这一重大事件强调了启示的意义，这启示就是永恒的存在突然进入以国王典型的终有一死为特征的一种秩序。当终有一死的犹大国王去世时，永恒存在的以色列之王使他自己为以赛亚所见。但是当启示使生死相对时，这启示有何用处呢？死者还会复活吗？以赛亚是不洁的，是一个不洁的民族的一分子；当不洁的人看见了荣光之中的国王耶和华，他们就必定要死。死亡的主题从国王的去世到他所代表的民族的精神之死，发生了微妙的变化。

因此，启示的内容(第六章第六节至第十三节)不是一条信息，而是一种纯净化的开始。甚至当这个以人作为被神所利用的工具都是不洁 490
的时候，启示确实是没有什么用处的。所以，撒拉弗用一块红炭沾以赛亚的嘴唇，从而使他的罪得以消除(第六章第六节至第七节)。只有当为神性存在传递信息的工具变得洁净之后，以赛亚才能听到神的话语本身，才能使他自己进入神所在的场域，如同摩西在灌木丛启示中那样(第六章第八节)。从神的话语中，他接到了那个令人恐惧的命令，要他告诉“这百姓”(第六章第九节)：

你们听是要听见，却不明白；
看是要看见，却不晓得。

对于他的问题“主啊，这到几时为止呢？”他听到神回答说（第六章第十一节至第十三节）：直到城邑废弃，居民逃走，土地荒芜。

境内剩下的人若还有十分之一，
也必被吞灭，
像栗树、橡树，虽被砍伐，
树墩子却仍存留。

已经灼烧过以赛亚而使其洁净的炽焰也必将灼烧这百姓。确实如此，他们能听见，却无法理解，能看见，却无法认知。无论在这严酷的考验中将会发生什么，对于毁灭的想象都使这一点变得一目了然，那就是犹大王国将不再能够从中被辨识出来。旧有的以色列如同其通过立约而被建立起来一样，现在不洁而死，而一个新的以色列则将从烈火中显现。

但是，如果我们对以赛亚启示的探究到了这一步，那么就必须提出下面的问题：这个新的以色列与原来的那个有什么关联？其连续性似乎已经被一个与西奈启示一样具有穿透力的新纪元所打破。当神与之立约的那个民族已死，旧的圣约还没有被废弃吗？“以色列”是否将变成可以适用于任何一个存在于神之下、生活在历史形式之中的人类社会的名字？我们似乎已经到达了圣约这个符号的边界。

二、圣　约

既然十诫已经被接受为以色列的基本法，那么先知的批判就不仅能够，而且必须根据十诫的标准来鉴定该民族的行为。虽然先知们的抱怨、责备和警告把那些应当加以谴责的行为解释成为是对诫命的违
491 反，但显然还有更多的东西比一种对法律规则的解释更加危如累卵。

我们甚至可以说当先知们陷入关于违反十诫命令的论证时,他们就削弱了他们的问题,因为一个人可以很好地为自己辩解说,当他利用他商业上的敏锐,以牺牲一个已经负债累累的愚笨农民为代价来增加自己的财产时,他并没有实施谋杀或盗窃。一旦人们认可将十诫扩展成为像约书或申命律法那样的法典确实是对其意义的充分展开,那么就会有人为了达到争执的目的而提出这样一种相反的解释,即使它无意成为法律主张。虽然诉诸十诫的标准给予先知的批判以权威,但是它却模糊了而不是澄清了真正的问题:先知们不是根据它与一部基本法的相容性而是根据灵魂的正当秩序来鉴定行为的优劣。

考虑到十诫的紧凑形式不允许在关于生存的问题和关于规范的问题之间做出明确的区分,先知的这种诉求的模棱两可是难以避免的。虽然这种建构作为一个整体使得这一点变得一目了然,那就是种种具体的违法行为都被当作那种反神和反人的自作主张的生存方式的表现而加以禁止,但是集中关注生存问题的那些诫命却以与其他诫命相同的规范形式加以表达。特别是,神与人之间、人与神之间的积极的关系,在这则命令——在耶和华面前不可以有别的神——中却以消极的方式表达出来。前面当我们反思以色列启示与希腊哲学的不同时,我们已经研究过这种独特性的意义:对于这个生存问题的积极表述必须有对灵魂的体验以及通过趋向看不见的神而实现的灵魂的正当秩序;这种经验在以色列的历史中从未从关于该民族之生存的、紧凑的集体主义中明确地分殊出来——甚至到了先知时代都没有分殊出来,当然在形成十诫的时代更没有分殊出来。因此,当必须有一种关于精神的理论和一种神学才能使暗含在西奈立法中的意义得以展开时,由于缺乏一套积极的词汇,先知们在表达上受到了严重的阻碍。他们既没有一种柏拉图—亚里士多德意义上的美德(aretai)理论从而使他们能够在人类关系中用角色(character)来反对行为(conduct),也没有一种赫拉克利特意义上的忠诚、希望和爱的理论从而使他们能够用灵魂皈依神 492

来反对在仪式上遵守他的诫命。特别是,一种分殊化神学的阙如必然对于恰当地清晰表述先知的意图构成极大的障碍:在阅读耶利米与埃及的犹大难民进行争论的故事(《耶利米书》第四十四章)时,人们想知道以色列的普通男子,尤其是普通妇女,是否真的理解为什么他们除了耶和华之外不应当有别的神;人们开始想要知道是否先知们能够使他们清楚地明白其中的原因。如果我们考虑到全体人民可能从未曾理解其精神含义一直隐而不彰的这样一条诫命,那么离弃耶和华而追随迦南和美索不达米亚诸神的这些著名的背叛就会呈现出一种新的面貌。

在神之下的生存意味着爱、谦卑和行动的正当,而不是行为的合法性,这个洞见是先知们在以色列秩序史中的伟大成就。即使他们试图使生存问题与十诫形式相脱离的努力没有导致最终的、具有理论清晰度的表达,但是在他们的宣告中所使用的符号毫无疑问具有这种预期的含义:十诫宪法的规范性成分是恶行的根源,因为它赋予各种制度和人们的行为——通过解释,这些制度和行为都是从十诫中衍生出来的——以神意秩序的权威,而不管实际的制度如何歪曲了神的意志。而且,先知们意识到任何文字,正如它将精神外在化一样,都有变成僵死的文字的危险,因此,铭刻在石版上的圣约必须让位于铭刻在心灵上的圣约。

一些典型的例子将会阐明先知们与形形色色的外在化现象的斗争,他们对于这种外在化动机的探究,他们对于这样一种语言——它将会积极地表达向神敞开之灵魂的正当秩序——的寻求,以及他们将会预先排除外在化危险的最终版本的圣约。

耶利米攻击第一条和第十条诫命的违反者通向了先知们的困难的核心所在。该文本(第十章第一节至第十六节)表明,当时耶利米与其说是为人们违反十诫而苦恼,还不如说是为不知如何向那些背叛者解
493 释为什么他们的行为是无意义的而焦虑。他警告他们不要像因为外邦

人那样因为天象而惶惶不安(第十章第二节)。外邦的神只不过是从森林里砍下的一棵树,由匠人手持一斧塑造成形,再由人们饰以金银,并且用锤子和钉子钉牢,使它们不致倾倒(第十章第三节至第五节)。没有理由害怕它们,因为它们既不能降祸也不能降福(第十章第五节)。一旦人们意识到他们的恐惧和信仰的无意义——那似乎是个假设——他们就会明白(第十章第十节):

惟耶和华是真神,
是活神,是永远的王。

但是,这种论证式的劝诫,其形式是具有欺骗性的。在有说服力的语言背后,在这几乎是一个想要通过知识来破除迷信的、启蒙哲学家一样的语言背后,潜藏着一个问题,即使是耶利米也不愿坦白地加以阐述。

固然,这种论证不是不真诚的,但它毫无疑问是不值得信任的。当然,耶利米知道,外邦的诸神都是假神是因为耶和华已经启示他自己才是真神,而不是因为这种情况:耶和华是真神是因为有人发现诸神的偶像只不过是一件件木工制品;此外,他非常清楚地知道,雕刻神的形象之所以被禁止正是因为这种做法不像制作一件家具那样不会激起人们强烈的情感。而且,早在公元前 8 世纪,何西阿就曾说过撒马利亚的牛犊(第八章第六节):

是匠人所造的,并不是神。

因此,到了耶利米的时代,这种论证必然已经成为先知的老生常谈而不会影响任何人,因为它再明显不过乃是错误的。他必然不止一次听到人们这样回答他的劝告(第二章第二十五节):

> “这是枉然。
> 我喜爱别神,我必随从他们。”

因此,《耶利米书》的这些文本不应被看作是打算说服任何人的一
494 种论证,而应被看作一种孤注一掷的尝试,即通过自称这种论证将会克服以色列人背叛耶和华的真正原因,企图掩盖真正的原因,而这原因实际上并不会屈服于这种论证。

耶利米并非不懂他们背叛的真正原因:以色列随从外邦的诸神,可能毫无疑问是因为喜爱它们;该民族更偏爱神性力量在这个世界范围之内的种种表现形式,胜过喜爱那个超越世界的、看不见的神。他悲痛地指出从未听说过有哪个民族离弃了他的神(第二章第十一节至第十二节):

> 岂有一国换了他的神吗?
> 其实这不是神!
> 但我的百姓将他们的荣耀换了那无益的神。

这更换是如此彻底,以至于“犹大啊,你神的数目与你城的数目相等”(第二章第二十八节)。耶利米已经发现(今天它会被称之为一种文化人类学的洞见),通常,各个民族都不更换他们的神;因此,如果他们最终还是更换了自己的神,那么其原因必然与这事件本身一样非同寻常。此外,他还发现,在它们是假神的时候各民族都不更换他们的神;而在这唯一的、非同寻常的更换神的事例中,被更换的神却是“真神”。有可能“真神”的性质就是这独一无二的背叛发生的原因吗?简言之,已经清楚的是,以色列虽然不介意成为一个被选民族,但并不喜欢以不再成为像其他民族那样的民族为代价而接受神选。如果耶利米拒斥这

些宇宙神为无用，那么百姓也会拒斥一个超越世界的真神，即使不是同样无用，也是同样有缺陷；对于耶利米为假的那些神祇，对于一个既想成为被选民族，又想成为跟其他民族一样的以色列人来说却并不是如此虚假。为了建立他的王国，先知们的神将不得不与这样一个民族——她把自己被神选中这件事理解为不过是给予其罪孽深重的宇宙论生存以一种令人惬意的奖赏——分离开来，这种分离的时刻愈发迫近了。

因此，《耶利米书》的文本迂回曲折，遮蔽了这样的洞见，即以色列的背叛与对这一神权政体——作为神的王国在一个具体民族及其各种制度中的体现——的建构有关，只有随着受圣约本身约束的神权政体的建立，这种背叛才会停止。所以，我们必须从公元前 8 世纪到耶路撒冷的陷落这一期间的先知主义的历史中区分出(1)先知们关于以色列 495
人的行为不当的抱怨，和(2)他们对于下述情形的不同程度的认识：劝诫不仅是毫无希望的，甚至可能是毫无意义的。我们将首先论述先知们的抱怨。

这些抱怨，尽管形式各异，但在实质上都是明明一致的。从阿摩司和何西阿到耶利米的每一个先知都看出了问题的症状。我们发现那个实质在何西阿的直截了当的控诉中表达得最为清晰(第八章第四节)：

> 他们立君王，却不由我，
> 他们立首领，我却不认。
> 他们用金银为自己制造偶像，
> 以致被剪除。

因此，该民族的诸王和诸神就是以色列之堕落的典型症状。何西阿谴责的仅仅是北王国的制度，而不是扫罗的民族王权统治或大卫的

君主国,对于这一点频繁做出的暗示在第十三章第九节至第十一节面前却很难站得住脚:

以色列啊,你与我反对,
就是反对帮助你的,自取败坏。
你曾求我说:
"给我立王和首领。"
现在你的王在哪里呢?
治理你的在哪里呢?
让他在你所有的城中拯救你吧!
我在怒气中将王赐你,
又在烈怒中将王废去。

从扫罗时期到当前存在于以色列之中的王权统治,对于何西阿来说都是极大的背叛(第十章第十三节至第十五节):

你们耕种的是奸恶,
收割的是罪孽,
吃的是谎话的果子。
因你倚靠自己的行为,
仰赖勇士众多。

所以在这民中必有哄嚷之声,
你一切的保障必被拆毁,……
到了黎明,以色列的王必全然灭绝。

于是,先知们的遣责从由诸王、诸神和军队构成的制度核心开始,广泛涉及到一个民族文明的种种现象。在《何西阿书》第八章第十四节，我们读到：

以色列忘记造他的主，建造宫殿。
犹大多造坚固城。

耶利米警告说（第九章第二十三节）： 496

智慧人不要因他的智慧夸口，
勇士不要因他的勇力夸口，
财主不要因他的财物夸口。

以赛亚在详查以高傲来对抗耶和华的种种现象时表现出了不同寻常的细心周到（第二章第十二节至第十七节）：

必有万军耶和华降罚的一个日子，
要临到骄傲狂妄的，
一切自高的都必降为卑；
又临到黎巴嫩高大的香柏树和巴珊的橡树；
又临到一切高山的峻岭；又临到高台和坚固城墙；
又临到他施的船只，并一切可爱的美物。

特别是，妇女引起了以赛亚不友好的注意（第三章第十六节）：

因为锡安的女子狂傲，
行走挺项，卖弄眼目，
俏步徐行，脚下玎铛。

可怕的事情将会降临在这种人身上(第三章第二十四节):

必有臭烂代替馨香,
绳子代替腰带,
光秃代替美发,
麻衣系腰代替华服。

自大卫可以说出下面这番话的日子以来,以色列确实已经发生了巨变:

以色列的女子啊,当为扫罗哭号。
他曾使你们穿朱红色的美衣,
使你们衣服有黄金的妆饰。

如果人们孤立地看先知们的这些抱怨,正如我们刚刚在选取这些引文时所做的那样,人们就倾向于想知道这些耶和华的仆人们到底想要什么。以色列人应该向非利士人屈服而不是立一个王和建一支军队吗?他施的船只应该呆在港口里吗?黎巴嫩的香柏树应该只长到现在的一半高吗?锡安的女子应该衣衫褴褛吗?重要的是要意识到没有哪
497 个先知曾经回答过这样的问题。如果这就是先知们的抱怨的话,我们可以说,百姓们可以有充分的理由回答,先知们不尊重神造物的美丽,他们不允许人展开其神赋的心灵和肢体的能力,他们不能对骄傲和生活乐趣做出区分。这种反驳的确是有正当理由的——如果百姓确实能够将这种控诉清晰地表述出来的话。但是,百姓与先知们一样都没有生活在世俗和精神秩序(精神秩序尚未分殊出来)的张力之中,而是生活在宇宙论神话和一种耶和华秩序——该秩序迄今为止在精神和世界

的关系上仍然非常含糊不清——的张力之中。因此,先知们试图澄清西奈启示之意义的努力,在拒斥百姓秩序的宇宙论形式方面之正确,与它将世俗生存的秩序跟这种神话形式一同拒斥之错误如出一辙。

当激烈的拒斥与积极的要求放在一起的时候,伴随着先知们的抱怨的那种奇怪的,甚至是病态的基调就将更容易为人所接受。当耶利米命令智者、勇士和富人不要自夸他们的长处时,他继续着他的劝诫(第九章第二十四节):

> 夸口的却因他有聪明,认识我是耶和华,又知道我喜悦在世上施行慈爱[hesed]公平[mishpat]和公义[zedakah],以此夸口。

该文本汇集了那些主要的积极的词汇,对此先知们逐渐加以发展以便指明灵魂可取的特点;此外,它还将这些特点归功于耶和华,并且假设如果谁"认识"神,那么他也会获得那些特点;通过这种假设,它把认识神转换成为灵魂的一种具有包容性的、可塑造的美德,类似于柏拉图眼中的善(Agathon);最后,它将这些积极的特点与抱怨结合起来,那抱怨原则上将世俗秩序当作一种外在化而加以拒斥。在该文本的所有这些方面,都有耶利米的前辈做过类似的叙述。将拒斥与要求结合起来是一种可以远溯到阿摩司的文学形式(第五章第二十一节至第二十五节):

> 我厌恶你们的节期,
> 也不喜悦你们的严肃会。
> 你们虽然向我献燔祭和素祭,
> 我却不悦纳,
> 也不顾你们用肥畜献的平安祭。 498
> 要使你们歌唱的声音远离我,

因为我不听你们弹琴的响声。
惟愿公平如大水滚滚，
使公义如江河滔滔。

这段《阿摩司书》的文本是重要的，不仅是因为它设定了这种文学形式，而且尤其是因为该先知甚至把给耶和华的献祭都当作人的品质——用哲学的语言来说，这些品质就必须被称为美德——的一种外在化而加以拒斥。而且，阿摩司试图通过使他的要求起源于摩西时期的现实而赋予其正当性（第五章第二十五节）：

以色列家啊，你们在旷野四十年，
岂是将祭物和供物献给我呢？

就我们所知，以色列人确实这样做过；特别是，立约是通过一场献祭而得以完成的。这段文字表明先知们在不顾一切地努力使神之下的灵魂秩序脱离由神话所塑造的世俗秩序时，他们可以走多远。随后，在阿摩司的公平（mishpat）和公义（zedakah）的美德上面，何西阿又加上了hesed，根据上下文这个词可以不同地翻译为慈爱（mercy）、虔敬（piety）、怜恤（grace）、仁慈（loving-kindness），等等（第六章第六节）：

我喜爱良善（或作“怜恤”），不喜爱祭祀；
喜爱认识神，胜于燔祭。

在这里还出现了认识（da‘ath）神的美德，作为灵魂中普遍的、可塑造的力量。由于问题逐渐得到澄清，并且相应地发展出一套积极的词汇，所以到公元前8世纪末期，出现了对先知布道词的这样一种优美的总结，见《弥迦书》第六章第六节至第八节：

我朝见耶和华，
在至高神面前跪拜，当献上什么呢？
岂可献一岁的牛犊为燔祭吗？

耶和华岂喜悦千千的公羊，
或是万万的油河吗？
我岂可为自己的罪过献我的长子吗？

为心中[nephesh]的罪恶献我身所生的吗？

世人哪，耶和华已指示你何为善，
他向你所要的是什么呢？
只要你行公义，好怜悯，
存谦卑的心，与你的神同行。 499

将拒斥和要求并置的做法使我们清楚地看到先知们想要克服生存的外在化；该文本揭示了他们的努力所取得的显著成功：他们使生存问题与这种实践——以神权政体合并神的秩序和人的秩序——相脱离；他们意识到灵魂是通过认识神（何西阿）和敬畏神（以赛亚）而被塑造的；他们还发展出一种语言来清楚地阐述他们的发现。固然，他们无力取得突破达到哲学，在这一点上他们受到了阻碍，但是我们现在所考察的他们的部分工作毫无疑问可以与希腊人对美德的发现相提并论。无论如何，对于世俗秩序的拒斥仍然是一个奇怪之处。显然，先知们不仅无法看见，而且甚至也没有兴趣发现一条从灵魂的塑造到建立他们可能认为与发现神和敬畏神相容的制度和习俗的道路。先知们的态度是

500 非常急迫的,因为它似乎违反了常识。①

我们已经到达了所谓的先知们的存在论核心。如果我们考察一个例子,其中没有回避这样的问题,即在一种影响公共秩序的情形中具体应该怎样做,那么他们关于存在秩序的奇特概念将变得更容易理解。

---

① 我们把先知主义解释成为对于律法的斗争,以及使生存问题与规范问题相脱离的尝试。那确实是先知努力的实质核心,这一点得到了《塔木德经》解释先知预言的印证,这种解释为了它的目的而颠倒这种努力,并且坚称申命律法的至高无上性。关于这个主题,参见 Nahum N. Glatzer, "A Study of the Talmudic Interpretation of Prophecy", *Review of Religion* (1946):115—37。在《塔木德经》的概念里,"先知的任务被理解为与律法解释者的任务相同:将申命律法教导给以色列人。""具有普遍性和包容性的先知的话语被认为属于一种特定的律法或惯例。"(128)关于"具有普遍性和包容性"的话语,格拉策是指这样一些章节,其中发展出了先知们关于"德行"或美德的一套词汇,我们刚刚在"存谦卑的心,与你的神同行"(《弥迦书》第六章第八节)这样的文本中讨论过,根据艾利扎尔·佩达特(R. Eleazar b. Pedat)(公元3世纪),那就意味着"护送死者到坟茔,带着新娘进新房"(Sukkah 49b)。"寻求主"被解释成为在祈祷和学习的房间里寻求主,"抛弃主"被解释成为不遵守特定的诫命或惯用法。先知们传达的"神的话语"被等同于"申命律法上的话"。即使先知们"对神的认识"也被颠倒了。对于"喜爱认识神,胜于燔祭"(《何西阿书》第六章第六节),阿比西缅·本·约哈伊(R. Simeon b. Yohai)(公元2世纪)评注说:"律法的话语对于我而言比燔祭和和平祭更为可贵。"这种颠倒的动机是多种多样的。其中之一是想要贬低先知,因为在早期基督教作家中"耶稣是作为先知预言的终点和顶峰而出现的"。一个更为直接的问题是在犹太社会中对于灵魂非理性主义(pneumatic irrationalism)的打压。"拉比们指出了种种不明确的、模糊不清的和更为理论化的先知词汇,这些词汇适合于支持各种灵魂的宗教,并将它们转化成为具体的要求。像'认识神'、'圣约'、'主的道'等词汇就为不受控制的宗教情感经验大开方便之门。《塔木德经》——未曾忽略人与神的关系这个更为深刻的问题——强调'对申命律法的研究'和'对律法的遵守'乃是'圣约'和'认识神'的具体含义,因此表明了先知和拉比的共同任务。"(节选自同上书,127—29)当然,在对《塔木德经》的解释背后隐含的是把西奈启示改造成为申命律法的书面文字,对此我们已经在《申命律法》那一章中研究过了。

为此,以赛亚关于战争指挥的特定预言将会得到使用。

在公元前734年与以色列和叙利亚的战争中,以及该世纪末与亚述人的战争中,耶路撒冷本身都遭到敌人征服的威胁。对于一个先知而言,这种情形下他需要说:一个民族应当在紧急情况下做什么,依赖一支军队,甚至拥立一个国王和一个行政机关是否是对耶和华的冒犯。以赛亚确实按照耶和华的命令去面见国王——当时国王正在担忧地视察供水——并且提出他的建议。这位先知出去会见亚哈斯,并对他说(第七章第四节):"你要谨慎安静。不要因这两个冒烟的火把头(也就是叙利亚和以色列)所发的烈怒害怕,也不要心里胆怯。"如果国王接受劝告,那么事情将会有好的结果,因为耶和华已经说了"这所谋的必立不住",敌人的种种图谋"必不会"获得成功(第七章第六节至第七节);但是如果国王不接受劝告,那么耶和华也说了:"你们若是不信,定然不得长久。[①]"(第七章第九节)[②]这个例子到此结束。

在亚述威胁迫近,而犹大与埃及结盟的情形下,以赛亚再次讲出了耶和华的话。这些先知预言中的第一个,在第三十章第十五节,只是确认了更早的一个预言:以色列"得力"(strength)在于"归回安息",在于"平静安稳"。因此,我们来到更具启发性的第三十一章第一节:

---

① 沃格林原著此句的英文是"If you do not trust, you will not last"。这与译者所参照的中英文对照版《圣经》的英文不同,后者是"If you do not stand firm in faith, you shall not stand at all",相应的中译是"你们若是不信,定然立得不稳"。沃格林在紧接着的以下注释中强调了他的译文与修订标准版译本(RSV)的不同。因此译者对中译本《圣经》的译文做了适当的改动。——译注

② 修订标准版译本(RSV)这样翻译:"你们若是不信,定然立得不稳。"(If you will not have faith, surely you shall not be established.)没有译文可以让我们知道我们译文中的信(trust)和长久(last)在希伯来语中是同一个动词的两种形式。它的含义是:成为稳固的或可靠的,以及心中有信,结果就会稳固并使本人安心。于是,这样的性格特点将有助于一个人锲而不舍,度过危难,也就是修订标准版译本所说的"立稳"(being established)。

祸哉！那些下埃及求帮助的，
是因仗赖马匹，倚靠甚多的车辆，
并倚靠强壮的马兵，
却不仰望以色列的圣者，
也不求问耶和华。

501 这样的行为是愚蠢的，因为（第三十一章第三节）：

埃及人不过是人，并不是神；
他们的马不过是血肉，并不是灵[ruach]。

冯·拉德对这些段落的分析表明以赛亚恢复了在他的时代已经中止了很久的战争仪式的传统，并且奇怪地对它们加以改造。① 他给自己赋予了士师时代和早期王国先知的角色，他批准了圣战。我们记得，联盟的这些战争都是防御性的。由于原则上这些战争是由耶和华自己作为被选民族的指挥，所以相信耶和华和他的帮助就是成为战斗力量之一员的条件。而且，胜利是由于耶和华给敌人的军队中投下了精神上的恐怖而取得的。现在，只要这个联盟与百姓的强烈好战欲望结合在一起，那么一切都像战争的好运所能带给他们的那样顺利。但是，正如我们所预见的那样，当自信采取了这样一种形式，即先知要求人们被动服从，坐着不动，让耶和华去完成战斗，并且依靠精神恐慌去挫败敌人时，在这种命令与世俗生存的危急情况之间的冲突中就不得不产生出各种困难。在以赛亚的例子中，那种冲突变成了现实。这位先知要求“大卫家”，也就是国王和他的宫廷，不要相信军队或者埃及的援助，而

① Von Rad, *Der Heilige Krieg* (1951), 2d ed. (1952), 55—62.

要“求问耶和华”,也就是以赛亚。他所提供的建议就是相信活在他身上的耶和华的灵。

要充分理解以赛亚的先知预言,我们必须考虑到之前和之后的关于战争的各种文本。用活在先知身上的神的灵来取代军队,这乍听上去令人觉得不可思议,但是如果我们记得这个古老的称呼:“我父啊!我父啊!以色列的战车马兵啊!”(《列王记下》第二章第十二节),那么它就具有某种意义。当以利亚乘着火焰战车被带上天宇之际,由以利沙所发出的这声叫喊的意义,如果孤立地看这文本本身,仍然是不明确的——我们只能说至少早在公元前9世纪(这句惯用语可能更为古老),“我父”,也就是先知,就被认为是以色列真正的护卫者。但是在《列王记下》第十三章第十四节至第十九节中,当以利沙临近去世,国王再次发出这声叫喊时,各种含义就得以展开。这位先知由于他的宿疾而卧病在床,国王约阿施(Jehoash,公元前804—768年)前来看望他。502
当时以色列正与大马士革的叙利亚人交战。国王在悲痛中以“我父啊!我父啊!”如此这般的话来称呼这位先知;这一举动必然被以利沙理解为是对他作为“以色列的战车马兵”这一职责所发出的求助,他做出了回应,在一些具有感应魔力的动作中指导国王的手应当如何行,这些动作将确保以色列战胜叙利亚。这幕场景充当了实际获得的那些胜利的一个引子,那些胜利在第十三章第二十五节得到了记述。

最后,较晚的《历代志》作者(公元前4世纪,甚至可能是公元前3世纪)的史学著作对以赛亚的先知预言做了一些解释,因为与摩押的米沙之战中的那场决定性战役——以利沙对此进行了干预——的历史(《列王记下》第三章),在《历代志下》第二十章中从以赛亚的立场上重新予以书写:在战役之日的清早,犹大国王正是用以赛亚的话对他的百姓说:“信耶和华你们的神,就必立稳;信他的先知,就必亨通。”(《历代志下》第二十章第二十节)随后一个唱诗班就被命令歌颂主;耶和华就派超自然的力量迷乱敌人;敌军就自相残杀直至全军覆没(第二十章第二十一节至第二十三节)。犹大无需做任何事情而只需信神和收获战利品即可(第二十章第二十四节至第二十五节)。

这些就是有关的文本。如何对它们的意义进行归类是一个棘手的问题。我们应该首先考虑冯·拉德的评论。在以赛亚的例子中,冯·拉德提到了圣战仪式的“精神化”。耶和华在历史上的功业已经作为一个整体变成了末世论意义上的神为锡安而发动的圣战(《以赛亚书》第五章、第十二章、第十九章),这场战争不需要任何人的协同作用,特别是不需要任何军事行动。先知主义已经如此彻底地变成了旧的战争仪式制度的继承者,以至于先知及其超凡魅力已经取代了军事力量的防御。[①] 就其本身而论,那是一个恰如其分的描述——但它并没有触及这个关键的问题:在战场上先知的超凡魅力如何可能被人认为是可以有效地代替武器的东西?关于耶和华的灵——它灵验地在这位先知身上彰显自身的存在——的存在论问题,确切地说指向了一种发展:从以利沙的感应魔力到以赛亚之超凡魅力的升华魔力。“信”本身,而无需以利沙的具体操作,就会产生理想的结果。至少那似乎是《历代志》作者所理解的“信”的意义。现在,关于《历代志》,冯·拉德看到了“虔诚与
503 尘世繁荣之间的坚定的关联”。虽然在这种关联中占支配地位的因素是“对于神的赐福的笃信”,自信“无人会信耶和华而徒劳无功”,但是在这样的虔诚中还是可以发现一种“功利主义的成分”。[②]看上去,魔力的问题不能够全盘不予考虑,因为这个“功利主义的成分”,也就是坚信繁荣是信仰的奖赏,与魔力有关,因为它要么可以被理解为一种精神化的魔力,要么可以被理解为下降到魔力层面的一种信仰。但不论如何解释,这个处于第二位的魔力都要求,在此之前对于一个超越的神的信要从关

---

① *Der Heilige Krieg*, 62, 67。

② Gerhard von Rad, *Das Geschichtsbild des chronistischen Werkes*, Beitraege zur Wissenschaft vom Alten und Neuen Testament, 4:3 (Stuttgart, 1930), 16.

于神在场的紧凑经验中分殊出来，此外还要求有一种可以对同质的神力施加影响的人的力量从中分殊出来。

冯·拉德的评论虽然不是结论性的，但还是指出以赛亚经验的魔力表象（magic complexion）是困难的根源。以赛亚所说的能产生灵验效果的信，似乎介于以利沙的感应魔力和《历代志》中以功利主义的方式而使信仰黯淡无光这两者之间。一方面，对人的协同作用的严重压制，将人在历史戏剧中的作用缩减为一种带着信任的、对行动的自我克制，在人的行动——该行动的目的是迫使神力做出对人有利的行动——的意义上绝对不是魔力。另一方面，“你们若是不信，定然不得长久”这句惯用语具有这样的含义，即如果你信，你就得长久。以赛亚的劝告并非起源于一种非暴力的道德规范；它并不打算输掉战争以便获得某种比世俗胜利更重要的东西，恰恰相反，它是打算通过比一支军队更为可靠的方式来赢得战争。我们可以说，在以赛亚的劝告中，信一个超越的神的因素（这也包含在魔力的紧凑性中）已经分殊到如此程度，以至于像在以利沙传说中感应魔力的做法已经变得不可能了；对于神的计划与人的行动间鸿沟的敏感甚至已经变得如此敏锐，以至于在执行该计划时所有实际的辅助都被认为是不信任神的表现。然而不可否认的是，这劝诫还是笼罩在一种魔力的氛围中，那是由于如下事实：神的计划本身已经被置于人的知识范围内，因为以赛亚知道神想要犹大作为一个有组织的民族在实际历史中生存下来。有了这种知识，人们就不是将 504
信给了神的难以预测的意志，当该意志与人的计划不符时，不管其滋味有多苦涩，它都必须被接受；而是相反，人们将信给了神的可知意志，该意志与以赛亚和被选民族的策略相一致。了解了神的计划给人们在这个世界上行动的必要性施加了停止的魔咒；因为如果具体的人类行动除了神打算亲自完成的那些事情之外并不能有更多的斩获，那么这种行动的确会被看作是人带着不信任态度的多管闲事。在通常的意义上，这是超越魔力之外的经验的一种微妙之处。在其正在形成的过程中可以观察到的东西毋宁说让我们想起了后来的灵知(gnosis)①现象。关于更为直接的经验背景,我们可以说:通过宇宙论帝国的崇拜仪式和神话而使宇宙—神的秩序浇灌社会,这在以色列已经变成了一年一度的节日中,神的王国在崇拜仪式上的上演;而此时它在以赛亚的先知主义中变成了被选民族历史上的一种具有实际影响的在场。可以为人所知的神的计划——为了使它在实际历史中体现出来,该计划要求的只是"犹大家"的无限信任——是诸帝国的宇宙—神的秩序,通过以色列的历史生存的媒介而处于一种终极的转变之中。

紧凑的秩序经验——也就是紧凑的宇宙论类型的经验——与历史形式的生存之间的冲突造成了以赛亚的问题。在该卷的导论中,我们已经解释过存在中的飞跃不是跳出存在之外的飞跃;此岸世界的独立秩序仍然原封不动,即使当一个超越世界的神被启示为世界秩序以及人、社会和历史秩序的最终源泉。我们可以说,以赛亚已经尝试了不可能做到的事情:使存在中的飞跃跳出存在之外,而进入一个超越世俗生存的律法之上,为神所美化的世界。在信仰崇拜仪式上对宇宙神秩序的恢复,当它被用于历史形式的生存时,就变成了在历史中对世界的美化(transfiguration)。固然,这种独特的转变并不是必然会发生的,或许内在于经验和符号的逻辑之中。这种转变应归于有关神的计划的"知识"这个因素。这种"知识"似乎把神对人的启示与犹大的实际胜利联系起来,其方式与申命律法把西奈启示与犹大的建立联系起来的方式
505 如出一辙。我们必须注意,在该律法与众先知当中有一种共同形式的符号化。因此,通过这种居间的"知识",经由宇宙论的信仰崇拜仪式而实现的周期性的秩序恢复,当它进入了历史形式的生存,就变成了根据神的计划而对世界实施的一种独特的美化。在本来的世界和它被美化

---

① 对于宗教真理的直觉认识,尤指古代诺斯替派所说的只有通过信仰才能得到的知识。——译注

之后而将变成的那个世界之间的鸿沟昭然若揭。

没有专门的词汇可以描述这种精神状态——其中宇宙节律变化的经验通过历史形式的中介而带来了这样一种世界观：世界可以改变它的本质而同时又仍然是我们所真实生活在其中的那个世界。因此，我会引入臆变（metastasis）①这个术语来表示由先知们所想象的、在存在的构造中所发生的这种变化。我会说到臆变的经验，臆变的信仰、希望、意志、幻想（vision）和行动，以及表达这些经验的臆变符号。②

存在的构造是其所是，无法被人类的想象力所撼动。因此否定世俗生存秩序的臆变，既不是哲学上的一个真命题，也不是一个可以被实

---

① metastasis 这个英文词的本意是位置、状态或形式上的变化（据 Merriam-Webster Dictionary，它的其他含义主要是医学上的，此不赘述）。另外根据由沃格林研究者所总结的《沃格林术语词典》（Dictionary of Voegelinian Terminology），mestastasis 后来被沃格林广泛地用于描述不切实际地期待在人、社会和存在结构上所发生的变化。可见，沃格林对该词的使用主要把握了两个要点，第一是变化，第二是空想，也就是说这变化在客观上没有发生，而是臆想出来的。因为苦于想不到中文现成的词汇有意思贴近者，所以译者自造了“臆变”一词以译之，但求差强人意。——译注

② 在最初试图处理这个问题的时候，我将这种分析仅仅推进到这个地步，以使关于魔力的线索变得清晰可见，该线索从以利沙的传说开始，经由以赛亚的信，到《历代志》作者的史学。我曾说过“在先知的超凡魅力中有魔力的成分”，特别是关于以赛亚的先知预言。但是，在与几位《旧约全书》学者的对话中，以赛亚身上的“魔力成分”这个概念遭到了严重的质疑，尽管不能马上对这个毫无疑问是由先知的信仰与劝诫而提出的问题给予另外的解决办法。我想要特别对格拉策教授（波士顿大学）、冯·拉德教授（海德堡大学）以及布尔特曼教授（马堡大学）表示感谢，感谢他们带有同情的反对意见迫使我继续进行这一分析。先知的符号体系的存在论内涵几乎没有引起什么关注。就我所知，这个问题从未得到过正式的探讨。但是，关于可以归类为臆变的详细经验的文献是极其丰富的。特别是自从人们发现赞美诗是宗教仪式的圣歌和礼仪程序之后，这些诗篇含义的转变——从仪式性的到末世论的——已经变成了一项涉猎广泛的研究主题。关于这些问题，参见本书第九章第五节。

施的行动方案。将现实改造成为本质上不是它的东西，这种意志是对由神所安排好的事物本性的反抗。虽然这种不服从通过以赛亚所说的信——其内容是神自己会改变世界的秩序，并且让犹大无需作战就赢得胜利——已经变得崇高，但是在各种不同的方向上脱离正轨的危险是显而易见的。现在，这种臆变的信仰虽然在众先知身上得到了清楚的表达，但不是由他们首创，恰恰是从摩西创立以色列开始，这种信仰就内在于这样一个神权政体的概念中，根据这一概念，神的王国化身为
506 一个具体的民族及其各种制度。如其所是，这个概念可能蛰伏着，或保持相对无害，深深镶嵌在早期经验和符号的紧凑性之中达数世纪之久，但是在各种历史事件的压力下，对于以色列的现实并非确然是一个神的王国，而且没有表现出任何倾向将会变成这样一个王国已经一目了然，这个概念就不得不变得具有致命的危害性。这种冲突逐渐成为现实，从而引发了一系列的努力，企图使这个世界上难以驯服的现实，通过臆变的想象和行动，服从于神的王国的种种要求。这些作为最好通过时间维度来加以分类，分为与真正秩序的未来、现在和过去有关的符号化行动：

（1）未来（Pro futuro）：a. 以色列将会遭受耶和华的惩罚，因为其劣行是造成这种冲突的原因。桀骜不驯的现实将一同被摧毁。那是以阿摩司的可怕耶和华日为代表的回应。圣战的精神恐怖作为折磨以色列人的惩罚方式就引人注目地出现在这个上下文中（《阿摩司书》第二章第十三节至第十六节）。b. 以色列将会从其当前和未来的痛苦中显现出来，而成为一个真正的神的王国，在该王国中存在的诸多条件已经让位于某种类似于黄金时代的东西。为数众多的这种类型的先知预言（例如，《阿摩司书》第九章第十三节至第十五节；《以赛亚书》第二章第二节至第四节；《弥迦书》第四章第一节至第五节；《约珥书》第三章第十八节至第二十一节）的年代是个有争议的问题。可能它们不总是属于前放逐时期的先知所作。尽管如此，没有理由怀疑这种类型本身——

例如《何西阿书》第二章第十六节至第二十五节或《以赛亚书》第九章第一节至第七节——至少要追溯到公元前8世纪。

(2)现在(Pro praesente):a. 神的王国将被迫通过神话和基本法的制定而进入当前的现实中,正如它在申命律法中的情形那样。b. 神的王国将被迫通过臆变的信而进入当前的现实,正如它在以赛亚的例子中那样。

(3)过去(Pro praeterito):现实将通过重写历史,在回忆中以臆变的方式得到改造,正如它在《历代志》作者的例子中那样。

在形形色色的符号形式中可以辨识出来的是臆变意志的共同本质,那就是企图借助末世论的、神话的、史学的想象力,或者通过把信仰歪曲成一种现实行动的工具而去改造现实。这种臆变的成分在复杂的先知主义现象中变得如此突出,以至于在晚期犹太教的末世论文献中 507 它创造出其特定的符号形式。正如以色列和犹大的衰落伴随着先知主义的各种形式,新帝国时代的犹太教也伴随着天启的符号体系。而且,承认这种臆变的经验,不仅对于理解以色列人和犹太人的秩序,而且对于理解直到今天为止西方文明的历史都具有重要意义。固然,在基督教最重要的发展中,臆变的符号被改造成为超出历史之外的末世论事件,以便世界的秩序能够重新获得其独立性,但是各种臆变运动的连续谱却从未被打破过。它通过灵知和马西昂派①,以及大量的诺斯替和反律法主义的异端而大规模地包围着、对抗着和渗透进基督教;它还通过《旧约全书》以及圣约翰的启示而被吸收到基督教本身的符号体系当中。纵贯整个中世纪,教会都忙于反对具有臆变之外观的各种异端的斗争;随着宗教改革的开展,这股地下暗流已经再次以大水滔滔之势涌出地面——首先是以宗派运动(sectarian movements)左翼的面貌出现,

① 公元2世纪和3世纪的一支基督教异端,它排斥《旧约全书》,并否认神化身耶稣为人。——译注

随后又以世俗政治信条运动(secular political creed movements)的面貌出现,后者自称要通过革命行动来强求臆变。

现在,对于这种臆变问题的分析将会阐明先知的观点中那些藐视常识的方面。正如我们所看到的那样,对于该民族秩序的各种激烈的拒斥有许多动机。从分析的角度说,它们[①]服务于这样的目的,即用由对神的认识和敬畏而形成的灵魂秩序来反对仅仅是行为上的服从;它们受到道德敏感的激发,因为它们公开指责社会关系中各种形式的压迫和冷漠;当它们严厉批评百姓对外邦神的偏爱时,它们从精神上维护了耶和华崇拜;当它们表达出对于早年神权政体的怀旧之情时;它们是崇尚古风的,而且这也是可以理解的;它们的激烈程度是必需的,目的是反对百姓的非常坚定的集体主义。尽管如此,当所有这些动机都被给予应得的重视时,它们却不能在原则上说明那种本质上不同的对于这种制度秩序的拒斥。没有一张苦难的清单可以使它从存在论上否定在这个世界上生存的各种条件,无论这苦难有多漫长和多可怕。那个导致了这种附加效应[②]的谜一样的因素,此时在这种臆变的经验中被发现了。然而,正当这种经验被认为是在形形色色的动机领域中所缺失
508 的那个因素时,它却变成了只是先知们综合努力的一个组成部分,这努力的目的是在公元前 8 和 7 世纪以色列秩序的具体条件下澄清这个生存问题。这个进一步的问题的性质,也就是说,臆变的经验和这个生存问题间关系的性质,将会变得一目了然,如果我们考虑到上文提到过的那个文本,即《何西阿书》第二章第十四节至第二十三节(英译本)。

何西阿在描画一个回到丈夫身边的不忠之妻的美好符号体系时,

---

① 从沃格林的上下文来看,这个长句子中的“they”,是指前文的“对于该民族秩序的各种激烈的拒斥”,而不是指众先知,因此,必须译为“它们”而不是“他们”,尽管后者在译文中似乎也通顺,却不是作者的原意。——译注

② 即“从存在论上否定在这个世界上生存的各种条件”。——译注

他发展出一种典型的天启未来观(第二章第十六节):

耶和华说,那日你必称呼我伊施(就是“我夫”的意思),
不再称呼我巴力(就是“我主”的意思)。

而且那日当会如此(第二十一节至第二十三节):

我必应允天,天必应允地。
地必应允五谷、新酒和油,
这些必应允耶斯列民(“耶斯列”就是“神栽种”的意思)。
我必将她种在这地。
素不蒙怜悯的[lo-ruchamah],我必怜悯;
本非我民的[lo-ammi],我必对他说:
“你是我的民。”
他必说:“你是我的神。”

存在的构造被美化成为一种完美的状态,我们所知的世界通过一种神的怜悯行为而让位于一个新世界。何西阿不仅意识到一种背后的创造世界的行为,将会超越旧秩序的创造和立约,而且找到了适合它的语言(第二章第十八节):

当那日,我必为我的民,与田野的走兽和空中的飞鸟,并地上的昆虫立约[berith]。又必在国中折断弓刀,止息争战,使他们安然躺卧。

因此,这种臆变影响了整个世界的创造,但是它尤其会改变人与神的关系(第二章第十九节至第二十节):

> 我必聘你永远归我为妻,以仁义[zedek]、公平[mishpat]、慈爱[hesed]、怜悯[rachamim]聘你归我,也以诚实[emunah]聘你归我,你就必认识我耶和华。

509 该先知的这种臆变的渴望在关于一个理想化世界的幻想中表露无遗。但是,这种渴望并没有模糊他的知识,即这种改变不可能由人的行动所带来,甚至也不能由信的意愿所带来;因此,这种幻想加以扩展,将一种神的怜悯行为也涵盖进来,后者会将最终的秩序赐予这个世界。最后,何西阿清楚地阐述了这个已经被臆变的符号所包围的真正的问题,那就是通过认识(da'ath)神而使人的生存获得新的秩序。他用丰富的词汇描述了人与神以坚贞、仁义、慈爱、公平和怜悯而立下婚约。就我们可以对这种错综复杂的动机与符号的交织融合做出的判断而言,这种臆变的经验,虽然在众先知那里得到了奇怪的表达并且在后来的现象中令人怀疑地突然中止,但是对于何西阿来说,在他努力使人的灵魂中的神的王国从其神权政体的母体中产生出来的过程中,这种经验却不是一个令人烦扰的,反倒是一个引导人领悟的因素。

现在当我们回到耶利米,我们发现这个生存问题的分殊化已经显著地超越了何西阿。在《耶利米书》第三十一章第二十九节至第三十节中,我们读到:

> 当那些日子,人不再说:
> “父亲吃了酸葡萄,
> 儿子的牙酸倒了。”
> 但各人必因自己的罪[awon]死亡。
> 凡吃酸葡萄的,自己的牙必酸倒。

生存的集体主义，虽然没有被完全打破，但至少被一种个人责任和惩罚的观念严重动摇，这种观念后来又被以西结进一步发展（《以西结书》第十八章）。即使当百姓仍然看上去像一个群体，但这些隐喻强调的是个人的秩序状态，正如在《耶利米书》第十七章第一节所说的：

> 犹大的罪是用铁笔、用金钢钻记录的，
> 铭刻在他们的心版上。

现在心灵已经变成了记录诫命的写字板，写在被选民族心灵上的东西不是与神所立的圣约，而是完全不同的约，关于后者，以赛亚（第二十八章第十五节）曾经让百姓夸耀说：

> 我们与死亡立约，
> 与阴间结盟。

于是，从旧的圣约所堕入的最深处生发出了至高的耶利米预言（第三十一章第三十一节至第三十四节）： 510

> 耶和华说："日子将到，我要与以色列家和犹大家另立新约。不像我拉着他们祖宗的手，领他们出埃及地的时候，与他们所立的约。我虽作他们的主[1]［baal］，他们却背了我的约［berith］。这是耶和华说的。耶和华说：那些日子以后，我与以色列家所立的约乃是这样：我要将我的律法［toroth］放在他们里面，写在他们心上。

① 英译本《旧约全书》对于这个词一般有两种译法"husband"（丈夫）和"master"（主人）。沃格林在此采用的是后者，而作者所参照的中英文对照版《圣经》则采用的是前者。——译注

我要作他们的神，他们要作我的子民。他们各人不再教导自己的邻舍和自己的弟兄说：‘你该认识耶和华。’因为他们从最小的到至大的，都必认识我。我要赦免他们的罪孽，不再记念他们的罪恶。这是耶和华说的。”

三、神 谕

成为以色列就意味着其生存要与这立约戏剧的行动保持连续性。在该戏剧的第一幕，《出埃及记》第十九章第四节至第六节的神谕中，耶和华已经允诺说使以色列在万民之中作属于他的子民(segullah)，他直接的仆人的王室领地(mamlekheth kohanim)，和一个圣洁的国度(goy qadosh)，条件是百姓听从他的话和遵守他的约。埃及的宇宙—神秩序将被一种在超越世界的神——他已经从西奈山启示了自身——的统治下的新历史秩序所取代。在符号领域，作为宇宙论帝国中神的秩序之中心的王室领地，相应地被改造成为被选民族，即世界历史的圣洁中心。只有当这个神谕被接受了，第二幕才会接踵而至，那就是从仪式上完成神与百姓——他们现在已经变成“他的百姓”——的立约。最后，在使立约生效的过程中，耶和华宣布十诫作为该民族秩序的基本法。这出戏剧的意义，虽然以三幕截然不同的场景顺序展开，却是统一而不可分割的；其中任何一部分如果被拿掉，都不可能不影响到整体。从西奈山诸事件中作为以色列人浮现出来的这个民族不可能做到违反十诫的诫命而同时不违反圣约；该民族不可能做到违反圣约而同时接受其
511 被选民族之地位；该民族也不可能做到拒绝成为一个圣洁的国度而同时不反叛神所启示的意志。然而，贯穿这几幕场景——从中以色列获得了其历史形式下的生存——的这条意义链，在关于这些事件的传统中却并没有被清楚地表达出来。它确实深嵌于关于这些事件的记述本身，以至于就其现存形式而言，该叙事关于立约与十诫孰先孰后的问题

仍然是模棱两可的。只有在以色列的危机中，正如众先知所见，当其作为圣洁国度的生存的连续性已经由于百姓、统治阶级和宫廷在经验世界中的作为而变得问题重重时，探究在神之下生存的确切含义才有了经验上的动机。

众先知试图通过澄清其含义来拯救以色列的秩序。我们以立约戏剧的逆序，通过十诫和圣约来追溯这场斗争，因为对于违反诫命行为的经验观察事实上提供了探究的动机。如我们所见，在这种探究的影响下，立约戏剧的符号瓦解了，因为它们的意义的紧凑性已经证明不足以表达先知们已经分殊化的经验。十诫的规范问题和生存问题必须加以区分，当然这种区分只能做到在缺乏一套哲学术语的情况下所能允许的最大程度；此外，逐步形成了一个描述这种生存秩序的美德十诫。于是，这个新的美德表——它表达了紧凑地包含在十诫诫命条目中的精神——似乎要求一个新的圣约，它不同于十诫之宣告所赖以为基础的那个约；关于一个写在心灵上的约的符号就形成了。最后，这个圣约是建立在神谕、它的应许及其被接受的基础之上的。这个神谕可能逃脱其他符号的宿命吗？在摩西时代被打造的启示还有效吗？固然，这个神谕的符号体系到耶利米的时代还没有完全失去效力，这由申命律法可以证明，后者仍然把以色列称为耶和华的子民（segullah）和圣洁的民（《申命记》第七章第六节；第十四章第二节；第二十六章第十八节至第十九节）。只有王室领地消失了，可能是因为王室已经如此明确地变成了信仰崇拜仪式官员意义上的祭司，以至于这个符号不再会让人想起王室助手的意义。无论如何，虽然传统的连续性使人们有可能——至少对于《申命记》的作者们而言——把这些符号应用于公元前 7 世纪的拟古改革，但是以色列的秩序已然通过众先知所见证的劣行而发生了 512
深刻的变动，以至于作为一个整体的申命律法仅仅表达了它的一个组成部分的含义，而后者在众先知看来已经不再是最重要的部分了。与埃及秩序的有力决裂，宣布以色列为神的儿子而与法老相对抗，以及神的国度的创造已经倒退六个世纪成为了过去。对于一个反叛神的以色列来说，新的神意安排的春天不可能通过一种拟古的曲解（archaising violence）行为而重新获得。在这种情况下，通过一个臆变的神话而将犹大王国等同于神的国度的做法，恰恰相反，对于耶利米来说正是反叛经由先知之口说出的神的话语的又一大罪状。因此，这个神谕的符号体系不可能免于先知的攻击，虽然有了这个靶子，这场正本清源的斗争就到达了耶和华启示中历史生存的发源中心。先知们面临着以下述方式重新阐述这个历史问题的任务，这种方式就是：使他们时代的那个客观存在的以色列能够从舞台上消失，而同时它的消失又不会摧毁由启示所创造的历史秩序。

当先知的符号批评到达了启示的中心时，就不再可能把论点限定于关于劣行的特定问题上了。包含在立约戏剧中的意义链条立刻以极高清晰度突然迸发出来。存在的构造作为一个整体——其秩序起源于神——变得危如累卵。我们首先列出三组必须被马上加以考虑的论点，这样就能更好地理解这些冲突的重大程度：

（1）当先知们通过立约戏剧的符号来衡量以色列的经验行为时，他们可以看到这个民族既没有听从耶和华的话，也没有遵守他的约。他们知道十诫已经变成了一个违反其精神的、遵守律法和仪式程序的问题，而且，圣约已经被违反了。在人类的这种无序的状况中，当百姓不再履行圣约所规定的义务时，神是否仍然受他的允诺所限这一问题就凸现出来。神谕仍然有效吗？以色列仍然是西奈山的历史安排中的被
513 选民族吗？这些都是由关于立约的这种契约式的符号体系所提示的问题。

（2）但是，一旦先知们提出了这些问题，则启示与信仰的深邃就证明它根本是契约的逻辑所无法比拟的。因为圣约的实质不仅是由平等伙伴的心灵聚会所提供的，而且是由作为人、神话和历史的秩序之源的

神启所提供的。与一个协议的缔结、违反和废除相关的这组法律论点，不得不以另外一组关于启示的实质及其后果的论点作为补充。在实质性秩序的层面上，我们不可能假设已经启示他自身并做出选择的神要么是用假的应许欺骗了百姓，要么是在其人类伙伴的素质方面欺骗了他自己。而且，我们不能假设神所启示的意志，即创造一种新的历史秩序，由于作为秩序主体的人具有相反的意志而变得徒劳无益。神的启示一旦进入了历史的现实，就不可能由于人决定对其不予理睬而被抛出历史之外。

(3)但是，在对先知的信仰和对神的认识有把握的情况下进行的这第二组思考遭遇了以色列人的劣行这个无可争议的事实，这是在经验上可以观察到的秩序危机的症状表现，并激发先知起来斗争，这些事实就是：启示遭到忽视；信仰可以被放弃；圣约可以被违反；被选民族甚至都不在意其被神所选择；以色列濒临被帝国势力歼灭的边缘，后者与以色列一样都不是美德的模范。

人第一次体验到神所想要的和人所实现的历史秩序之间极端残酷的碰撞，在这场精神之战中，先知们的灵魂就是战场。

在这场风暴中先知们的举止，他们的行动和激情，他们的言语和沉默已经创造出了具有某种效力的符号，后者与这冲突本身一样持久不衰。这种效力缘于信仰与理性的通力合作。这些问题的思想穿透力已经把该符号体系推到了这样一个位置，在那里，鉴于可以感觉到的先知语言的具体性，这些存在论问题变得清晰可见。这种思想穿透力源于先知们的信仰，即他们对神的认识，在神的秩序持久存在和人的无序稍纵即逝之间的张力中，这种信仰维系着两者。无论经验观察中的以色 514
列以何种方式作为，神所启示的秩序都毫无疑问是永恒的历史秩序；神所想要的东西不可能被人的行为所取消。灌木丛情节——其中耶和华向摩西启示他自身是“自有永有”——的符号体系，由于先知的信仰而已经接近于展开自身所包含的关于存在的形而上学的状态。当先知们与神谕的含义作斗争时,一种历史哲学的基本原理至少有了大致的轮廓,尽管它们还没有获得概念上的清晰阐述。

首先,先知们深入考察了用现代术语可以称之为神的预见与人的决定之间的辩证法。在神的预见这一方面他们知道:神已经选择以色列作为新秩序的圣洁国度;由于神没有使用试错的方法,他所启示的秩序就必须被实现;不论以色列做了什么,都必须一直是被选民族。在人的决定这一方面他们知道:经验观察中的以色列没有实现启示的秩序;在现实政治中,一场相当于种族灭绝的可怕灾难正迫在眉睫。在启示秩序与经验秩序的这种冲突面前,先知们以惩罚预言和救赎预言这种双重符号体系来传达耶和华的话语。关于那可怕的一日的预言意在引发心灵的转变从而可以避开惩罚;关于最终救赎的先知预言提出在心灵发生具体的变化之后将会出现一个未来。如果先知预言被理解成为对未来事件的直白预测,而与通过心灵的转变使人与神的秩序相合拍毫无关系,那么这些预言就将变得没有意义。

然而,只有在先知的生存的层面上,这个命题——除非先知预言被理解为取决于心灵转变的两种选择,否则就会变得没有意义——才是有效的。把先知预言从字面上或以原教旨主义的方式理解成为关于未来的直白信息,将具有一种灾难性的,甚至是致命的意义,如果这种误解是有意为之的,而这样做的人正是先知预言要求其心灵转变的那些人。因为神所预知的秩序与人所实现的秩序的辩证法不仅仅是一个"理论问题",而且在存在论的意义上是在每个人的生存中都在进行的、为了实现秩序的真实斗争。而且,它也是为了在社会中实现秩序而在那些拥护或反对与神的秩序合拍的人们中间进行的斗争。在这场斗争中,坚持站在反对者一边是不被禁止的。正是由于先知们忧虑的不是
515 未来的事件,而是当前的生存秩序,所以先知预言才会被它们的听众理解成为关于未来的直白信息。心灵顽固的是那些聪明的辩证学家自

己;他们与先知们一样非常清楚地知道,在他的选择中表达出来的神的意志不可能被百姓取消。因此,他们就假装没有听见灾难预言中有关生存的诉求;因为如果他们没有听到这诉求,他们不仅无需对其做出回应,而且可以把先知预言解释成为对神及其选择的一种冒犯,并且获得迫害"最后审判日的先知"(prophet of doom)和使其殉道的权利。

反过来,关于救赎的先知预言如此轻易地让人对这种诉求充耳不闻,以至于滥用它来规避生存秩序的问题已经变成了"假先知"的红火生意,对于这种"假先知"耶利米终其一生都在与之斗争。结果是,真正的先知被迫公然将他们强调的重点放在了灾难预言上,因此更加使他们面临着"最后审判日的先知"——他亵渎神灵地攻击启示的秩序——的命运,正如在耶利米的例子中那样。以赛亚在努力避免别人滥用他的话时显然走得更远,甚至于把他关于救赎的预言托付给一个由信徒组成的圈子,使其暂时保密。这样,先知们迫使这种秩序的辩证法进入他们对涉及广泛的一系列内容的清晰阐述之中,那些内容包括:超越世界的神与这个世界的存在论区分;神所想要的秩序与人所实现的秩序之间的张力;信仰和背叛的生存类型;生存的诉求和心灵的顽固;关于惩罚与救赎的先知预言的双重符号体系;将先知预言误解为字面意义的原教旨主义策略;"假先知"对这种策略的无所不用其极;惨遭迫害和殉道;以及先知所采取的、通过信徒学派来保护和保存救赎真理的策略,这些信徒学派就变成了掌握这秘密的人。阐述的范围从存在论的区分到先知们及其敌人的身体冲突,表明随着启示进入历史,一种新的秩序确实已经被建立起来了。因为甚至那些拒斥它的人也不能创造出一种替代性的秩序,而只能被迫通过歪曲启示和先知主义的符号来制造它的一个副本。甚至毁灭都必须说着救赎的语言。我们想起了《何西阿记》第十三章第九节的那句深刻的预言:"以色列啊,你与我反对,就是反对帮助你的,自取败坏。"因此,关于惩罚与救赎的预言,我们的 516
结论是这两者必然不可分割:放在一起它们是同一个符号体系,据此先知们清晰地阐述他们关于神的秩序与人的实现间冲突的经验，以及关于这一真理（mystery）——在历史时间的延伸中，神遭受了人对神自己早已预知的秩序的背叛——的经验。所以，就对这些先知文本的解读而言，我们无法听从这样的历史学家的指导，他们怀疑那些伟大的先知所发出的关于最终救赎的预言的真实性，他们会把例如《阿摩司书》第九章的创作时间归结为一个更晚的时期，因为它显然与阿摩司的灾难预言的主体部分相矛盾。因为这样的推理会把“最后审判日的先知”这样的范畴当作解读的前提，并且使先知的问题变得没有意义。

在几个地方我们都提到了隐含在先知对于历史秩序的焦虑之中的存在论区分。这些区分本身及其内涵的模式都要求得到我们的关注，因为一方面，这些问题触及到了一种历史哲学的基本原理，而另一方面，在我们当代思想混乱的状态下，它们的基本特征都几乎未得到理解。

先知们对于其秩序问题的存在论前提都没有怀疑：没有“认识”他的民的神和“认识”神的先知，就不会有被选民族，不会有对诫命的背叛，不会有对圣约的违反，不会有以色列的危机，不会有先知对于回归神的呼吁，也不会有毁灭与救赎之间的悬而不决。历史形式下的生存预设了超越世界的神的生存，以及他的启示这一历史事实。深嵌于先知的认识之中的这个预设当时并没有要求予以清晰阐发，因为先知们的环境在其形形色色的偏离秩序的现象中尚未包含哲学无神论。虽然在缺乏明确怀疑的情况下，相应的积极阐述是不必要的，但是在先知预言的内容中，这个问题是非常活跃的。因为先知们具体是作为一个叫做以色列民族的成员而生活的，他们在历史的连续性中体验着该民族由西奈山启示所建立起来的秩序。虽然他们预见到灾难将要降临到围绕着他们的那些经验世界中的人类，但是他们从未有一刻怀疑过由神
517 谕所创建的历史安排将会继续下去，无论是以色列的“遗民”还是来自

耶西(Jesse)[①]家的“旁支”将在未来成为它经验上的承载者。历史一旦已经通过启示而在存在论上变得真实,就会带有一股从宇宙论形式下的紧凑经验到神的王国的不可逆转的潮流。“以色列”不是一个可以守约也可以不守约的经验中的人,而是神的造物向人与社会的秩序的扩展。经验上背叛的数量无法触及存在的构造,因为它是根据启示展开的。人可以选择让他灵魂的眼睛看见它的光;他也可以在徒劳无益的反叛中逃避;但是他不能废除这秩序,而且他的行为将要根据这秩序来加以审判。对这种危机的现代符号表达——比如黑格尔的格言“上帝死了”,甚至尼采的更为有力的格言“他被谋杀了”,显示了其作者被他们时代所发生的大规模事件所强烈影响的程度——对于众先知来说将会是不可理解的,更不要说让历史秩序起源于左派和右派意识形态计划者的意志这种具有反叛精神的幻想。如果先知们由于对以色列的绝望而沉溺于臆变的梦想中,在那里历史秩序的张力被一种神的怜悯行为所取消,那么至少他们没有沉溺于臆变的恶梦中,在那里他们的作品(opus)是通过人的革命行动来上演的。当神遭到以色列人背叛时,先知们可能不好受,但是他们不可能怀疑在神所启示的意志之下的历史秩序。既然他们不能怀疑,他们就省去了关于历史意义的思想混乱。他们知道历史意味着在存在秩序中的生存,因为存在的秩序已经通过启示而昭示给世人。在超越世界的神已经启示他自身之后,人们就不可能走回到启示以前而存在于宇宙—神的秩序中。人们不可能假装生活在另一存在的秩序中,而不是由启示所阐明的这个秩序。人们尤其不可能想要走出启示之外,用一个人造的替代物来取代存在的构造。在围绕着以色列的背叛和迫在眉睫的政治毁灭的黑暗——这黑暗可能比当代全球范围内对神的反叛还要深重——之中,先知们肩负着如何使神谕的应许能够在这动乱中获得成功的真理(mystery)。他们通过自

---

① 《旧约全书》中犹大国王大卫之父。——译注

518 己的信仰肩负着这个真理；历史确实根据神通过众先知所传达的话语继续前行。很多时候，神想要的秩序被人实现了，不是在别处，而正是在那些特立独行的受难者的信仰之中。

在这个危机时代，他们的信仰驱使先知们反对社会的秩序，并且在耶和华所说的话语中发现他们生存的秩序。在孤独中受难意味着与神一起，在一个他们仍然是其成员的社会的无序状况下受难。

当耶利米在他的生命中使以色列的危机变为现实时，对于这种冲突的参与就达到了它的顶点。灾难与救赎，由生存的诉求将两者结合起来而构成的那个双重符号体系，根据耶和华的命令，都由他付诸实施。

(1)耶利米一直没有成家，因为神的话临到他说："你在这地方不可娶妻、生儿养女。"(第十六章第二节)因为孩子和父母都会死于饥荒、无人哀悼、不得埋葬(第十六章第三节至第五节)；"你们还活着的日子在你们眼前"，欢喜和快乐的声音，新郎和新娘的声音都将从这个地方消失(第十六章第九节)。以色列秩序的解体已经到了这一步，以至于诫命的第一条"你们要生养众多"被中止了；该民族将通过家谱链条的中断而从实体上被摧毁。

(2)然而，生命还是会"在这地方"延续。因为神的话又临到他，命令他作为一个近亲从一个亲戚手里购买一块位于亚拿突的土地(第三十二章第七节至第八节)。这位先知遵守命令，并且叫巴录把买地的契约以及一个复本放在一个瓦器里，"可以存留多日"。"因为万军之耶和华以色列的神如此说：将来在这地必有人再买房屋、田地和葡萄园。"(第三十二章第十五节)

(3)相对应于这个符号体系的激烈实践的是一种深切的诉求的经验——向百姓进行这种诉求已经成为耶利米的命运。在第一章第十四节至第十九节的神谕中，耶和华召唤"北方列国"。他们将各安座位在耶路撒冷以及每一座犹大城邑的城门口和城墙边。耶和华将会宣判他们的背叛行为。在这种情形下，耶利米将必须对全体说耶和华给他下了命令；他的神向他担保说："不要因他们惊惶，免得我使你在他们面前惊惶。看哪，我今日使你成为坚城、铁柱、铜墙，与全地，和犹大的君王、519
首领、祭司，并地上的众民反对。他们要攻击你，却不能胜你。因为我与你同在，要拯救你。"（第一章第十七节至第十九节）

该神谕揭示了历史力量领域的一种新结构。该先知必须在他自己的生命中把以色列的命运一一实现，因为历史的圣洁中心已经从被选民族缩约为他个人的生存。在将外邦人和犹大都牵涉进来的世界历史的危机中，他已经变成了这片土地上注定遭受厄运的那些城邑之上的上帝之城，既不会被"北方列国"也不会被犹大的百姓和政府所战胜。他是神的秩序的唯一代表；不论无法预测的神的意志会给未来带去什么，现在的意义都是由耶利米身上神人合一的脐点所讲出的话语决定的。被选民族已经被一个单一的选民所取代。

关于神谕的各种符号不适于表达已经变化了的历史领域的结构。必须找到新的符号；而它们确实被耶利米通过转移的方法在神召唤他的神谕中（公元前626年）找到了：

（1）在第一个神谕中（第一章第五节），耶和华的话临到耶利米说：

> 我未将你造在腹中，我已晓得你；
> 你未出母胎，我已分别你为圣；
> 我已派你作列国的先知。

该先知是神的儿子。这个孩子是由神在其母亲的子宫中造就的。甚至在造他之前，神已经"晓得"他；在他出生前，他就已经被神圣化，要作为列国的先知而为神服务。这种语言是从宇宙论帝国的国王符号体系中借用而来的——它与亚述巴尼拔的一篇碑铭非常相似,亚述巴尼拔是耶利米青年时期阿舒尔的统治者和犹大的最高宗主。[①] 作为亚述的统治者,这位先知在离这个世界的时间很久远的时代就注定要为神服务;亚述碑铭上的"久远的时代"现在与西奈神谕中所启示的神意的
520 永恒性结合为一体。神的意志毕竟不是可以被冥顽不化的百姓取消的,而是带着历史的效力,在来自永恒的,对耶利米授予圣职的行动中继续着。神的儿子的地位,从法老转换到以色列,又从该民族转换到大卫王,最后已经落到这位先知身上。虽然到目前为止,这还不是基督教关于"只有神才能是神的儿子"的启示——在三位一体神学以及基督学(Chrystology)中所表达的真理——但是要达到这样的洞见,即来自永恒的秩序没有化身为实际历史中的一个民族及其统治者,还需要迈出长长的一步。将国王符号体系转移到被体制所驱逐的耶利米身上对于澄清现在将会困扰我们的那个救世主问题来说是决定性的进步;只有在几十年后,在第二以赛亚的先知预言中,我们才能感受到这决定性一步的后果。

(2)当耶利米听到神让他作列国的先知这一安排时,他谦卑地拒绝说(第一章第六节):

> 主耶和华啊,我不知怎样说,
> 因为我是年幼的。

他得到这样的回答(第一章第七节至第八节):

> 你不要说"我是年幼的",

---

① 关于亚述巴尼拔的碑铭,参见 Luckenbill, *Ancient Records of Assyria and Babylonia*, vol. 2, sec. 765。该碑铭在第一章第二节已经被引用过。

因为我差遣你到谁那里去,你都要去;
我吩咐你说什么话,你都要说。
你不要惧怕他们,
因为我与你同在,
要拯救你。

这第二则神谕将摩西的符号体系转移到耶利米身上——由于耶和华许诺将与该先知同在才得以克服的这种犹豫不决,我们知道正是来自于灌木丛情节。这两则神谕由它们所面向的对象——耶利米——的身份结合在一起构成了一个意义整体,因为前一则神谕中的王者是站在耶和华面前的、摩西一样的人物,而后一则神谕中的摩西一样的人物是神的儿子。二者结合起来就阐明了自从摩西时代以来发生在权威经验中的各种变化。我们记得回答"摩西是谁"这个问题时的种种难处来自于下述事实,即除了"耶和华的仆人"(ebed Yahweh)以外,没有其他的符号可以描述他在创造以色列的秩序过程中所处的地位——介于神的法老儿子和新的儿子之间,摩西的地位一直奇怪地未得到清晰表述。现在,当众先知更加鲜明地进入秩序守成者和重建者的角色时,他们的自我理解可以通过摩西的符号得到提升,而摩西这个人物也通过先知 521
们在自我理解方面的努力而变得更容易让人理解。特别是,耶和华的仆人这个符号的盛衰沉浮将会阐明神的权威的含义被逐步澄清这一过程。最初的耶和华的仆人是摩西(《约书亚记》第一章第一节),继他之后这个符号被用于约书亚(《约书亚记》第二十四章第二十九节);《士师记》第二章第八节);它接着落在大卫(特别是《撒母耳记下》第七章)和所罗门(这种转移见《列王记上》第三章第七节)身上;之后它又辗转来到公元前9世纪的先知班子(《列王记下》第九章第七节)和公元前8世纪的特立独行的先知们(《阿摩司书》第三章第七节)那里;而它以"我仆人以赛亚"(《以赛亚书》第二十章第三节)这种措辞第一次被用于一个具体的先知。耶利米没有专门把它用于自己,因为这个符号在他那里已经变成了对于众先知的一般称呼(《耶利米书》第七章第二十五节;第二十五章第四节;第二十六章第五节;第二十九章第十九节;第三十五章第十五节);他甚至用它指称在历史中为耶和华的意志服务的非先知的工具,比如巴比伦国王(《耶利米书》第二十五章第九节;第二十七章第六节;第四十三章第十节)。该符号的四处漫游反映了以色列的权威从摩西,经由迦南的征服者和帝国的创立者,传到众先知这一蜿蜒曲折的过程,直至这种权威集中在耶利米身上,使他可以使用早期权威化身们的符号——只要它们看上去恰如其分——来表达他自己的先知经验。如果我们想要在一部梦想戏剧,比如第二以赛亚中理解符号的可交换性,那么这些符号的流动性——通过权威的含义被清晰化的过程,它们辗转漂移——就一定要实现。而且,第二以赛亚被人们识别出来这一事实将使我们清楚地看到为什么今天已经不可能知道在何种程度上先知的经验是为摩西的传统所塑造,或者在何种程度上摩西的传统已经为先知的经验所塑造。

(3)在第三则神谕中,神的权威确实被转移到耶利米身上。耶和华伸出他的手,触碰这位先知的口,然后说(第一章第九节 b 至第十节):

> 我已将当说的话传给你。
>
> 看哪,我今日立你在列邦列国之上,为要施行拔出、拆毁、毁坏、倾覆,又要建立、栽植。

这是新的神谕,取代了神在西奈山传达给摩西的那个神谕。这位
522 先知不再是他的民族的创立者和立法者,而是类似于神之下的一位历史之主,"管理"列国列邦,或者"立在"列国列邦"之上",在他们对先知的诉求做出回应时要对他们的善举或恶行负责。这个任务在《耶利米书》第十八章第一节至第十二节得到了详细阐述,在那里该先知被命令

前去窑匠的家里,看他用泥土制器皿,当头一件似乎被他做坏了之后,他是如何将手中的泥土制成另一件器皿的。"以色列家啊,泥在窑匠的手中怎样,你们在我的手中也怎样。"(第十八章第六节)当神想要摧毁一个民族时,如果该民族迷途知返,那么他会改变主意的。当他想要栽培一个民族时,如果该民族做在他眼中看为恶的事,那么他也会改变主意的(第十八章第七节至第十节)。原则上,这仍旧是具有双重目的的预言,取决于是否有回归神的诉求。但是以色列是没有希望的——不是因为耶和华已经决定离弃他的民,而是因为该民族这样回应神对他们的诉求:"这是枉然!我们要照自己的计谋去行,各人随自己顽梗的恶心作事。"(第十八章第十二节)这是历史的转折点,在这里耶利米变成了神唯一的代理人。

耶和华作为普遍的历史之神的经验,以及作为"列国的先知"而成为神的话语言说者的经验,只有在《耶利米书》中才得到了充分的阐述,但是这种经验甚至在阿摩司身上也存在,阿摩司是其言论保存至今的一系列特立独行的先知中的第一位。在《阿摩司书》第九章第七节中,我们读到:

> 耶和华说:"以色列人哪,
> 我岂不看你们如古实人吗?
> 我岂不是领以色列人出埃及地,
> 领非利士人出迦斐托,
> 领亚兰人出吉珥吗?"

这里暗示神选择出埃及的对象没有局限于这个圣洁的国民,我们几乎不能想象还有什么将列国与以色列并列以及将以色列与列国并列的方法能够比这种暗示更为激烈的。像列国那样从奴役中所取得的自由，也被耶和华授予了列国；随着大批人脱离奴役，他们如同以色列一般接受了耶和华的律法，尽管这律法是以受限制的形式表述的一条诫命，即在他们的行为中要承认他们同胞的人性。因此，正如阿摩司是非分明地在他反对列国的先知预言中所详述的那样（《阿摩司书》第一章第三节至第二章第三节），当他们在争吵反目中粗暴地违反了人类行为
523 的规则时，根据耶和华的判断，他们就像以色列那样堕落了。从阿摩司到耶利米，甚至到以西结的先知问题都始终如一，这已经导致了一种与众不同的文学形式——如果文学形式这个术语可以被用于口述内容及其传统的话——甚至在那些二手的、后放逐时期对于先知书的组织中仍然可以发现这种形式。在这种形式中必须区分出(1)进入更大的意义复合体中的神谕类型，(2)各种基本类型的形形色色的有意义的结合，以及(3)给这些文集所加入的组织层理。基本的类型一方面是由对以色列的诉求的两种选择，也就是关于以色列和犹大的灾难与救赎的神谕，所决定的；另一方面是由将列国包含在耶和华的历史计划之内的、关于列国的神谕所决定的。有意义的简单结合是：(1)一组关于以色列的灾难神谕与救赎神谕；(2)一组关于以色列和列国的灾难神谕；(3)以逆序出现的一组铲除列国的神谕，以降灾祸于以色列的神谕为顶点；(4)紧随铲除列国的神谕后一组给以色列的神谕；(5)被铲除列国的神谕所打断的一组给以色列的神谕；(6)最后以一组灾难神谕和救赎神谕而圆满结束的各种各样的神谕组合（这最后一种形式可能反映了这种王室信仰崇拜中关于失败和胜利的仪式程序）。例如，在由西番雅——与耶利米是同时代人，但是比他更早——所作的那本小书中就可以发现一种简单的组织形式，它分为审判犹大和人类全体的先知预言（《西番雅书》第一章），铲除列国的先知预言（《西番雅书》第二章），然后在一个典型的结束性章节中继续发布铲除耶路撒冷的先知预言，其后则是关于救赎的先知预言（《西番雅书》第三章）。在较长的文集中，这种组织在《以西结书》中最为明显，它以年代顺序排列：在耶路撒

冷陷落之前关于灾难的神谕(《以西结书》第一章至第二十四章);铲除列国的神谕,绝大多数是在围攻耶路撒冷期间(《以西结书》第二十五章至第三十二章);以及在这座城市陷落之后关于重建的神谕(《以西结书》第三十三章至第四十八章)。严格意义上的《以赛亚书》在其组织层理方面遵循了《以西结书》的形式,但是在其各个细分的组成部分上则极为复杂。《以赛亚书》和《耶利米书》都由于插入了传记的和历史的作品而被进一步复杂化了。不过,我们仍然能够在《耶利米书》中发现三个主要的组成部分,包括铲除犹大和耶路撒冷的先知预言(《耶利米书》第一章至第二十四章);铲除列国的神谕(《耶利米书》第四十六章至第五十一章);以及那部给人带来安慰的小书,其中包含了关于救赎的先知预言(《耶利米书》第三十章至第三十三章)——虽然《旧约全书》的希腊文译本让铲除列国的神谕(在玛所拉版中这一神谕插入在《耶利米书》第二十五章中)紧跟在铲除以色列的先知预言之后。在《阿摩司书》 524
中,这个组织严密的文本以铲除列国的神谕(第一章第三节至第二章第三节)开篇,在铲除犹大(第二章第四节至第五节)和以色列(第二章第六节至第十六节)的先知预言中达到高潮,而其最后一章的组织方法与《西番雅书》第三章相同,都是继续发布关于灾难的先知预言(第九章第一节至第八节),其后则是关于救赎的先知预言(第九章第九节至第十五节)。

从公元前 8 世纪中叶到耶路撒冷的陷落期间,一个普遍神之下的历史秩序是先知们始终如一的关注其程度已经由我们刚刚描述过的那种文学形式普遍深入的存在所证实。不过,这个一般性的问题只是先知们明确关注以色列在一个突然扩大的世界舞台上命运如何的背景。因为在《阿摩司书》中,承认耶和华在同等程度上既是列国的神也是被选民族的神,并没有取消以色列的独特地位,即它是历史秩序向外辐射的中心所在。虽然神谕的具体语言不再适用于这个冥顽不化的民族,但是神谕的意图却不因为经验世界中以色列的背叛而变得无效；只有当神所意欲的历史秩序有了一个中心，神谕的意图才能够实现。因为只是在下述意义上，即当普遍的、超越的神在人的信仰中被体验为普遍和超越的，而这些人根据他们的信仰来使他们的生存有秩序并且因而变成了典型的社会和历史的中心时，社会和历史的秩序才参与了神的秩序。如果以色列和犹大王国注定将要毁灭，那么这个问题就会变得更加迫在眉睫：谁将在未来成为历史秩序的承载者？如果不再是犹大的百姓和国王，那么谁将会成为“以色列”？在什么样的“国王”统治下的什么样的“百姓”将会作为新圣约下的新以色列而从近在眼前的毁灭中浮现出来？由于在先知们对于这种问题的思考中，一个比同时代的大卫王朝诸王都更令人满意的统治者人物逐渐凸现出来，所以这一类问题的集合，根据一种史学习惯，已经开始被称作“弥赛亚问题”。

起源于基督徒解经之兴趣的**弥赛亚问题**这个术语可以被证明是正当的，因为基督教关于弥赛亚的符号体系确实已经以一种与先知们的符号体系保持连续性的方式展开，而先知们的符号体系是在对这些问题的清晰阐述中发展出来的。但是这种说法是具有误导性的，因为基
525 督教关于这个术语的意义的暗示倾向于模糊下述事实，即先知们在他们的时代并不关心逻各斯的启示——为了实现逻各斯，世界仍然必须等上大约七百年——而是关心他们有生之年可以见到的、或者在不远的将来，也就是几十年后就会出现的一位以色列的政治统治者的种种特征。因此，在对这个问题的批判性研究中，弥赛亚这个词——如其所是，具有基督教的内涵——应该尽可能避免加以使用。为了把这个问题恰当地置于其历史背景中，我们必须通过先知们的资料来源对它进行陈述。在符号的连续性中，我们要从“基督弥赛亚”（Christ the Messiah）向前追溯到《旧约全书》希腊文译本的希腊语 christos，它是对希伯来文本的 mashiach 的翻译；mashiach 的意思是“受膏者”，也就是以色列的国王。因此，在以色列的危机中，先知们感兴趣的不是一个弥赛亚，

而是他们国王的行为；当其行为似乎加速了而不是避免了灾难的到来时，一旦某种组织的外观将再次从历史风暴所留下的“遗迹”中兴起，他们就变得对那个统治者——将会接替大卫王朝的耶和华的受膏者——的类型感兴趣。

这个先知问题的专门词汇以及它的符号是由该帝国的奠基人，也就是大卫本人所提出的。在他著名的“遗言”中，他描绘了那个以色列的真正统治者的图像（《撒母耳记下》第二十三章第一节至第四节）：

> 以下是大卫末了的话。
> 耶西的儿子大卫得居高位，
> 是雅各神所膏的，作以色列的美歌者说：
> “耶和华的灵藉着我说，
> 他的话在我口中。
> 以色列的神、
> 以色列的磐石晓谕我说：
>
> 那以公义治理人民的，
> 敬畏神执掌权柄，
> 他必像日出的晨光，
> 如无云的清晨，
> 雨后的晴光，
> 使地发生嫩草。

这个神谕在其上下文中洋溢着宇宙论形式下帝国秩序的精神。这里说的是那个置身于神与百姓之间充当中介的统治者，一个被拔擢高 526
位而治理人民的人；根据其介于神与人之间的存在论地位判断，他是一个像众人一样的人（耶西的儿子大卫），然而又优越于众人（受膏者）。

“遗言”的这种建构让我们如此强烈地想起了一句巴比伦谚语：

> 神的影子是人(Man)，
> 人的影子是众人(men)，

在该文本中，这句谚语后面有这样的注释：“人，也就是王，他是神的形象。”[①]通过这个隔代继承的神的形象，这个“治理人民的人”，即第二十三章第三节所说的权柄，耶和华的灵开口说话，勾画了那个真正的统治者的形象。关于这个形象的地位该文本未加置喙——我们必须把它描述成为类似于一个柏拉图主义范式的东西，一个理念(idea)，它将通过人对它的参与(methexis)而进入现实之中。只有当这个理念通过生存的参与在一个人身上变成了现实，它才能够被权威性地，比如被大卫，宣布为统治者职权的范式。大卫显然清楚生存的参与和耶和华的灵的言说之间的联系，因为他用这些问题来结束他的神谕(第二十三章第五节)：“我家在神面前岂非如此？神岂非与我立永远的约？”[②]这个分享了统治者职权范式的人“说出了”已经在他身上变成了现实——而且正如他所希望的那样，在他家也同样变成了现实——的那个形象。

一旦那个统治者的形象变得十分清楚，它就可以被转化成为一个标准，据此可以衡量具体的统治者的行为。同样存在于宇宙论文明中

---

① 关于该文本及其含义，参见 Franz M. Th. Boehl, “Der Babylonische Fuerstenspiegel”, *Mitteilungen der Altorientalischen Gesellschaft* 9, no. 3 (Leipzig, 1937): 49, 41, 46。

② 沃格林原著此句的英文为“For is not like that my house with God? For has he not made the everlasting berith with me?”译者所参照的中英文对照版《圣经》，此句的英文为“Is not my house like this with God? For he has made with me an everlasting covenant”，相应的中译为“我家在神面前并非如此，神却与我立永远的约”。显然，此处的中译与沃格林的英文原意有较大出入，而且标点符号也不相符。所以这里的翻译没有照搬中文版《圣经》的原文。——译注

的这种可能性在以色列获得了一种独特的意义,因为这里的王权统治在下述意义上是主张信仰调和的:一种宇宙论形式下的统治者地位必须在由西奈启示所创造的神权政体中找到它的位置。正如我们所看到的那样,通过大卫和他家的先知制度,用耶和华宣布国王为他的儿子这样一句话,这两种形式的结合就实现了。因此,虽然君主国发展了它的宇宙论的信仰崇拜仪式,但是秩序的重建并不依赖于仅仅通过崇拜仪式的节日而进行的每年一度的精神净化(catharsis),而是以先知向国王发出的批评和警告为补充。"治理人民的人"必须符合在《撒母耳记下》527 第二十三章第三节至第四节所大致勾画的,并且在《诗篇》第七十二篇中又得到进一步详细阐述的模范形象;而扶立他的众先知,在他的行为没能符合标准时,可以提醒他注意遵循模范的标准。君主国的历史自始至终都贯穿着在先知与国王之间的神权政治的紧张——从撒母耳和扫罗,经由拿单和大卫,到以利亚和亚哈,再到先知们对暗利王朝的反叛。王室制度中的这种神权政治的紧张,为那些自公元前8世纪中叶以来的伟大先知对国王个人的关注,构成了永远无法磨灭的背景。

先知们对这个问题的思考可以被划分出三个阶段:(1)由阿摩司和何西阿所代表的制度阶段;(2)由以赛亚所代表的臆变阶段;和(3)由耶利米所代表的生存阶段。

在第一个阶段,当伟大的先知们开始以灾难和救赎的双重选择来表达以色列的危机时,对当前秩序的批评只是以再现一个未来的完美秩序为补充。固然,当未来获得重建的秩序和当前的事物状态被一道毁灭的深渊天各一方时,对于在崇拜仪式上恢复当前秩序的信仰就破灭了。但是未来被设想为一种制度秩序,与当前的秩序——如果被减去种种不完美之处的话并非如此不同。当以色列由于其百姓和国王的劣行而必须被毁灭时,其结局将是幸存者在一位国王——他要遵循由耶和华在他给大卫的神谕中所树立的模范形象——的领导下重建其秩

序。关于百姓,《阿摩司书》第九章第八节把"遗民"中的幸存者视为未来民族的核心:

> 主耶和华的眼目察看这有罪的国,
> 必将这国从地上灭绝,
> 却不将雅各家灭绝净尽。

关于各种制度,在《阿摩司书》第九章第九节至第十节中发出毁灭的威胁之后就是这样的应许,即"大卫倒塌的帐幕"将从废墟中被重新建立起来(第九章第十一节)。关于一般的事物状态,结篇的神谕(第九章第十三节至第十五节)设想了重建后的以色列的命运,乡村获得了繁荣,城市得到重建。最后,何西阿用下面的神谕完成了这幅图景(《何西阿书》第三章第四节至第五节):

528 以色列人也必多日独居,无君王、无首领、无祭祀、无柱像、无以弗得、无家中的神像。后来以色列人必归回(或作"回心转意"),寻求他们的神耶和华和他们的王大卫。

这最后一句证实了我们之前关于"治理人民的人"的思考,他被当作范式,简称"大卫",该范式必须通过"寻求"而在人力所及的范围内实现,正如神必须通过信仰才能在生存中被认识一样。

在阿摩司和何西阿那里,宇宙论形式仍然对他们关于历史过程的概念施加了强大的影响。虽然他们关于灾难和救赎的双重选择超出了通过信仰崇拜仪式来恢复秩序,但他们在实质上确实只是把宇宙的节奏规律分解成为历史时间中无序和秩序的交替存在。随着以赛亚,一个比何西阿更年轻的同时代人,开始形成这种洞见,即人们如果不从根本上重铸种种符号,那么就不可能跳出这种循环——其中,各种制度通过信仰崇拜仪式得以重建——使终极秩序不可逆转地在历史中出现。当宇宙秩序的潮起潮落变成了历史中黑暗和光明的时期交替,在宇宙论符号的紧凑性中未能提供的关于秩序之动态变化的新表达方式必然会分殊出来。伴随着以赛亚,关于臆变的经验,关于在实质上将秩序加以美化的经验——这种经验甚至在阿摩司和何西阿身上也都以不成熟的形式存在着——进入了先知对于以色列统治者职权的关注之中。以赛亚的经验的动机,以及在他于公元前740/734年蒙神召唤之后这种经验在大约四十年的过程中的演变,在一组先知预言中仍然可以辨别出来,这组预言现在构成了《以赛亚书》第六章至第十二章的文本。①

与众不同的以赛亚符号中的第一个就是主,他坐在他"高高的"宝座上,而他的长袍的下摆遮满了圣殿。耶和华是尘世之上的三圣王(thrice-holy King),而同时"他的荣光(kabhod)充满全地"(第六章第一节至第五节),他的荣光也就是他的荣耀或神的实质。这一段三圣颂(Trisagion)的符号体系起源于信仰崇拜仪式,②但是以赛亚用它来表达神的荣光充满全地、纵贯历史时间的那种在场。从这种无处不在 529
的荣光之中产生出以赛亚的历史动力学。因为只有当人们通过信仰让自己被它所感染时,这荣光才能在社会和历史中变成秩序的实质;秩序取决于人对这荣光的回应。世界通过历史的臆变——这不同于信仰崇拜仪式的恢复——进入神王的国度,这要求心灵做出回应性的转变。而且,这种历史动力学的知识之所以被以赛亚意识到

---

① 下面对于以赛亚的解读很大程度上是建立在 Martin Buber, *The Prophetic Faith* 一书的基础上。

② Ivan Engnell, *The Call of Isaiah: An Exegetical and Comparative Study* (Uppsala Universitets Arsskrift, 1949), 11, 16, 35—37.

(并且通过他向外传播),是因为在他蒙神召唤所见的异象中,他通过自愿成为耶和华(派往他的民)的使者而对这荣光的启示做出了回应(第六章第八节)。这种臆变确实已经在他身上开始了,并且将通过以赛亚讲给以色列人的先知预言而扩展开来,尽管只有在由百姓的冥顽不化所导致的可怕的灾难过后,这神谕才会被有效地听取(第六章第九节至第十三节)。

以赛亚对于他本人蒙神召唤的理解在接下来的五到十年间是如何发展的,我们不得而知。正如其文本所示,对于这次蒙召的记述是他那伟大的政治干预的序幕,即他请求亚哈斯王在危急时刻将他的信任寄托在耶和华身上而不是寄托在与北王国和叙利亚冲突的军事准备上。大卫王朝关于耶和华的受膏者的制度对于以赛亚而言仍然具有极大的重要性,至少此时还是如此,以至于尽管国王将被抽离出这制度之外并对他进行美化,以赛亚还是重新上演了先知与国王的对抗。已经在这位先知身上开始的臆变,只有通过"治理人们的人",即犹大国王的合作才能在以色列获得秩序的社会维度。国王的信将会使历史秩序变得理想化(transfigure),从而不仅迫在眉睫的灾难可以避免,而且神的荣光也确实将永远充满以色列的秩序之中(第七章第一节至第九节)。但是这位国王用意味深长的缄默来回应这种诉求,先知被迫为他的选择提供一个"兆头"以便证实这神谕的真实性(第七章第十节至第十一节)。这次,国王礼貌地拒绝了,因为接受这样一个"兆头"将使他受到约束,并且可能干预他更为现实的保卫耶路撒冷的计划(第七章第十二节)。由于国王的拒绝与以赛亚的诉求相关,试图通过当前的统治者而将臆变付诸实践的努力已经走到尽头。在这个关键时刻,以赛亚从现在转向了未来,同时并没有放弃经由王权统治建立秩序的概念。根据耶和华的命令,他给了这位国王一个"兆头",虽然他并不想要,但那是一个与

亚哈斯王权统治的继承人有关的"兆头"。神谕说,"年轻的妇人",[①]可 530
能是指王后,将要怀孕生子。她将会给他起名叫以马内利(immanu-el,就是"神与我们同在"的意思)——这个符号化的名字延伸了以赛亚蒙神召唤的主题,也就是"他的荣光充满全地"的主题。这个孩子,在他身上神的荣光将"与我们同在",是未来的国王,他知道弃恶择善。但是到他能做出这种选择的时候,这个国家已经彻底被战争毁灭,以至于它已经从农业经济返回到畜牧经济,这都要归咎于当前这位国王,他拒绝了善而选择了恶(第七章第十三节至第十七节)。[②] 在先知和国王之间发生的这幕场景以这种威胁和这种应许收场。

关于先知与国王的这场对抗的结局,我们一无所知。不过,由于接下来第七章第十八节至第八章第十节的文本记述了一系列神谕,它们都详细阐述了以马内利的预言,所以我们可以猜测以赛亚的处境必然已经变得艰难:当一个先知,可能身边还有一帮信徒,公然宣称他在等待一个叫以马内利的人来取代正在执政的国王时,他的活动就可以被解释为煽动叛乱。类似的某种冲突必然已经逐步展开,因为在第八章第十一节中耶和华不得不有力地抓住他的先知的手,以使他不屈服于

---

① 沃格林原著此处的英文是"The young woman"。译者所参照的中英文对照版《圣经》,此处的英文也是"the young woman",但同时标出注释说希腊文译本译为"the virgin"(即童女、处女),这与中译本的译文"童女"相同。由于沃格林猜测这里所说的"the young woman"可能是指王后,因此译为"童女"不妥,故这里译为"年轻的妇人"。——译注

② 《以赛亚书》第七章第十四节关于以马内利的预言说的是一位"年轻的妇人"(玛所拉版)还是一位"童女"(希腊文译本)这个争论不休的问题,对于我们理解这段话来说几乎没有什么意义。远为重要的是下面这个事实:希伯来文本和希腊文本在这个名词前都有定冠词,而修订版《圣经》(RV)或修订标准版《圣经》(RSV),甚至芝加哥译本在这个名词前用的都是不定冠词。在这些教会版本的《圣经》中,通过冠词的转换,"那个"确定的年轻妇人——她可能是国王的新娘,已经怀上了未来王位的继承人——变成了"一个"不确定的年轻妇人,她在一个不确定的未来将会产下一个孩子。

百姓的所作所为。他一定不能把他们所说的同谋背叛也说成是同谋背叛，也不能畏惧他们所畏惧的（第八章第十二节）；他必须称耶和华为圣，并且必须畏惧他（第八章第十三节）。我们必须假定这样的困难乃是以赛亚随后立刻决定不把他关于一位臆变的统治者的预言讲述给公众，而将它们作为一个秘密托付给他的信徒们（limmudim）的背景（第八章第十六节）。与此同时，在等待神的荣光到来之际，以赛亚和他的子女"就是从万军之耶和华来的，在以色列中作为预兆和奇迹"（第八章第十七节至第十八节）。以色列的遗民，作为保有这已被封存的神谕的
531 人，因此在历史上就变成了以赛亚，他的子女和他的信徒们。

这神谕本身，即"卷起律法书，封住训诲"，包含在和平的君（Prince of Peace）的预言（第九章第一节至第六节）之中，这预言以下面的句子开篇：

> 在黑暗中行走的百姓，
> 看见了大光。

这道照耀在那些住在死亡阴影中的人们身上的光亮就是那个新生儿，未来的统治者（第九章第五节）[①]：

> 因为有一婴孩为我们而生，
> 有一子赐给我们。

在他的肩膀上将担负着 misrah（政权，统治权）——这个词汇在《旧约全书》中仅仅在此处出现过，大概最好用拉丁词 principatus（权天使/

① 根据译者所参照的中英文对照版《圣经》，下面这句圣经引文出自《以赛亚书》第九章第六节，可能是与沃格林所使用的《圣经》版本不同所致。——译注

有主权者）来翻译；他的名字将会是和平的君——当然还有其他的名字，这段由以赛亚的秘密团体所作的文本不允许我们很确定地将这些名字与和平的君加以分离。耶和华的热心将会带来这一切（第九章第六章）①：

> 他的政权［misrah］与平安必加增无穷。
> 他必在大卫的宝座上治理他的国，
> 以公平公义使国坚定稳固，
> 从今直到永远。

对这个预言必须谨慎对待，因为它的文本是如此简洁，以至于在压力之下，它将很容易表现出任何想要的含义。可以确切断言的是它与以马内利神谕的连续性：这个孩子仍然是坐在大卫的宝座上治理他的王国的一位统治者，熟练运用他的统治权来治理以色列的遗民，虽然我们必须指出的是，国王家的血统不再被强调了，甚至国王的称呼也被小心翼翼地加以避免了。除此之外，对它的解读将会是危险的，这更加令人遗憾，因为要求保密的命令表明它涉及了一件具有某种重要性的事情。在和平的君身上有什么新东西是如此危险，以至于这预言一定不能传达给公众，尽管公众已经了解了关于以马内利的神谕？或者在那秘密背后确实有的只是人害怕落在一帮暴怒的民众或权力当局手中将会带来的不适？遵循巴勃的意见，我们猜想在结尾的那句话（第九章第六节）②中将会找到这问题的答案，那句话就是“万军之耶和华的热心

① 根据译者所参照的中英文对照版《圣经》，下面这段圣经引文出自《以赛亚书》第九章第七节。——译注

② 根据译者所参照的中英文对照版《圣经》，下面这句圣经引文出自《以赛亚书》第九章第七节。——译注

必成就这事”。如果我们充分估量这句话的分量,那么它就意味着历史
532 的理想化将不再悬而不决,而这种悬而不决则是以赛亚与亚哈斯之会的特征。诉求的时间已经结束了;神将不会无限期地等待一个不会马上到来的回应,而是要亲自带来那个将会做出回应的人,以便他的荣光将会通过其已经实现的秩序而充满全地。从以赛亚的立场上看,那确实将是一个根本性的转变,它也能解释为什么这一知识应该被“卷起和封住”。因为这样的知识对于那些不会对诉求做出回应的人来说是毫无用处的,对于那个冥顽不化的犹大国王尤其如此;它只是对那些遗民,也就是以赛亚和他的信徒们,才有意义,他们必须等待直到当前的危机走完了它的全过程,而耶和华就会带给他们那个将会把他们当作新以色列人一样治理的孩子。

这种解读得到了那组伟大的臆变预言中最后一个的证实,见《以赛亚书》第十一章第一节至第九节。该文本既与一个具体的情境无关,与和平的君的预言之间也没有明显的,像后者与以马内利的神谕那样的连续性。它作为这一系列在内容上有关联的伟大的先知预言中的最后一个,其所处的位置可能表明它的年代较晚;可能它是类似于以赛亚关于这些问题的“遗言”一样的东西。它以这样一段话开篇,后者重建了与大卫王朝的联系(第十一章第一节):

> 从耶西的本(原文作“不”)必发一条,
> 从他根生的枝子必结果实。

因此,该王朝的一个茎干(stem)或残余部分(stump)将会经历这场灾难而存活下来;从大卫王朝的这个残余部分中,正如从该民族的遗民中,新的以色列及其新统治者将会迅速浮现出来。他是新的统治者不是因为他像以马内利一样弃恶择善,而是因为神的灵已经降临在他身上(第十一章第二节):

耶和华的灵必住在他身上，
就是使他有智慧和聪明的灵、
谋略和能力的灵、
知识[da'ath]和敬畏耶和华的灵。

有了这个天赋，他就会成为效仿大卫之模范的王，敬畏耶和华并实行公义，但是他有些方面比大卫更强，因为他不是凭他的所见所闻，而是凭真正的正义和公平来进行审判（第十一章第三节至第五节）。神的荣光确实已经渗透在世界的组织结构中，而臆变也完成了：

豺狼必与绵羊羔同居，
豹子与山羊羔同卧。 533

在神的圣山，到处都没有伤人害物的事情发生，因为耶和华的知识将会充满全地，就像水充满海洋一样（第十一章第九节）。

最后，《以赛亚书》第十一章第一节至第九节的这些符号在《以赛亚书》第二章第二节至第四节中得以继续，目的是把理想化的以色列的景象扩大成为臆变的世界和平的景象。因为在“末后的日子”中，这样一些事情将会发生：耶和华殿的山必高举过于万岭，而许多国的民（nations）都要前往这山，说（第二章第三节）：

来吧！我们登耶和华的山，
奔雅各神的殿；
主必将他的道教训我们，
我们也要行他的路。
因为训诲[torah]必出于锡安；

耶和华的言语必出于耶路撒冷。

耶和华自己将在列国中实行审判;“他们要将刀打成犁头”,不再学习战事(第二章第四节)。政府机构及其当职者都不再被提及。

这样,以赛亚的先知预言从向历史中真实存在的亚哈斯王发出诉求,发展到关于一个更加具有回应性的、将在未来出现的以马内利的“兆头”;从以马内利发展到和平的君,后者将坐在大卫的宝座上,不是统治当代的、经验世界中的以色列,而是统治那些正在以赛亚及其信徒身上获得历史真实感的遗民们;从和平的君发展到大卫王朝的一个“遗民”,耶和华的灵将会降临在他身上;最后又发展到一种世界和平的景象,其中各种机构制度已经不再有区别。随着这种臆变经验的清晰表述,随着其各种后果的逐渐展开,起源于方方面面——从人的冥顽不化到实现神的荣光——的制度问题实际上必然变得无关紧要。因为神的灵已经美化了人的本性,从而社会和历史的秩序在实质上变成了神的荣光的秩序。

当这种臆变的经验被以赛亚发展到极致时,先知主义就陷入了一个生存的僵局。虽然阿摩司和何西阿还能够设想按照大卫王朝的模范样式重建这个王国,但是以赛亚已经从黑暗与光明的交替中彻底消除
534 了制度秩序的信仰崇拜张力;在两代人之内,历史形式的压力已经驱使这种信仰崇拜的符号体系撞上了臆变幻想的无形的墙而难有进展。这位先知的处境不再像是在古王国和中王国交替间处于帝国崩溃之乱世的一位埃及贤人。由于在埃及的危机中,其宇宙论的形式并没有被破坏,所以对于一位救世主法老——“胜利者阿蒙尼是他的名字”,“他是努比亚之地的一位妇女的儿子”——的期待可以通过重建帝国秩序而实现。与此相反,这位先知的臆变的信仰排除了通过任何现实的建制

而实现的可能性。① 一旦对于社会和宇宙秩序将会通过神的一个举动而发生臆变的信仰已经取得了充分清晰表达的刚性之后,那么一个人就将无事可做,而只需要坐下来等待奇迹发生。如果它没有发生——如果它到今天为止还没有发生——那么这位先知将会在等待中死去;如果他已经形成了一个信徒团体,他们将会把他的信仰传给未来的信徒,那么可能要在若干代人之后,他们都已死去,这个经验本身才能变成一种足够强的动机,促使人们去重新检验这种信仰之要点的有效性。② 因此,在以赛亚和弥迦之后的那代人中再没有出现先知,可能不仅仅是受到玛拿西统治下的新政权压制的问题。此外,以赛亚的书的独特结构暗示了先知主义的中止乃是臆变僵局的一个结果。在《圣经》中以《以赛亚书》命名的那个文集中,我们可以区分出严格意义上的以赛亚预言(《以赛亚书》第一章至第三十五章)及其附录(《以赛亚书》第三十六章至第三十九章);匿名的第二以赛亚的预言(《以赛亚书》第四十章至第五十五章),其年代可以确定为公元前6

① 那就是为什么在文学历史的层面上对比先知的“弥赛亚主义”与其埃及的先驱者是具有误导性的。

② 一种臆变的期待在它受到时间流逝的影响之前可以持续多久,每当一种类似的情形再次在历史中发生时,这个问题都会重新凸现出来。最重要的例子是对基督再临以及它在圣灵降临节上通过圣灵的倾泻而带来转变的期待。当臆变被期待在一个特定的日子发生时,比如在13世纪的约阿基姆(Joachitic,1132—1202。意大利神学家、《圣经》注释家、历史哲学家、神秘主义者。——译注)运动,或19世纪的美国基督再临派运动(American Millerite movement)中那样,就会产生特殊的问题。在现代的各种运动中,当臆变不是通过神的一个举动而是通过人在经济和政治领域的活动来付诸实施时,要使其在经验存在中分崩离析所需的时间可以变得非常之长。当臆变是通过人的行动而“取得进展”时,这种期待显然可以依靠“分期兑现”支持若干世纪之久,正如进步主义者的臆变信仰确实依赖于工业革命和物质生活标准的阶段性发展。对于共产主义的臆变及其对“分期兑现”的依赖而言,似乎也可以期待它将持续类似长的时间。

世纪中叶;以及后来由许多无名氏作者所作的关于神谕的一个文集,通常被称作第三以赛亚(《以赛亚书》第五十六章至第六十六章)。如
535 果假定这个文集的三个部分不是偶然被聚合在一起的,相反,它们代表了由一个先知圈子所保存的一组传统,这些传统起源于以赛亚及其信徒并且未曾间断,那么在传统上,以赛亚本人和公元前6世纪的匿名作者之间就将间隔一个半世纪。如果我们再进一步假设,这种间隔不是由于偶然遗失了一位或更多位伟大先知的格言,而是在此期间在以赛亚的圈子中确实没有著名的先知兴起,那么这长时间的缄默就说明等待臆变发生所造成的思想贫乏。最后,是不是仅仅等待和时间的流逝就可以提供足够的动机来重新检验这些符号,也是有疑问的。因为当先知预言最后在第二以赛亚那里得到恢复时,这位匿名先知的符号不仅带有以赛亚传统的烙印,而且明显带有耶利米著作的印记。

在《耶利米书》中,我们必须寻找在以赛亚的臆变幻想之外推进了对于秩序的理解的那些经验。作为最初的动机,我们必须指出时间的流逝,尽管它的效果很难估量。在以赛亚和耶利米各自蒙神召唤之间,一百多年已经过去了。对于一个不属于以赛亚信徒内部圈子,而是通过研习《何西阿书》形成了自己个性的一个先知式人物来说,这个时间长度已经足以使他缓和紧盯着一个从未变成现在的未来的那种紧张状态。因为存在的秩序是人通过其生存而参与其中的那种延续的秩序;对于装腔作势的自觉意识,死亡在生命中的在场,是疗治未来主义幻梦的重要药石——当然,一旦这样的幻梦以可被接受的信条的形式变成一股社会力量,可能就需要一个强有力的人物来将其打破。人的基本关怀是,在现在时态中,他的生存与存在的秩序合拍。耶利米确实从关于未来的臆变幻想回到了关于未被美化的现在的经验中。但是,在这种回归的过程中,他并不需要与以赛亚完全决裂。因为他的这位伟大的前辈虽然在关于臆变统治者的符号中以极端的方式阐述了他的经

验，但是在对秩序的理解中他却取得了永远不会被人放弃的、坚实的进步，那就是：社会的秩序确实通过这样一些人——他们用他们所体验到的、活跃在自己身上的秩序来挑战周围社会的无序——而在历史中被重新建立起来。如果这位先知的话语没有改变这个生了他，因而他爱它的社会，那么这些话语并没有化为乌有，它也并非微不足道或毫无效 536
果。通过他所讲出的那些话语本身就是历史现实，无论它在哪里被人听到，都构成了一个新社会的秩序。以色列的"遗民"——他们已经成为关于救赎的先知预言的内容——在以赛亚、他的儿子和信徒们身上变成了救赎的现实。关于未来的先知话语在那些于共同体中讲述和保存它的人身上已经变成了历史的现在。虽然那个在实际历史中被组织成为犹大王国的以色列，在历史中走的是所有的组织、他们的政府和国王的道路，但是由先知们所讲的，并由那些听到它的共同体所保存的话语仍然塑造了处于现在之中的以色列"遗民"。当历史秩序在一个民族的实际秩序中实现处于危机之中时，先知存在的意义就在于延续这种历史秩序，这个洞见是源自于以赛亚的遗产，而耶利米将对之予以扩展。

以赛亚已经从阿摩司和何西阿那里继承了制度形式的"弥赛亚问题"，也就是建立一个在以大卫为榜样的国王领导下的以色列。在他自己的秩序经验中，这种制度形式被保存下来，即使它现在负载着这样一种臆变的行为，即他向亚哈斯王所要求的信。当这位国王因具有足够强的判断力而不愿进行这种理想化的实验时，以赛亚既没有放弃这种制度形式，也没有放弃这种臆变的意志，但是这种臆变必须被扩展并增加下面的内容：这位先知将亲自塑造一种遗民，这种塑造将经由一位在未来出现的统治者而得以完成。而且，由于成为这位未来统治者的秘密的保有人是这遗民的本质所在，因此，该遗民的形成具有这样的特征，即它是实现这种完整的臆变的第一步——在这一方面，以赛亚的程序步骤通过"逐步兑现"而预示了后来的各种臆变类型。如果这个秩序问题被恢复到它的具体形式,那么耶利米就必须逆转以赛亚对于未来的规划,而将那位国王带回到现在之中。正如我们所见,他这样做了,因为他在关于蒙神召唤的神谕中将国王的符号体系转移到他自己身上。以色列的秩序再次在现在完成了,尽管这秩序被缩减为耶利米的生存,他在肩负着受膏者的重任的同时也在行动中实现着百姓的命运。这就是先知思考"弥赛亚问题"的第三个,也就是生存的阶段。

537 要实现这种成就必然得付出很多努力。为了更真实地看待这种努力,我们应该记得这种重新获得现在的非凡技艺是在一定的限度内实现的,而先知经验的紧凑性对于耶利米施加的这种限制正如它对阿摩司、何西阿或以赛亚的限制一样大。我们记得,先知的符号体系起源于新年节上关于失败和胜利的种种仪式;在历史形式的压力下,信仰崇拜仪式上的秩序张力已经分解成为灾难与救赎交替出现的各个时期。因此,这种先知经验在本质上是臆变的。在先知们用十诫的范畴对人的行为进行批判,在他们为了通过美德实现人的生存秩序而进行的斗争中,在他们对于一个将会改造世界和社会的新圣约符号的创造中,我们曾经追溯了具有这种特征的表达方式。在所有这些方面,耶利米的先知预言不仅符合这种类型,甚至使之臻于完善。只是在他的先知预言的一般结构中,耶利米才在他对"弥赛亚问题"的清晰阐述中,特别是在《耶利米书》第二十三章第一节至第八节中偏离了这种类型。对他来说,这个问题曾经经历了一种表象上的变化,这一点只有在如下事实中——他的先知预言没有继续或详细阐述以赛亚的那些符号,而是回复到预测将会出现遗民,在一个大卫式的模范国王的领导下的遗民,正如我们在《阿摩司书》和《何西阿书》中所见的那些预言一样——才变得有意义。[1] 这种先知形式的坚固性是耶利米必须承担的重负；我们必须将这一点考虑进去，如果我们想要估计到底需要多大力量才能够不是打破这种先知的形式——即使是耶利米一样的先知也不能那么做——而是意识到：这个秩序问题不是以经验世界中的以色列及其各种制度为中心，而是以这种无序之下具体受难的人为中心的。因此，耶利米成就的伟大在他的那些符合标准化形式的神谕的主体部分中并没有变得显而易见，而是体现在关于他蒙神召唤的神谕之中，他将以色列的命运付诸实践之中，以及圣殿布道和他的受审之中。但是首先，在他对一种新的先知表达形式的创造中必须看到：在他现存的著作中具有新意的是其精神自传的那些作品，其中关于先知式生存的诸问题，也就是秩序在那个说出了神的话语的人身上的凝聚，被清晰地阐述出来。那个推动了先知批判人的行为并赞扬美德的伟大动机，最后被追溯到其最初的起源，即对于个人在神之下的生存秩序的关注。在耶利米身上，人的 538
个性已经打破了集体生存的紧凑性，并且意识到自身就是社会秩序的权威性源泉。

迫使耶利米回去依靠自身，并且意识到他的个性就是历史中秩序与无序的战场的那种经验类型，可以从他察觉到一起陷害他性命的合谋中总结出来（第十八章第十八节）：

> 他们就说："来吧！我们可以设计谋害耶利米，因为我们有祭司讲律法，智慧人设谋略，先知说预言，都不能断绝。来吧！我们可以用舌头击打他，不要理会他的一切话。"

---

① 不仅是这种关于一个大卫式的国王领导下的遗民的神谕，而且还有关于救赎的先知预言，它们一般都在为数众多的细节中显露出这种表象的变化。关于在耶利米身上发生的这种变化的种种标记，参见 Buber, *Prophetic Faith*, 172 ff。

这个密谋的动机是耶利米假设他个人就是神之下的权威，这取消了该民族传统的权威来源，包括祭司、智慧人和先知们（耶利米所说的“假先知”）；其目的是要压制发源于这个新权威的世界。处于这种危险之中，耶利米向耶和华求助，问道：“岂可以恶报善呢？他们竟挖坑要害我的性命。”（第十八章第二十节）假定这不可能是神的意图，他恳求神让饥荒、瘟疫和惨死光顾这些同谋者和他们的妻子儿女（第十八章第二十一节至第二十三节）。当察觉到另外一起企图谋害他的密谋时，耶利米简述了他的敌人有此要求的动机：“你不要奉耶和华的名说预言，免得你死在我们手中”（第十一章第二十一节）；这种察觉伴随着同样深切的恳求，要看着他的敌人们遭受不幸（第十一章第二十节、第二十二节至第二十三节）。耶利米这种强烈的复仇欲一定不能用宽容的沉默加以掩盖，或者用上流社会的谨慎持重的标准来对待它，好像它是不符合一个著名的公众人物身份的缺点。因为它是一个难得的证据，可以证明那种在他身上燃烧着的精神激情。这个预见到以色列、耶路撒冷和神殿毁灭的人；这个人希望犹大国王（第二十二章第十九节）：

> 他被埋葬好像埋驴一样，
> 要拉出去扔在耶路撒冷的城门之外。

他不会对个人的仇敌额外开恩。相反，由于他是神的秩序的代表，
539 宽恕陷害他性命的行为会变成过于看重他的私人情感之举，并且违背了他的身份地位。这位以色列的先知不可能宽恕一种陷害服侍耶和华之人的行为。

此外，神的公正也岌岌可危。正如该文本所显示的那样，与耶利米充满复仇欲的愿望紧密相关的是善与恶的因果报应这个令人痛苦的问题。固然，以色列由于其所犯下的罪恶应该受到惩罚，但是如果对恶人的惩罚落在以色列全体人身上，并且将好人也吞噬其中，那么秩序怎么

能恢复呢？改革家国王约西亚已经在与埃及的米吉多之战中阵亡；许多人又密谋杀害耶利米。周围总是有邪恶的事物存在，如果神的惩罚对不同的人不加区别对待的话，那么受难的日子就没有尽头。耶利米在第十五章第十节和第十五节的抱怨中向神提出了他的问题：

我的母亲哪，我有祸了！
因你生我作为遍地相争相竞的人。
我素来没有借贷与人，人也没有借贷与我，
人人却都咒骂我。
……
耶和华啊，你是知道的，
求你记念我，眷顾我，
向逼迫我的人为我报仇。

神知道这位先知是因为他而受难：耶利米不能加入宴乐的人之中与他们一同欢乐，因为神的手放在他的身上，迫使他独自静坐（第十五章第十六节至第十七节）。那么为什么他的痛苦永无休止，他的伤口不可治愈？神将会像一条变化莫测的小溪，像那无法确定的水流一样对待他吗（第十五章第十八节）？对于这样的质问，神回答道（第十五章第十九节）：

你若归回，我就将你再带来，
使你站在我面前；
你若将宝贵的和下贱的分别出来，
你就可以当作我的口。

对于这样的问题是没有答案的：这种质问本身就是背叛，耶利米必须从这种背叛中浪子回头,回到神的面前;只有当他从质问到向神回归,能够把宝贵的与下贱的区分开来时,他才能成为神的话语的言说者。这位先知必须忍受这个极不公正的真理。但是这并不容易:“我有忧愁,愿能自慰。我心在我里面发昏。”(第八章第十八节)

耶利米从这些问题中没有获得一丝平静。他在《耶利米书》第十二
540 章的伟大对话中最深刻地阐述了这些问题,在那里他把它们当作一个有待判决的法律案件提交给神,并与神发生了争辩(第十二章第一节):

耶和华啊,我与你争辩的时候,
你显为义。
但有一件,我还要与你理论:
恶人的道路为何亨通呢?
大行诡诈的为何得安逸呢?

为什么神不单个惩罚他们而要用灾祸不加区分地同时折磨那些忠信的和邪恶的呢(第十二章第四节):

这地悲哀,
通国的青草枯干,要到几时呢?
因其上居民的恶行,
牲畜和飞鸟都灭绝了。
他们曾说:“他看不见我们的结局。”

对于这个问题,还是没有答案能够解开这个极不公正的真理,除了下面这个反问(第十二章第五节):

你若与步行的人同跑,

尚且觉累，
怎能与马赛跑呢？
你在平安之地，虽然安稳，
在约旦河边的丛林要怎样行呢？

比耶利米迄今为止所经历的远为可怕的事情将会发生——他必须经受住这些事情，这些无解的问题。但是随后这种紧张被神的话语松弛下来，这些话语必须被理解为允许耶利米听到的神的独白（第十二章第七节及其后）：

我离了我的殿宇，
撇弃我的产业，
将我心里所亲爱的交在她仇敌的手中……
我的产业向我如林中的狮子……
许多牧人毁坏我的葡萄园，
践踏我的份……
全地荒凉，
然而[1]无人介意。

与神所遭受的一切比起来，耶利米所遭受的又算什么呢？ 541

先知的生存是对神所遭受的一切的参与。这种洞见适用于每一个人的生存，这一点超出了耶利米本人所获得的洞见。很显然，这位先知的秘书巴录以一种同情的姿态，愿意经历他的主人所经历过的忧伤。当他

① 沃格林原著此处的连接词是 yet，译为转折意的“然而”比较好。译者所参照的中英文对照版《圣经》，此连接词的英文为 but，与沃格林的相似；而中译本译为“因”。此处为尊重沃格林原意，没有采纳中译本的译法。——译注

根据耶利米的口述记录完他所说的话后，他必经常抱怨（第四十五章第三节）：

> 哀哉！
> 耶和华将忧愁加在我的痛苦上，
> 我因唉哼而困乏，
> 不得安歇。

因为耶利米被授权向他传达了这则来自耶和华自己的简洁信息（第四十五章第四节至第五节）：

> 我所建立的，我必拆毁。
> 我所栽植的，我必拔出……
> 你为自己图谋大事吗？
> 不要图谋！
> 我必使灾祸临到凡有血气的。
> 但你无论往哪里去，
> 我必使你以自己的命为掠物。
> 这是耶和华说的。

第三节　受难的仆人

在诸王国的实际秩序和西奈神谕所意欲的秩序之间的矛盾中，从公元前8世纪中叶到公元前586年耶路撒冷的陷落之间的众先知都看到了以色列的秩序问题。这种矛盾被集中体验为一种对真正秩序的背叛；只有立即浪子回头才能避免迫在眉睫的神的惩罚。对近在咫尺的灾难的预料转化成为号召人们回归神的紧迫性。但是,具有强烈经验的早期先知们——阿摩司、何西阿、以赛亚、弥迦——在他们所处的环境中没有找到百姓要认真地回顾神的迹象;与此同时,他们不得不看着灾难以亚述人的入侵和以色列王国陷落的形式逐步迫近。因此,早期先知的这两代人原本号召回归神,现在他们改变了看法,因为对这个具体的社会制度和道德观念将得到改革的期待,在当前这个具体的社会已经被一场灾祸的黑暗所吞噬之后,就让位于对于一种秩序的臆变的信仰。当秩序问题取得了这种臆变的表象后,众先知就通过发展出两 542
种不同的立场来对其做出回应,这两种立场分别以以赛亚和耶利米为代表:

(1)以赛亚,致力于政治干预这种至高的努力,一旦获得成功,它就会被指望成为这场臆变战争的开端。当犹大国王对其诉求不作回应时,这位先知形成了他的信徒群体,作为超出当前这个具体社会之外的以色列遗民;他把关于真正秩序的秘密托付给他的信徒们,只有在那个不确定的未来,当耶和华让他的具有改造作用的灵降临在这些遗民的统治者身上时,这个秘密才能被揭示出来。那个秘密确实历经若干代信徒都被保守得很好,以至于在该王国余下的岁月里,以及在放逐的早期,都没人听说过关于它的任何内容。

(2)一个世纪后,耶利米蒙召去做列国的先知。通过西奈神谕,以色列已经被立为全人类的神圣中心,但是这种圣约秩序和十诫只与以色列社会相关;对作为人类社会的列国来说却没有提供任何秩序。历史的一再打击使以色列意识到在西奈秩序之外还生存着一种人。非利士人的危险已经使以王国组织为神权政体的补充成为必需;后来的种种事件表明甚至王权统治制度也不足以抵御埃及、亚述和巴比伦。“列国”——在帝国势力的衰退过程中它们可能一直处于人们关注的边缘——已经进入了与以色列作战并意欲将其征服的具体关系之中。如果以色列王国陷落了,那么人在神之下的社会中生存显然就不可能采取小小的以色列的神权政体形式,即使它以王权统治为补充,而且周围环绕着遵以色列为它们自己秩序之神圣中心的强有力的帝国。如果来自西奈山的神谕已经揭示了历史的秩序,那么显然表达其意图的措辞不可能是秩序历史上的最后一句话。这个问题甚至连阿摩司也意识到了,在耶利米把他作为一个先知所关注的范围从以色列扩展到近东世界(oikumene)的过程中,它被充分地阐释清楚。虽然"以色列"仍旧是
543 神圣的中心,但是新的神谕所说的社会也包括"列国";由于以色列和列国在当时正处于一种无序的状态中,所以秩序的中心已经被缩约到耶利米个人身上。

如果这两种回应的区别是以时间和空间因素在它们对秩序的符号化当中所处的相对位置为特征的,那么两种回应的共同之处就会显示出来。以赛亚在他与亚哈斯的经历之后,就远离了以色列的具体秩序而进入了这样一种未来,其中以色列"遗民"的具体秩序变成了生活在臆变的和平中的一个世界社会的中心。耶利米在空间上离开以色列的秩序,而进入同时代的以色列与列国交战的无序之中,并且期待这种无序在未来会让位于耶和华的秩序,后者当时就浓缩在他自己身上。因此,两位先知共同的地方就是倾向于远离这个具体的以色列社会的秩序,而奔向一个不确定的目标。

通过这场运动模糊的终极目标所揭示的那些问题,我们就可以理解该运动的含义。先知们的关注超出被选民族——它为了在现实的权力领域求得生存而组织成为一个王国——之外,而转向了这样一个社会:它虽然以某种方式而起源于当前这个幸存下来并得以扩展的民族,但是毫无疑问与它并非完全相同。下述问题是没有答案的:当众先知在设想真正的秩序的承载者时,他们所说的是哪个社会?它当然不是他们生活于其中的那个社会;自从他们的时代以来,在历史中已经形成的任何一个具体的社会是否会被他们看作自己的目标,这也是存疑的。

对于那个将会包括“列国”在内的扩大的社会，同样可以这么说。对于下面这第二个问题还是没有答案：该社会将会有一种什么样的秩序？因为它将会是一个社会在臆变之后的理想化秩序。而一种理想化的秩序不是众先知的知识对象，它也没有变成自他们的时代以来任何人的知识对象。既然这个社会的身份及其秩序的本质都无法确定，所以这样一种猜疑就会生发出来：这场先知们的运动究竟有没有意义？如果我们的分析被迫撞上了这堵猜疑的墙，那么只有这种明显的无意义被当作寻求其动机的起点，我们才能找到该运动的意义所在。

我们必须接受下述事实：这些问题可能找不到任何答案。这场运
动的终极目标不是具有一种可认知的秩序的一个具体社会。如果无论 544
如何先知们对于这种显然是消极的目标的关注是有意义的，那么其关注的动机一定是这种尽管有些不太明确、表达又不够清楚的洞见：在一个具体社会及其各种制度的生存之外还有秩序的问题。以色列臆变的经验——迄今为止我们都是从这样一个方面来看待它，即认为它毫无结果地退出了以色列秩序的种种现实——如果被认为是真正的秩序与具体由某一社会，甚至是以色列，所实现的秩序之间，有关两者鸿沟的一种经验，那么它就会呈现出不同的面貌。耶利米关于这两种秩序之间的紧张的经验，他以受难的方式参与神所遭受的一切，已经表达得如此清晰，足以使我们确信这位先知至少已经瞥见了这个可怕的真理：某种确定形式下的具体社会的生存不会解决历史秩序的问题，没有任何形式的被选民族会成为真正的人类秩序的终极中心。当亚伯兰从迦勒底的吾珥向外移民时，远离帝国文明的行动就已经开始了。当以色列被耶和华和他的仆人摩西从埃及带上来，并且确立为神之下的民族，出埃及已经达到了一个民族的神权政治存在的形式，它与宇宙论形式相对抗。随着以赛亚和耶利米远离了具体的以色列，神的历史秩序那具有再造能力的第三次行动的痛苦就开始了，那就是以色列从其自身的出走。

这最后一次出走的痛苦被一位无名氏先知所经历,按照现代的惯例,他被称为第二以赛亚,因为他是《以赛亚书》第四十章至第五十五章的作者。由于除了可以从他的著作中推断出来的东西以外我们对他一无所知,所以传记式的前言不仅是不必要的而且是危险的,因为它们会预先断定对该文本的解读。即使是把这些《以赛亚书》的章节称为一部由一位"作者"完成的"著作",也会涉及关于一系列颇有争议的问题的约定。这种辩论本身必须一直置于我们的研究范围之外;但是这些约定必须被阐明:

(1)《以赛亚书》第四十章至第五十五章最初的文本假定是由大量简短的神谕和诗歌组成的,它们仍然可以被清楚地加以区分。下一个
545 组织层面包括许多更为简短的作品系列,构成了自我包含的意义单位。最后,这样的作品系列以一种有意义的顺序被组织起来,构成了这本"书"。

(2)《以赛亚书》第四十章至第四十八章的这些系列——其中弥漫着这样的信仰,即居鲁士是神所任命的以色列的解放者和重建者——有充分的理由可以被编排为"小册子",在巴比伦的被放逐者中间散播。如果这个假设是对的,那么作为其组成部分的各个神谕以及这些系列的年代就必须被确定为居鲁士于公元前546年对吕底亚(Lydia)的征服和他于公元前538年对巴比伦的征服之间。

(3)《以赛亚书》第四十九章至第五十五章仍然具有这样的结构,即由更为简短的神谕和诗歌所构成的系列,但是其基调已经发生变化了。居鲁士已经随着寄托在他身上的希望一同消失了;此外,可以感到其他失望的根源。这后一部分的神谕可能是在巴比伦陷落之后的若干年内被讲述和记录下来的。

(4)第二以赛亚中嵌入了四首由杜姆(Duhm)[1]分辨出来的仆人诗歌(Servant Songs),分别是《以赛亚书》第四十二章第一节至第四节;第四十九章第一节至第六节;第五十章第四节至第九节;和第五十二章第十三节节至第五十三章第十二节。我们假定这些诗歌是同一位作者所作,但是它们代表了这位先知最后阶段的作品。

(5)仆人诗歌中的三首适合于该著作后来的部分,而第一首则与那些和它连接在一起的作品一同被嵌入更早的关于居鲁士的那一部分中。因此,我们假设这些神谕的整体,在这位先知写下那些诗歌之后,就被他组织成为一个文学单元。第一首诗歌看上去是被精心置于居鲁士那一部分的开头,目的是强调这样一种经验的连续谱,该经验最初是期待居鲁士能够恢复以色列的具体的秩序,后来发展到从以受难的仆人为象征的具体秩序中出走的宗教真理。反思过去,这位先知意识到朝着这种宗教真理发展的运动甚至在居鲁士转移的时期也是一种潜在的趋势。

(6)我们假定这位先知是上溯若干代人而起源于以赛亚直接信徒圈子中的成员。在他的自我理解中,这位先知是被托以关于救赎的秘密的以赛亚信徒中的一员。这些约定一定不能理解成是在宣称具有确定性的断论。由于起源于过去的半个世纪的进程中对细节的深究和对 546
方法的改进,所以它们系统阐述了各种可能性。[2]

---

① Bernhard Duhm(1847—1928),德国神学家,他的著作对于《以赛亚书》的研究影响巨大,是他提出将《以赛亚书》分为三个部分,即通常所说的第一以赛亚,第二以赛亚和第三以赛亚。他还把仆人诗歌从它们的上下文中分离了出来。——译注

② 关于一般而言第二以赛亚的辩论,尤其是关于仆人诗歌的辩论,现在通过 Christopher R. North, *The Suffering Servant in Deutero-Isaiah: An Historical and Critical Study* (Oxford, 1948)这部精湛的研究可以轻易地获得了解。关于这部多卷本文献更多的信息,

《以赛亚书》第四十章至第五十五章的文本是一部娴熟的、自成一格的文学作品，它利用从阿摩司到耶利米的古典先知主义中发展出来的符号语言表达了特定的经验。在其所表达的各种经验中，我们可以分辨出一组一组不同的动机。第一组动机是由下述历史事件提供的，它们包括被放逐，通过居鲁士获得的解放，巴比伦的陷落，以及一般而
547 言帝国的兴衰沉浮。第二组动机起源于那些伟大前辈们的遗产：以色列被缩约为这位先知独自的受难，给同时包括以色列和列国在内的全人类的神谕，以及最重要的、以赛亚关于神的荣光将会遍布全地的秘密。最后，第三组动机是由作者本人称为"新事"的那些动机形成的，包括关于救赎的神谕；神在三个阶段把自己分别启示为世界的造物主，历史之主和审判者，以及救世主(goel)；对于现在就是介于第二和第三阶

见 H. H. Rowley, *The Servant of the Lord and Other Essays on the Old Testament* (London, 1952)，特别是其中关于"The Servant of the Lord in the Light of Three Decades of Criticism"（3—57）和关于"The Suffering Servant and the Davidic Messiah"（61—88）的研究。Otto Eissfeldt, "The Prophetic Literature", in *The Old Testament and Modern Study* (1951), 115—61，由于对各种问题作了简洁而系统的阐述而显得重要的著作。在后面的分析中，杜姆·福尔茨和本特森关于《以赛亚书》的评论将会被使用。

在1940年以前的文献中，下述研究已经证明具有相当的重要性：Sigmund Mowinckel, *Der Knecht Jahwaes* (Christiania, 1921); Lorenz Duerr, *Ursprung und Ausbau der israelitisch-juedischen Heilserwartung: Ein Beitrag zur Theologie des Alten Testamentes* (Berlin, 1925); Hugo Gressmann, *Der Messias* (Goettingen, 1929); Otto Eissfeldt, *Der Gottesknecht bei Deuterojesaiah (Jes. 40—55) im Lichte der israelitischen Anschauung von Gemeinschaft und Individuum*, Beitraege zur Religionsgeschichte des Altertums, 2 (Halle, 1933); J. S. van der Ploeg, *Les Chants du Serviteur de Jahvé* (Paris, 1936); Josef Begrich, *Studien zu Deuterojesaja*, Beitraege zur Wissenschaft vom Alten und Neuen Testament, 4:25 (Stuttgart, 1938)。

自从1940年以来，关于第二以赛亚的研究得到了一些新的推动力。其中之一在 Sidney Smith, *Isaiah Chapters XL—LV: Literary Cristicism and History* (London, 1944)一书中显露无遗。该书遭到了非常多的批评，因为作者想要这位先知成为一个地下运动(支持居

鲁士，反对巴比伦）的领导人，由于他的叛国活动，他最后为那些被放逐者所杀。抛开那些具有想象力的夸张成分不谈，这本书无论如何是有其优点的，因为它把先知预言牢固地置于它们的历史背景之中。尼博格研究“Smaertornas man：En studie till Jes. 52，13—53，12”，*Svensk Exegetisk Arsbok*（1942）：5—82，探讨了第四首仆人诗歌的神话形式的背景，以及那种超个人的（supra-individual）弥赛亚符号在这种神话形式中的形成。North，*The Suffering Servant*，在实质上赞同尼博格观点的同时找到了他自己的解读。在所有这四首诗歌中，神的王权统治的符号体系在 Ivan Engnell，“Till fragan om Ebed-Jahwehsangerna och den lidande Messias hos ‘Deuteroijesaja’”，*Svensk Exegetisk Arsbok*（1945）：31—65，当中都得到了谨慎认真的对待。关于这项研究，作者本人已经给出了一个英文版本，其标题是“The Ebed-Yahweh Songs and the Suffering Messiah in ‘Deutero-Isaiah’”，*Bulletin of the John Rylands Library* 31（Manchester，1948）：54—93。英格奈尔的研究确证了下述观点：宗教仪式的形式决定了这些诗歌的语言。对于这种仆人形象的一个“历史”典型的寻求——假设这个典型就是这位先知本人或那个时代的某个其他的受难人物——定然会一直一无所获，因为其“线索”就是宗教仪式的符号。当然，这并不意味着那个时代的历史并没有提供这样的受难者的例子，受难者的个人命运可能已经进入了这位先知的经验之中。那个时代的王室受难者所带来的启发，最近已经被 J. Coppens，*Nieuw Licht over de Ebed-Jahweh-Liedereo*，Analecta Lovanensia Biblica et Orientalia，II/15（Leuven，1950）作了深入探讨。弥赛亚的符号体系的问题在 Aage Bentzen，Messias. *Moses Redivivus. Menschensohn* ——对于这个主题下斯堪的纳维亚文献的一个最佳导论——中作了概述，并且特别关注了第二以赛亚。此外，对于第二以赛亚的理解还受到斯堪的纳维亚学者们就与先知主义相关的“传统—历史的”方法所发生的辩论的影响。参见 Sigmund Mowinckel，*Jesajadisiplene：Profetien fra Jesaia til Jeremia*（Oslo，1925），同一作者的 *Prophecy and Tradition：The Prophetic Books in the Light of the Study of the Growth and History of Tradition*，Avhandlingen，Norske Videnskap Akademie，2，no. 3（Oslo，1946），以及 Ivan Engnell，“Profetia och tradition”，*Svensk Exegetisk Arsbok*（1947）：110—39。关于弥赛亚诸问题的整体状况最近都在 Sigmund Mowinckel，*Han Som Kommer：Messiasforventnignen i det Gamle Testament og pa Jesu Tid*（1951）中得到了重述；特别参见第七章“Herrens tjener”，129—73；以及大量的参考文献，390—403。由于在耶稣的自我理解中，受难的仆人的形象也有其位置，因此对于第二以赛亚问题的思考几乎全部是在基督徒中进行的，其中新教徒占了主导地位。更为重要的是巴勒的近作 *The Prophetic Faith*，它对第二以赛亚的解读在 pp. 202—35。巴勒的解读特别有价值，因为它强调了这位先知在以赛亚传统中的位置是这位主人的信徒之一。

段的那个重要时期的自觉意识;第二阶段的经历就是通往救赎的道路;救赎是对神的第三个启示——神即救世主(Savior and Redeemer)——的生存回应;以色列的角色就是在通往这种回应的道路上作为人类受难者的代表;以及出现在《以赛亚书》第五十二章第十三节至第五十三章第十二节的高潮部分,即对于仆人就是典型受难者的认识。虽然对于这些具有激发作用的经验的区别和分类得到了足够多的深思熟虑的作品的支持,以至于其结果是相当确定的,但是这本书作为一个整体却不是以直接引语的方式(in oratio directa)对特定"教义"作的专门论述。它是一个符号戏剧,不允许把内容与其表述方式相剥离。此外,虽然单个的动机可以被一一区别,但是它们已经融合在这场运动的综合经验
548 之中,对于这种经验我们将简称为以色列从其自身的出走。该文本并没有包含一系列表达连续经验状态的符号,因此从中推想一篇关于其作者的精神传记的任务将要留给读者去完成了。这种建构由作者本人完成了,对于他来说,在其著作对过去的回顾中,这场运动被假定已经完成了。在作为组成部分的符号之外,这出戏剧整体是一个意义单位。这种出走已经发生在作者的灵魂之中,而他的著作则是一个历史事件的符号。

如果这就是这部著作的本质,那么在对它的解读中最经常用到的那些方法必然会被认为是不够的:

(1)固然,这场戏剧在实质上是自传体的,但是经验的演变是由作者在回顾中的解读来传达的。因此,除了作者选择揭示的那些内容之外,我们对于那种经验都一无所知。进行如下假设是合理的:被放逐的经历和居鲁士的胜利引发了在第四首诗歌中达到高潮的那场运动,还有,开头和结尾没有被瞬间的领悟连接在一起,而是被相当长的一段岁月间隔开来——这种假设之所以是合理的,只是因为该文本本身暗示了这种历经多年的演变。因此,任何企图超出这场戏剧之外而把该作者推想为一位"历史上的"人物的努力都不仅是危险的,而且对于理解

这部著作来说毫无裨益。

(2)要发现这场戏剧的意义,就不能把一个重要的符号剥离它的语境,不能把它当作一则有点像谜一样的信息来对待。关于“谁是受难的仆人”这个问题,有卷帙浩繁的研究。他是作者本人吗?还是某个其他受难的人物?这个符号以预言的方式想象了基督的到来?——或者他根本就不是一个个人而是以色列?他是以色列全体还是一部分遗民?原则上,试图通过解决这道仆人难题来理解第二以赛亚的著作,与试图利用对“谁是普罗米修斯?”或“谁是宙斯?”这个问题的研究来理解埃斯库罗斯的悲剧没有什么不同。甚至当《理想国》(361E)中的格劳孔(Glaucon)描绘了那个正义之人的形象——“他将受到拷打折磨,戴着镣铐,烧瞎眼睛,受尽各种痛苦,最后他将被钉在十字架上”——之后,也没有人去寻求这种受难者的历史典型,尽管它对于“历史上的”苏格拉底所遭受的苦难的影射,比任何可以从这位受难的仆人身上抽取出来的,并归结到一位历史人物身上的线索都具有大得多的可能性。如 549
果对于第二以赛亚进行这样的研究多少带有一定的意义,那么其原因必须从以色列历史形式的秩序与希腊神话形式的秩序之间的区别中去寻找。为了寻求秩序,埃斯库罗斯的悲剧从它在多神论神话中的紧凑表达发展到精神的逻各斯;而第二以赛亚的戏剧则从紧凑的西奈启示发展到神的逻各斯。从埃斯库罗斯那里,这场运动走向了柏拉图对于善的洞见;从第二以赛亚那里,这场运动走向了逻各斯的道成肉身。当人在寻求神时,正如在希腊那样,从中获得的智慧在属性上一直是人的智慧;当神去找寻人时,正如在以色列那样,作出回应的启示接受者在历史上就变得独一无二。由于人类关于启示的经验在历史上是一个被启示所建立起来的事件,所以历史性就附着在启示的接受者身上,附着在与基督一样的历史性之上。结果是,“谁是那位仆人”这个问题在以色列的语境中听起来就不如类似的问题在某个希腊文献的文本中听起来那么古怪。无论如何,虽然这些思考将会揭示哲学的言辞(Logoi)与启示之间的一些不同,虽然它们会使找寻受难的仆人这个符号背后的历史形象的倾向变得更好理解,但是它们并不能给予这种程序步骤以正当性。《以赛亚书》第四十章至第五十五章一直是一个文学作品;那些符号必须被当作对其作者逐步展开之经验的种种表达来加以阅读,即使他试图传达的东西是关于历史中神的启示的一种洞见。

各种各样解读的错误——我们刚刚概述了其中两种最重要类型的错误——都是可以避免的,只要我们深入到它们的根源,即贯穿整部著作的时间层面的多样性。

(1)这位作者的经验经过了十年或更长一段时期的发展之后才变得成熟。因此,这种经验从最初到完结的时间贯穿了这部著作始终。所以,把这个层面隔离开来,并且把该文本的各个线索用于重构那种经验发展的"历史"进程这一做法的诱惑是非常大的。但是,正如我们已经指出的那样,这种企图注定会失败,因为这种经验的时间已经被吸收
550 到该著作的结构之中了。作者自己的重构排除了这种可能性。

(2)这种经验与其符号形式的表达是不可分割的。由于作为组成部分的神谕和诗歌起源于这种经验发展进程中的不同的时间点,所以同样的观点也适用于它们,正如适用于这种经验本身的时间一样。但是,该文本作为一个整体,不是以时间顺序排列的一系列神谕。它是这样一个合成体,其中每一篇单独的作品,不论其创作时间如何,都以下述方式被放置在这部著作中,那就是使它们表达这种经验在其自身的发展进程中已经积聚起来的意义。这部合成的著作本身就是这种经验的意义被逐步澄清的过程的一部分;只有在合成这部著作的过程中,启示才被该作者完全认知。因此,这部著作不是对一种存在于过去的经验的记述,而是处于最为活跃时刻的启示本身。从人的一方来看,这部作品的时间是逐渐累积的时间,是人在其中变得年长和成熟的时间,是柏格森意义上的绵延(durée);从神的一方来看,时间是处于永恒之中、神之下的现在。这就是在关于该主题的文献中实际上没有给予任何关

注的那个时间层面。

(3)人的回应是由启示所建立的历史之中的一个事件。随着这种回应开始了神的救赎工作,以做出回应的人为中心,通过空间和时间上的沟通而展开。由于该著作的符号生动描绘了救赎的过程,所以救赎的时间贯穿了整部著作。这种救赎的时间不是一部虚构著作的内在时间,而是历史中启示的秩序的真实时间。因此,该著作的符号首先略微谈到过去关于启示的历史;接下来它们关注的是被作者所接收的当前的启示,关注的是"新事",据此"先前的事"变成了启示的过去;最后,它们设想救赎的过程在未来通过全世界对于神谕——该神谕现在为作者所接收,并且通过他的著作进行传达——的接受而得以完成。救赎的时间这样就既吸收了这种经验的时间,也吸收了这部合成作品的时间,因为"新事"的历史过程肇始于作者的经验,并且在编纂传达启示的这部著作时得以继续。这部著作成为救赎历史上的一个事件,成为一个过程——在该著作的符号中,这个过程被想象为一直延伸至未来——
的开始,它的这种性质对于著作的阐释者来说乃是永远不会枯竭的制 551
造困难的根源。因为几乎可以完全确定的是,在第四首诗歌中死去的那位仆人,就是作为先知以第一人称在第二和第三首诗歌中谈到其蒙召和命运的那个人。一个人讲述他自己的死,以及他的死在救赎过程中的影响,这不有悖常理吗?这样的常识性论点确实已经变成了下述假设的基础,那就是第四首诗歌是在写作其他三首诗歌的那位先知死去之后由其圈子里的一位成员创作的,更不必说该著作作为一个整体(如果它根本不是一个文学单元)不可能是由那位先知创作的,最多只有特定的部分可以勉强承认是他所作。

该著作的结构是如此错综复杂,以至于只有一篇更长的评论才能对它作适当的评判。对于本项研究的目的而言,只需要指出其组织的各个主要部分,随后分析一下那个决定了这部合成作品之细节的实质性问题就足够了。

该著作的主要组织方式很容易被发现,因为各个部分接合的切口都被仆人诗歌的位置所标明。主要的几个分支部分有:(1)序幕(《以赛亚书》第四十章至第四十一章);(2)第一部分(《以赛亚书》第四十二章至第四十八章,排除可疑的《以赛亚书》第四十七章);(3)第二部分(《以赛亚书》第四十九章至第五十三章);和(4)尾声(《以赛亚书》第五十四章至第五十五章)。序幕阐明了关于救赎的神谕及其含义。从第一首诗歌开始的第一部分涉及的是以色列的救赎。在要求被放逐者离开巴比伦,并且将这救赎的消息传播到地球的每一个角落的劝告词(《以赛亚书》第四十八章第二十节至第二十二节)中它达到高潮。以色列得到救赎的消息的传播构成了转向第二部分的转折点,后者从第二首诗歌开始。救赎的过程现在扩展到了列国,并且在第四首诗歌中,在异教徒的国王们把这位仆人看作是受难者的代表的过程中达到顶点。最后,尾声的赞美诗设想救赎的过程对于以色列(《以赛亚书》第五十四章)和列国(《以赛亚书》第五十五章)来说都已完结。一个获得救赎的人类将会围绕着耶路撒冷,对以色列的圣者(Holy One)做出回应。

该作品本身从启示的实质中浮现出来;而这种实质在这本书开篇的神谕(《以赛亚书》第四十章第一节至第二节)中就可以找到:

你们的神说:
“你们要安慰、安慰我的百姓。
要对耶路撒冷说安慰的话,
552 又向他宣告说,
他争战的日子已满了,
他的罪孽赦免了,
他为自己的一切罪,
从耶和华手中加倍受罚。”

该神谕标志着先知主义历史上的一个新纪元，因为它与从阿摩司到耶利米的伟大先知们的经典形式相决裂，并且创造了一种新的符号形式。首先，它不是说给这位先知听，并且通过他转达的一句“耶和华的话”，而是神的一则命令，其接受者通过上天的声音被告知这则命令。其次，与来自上天的命令这种中介状态（mediation）相对应的是这位先知的一种新的中介职责。因为听到上天声音的人不再是耶和华借此警告他的民回归于秩序的口舌，而是一则神谕的传达者，这则神谕取代了以生存诉求为转移的惩罚与救赎的双重选择。

通过消除那些容易引起的误解，这种新型先知预言的意义就可以得到最好的澄清：

（1）由于以色列的罪恶得到了弥补，这位先知必须带来救赎的消息而不再考虑百姓的行为，所以很容易把这则神谕的信息理解成为原来那种类型的救赎预言。于是，这种新形式就不那么“新”了，而只是一个直截了当的救赎承诺，它不以行为的改善为条件；要区分第二以赛亚和公元前8和7世纪的“假先知”就会变得很困难。然而，这种新形式不是简单地从那种双重符号体系中减少一种选择。因为以色列的受难——这种受难远没有从这个新预言中消失——乃是它的两个主要问题之一，与对救赎的关注相呼应。因此，受难与救赎都存在，但是它们改变了自己的外表——暂时我们可以这样说——因为它们不再是被诉求联系在一起的“两种选择”。

（2）那么，受难与救赎的新外表是由于诉求的消失吗？这个假设将会是第二种误解。因为由第二以赛亚所宣布的这种救赎不是使以色列和人类的秩序理想化的一种神的行为，而是对于神作为救世主的一种启示。由于这种启示需要人的回应，所以这位先知必须非常卖力地向百姓呼吁，不要拒绝救赎的信息（《以赛亚书》第四十四章第二十二节）： 553

我涂抹了你的过犯,像厚云消散;
我涂抹了你的罪恶,如薄云灭没。
你当归向我,因我救赎了你。

在尾声中(《以赛亚书》第五十五章第六节)诉求又重新开始:

当趁耶和华可寻找的时候寻找他,
相近的时候求告他。

因此,诉求与两种选择一样都没有消失,尽管也改变了外表。因为整个关于百姓行为的问题现在都存在于过去:以色列**已经**由于背叛而受难,而它**已经**被宽恕。因此,诉求不再关注以西奈立法来衡量的行为,而是关注对于作为救世主的神的接受。

(3)这样,经典先知符号体系的形式因素就全都在场,尽管是以不同的模式出现的。而且,通过消除这些误解,发生这种变化的原因也已经被追溯到这位先知的兴趣的转变上,也就是从西奈圣约之下被选民族的秩序转变到作为救世主的神之下的秩序。这种新秩序的特点通过该先知对于立约符号的使用可以迅速加以阐明。在《以赛亚书》第四十二章第六节中,这位仆人被膏"作众民的约,作外邦人的光"。《以赛亚书》第五十五章第三节至第五节作了更加详细的阐述,这位先知让神说:

你们就当近我来,
侧耳而听,就必得活。
我必与你们立永约,
就是应许大卫[dwd]那可靠的恩典。
我已立他作万民的见证,

为万民的君王和司令。
你素不认识的国民,你也必召来;
素来不认识你的国民,也必向你奔跑,
都因耶和华你的神以色列的圣者,
因为他已经荣耀你。

如果把这两个文本结合在一起,那么第五十五章第三节所说的“永约”就是指那位仆人,他在第四十二章第六节中被膏为“外邦人的光”,现在又被封为万民的“见证、君王和司令”。这个身为君王的仆人——他被耶和华所荣耀——将会召令万民,而他的召令由于以色列之神的 554
缘故将会被人所听取。[1] 以这种方式,在该著作开篇(《以赛亚书》第四十章第五节)所设想的人类秩序就会被建立起来:

耶和华的荣耀必然显现,
凡有血气的必一同看见,
因为这是耶和华亲口说的。

这个新预言的类型现在已经得到阐明,足以被置于以色列秩序的历史之中。从宇宙论形式下的帝国秩序中,经由摩西在存中在的飞跃,形成了历史形式下的被选民族。神之下现在之中的生存的意义,通过帝国的信仰崇拜仪式从有节奏地与神—宇宙秩序合拍的过程中分殊出

① “应许大卫那可靠的恩典”这句话必须被理解为与那个约,也就是那个仆人,是并列关系。如果玛所拉版不是以 dwd 来指代 dawid 的话,它就更容易理解。因为如果没有这种指代关系,dwd 还有 dod 的意思,也就是“我所爱的”,正如在《以赛亚书》第五章第一节中那样。它可以既指神也指那位仆人;在两种情况下,dwd 都是一个修饰神—王的定语。

来。但是,这种神权政体——以为了在实际历史中获得生存而建立的王权统治为补充——仍然为其秩序的紧凑性所苦。精神的秩序还没有从这个民族的制度和道德观念的秩序中分殊出来。首先,在他澄清这种张力之谜的努力中,以赛亚把历史的时间划分为这个具体社会的紧凑的、不思悔改的现在,和一个几乎同样紧凑的、已经被理想化的未来。经由耶利米,这种不思悔改的现在随后取得了它的生存意义,因为这位先知对神所遭受的一切的参与变成了超乎这个具体社会之外的以色列秩序的中心。最后,通过第二以赛亚,从生存的受难中形成了在现在、此时此刻就得到救赎的经验。我们称之为以色列从其自身出走的这场运动,从一个具体社会的秩序发展到救赎秩序的这场运动,就这样完成了。完成(completion)这个用语必须得到正确的理解。它意味着存在的秩序已经将其救赎的真理揭示为受难结出的花朵。但是,它不意味着关于这个真理的幻想就是历史上救赎的现实:人对神的受难的参与尚未遭遇神对人的受难的参与。

这部著作就生存在它所宣布的新的神意安排之中;反过来,救赎的
555 过程又通过这部著作来进行。行动始于第一则神谕,当时一个上天的声音宣布以色列的罪得到了宽恕(第四十章第一节至第二节)。在大为扩展的各个启示圈子中,该主题于是通过天上的等级体系来发展。一个远处的声音喊着说,耶和华的荣耀将会展现给所有有血气的人(第四十章第三节至第五节);而一个更远声音则以唱和的方式呼喊道,所有有血气的都是草,都会像草一样枯萎,但是我们神的话必永远坚立(第四十章第六节至第八节)。更高等级的人物现在出场了。一个指挥官的声音命令通报这个好消息的使者,要让耶路撒冷和犹大的城邑知道主耶和华正挟雷霆之势而来——“看哪,你们的神!”(第四十章第九节至第十一节)。一个教师的声音随后出现,阐明了将要出现的这位神的本质和特征。“永在的神耶和华,创造地极的主。”他高坐在地球大圈之

上，铺张苍穹如幔子，如可住的帐篷。人在他的高度面前就像蝗虫。地上的君王和审判官在他面前乃是毫无价值的东西。

> 他们是刚才栽上，刚才种上，
> 根也刚才扎在地里；
> 他一吹在其上，便都枯干，
> 旋风将他们吹去，像碎秸一样。

但是他也给虚弱者以力量，使无能力者增实力（第四十章第十二节至第三十一节）。当作为造物主和人类之主的神的形象已经被刻画了这么多之后，神自己就出场了。首先，他向列国讲话，并指出巴比伦的陷落是展现他驾驭历史的力量的直观教学（第四十一章第一节至第四节）。接下来（第四十一章第五节至第二十节）他对以色列应许他会提供帮助：

> 耶和华说：我必帮助你。
> 你的救赎主，就是以色列的圣者。

最后，他召列国的诸神到他的宝座前面来，以要求他们解释"先前的事"或宣告"新事"的方式向他们挑战。他宣告这些哑然失声者都是虚无。但是他自己已经启示了将会发生的事情。而且，他已经"从北方"兴起了"一人"，此人践踏那些当权者如踩灰泥，就像窑匠踹泥一般。他会首先把这个消息告诉锡安，并且派那些通报好消息的使者前往耶路撒冷（第四十一章第二十一节至第二十九节）。作为造物主、审判者和救世主的神也是启示者，他通过他的等级体系之声命令这位先知：556
"要安慰、安慰我的百姓！"这首关于在天上拉开的序幕的诗歌就结束了。随后，严格意义上的戏剧随着对这位仆人的介绍开始了。

(1)这部著作起支配作用的主题就是神把他自己启示为以色列的救世主(《以赛亚书》第四十一章第十四节;第四十三章第十四节;第四十四章第六节、第二十四节;第四十八章第十七节;第四十九章第七节;第五十四章第五节)。该启示标志着历史上的一个具有决定性的新纪元,以至于整个过去都进入了"先前的事"的范畴,关于后者,"新事"现在正可以与之相对(第四十三章第十六节至第十九节):

耶和华在沧海中开道,
在大水中开路,
使车辆、马匹、军兵、勇士都出来,
一同躺下,不再起来,
他们灭没,好像熄灭的灯火。
耶和华如此说:
"你们不要记念从前的事,
也不要思想古时的事。
看哪,我要做一件新事,
如今要发现,你们岂不知道吗?"

"新事"就是从巴比伦的奴役中解放出来(第四十三章第十四节至第十五节);该文本(第十六节至第十九节)建议,"从前的事",也就是以色列人出埃及,与当前的解放行动相比就可以被当作微不足道的小事而湮灭无闻,通过这种最为激烈的方式来表达该事件具有划时代的性质。从这个强烈的经验中心出发,该主题沿着已被接受的那些符号的逻辑扩展开来。从现在往前算,以色列人出埃及是"从前的事"的头一桩。《以赛亚书》第五十一章第九节至第十节完成了这个回溯过去的链条:

从前砍碎拉哈伯、
刺透大鱼的，不是你吗？
使海与深渊的水干涸的，
不是你吗？

通过耶和华——他被符号化为巴比伦的马杜克——战胜原始混沌状态的大水而对这个世界的创造，以及对于以色列的创造，都是“从前的事”，而现在将要随之发生的是对以色列的救赎。于是，这个创世的 557
主题就从世界的开端，经由以色列，回到了这次新的救赎（第四十五章第八节）：

诸天哪，自上而滴，
穹苍降下公义［zedek］，
地面开裂，产出救恩，
使公义［zedakah］一同发生，
这都是我耶和华所造的。

随着对于天地世代的回忆（《创世记》第二章第四节及其后），对于世界的创造被延伸到对救赎的创造。于是，在富于创造的意义上，世界历史的这三个阶段对应着神的不同的名字，分别是 bore，即世界的造物主（第四十章第二十八节）；以色列的创造者（第四十三章第十五节）；以及救赎的创造者（第四十五章第八节）。在这最后一个角色上，神也是救世主（goel），圣者和以色列君王（第四十三章第十四节至第十五节）。我们可以正当地把第二以赛亚称为这最初的历史神学的始作俑者。

（2）但是为什么这种解放要被体验为世界历史上的一个新纪元？在巴比伦的那些被放逐者不可能处于贫困潦倒的状态。事实上，他们当中的许多人都宁愿不回到耶路撒冷，而留在这个“压迫人”的安乐窝中。在这种情况下，何种因素能够使人们有可能体验到作为世界历史的一个救赎新纪元的那些权力政治事件？对于这种因素的关注提供了第二个重要的主题，后者集中表现在第四十章第六节至第八节：

凡有血气的尽都如草，
他的美容都像野地的花。
草必枯干，花必凋残，
因为耶和华的气吹在其上；
百姓诚然是草。
草必枯干，花必凋残；
唯有我们神的话，必永远立定！

耶路撒冷的陷落和百姓被放逐，在帝国的势力似乎盖过一切的终极无限的意义上，必定带来了一场耶和华崇拜的危机。有血气的显然根本没有衰退；耶和华和以色列衰退了，而巴比伦的诸神和百姓却兴旺了。需要有力地提醒人们，正如第五十一章第十二节至第十三节所说的，这个世界的各种势力都是终有一死的血肉之躯，即使眼下它们似乎会永远坚立：

惟有我，是安慰你们的。
558 你是谁？竟怕那必死的人，
怕那要变如草的世人，
却忘记铺张诸天、立定地基、
创造你的耶和华。
又因欺压者图谋毁灭要发的暴怒，
整天害怕！

而警告是必需的，例如第四十六章第十二节至第十三节所说的：

你们这些心中顽梗、
远离公义的，当听我言。
我使我的公义临近，必不远离。
我的救恩必不迟延，
我要为以色列我的荣耀，
在锡安施行救恩。

当巴比伦的那些遭受压迫的人表现出枯萎如草的迹象时，这种警告当然就会变得更有说服力。居鲁士的出现必定已经成为超乎我们的全部理解力之上的一种解救，不是因为这种政治解放，而是因为它证明了神的确存在以及他对人类的权力。我们仍然可以在第四十五章第一节中体会到这种解救：

我耶和华所膏的居鲁士，
我搀扶他的右手，
使列国降伏在他面前。
我也要放松列王的腰带，
使城门在他面前敞开，
不得关闭。

这是有说服力的证据，证明耶和华是神，没有其他神能与他相比（第四十五章第六节）。帝国的兴衰被看作是人类在神的秩序之下的道路（第四十八章第十四节至第十五节）：

你们都当聚集而听，

他们内中谁说过这些事?
耶和华所爱的人,必向巴比伦行他所喜悦的事,
他的膀臂也要加在迦勒底人身上。
惟有我曾说过,我又选召他,
领他来,他的道路就必亨通。

神为了他自己的缘故,为了他的名不在历史中被亵渎,而已经带来
559 了公义(第四十八章第十一节);该民族已经使神担负了它的罪行,但是神为了他自己的缘故而抹去了这些罪行(第四十三章第二十四节至第二十五节);该民族已经在苦难的熔炉中经历了考验(第四十八章第十节),现在它正准备听"新事",关于它将永远得救的消息(第四十五章第十七节;第五十一章第六节)。

(3)这种解放标志着历史上的一个新纪元,因为它把从奴役中的救赎带给了帝国的假神们。这是从序幕开始就贯穿了这部著作的第三个主题。从数量上看,针对假神的争论占据了相当大的篇幅,但是这个问题在《以赛亚书》第四十七章的那首论巴比伦的精妙讽刺诗中集中体现出来。这一章可能为另外的作者所作,但是它与上下文完美地契合在一起。在这里,巴比伦这座沦陷之城充满了嘲讽:"巴比伦的处女啊,下来坐在尘埃!""迦勒底的闺女啊,你要默然静坐,进入暗中!"其陷落的原因在第四十七章第十节中得到了简述:

你的智慧、聪明使你偏邪,
并且你心里说:"惟有我,
除我以外再没有别的。"

这是对十诫的第一诫,也是对下述耶和华诫命的讽刺式模仿(第四十八章第十二节):

我是首先的，
也是末后的。

人在他对帝国感到骄傲时盲目模仿了神。只要神之下的被选民族被长久不衰、政治昌明、军事强盛的帝国所围绕，包含在西奈启示中的这部分真理就一直是遮遮掩掩的。在不到一个世纪之内，亚述、吕底亚和巴比伦的先后陷落已经使人们明白所有人确实都会像草一样枯萎。从帝国灾难的接踵而至中，从宇宙—神秩序在经验世界的崩溃中，形成了这样的洞见：在帝国的盛衰沉浮之上，“我们神的话，必永远立定”（第四十章第八节）。但是，这种洞见确实建立起一个新的亘古不休的历史时代。因为已经把自己启示为首先的、也是末后的神，通过将他的气吹在人身上，正在将自己启示为全人类的神。曾经盲目模仿神并且由于其罪恶而枯萎如草的人，与现在将会看到耶和华所启示的荣耀的人（第四十章第五节）是同样的人。而且，现实历史中作为一个具体社会的以色列已经与诸帝国一同毁灭了。所以，从吹遍全人类的那场风暴中崛
起的那个以色列不再是独立自足的被选民族，而是这个将会传送给万 560
民的启示第一个到达的那个民族。它必须走出它自己的具体秩序，正如各个帝国民族也必须走出他们自己的具体秩序一样。新以色列就是众民的约和光（第四十二章第六节），就是耶和华的仆人，经由它，神将会使他的救赎抵达地球之极（第四十九章第六节）。

这位仆人的任务是明确的：关于救赎的消息必须从以色列这个接收中心传播到整个地球。但是，执行这个任务将会遇到很多困难。因为作为一个社会，以色列已经成为散居各地、群龙无首的一些人，有的住在耶路撒冷周围，有在巴比伦的被放逐者，还有分散在各处的难民。谁会听信这些可怜的以色列遗民的话呢？即使当该民族是具有一定规

模的势力时,也都无人理睬。一个世纪后,当希罗多德旅行经过叙利亚和巴勒斯坦地区时,显然他都从未听说过像以色列或犹大这样的民族,或者一座叫耶路撒冷的城市。而且,虽然巴比伦陷落了,其帝国却被波斯人所取代,后来又是马其顿人和罗马人。帝国势力并没有像在一个先知的经验中那样,经耶和华的一吹就枯萎如草,消失殆尽。最后,即使在其旧有的家园中还能够辨认出某种以色列人来,但在这个民族中有多少成员确实曾经把从巴比伦获得的解放体验为全人类从帝国中获得的救赎?因此,这项任务会是一项颇为艰苦的工作;它会给在如此不利的环境中承担这项任务的人带来嘲笑、羞辱、迫害和苦难。经验世界中的以色列将很难从事这种传教事业,因为该民族自己还没有接受这救赎的神谕。因此,这位先知——至多为一群有同样想法的信徒所围绕——将进入类似于耶利米一样的角色,作为以色列的代表将这位仆人[1]的命运付诸实践。这位先知终没将这样一个任务在他的有生之年完成;它将需要一代又一代人前仆后继的努力。这样,这位仆人在秩序历史上就将成为一种新的类型,一种这位先知在以色列之中、又为以色列所创造的类型,直到这项任务得以完成,它才会被其他人所定型。我们必须意识到该先知的这种处境,以便理解在他的著作中,那个关于仆人的符号从耶和华的仆人以色列,到作为以色列之代表的这位先知本
561 人,又进一步到一个不确定的继承者——他将会完成这位先知不得不留给后人去完成的那项任务——的发展。[2]

当宣布救赎工作的序幕已经结束之后,神向天上的观众介绍了他

① 指神的仆人以色列。——译注

② 下文对于仆人诗歌的翻译是以 North, *The Suffering Servant*, 117—27 之中的相关翻译为基础的。为数众多的改动已经把关于各种细节的广泛辩论考虑在内了。本特森、巴勒、英格奈尔和尼博格的建议频繁地得到了使用。

的这位仆人(第四十二章第一节至第四节):

看哪,我的仆人,
我所扶持、所拣选、心里所喜悦的,
我已将我的灵[ruach]赐给他,
他必将公理[mishpat]传给外邦。

他不喧嚷,不扬声,
也不使街上听见他的声音。
压伤的芦苇,他不折断;
将残的灯火,他不吹灭。

他凭真实将公理传开。
他不灰心,也不丧胆,
直到他在地上设立公理,
海岛都等候他的训诲[toroth]。

这第一首诗歌的国王符号体系彻底地用其盔甲将这个人物包围起来,以至于没有人能够分辨其所指的是以色列,还是作为它的代表的这位先知。紧随其后的神谕(第四十二章第五节至第九节)给出了这位仆人在这种历史神学中的地位。已经创造了世界和人类的神现在将这位先知设立为“众民的约,外邦人的光”,他将使盲人重见天日,领囚徒出囹圄。精神的盲目和精神的囹圄意味着什么,在第四十二章第十六节至第十七节中得到了说明,在那里黑暗将变为光明,崎岖不平之地将变成一马平川,只有那些仍然迷信偶像的人才会退后。但是,在这些可以通过这位仆人温和的行动而被实现之前,仆人自己必须不再耳聋眼瞎。因为现在(第四十二章第十九节):

谁比我的仆人眼瞎呢？
谁比我差遣的使者耳聋呢？
谁瞎眼像那与我和好的？
562 谁瞎眼像耶和华的仆人呢？

在这种语境下，这位仆人显然就是以色列（第四十二章第二十二节至第二十五节），尚未脱离其耳聋眼瞎的状态而变成一位可以作外邦人的光的完美使者（第四十三章第一节至第九节）。只有当救赎的行动已经触及了百姓，以色列才能成为“我所拣选的仆人”，并且才能够说服列国相信耶和华是真神（第四十二章第十节）；这个行动在于通过征服者——作为神的工具——打破巴比伦的奴役（第四十二章第十四节至第十五节）。于是，《以赛亚书》第四十五章第一节至第七节引入了居鲁士作为解放者；这种政治解放的功绩之后是我们前面引用过的第四十五章第八节的简短赞美诗，其中说到苍穹降下公义，地面产出救恩。

随着居鲁士的胜利和即将到来的对耶路撒冷的回归，对以色列的救赎完成了（第四十八章第二十节），“说：‘耶和华救赎了他的仆人雅各！’”但是，正如其结局所表明的那样，这并不意味着经验世界中的以色列已经接受了救赎的神谕。它意味着，这位先知作为以色列的代表，已经为它体验了救赎。以色列已经变成了完美的，因为在该民族中，启示至少在一个人身上找到了回应。因为那位在神的时间中注定要死的仆人现在通过这位先知本人的身体而进入了历史的时间，成为第二首诗歌（第四十九章第一节至第六节）的朗诵者：

众海岛啊，当听我言！
远方的众民哪，留心而听！

自我出胎,耶和华就选召我;
自出母腹,他就提我的名。

他使我的口如快刀,
将我藏在他手荫之下;
又使我成为磨亮的箭,
将我藏在他的箭袋之中。

对我说:“你是我的仆人以色列,
我必因你得荣耀。“

我却说:“我劳碌是徒然,
我尽力是虚无虚空;
然而,我当得的理必在耶和华那里,
我的赏赐必在我神那里。”

耶和华从我出胎,造就我作他的仆人,
要使雅各归向他,
使以色列到他那里聚集。 563
(原来耶和华看我为尊贵,
我的神也成为我的力量)

现在他说:“你作我的仆人,
使雅各众支派复兴,
使以色列中得保全的归回尚为小事;
我还要使你作外邦人的光,
叫你施行我的救恩,直到地极。”

耶利米作为以国王形式出现的历史之主所树立的典范，我们在这第二首诗歌中可以强烈地感受到。以色列已经被缩约为这位仆人，他试图打动经验世界中的以色列——显然徒劳无功。尽管他在耶和华的事业中遭受了暂时的失败，神却已经赋予了他更为重大的任务，那就是作外邦人的光。没能说服百姓们的原因在接下来的文本中得到阐明。耶和华确实已经给被蹂躏的以色列——“被人所藐视、本国所憎恶、官长所虐待”（第四十九章第七节）——应许了他的救赎（第四十九章第七节 b）：

君王要看见就站起，
首领也要下拜，
都因信实的耶和华，
就是拣选你以色列的圣者。

以色列的意思就是那个仆人，“众民的约”（第四十九章第八节）——但是令人不安的是，对于列国来说，这环境却并不符合世界的救赎中心（第四十九章第八节至第十三节）。经验世界中的以色列仍然在受难；它的抱怨有充分的理由使第四十九章第十四节至第五十章第三节的长篇安慰成为必需。

在这种相当令人迷惑的处境下，这位先知——他可能已经遭到了令人不快的评论，即便不是更为尖刻的抨击——诵出了第三首诗歌，表达了他对神的信任，以及他对神的命令的服从（第五十章第四节至第九节）：

主耶和华赐我受教者[limmudim，信徒]的舌头，
使我知道怎样用言语扶助疲乏的人。

主每早晨提醒，
提醒我的耳朵，
使我能听，像受教者一样。
……
我并没有违背，也没有退后。 564
人打我的背，我任他打；
人拔我腮颊的胡须，我由他拔；
人辱我吐我，我并不掩面。

主耶和华必帮助我，
所以我不抱愧。
我硬着脸面好像坚石，
我也知道我必不至蒙羞。

称我为义的与我相近，
谁与我争论，可以与我一同站立；
谁与我作对，
可以就近我来。

主耶和华要帮助我，
谁能定我有罪呢？
他们都像衣服渐渐旧了，
为蛀虫所咬。

在这第三首诗歌中，这些先知把他的地位描述为一个门徒（limmud），一个“受教者”，一个信徒。巴勒已经有力地强调了这个事实，即只有在《以赛亚书》的上下文中，limmudim 这个词才带有“门徒”的意思。在《以赛亚书》第八章第十六节中,这位先知卷起律法书,"在我门徒中间"封住训诲;在《以赛亚书》第五十章第四节中,他的继承者以"门徒"的身份在说话。在以赛亚的信徒心中封住的训诲已经从后来其圈子中的一个成员身上迸发出来了吗?这个第二以赛亚确实是以主人的一个信徒的身份在说话吗?这种观察是敏锐的,而这种假设是有诱惑力的,因为第二以赛亚确实使用了其主人的语言,并且预言了耶和华的荣耀的到来。尽管如此,我认为巴勃的假设必须加以限制。《以赛亚书》第八章第十六节的那段话在其语境不是非常明确。"我的门徒"这种措辞可能指的是以赛亚的信徒,但是"我"可能指的是神:这位先知可能被命令在神的信徒心中封住这神谕,当然,神的信徒同时也就是以赛亚的信徒。《以赛亚书》第五十章第四节的门徒似乎也是这个意思,在那里这位先知自我介绍为一个被神赐予门徒的舌头的人,一个每天早上都听到神的人,正如门徒们一般。而且,作为受教于耶和华之人,门
565 徒的概念遍布第二以赛亚的著作之中。序幕部分中,在公平和知识方面不受人"教导"(第四十章第十四节)乃是神的特征之一。神是生而知之的(untaught)教师,他这样说自己(第四十八章第十七节):

> 我是耶和华你的神,
> 教训你使你得益处,
> 引导你所当行的路。

尾声部分,以色列被应许道:"你的儿子都要成为耶和华的门徒。"①

① 沃格林原著此句的英文是"All your sons shall be limmudim of Yahweh"。译者所参照的中英文对照版《圣经》,此句的英文是"All your children shall be taught by the LORD",相应的中译是"你的儿女都要受耶和华的教训"。由于沃格林在这里强调 limmudim 的含义,所以此处对中译本《圣经》作了必要的改动。——译注

（第五十四章第十三节）当每个人都变成了神的门徒，如这位先知此时这般，这位仆人的任务就完成了。那并不是要否认这个概念源于以赛亚。但是以赛亚的门徒同时也是神的门徒；对这种门徒身份的实质，也就是受教于神，必须加以强调恰恰是为了避免出现这种阴暗之事（shadow），即一则神谕在一个圈子内部进行一种“社会学的”传播。

作为门徒的这位先知要用言语扶助疲乏的人，无论环境如何不利。他自身经验的令人怜悯之处就是逆来顺受。他不违背也不退后（可能这是针对耶利米的质问和抱怨）；他不会由于身体受到虐待而不知所措；由于对神抱有信任，他将会继续用一个门徒的口吻说出神所教导他的话。

第三首诗歌中这位先知的自述之后是先知的行动。《以赛亚书》第五十章第十节是对疲乏的人的一种劝告，而第五十章第十一节是一则关于邪恶的人必遭可怕命运的预言。《以赛亚书》第五十一章第一节至第五十二章第十二节是一系列神谕和赞美诗，它们延续了这样一些主题，并且详加阐述。由于谓语从仆人转移到了神自己，这位仆人的权威得到了微妙的支持。在序幕中，这位先知被命令去安慰百姓；现在神向他们保证“惟有我，是安慰你们的”（第五十一章第十二节至第十六节）。从前，这位仆人是外邦人的光；现在训诲（torah）必出于神，而他的公理乃是万民之光（第五十一章第四节至第五节）。而且，这位仆人在第三首诗歌中的处境被转移到全体百姓身上。他们现在是“将我训诲［toroth］存在心中”（第五十一章第七节）并且因此无需害怕终有一死之人指摘的民；甚至连看到他们的敌人像羊毛制成的衣服一样为蛀虫所咬的这种报仇机会也被赐予了每一个人（第五十一章第八节）。最后，甚至带着救赎的好消息的使者也重新出现，向锡安宣布：“你的神作王了！”（第五十二章第七节）这部分的结尾是劝告百姓从已获救赎的耶路 566
撒冷出来，从人类的中心出来，把救赎的消息带给万民，并将其传播到地球之极（第五十二章第八节至第十二节）：

你们离开吧！离开吧！
从巴比伦出来，
不要沾不洁净的物，
要从其中出来。
你们扛抬耶和华器皿的人哪，
务要自洁。
你们出来必不至急忙，
也不至奔逃，
因为耶和华必在你们前头行，
以色列的神必作你们的后盾。

用以色列人出埃及为象征，以色列现在被鼓励从其自身出走。

在第二首和第三首诗歌中，这位先知是言说者；在第一首和第四首诗歌中，说话的是神。现在将要开始的出走通往未来，超越了这位先知及其著作的时代。已经进入这位先知的时代（time）中的救赎时代（time），要想圆满完成救赎的使命，就必然超出这位先知的时代。在第一首诗歌中，神向天国的观众介绍了这位仆人，并且揭示了他救赎的意愿；在第四首诗歌中，神向诸王和万民把这位仆人介绍为他们的受难者代表，以便所有人都能够接受他并得到拯救。既是首先的也是末后的神在这出天上人间上演的救赎戏剧中既说了开场白，也说了谢幕辞。

在这首诗的第一部分，神把这位仆人描述成为君临天下的高贵统治者（《以赛亚书》第五十二章第十三节至第十五节；第五十二章第十四节的第二句和第三句被放在第五十三章第二节之后）：

我的仆人行事通达，

必被高举上升，
且成为至高。
许多人因他惊奇，
……
这样，他必鼓动许多国民，
君王要向他闭口。
因所未曾传与他们的，他们必看见；
未曾听见的，他们要明白。

这段陈述得到了诸王和列国，可能还有这位先知自己的民异口同
声的响应。我们可以把它称为人类的大合唱。他们至少相信他们已经 567
被告知的关于这位仆人的事情和他有代表性的受难经历（第五十三章
第一节至第九节）：

所传与我们的有谁信呢？
耶和华的膀臂向谁显露呢？
他在我们[1]面前生长如嫩芽，
像根出于干地。
他无佳形美容，
我们看见他的时候，
也无美貌使我们羡慕他。
他的面貌比别人憔悴，

① 沃格林原著此处英文为“before us”。译者所参照的中英文对照版《圣经》，此处的英文为“before him”，其相应的中译为“在耶和华面前”。考虑到沃格林前面说过关于这四首仆人诗歌的翻译，学界争议很大，这里的翻译原则是以中译本《圣经》为基础，根据沃格林原文作必要的改动。——译注

他的形容比世人枯槁。①

他被藐视，被人厌弃，
多受痛苦，常经忧患。
他被藐视，
好像被人掩面不看的一样，
我们也不尊重他。

他诚然担当我们的忧患，
背负我们的痛苦。
我们却以为他受责罚，
被神击打苦待了。

哪知他为我们的过犯受害，
为我们的罪孽压伤。
因他受的刑罚，我们得平安；
因他受的鞭伤，我们得医治。

我们都如羊走迷，
各人偏行己路。
耶和华使我们众人的罪孽都归在他身上。

他受欺压，却自卑不开口，

---

① “他的面貌比别人憔悴，他的形容比世人枯槁”这两句在译者所参照的中英文对照版《圣经》中是第五十二章第十四节的后两句。沃格林将它们移到了第五十三章第二节的后面。对此沃格林原文中也有说明。——译注

他像羊羔被牵到宰杀之地，
又像羊在剪毛的人手下无声，
他也是这样不开口。

因受欺压和审判,他被夺去，
至于他同世的人,谁想他受鞭打、
从活人之地被剪除，
是因我百姓的罪过呢？

他虽然未行强暴，
口中也没有诡诈，
人还使他与恶人同埋；
谁知死的时候与财主同葬。 568

现在被人相信的这个难以置信的故事,这个代表人类受难之谜(mystery),从令人惊奇的人类转移到正在思索的天国的声音那里(第五十三章第十节)：

耶和华却喜悦将他压伤，
使他受痛苦，
他献本身为赎罪祭。
他必看见后裔,并且延长年日，
耶和华所喜悦的事必在他手中亨通。

最后,这个主题被神自己从天国的声音那里接了过来(第五十三章第十一节至第十二节)：

他必看见自己劳苦的功效，
便心满意足。
有许多人因认识我的义仆得称为义，
并且他要担当他们的罪孽。

所以我要使他与位大的同份，
与强盛的均分掳物；
因为他将命倾倒，以致于死，
他也被列在罪犯之中。
他却担当多人的罪，
又为罪犯代求。

从帝国的宇宙—神秩序中的出走完成了。这个遭遇了九死一生、羞于被抬高、承担了许多人的罪恶，只为看他们作为他的后代而得到救赎的仆人，就是众王之上的王，是帝国秩序之上的神的代表。以色列作为神统治下的民族的历史在这个不知名的天才人物的幻想中圆满结束，因为作为代表性的受难者，以色列已经超越了它自身，而成为人类的救赎之光。

关于这位先知的幻想在犹太教历史上的影响，对于接下来的五个世纪的影响，我们几乎一无所知。在启示录的文献中有只鳞片爪揭示了在第二以赛亚的传统中“民间的智慧人必训诲多人”（《但以理书》第十一章第三十三节）。例如撒督残片（Zadokite fragment）和死海卷轴（Dead Sea scrolls）这样的发现证明，与这个传统相关的运动必然比圣经真经和希伯来文献所允许我们做出的猜测更为强大。这些运动在基督教中再次取得突破而达到历史的层面。具有如此热情的祈祷文，如《路
569 加福音》第二章第二十九节至第三十四节中的《西面颂》（Nunc dimittis）
不能被解释成为一种文学怀旧；它属于第二以赛亚的一种鲜活的传统。

对于受难的仆人问题的专注思考得到了《使徒行传》第八章的故事的证明:埃塞俄比亚女王的太监坐在他的车上读《以赛亚书》,思考着“他像羊被牵到宰杀之地”这个段落。他询问腓利(Philip):“请问,先知说这话是指着谁? 是指着自己呢? 是指着别人呢?”于是,腓利就开口——记述使徒行迹的历史学家写道——并且从这段话开始对他传讲关于耶稣的好消息。 570

《圣经》文献索引

（词条后的数字为原书页码）

《圣经》索引（章和节）显示为黑体以与页码相区分。（例如，《创世记》**1：26**，55）每个条目开始地方的页码指的是本书对《圣经》进行一般性讨论的地方的页码，而没有提及具体的章和节。（例如，《创世记》，第55—58页。）

Old Testament《旧约全书》

New Testament《新约全书》

索　引

（词条后的数字系原书页码，见本书边码）

译后记

在阅读一个陌生的思想家之前,我们往往希望了解这个思想家的学术定位——研究什么学科,属于什么学派,等等,以便自己调集脑海中的相关知识储备,尽快进入陌生思想之堂奥。不过,那些杰出思想家或学者的思考,往往具有多重面相。倘若只用某一张"标签"来作论定,难免失之偏颇,而若"标签"贴得多了,对面向陌生文本的读者又于事无补。看来,较为理想的做法是,在收集了众多可能的"标签"之后,找出其中的关键环节,纲举目张,勾勒思想线索。

翻译沃格林著作的过程同时也是理解、研习沃格林思想的过程。因此,译者不揣冒昧,愿将自己对沃格林思想的理解与读者分享,并就教于方家。

浏览一下沃格林的著作目录便可看出,其学术思考似乎毫不受制于传统的学科分类,讨论主题涉及政治理论、历史哲学、意识哲学乃至神学。就《秩序与历史》第一卷《以色列与启示》(以下简称本卷)而言,它对古代近东和古代以色列历史的探讨,与它关于历史哲学和圣经考证学的研究,有如水乳交融,其间更有对传统意义上的本体论和基督教神学的讨论。初看之下,难免令人感到一头雾水,无从把握沃格林的思考主线。人们不禁要问:沃格林究竟是个什么"家"呢?

在沃格林与20世纪另一位思想大师列奥·施特劳斯(Leo Strauss,

1899—1973）围绕后者一部旨在解读古希腊文本的著作而发生的学术争论中，向来明确地自我定位为“政治哲人”，并且十分注重用词精确性的施特劳斯，将沃格林称为“政治思想史研究在当代的一个主要学者”，[①]或译为“当代主要的一个政治思想史家”，其言下之意，显然是并不认为沃格林与自己同属“政治哲人”之列。关于沃格林与施特劳斯的思想分歧以至各自身份定位的不同，此处无须涉及，但施特劳斯对沃格林的定位至少能提示我们一点，即沃格林思想的基本关切是政治的，而不是其他什么视角。

回到沃格林自己的文本中，其思想定位问题有望得到更加权威的回答。在本卷的“前言”中，沃格林谈到了他对哲学的理解：“（针对当代之无序的补救方法）其中之一便是哲学探索本身。……自从柏拉图在他那个时代的无序中发现了这种联系以来，哲学探究便成为在时代的无序中建立秩序绿洲的方式之一。”[②]这种哲学是“作为一种生存形式的哲学”。正因如此，它才不仅具有“诊断”功能，而且具有“治疗”功能，可以治疗从个人到社会所遭遇到的无序状况。[③]

熟悉施特劳斯的读者很快便会想到，“作为一种生存形式的哲学”与施特劳斯关于何为哲学、何为政治哲学的观点何其相似。沃格林的这些表述清晰凸显了其思想的政治哲学属性。当然，这里所说的“政治哲学”与施特劳斯所理解的“政治哲学”意义不尽相同，但就二者均发端于对政治问题的关切，均认同以哲学的生活（生存）方式作为破解现代政治困局的出路而言，其共通之处显然是不可忽视的。那么，接下来的问题便是：那些极具现实意义的政治关切如何与本卷对遥远古代的学

---

① 施特劳斯，“重述色诺芬《希耶罗》”，见《论僭政》，北京：华夏出版社，2006 年，第 194 页。

② 《秩序与历史》，卷一，《以色列与启示》，英文原文第 24 页。

③ 同上。

术讨论联系到一起？

仍然是在本卷“前言”中，沃格林谈到了从事《秩序与历史》这项研究的必要性。他认为，对秩序的寻求是世界性的“经验事实”，或者说，是古往今来各地人们的共同经验，而这种“寻求秩序”的努力及其产物是“具有社会实效的力量”，对社会生活发挥着实实在在的影响。他举了两个例子，一是“中国和印度正在努力对本质上属于宇宙论的秩序进行必要的调整，以求适应由西方创造的政治或技术环境，”①二是古代以色列先知的观念与现代社会之无序状况之间的联系。对古代以色列众先知的探讨正是本卷的主要课题，而如果我们领会到，沃格林的深刻意图其实在于对现代性的批判与疗救，那么，当我们面对本卷（乃至于整部《秩序与历史》）浩繁的史料与文本分析时，便不至于不明就里地将其视为饾饤之学，而是能追随沃格林在“东方学”、“圣经考证学”等等基础工作背后的方向感与问题意识。

为此，我们有必要令视野暂时跳出本卷的限制，看看沃格林是遵循着怎样的思路来实现其思考意图的。

首先，根据他的理解，尽管政治在表象上看来正如同现代政治学通常认为的那样，是关于权力的斗争，但在这种表象背后，政治所牵涉到的是人的生存状态；更确切地说，政治关系到人是否以及怎样以一种好的方式生存。显然，对政治的这种理解正是古希腊哲人的理解，而沃格林也并不隐瞒他对古希腊政治哲学的认同。在其最为世人所知的代表作《新政治科学》中，他便阐明，他所倡导的“新政治科学”并非其原创，而是对亚里士多德政治学的回归。②

---

① 《秩序与历史》，卷一，《以色列与启示》，英文原文第23页。

② Eric Voegelin, *The New Science of Politics*: *An Introduction*, *in Modernity Without Restraint*, edited with an introduction by Manfred Henningsen, Columbia, Missouri: University of Missouri Press, 2000, pp. 109—112.

其次，人的生存不是本身自足的，也不是至大无外的，而是“存在共同体”(community of being)的一部分。“神和人、世界和社会，构成一个原初的存在共同体。”[①]就译者的阅读范围所知，沃格林并未对他的这个本体论基础给出详细的论证，这可能会成为其理论的批评者一个很便利的入口。无论如何，沃格林对“存在共同体”之四元构造的认可是十分明确的，而由这个本体论基础就立即生发出对人之生存的一个要求，即人的生存必须与存在相合拍。人、社会、世界和神，它们按照各自持续的时间长短而构成一条从低到高的存在等级。“更具持久性的生存者是更加全面的，它们的结构提供了较低级的生存者必须适应——否则便会以灭绝为代价——的框架。”[②]这种生存与存在“合拍”(attunement)、保持一致的状态正是一切秩序的基本状态。也可以说，存在(可能被表达为“逻各斯”、“神”等等)是人的生存秩序的基本原因——在亚里士多德意义上作为动力、形式与目的的原因。

第三，人的生存是在时间中的生存，有别于存在的无时间性；换句话说，存在是永恒，而生存是流变。这种“在时间中的生存”便带来了“历史”的出场，随之而来的是一个大问题：历史性的生存如何可能与非历史的存在合拍？或者说，人们如何才能在其有限的生命中触摸、融入无限的存在？沃格林在《秩序与历史》全书开篇即提出，“历史的秩序来自秩序的历史。”[③]这一原则正是对上述疑问的回答。所谓历史的秩序，即是人的历史性生存的秩序，而对该秩序的寻求不能直接诉诸存在本身，而应首先回顾、考察历史上曾经出现过的各种生存秩序类型。

通过直接诉诸存在本身而获知、形成生存秩序，这就意味着非历史的存在以某种方式，例如启示，“突入”历史性的生存；但是，正如沃格林

---

① 《秩序与历史》，卷一，《以色列与启示》，英文原文第39页。

② 同上，英文原文第42页。

③ 同上，英文原文第19页。

在本卷中对古代以色列通过(经由先知传达的)神启而形成的生存秩序的分析所揭示的那样,此种意在成为“真正的”生存秩序的秩序——所谓“真正的”秩序,可以理解为非历史的、普遍的、就人之为人而言必定且必须遵循的秩序——实际上仍然只是一种历史性的生存秩序,或者说,是生存秩序的类型之一。甚至可以说,那些曾经被认为已经很好地弥合了历史性的生存与非历史的存在之间鸿沟的秩序类型,实际上并未弥合这一鸿沟。

沃格林在写作《秩序与历史》之时为自己设定的思想目标是相当远大的。通过他对“世界历史”这一主题的关注,以及在行文中频频进行与黑格尔、斯宾格勒、韦伯和汤因比等人的比较研究,他承袭这种世界历史叙事的意图可以说是相当明显。但是,目标的远大并未驱使沃格林急于得出某些具有确定性的结论,或是形成某种看似完整的理论体系。事实上,这种黑格尔式的体系构建是沃格林极力反对的伪哲学行为,因为它将哲学探究变成了教义宣讲,将一种实践性的生活方式变成了理论性的生活方式。与此相应的是,沃格林的世界历史叙事,或者说他对“什么是历史的秩序”的解答,就不再以对某种具体秩序形态之唯一真确性的描述或确认作为结论,而是既开始于、也终结于对“秩序的历史”的探究。

纵观《秩序与历史》各卷,我们可以将这种开放性的探究概述为,描述、分析那些在历史上曾经出现过的、被当时的人们认为是与存在相合拍的,而且也被今天的我们认为至少在某种程度上与存在相合拍的秩序类型。于是,我们看到,沃格林雄心勃勃地试图“遍历”秩序的历史,而这种“遍历”的目的,显然就是要看一看这些曾经的秩序类型,究竟在多大程度上、在哪些方面与存在相合拍,同时又在多大程度上或者哪些方面与存在不够合拍。

最后,紧随上一个环节而来的问题就是:如何判断那些历史性的秩序类型与存在、与“真正的”秩序的合拍程度?既然是判断,那就必须要有标准，而这里的标准也就是存在的秩序。在《秩序与历史》第四卷《天下时代》(*The Ecumenic Age*)中，沃格林较为集中地阐述了他所理解的“存在的秩序”：在存在共同体中，我们可以区分出内在的(immanent)与超越的(transcendent)这两个维度，而存在的秩序就意味着这两个维度之间保持均衡；进一步而言，为了将“存在的秩序”变成“人对存在的秩序的把握”，起着决定性作用的是人的意识对存在的如实反映，亦即人的意识也如同存在那样，在存在的两个维度之间保持均衡。①

为了理解这种“均衡”，我们不妨先回顾一下上述第二个环节。我们看到，存在共同体的四元结构在秩序问题上是一种等级结构，较低等级的生存者，例如人，必须以较高等级的生存者——最终是神——为导向，力求与之合拍。但是，这种合拍并不意味着改变那种四元结构、取消其中某一等级的生存。根据沃格林的分析，在人类寻求秩序的历史实践中，出现过两种试图改变该等级结构的实践。一种是在“神”、或者说超验维度的名义下取消人的生存，亦即人在内在维度上的生存；另一种则恰好相反，以人的名义取消“神”的存在。② 举例来说，前者可能表现为某些宗教派别所推崇的极端苦行、无视人的生存需要，后者则典型地体现在现代革命行动中。尽管这两种行为看上去有着极大的差异，但二者在本质上有着共同点，即均不认可存在共同体的四元结构，而是力图按照自我的理解对其加以改变与重塑。因此，二者实际上都意味着人将自我加以神圣化，而对存在共同体的那种重塑就打破了存在共同体的四元、二维结构之间的均衡——在这种新创的、在沃格林看来是

---

① Eric Voegelin, *Order and History*, V. 4, *The Ecumenic Age*, edited with an introduction by Michael Franz, Columbia, Missouri: University of Missouri Press, 2000, pp. 291—303, 305. 403.

② Ibid., p. 66；并参见 Eugene Webb, *Eric Voegelin*, *Philosopher of History*, Seattle: University of Washington Press, 1981, p. 282。

扭曲了的存在共同体中,自我、人及其各种衍生物(诸如“陌生上帝”、“理性”、“激情”,等等)取代了原本由神占据的位置。沃格林借用宗教学上的一个概念,将带有这种倾向的思潮与运动称为“灵知主义”(Gnosticism)。[①] 这首先是人的心灵的一种疾患,亦即人的精神秩序的丧失,进而外化为社会的疾患,亦即人类社会政治秩序的丧失。[②]

至此,沃格林在《秩序与历史》中所遵循的思想线索便呼之欲出了。正如上文所言,沃格林学术思考的出发点是强烈的现实政治关切——他并非只知埋首书斋、两耳不闻窗外事的纯粹学院派学者。我们在上面概述的沃格林思想多半在传统上被归于“纯哲学”一类,那么,是什么将沃格林的哲学思考与他的政治关切联系在一起?或者说,是什么使沃格林的哲学思考具有政治相关性?

根据译者的理解,可以将此称之为沃格林关于权力制衡的思考。众所周知,“权力制衡”是现代政治学、尤其是宪政理论所关注的核心问题之一。同时,它们所探讨的权力制衡通常是以现代世俗国家为前提的,只在追踪该制度原则的起源时涉及中世纪的罗马教会体制。与此不同,沃格林着力探讨的是以教会权力为代表的精神权力与以君主权力为代表的世俗权力之间的制衡关系。细心的读者可能已经看出,这两种权力之间的制衡,实际上正对应于上述存在的秩序所揭示与要求的超越维度与内在维度的均衡。早在写作《政治观念史》时,沃格林便已细致分析了在中世纪神圣帝国围绕“主教叙任权”而发生的教权与王权之争,[③]而在本卷之中,沃格林对古代近东和古代以色列的秩序类型

---

① Eric Voegelin, *The Ecumenic Age*, p. 66.

② Ibid., pp. 67—74.

③ 参见 Eric Voegelin, *History of Political Ideas*, V.2, *The Middle Ages To Aquinas*, edited with an introduction by Peter Von Sivers, Columbia, Missouri: University of Missouri Press, 1997,尤其是该书第三章、第四章。

的分析，贯穿始终的线索也是剖析精神权力（祭司、先知）与世俗权力（国王）之间或和而不同、或此消彼长的错综关系，以及这种关系对当时政治社会之秩序状况的影响。基于上述认识，沃格林在本卷中体现出来的文本考据功夫究竟意欲何为，或许就不难理解了。

修习西学的人士都知道，对原著的阅读是任何概括与转述都无法替代的。让我们就此开始对沃格林的阅读之旅吧。

本书的翻译完成是集体合作的结晶。霍伟岸博士承担了英文版编者导言、第二章及以下章节的翻译，叶颖博士承担了前言、导论与第一章的翻译，李强教授审阅了前言、导论、第一章至第三章的全部译稿，并提出了宝贵的修改意见。翻译中的错谬之处恐难避免，概由二位译者承担。亟盼方家不吝指教，以臻于完善。

译事艰难，需要感谢的人很多。首先感谢我们的导师李强教授，是他带领我们认识了沃格林的思想，并多方提点、鞭策与支持我们以学术为业。感谢沃格林亲传弟子、德国的尤尔根·戈布哈特（Jürgen Gebhardt）教授，他对我们理解沃格林思想乃至西方政治哲学教诲颇深。感谢李强教授带领下的学术团队，以及《秩序与历史》第二卷译者陈周旺博士，他们使我们深感学术共同体带来的愉悦。感谢裴亚琴博士和丁凡先生帮助我们解决了原著注释中两段德文翻译的问题。最后，感谢我们各自的家人，感谢他们默默的支持与无尽的关怀。

霍伟岸 叶颖
2009 年 8 月于北京

人文与社会译丛

第一批书目

1.《政治自由主义》(增订版),[美]J. 罗尔斯著,万俊人译 118.00 元
2.《文化的解释》,[美]C. 格尔茨著,韩莉译 89.00 元
3.《技术与时间:1. 爱比米修斯的过失》,[法]B. 斯蒂格勒著,裴程译 62.00 元
4.《依附性积累与不发达》,[德]A. G. 弗兰克著,高铦等译 13.60 元
5.《身处欧美的波兰农民》,[美]F. 兹纳涅茨基、W. I. 托马斯著,张友云译 9.20 元
6.《现代性的后果》,[英]A. 吉登斯著,田禾译 45.00 元
7.《消费文化与后现代主义》,[英]M. 费瑟斯通著,刘精明译 14.20 元
8.《英国工人阶级的形成》(上、下册),[英]E. P. 汤普森著,钱乘旦等译 168.00 元
9.《知识人的社会角色》,[美]F. 兹纳涅茨基著,郏斌祥译 49.00 元

第二批书目

10.《文化生产:媒体与都市艺术》,[美]D. 克兰著,赵国新译 49.00 元
11.《现代社会中的法律》,[美]R. M. 昂格尔著,吴玉章等译 39.00 元
12.《后形而上学思想》,[德]J. 哈贝马斯著,曹卫东等译 58.00 元
13.《自由主义与正义的局限》,[美]M. 桑德尔著,万俊人等译 30.00 元

14.《临床医学的诞生》,[法]M. 福柯著,刘北成译 55.00 元
15.《农民的道义经济学》,[美]J. C. 斯科特著,程立显等译 42.00 元
16.《俄国思想家》,[英]I. 伯林著,彭淮栋译 35.00 元
17.《自我的根源:现代认同的形成》,[加]C. 泰勒著,韩震等译 128.00 元
18.《霍布斯的政治哲学》,[美]L. 施特劳斯著,申彤译 49.00 元
19.《现代性与大屠杀》,[英]Z. 鲍曼著,杨渝东等译 59.00 元

第三批书目

20.《新功能主义及其后》,[美]J. C. 亚历山大著,彭牧等译 15.80 元
21.《自由史论》,[英]J. 阿克顿著,胡传胜等译 89.00 元
22.《伯林谈话录》,[伊朗]R. 贾汉贝格鲁等著,杨祯钦译 48.00 元
23.《阶级斗争》,[法]R. 阿隆著,周以光译 13.50 元
24.《正义诸领域:为多元主义与平等一辩》,[美]M. 沃尔泽著,褚松燕等译 24.80 元
25.《大萧条的孩子们》,[美]G. H. 埃尔德著,田禾等译 27.30 元
26.《黑格尔》,[加]C. 泰勒著,张国清等译 135.00 元
27.《反潮流》,[英]I. 伯林著,冯克利译 48.00 元
28.《统治阶级》,[意]G. 莫斯卡著,贾鹤鹏译 98.00 元
29.《现代性的哲学话语》,[德]J. 哈贝马斯著,曹卫东等译 78.00 元

第四批书目

30.《自由论》(修订版),[英]I. 伯林著,胡传胜译 69.00 元
31.《保守主义》,[德]K. 曼海姆著,李朝晖、牟建君译 58.00 元
32.《科学的反革命》(修订版),[英]F. 哈耶克著,冯克利译 58.00 元

33.《实践感》,[法]P. 布迪厄著,蒋梓骅译 75.00元
34.《风险社会:新的现代性之路》,[德]U. 贝克著,张文杰等译 58.00元
35.《社会行动的结构》,[美]T. 帕森斯著,彭刚等译 80.00元
36.《个体的社会》,[德]N. 埃利亚斯著,翟三江、陆兴华译 15.30元
37.《传统的发明》,[英]E. 霍布斯鲍姆等著,顾杭、庞冠群译 68.00元
38.《关于马基雅维里的思考》,[美]L. 施特劳斯著,申彤译 78.00元
39.《追寻美德》,[美]A. 麦金太尔著,宋继杰译 68.00元

第五批书目

40.《现实感》,[英]I. 伯林著,潘荣荣、林茂、魏钊凌译 78.00元
41.《启蒙的时代》,[英]I. 伯林著,孙尚扬、杨深译 35.00元
42.《元史学》,[美]H. 怀特著,陈新译 89.00元
43.《意识形态与现代文化》,[英]J. B. 汤普森著,高铦等译 68.00元
44.《美国大城市的死与生》,[加]J. 雅各布斯著,金衡山译 78.00元
45.《社会理论和社会结构》,[美]R. K. 默顿著,唐少杰等译 128.00元
46.《黑皮肤,白面具》,[法]F. 法农著,万冰译 58.00元
47.《德国的历史观》,[美]G. 伊格尔斯著,彭刚、顾杭译 58.00元
48.《全世界受苦的人》,[法]F. 法农著,万冰译 17.80元
49.《知识分子的鸦片》,[法]R. 阿隆著,吕一民、顾杭译 59.00元

第六批书目

50.《驯化君主》,[美]H. C. 曼斯菲尔德著,冯克利译 68.00元
51.《黑格尔导读》,[法]A. 科耶夫著,姜志辉译 98.00元
52.《象征交换与死亡》,[法]J. 波德里亚著,车槿山译 68.00元
53.《自由及其背叛》,[英]I. 伯林著,赵国新译 48.00元

54.《启蒙的三个批评者》,[英]I. 伯林著,马寅卯、郑想译 48.00 元
55.《运动中的力量》,[美]S. 塔罗著,吴庆宏译 23.50 元
56.《斗争的动力》,[美]D. 麦克亚当、S. 塔罗、C. 蒂利著,李义中等译 31.50 元
57.《善的脆弱性》,[美]M. 纳斯鲍姆著,徐向东、陆萌译 55.00 元
58.《弱者的武器》,[美]J. C. 斯科特著,郑广怀等译 82.00 元
59.《图绘》,[美]S. 弗里德曼著,陈丽译 49.00 元

第七批书目

60.《现代悲剧》,[英]R. 威廉斯著,丁尔苏译 45.00 元
61.《论革命》,[美]H. 阿伦特著,陈周旺译 59.00 元
62.《美国精神的封闭》,[美]A. 布卢姆著,战旭英译,冯克利校 68.00 元
63.《浪漫主义的根源》,[英]I. 伯林著,吕梁等译 49.00 元
64.《扭曲的人性之材》,[英]I. 伯林著,岳秀坤译 22.00 元
65.《民族主义思想与殖民地世界》,[美]P. 查特吉著,范慕尤、杨曦译 18.00 元
66.《现代性社会学》,[法]D. 马尔图切利著,姜志辉译 32.00 元
67.《社会政治理论的重构》,[美]R. J. 伯恩斯坦著,黄瑞祺译 72.00 元
68.《以色列与启示》,[美]E. 沃格林著,霍伟岸、叶颖译 128.00 元
69.《城邦的世界》,[美]E. 沃格林著,陈周旺译 85.00 元
70.《历史主义的兴起》,[德]F. 梅尼克著,陆月宏译 48.00 元

第八批书目

71.《环境与历史》,[英]W. 贝纳特、P. 科茨著,包茂红译 25.00 元
72.《人类与自然世界》,[英]K. 托马斯著,宋丽丽译 35.00 元

73.《卢梭问题》,[德]E. 卡西勒著,王春华译 39.00 元
74.《男性气概》,[美]H. C. 曼斯菲尔德著,刘玮译 28.00 元
75.《战争与和平的权利》,[美]R. 塔克著,罗炯等译 25.00 元
76.《谁统治美国》,[美]W. 多姆霍夫著,吕鹏、闻翔译 35.00 元
77.《健康与社会》,[法]M. 德吕勒著,王鲲译 35.00 元
78.《读柏拉图》,[德]T. A. 斯勒扎克著,程炜译 68.00 元
79.《苏联的心灵》,[英]I. 伯林著,潘永强、刘北成译 59.00 元
80.《个人印象》,[英]I. 伯林著,覃学岚译 88.00 元

第九批书目

81.《技术与时间:2. 迷失方向》,[法]B. 斯蒂格勒著,赵和平、印螺译 59.00 元
82.《抗争政治》,[美]C. 蒂利、S. 塔罗著,李义中译 28.00 元
83.《亚当·斯密的政治学》,[英]D. 温奇著,褚平译 21.00 元
84.《怀旧的未来》,[美]S. 博伊姆著,杨德友译 85.00 元
85.《妇女在经济发展中的角色》,[丹]E. 博斯拉普著,陈慧平译 30.00 元
86.《风景与认同》,[美]W. J. 达比著,张箭飞、赵红英译 68.00 元
87.《过去与未来之间》,[美]H. 阿伦特著,王寅丽、张立立译 58.00 元
88.《大西洋的跨越》,[美]D. T. 罗杰斯著,吴万伟译 108.00 元
89.《资本主义的新精神》,[法]L. 博尔坦斯基、E. 希亚佩洛著,高铦译 58.00 元
90.《比较的幽灵》,[美]B. 安德森著,甘会斌译 79.00 元

第十批书目

91.《灾异手记》,[美]E. 科尔伯特著,何恬译 25.00 元

92.《技术与时间:3. 电影的时间与存在之痛的问题》,
[法]B. 斯蒂格勒著,方尔平译 65.00 元
93.《马克思主义与历史学》,[英]S. H. 里格比著,吴英译 78.00 元
94.《学做工》,[英]P. 威利斯著,秘舒、凌旻华译 68.00 元
95.《哲学与治术:1572—1651》,[美]R. 塔克著,韩潮译 45.00 元
96.《认同伦理学》,[美]K. A. 阿皮亚著,张容南译 45.00 元
97.《风景与记忆》,[英]S. 沙玛著,胡淑陈、冯樨译 78.00 元
98.《马基雅维里时刻》,[英]J. G. A. 波考克著,冯克利、傅乾译 108.00 元
99.《未完的对话》,[英]I. 伯林、[波]B. P. -塞古尔斯卡著,
杨德友译 65.00 元
100.《后殖民理性批判》,[印]G. C. 斯皮瓦克著,严蓓雯译 79.00 元

第十一批书目

101.《现代社会想象》,[加]C. 泰勒著,林曼红译 45.00 元
102.《柏拉图与亚里士多德》,[美]E. 沃格林著,刘曙辉译 78.00 元
103.《论个体主义》,[法]L. 迪蒙著,桂裕芳译 30.00 元
104.《根本恶》,[美]R. J. 伯恩斯坦著,王钦、朱康译 78.00 元
105.《这受难的国度》,[美]D. G. 福斯特著,孙宏哲、张聚国译 39.00 元
106.《公民的激情》,[美]S. 克劳斯著,谭安奎译 49.00 元
107.《美国生活中的同化》,[美]M. M. 戈登著,马戎译 58.00 元
108.《风景与权力》,[美]W. J. T. 米切尔著,杨丽、万信琼译 78.00 元
109.《第二人称观点》,[美]S. 达沃尔著,章晟译 69.00 元
110.《性的起源》,[英] F. 达伯霍瓦拉著,杨朗译 85.00 元

第十二批书目

111.《希腊民主的问题》,[法]J. 罗米伊著,高煜译 48.00元
112.《论人权》,[英]J. 格里芬著,徐向东、刘明译 75.00元
113.《柏拉图的伦理学》,[英]T. 埃尔文著,陈玮、刘玮译 118.00元
114.《自由主义与荣誉》,[美]S. 克劳斯著,林垚译 62.00元
115.《法国大革命的文化起源》,[法]R. 夏蒂埃著,洪庆明译 38.00元
116.《对知识的恐惧》,[美]P. 博格西昂著,刘鹏博译 38.00元
117.《修辞术的诞生》,[英]R. 沃迪著,何博超译 48.00元
118.《历史表现中的真理、意义和指称》,[荷]F. 安克斯密特著,周建漳译 58.00元
119.《天下时代》,[美]E. 沃格林著,叶颖译 78.00元
120.《求索秩序》,[美]E. 沃格林著,徐志跃译 48.00元

第十三批书目

121.《美德伦理学》,[新西兰]R. 赫斯特豪斯著,李义天译 68.00元
122.《同情的启蒙》,[美]M. 弗雷泽著,胡靖译 48.00元
123.《图绘暹罗》,[美]T. 威尼差恭著,袁剑译 58.00元
124.《道德的演化》,[新西兰]R. 乔伊斯著,刘鹏博、黄素珍译 65.00元
125.《大屠杀与集体记忆》,[美]P. 诺维克著,王志华译 78.00元
126.《帝国之眼》,[美]M. L. 普拉特著,方杰、方宸译 68.00元
127.《帝国之河》,[美]D. 沃斯特著,侯深译 76.00元
128.《从道德到美德》,[美]M. 斯洛特著,周亮译 58.00元
129.《源自动机的道德》,[美]M. 斯洛特著,韩辰锴译 58.00元
130.《理解海德格尔:范式的转变》,[美]T. 希恩著,邓定译 89.00元

第十四批书目

131.《城邦与灵魂:费拉里〈理想国〉论集》,[美]G. R. F. 费拉里著,刘玮编译 58.00 元
132.《人民主权与德国宪法危机》,[美]P. C. 考威尔著,曹晗蓉、虞维华译 58.00 元
133.《16 和 17 世纪英格兰大众信仰研究》,[英]K. 托马斯著,芮传明、梅剑华译 168.00 元
134.《民族认同》,[英]A. D. 史密斯著,王娟译 55.00 元
135.《世俗主义之乐:我们当下如何生活》,[英]G. 莱文编,赵元译 58.00 元
136.《国王或人民》,[美]R. 本迪克斯著,褚平译(即出)
137.《自由意志、能动性与生命的意义》,[美] D. 佩里布姆著,张可译 68.00 元
138.《自由与多元论:以赛亚·伯林思想研究》,[英]G. 克劳德著,应奇等译 58.00 元
139.《暴力:思无所限》,[美]R. J. 伯恩斯坦著,李元来译 59.00 元
140.《中心与边缘:宏观社会学论集》,[美]E. 希尔斯著,甘会斌、余昕译 88.00 元

第十五批书目

141.《自足的世俗社会》,[美]P. 朱克曼著,杨靖译 58.00 元
142.《历史与记忆》,[英]G. 丘比特著,王晨凤译 59.00 元
143.《媒体、国家与民族》,[英]P. 施莱辛格著,林玮译 68.00 元
144.《道德错误论:历史、批判、辩护》,

［瑞典］J. 奥尔松著，周奕李译　58.00 元
145.《废墟上的未来：联合国教科文组织、世界遗产与和平之梦》，［澳］L. 梅斯克尔著，王丹阳、胡牧译　88.00 元
146.《为历史而战》，［法］L. 费弗尔著，高煜译　98.00 元
147.《语言动物：人类语言能力概览》，［加］C. 泰勒著，赵清丽译（即出）
148.《我们中的我：承认理论研究》，［德］A. 霍耐特著，张曦、孙逸凡译　62.00 元
149.《人文学科与公共生活》，［美］P. 布鲁克斯、H. 杰维特编，余婉卉译　52.00 元
150.《美国生活中的反智主义》，［美］R. 霍夫施塔特著，何博超译　68.00 元

第十六批书目

151.《关怀伦理与移情》，［美］M. 斯洛特著，韩玉胜译　48.00 元
152.《形象与象征》，［罗］M. 伊利亚德著，沈珂译　48.00 元
153.《艾希曼审判》，［美］D. 利普斯塔特著，刘颖洁译　49.00 元
154.《现代主义观念论：黑格尔式变奏》，［美］R. B. 皮平著，郭东辉译（即出）
155.《文化绝望的政治：日耳曼意识形态崛起研究》，［美］F. R. 斯特恩著，杨靖译　98.00 元
156.《作为文化现实的未来：全球现状论集》，［印］A. 阿帕杜拉伊著，周云水、马建福译（即出）
157.《一种思想及其时代：以赛亚·伯林政治思想的发展》，［美］J. L. 彻尼斯著，寿天艺、宋文佳译（即出）
158.《人类的领土性：理论与历史》，［美］R. B. 萨克著，袁剑译（即出）

159.《理想的暴政：多元社会中的正义》，[美]G. 高斯著，范震亚译（即出）

160.《荒原：一部历史》，[美]V. D. 帕尔马著，梅雪芹译（即出）